彭陽年鑒

PENGYANG YEARBOOK

2024（总第14卷）

彭阳县委党史和地方志研究室　编

方志出版社
Publishing House of Local Records

图书在版编目(CIP)数据

彭阳年鉴. 2024 / 彭阳县委党史和地方志研究室编.
北京 ：方志出版社， 2024. 11. -- ISBN 978-7-5144-6510-5

Ⅰ. Z524. 34

中国国家版本馆 CIP 数据核字第 2024JV0658 号

责任编辑：王娜
责任校对：张玉霞
责任印制：梅中英
出 版 者：方志出版社
地　　址：北京市朝阳区潘家园东里 9 号(国家方志馆 4 层)
邮　　编：100021
网　　址：http://www.zgfzcb.cn
发　　行：方志出版社图书营销中心(010-67110500)
印　　刷：固原博奥彩色印刷有限公司
开　　本：889 毫米×1194 毫米　1/16
印　　张：23.25
字　　数：610 千字
版　　次：2024 年 11 月第 1 版
印　　次：2024 年 11 月第 1 次印刷
定　　价：198.00 元

《彭阳年鉴(2024)》编辑人员

主　　编　杨占辉　李　凡

执行主编　李青杨

编　　辑　杨彦彬　杨树林　李　娟　张智慧

彭阳县地图

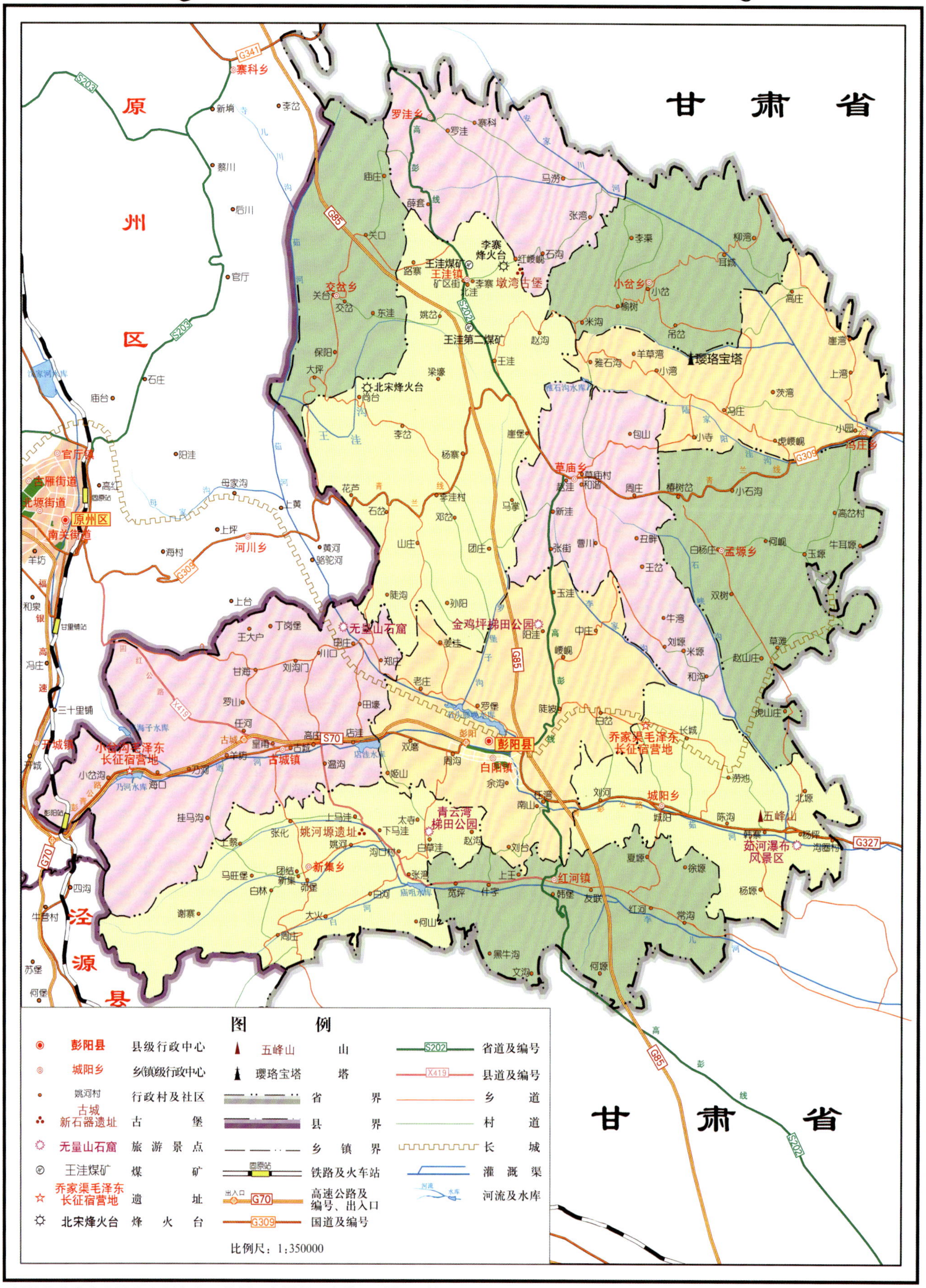

彭阳县委党史和地方志研究室　编制　审图号：宁S[2024]第026号

编辑说明

一、《彭阳年鉴》是由彭阳县人民政府主办、彭阳县委党史和地方志研究室编纂的具有年度资料性质的地方综合年鉴，每年公开出版一卷。《彭阳年鉴（2024）》为第 14 卷。

二、《彭阳年鉴（2024）》以马克思列宁主义、毛泽东思想、邓小平理论、“三个代表”重要思想、科学发展观、习近平新时代中国特色社会主义思想为指导，坚持辩证唯物主义和历史唯物主义的立场、观点和方法，存真求实，全面、客观、准确地记载彭阳县 2023 年自然、政治、经济、文化、社会和生态文明建设等方面发展情况。

三、《彭阳年鉴（2024）》收录的文字、图片资料时限为 2023 年 1 月 1 日至 12 月 31 日，个别事项的记述时间适当上溯或下延。

四、《彭阳年鉴（2024）》篇目设置大体遵循科学分类和社会分工相结合的原则，以类目、分目、条目为框架结构，设特载、专文、大事记、县情概览、中国共产党彭阳县委员会、彭阳县人民代表大会、彭阳县人民政府、中国人民政治协商会议彭阳县委员会、中共彭阳县纪律检查委员会　彭阳县监察委员会、群众团体、法治、军事、经济管理、农业、工业、商贸服务业、旅游业、金融业、交通　邮政　通信、城乡建设、乡村振兴、生态环境、科学技术、教育、文化、卫生健康、体育、社会生活、应急管理、乡镇、人物荣誉、文献资料、统计资料、附录等内容。不同层次的标题，通过字体、字号和版式设计加以区别，条目标题统一用黑体字加【 】标示。

五、《彭阳年鉴（2024）》数字用法、标点符号用法分别采用国家标准《出版物上数字用法》（GB/T 15835—2011）、《标点符号用法》（GB/T 15834—2011）；计量单位采用国家技术监督局1993年12月发布的《量和单位》系列国家标准，考虑到社会使用习惯，全书中“亩”“公顷”不作统一换算。在使用“宁夏回族自治区”称谓时简称“自治区”“全区”，使用“固原市”称谓时简称“全市”“市”，使用“彭阳县”称谓时简称“全县”“县”。

六、《彭阳年鉴（2024）》内容由彭阳县各乡镇、县直各部门（单位）供稿，并经供稿单位主要领导审核，编辑时按照年鉴编纂体例和要求进行编辑整理。卷首图片设年度聚焦专题，由县融媒体中心和有关单位提供。2023年获市级及以上表彰先进单位和个人，根据各供稿单位提供的资料进行收录，排名不分先后。所列领导任职情况根据各乡镇、部门（单位）上报资料与中共彭阳县委组织部《彭阳县副科级以上干部名册（2023年度）》收录。

七、《彭阳年鉴（2024）》涉及数据来源众多，相关数据或有差异，遇此情况以《彭阳县2023年国民经济和社会发展统计公报》为准，部分数据因四舍五入等原因，总数与分项之和存在合理范围内误差。

八、为便于读者使用，《彭阳年鉴（2024）》前有总目、目录，后有索引。

彭阳名片

全国双拥模范县

全国政务公开工作先进县

全国平安建设先进县

国家卫生县城

“全国文明城市”提名城市

全国名特优经济林仁用杏之乡

中国辣椒之乡

全国造林绿化先进县

全国退耕还林先进县

全国经济林建设先进县

全国生态建设先进县

全国绿化模范县

全国生态建设突出贡献先进集体

全国信访工作示范县

全国休闲农业和乡村旅游示范县

全国民族团结进步创建示范县

健康扶贫先进县

全国脱贫攻坚先进集体

全国平安建设先进县

全国一事一议规范管理县

国家园林县城

全国文物工作先进县

全国民政工作先进县

数字彭阳·2023

区域总面积	2533.49 平方千米
年末常住人口	16.16 万人
人口自然增长率	1.24‰
城镇常住人口	6.38 万人
乡村常住人口	9.78 万人
地区生产总值	90.13 亿元
人均地区生产总值	55876 元
农林牧渔业总产值	35.16 亿元
全年粮食总产量	21.64 万吨
肉类总产量	2.31 万吨
工业总产值	48.006 亿元
工业企业	115 家
全社会固定资产投资	41.4 亿元
社会消费品零售总额	15.24 亿元
公路通车里程	3217 千米
财政总收入	14.95 亿元
财政总支出	45.84 亿元
地方一般公共预算收入	3.48 万元

地方一般公共预算支出	44.38 亿元
常住居民人均可支配收入	19245 元
城镇常住居民人均可支配收入	33882 元
农村常住居民人均可支配收入	15901 元
营运汽车保有量	1410 辆
全县人民币存款余额	83.87 亿元
全县人民币贷款余额	71.19 亿元
幼儿园	45 所
教学点	127 个
普通小学	43 所
普通初中	8 所
普通高中	2 所
职业高中	1 所
在校学生	29163 人
卫生机构	19 个
个体门诊部（所）	14 个
医疗卫生机构床位	800 张
森林覆盖率	20.68%

1 主题教育

2023 年 9 月至 12 月，彭阳县把学习贯彻习近平新时代中国特色社会主义思想主题教育解决问题的实效体现在推进中心工作上，实现党员干部受教育和人民群众得实惠相统一。

◆ 2023 年 9 月 15 日，全县学习贯彻习近平新时代中国特色社会主义思想主题教育工作会议召开 （张警予 摄）

◆ 2023 年 11 月 27 日，县市监局组织党员干部在小岔沟开展“沿着总书记足迹，感悟思想伟力”主题实践活动，重温入党誓词 （岳 凯 摄）

◆ 2023 年 11 月 10 日，政协彭阳县委员会组织医疗卫生界委员、县人民医院福建援宁专家到冯庄乡上湾村开展义诊活动 （政协彭阳县委员会 提供）

◆ 2023 年 11 月 30 日，县税务局建立跨区域税费争议协同处理工作机制，高效运转枫桥式税务分局

（陈荆乐 摄）

◆ 2023 年 12 月 11 日，县自然资源局组织工作人员在孟塬乡草滩村彭阳县梦缘香农牧专业合作社红梅杏种植基地帮助果农进行冬季红梅杏树田间管理

（刘小平 摄）

◆ 2023 年 10—12 月，县教体系统深入开展主题教育，全面提升教育教学本领。图为全县中小学(幼儿园)教师教学专业能力竞赛活动 （徐丹彤 摄）

◆ 2023 年 12 月 29 日，县卫健局组织县人民医院、县中医医院、县妇幼保健院医务人员在县怡园广场开展冬春季呼吸道传染病宣传义诊活动

（杨 天 摄）

2 工业振兴

2023年，彭阳县坚持“工业强县”不动摇，全力以赴立龙头、延链条、扩产能、增税源、促融合，工业链条量质双升，园区承载持续增强，项目建设持续推进，经济基础持续夯实，新型工业风帆正劲。

◆ 王洼产业园区全景图 （王洼产业园区管理委员会 提供）

◆ 2023 年 9 月，宁夏苏宁智能装备制造有限公司年 20000 套矿山机械增材再制造项目正式投产 （张 治 摄）

◆ 2023 年 8 月，宁夏晋阳机电科技有限公司兴建的全新供热设备生产线投产运行 （张 治 摄）

◆ 2023 年 9 月，宁夏晟塬农业科技有限公司年产 20000 吨农用地膜和 2000 吨食品级高端保鲜膜生产加工项目正式投产 （张 治 摄）

◆ 2023 年 8 月，宁夏朗星科技有限公司 LED 光电设备制造基地建设项目全面投产运营

（张　治 摄）

◆ 2023 年 9 月，宁夏微元素食品开发有限公司年产 5 万吨富钾富锶干果饮品项目建成投产

（张　治 摄）

◆ 2023 年 12 月，栖凤食品有限公司年产 2000 吨蜜饯果脯果仁酥果糕生产加工项目正式投产

（张　治 摄）

◆ 2023 年 10 月，宁夏鑫美隆轻纺科技有限公司年产 4000 万件无纺布项目建成投产 （张 治 摄）

◆ 2023 年 8 月，宁夏新恒纺织科技有限公司年 4 万锭纺纱项目建成投产 （张 治 摄）

◆ 2023 年 8 月 2 日，石家峡水库工程大坝主体完成封顶 （张警予 摄）

◆ 2023 年 9 月 30 日，银昆高速友联红河特大桥合龙　(扈广博　摄)

3 特色农业

2023 年，彭阳县推进农业现代化，特色产业高质量发展，农业产业全链条升级，以建设乡村振兴样板县为牵引，统筹“四个不摘”与“五大振兴”，持续在发展中巩固拓展脱贫攻坚成果、推进乡村全面振兴。

种　植

◆ 大豆玉米套种　（杨占辉　摄）

◆ 冬小麦播种　（张彩云　摄）

◆ 利用无人机为冬小麦喷洒农药（县融媒体中心　提供）

◆ 2023 年，彭阳县大豆玉米带状复合种植 14.41 万亩 （张　治 摄）

◆ 冬小麦收割 （张彩云 摄）

◆ 高标准农田建设 （县融媒体中心 提供）

◆ 孟塬乡草滩村苹果种植基地，果农们忙着采摘苹果，装箱销售，一派丰收的景象 （张 治 摄）

◆ 古城镇温沟村冷凉蔬菜大棚 （县融媒体中心 提供）

◆ 孟塬乡赵山庄村露地辣椒示范基地 （张 治 摄）

◆ 辣椒产销两旺
（张警予 摄）

养 殖

◆ 交岔乡肉牛养殖示范户（张 治 摄）

◆ 新集乡肉牛养殖示范户（徐丹彤 摄）

◆ 彭阳县建国养殖专业合作社的朝那鸡养殖场 （刘小平 摄）

◆ 彭阳县金源果蔬营销专业合作社的朝那鸡养殖场 （徐丹彤 摄）

农副产品加工

◆ 彭阳果脯包装 （县融媒体中心 提供）

◆ 蜂蜜包装 （县融媒体中心 提供）

◆ 朝那鸡肉包装 （县融媒体中心 提供）

◆ 肉牛分割加工 （县融媒体中心 提供）

◆ 胡麻油生产 （县融媒体中心 提供）

◆ 地椒茶生产 （县融媒体中心 提供）

农副产品销售

◆ 2023 年 5 月 19—21 日，彭阳县受邀参加第十八届海峡旅游博览会和 2023 第八届中国(厦门)国际休闲旅游博览会。图为彭阳县特色农副产品展览区 （县融媒体中心 提供）

◆ “五一”国际劳动节，县发改局举办“双品网购节”暨云耕彭阳“五一”欢乐购活动 （张 治 摄）

4 产城融合

2023 年，彭阳县统筹县城生产、生活、生态需要，以人为核心、以县城为主要载体、以就业为基本支撑、以产城融合为基本方式的新型城镇化建设加快推进。

◆ 2023 年，宁南数字经济产业园成为周边大中专院校学生实习的重要场所 （张 治 摄）

◆ 2023 年 6 月 19 日，彭阳县首个新能源车辆集中充电站投入运营 （刘小平 摄）

◆ 2023 年 4 月 29 日，彭阳至庆阳高铁站客运班线开通试运行 （刘小平 摄）

◆ 2023 年 12 月 18 日，彭阳县至甘肃环县高铁站班线正式开通 （刘小平 摄）

◆ 2023 年 10 月，全县改造供热管网 5.1 公里

（扈广博 摄）

◆ 2023 年 7—8 月，彭阳县城主要地段防洪排涝雨污分流改造有序推进

（徐丹彤 摄）

◆ 2023 年 5 月 1 日，苏州公馆项目首栋住宅楼顺利封顶

（扈广博 摄）

◆ 新集乡团结村居民点 （张彩云 摄）

5 民生改善

2023年，彭阳县坚持尽力而为、量力而行，教育体育事业均衡发展，文化旅游事业蓬勃发展，卫生健康事业提速发展，社会保障事业协调发展，民生实事全面办理，发展成果更多更公平惠及全县人民，群众生活不断改善。

◆ 2023年6月26—28日，中国宋庆龄基金会携手北京同仁医院眼科专家，在县人民医院开展“2023年彭阳公益行”活动 （县融媒体中心 提供）

◆ 2023 年 1 月 18—19 日，彭阳县举办春风行动暨新春专场招聘会，现场达成就业意向或签订就业协议 1000 余人
（县融媒体中心 提供）

◆ 大山里的“爱心周末班线”：每周末接送王洼镇石岔小学上学、家住梁壕村的学生 （刘小平 摄）

◆ 2023 年 1 月 10 日，彭阳县游客集散中心试营业 （王 宁 摄）

◆ 2023 年 28—31 日，县教体局举办"奔跑吧·少年"儿童青少年主题健身活动暨第十八届中小学生田径运动会 （县融媒体中心 提供）

◆ 2023 年 9 月 21—23 日，县教体局举办农耕文化健身大赛暨健身指导志愿服务活动 （董 浩 摄）

◆ 2023 年 4 月 28 日，第四届彭阳县"梯田花海"自行车挑战赛暨美丽新宁夏自行车联赛（彭阳站）鸣枪开赛 （县融媒体中心中心 提供）

◆ 2023 年 10 月 22 日，共青团彭阳县委举办“团缘聚爱　情动彭阳”青年联谊活动　（县融媒体中心　提供）

◆ 2023 年 12 月 6 日，城阳乡敬老院为老人集体庆生　（县融媒体中心　提供）

◆ 2023 年 6 月 30 日，县住建局举办以“巍巍六盘　匠心有我”为主题的建筑工人技能大赛 （张　治 摄）

◆ 2023 年 1 月 13 日，县委宣传部开展“在宁夏·非遗过大年”文化活动 （扈晓晓 摄）

◆ 2023 年 9 月 26 日至 10 月 7 日，彭阳县举办 2023 年“迎国庆 度中秋”秦腔展演活动 （秦田田 摄）

6 生态建设

2023年，彭阳县编制完成国土空间总体规划，坚决打好黄河“几字弯”攻坚战，扎实推进山水林田湖草沙一体化保护和修复工程，森林覆盖率20.68%，水土流失治理率82.34%，草原综合植被盖度87.64%。

◆ 新集沟口石料厂生态修复点 （翟红霞 摄）

◆ 嘛喇湾梯田公园77号彩虹公路 （县委宣传部 提供）

◆ 陡坡流域 （杨 天 摄）

◆ 县城新貌 （扈广博 摄）

◆ 玉洼流域 （杨　天 摄）

◆ 大沟湾流域 （扈广博 摄）

◆ 店洼湿地水鸟栖息 （翟红霞 摄）

◆ 栖凤山 （杨 天 摄）

总　目

Table of Contents

特载　1
专文　17
大事记　33
县情概览　61
中国共产党彭阳县委员会　70
彭阳县人民代表大会　89
彭阳县人民政府　102
中国人民政治协商会议彭阳县委员会　112
中共彭阳县纪律检查委员会 彭阳县监察委员会　125
群众团体　132
法治　141
军事　150
经济管理　152
农业　162
工业　166
商贸服务业　171
旅游业　176
金融业　180
交通 邮政 通信　183
城乡建设　186
乡村振兴　191
生态环境　195
科学技术　200
教育　203
文化　212
卫生健康　217
体育　225
社会生活　229
应急管理　237
乡镇　240
人物荣誉　261
文献资料　270
统计资料　310
附录　318
索引　343

目 录

Contents

特 载

县委常委会工作报告(摘要) …………………… 1
——在中共彭阳县委九届第六次
全体会议上的讲话
政府工作报告(摘要) ……………………………… 6
——在彭阳县第十届人民代表大会
第四次会议上的讲话

专 文

关于常态化培养选拔优秀年轻干部的调研
报告 ……………………………………………… 17
典型案例调查研究报告 …………………………… 21
——正面案例:以招商引资实效助力县域
工业经济高质量发展
彭阳县冷凉蔬菜产业发展情况的调研报告 …… 24
关于深化园区体制机制改革推动高质量发展
的调研报告 ……………………………………… 28

大事记

1月 ………………………………………………… 33
2月 ………………………………………………… 34
3月 ………………………………………………… 35
4月 ………………………………………………… 36
5月 ………………………………………………… 39
6月 ………………………………………………… 43
7月 ………………………………………………… 48
8月 ………………………………………………… 50
9月 ………………………………………………… 52
10月 ……………………………………………… 55
11月 ……………………………………………… 56
12月 ……………………………………………… 57

县情概览

建置区划 ……………………………………… 61
位置面积 ………………………………………… 61
建置沿革 ………………………………………… 61
行政区划 ………………………………………… 61
自然环境 ……………………………………… 61
地质地貌 ………………………………………… 61
河流湖泊 ………………………………………… 61
土壤植被 ………………………………………… 62
气候物候 ………………………………………… 62
自然资源 ……………………………………… 63
土地资源 ………………………………………… 63
矿产资源 ………………………………………… 63

野生动物资源 …… 63
野生植物资源 …… 63
自然景观资源 …… 63
自然灾害 …… 63
概 况 …… 63
雹 灾 …… 64
冻 灾 …… 64
人口和民族宗教 …… 64
人 口 …… 64
民 族 …… 65
宗 教 …… 65
历史文化 …… 65
历史遗存 …… 65
红色文化 …… 65
非物质文化遗产 …… 65
历史名人 …… 65
风景名胜 …… 66
姚河塬遗址 …… 66
无量山石窟 …… 66
璎珞宝塔 …… 67
土特名产 …… 67
红梅杏 …… 67
果 脯 …… 67
小杂粮 …… 67
朝那乌鸡 …… 67
月子鸡 …… 67
2023 年经济社会发展 …… 68
政治建设 …… 68
经济建设 …… 68
文化建设 …… 68
社会建设 …… 69
生态环境建设 …… 69

中国共产党彭阳县委员会

综 述 …… 70
深化改革 …… 70
产业转型 …… 70
城乡发展 …… 70
和谐社会建设 …… 71
学习贯彻习近平新时代中国特色社会主义思想主题教育 …… 71
重要会议 …… 71
学习贯彻习近平新时代中国特色社会主义思想主题教育工作会议 …… 71
县委常委会会议 …… 72
县委综合事务 …… 74
文稿起草 …… 74
信息调研 …… 74
督促检查 …… 74
机要保密 …… 74
保障服务 …… 75
重大决策 …… 75
2023 年彭阳县农业产业高质量发展实施方案 …… 75
彭阳县 2023 年中药材和食用菌产业高质量发展实施方案 …… 75
彭阳县全面优化营商环境推动民营经济高质量发展实施意见 …… 76
彭阳县第二轮土地承包到期后再延长三十年整乡试点工作方案 …… 76
彭阳县推进基本养老服务体系建设实施方案 …… 76
2023 年彭阳县苹果、红梅杏冻害补贴实施方案 …… 77
组织工作 …… 77
公务员管理 …… 77
干部培训 …… 77
党的建设 …… 77
干部队伍建设 …… 78
人才工作 …… 78
宣传工作 …… 79
概 况 …… 79
理论学习 …… 79
主流媒体宣传 …… 79
媒体融合发展 …… 79

意识形态工作 …… 79
统战工作 …… 84
概　况 …… 84
党外人士工作 …… 84
民营经济统战工作 …… 84
政策研究 …… 84
概　况 …… 84
调查研究 …… 84
深化改革 …… 85
财办工作 …… 85
网络安全与信息化 …… 85
概　况 …… 85
网络宣传教育 …… 85
网络事务处置 …… 85
网络阵地建设 …… 85
第十一季网络达人浪固原活动 …… 85
信息化发展 …… 86
机构编制工作 …… 86
概　况 …… 86
重点领域改革 …… 86
编制资源配置优化 …… 86
机构改革成果深化 …… 86
机构编制法治建设 …… 87
党校工作 …… 87
概　况 …… 87
党校培训 …… 87
党校教学 …… 87
师资建设 …… 88
党史编研 …… 88
党史研究 …… 88
党史宣传 …… 88
挖掘整理“毛泽东吃土豆话初心”红色故事 …… 88

彭阳县人民代表大会

综　述 …… 89
人大代表构成 …… 89
人大常委会自身建设 …… 89
重要会议 …… 91
概　况 …… 91
人大常委会会议 …… 91
重大决定和人事任免 …… 92
重大决定 …… 92
人事任免 …… 92
人大监督 …… 95
概　况 …… 95
经济领域监督 …… 95
民生领域监督 …… 95
乡村振兴监督 …… 95
生态保护监督 …… 95
法律监督 …… 96
视察调研 …… 96
调研工业经济发展和招商引资工作 …… 96
对安全生产“一法两条例”贯彻落实情况开展执法检查 …… 96
议案建议 …… 96
概况 …… 96
关于加强人居环境整治实施美丽村庄建设项目的议案 …… 96
关于实施彭阳县城建筑节能改造工程的议案 …… 96
代表工作 …… 100
阵地建设 …… 100
闭会期间代表活动 …… 100
履职培训 …… 100
工作委员会与专门委员会 …… 100
财政经济工作委员会 …… 100
法制工作委员会 …… 101
教科文卫工作委员会 …… 101
代表联络选举工作委员会 …… 101

彭阳县人民政府

综　述 …… 102
深化改革 …… 102
农业发展 …… 102

二、三产业 …… 103
脱贫攻坚成果巩固拓展 …… 103
城乡面貌 …… 103
民生事业 …… 104
社会治理 …… 104
宋庆龄基金会帮扶 …… 104
闽宁协作 …… 104
重要会议 …… 105
政府全体会议 …… 105
政府常务会议 …… 105
政府综合事务 …… 107
政务服务 …… 107
督查督办 …… 107
政务公开 …… 107
建议和提案办理 …… 108
政府热线 …… 108
信访工作 …… 108
概　况 …… 108
信访接待 …… 108
积案办理 …… 108
信访积案有效化解问题专项整治 …… 108
信访工作 …… 109
行政审批 …… 109
一窗受理集中服务 …… 109
网上审批 …… 109
服务提升 …… 109
信息化建设 …… 109
信息发布 …… 109
网络建设 …… 110
“数字政府”建设 …… 110
县直机关事务管理 …… 110
公务活动保障 …… 110
办公用房管理 …… 110
公共机构节能 …… 111
港澳台事务　侨务 …… 111
港澳台事务 …… 111
侨务工作 …… 111

中国人民政治协商会议彭阳县委员会

综　述 …… 112
概　况 …… 112
政协委员构成 …… 112
政协委员会自身建设 …… 112
重要会议 …… 114
概　况 …… 114
政协常委会会议 …… 114
协商议政 …… 114
概　况 …… 114
委员大讲堂 …… 114
提案与社情民意 …… 115
概　况 …… 115
办理关于大力发展庭院经果林产业的提案 …… 115
办理关于切实提质增效宁南数字经济产业园的提案 …… 115
视察调研 …… 123
概　况 …… 123
调研全县教育教学工作 …… 123
调研全县石油资源产业开发利用情况 …… 123
调研全县乡村道路建设情况 …… 123
调研社区民生保障工作情况 …… 123
考察河北、山东省部分县(区)基础教育工作情况 …… 123
视察县内“十二五”“十三五”移民工作情况 …… 123
专门委员会工作 …… 124
提案和委员联络委员会 …… 124
经济委员会 …… 124
教科文卫体委员会 …… 124
社会治理委员会 …… 124

中共彭阳县纪律检查委员会 彭阳县监察委员会

综　述 …… 125
概　况 …… 125
纪检监察制度改革 …… 125
纪检监察队伍建设 …… 126
重要会议 …… 126
县纪委全委会 …… 126
县纪委常委会 …… 126
审查执纪 …… 130
审查调查 …… 130
案件查处 …… 130
党风廉政建设 …… 130
概　况 …… 130
“一月一主题”廉洁文化教育 …… 131
监督整改 …… 131
政治监督 …… 131
日常监督 …… 131
巡查监督 …… 131
常规巡察 …… 131
成果运用 …… 131
队伍建设 …… 131

群众团体

彭阳县总工会 …… 132
概　况 …… 132
工会普惠服务 …… 132
困难职工帮扶 …… 132
职工文体活动 …… 132
中国共产主义青年团彭阳县委员会 …… 132
概　况 …… 132
团组织建设 …… 132
青少年思想政治引领 …… 133
青少年权益维护 …… 133
青年志愿服务 …… 133
少先队工作 …… 133
青少年帮扶 …… 133
彭阳县妇女联合会 …… 133
概　况 …… 133
妇女组织建设 …… 133
妇女思想政治引领 …… 134
服务妇女创业创新 …… 134
巾帼建功行动 …… 134
妇女儿童权益保护 …… 134
困境妇女儿童帮扶 …… 134
家教家风家庭文明建设 …… 134
“三八”国际妇女节系列活动 …… 135
彭阳县科学技术协会 …… 135
概　况 …… 135
科普宣传 …… 135
科普活动 …… 135
科普服务 …… 136
彭阳县工商业联合会 …… 136
概　况 …… 136
民营经济法律服务 …… 136
民营经济调查研究 …… 136
服务民营经济发展 …… 136
商会建设 …… 137
民营企业人才培育 …… 137
民营经济人士参政议政 …… 137
民营经济社会服务 …… 137
彭阳县文学艺术界联合会 …… 137
概　况 …… 137
文艺创作 …… 137
采风交流活动 …… 138
文艺为民服务 …… 138
“诗意彭阳　多彩梯田”全国名家书画作品邀请展 …… 138
彭阳县残疾人联合会 …… 138
概　况 …… 138
残疾人康复服务 …… 138
残疾人就业服务 …… 138
残疾人职业技能培训 …… 139

扶残助残活动 …… 139
残疾人信息核查 …… 139
彭阳县红十字会 …… 139
概 况 …… 139
应急救护救援 …… 139
造血干细胞捐献和无偿献血 …… 140
红十字会志愿服务 …… 140
彭阳县计划生育协会 …… 140
概 况 …… 140
健康宣传教育 …… 140
生殖健康 …… 140
“两癌”筛查 …… 140
计划生育家庭帮扶 …… 140

法 治

政法委与综治 …… 141
平安彭阳建设 …… 141
法治彭阳建设 …… 141
政法改革 …… 142
政法队伍建设 …… 142
法治政府建设 …… 142
概 况 …… 142
行政执法监督 …… 142
行政复议应诉 …… 143
合法性审查 …… 143
行政争议化解 …… 143
公 安 …… 143
概 况 …… 143
打击犯罪 …… 143
社会治安管理 …… 143
户政管理 …… 143
道路交通安全管理 …… 143
危爆物品管控 …… 144
“110”接处警 …… 144
执法监督 …… 144
执法水平 …… 144
从优待警 …… 144
检 察 …… 144
概 况 …… 144
刑事检察 …… 145
民事行政检察 …… 145
公益诉讼检察 …… 145
未成年人检察 …… 145
检务公开 …… 145
检务为民 …… 145
检察改革创新 …… 145
法 院 …… 145
概 况 …… 145
刑事审判 …… 146
民商事审判 …… 146
案件执行 …… 146
诉源治理 …… 146
司法综合配套改革 …… 146
营造法治化营商环境 …… 147
法治宣传 …… 147
智慧法院建设 …… 147
司法行政 …… 147
概 况 …… 147
法治宣传 …… 147
公共法律服务 …… 148
社区矫正 …… 148
人民调解 …… 148
律师工作 …… 148
公证工作 …… 149
司法鉴定 …… 149
法律援助 …… 149

军 事

彭阳县人民武装部 …… 150
概 况 …… 150
党管武装 …… 150
双拥共建 …… 150
民兵整组 …… 150
基层建设 …… 150
兵员征集 …… 150
安全管理 …… 151

退役军人事务 …… 151
基础建设 …… 151
退役军人就业创业 …… 151
优抚帮扶 …… 151
双拥工作 …… 151

经济管理

宏观经济调控 …… 152
县域经济 …… 152
发展规划编制 …… 152
经济运行监测 …… 152
有效投资 …… 152
工业经济 …… 152
商贸流通 …… 153
粮食及物资储备 …… 153
安全环保 …… 153
国有资产监管 …… 153
行政事业单位资产监管 …… 153
企业资产监管 …… 153
财　政 …… 154
一般公共预算收支 …… 154
重点保障 …… 154
民生事业支出 …… 154
财政管理 …… 154
政府债务管控 …… 155
政府采购管理 …… 155
税　务 …… 155
税费收入 …… 155
退税减税降费 …… 155
税收征管改革 …… 155
纳税服务 …… 156
金融监管 …… 156
金融机构监管 …… 156
反洗钱工作 …… 156
金融风险防控 …… 156
审　计 …… 156
概　况 …… 156
重大政策跟踪审计 …… 156
预算执行审计 …… 157
经济责任审计 …… 157
民生领域审计 …… 157
审计整改 …… 157
统　计 …… 157
统计调查 …… 157
依法统计 …… 157
统计服务 …… 158
第五次全国经济普查 …… 158
市场监管 …… 158
概　况 …… 158
市场主体登记 …… 158
反垄断与反不正当竞争 …… 158
消费者权益保护 …… 158
企业信用监管 …… 159
质量标准化建设 …… 159
计量监管 …… 159
产品质量监管 …… 159
特种设备安全监管 …… 159
食品安全监管 …… 160
药品安全监管 …… 160
市场综合执法 …… 160
民生领域案件查办“铁拳”行动 …… 160
知识产权保护 …… 161
商标注册 …… 161
专利发明 …… 161
专利保护 …… 161
监督检查 …… 161
价格管理 …… 161
价格调控 …… 161
价格监测 …… 161
价格检查 …… 161

农　业

种植业 …… 162
概　况 …… 162

高标准农田建设 …… 162
冬小麦种植 …… 162
马铃薯种植 …… 163
大豆玉米套种 …… 163
小秋杂粮种植 …… 163
冷凉蔬菜种植 …… 163
养殖业 …… 164
肉牛养殖 …… 164
朝那乌鸡养殖 …… 164
动物防疫 …… 164
特色产业 …… 164
中药材产业 …… 164
闽宁现代食用菌科技园 …… 164
农业机械化 …… 165
概 况 …… 165
农机推广 …… 165
农机购置补贴 …… 165
农机安全管理 …… 165

工 业

综 述 …… 166
产业发展 …… 166
工业转型升级 …… 166
项目建设 …… 167
规上企业倍增计划实施 …… 167
王洼产业园区 …… 167
概 况 …… 167
基础设施建设 …… 167
经济运行 …… 168
项目建设 …… 168
招商引资 …… 168
安全生产 …… 168
环境保护 …… 168
专项治理 …… 169
助企纾困 …… 169
原煤生产 …… 169
概 况 …… 169
安全生产 …… 169
经营管理 …… 169
技术创新应用 …… 170
重点项目建设 …… 170
石油开发与服务 …… 170
概 况 …… 170
石油管理服务 …… 170
技术创新 …… 170

商贸服务业

投资促进服务 …… 171
招商成果 …… 171
项目储备 …… 171
营商环境优化 …… 171
商贸市场 …… 171
概 况 …… 171
设施建设 …… 171
批发零售业 …… 172
概 况 …… 172
安全生产 …… 172
粮油供销 …… 172
粮油经营 …… 172
粮油管理 …… 172
供销合作 …… 172
概 况 …… 172
综合改革 …… 172
社会化服务 …… 173
农产品营销 …… 173
基层网络建设 …… 173
烟草专卖 …… 173
卷烟营销 …… 173
专卖监管 …… 174
盐业经营 …… 174
盐业销售 …… 174
食盐差异化供给 …… 174
健康用盐知识宣传 …… 174
成品油管理 …… 174

加油站点 …… 174
安全管理 …… 174
快递服务 …… 174
概　况 …… 174
监督管理 …… 174
电子商务 …… 174
电商培育 …… 174
农村电子商务 …… 175
新兴服务业 …… 175
会计服务 …… 175
人力资源服务 …… 175
房地产服务 …… 175
律师服务 …… 175

旅游业

综　述 …… 176
概　况 …… 176
旅游基础设施建设 …… 176
旅游宣传推介 …… 176
旅游节庆活动 …… 177
旅游行业管理 …… 177
概　况 …… 177
旅行社管理 …… 177
旅游安全管理 …… 177
旅游从业人员管理 …… 177
旅游开发 …… 178
旅游示范创建 …… 178
红色旅游 …… 178
旅游资源 …… 178
乔家渠红军长征毛泽东宿营地旧址 …… 178
小岔沟红军长征毛泽东宿营地旧址 …… 178
任山河烈士陵园 …… 178
姚河塬遗址 …… 178
彭阳县博物馆 …… 179
青云湾梯田公园 …… 179
嘛喇湾梯田公园 …… 179
金鸡坪梯田公园 …… 179
茹河瀑布风景区 …… 179

金融业

金融服务 …… 180
货币政策执行 …… 180
现金服务 …… 180
经理国库 …… 180
支付环境建设 …… 180
银行业 …… 180
中国工商银行股份有限公司彭阳支行 …… 180
中国农业银行股份有限公司彭阳支行 …… 181
中国建设银行股份有限公司彭阳支行 …… 181
中国邮政储蓄银行股份有限公司彭阳支行 …… 181
宁夏银行股份有限公司彭阳支行 …… 181
宁夏彭阳农村商业银行股份有限公司 …… 181
宁夏彭阳贺兰山村镇银行股份有限公司 …… 182
保险业 …… 182
中国人民财产保险股份有限公司彭阳支公司 …… 182
中国人寿保险股份有限公司彭阳支公司 …… 182

交通　邮政　通信

交　通 …… 183
概　况 …… 183
公路建设 …… 183
G85 高速公路建设 …… 183
公路养护 …… 183
路域环境整治 …… 184
旅客运输 …… 184
行政执法 …… 184
安全生产 …… 184
邮　政 …… 185
概　况 …… 185
寄递业务 …… 185
图书报刊征订 …… 185
通　信 …… 185

中国电信股份有限公司彭阳分公司 …… 185
中国移动股份有限公司彭阳分公司 …… 185
中国联通股份有限公司彭阳分公司 …… 185
中国广电宁夏网络有限公司彭阳分公司 …… 185

城乡建设

综　述 …… 186
概　况 …… 186
城市项目建设 …… 186
城市住房保障 …… 186
农村住房保障 …… 186
城市生态建设 …… 186
城市管理 …… 186
违建查处 …… 186
市容秩序 …… 187
环境卫生 …… 187
市政设施 …… 187
物业管理 …… 187
行业监管 …… 187
城镇燃气监管 …… 187
自建房监管 …… 187
供热服务监管 …… 188
建筑工地监管 …… 188
污水处理监管 …… 188
房地产业监管 …… 188
水　务 …… 188
工程建设与管理 …… 188
农田水利 …… 188
水资源管理 …… 189
河湖管理 …… 189
水旱灾害防御 …… 189
用水权改革 …… 189
供电服务 …… 189
概　况 …… 189
电力保供 …… 190
安全管理 …… 190
服务提升 …… 190
电路维护 …… 190
电力创新 …… 190

乡村振兴

脱贫攻坚成果巩固拓展 …… 191
防返贫监测帮扶 …… 191
“三保障”及饮水安全 …… 191
农民增收 …… 191
就业帮扶 …… 192
移民搬迁后续帮扶 …… 193
资金帮扶 …… 193
协作帮扶 …… 193
农村改革 …… 193
经营体制改革 …… 193
农村土地制度改革 …… 193
集体经济扶持 …… 193
农村环境 …… 193
乡村建设 …… 194
人居环境整治 …… 194
面源污染治理 …… 194
乡村治理 …… 194
农村基层组织建设 …… 194
矛盾纠纷化解 …… 194
精神文明建设 …… 194
移风易俗 …… 194

生态环境

环境质量 …… 195
空气质量 …… 195
水土质量 …… 195
污染防治 …… 195
大气污染防治 …… 195
水污染防治 …… 195
土壤污染防治 …… 195
工业固(危)废防治 …… 196
环境监管 …… 196

环保督察 …… 196
环境监测 …… 196
自然资源管理 …… 196
概　况 …… 196
资源规划 …… 196
资源审批 …… 197
资源管护 …… 197
确权管理 …… 197
行政管理 …… 197
安全管理 …… 198
山林权改革 …… 198
土地权改革 …… 198
生态建设 …… 198
概　况 …… 198
造林绿化 …… 198
庭院林果 …… 199
生态修复治理 …… 199
节能减排 …… 199
能源项目建设 …… 199
排污权改革 …… 199
节能降耗 …… 199

科学技术

科技管理 …… 200
经费投入 …… 200
“宁科贷”业务开展 …… 200
科技型企业培育 …… 200
科技活动 …… 200
科技成果转化 …… 200
科技周活动 …… 200
闽宁科技协作 …… 200
科技指导 …… 201
科技培训 …… 201
科技特派员 …… 201
地震监测 …… 201
地震宏观观测 …… 201
抗震设防信息采集 …… 201
抗震设防监管 …… 201
防震减灾宣传 …… 201
地震应急演练 …… 201
气象测报 …… 202
彭阳县气象局成立 …… 202
科技测报手段 …… 202
人工干预天气 …… 202
气象为社会服务 …… 202

教　育

综　述 …… 203
概　况 …… 203
教育经费投入 …… 203
控辍保学 …… 203
“双减”工作 …… 203
招生考试 …… 204
教育资助 …… 204
教育质量提升 …… 204
素质教育 …… 204
校园治理 …… 205
教育惠民 …… 205
教师队伍建设 …… 208
概　况 …… 208
县管校聘改革 …… 208
教师能力提升培训 …… 209
“彭阳教育之窗骨干教师谈教学”栏目 …… 209
基础教育 …… 209
概　况 …… 209
学前教育 …… 209
义务教育 …… 209
高中教育 …… 210
民办教育 …… 210
特殊教育 …… 210
合作办学 …… 210
概　况 …… 210
县一中、县三中与银川一中合作办学 …… 210
县一中与厦门大学及附属实验中学托管帮扶办学 …… 210

县一小与银川二十一小合作办学 ………… 211
县四小与银川二十一小湖畔分校
合作办学 …………………………………… 211
职业教育和成人教育 …………………… 211
概　况 ………………………………………… 211
产教融合校企合作 ………………………… 211
职业教育改革 ……………………………… 211
成人教育 …………………………………… 211

文　化

公共文化 ………………………………… 212
概　况 ………………………………………… 212
文化阵地建设 ……………………………… 212
“阅享新时代　共筑书香彭阳”送书进
移民村活动 ………………………………… 212
绘本阅读推广活动 ………………………… 213
线上好书推荐 ……………………………… 213
博物馆日活动 ……………………………… 213
群众文化 ………………………………… 213
概　况 ………………………………………… 213
“迎国庆　度中秋”秦腔展演活动 ………… 213
“庆新春　闹元宵”秦腔展演活动 ………… 213
“迎新春　写春联　送福字　挂灯笼”
文化活动 …………………………………… 213
“庆新春　闹元宵”社火表演活动 ………… 213
文化遗产保护 …………………………… 214
文物定级 …………………………………… 214
非物质文化遗产宣传 ……………………… 214
姚河塬遗址考古发掘 ……………………… 214
新闻媒体 ………………………………… 214
概　况 ………………………………………… 214
广播电视 …………………………………… 214
新媒体宣传 ………………………………… 214
农村电影放映 ……………………………… 214
专题专栏设置 ……………………………… 215
广电事业 …………………………………… 215
档案管理 ………………………………… 215
概　况 ………………………………………… 215
档案业务 …………………………………… 215
档案接收 …………………………………… 215
档案利用 …………………………………… 215
档案数字化 ………………………………… 215
依法治档 …………………………………… 215
档案安全 …………………………………… 216
地方志 …………………………………… 216
方志编纂 …………………………………… 216
方志宣传 …………………………………… 216
图书销售 ………………………………… 216
教材教辅征订 ……………………………… 216
一般图书销售 ……………………………… 216
文化市场管理 …………………………… 216
文化市场执法检查 ………………………… 216
校外培训机构专项检查 …………………… 216

卫生健康

综　述 …………………………………… 217
概　况 ………………………………………… 217
公立医院综合改革 ………………………… 217
全民健康水平提升行动 …………………… 217
疾病预防控制 …………………………… 218
疾病监测 …………………………………… 218
慢性病防治 ………………………………… 218
传染病防治 ………………………………… 218
公共卫生 ………………………………… 219
概　况 ………………………………………… 219
基本公共卫生服务 ………………………… 219
健康扶贫 …………………………………… 219
家庭医生签约 ……………………………… 220
妇幼卫生健康促进项目 …………………… 220
健康促进 ………………………………… 220
卫生城市创建 ……………………………… 220
病媒生物预防 ……………………………… 221
爱国卫生运动系列活动 …………………… 221
卫生监督 ………………………………… 221

概　况 …… 221
医疗废物管理 …… 221
监督检查 …… 221
职业病危害专项治理 …… 221
二次供水专项治理 …… 222
公共场所卫生监督 …… 222
医政药政管理 …… 222
医疗机构行业监管 …… 222
药品采购管理 …… 222
医药管理宣传培训 …… 222
重点医疗机构 …… 222
彭阳县人民医院 …… 222
彭阳县中医医院 …… 223
彭阳县妇幼保健院 …… 224

体　育

体育设施 …… 225
体育基础设施建设 …… 225
彭阳县体育馆 …… 225
西门公共体育场 …… 226
全民健身 …… 226
概　况 …… 226
“三进五送”志愿服务活动 …… 226
农耕文化健身大赛暨健身指导志愿服务活动 …… 226
城市社区运动会 …… 227
竞技体育 …… 227
宁夏第六届农民篮球争霸赛 …… 227
第四届“梯田花海”自行车挑战赛 …… 227
11人制足球比赛 …… 227
青少年体育 …… 227
青少年业余训练 …… 227
体教融合 …… 228
第十八届中小学生田径运动会 …… 228
“奔跑吧·少年”第四届中小学生校园足球联赛暨首届足球嘉年华活动 …… 228

社会生活

人口家庭 …… 229
人口监测 …… 229
婚姻登记 …… 229
收养登记 …… 229
家庭矛盾纠纷调解 …… 229
流动人口管理 …… 229
殡葬管理 …… 230
收入消费 …… 230
居民收入 …… 230
居民消费支出 …… 230
居民消费价格指数 …… 230
人事人才 …… 230
招才引才 …… 230
人才培育 …… 230
人才激励 …… 230
劳动就业 …… 231
技能培训 …… 231
劳务输出 …… 231
稳岗就业 …… 231
就业帮扶 …… 231
工资保障 …… 231
劳动仲裁 …… 231
社会保险 …… 232
养老保险 …… 232
医疗保险 …… 232
全民参保 …… 232
医疗保障 …… 232
参保缴费 …… 232
医保扶贫 …… 232
基金监管 …… 232
医疗改革 …… 232
住房保障 …… 233
公租房管理 …… 233
公积金归集 …… 233
公积金提取使用 …… 233

公积金贷款 …… 233
住房补贴发放 …… 233
购房补贴发放 …… 233
养老服务 …… 233
概 况 …… 233
场所管理 …… 233
服务提升 …… 233
养老诈骗整治 …… 234
社会救助 …… 234
概 况 …… 234
最低生活保障 …… 234
困境儿童救助 …… 234
社会组织管理 …… 234
网格化管理服务 …… 234
社会组织监管 …… 235
社会事务服务 …… 235
民族宗教事务 …… 235
民族团结进步创建 …… 235
民族工作 …… 235
宗教工作 …… 235
精神文明建设 …… 236
概 况 …… 236
全国文明城市创建 …… 236
志愿服务 …… 236

应急管理

综 述 …… 237
指挥体系建设 …… 237
应急预案编制 …… 237
应急演练 …… 237
应急救援队伍建设 …… 237
安全生产 …… 237
宣传培训 …… 237
安全生产整治 …… 237
危险化学品监督管理 …… 238
监督检查 …… 238
安全隐患排查 …… 238
防灾减灾救灾 …… 238
防灾宣传 …… 238
救灾物资储备 …… 238
制度建设 …… 238
救灾工作 …… 238
消防救援 …… 238
概 况 …… 238
隐患排查 …… 238
消防宣传 …… 239
消防接处警 …… 239

乡 镇

白阳镇 …… 240
概 况 …… 240
脱贫攻坚成果巩固拓展 …… 240
产业发展 …… 240
民生事业 …… 241
基层治理 …… 241
人居环境整治 …… 241
古城镇 …… 241
概 况 …… 241
脱贫攻坚成果巩固拓展 …… 242
产业发展 …… 242
民生事业 …… 242
基层治理 …… 243
人居环境整治 …… 243
王洼镇 …… 243
概 况 …… 243
脱贫攻坚成果巩固拓展 …… 243
产业发展 …… 243
民生事业 …… 244
基层治理 …… 244
人居环境整治 …… 245
红河镇 …… 245
概 况 …… 245
脱贫攻坚成果巩固拓展 …… 245
产业发展 …… 245

民生事业 …… 246
基层治理 …… 246
人居环境整治 …… 246
新集乡 …… 246
概　况 …… 246
脱贫攻坚成果巩固拓展 …… 247
产业发展 …… 247
民生事业 …… 247
基层治理 …… 247
人居环境整治 …… 248
城阳乡 …… 248
概　况 …… 248
脱贫攻坚成果巩固拓展 …… 248
产业发展 …… 248
民生事业 …… 249
基层治理 …… 249
人居环境整治 …… 249
乡村旅游 …… 250
草庙乡 …… 250
概　况 …… 250
脱贫攻坚成果巩固拓展 …… 250
产业发展 …… 250
民生事业 …… 251
基层治理 …… 251
人居环境整治 …… 251
孟塬乡 …… 251
概　况 …… 251
产业发展 …… 252
民生事业 …… 252
基层治理 …… 253
人居环境整治 …… 253
冯庄乡 …… 253
概　况 …… 253
脱贫攻坚成果巩固拓展 …… 253
产业发展 …… 254
民生事业 …… 254
基层治理 …… 254
人居环境整治 …… 254
小岔乡 …… 255
概　况 …… 255
脱贫攻坚成果巩固拓展 …… 255
产业发展 …… 255
民生事业 …… 256
基层治理 …… 256
人居环境整治 …… 256
罗洼乡 …… 256
概　况 …… 256
脱贫攻坚成果巩固拓展 …… 257
产业发展 …… 257
民生事业 …… 257
基层治理 …… 257
人居环境整治 …… 258
交岔乡 …… 258
概　况 …… 258
脱贫攻坚成果巩固拓展 …… 258
产业发展 …… 258
民生事业 …… 259
基层治理 …… 259
人居环境整治 …… 260

人物荣誉

2023 年彭阳县获市级以上表彰的先进单位一览表 …… 261
2023 年度彭阳县获市级以上表彰的先进个人一览表 …… 265
2023 年彭阳县全国文明单位及自治区文明单位名录 …… 268
2023 年彭阳县三等功以上获得者一览表 …… 269

文献资料

彭阳县人大常委会工作报告(摘要) …… 270
中国人民政治协商会议彭阳县第十届委员会常务委员会工作报告 …… 276
在彭阳县纪委九届三次全体会议上的工作报告 …… 282

在彭阳县纪委九届四次全体会议上的工作报告 …… 290
彭阳县人民法院工作报告 …… 299
彭阳县人民检察院工作报告 …… 305

统计资料

2019—2023 年全县地区生产总值及增长速度 …… 310
2019—2023 年全县生产总值三次产业构成 …… 310
2019—2023 年全县人均地区生产总值及增长速度 …… 311
2023 年彭阳县地区生产总值构成及增长速度一览表 …… 311
2019—2023 年全县粮食产量及增长速度 …… 312
2023 年彭阳县主要农林牧产品产量及增长速度一览表 …… 312
2019—2023 年全县工业增加值及增长速度 …… 313
2019—2023 年固定资产投资及增长速度 …… 313
2023 年彭阳县固定资产投资(不含农户)及增长速度一览表 …… 314
2019—2023 年全县社会消费品零售总额及增长速度 …… 314
2023 年彭阳县社会消费品零售总额及其增长速度一览表 …… 315
2019—2023 年全县公共财政预算收入及增长速度 …… 315
2019—2023 年全县城镇居民人均可支配收入及增长速度 …… 316
2019—2023 年全县农村居民人均可支配收入及增长速度 …… 316
2023 年彭阳县城乡居民人均可支配收入及增长速度一览表 …… 317

附 录

组织机构与负责人名录 …… 318
县级领导机构成员名录 …… 318
县委工作部门 …… 319
县人大常委会机关 …… 321
县政协机关 …… 321
纪委监委机关 …… 321
法 院 …… 322
检察院 …… 323
县政府工作部门 …… 323
王洼产业园区管理委员会 …… 327
群众团体 …… 327
驻县单位 …… 328
乡 镇 …… 331
文件目录 …… 333
2023 年中共彭阳县委发文选录 …… 333
2023 年中共彭阳县委办公室发文选录 …… 334
2023 年彭阳县人民政府发文选录 …… 335
2023 年彭阳县人民政府办公室发文选录 …… 339

索 引

…… 343

县委常委会工作报告(摘要)

——在中共彭阳县委九届第六次全体会议上的讲话

(2024 年 1 月 2 日)

彭阳县委书记　张永强

同志们:

2023 年是全面贯彻党的二十大精神和自治区第十三次党代会精神的开局之年,是三年新冠疫情防控转段后经济恢复发展的一年,也是彭阳县加快推进高质量赶超式发展的重要一年。一年来,面对艰巨繁重的改革发展稳定任务,在以习近平同志为核心的党中央坚强领导下,县委常委会坚持以习近平新时代中国特色社会主义思想为指导,深入学习宣传贯彻党的二十大精神,全面贯彻落实习近平总书记视察宁夏重要讲话指示批示精神,紧紧围绕铸牢中华民族共同体意识这条主线,坚持稳中求进工作总基调,持续用力大抓发展、抓大发展、抓高质量发展,统筹发展和安全,保障和改善民生,坚持全面从严治党,顶住压力、克服困难,推动全县各项事业发展取得新突破。

一、深入开展主题教育,凝聚起磅礴奋进伟力

坚持把开展主题教育作为重大政治任务,加强组织领导,突出主题主线,紧扣目标要求,加强分类指导,一体推进 5 项重点措施,在以学铸魂、以学增智、以学正风、以学促干上取得了明显成效。

*一是突出凝心铸魂、筑牢根本,理论武装取得新成效。*牢牢把握"学思想"主线,全面落实"第一议题"制度和"双随机"学习交流机制,采取举办读书班、专题党课等多种方式,召开县委理论学习中心组学习会 6 次,讲专题党课 30 场次、宣传宣讲 56 场次。各级党组织开展学习研讨 2330 余场次、讲专题党课 643 场次、宣传宣讲 1460 场次。通过开展主题教育,广大党员干部更加深刻认识到习近平新时代中国特色社会主义思想是丰富的理论宝库,从中找方向、找方法、找遵循的自觉性和坚定性进一步增强。

*二是突出锤炼品格、强化忠诚,政治建设得到新加强。*把深化"四大"活动贯穿始终,开展习近平总书记视察宁夏重要讲话指示批示精神全面大起

底、“回头看”，梳理任务123条，制定措施333条。组织开展“感恩总书记，奋进新征程”等实践活动，加强理想信念教育、党性教育。通过开展主题教育，广大党员干部深刻领悟“两个确立”的决定性意义、坚决做到“两个维护”的政治自觉、思想自觉、行动自觉进一步增强。

三是突出实干担当、促进发展，各项事业迈上新台阶。牢固树立和践行正确政绩观，县级领导干部围绕15个领域开展调查研究，形成高质量调研报告27篇，县委召开调研成果交流会剖析典型案例、交流调研成果、推进转化运用，提出政策对策112条。全面贯彻落实党中央及区、市党委各项决策部署，制定贯彻落实责任清单，主要经济指标稳中向好，安全稳定形势持续向好。通过开展主题教育，广大党员干部切实把功夫和心思花在破难题、促发展上，推动各项事业发展取得了新成效。

四是突出践行宗旨、为民造福，民生福祉实现新提升。弘扬“四下基层”优良作风，深入开展“办实事、解民忧、暖民心”实践活动，办理群众反映问题6000余件、民生项目27件、民生实事70项。扎实开展“进企业、送服务、解难题”活动，帮助企业解决困难问题327个。深化农村党员联系服务群众“挂联诺”机制，3292名党员户挂牌“亮”身份，办结承诺事项4504个。通过开展主题教育，广大党员干部践行以人民为中心的发展思想更加自觉。

五是突出改进作风、树立新风，政治生态呈现新气象。坚持边学习、边对照、边检视、边整改，县委、人大、政府、政协领导班子列出问题清单18个，各乡镇、各部门(单位)梳理问题清单94个，均全部整改到位。农村公路生态植绿柳谷坊防撞墙经验做法入选全区主题教育成果，得到主题教育中央第十五巡回指导组及区、市党委和政府主要领导批示肯定并在全区推广。强力推进“8+2”专项整治，梳理问题26个，落实整改措施93条，已出台和正在拟定制度文件28个。通过开展主题教育，广大党员干部纪律规矩意识显著增强，真抓实干的氛围愈发浓厚。

二、坚持发展第一要务，高质量发展质效提升

完整、准确、全面贯彻新发展理念，突出做好稳增长、稳就业、稳物价工作，经济发展保持良好势头、质量效益稳步提升。

一是保持经济平稳增长。突出重点精准施策，围绕市场主体实际需求精准打好减税降费、金融信贷等政策“组合拳”，为各类企业和个体工商户退减缓税费6126万元，新增贷款7.5亿元，新增市场主体1600户，预计地区生产总值增长5.3%，固定资产投资增长3%。出台10条政策措施，安排消费资金540余万元，举办促消费活动30余场，撬动社会消费近亿元，总体上稳住了市场消费。R&D经费增长52.8%，35家企业入库国家科技型中小企业，国家和自治区级科技型企业分别达到35家、40家。

二是推进产业转型升级。大力实施产业倍增计划，建成农业产业项目39个，巩固提升肉牛养殖示范村71个，建成“出户入园”养殖园区10个，肉牛饲养量23万头，打造冷凉蔬菜示范园区4个，新改建日光温室737栋，蔬菜面积7.2万亩，发展庭院经济林2234亩，红梅杏产值3600万元，培育朝那鸡养殖示范村107个，朝那鸡饲养量80万只。建成矿山机械增材再制造等工业项目12个，新增规上工业企业3家，预计规上工业增加值增长8%，园区承载力进一步增强，新增入园企业20家。宁南数字经济产业园获评自治区级现代服务业集聚区、数字经济示范园区、众创空间，建成的“梯田夜肆”被命名为自治区级第一批夜间文化和旅游消费集聚区，全年接待游客数、旅游社会总收入分别增长29%、11%。

三是大抓项目扩大投资。大力实施投资牵引计划，扎实开展重点项目建设“晒比促”活动，建设重点项目93个，完成投资54.1亿元。争取国家和自治区级资金项目74个、资金11.4亿元，围绕产业发展、乡村振兴、生态环保等领域，谋划2024年重点项目92个，年度计划投资92.10亿元。突出重点产业抓招商引资，在西安、福州举办农文旅推介招商活动，全年落地项目40个，到位资金35.26亿元、完成固原市下达任务的110%，其中亿元以上项目22个，兑现招商引资奖补资金3845万元。

四是推动高水平改革开放。大力实施改革创新计划，出台重要改革方案22个，48项重点改革任务扎实推进，承担的4项国家级改革试点取得重要突破。打好"六权"改革主动仗，深化"山林权"改革，首创"山林地确权明白书"，破解"一户多证"难题，山林权经营权流转、森林经营质效提升等取得新成效，改革经验被国家林业和草原局作为典型案例在全国推广、在全区"六权"改革推进会上进行交流，"放管服"改革纵深推进。加强与中国宋庆龄基金会、集美区、翔安区合作交流，成功举办了宁夏第二届农耕健身大赛等体育赛事活动。

三、统筹城乡协调发展，乡村全面振兴加快推进

协同推进新型城镇化和乡村振兴战略，坚持城乡融合发展，坚决守牢防止规模性返贫底线，统筹推进乡村发展、乡村建设、乡村治理等重点工作，加快建设乡村全面振兴样板县。

*一是着力巩固拓展脱贫成果。*严格落实"四个不摘"，常态化开展防返贫监测帮扶，对重点人群、特殊人群"八必访"，新识别监测对象475户1890人，辍学学生常态清零，脱贫人口和监测对象家庭医生签约率、医保参保率均达100%，新建加固农村房屋674户，整改安全饮水问题1164户，脱贫人口人均纯收入15430元、增长16.3%。着力解决产业、就业、社会融入三件事，实施移民致富提升项目43个，改造提升安置点6个，移民人均可支配收入增长11%。国家和自治区等各级各类考核反馈问题全部整改到位。闽宁协作和中央定点帮扶工作取得新成效。

*二是发展壮大乡村特色产业。*坚决扛稳粮食安全政治责任，出台价格、补贴、保险"三位一体"政策体系，粮食播种面积74.7万亩，其中大豆玉米带状复合种植14.41万亩，坚决遏制"非农化"、有效防止"非粮化"，建成高标准农田15万亩。依托特色资源，强龙头、补链条、兴业态、树品牌，肉牛、蔬菜、红梅杏、食用菌等特色产业品牌品质、市场份额、综合效益同步提升，采取订单合同、流转租赁、资产收益等经营方式，充分发挥农业经营主体联农带农作用，农民增收致富渠道不断拓宽。

*三是建设宜居宜业和美乡村。*实施乡村建设项目15个1.35亿元，156个行政村村庄规划全覆盖，创建乡村振兴示范村8个，整治乡村振兴薄弱村和移民薄弱村9个。农村人居环境整治成效显著，打造农村人居环境整治示范乡3个、示范村20个、美丽村庄7个，新建卫生厕所655户，普及率65%，所有行政村生活垃圾和污水得到收运处理。

*四是加快推进城乡融合发展。*推进市政基础设施和燃气、排水、供热管线改造，理顺物业管理体制机制，改造老旧小区21个，新建保障性租赁住房612套，苏州公馆等8个房地产项目有序推进，商品房销售面积增长44.9%，新增充电桩177个、车位1000个。G85银昆高速彭阳段今年将通车，续建农村公路140千米，完成农村公路路况提升216千米，开通运营彭阳至庆阳、环县高铁站客运班线，石家峡水库完成主体工程，除险加固水库4座，"互联网+城乡供水"模式被水利部编入教科书面向全国推广，彭阳县"吃水经"在世界联合国水大会上分享。

四、加强生态文明建设，美丽彭阳焕发新面貌

深入贯彻习近平生态文明思想，认真落实自治区"1+4"系列文件，协同推进降碳、减污、扩绿、增长，美丽彭阳建设迈出新步伐。

*一是加强生态保护修复。*编制完成国土空间总体规划，坚决打好黄河"几字弯"攻坚战，扎实推进山水林田湖草沙一体化保护和修复工程，建成"山水工程"7个，完成绿化造林9.58万亩，恢复治理废弃矿山12个，治理小流域40平方千米，森林覆盖率20.68%，水土流失治理率82.34%，草原综合植被盖度87.64%。严格推进禁牧封育、禁伐限伐、禁烟禁火，落实"林长+警长+检察长"机制，强化森林草原防火监管巡查，生态建设成果持续巩固提升。

*二是深入推进污染防治。*深入打好蓝天、碧水、净土"三大保卫战"，全面整改中央和自治区环保督察及"回头看"反馈问题，排查整改生态环境领域风险隐患127条，大气优良天数比例90%以上，茹河、蒲河、红河国控出境断面水质保持Ⅱ类，地下水水质达到Ⅲ类，建设用地和农用地环境质量安全可控。

*三是推进绿色转型发展。*扎实做好"生态+"和"绿色+"文章，采取"公司+合作社+基地+农户"模式，培育林业专业合作社120家，引进林产品加工企业3家，发展林下中药材4.1万亩、生态鸡54万

只，林下经济产值7700万元，联农带农1.2万余户，户均增收2500元。

五、持续增进群众福祉，保障改善民生有力有效

坚持尽力而为、量力而行，补齐民生短板，推进共同富裕，城乡居民人均可支配收入分别增长7%、9%。

一是持续做好稳就业促增收。大力实施居民收入提升行动，出台促进就业创业政策33条，兑现援企稳岗等补贴314万元，高校毕业生、农民工、退役军人、脱贫人口等重点群体就业总体稳定，零就业家庭动态清零，数字经济产业园兴产业促增收经验被国家发改委作为全国共同富裕案例推广，新增城镇就业1839人，农村劳动力转移就业5.9万人，城镇调查失业率控制在5.5%以内。

二是努力办好人民满意教育。大力实施教育质量提升行动，协调推动跨区域集团化办学，深入推进县中托管帮扶工作，建设职业教育实训基地，教育发展主要指标逐年稳步提升。开工建设教育项目9个，改造提升中小学17所，扎实推进“互联网+教育”，全面巩固提升“双减”治理成果，学科类校外培训机构压减率100%。

三是加快推进健康彭阳建设。大力实施健康水平提升行动，深化医药卫生体制改革，组建县疾病预防控制局，出台《关于深化公立医院薪酬制度改革实施方案》，建成县人民医院王洼分院主体，改造提升村卫生室19个，国家卫生县城通过自治区考核。基本养老、基本医疗等参保覆盖面不断扩大，完成城乡低保扩围增效，新增城乡低保3018户3931人。

六、铸牢中华民族共同体意识，民族和睦宗教和顺

紧紧围绕铸牢中华民族共同体意识这条主线，着力加强和改进民族宗教工作，民族和睦、宗教和顺良好局面持续巩固。

一是加快建设铸牢中华民族共同体意识示范县。制定《加快建设铸牢中华民族共同体意识示范县分工方案和责任清单》，深化拓展“5585”创建模式，深入实施培元固本、夯基育苗、凝心铸魂、正本清源“四大工程”，全时、全业、全域、全员推进“七进”活动，打造铸牢中华民族共同体意识示范点60个，全国民族团结进步示范县创建成果进一步巩固，“三个离不开”“四个与共”“五个认同”理念深深扎根人心。

二是依法彻底整治宗教领域问题。全面贯彻党的宗教工作基本方针，深入开展宗教领域“五查五治”工作，建立风险隐患“红黄蓝”三色预警机制，问题整改率100%，完成“合坊并寺”关停场所处置工作，整改宗教活动场所建筑安全隐患236个。依法加强宗教事务管理，全面提升宗教治理水平，扎实开展非法宗教活动排查整治，坚决抵御境外宗教渗透，宗教领域保持和顺平静。

七、贯彻总体国家安全观，安全发展基础巩固夯实

坚定不移贯彻总体国家安全观，坚持党的领导、人民当家作主、依法治县有机统一，加快推进平安彭阳、法治彭阳建设，全县政治安全、社会安定、人民安宁。

一是民主政治建设扎实推进。召开县委人大工作会议，制定《贯彻落实关于新时代坚持和完善人民代表大会制度加强和改进人大工作重点任务分工方案》，支持人民政协依照章程履行职能，人大议案、政协提案办结答复率100%。完成共青团、妇联换届，落实党管武装，扎实做好退役军人工作。

二是维护政治安全坚定有力。出台《进一步维护政治安全工作实施方案》等文件，深入实施铸魂、防渗、夯基、固本“四大工程”，纵深推进维护政治安全“十项行动”，排查整改风险隐患134个。持续开展国家安全教育“八进”活动，组织开展“4·15”全民国家安全教育日集中宣传活动，营造全民共筑安全屏障的浓厚氛围。

三是依法治县水平不断提高。召开县委全面依法治县委员会会议5次，完成自治区“一规划两纲要”和“八五”法治宣传教育中期评估检查，扎实开展法治政府示范创建，行政负责人出庭应诉率100%。深化执法司法权力运行机制改革，健全完善非诉讼纠纷解决机制。大力推进“八五”普法，全面落实会前学法、带头讲法、任前考法、年终述法制度，复核成功全国民主法治示范村1个，创建全区民主法治示范村3个。

*四是平安彭阳建设水平更高。*常态化推进扫黑除恶斗争,成功侦破“ZBS”特大网络传销案,实现发案数、财损数“双下降”。建成县社会治理应急指挥中心,开展治理重复信访、化解信访积案专项工作,7类重点人群纳入“两个台账”管理服务。坚决贯彻习近平总书记对富洋烧烤店燃气爆炸事故重要指示精神,制定贯彻落实自治区“1+37+8”系列文件《责任清单》,常态化开展安全隐患大排查大整治,排查整改安全隐患2.5万余条,编制“1+35+7”应急预案体系,常住燃气用户“三件套”安装率100%,形成安全生产预警预防、检查排查、监督管理、宣传教育、学习培训、督查考核、追责问责等一整套运行体系和工作闭环。

八、坚持守正创新,开创宣传思想文化工作新局面

认真学习贯彻习近平文化思想,坚持举旗帜、聚民心、育新人、兴文化、展形象,唱响主旋律、汇聚正能量、提振精气神。

*一是守牢意识形态安全防线。*全面落实意识形态工作责任制,召开全县意识形态联席会议3次,开展意识形态常态化督查和巡察专项检查。深化网络生态治理,制定《突发事件舆情应对应急方案》《新闻发布保障应急工作方案》等文件,开展“清朗·自媒体乱象”专项行动,意识形态领域风险可管可控、态势平稳向好。

*二是巩固壮大主流思想舆论。*坚持主流媒体和新兴媒体协调发力,网上网下一体,内宣外宣联动,全面报道主题教育进展情况、好的做法和实效效果,开设专题专栏9个。浓墨重彩开展党的二十大精神等重大主题宣传,彭阳声音传得更广更远。加快媒体深度融合发展,融媒体中心传播力、影响力不断增强。

*三是践行社会主义核心价值观。*发挥新时代文明实践中心(所、站)作用,常态化推进志愿服务活动。持续开展高价彩礼、大操大办等专项治理,修订完善156个行政村村规民约。大力推进长城、长征文化公园和姚河塬遗址建设,常态化开展“文化科技卫生”三下乡活动,开展“四个一”文体活动1600余场次。全国文明城市创建有序推进。

九、坚定不移全面从严治党,政治生态风清气正

深入学习贯彻习近平总书记关于党的建设重要思想,坚决扛起管党治党政治责任,以永远在路上的执着和韧劲纵深推进全面从严治党。

*一是全面加强党的领导。*全面落实党委领导重大工作体制机制,加强党对改革、国安、政法、财经、网信、审计和乡村振兴等工作的领导。充分发挥县委总揽全局、协调各方作用,及时听取县人大、政府、政协、法院、检察院党组和群团组织工作汇报,研究部署工作,确保党的领导落实到各领域各方面。

*二是加强基层组织建设。*持续深化农村党建“一抓两整”创建行动,整顿农村软弱涣散基层党组织2个,创建党建示范村125个,新选派驻村干部422人,筛选12个村村集体经济创新设置奖励股、基础股和兜底股开展股份分红,156个行政村村集体经济收入均达到8万元以上。统筹推进机关、城市、学校、医院等党建工作,建成乡镇基层党校5所。

*三是建强干部人才队伍。*坚持“四个特别”政治标准,对65个部门(单位)和12个乡镇开展政治素质考察,先后提拔重用干部69名,晋升职级21名。制定《常态化选拔优秀年轻干部八条措施》,选派35名优秀年轻干部到村挂职锻炼。召开县委人才工作领导小组会议,出台《彭阳县人才发展中长期规划》,实施人才项目19个。

*四是持之以恒正风肃纪。*制定县委常委会《关于贯彻落实中央八项规定及其实施细则精神的实施意见》,查处违反中央八项规定精神5起,常态化开展“转作风 重实干 勇担当”活动,处理酒驾醉驾、赌博等33人。推进乡村振兴、教育等领域专项治理,全县纪检监察机关共立案50件、处分43人。自治区党委巡视反馈的43个问题已完成整改42个,制定县委《巡察工作规划》,完成四轮常规巡察,巡察利剑作用进一步彰显。

政府工作报告（摘要）

——在彭阳县第十届人民代表大会第四次会议上的讲话

（2024年1月5日）

彭阳县人民政府县长　周　浩

一、2023年工作回顾

2023年是全面贯彻落实党的二十大精神的开局之年，是三年新冠疫情防控转段后经济恢复发展的一年。一年来，在习近平新时代中国特色社会主义思想指引下，在区市党委、政府和县委的正确领导下，我们坚持以建设黄河流域生态保护和高质量发展先行区为统揽，抢抓机遇、开拓创新，全县经济稳中向好，高质量发展扎实推进，较好完成了县十届人大三次会议确定的各项目标任务。预计全年实现地区生产总值91.5亿元，增长5.3%；固定资产投资40.4亿元，增长3%；规模以上工业增加值27.3亿元，增长8%；地方一般公共预算收入3.48亿元，可比增长8.1%；城镇居民人均可支配收入3.4万元，增长7%；农村居民人均可支配收入1.6万元，增长9%；全县经济社会呈现稳中向好发展态势。

过去一年，我们下大气力推进工业振兴，发展信心更加坚定。坚持“工业强县”不动摇，全力以赴立龙头、延链条、扩产能、增税源、促融合，产业结构不断优化，新型工业风帆正劲。

经济基础持续夯实。接续实施规上工业企业倍增计划，建立“小升规”企业培育库，第一批新增规上工业企业3家，第二批拟新增规上工业企业4家。加大重点税源企业培育力度，全年实现县级税收收入3.15亿元，其中二产入库税收2.45亿元，除王洼煤矿外全县排名前30的重点税源企业税收增长76%，达到0.8亿元。全年生产原煤1050万吨、原油10万吨，实现规上工业总产值45亿元、增长9%，全县工业企业达到92家。

工业链条量质双升。年20000台/套矿山机械增材再制造项目一期投产，年产60万立方米煤矸石蒸气加压混凝土砌块及墙板绿色产品项目开工建设，王洼2×660MW坑口火电机组工程、矿井水综合利用项目稳步推进，煤炭开采洗选及前后端上下游装备制造与综合配套链条不断延伸。年产5万吨富钾富锶干果饮品及年产2000吨红梅杏条项目建成投产，辣椒一二三产融合、年加工5000吨脱水蔬菜、蜜饯果脯果仁酥果糕生产线项目主体完工，农副产品加工链条逐步拓展。年产4000万件无纺布、年4万锭纺纱项目建成投产，年13万锭高端纺纱及年产1亿平方米宽幅功能性面料生产加工项目落地建设，纺纱规模突破17万锭，规模效应日益凸显。

园区承载持续增强。优化“一园三区”空间布局，建设中小企业培育基地，新增标准化工业地产5.2万平方米。完善“管委会+平台公司”运营模式，安排产业高质量发展和乡村振兴引导资金3255万元，撬动社会投资15.67亿元，“四两拨千斤”成效显著。盘活利用低效土地85亩，有效破解项目建设用地瓶颈。新增入园企业20家，园区企业达到57家，亩均产值达到241万元。

项目建设持续推进。深入开展项目“五比”和“扩大有效投资巩固提升年”活动，93个重点建设项目全部开工，完成投资54.1亿元,G85银昆高速彭阳段、石家峡水库等重大项目完成主体建设,59个项目建成完工。将招商引资作为推动区域发展突破的“一号工程”与“主引擎”,开展招商活动41次,落地项目40个,到位资金35.26亿元,超额完成区市下达任务,其中投资亿元以上项目22个。全面开展争资金争项目争招引“百日无冬闲”攻坚行动,全年争取投资项目74个、项目资金11.4亿元,争资金总量位居全市前列。

过去一年，我们下大气力推进农业现代化,发展基础更加厚实。以建设乡村振兴样板县为牵引，统筹“四个不摘”与“五大振兴”,持续在发展中巩固拓展脱贫攻坚成果、推进乡村全面振兴。

特色产业高质量发展。巩固提升肉牛养殖示范村71个,建成“出户入园”养殖园区10个,在肉牛价格持续下跌情况下,出台一揽子政策,稳住了基本盘,肉牛饲养量突破23万头。打造冷凉蔬菜示范园区4个,新改建日光温室737栋,开展露地辣椒订单种植5443亩,蔬菜面积达7.2万亩。引导建设红梅杏防霜冻立体大棚108亩,进一步健全红梅杏“七统一”发展机制,完成红梅杏销售144万斤,实现产业链产值3600万元。培育“1030”朝那鸡养殖示范村107个,饲养量达到80万只。

农业产业全链条升级。肉牛草畜产业建设项目稳步推进,年产20000吨农用地膜生产加工等项目建成投产,农产品加工冷藏配送中心主体完工,“产供储运”一体的农业全产业链逐步拓展。承办宁夏冷凉蔬菜节暨全国知名蔬菜销售商走进宁夏活动，冷凉蔬菜直供粤港澳大湾区,朝那鸡获评宁夏好食材,开发衍生预制菜品17款,农业全产业链产值达到54.7亿元。

脱贫成果深层次巩固。健全防返贫动态监测帮扶机制,新识别监测对象475户1890人,累计消除风险771户2638人。以依靠发展产业就业作为促进脱贫群众持续增收的基本方式,发放产业类贷款3.39亿元、产业补贴2.13亿元、就业补贴1413.9万元,贷款贴息1930万元,脱贫人口人均纯收入达到15430元、增长16.3%,“两个高于”目标全面实现。着力解决移民群众产业、就业、社会融入“三件事”,实施移民致富提升项目43个，改造提升移民安置点6个,提供就业岗位474个,移民事项实现社区一站式办理。

宜居乡村立体化建设。高标准完成村庄规划95个,156个行政村规划“应编尽编”。创建乡村振兴示范村8个,打造农村人居环境整治示范乡(镇)3个、示范村20个、美丽村庄7个,农村卫生厕所普及率达到65%。实施农村饮水安全水质提升改造605户、管网提升改造311.7千米。加快创建农业面源污染治理示范县,农田残膜回收利用率、畜禽粪污资源化综合利用率均达到95%。实施农村公路路况质量提升工程216千米、农村公路安全生命防护提升工程155千米。

过去一年,我们下大气力推进产城融合,发展活力更加充沛。统筹县城生产、生活、生态需要,以人为核心、以县城为主要载体、以就业为基本支撑、以产城融合为基本方式的新型城镇化建设加快推进。

就业创业加速提升。接续加力实现好就业、就好业,全县工业企业、数字经济企业提供就业岗位3500个,全社会新增稳定就业岗位4000个。盘活闲置房产改造提升宁南数字经济产业园A区、建成投运B区,广东浩传、平安保险、唯品会等一批头部企业入驻,入园企业累计达到24家,全年园区产值达到6000万元,纳税超过400万元,与固原职业技术学校、甘肃庆城职业中等专业学校建立教学实训基地，累计吸纳就业1600余人，发放员工薪资3000余万元,“盘活闲置房产兴产业促增收”共富案例被国家发改委在全国推广。兑现援企稳岗返还等补贴资金330.3万元，实现农村劳动力转移就业5.9万人、工资性收入15.1亿元。发放创业贷款1亿元,培育创业实体396个,带动就业1358人。

城市建设稳步推进。加快创建全国文明城市，完善市政设施体系，新增充电桩177个、泊车位1000个,新开通彭阳至庆阳、环县高铁站定制客运专线2条,改造供热管网5.1千米,县城主要地段防洪排涝雨污分流改造基本完成。统筹刚性和改善性住房需求，改造老旧小区9.5万平方米，实施棚户区改造89户，采购闲置房源改造建设保障性租赁住房即（人才公寓）269套，开工新建保障性租赁住房612套，化解历史遗留城镇住宅“办证难”问题436套。开发建设苏州公馆、星城一品等房地产项目8个，完成商品房销售面积9.4万平方米，增长55%，增速位于全区前列。

消费潜力全面激活。深入实施消费需求促进年活动，安排消费资金540万元，带动消费近1亿元，实现社会消费品零售总额15.1亿元。持续创优消费场景，引入市场主体全资建设运营综合夜市街区“梯田夜肆”，被命名为自治区级第一批9家夜间文化和旅游消费集聚区之一，年消费营收超过5000万元。新增规上服务业企业1家、限上企业3家，其中，宁夏恒信创达全年实现营业额超过3400万元，成为全市第一家信息传输软件和信息技术服务业规上服务业企业。新培育电商企业5家，实现交易额1.5亿元，增长15%。

生态环境保持稳定。全面落实自治区党委十三届五次、市委五届九次全会精神，排查整改生态环境领域风险隐患127条，完成中央及区市环保督察反馈问题整改年度任务。实施山水林田湖草沙一体化保护和修复工程，完成营造林9.58万亩，修复治理废弃矿山12处，治理小流域53平方千米，森林覆盖率20.68%，水土流失治理率82.34%。完成建筑节能改造15.6万平方米，大气优良天数占比90%以上。社会化运营县城第二污水处理厂和45座农村生活污水处理站，“三河”水质达标出境，土壤环境安全可控。

过去一年，我们下大气力推进科技赋能，发展动能更加强劲。充分发挥科技创新引领发展第一动力作用，推动科技赋能产业发展，助力县域经济高质量发展。

人才驱动逐步提升。深入实施人才强县战略“22条措施”，制定人才发展中长期规划，投入300万元实施人才项目19个。选派20名科技特派员、17名“三区”人才持续围绕农业全产业链开展服务，示范推广新技术20项，培育示范户130户。每万人发明专利拥有量达到0.75件。深化“科技支宁”东西部协作，引进专家20批56人次，带动培育本土人才35人。

企业创新逐步提升。强化企业技术改造提升，投资技改资金8000万元，支持企业实施技改项目10个，培育企业技术中心3家、创新平台1家。兑现科技创新后补助等政策资金875万元，办理“宁科贷”业务6980万元，全社会R&D经费投入2300万元，增长52.8%。新培育战略性新兴产业企业、国家高新技术企业、自治区级专精特新中小企业各1家，打造宁夏恒信创达自治区级众创空间1个，实现彭阳自治区级众创空间零的突破，国家和自治区级科技型企业分别达到35家、40家，增长率均达到25%，年授权发布有效发明专利10件，同比增长20%。

产业效益逐步提升。健全产学研协同转化机制，立项自治区县域科技成果引进示范推广项目3个、重大科技成果转化项目1个，转化科技成果4个。聚焦产业技术转型升级，引进农业示范推广新品种85个，转化应用和示范推广智慧农业、良种繁育、农副产品加工等新技术31项，产业效益低的难题逐步得到破解。

过去一年，我们下大气力推进改革增效，发展质效更加显著。坚持在实践中大胆探索、在发展中深化改革，充分发挥市场在资源配置中的决定性作用，持续推动有效市场和有为政府更好结合。

示范推进“山林权”改革。创新以林养林、以地换林新模式，引进栽植优质树种苗木110种，全面完成山林地界定确权201.9万亩，在全区率先发放“山林地确权明白书”1.93万本，完成山林地流转挂网交易1.56万亩279万元。吸引社会资本开展红梅杏高接换头3000亩，产出效益提高近10倍。认定国家级林下经济示范基地2家、自治区级1家，发展林下养鸡54万只、中药材4.1万亩，产值达到7700余万元。发展庭院经济林2234亩，打造庭院经济示范村15个，在遭受严重霜冻情况下林业总产值保持相对稳定。深化“山林+”改革经验在全区“六权”改革推进会上进行交流，被国家林业和草原局作为典型案例在全国推广。

扎实推进重点领域改革。建立健全取水许可和水资源税征收联动机制，征缴用水权使用费105.7万元、水资源税547.7万元，全县取水总量控制在2900万立方米以内，万元地区生产总值用水量较2020年下降7.9%以上。盘活闲置集体建设用地630.6亩，消化批而未供土地7113亩。全面推开第二轮土地承包到期后再延长三十年整乡试点工作。持续深化国资国企改革，开展国有企业“靠企吃企”专项治理行动，盘活国有低效无效资产6575万元、4.8万平方米。纵深推进供销系统综合改革，入选全国“绿色农资升级行动”试点县。数字政府建设、财税金融、农业农村等改革取得阶段性成果。

纵深推进营商环境优化。深化“放管服”改革，开展“双随机 一公开”监管，上线“彭阳工程建设项目审批”微信小程序，企业投资项目全流程审批时限压减到30个工作日内，营商环境评价办理建筑许可指标位居全市第一。优化完善招商引资政策，累计兑现招商引资奖补资金3845.9万元，助力17家企业申报各类项目资金5606万元。落实县级领导包抓企业机制，定期召开“政银企”对接会、现场办公会，有效破解制约企业发展难点堵点问题327件。

过去一年，我们下大气力推进民生改善，发展成果更加普惠。坚持尽力而为、量力而行，民生实事全面办理，发展成果更多更公平惠及全县人民，群众生活不断改善。

教育体育事业均衡发展。组建教育集团12个，调整交流教师102人，改造提升中小学校17所，县一中教学楼、职业中学实训楼项目竣工验收，义务教育优质均衡率达到75%。加快建设“书香彭阳”，成功举办全区中小学生阅读研讨暨全民阅读现场会。承办宁夏第六届农民篮球争霸赛决赛等体育赛事20余场次，建成投运新集全民健身中心，全县人均公共体育场地面积达到3.8平方米，位居全国前列，获评全区唯一全国全民运动健身模范县。

文化旅游事业蓬勃发展。持续推进文化惠民工程，开展“戏曲进乡村”等惠民文艺演出102场次。实施姚河塬遗址保护工程，挖掘窑洞营造技艺等17项县级非物质文化遗产传承项目。打造国家AAA级和AA级旅游景区各1个，彭阳梯田入选“宁夏二十一景”，被央视等各级媒体多次宣传报道。举办大型文旅节庆活动3场次，参加全国文旅宣传推介5场次，接待游客首次突破115万人次，实现社会综合收入4.5亿元、较2019年增长87%。

卫生健康事业提速发展。深入开展基层医疗与公共卫生供给质量提升行动，县人民医院王洼分院、县医院传染病综合楼主体完工，19个村卫生室完成提升改造。建立电子居民健康档案13万余份，“互联网+医疗”服务成效明显。落实三孩补贴政策，完成青少年视力筛查4.8万余人、“两癌”筛查7206人。引进医疗专家46批90人次，带动培养本土人才86人，基层诊疗率达到65%，县域内就诊率达到90%。顺利通过国家卫生县复审。

社会保障事业协调发展。完成低保扩围增效，新增城乡低保对象3018户3931人，发放低保金9568.6万元、残疾人两项补贴1354.7万元，低保边缘家庭认定“撒网行动”被推荐为民政部年度典型案例。全力保障农民工合法权益，追回拖欠农民工工资673.7万元。完成506户困难老年人居家适老化改造。社会保险数据治理先行先试工作稳步推进，基本养老和基本医疗保险参保率分别达到98.5%和98.4%。

过去一年，我们下大气力统筹发展和安全，发展环境更加稳固。全面贯彻总体国家安全观，严密防范化解各类风险，群众安全感显著提升，社会大局更加和谐。

安全生产形势总体稳定。全面落实自治区党委十三届四次、市委五届八次全会精神，开展安全风险隐患大排查大整治，2.5万余条隐患全面整改，解决了一批群众反映强烈的安全问题，消防改造“双通道”经验做法在全市推广。高质量编制“1+35+7”应急预案，制定重大事故隐患和安全生产违法行为举报奖励实施细则，加强应急物资储备和抢险救灾队伍建设，开展安全生产、地质灾害等应急演练40余次。农村公路生态植绿柳谷坊防撞墙经验入选全区主题教育成果，得到中央主题教育督导组及区、市党委、政府主要领导批示肯定并在全区推广。

社会治理效能稳步提升。坚持以铸牢中华民族共同体意识为工作主线，全县民族和睦、宗教和顺、社会和谐，获评自治区民族团结进步示范县。深化平安彭阳建设，坚持和发展新时代“枫桥经验”，建成社会治理应急指挥中心，矛盾纠纷排查化解率达99.1%，信访工作“三+”经验在全区推广。常态化推进扫黑除恶斗争，创新“1、3、5分钟”快速反应机制，依法打击各类违法犯罪活动，群众安全感全面提升。

风险防范能力持续加强。守牢粮食安全底线和耕地保护红线，建成高标准农田15万亩，粮食作物播种面积稳定在74.7万亩，其中大豆玉米带状复合种植14.41万亩。面对冻灾、旱灾、涝灾、冰雹等多重自然灾害，统筹资金2882万元鼓励恢复灾后生产，最大限度减损近3400万元。加快创建国家食品安全示范城市，食品药品安全形势稳定向好。全年累计偿还化解债务5.2亿元，创新建立项目审批“三征求”“三把关”机制，坚决遏制新增隐性债务。深入开展“双伪”机构排查整治，金融领域风险总体可控。破获“ZBS”特大网络传销案得到区市肯定和全国主流媒体跟踪报道，电信网络诈骗同比下降28.9%。

过去一年，我们扎实开展主题教育，深入学习贯彻习近平新时代中国特色社会主义思想和党的二十大精神，落实“第一议题”和常务会前学习制度，坚定拥护“两个确立”、坚决做到“两个维护”。深入开展“四下基层”，大兴调查研究之风，办理群众反映问题6000余件。

过去一年，我们沿着总书记指引的方向，坚定不移推进闽宁协作，持之以恒深化中央定点帮扶，争取资金6000余万元，精准实施项目35个。与此同时，国防建设、退役军人、妇女儿童、“八五”普法、统计、气象等各项工作均取得了新成效。

过去一年，我们认真履行全面从严治党主体责任，深入推进党风廉政建设和反腐败斗争，严格落实审计监督、“三重一大”和政务公开制度。加强法治政府建设，行政诉讼案件出庭应诉率保持100%。全面办理人大代表议案建议32件、政协委员提案38件，办复率均达100%。

在肯定成绩的同时，我们也清醒地认识到，前进道路上仍面临许多困难和挑战：经济总量偏小，现代产业体系还不健全；城乡发展不充分，社会民生领域还存在一定短板；财源建设还需提升，财政收支矛盾仍然突出；个别干部斗争能力不强、缺乏主动担当精神，政府自身建设仍需进一步加强；等等。对此，我们将直面矛盾、正视问题，主动作为、攻坚克难，不辜负全县人民的期望。

二、2024年目标任务和重点工作

2024年是中华人民共和国成立75周年，是实现“十四五”规划目标任务的关键一年，做好全年各项工作意义重大。2024年政府工作总体要求是：坚持以习近平新时代中国特色社会主义思想为指导，全面贯彻落实党的二十大、二十届二中全会和中央经济工作会议精神，坚定不移把习近平总书记视察宁夏重要讲话指示批示精神作为“纲”和“魂”，认真贯彻落实自治区第十三次党代会及历次全会、市第五次党代会及历次全会、县第九次党代会及历次全会部署，把推进中国式现代化作为最大的政治，把铸牢中华民族共同体意识作为各项工作的主线，以先行区建设为牵引，把坚持高质量发展作为新时代的硬道理，坚持稳中求进工作总基调，完整准确全面贯彻新发展理念，主动融入服务新发展格局，坚持工业强县、生态立县、产业兴县、特色富民，全面深化改革开放，推动高水平科技自立自强，推动农文旅融合发展，走好“壮大一产、带动三产、撬动二产”的“一三二”产业发展新路子，着力增强经济活力、防范化解风险、改善社会预期，着力巩固和增强经济回升向好态势，着力推动经济实现质的有效提升和量的合理增长，着力增进民生福祉、保持社会稳定，持之以恒推进全面从严治党，以建设宁夏副中心城市和生态文旅特色市为契机，加快建设宜居宜业宜游品质县、宁夏副中心城市标杆县、生态文旅特色县、乡村全面振兴样板县、铸牢中华民族共同体意识示范县，持续在“工业振兴、农业现代化、产城融合、科技赋能、改革增效、民生改善、统筹发展和安全”等具体抓手上下功夫，奋力开创高质量赶超式发展新局面，谱写全面建设社会主义现代化美丽新宁夏彭阳新篇章。

全年主要预期目标是：地区生产总值增长6.7%，达到100亿元左右，规模以上工业增加值增长11%，全社会固定资产投资增长10%，社会消费品零售总额增长5.5%，地方一般公共预算收入增长13.5%，城乡居民人均可支配收入分别增长7%和9%，其他约束性指标控制在区市下达范围以内。

为此，2024年要重点抓好以下七个方面工作：

1.聚焦工业振兴，推进四大行动，全面打牢高质量发展硬支撑。持续深入推进“工业强县”战略，推动经济实现量的突破和质的提升。

推进工业倍增行动。聚焦“1个50亿、2个10亿、4个5亿、10个1亿、20个5000万”的工业企业发展中长期目标，持续壮大“小升规”企业培育库，落实新入统企业奖补政策，新增规上工业企业8家以上，全县规上工业企业达到24家，规上工业增加值达到31亿元以上。建强“四新”产业链，推动美臣纺织科技、苏宁智能装备制造、微元素食品等链主企业扩规提质，带动工业链条向产业集群发展。加大重点税源培育力度，全年县级工业税收达到2.3亿元。全年原煤产量达到1080万吨，力争规上工业总产值达到55亿元、增长12%。

推进项目牵引行动。坚持要素跟着项目走，全力确保开工建设项目92个，完成投资92.1亿元，其中亿元以上项目17个。突出大项目牵引带动，推进王洼2×660MW坑口火电机组工程、银洞沟煤矿外围、南湾煤矿建设等重大项目开工，年13万锭高端纺纱及年产1亿平方米宽幅功能性面料生产加工、年产60万立方米煤矸石蒸气加压混凝土砌块及墙板绿色产品等项目建成投产，G85银昆高速彭阳过境段全面建成通车，山东祥通年产500万(层)平方米高强度精密输送带生产、陕西电子信息集团年产2GW大尺寸单晶硅拉棒生产加工等一批重大项目落地建设。持续加大招商引资力度，一体推进产业链招商、以商招商、“一把手”招商，力争签约落地项目10个，总投资50亿元以上。

推进环境优化行动。深入推进“多规合一”改革，完善“一件事一次办”清单，新增市场主体15家。深化“政银企”对接机制，加大实体经济贷款投放力度，探索企业征信和知识产权代替保证金模式，全年新增小微企业贷款1亿元以上。严格落实工程项目建设及政府采购领域重大公共利益损害提醒备案管理办法，强化全过程监管和黑名单结果应用，严惩破坏投资环境等行为，持续优化公平竞争市场环境，力争14个营商环境参评指标跻身全区第一梯队。

推进园区提质行动。落实“三区三线”规划，有序拓展园区发展空间。深化“管委会+平台公司”管理模式，注入产业引导资金2000万元，撬动社会投资5亿元以上。实施园区基础设施建设项目，建成投用中小企业培育基地一期，力争开工建设二期，新增入园企业10家以上。加大企业扶持力度，助力苏宁智能装备制造、微元素食品、鑫卓能源、龙东食品、朗星科技等企业产值破亿，为2026年跻身全区百亿元产值园区序列强基固本。

2.聚焦农业现代化，提升四大水平，全面夯实高质量发展基本盘。坚持农业农村优先发展，加快建设乡村全面振兴样板县，实现乡村由表及里、形神兼备的全面提升。

着力提升脱贫成果巩固水平。强化脱贫人口收入动态管理，开展防返贫监测专项排查，切实做到“应纳尽纳”“应帮尽帮”，坚决守牢不发生规模性返贫底线。大力开展移民致富提升行动，多渠道开发移民就业岗位，促进移民在家门口就业。持续深化闽宁协作和中央单位定点帮扶，用好“组团式帮扶”力量，启动建设“百企兴百村”三年行动，更好发挥民营经济和社会力量在乡村振兴中的作用。

着力提升乡村产业发展水平。壮大生产供应

链，培育肉牛规模养殖场5家，饲养量达到25万头，新建塑料拱棚5万平方米，发展露地辣椒1万亩，栽植红梅杏2200亩，建立一批红梅杏“稳产高产区”，培育“2060”朝那鸡养殖示范村100个、规模养殖场30家，力争饲养量达到125万只，启动朝那鸡全产业链项目，培育规上企业2家以上，推动产值从2000万元提升至1亿元以上。延伸精深加工链，开展肉牛精深分割及资源再利用，屠宰肉牛1万头以上。推进辣椒一二三产融合、年加工5000吨脱水蔬菜、蜜饯果脯果仁酥果糕生产线等项目建成投产，打造宁夏重点农副产品生产加工地。构建品牌价值链，加快打造“彭字号”产品矩阵，调动社会资本建立区外彭阳农特产营销店5家，全面提升农产品附加值。

着力提升乡村基础建设水平。学习运用“千万工程”经验，打造美丽村庄8个、农村厕所革命整村推进村10个、农村人居环境整治示范村15个，完成农村改厕375户。加快推动公共基础设施向乡村覆盖，实施自来水改造1750户以上、管网提升改造90千米以上、电力线路改造4千米以上，开通5G基站10座。聚焦打造农村公路质量服务乡村振兴三年攻坚行动示范县，力争实施农村公路路况提升工程1200千米，农村公路优良中等路率达到85%。

着力提升乡村治理能力水平。注重激发群众的内生动力和自治能力，全面深化网格化管理、文明实践积分卡、红黑榜等制度，整治陈规陋习，推进移风易俗。持续创建“民主法治示范村”，坚持“四议两公开”，推行“阳光村务”，实现村级治理公开透明。坚持和发展新时代“枫桥经验”，开展信访问题源头治理三年攻坚行动、矛盾风险排查化解专项行动，确保矛盾纠纷调处率100%。

3.聚焦产城融合，打通三大环节，全面做优高质量发展主阵地。推进以产兴城、以业聚人、产城融合、优化配套的新型城镇化建设，努力建设宜居宜业宜游特色园林城市。

拓宽渠道稳就业增收入。以工业经济、数字经济为支撑，打造宁南重要产业融合发展集聚地，宁南数字经济产业园A、B区新增头部企业2家以上，新培育信息传输软件和信息技术服务业规上服务业企业3家以上，新增工业、数字经济等企业高质量就业岗位2000个。深化“政校企”合作发展模式，与5家以上院校建立教学实训基地，提供实习岗位300个以上，吸纳就业1000人以上，数字经济产业园全年营收达到1.5亿元以上，全口径税收超过1000万元。充分发挥人力资源市场服务平台作用，力争农村劳动力县内转移就业2.45万人，实现工资性收入5.6亿元以上。发放创业贷款6000万元，培育创业实体200个，带动就业1200人。

丰富业态促消费激活力。争创自治区级全域旅游示范区，新增国家3A级旅游景区1个，打造自治区乡村旅游示范点3个，力争全年接待游客突破120万人次，旅游业综合收入达到4.9亿元以上。持续实施消费需求促进年活动，改造提升“梯田夜肆”自治区级夜间文化和旅游消费集聚区，全县新增商业主体160家，培育限上企业3家、电商企业5家，力争社会消费品零售总额突破16亿元。加快推进现代物流产业布局，探索建设宁南物流公共“云仓”，有效降低区域物流成本。

完善功用扩能级提品质。打好全国文明城市创建攻坚战，打通茹河街断头路415米，完成绿化补植5000平方米，升级改造城区天然气管网、老旧供热管网及雨污管网5.1万米。坚持“建管并重”，开展物业管理服务能力提升三年行动，理顺物业管理体制机制，发挥智慧城管平台作用，实现城市治理“全员监督、一网统管”。围绕新型工业重镇目标定位，依托煤炭开采洗选、火力发电、清洁能源、固废综合利用等产业，争取王洼重点小镇项目落地建设。持续推进苏州公馆、星城一品等房地产项目建设，加快建设新一轮612套保障性租赁住房，完成建筑面积3.6万平方米，全县综合城镇化率超过40%。

4.聚焦科技赋能，抓住三大关键，全面强化高质量发展驱动力。坚持科技是第一生产力、人才是第一资源、创新是第一动力，着力破解制约经济社会发展技术壁垒。

以更大的力度培育创新主体。加大科技投入力度，力争全社会研发费用投入达3000万元以上，县本级财政R&D经费投入增长10%以上。实施创新主体梯次培育计划，新培育科技型中小企业10家、国家高新技术企业2家、自治区级专精特新企业2家、自治区技术创新中心2家。深化闽宁科技协作，与厦门翔安区、集美区探索设立东西部协作创新产业发展基金，吸引社会主体投资彭阳3家以上。支持美臣纺织、微元素食品等工业企业实施一批技改项目，实现企业规模效益同步提升。

以更优的环境集聚创新人才。深化人才“引育培用留”长效机制，投入专项经费300万元，实施人才项目10个。与福建农林大学、宁夏农科院等区内外高校建立人才交流合作机制，围绕农业、卫生等重点行业，引进急需紧缺人才11名。推广订单式培养、套餐式培训，精准提升各重点行业技术人才，建立人才工作室3个，培育各类骨干人才、土专家200名。持续优化人才公寓配租及管理服务，落实购房补贴、子女入学、职称评定等保障政策，着力打造良好人才发展环境。

以更实的举措扩大创新成果。建立科技成果供需精准对接机制，加强知识产权保护，申报自治区县域科技成果转化项目3个，完成科技成果登记3项以上。争取国家农业种子芯片工程项目支持，建立自治区级现代农作物种业试验示范基地120亩、良种繁育基地2000亩以上。实施林果产业种管养综合提升项目，完成山杏高接改良3400亩，晚霜冻预防及病虫害防治12万亩。以工厂化生产为主导思路，加大力度发展食用菌产业，实现产业量质双升。

5.聚焦改革增效，紧扣三大任务，全面提升高质量发展创新性。坚持市场化改革方向，协同高效推进“六权”、“放管服”、国资国企等重点领域改革，形成一批可复制可推广的改革成果。

以改革添活力。持续拓展“山林+”改革模式，健全县级林权市场交易体系，盘活山林资源5000亩。引导社会资本参与林业生态建设，创建自治区级林下经济示范基地1个，培育新型林业经营主体3家，开发林果产品3款，林业产值增长24%以上。依法依规开展用水阶梯价格调整及市场化改革，实现财政减负、市场运营、引导产业发展等多重效果。实行产业项目“用地清单制”、土地使用权弹性年期出让，推动工业项目“标准地”出让比例达到20%以上，工业用地亩均产值突破250万元。

以改革提效能。持续深化“放管服”改革，推动实现政务服务跨部门、跨层级联办事项25项、“跨域通办”事项253项。开展工程建设项目全环节标准化审批，实现项目审批无差别受理、同标准办理。深入实施国企改革深化提升三年行动，建立国企年度审计常态化管理机制，探索国企直接划转县财政和国资管理，加快推进国企集中报账制改革，力争清退一批无实质性经营业务国企。全面完成新一轮机构改革。

以改革解难题。制定闲置资产盘活“一产一策”，综合运用挂牌转让、短期租赁、招商引投等方式，盘活闲置资产增益2000万元以上。按照国家与自治区要求，审慎推进农村集体经营性建设用地入市试点，有序缓解产业发展用地紧张局面。优化农村宅基地审批管理制度，落实有效遏制违法占地建设行为实施方案，进一步规范农村建设行为。设立“政企对话”热线，持续深化“一企一策”“一对一”领导包抓机制，着力解决企业用工难、融资难、降本增效难等问题。

6.聚焦民生改善，突出四大重点，全面拓展高质量发展覆盖面。坚持把人民利益、人民需要、人民满意作为政府一切工作的出发点和落脚点，把造福人民作为最重要的政绩，扎实办好民生实事，让全县人民日子过得更好、生活品质更高。

解决教育体育关切“必答题”。全面落实党组织领导的校长负责制，加强师德师风建设，深化“县管校聘”改革，拓展集团办学及跨区域联合办学成果，培养和引进名优教师20人以上。建设数字经济产教融合实践中心，举办培训班10期，为县域产业发展培育人才2000人。实施中小学幼儿园维修改造等项目4个，建成县一中宿舍楼餐厅、县四小综合教学楼等项目3个，义务教育优质均衡率进一步提升。巩固全国全民运动健身模范县成果，举办各类赛事活动15场次，有效促进教育体育质量双提升。

改善卫生健康服务“硬条件”。持续推进基层医疗与公共卫生供给质量提升行动，完成县疾控局改制搬迁，投运县医院王洼分院，改善群众就医环境。依托闽宁协作和中央定点帮扶，引进专家60人次，带动培育本土专科人才40人。促进中医药传承创新，改造提升乡镇中医馆2个以上，中医适宜技术推广应用率达到85%。优化家庭医生签约服务，“四类”慢性病规范管理率达到75%以上。扎实做好疫苗接种，基础免疫覆盖率达到100%。持续推进健康彭阳建设，深化爱国卫生运动，倡导文明健康生活方式。

提升公共文化浸润“软实力”。持续实施文化惠民工程，全年开展群众性文艺演出1500场次以上。擦亮“书香彭阳”金字招牌，开展全民阅读活动30场次以上。加大文物和文化遗产保护力度，充分挖掘“四色”文化，用好用活县域文化资源“富矿”，挖掘利用姚河塬遗址“五个最西北”的历史文化价值，推进姚河塬遗址保护展示、无量山石窟开发保护等项目建设。扎实做好优秀传统文化创造性转化和创新性发展，加大麦秆画等特色非遗文化传播推介力度，开发一批旅游特色伴手礼。

织密社会保障兜底“安全网”。探索“居家+社区+养老”社会化服务模式，力争盘活运营彭阳县老年养护院，开展家庭养老床位建设340户、居家养老上门服务900户。深入实施全民参保计划，力争基本养老和基本医疗保险参保率均达98%以上。加大拖欠农民工工资失信联合惩戒力度，确保各类欠薪案件办复率100%。大力发展社会福利事业，保障妇女儿童合法权益，健全残疾人关爱服务体系，提升退役军人服务保障水平，切实兜牢民生底线。

7.聚焦统筹发展和安全，守牢三大底线，全面保障高质量发展新格局。坚持系统观念和底线思维，有效防范和化解各领域风险，着力促进高质量发展和高水平安全良性互动。

守牢安全发展底线。严格落实安全生产责任制，持续推动“1+37+8”系列文件落实落地，大力开展本质安全建设三年行动，常态化开展安全风险隐患排查整治，全面加强矿山、建筑施工、道路交通、城镇燃气、特种设备、森林草原防灭火等重点领域安全监管。构建“30分钟”应急救援圈，建成投用王洼镇城市消防站，成立专职消防队，优化提升北部乡镇防灾减灾能力。积极争取国债支持，实施骨干防洪治理、地质灾害综合防治体系建设等项目，开展地震、防汛等专项应急演练50余次，加强突发事件应急处置，确保人民群众生命财产安全。

守牢生态环境底线。深入贯彻习近平生态文明思想，认真落实自治区“1+4”政策文件，全力配合开展好第三轮中央环保督察，标本兼治完成中央及区市环保督察反馈问题整改任务。争创全国“两山”实践创新基地，实施黄河“几字弯”攻坚战宁南生态保护修复与水土流失综合治理项目，造林11.6万亩。打好污染防治攻坚战，接续开展农业面源污染治理示范县创建，畜禽粪污综合利用率、农田残膜回收利用率均达到96%以上，保证土壤环境安全。加快推进农村生活污水收集治理及资源化利用项目建设，力争国控出境断面水质达到Ⅲ类及以上标准。实施农村热源化改造和建筑节能改造项目，全年大气优良天数占比达到90%以上。

守牢风险防范底线。严格落实耕地保护和粮食安全责任制，确保粮食作物种植面积稳定在74.7万亩以上。深化“5585”创建模式，打造“六盘山下石榴红”品牌，推动铸牢中华民族共同体意识示范县建设。加强食品药品安全监管，全力争创国家食品安全示范城市。常态化开展扫黑除恶斗争，健全立体化信息化社会治安防控体系，依法打击电信网络诈骗等违法犯罪行为，创造平安和谐的社会环境。积极稳妥防范化解债务风险，严格财政支出管理，坚决杜绝违法违规举债行为。高质量开展第五次全国经济普查。严厉打击非法金融活动，坚决守住不发生区域性、系统性金融风险底线。

三、加强政府自身建设

我们将始终牢记习近平总书记“长征永远在路

上”的重要嘱托，自觉践行“社会主义是干出来的”伟大号召，大力弘扬“不到长城非好汉”的革命精神，切实增强“打铁必须自身硬”的行动自觉，以“严细深实勤俭廉+快”的工作作风，全力建设人民满意政府，奋力答好新赶考路上的时代答卷。

绝对忠诚讲政治。坚持用习近平新时代中国特色社会主义思想凝心铸魂，坚定拥护“两个确立”，坚决做到“两个维护”。严格遵守政治纪律和政治规矩，自觉把党的全面领导贯穿到政府工作各领域、全过程，推动党中央、国务院决策部署和区市党委、政府及县委工作要求不折不扣落地见效。

依法行政重规范。深入贯彻习近平法治思想，加强法治政府建设，严格执行重大行政决策程序，坚决做到依法科学民主决策。主动接受人大依法监督、政协民主监督和社会舆论监督，认真办好人大代表建议和政协委员提案。强化审计监督、统计监督，全面推行政务公开，切实提高政府公信力和透明度。

锤炼作风提效能。大力弘扬实干之风，不折不扣抓落实，雷厉风行抓落实，求真务实抓落实，敢做善为抓落实。巩固拓展主题教育成果，大力践行“四下基层”制度，把“办公桌”设在田间地头、企业一线。坚决整治形式主义、官僚主义，增强马上办、当日办的意识，用高效率抓机遇、争先进、抢先手、防变化。

廉洁自律扬正气。坚决落实全面从严治党主体责任，纵深推进党风廉政建设和反腐败斗争。统筹好“开源”与“节流”，树牢“过紧日子”思想，严控“三公”经费支出，将有限的财力更多地用在推动发展、改善民生上。严格落实中央八项规定精神，恪守“亲”“清”政商关系，巩固发展风清气正的良好环境。

名词解释

1.一园三区：指一个工业园区，王洼镇北洼村一矿区域、王洼镇姚岔村二矿区域、县城东侧区域三个区块。

2.红梅杏“七统一”发展机制：指统一生产管理、统一营销方式、统一宣传推介、统一质量标准、统一购销价格、统一包装制作、统一物流配送。

3.“1030”朝那鸡养殖示范村：指每个示范村发展10户以上朝那鸡养殖示范户，每户养殖朝那鸡30只以上。

4.“两个高于”目标：指脱贫群众收入增速高于当地农民收入增速，脱贫地区农民收入增速高于全国农民收入增速。

5.“三区”人才：指为加快建立边远贫苦地区、边陲民族地区和革命老区的本土科技人才和农村科技创业人才队伍。

6.“专精特新”中小企业：指具有“专业化、精细化、特色化、新颖化”特征的中小企业。

7.“双随机 一公开”监管：指在监管过程中随机抽取检查对象，随机选派执法检查人员，抽查情况及查处结果及时向社会公开。

8.信访工作“三+”经验：指坚持纪检监察+信访，把责任压得更实；坚持基层治理+信访，把机制创得更优；坚持绩效考核+信访，把结果用得更活。

9.“1、3、5”分钟快速反应机制：指屯警街面，建立1、3、5分钟出警圈。

10.项目审批“三征求”“三把关”机制：“三征求”指征求县发改部门出具综合统筹意见，县财政部门出具项目建设资金筹措方式、筹措渠道意见，县自然资源部门出具建设项目土地性质、意向地块意见。“三把关”指对实施的项目经征求意见建议后，提出综合性审批意见，按照“一项目一报告”原则，形成专项汇报材料先后由部门主要领导、政府常务副县长、政府县长签字审批决策。

11.“双伪”机构：指“伪持牌”“伪金交”机构。“伪持牌”机构是指商事登记名称或经营范围与地方金融组织相同或类似，但未经金融监管部门许可，社会大众从名称或者经营范围难以直接辨识，通常会误认为持牌机构，涉嫌故意逃避监管。“伪金交”机构是指违法违规开展金融债权、收益权等融资挂牌业务的交易平台，其属于一般工商企业，但为违规理财产品提供融资通道，隐蔽性强，易引发涉众风险。

12.“三重一大”：指重大事项决策、重要干部任免、重要项目安排、大额资金的使用，必须经集体讨论做出决定的制度。

13.1 个 50 亿元、2 个 10 亿元、4 个 5 亿元、10 个 1 亿元、20 个 5000 万元：指围绕实现“工业总产值从 2021 年 32 亿元增长到 2026 年 120 亿元”五年工业发展规划目标，利用 3—5 年时间培育年产值 50 亿元以上工业企业 1 家、10 亿元以上工业企业 2 家、5 亿元以上工业企业 4 家、1 亿元以上工业企业 10 家、5000 万元以上工业企业 20 家。

14.“三区三线”：指农业空间、生态空间、城镇空间三种类型空间，以及分别对应划定的永久基本农田保护红线、生态保护红线、城镇开发边界三条控制线。

15.“2060”朝那鸡养殖示范村：指每个示范村发展 20 户以上朝那鸡养殖示范户，每户养殖朝那鸡 60 只以上。

16.千万工程：指浙江“绿水青山就是金山银山”理念在基层农村的成功实践，是“千村示范、万村整治”工程的简称。“千万工程”先后经历了示范引领、整体推进、深化提升、转型升级等四个阶段，经历了从温饱型生存需求向小康型发展和共富型发展需求的演变，实现了从“千村示范、万村整治”向“千村精品、万村美丽”，再向“千村未来、万村共富”的迭代升级。

17.四议两公开：指村党组织领导下对村级事务进行民主决策的一套基本工作程序，是基层在实践中探索创造的一个行之有效的工作方法。“四议”是指村党支部会提议、村“两委”会商议、党员大会审议、村民代表会议或村民会议决议；“两公开”是指决议公开、实施结果公开。

18.“六权”改革：指土地权、排污权、用水权、山林权、用能权、碳排放权改革。

19.“四类慢性病”：指高血压、糖尿病、肺结核、严重精神障碍。

20.“四色”文化：指红色文化、古色文化、绿色文化、特色文化。

21.姚河塬遗址“五个最西北”的历史文化：指最西北的西周早期封国都邑城址、最西北的西周早期诸侯级墓葬、最西北的甲骨文发现地、最西北的原始瓷器出土地、最西北的铸铜作坊遗址。

22.“5585”创建模式：“5”即聚焦中华民族共同体意识显著增强、推进现代化建设取得显著成效、各民族交往交流交融显著拓展、治理能力和治理水平显著提升、示范创建质量和水平显著提高“五大目标”。“5”即实施党员干部培元固本工程、青少年学生夯基育苗工程、各族群众凝心聚魂工程、社科理论正本清源工程、中华民族共有精神家园建设工程“五大工程”。“8”即开展各民族交往交流交融促进行动、创建工作提质增效行动、建设先行区促进共同富裕行动、公共服务保障能力和水平提升行动、法治保障同权行动、民族事务依法治理行动、民族领域风险隐患防范化解行动、民族工作夯基培才行动“八大行动”。“5”即健全完善组织领导机制、考核评价机制、督促检查机制、协调联动机制、激励促进机制“五项机制”。

关于常态化培养选拔优秀年轻干部的调研报告

张永强

党的二十大报告指出“抓好后继有人这个根本大计，健全培养选拔优秀年轻干部常态化工作机制”,《中共中央关于党的百年奋斗重大成就和历史经验的决议》明确“党和人民事业发展需要一代代中国共产党人接续奋斗，必须抓好后继有人这个根本大计”。这是我们党深刻总结百年奋斗经验得出的规律性认识，是以习近平同志为核心的党中央站在历史和全局高度提出的重大战略任务，是实现党和国家事业兴旺发达、长治久安的必然要求。

一、背景

发现培养选拔优秀年轻干部是加强领导班子和干部队伍建设的一项基础性工程，是关系党的事业后继有人和国家长治久安的重大战略性任务，是党和国家事业发展的百年大计。彭阳县历年来重视选贤任能，把干部队伍建设作为关键性、根本性问题来抓，把培养选拔干部的触角延伸到了各个层面，一定程度上破解了“人在哪、怎么选”的现实困境，让一批优秀年轻干部走上了领导岗位，进一步树牢了重实干、重实绩、重担当的选任导向。但依然存在干部队伍结构不合理，年轻干部数量不足，部分年轻干部基层工作经验和做群众工作的本领较为欠缺等问题。对此，彭阳县把培养选拔优秀年轻干部放在突出位置，紧紧抓住培养、锻炼、管理和使用四个环节，进一步推动了年轻干部选拔培养工作的常态化、制度化，大批年轻干部脱颖而出，干部队伍结构日趋年轻化，干部队伍生机和活力进一步得到激发。实践证明，加强对年轻干部培养选拔，是建设高素质执政骨干队伍、提高干部工作科学化水平的重要途径，更是组织工作更好地服务经济社会高质量发展的现实需要。

二、主要做法

一是聚焦破解数量不足的问题，在源头储备上下功夫。针对年轻干部总量不足、结构不优的实际，我们着眼固本浚源、疏渠导流、分类储备，不断涵养年轻干部“蓄水池”。坚持主渠道招录。坚持把公务员考录、事业单位招聘、高层次人才引进、大学生选调等作为储备年轻干部的重要来源，实施“四个一批”扩容行动，考录一批公务员、招聘一批事业人员、引进一批急需紧缺高层次人才、选调一批选调生，不断积蓄年轻干部“源头活水”。科学合理设置公务员招录职位，降低招考门槛，拿出不少于15%的编制专项招录“三项目”人员，破解基层招人难的问题。针对乡村振兴急需的农业、城乡规划建设、文化旅游等方面人才，在岗位设置上对专业提出要求，有效补充事业单位专业化人才。聚焦高质量发展，开展急需精确高层次人才需求调查，通过“进校园”宣介和意向签约等活动，积极搭建高层次人才引进通道。加大高校毕业生招录力度，面向北京大学等国内重点高校选调应届优秀毕业生，储备一批学历高、素质优的后备力量。2022年以来先后招录公务员142名，事业人员178名，高层次人才4名，选调生13名（北京大学1名、上海交大1名、西安交大研究生1名、厦门大学1名、兰州大学研究生1名、山东大学1名、中南大学1名、四川大学1名、吉林大学1名、郑州大学2名、宁夏大学2名）。注重多渠道发现。拓宽发现渠道，注重日常发现识别，建立在专项调研中“发现”、重点工作中“识别”、表彰奖励中“筛选”、定期推荐中“掌握”的发现识别方式，及时发现、精准识别优秀年轻干部。注重在专项调研中“发现”，聚焦改革发展主战场、服务群众最前沿，围绕重点任务和重要工作同步开展年轻干部专项调研。注重在重点工作中“识别”，把发现识别优秀年轻干部延伸到项目建设、乡村振兴、服务群众等中心工作、重大任务一线，集中发现掌握一批优秀年轻干部。注重在表彰奖励中“筛选”，及时关注获得表彰奖励、荣誉称号的年轻干部。注重在定期推荐中“掌握”，建立定期推荐机制，各级党委（党组）定期择优向组织部门推荐优秀年轻干部，及时把“好苗子”纳入组织视野。突出常态化储备。分级分类建立“1+N”优秀干部库，建立远期培养、中期储备、近期可用、及时补位四类干部库，建立重点关注干部清单，实行动态管理、适时使用、定期调整、优进绌出。同步结合干部专业、学历和工作经历进行系统分析，分类建立党外干部、女干部、少数民族干部结构库。注重储备专业人才，建立专业年轻干部库，重点储备熟悉党建、工业、科技、商贸、金融、城建、社会治理、法治建设、旅游、数字经济等领域工作或有相关专业背景的年轻干部。坚持标准不降低，采取“单位把关推+年度考核推”“集中比+逐一谈”“专项考察+综合研判”等办法，储备150名优秀年轻干部。

二是聚焦破解能力不足的问题，在培育锻炼上下功夫。针对年轻干部能力欠缺、素质不优的弱项，我们坚持以思想教育为依托，以专业培训为抓手，以实践锻炼为支撑，全面提升年轻干部综合素质。以思想武装铸魂。把理论武装和党性教育作为培养年轻干部的“必修课”，加强顶层设计、强化组织领导，以思想淬炼实现年轻干部内生性成长。深入实施党的创新理论教育培训计划，先后举办党的二十大精神轮训班、自治区第十三次党代会精神培训班等班次，累计培训3000余人次。建立理论学习中心组学习随机抽点列席、随机抽点发言“双随机”机制，通过领导干部带头学、“三会一课”常态学、主题党日特色学等方式，经常性组织年轻干部学习习近平新时代中国特色社会主义思想，不断筑牢年轻干部思想根基。牢牢抓住红色资源这个载体，组织年轻干部到乔家渠红军长征毛泽东宿营地、任山河烈士陵园等红色教育基地开展教育活动，用红色文化滋养身心。以专业培训赋能。紧盯各领域年轻干部需求，突出“缺什么补什么”“弱什么强什么”，统筹全县干部教育培训工作，将年轻干部教育培训纳入整体计划，覆盖各行各业，分类施策、精准施训。聚焦乡村振兴、基层治理等重点领域，采取“县外学习+实训”“课堂讲授+讨论”“现场研学+实践”等模式，实施“按需点单”式培训。全面落实领导干部上讲台制度，定期邀请领导干部开展专题授课，组织学员进行开放性研讨，今年先后举办中青年干部培训班、干部进修班、乡村振兴培训班等班次18期700余人次。分专题分类别组织年轻干部进行点名调训，先后赴福建、浙江等先进地区学习交流，进一步开阔眼界视野。建立分时段办学、分模块培训的学习模式，利用周末举办干部能力研修班，进一步解决工学矛盾。以实践历练提质。将急难险重岗位作为提升年轻干部履职能力的重要平台，不断提高年轻干部解决实际问题、处理复杂矛盾和做群众工作的能力。建立项目一线磨炼、驻村一线锻炼、急难险重岗位考验的实践历练模式，大力实施“四个一批”干部实践培养计划，定期选派年轻干部到对口上级部门“上挂”学习；选派89名年轻干部到文明城市创建、民族团结示范创建、社区治理、乡村振兴、数据外包、巡察信访等重点任务工作专班一线“特挂”培养；选派93名35岁以下年轻干部到村担任驻村第一书记、工作队员，进行“下挂”历练；选派2名年轻干部到福建厦门“外挂”提升，切实让年轻干部在基层一线锤炼本领、增长才干。

三是聚焦破解动力不足的问题，在严管厚爱上下功夫。针对年轻干部拼劲不足、作风不实的问题，我们坚持严格管理和关心厚爱相结合，全方位、多措施管理监督年轻干部，帮助年轻干部行稳致远、成长成才。聚焦日常管理。坚持把年轻干部管理监督融入日常，完善年轻干部管理制度，制定年轻干部日常管理监督若干措施。严把政治关口，强化政治考察，利用工作调研、任职谈话、非任用日常谈话等工作机制，常态化掌握年轻干部思想动态，对发现的苗头性、倾向性、潜在性问题及时提醒纠正。聚焦重大活动、重要时期、关键任务时执行纪律规矩情况，深入开展廉洁教育和警示教育，定期开展廉政家访，教育引导年轻干部时刻自重自省，严守纪法规矩。召开年轻干部座谈会6次，对新入职公务员开展谈心谈话150余人次，及时掌握年轻干部的思想状况、工作状态，点不足、教方法、明方向。聚焦重点领域。紧盯关键领域、关键部门、关键岗位，加强对重点领域年轻干部履职情况的跟进监督，前置抓早抓小的监护关口，充分利用日常的干部考察、年度考核、经济责任审计和参与民主生活会、组织生活会，受理群众来信来访等手段，及时了解和掌握干部的思想状况、工作作风、廉洁自律等方面情况，从严查处不担当不作为等问题，督促年轻干部恪尽职守、忠诚履职。紧盯年轻干部违纪违法易发多发风险点，定期组织开展廉政风险点排查，不断规范年轻干部秉公用权。聚焦关心爱护。严格落实“三个区分开来”要求，鼓励年轻干部在招商引资、产业发展、项目建设等重大工作中敢创敢试敢干，旗帜鲜明为勇于负责的干部负责、为勇于担当的干部担当、为敢抓敢管的干部撑腰。刚性落实考核奖励、工资福利、健康体检等基本制度，将干部体检调整为每年一次，标准为人均1000元。及时开展表彰奖励，今年先后对172名年度考核优秀公务员予以表彰，对14名连续3年考核优秀公务员记三等功。全力推动乡镇“五小工程”和周转房建设，努力为年轻干部在基层安心、安身、安业创造条件。

四是聚焦破解力度不足的问题，在选准用顺上下功夫。针对年轻干部选拔视野不够开阔的短板，我们坚持“使用就是最好的培养”原则，牢固树立重实干、重实绩、重担当的鲜明用人导向，确保年轻干部用当其时。明确选配目标。将年轻干部的选拔使用始终纳入干部队伍建设的大盘子中去谋划，认真落实《全国党政领导班子建设规划纲要》、领导班子换届等干部配备刚性指标要求，明确县党政机关工作部门35岁左右正职应有一定数量，乡镇领导班子成员中35岁以下的一般要达到20%，每个乡镇领导班子中要有1名30岁以下的干部。把落实选配目标与日常调整结合起来，加强研判预警提示，经常性分析年轻干部配备情况，重点看年轻干部配了多少、缺多少、岗位空多少、储备了多少，努力实现年轻干部数量与质量双提升。注重人岗相适。坚持把年轻干部选拔配备工作融入日常、抓在经常，结合领导班子调整做好常态化配备。在年轻干部使用上不简单看任职先后，对有发展潜力、需要递进培养的，抓紧放到关键岗位历练；对素质好、能力强、潜力大的复合型年轻干部，有针对性地放到吃劲岗位提拔使用；对业务精湛、技能突出的专业型年轻干部，放到对口业务部门进行跟踪培养；对缺乏基层工作经历或经历单一的年轻干部，安排到基层一线实践历练。坚持优中选优、讲求质量，防止唯年龄倾向，防止拔苗助长。及时选拔使用。突出“三个优先”，优先考虑在乡村振兴、项目建设等一线培养锻炼过的年轻干部；优先考虑多岗位锻炼、制度执行力和治理能力强的年轻干部；优先考虑高素质专业化、人岗相适的年轻干部。把工作实绩作为选拔任用年轻干部的先决条件和“硬杠杠”，全面了解年轻干部在急难险重工作中的表现，做到以考核定奖惩、凭实绩用干部、看执行力定位子，真正让想干事、肯干事、能干事的优秀年轻干部脱颖而出。

三、经验启示

年轻干部队伍建设事关党和国家大政方针的

贯彻落实，是助力经济社会高质量发展的根本保证，实践证明，必须统筹抓好年轻干部选育管用各个环节，积极营造优秀年轻干部千帆竞发、百舸争流的生动局面，为推动高质量发展提供坚强的组织保证和战略储备。

（一）必须坚持战略眼光发现储备优秀年轻干部

习近平总书记强调，培养选拔年轻干部，要着眼近期需求和长远战略需要，坚持系统思维和全局观念。优秀年轻干部培养是系统性、长期性、基础性工程。培养选拔年轻干部，是百年大计、战略之举、当务之急，必须立足当前、着眼长远，前瞻谋划、统筹推进。坚持把年轻干部培养摆在干部队伍建设重要位置，立足本地经济社会发展和领导班子配备需要，科学制定短期、中长期培养目标，不断优存量扩增量。制定年轻干部配备使用总体规划以及年度配备计划，建立持续发现、动态补充制度，定期开展专项研判、专项储备，努力实现干部供与需的平衡。注重把发现优秀年轻干部有机融入年度考核、干部考察、日常调研等工作，拓宽优秀年轻干部发现途径，蓄好“源头活水”。

（二）必须坚持实践锻炼培养提高优秀年轻干部

习近平总书记指出，年轻干部不经过千锤百炼、艰苦磨炼，很难在关键时刻经受住考验；反复强调“年轻干部要走基层”“要坚持下去”。实践是个大熔炉、大学校，是最好的磨刀石。强化实践历练，关键是要有完整周期，防止把重基层导向变成单纯到基层补经历、“镀金”的倾向，引导年轻干部真下去、沉下去、融进去，坐得住“冷板凳”。注重把年轻干部培养同重点难点工作开展有机结合起来，积极选派优秀年轻干部到乡村振兴、招商引资等重点工作、重大项目一线，经历复杂矛盾和棘手问题淬火历练，持续提升担当本领。进一步畅通年轻干部双向交流渠道，既注重横向轮岗，更注重上下交流。充分开发和利用外部培训资源，定期组织年轻干部赴经济发达地区观摩交流，学习借鉴先进经验做法，不断开阔工作的视野和格局。

（三）必须坚持从严管理保障年轻干部健康成长

习近平总书记强调，好干部是选出来的，更是管出来的。年轻干部选拔出来，就要培育好管理好，越是重点选拔的，越要重点管理，越是有培养潜力的，越要严格要求，避免成长成才“黄金期”变成违纪违法“危险期”。对于年轻干部来说，严是爱，宽是害，从严管理是最大的关心爱护，必须把严管贯穿年轻干部成长全过程。健全年轻干部日常监督体系，严格落实提醒函询诫勉等制度，综合运用好巡察、审计等监督信息，对发现的苗头性倾向性问题及时“咬耳扯袖”。坚持以事察人、以绩论人，采取实绩展示比选“看担当”，群众评价比选“看公认”等方式，既注重了解干部在完成急难险重任务、应对重大风险考验中的实际表现，又注重干部日常考核和实绩评价，把功夫下在平时。

（四）必须坚持不拘一格大胆使用优秀年轻干部

习近平总书记指出，对有培养前途的优秀年轻干部，要不拘一格大胆使用；强调在选干部、配班子时不能只看年轻干部“有没有”“有多少”，更要看“好不好”“优不优”。从实践经验看，要把握好当前配备与长远需要的关系，树立战略眼光，不仅着眼未来5年、10年，更要着眼未来15年、20年乃至更长时间；把握好早压担子与成熟再用的关系，看得准的好苗子，就要大胆用起来、顶上去，不让求全责备成为“绊脚石”，错过干部的黄金培养期；把握好坚持必要台阶与打破隐性台阶的关系，既防止拔苗助长、半路掐尖，又注意把那些比较优秀、有培养潜质的放到地方党政主要职务、重要职能部门扎实历练、赛场选马，培养复合型领导干部；把握好常态配备与换届集中选拔的关系，不能时松时紧、时断时续，防止平时不注意培养选拔、换届时急用现找甚至降格以求。

下一步，我们将认真贯彻新时代好干部标准，以鲜明导向选贤任能，以实战实训提质增效，以严管厚爱激发活力，以战略眼光储优备强，聚焦更好激发干部积极性主动性创造性，持续优化年轻干部选育管用工作，把领导班子配优建强、把干部队伍管好用好。

典型案例调查研究报告

——正面案例：以招商引资实效助力县域工业经济高质量发展

周 浩

近年来，彭阳县立足资源实际，大力实施工业强县战略，以自治区级王洼产业园区为依托，构建起煤炭开采洗选与上下游综合配套利用、农副产品加工、轻工纺织、数字信息等四个产业链条，开展产业链招商，全力引进一批投资规模大、产业层次高、带动潜力足的骨干型、基地型项目，有力推动全县工业经济高质量发展。结合正在开展的第二批主题教育，通过对此正面案例进行解剖式调研，形成以下调研报告。

一、背景

彭阳县属于传统农业县，工业经济发展基础薄弱，但农业生产受气候环境、市场行情等因素影响较大，长久以来以农业为支撑的县域经济发展滞后、增长乏力，群众增收难以得到稳定保障。因此对于彭阳这样的欠发达县区而言，经济要发展，必须突出工业支撑、加快工业发展。在此基础上，县委、县政府提出“工业振兴”“工业强县”，实施规上工业倍增计划，制定“工业总产值从2021年32亿元增长到2026年120亿元”五年近中期工业发展规划目标，利用3—5年时间培育年产值50亿元以上工业企业1家、10亿元以上工业企业2家、5亿元以上工业企业8家、1亿元以上工业企业10家，并通过大抓招商、抓大招商、抓高质量招商，促进全县工业经济高质量发展，特别是2022年以来，针对招商引资工作中工业基础薄弱、产业链条缺失、龙头企业较少、招商氛围不浓等问题，在扩大招商引资方面进行了一系列创新性探索，全力招引了一批投资规模大、发展潜力足的优质工业企业，有力推动全县工业经济更好更快更高质量发展。

二、做法

（一）全力推动招商引资，构建四个产业链。紧盯国家产业政策导向，持续在招大引强、招新引优上释放活力，围绕“四个产业链”，党政“一把手”亲自带队多次赴北京、上海、山东、江苏、浙江等地就农副产品加工、纺织服装、电子元器件生产等与全县产业契合度高的项目进行对接洽谈。2023年以来，共组织外出招商活动28次，考察企业185家以上，对接洽谈项目147个，引进年13万锭高端纺纱及年产1亿平方米宽幅功能性面料生产加工、年产5万吨富钾富锶干果饮品及年产2000吨红梅杏条、矿山机械增材再制造、LED照明器材生产制造、年产3万套空气源采暖设备等项目41个，概算总投资95.04亿元，已到位资金32.08亿元，创造稳定就业岗位2000个以上，全县煤炭开采洗选及前后端上下游装备制造与综合配套、农副产品加工、轻工纺织、数字信息四个产业链条真正走上了树龙头企业、抓前后端发展的轨道。

（二）强化资源禀赋挖掘，打造三个“升级包”。一是产业融合升级。立足煤炭、生态、人力、特色农业等资源优势，牢固树立无农不稳、无工不富、无商不活的发展思路，以一产提质增效，二产加工托底，三产联接创新，推动农副产品加工产业从粗放式初加工向精深加工转变。推广“工厂+基地”模式，建设彭阳县农产品分拣加工冷链配送中心，引进辣椒一二三产融合发展等项目，实现以龙头企业带动一二三产业发展有机融合，形成三产推动二产，二产拉动一产的产业联动生态，努力实现三次产业高度融合发展。2022年，一二三产增加值分别为16.89亿元、35.1亿元、36.66亿元，同比分别增长4.1%、

10%、6.4%，三次产业结构为19.1:39.6:41.3。二是发展质效升级。标准化工业生产是产业提升的平台、是先进产能的标志、是优质企业的孵化器、是工业经济发展的放大器。坚持“工业强县”不动摇，延伸“四个产业链条”，推动工业经济稳定增长。彭阳县煤电一体化联营项目正在开展前期工作，计划2024年3月开工建设；鑫卓能源煤矸石综合利用2期项目建成后，一般工业固废利用率可达到97%以上，2022年获得自治区固废奖补资金600万元，引进年20000台（套）矿山机械增材再制造项目，有力增强煤炭产业服务能力，填补我县装备制造行业的空白。2023年纺纱织布标准化厂房、4000万件无纺布系列产品、晋阳机电等项目建成投产达效。密集落地的轻工纺织项目预计年新增产值8亿元以上，年增加税收4000万元以上，创造就业岗位1000人以上。三是科技支撑升级。抢抓产业数字化、数字产业化新机遇，大力发展5G、云计算、数字赋能赋智、信息外包服务等新业态，扩大数字化应用范围，实现经济社会数字化转型发展。持续深化工业互联网创新应用，加快企业数字化转型步伐，建成工业企业互联网应用平台1家、获得自治区机器人应用示范项目奖补资金155万元。推进数字产业化、产业数字化、数据价值化，着力完善数字经济发展生态和数字基础设施建设，打造数字经济产业园，目前入驻企业24家，创造就业岗位1500个，实现了就业由低质量向高质量跨越。2022年培育国家高新技术企业1家、入库国家级科技型企业17家、认定区级科技型企业11家。2022年彭阳县科技局被人力资源社会保障部　科技部授予“全国科技管理系统先进集体”荣誉称号。2023年申报自治区技术创新中心4家，办理“宁科贷”业务11笔，贷款金额2700万元，28家企业申报2022年研发费用后补助资金936.69万元。归集全社会R&D经费7411.58万元，县级研发项目43个，项目资金1350万元。

（三）建立产业引导资金，服务“两个主阵地”。为提升招商引资优势，有效破解企业融资和发展难题，在全区南部九县率先设立产业高质量发展和乡村振兴引导资金，发挥参股引投、助企纾困、扶持过桥等作用，每年安排产业高质量发展和乡村振兴引导资金2000万元，设立平台公司运营，服务产业发展和乡村振兴“两个主阵地”。产业引导资金按照不高于项目总投资的10%和期限不超过5年进行参股合作，参股分红模式为“保底分红+净收益分红”，保底收益率为5%，帮助争取的各级各类奖补资金均作为企业净收益参与分红，年度收益分红资金的20%作为管理费自行留存，80%用于闽宁协作乡村振兴示范村或其他乡村振兴示范村支持资金。目前，已开展产业合作业务7笔2340万元，撬动社会投资15.67亿元，产生了“四两拨千斤”的效果。

三、启示与对策

从整体上看，彭阳县招商引资工作虽然取得了一定成效，但仍然表现出一些问题，如全县对招商引资工作的重视程度还不够高、抓招商引资的力度还不够大，“一把手”招商负责制及招商引资专班作用发挥还不够明显。这些问题的本质在于全县对发展和抓发展的认识还不够，长久依赖转移支付的“等靠要”思想还没有根除，不少干部认为招商引资培养自我发展能力和财力不如多要点钱来得容易，这是“根子”。

针对这些问题，下一步需要持续挖掘全县抓好招商引资工作的巨大潜力，立足矿产、特色农产品等资源禀赋和区位优势，在用地等要素保障和拓展市场空间上进一步挖潜增效。同时，在全县抓招商引资工作的经验中总结得出以下启示：

（一）提升招商引资实效应提高思想认识。一是对于发展的认识。发展不能“等靠要”，必须认识到招商引资对于促进县域发展、增加县级财税的作用，特别是优质的大项目好项目，既可以大幅提升县级税收，还可以带动产业链发展，以及促进新产业的培育。二是对于促进内生动力和提升造血能力的认识。县域经济发展的内生动力主要就是靠抓项目、抓投资，只有落地更多优质项目才能夯实县域经济发展后劲，才能保证高质量发展的持续性和稳定性，才能源源不断提供造血能力。三是对于产业可以带动就业、提升收入的认识。必须认清群众增收主要靠高质量就业,高质量就业岗位的供给必须通过项目带动,特别是社会投资项目,只有提升招商引资实效才能满足群众就业需求。同时要认清通过就业和培育产业工人可以促进服务业等发展,拓展产业链,改变群众小农式的生产生活方式,快速融入现代产业体系。四是对于促进产城融合、新型城镇化的认识。要认识到招商引资对促进新型城镇化建设的重要性,产城融合的关键在“产”,产业培育的主要途径就是通过招商引资扩大社会投资。

(二)提升招商引资实效应树立系统思维。一是应将目标定高。在充分调研和深刻剖析发展现状的基础上,按照“跳起来摘桃子”的原则,确定目标任务,以实现突破性跃升。二是应将方向瞄准。必须将新发展理念贯彻始终,招商引资项目不仅应符合发展实际、产业政策,也要符合生态环境保护要求,有一定准入门槛。三是应将思路厘清。围绕区、市发展战略,立足产业基础和发展方向,聚焦优势产业、新兴产业,扎实做好建链、延链、补链、强链、扩链的文章。一方面注重招引大体量项目,如美臣纺织年 13 万锭高端纺纱及年产 1 亿平方米宽幅功能性面料生产加工等项目；另一方面注重引进成长势头好、亩均产出高的优质项目,特别是高新技术产业、领域领军企业、头部企业,如数字经济产业园各类数字信息企业。同时,应认清招商引资是平等的战略合作伙伴关系,要以共情心为对方着想,帮助解决“痛点”“难点”问题,实现双方共赢。四是应将视野放宽。面向全国、紧跟前沿、紧盯需求抓招商,及时掌握最新动向,对号发挥比较优势,确保招商工作能够抢占风口、常抓常新、取得长效实效。

(三)提升招商引资实效应寻求创新突破。一是应着力提升招商精准度。在招商引资过程中,既要坚持解放思想、积极主动,也要坚持严格论证、防范风险,尤其警惕不专心、不专业、不投资的企业,坚决杜绝“皮包公司”“空壳公司”。同时依托信息流,绘好招商地图,以精准招商提升实效。二是应着力补短板强弱项。坚持问题导向,紧盯营商环境不优、产业配套不全等突出短板弱项,在优化营商环境上坚持换位思考、精准服务;在产业配套上开展产业链招商、以商招商,同时聚焦本地主导产业链条,更大力度招引符合其细分领域的“新精系”企业进行产业配套建设。三是应着力激发金融资本对招商引资的促进作用。传统招商方式一般依靠地价优惠和税收奖补吸引外来企业,在此基础上应根据不同企业、不同阶段,进一步将财政资本、产业资本、社会资本、金融资本进行有效对接,以财政补助、金融支持、事后奖补等方式,助推企业落地和发展。如搭建政银企平台,促进金融机构和企业间良性互动;用小杠杆撬动大资本,把财政用于产业发展的补助资金,联合社会资本成立产业引导资金,即设立产业高质量发展和乡村振兴引导资金,通过市场化运作,实现“四两拨千斤”。

(四)提升招商引资实效应掌握科学方法。一是应调动多方力量。强化招商的主动性、积极性,实行“一把手”亲自招商、“小分队”轮流外出招商等制度,优化招商投促部门牵头抓总,行业部门各司其职、各负其责、协同配合的招商机制,利用一切迎接或外出考察机会进行招商推介、政策解读、项目洽谈,切实凝聚强大招商合力。同时,应善于利用中央、区、市各类资源叠加招商,进一步降低县级财政负担,实现更高投入产出比。二是应借助多种渠道。一方面依托东西部协作等平台,积极开展各类主题性招商活动;另一方面主动参加国内权威和知名展会、博览会开展招商。特别应注重以商招商,充分发挥商会、行业协会、产业联盟、专业招商机构的信息、人脉资源、专业知识等方面的优势,千方百计吸引企业、人才和资金。同时应借助金融资本、金融机构渠道,注重发挥资金的催化和杠杆作用,正确处理政府和市场的关系,让更多产业资金和要素资源汇聚。三是应创造多样条件。重点在于优化营商环境和强化要素保障,要把企业的事当自己的事,对能解决的难题尽快解决,对特别重大的项目实行“一事一议”,尽可能为企业良性发展创造更多良好条件,实现以最具吸引力的条件保障最好最优质的项目落地。

彭阳县冷凉蔬菜产业发展情况的调研报告

范忠于

近年来，彭阳县围绕实施乡村振兴战略，立足资源禀赋，充分利用高原冷凉气候优势，大力调整农业产业结构，创新经营机制，扩大经营规模，实现多主体参与、多要素支撑、多业态发展，推动冷凉蔬菜产业从无到有、从传统走向现代，孕育了彭阳蔬菜产业品牌，为推动乡村振兴提供了新动能。

一、发展现状

2022年，全县蔬菜生产总面积8.5万亩，其中：设施蔬菜2.1万亩，露地蔬菜6.4万亩，蔬菜总产量22.6万吨，实现总产值7.4亿元。2023年，全县蔬菜生产总面积7.2万亩，其中：设施蔬菜1.5万亩，露地蔬菜5.7万亩，预计蔬菜总产量19.3万吨，实现总产值6亿元，其中辣椒基地面积1.6万亩，年产量4.5万吨，实现总产值1.1亿元。

（一）强化支撑保障，产业根基愈加稳固。对标自治区“六特”和固原市“五特”产业布局，将冷凉蔬菜产业作为全县“五特”产业之一，理清产业发展定位，夯实产业发展根基。一是健全政策体系。紧盯中央和区市政策动向，先后制定出台《农业产业高质量发展实施方案》《蔬菜产业高质量发展实施方案》《冷凉蔬菜产业高质量发展实施方案（2023—2027年）》《全面推进乡村振兴重点工作实施方案》等政策文件，明确发展目标、主攻方向、重点任务、推进措施，配套制定奖补政策，建立完善冷凉蔬菜产业高质量发展政策体系，引领全县蔬菜产业发展。二是优化产业结构。从改变单一种植模式入手，提出“种植加工结合，加工为种植托底”产业融合发展新思路，发挥“彭阳辣椒”品牌优势，突出发展以“彭阳辣椒”为主的多元化“六盘山冷凉蔬菜”，以点带面、示范引进市场销路较好的陇椒、线椒和适合红椒生产的20多个新品种，示范推广大葱种植1600亩，大力开展蔬菜新品种新技术试验示范，优化瓜菜品种结构，质量和种植效益不断提升。三是夯实发展基础。按照“以水带肥、以肥促水、因水施肥、水肥耦合”技术路径，建成高效节水灌溉21.9万亩，助推农业产业结构调整和土地集约化经营；引入宁夏六宝红果公司盘活利用红河上王设施农业园区，改造老旧设施大棚130余栋；在新集白河等地新建10米以上大跨度钢架塑料大棚34663.4平方米，建成白阳镇中庄村连栋塑料大棚14万平方米、城阳沟圈育苗日光温室5栋9720平方米，实现日光温室棚型结构更新换代和设施园区提档升级；创新“引水上山、蔬菜上山”发展新模式，配套高效节水灌溉1800亩，建成西沟流域高山露地冷凉蔬菜种植基地，拓宽蔬菜产业发展空间。

（二）强化基地建设，产业规模持续扩大。通过项目扶持、产业奖补等多种激励机制，引进龙头企业，打造示范基地，带动蔬菜产业高质量发展。一是突出龙头企业引领。建立“龙头企业+合作社+农户”模式，先后引进东升、春又发、厦门绿百合公司等5家龙头企业，培育发展蔬菜专业合作组织26家，建立规模化蔬菜产业融合发展基地，带动发展蔬菜生产聚集区，持续推进蔬菜产业规模化、生产标准化、经营产业化，实现从粗放式传统种植转向标准化精耕细作。二是突出示范基地带动。积极探索基地建设新模式，完善基础设施、配套高效节灌，巩固提升红河镇红河有机蔬菜基地、红河宽坪露地绿色蔬菜生产基地、新集海子塬露地千亩蔬菜标准化生产基地、古城温沟日光温室示范园区、古城田郑庄千亩“拱棚+露地”蔬菜生产基地、西沟流域千亩蔬菜基地、草庙刘塬千亩拱棚西瓜基地8个示范基地，2023年新发展中庄、城阳、杨塬、常沟、上王、孟塬、路寨、上湾标准化蔬菜生产基地8个,重点开发以干鲜两用加工型为主的露地辣椒规模种植4468.4亩。三是突出联农带农落实。在提供农户土地流转费的同时,实现农村富余劳动力家门口就业。其中,东升公司建成的红河绿色蔬菜示范园区流转农户土地2000亩,年提供土地流转金100万元,吸纳当地300余群众长期或临时务工,年提供农民务工收入700万元以上;红河上王大葱示范基地带动当地70余农户就近务工,年提供务工收入130万元;新集乡姚河蔬菜基地年提供土地流转费136万余元,辐射带动当地常年务工300余人,人均增收1.5万元;孟塬乡赵山庄蔬菜基地带动本村37人就近务工收入,人均增收3000元;草庙乡米塬千亩标准化瓜菜种植育苗研发基地通过流转土地、临时务工等方式帮带128户农户年增收49.5万元。2023年前三季度,全县农村居民人均可支配收入9591元,同比增长8.1%。

(三)强化技术支撑,生产水平显著提升。依据本地气候条件,紧盯目标市场需求和绿色产品要求,加快新品种新技术引进试验示范。一是在关键技术上求突破。在孟塬赵山庄—草滩建设露地辣椒集成示范基地1个300亩,与宁夏农科院、宁夏园艺技术推广站、宁夏大学等科研院所蔬菜专家开展技术研发与合作,借助“高山蔬菜关键技术研究与应用示范”部省联动项目,重点开展辣椒优良专用品种筛选培育、科学确定水肥方案、改进辣椒农艺措施、优化配套技术装备等试验示范,拓展我县蔬菜产业发展方向。二是在种苗培育上下功夫。全面推广穴盘育苗技术,开展嫁接育苗技术示范,提升蔬菜优质种苗集中供应能力,良种普及率100%。在新集乡团结村、红河镇上王村、古城镇温沟村建立集约化育苗基地,主推“巨峰1号”“方兴大将军”“华美105”“黑线至尊”“津福308”等辣椒优质品种,以及大葱、黄瓜、茄子、番茄、甘蓝、甜瓜等蔬菜种苗,每年可繁育各类蔬菜种苗2亿株,供应全县及周边蔬菜基地,形成明显的育苗产业优势。三是在绿色转型上做文章。在古城镇、红河镇创建辣椒绿色高产高效技术示范区2000亩,开展日光温室辣椒连作障碍综合防治、“三零”技术、秸秆生物反应堆技术、轮作种植绿肥大燕麦、水肥一体化、追施钾肥、病虫害统防统治等10项技术示范,辐射带动以辣椒为主的生产辐射区10000亩。

(四)强化产销对接,品牌效益逐年提高。实施蔬菜产品品牌促销策略,统一设计印制包装宣传图案,促进蔬菜产品品牌化销售。一是不断擦亮“彭阳辣椒”。培育“彭阳辣椒”农产品地理标志,依托彭阳独特的高原地域环境和生态资源优势,先后通过无公害农产品产地、产品认证,获得国家首批农产品地理标志登记,被中国特产之乡推荐暨宣传组织委员会认定为“中国辣椒之乡”;2019年被评为“全国名特优新农产品”。二是持续推进品牌建设。发挥龙头企业销售端优势,多举措推进“净菜入超”,强力推进“清凉蔬菜”品牌建设,积极对接外销市场、企业、客商,联结基地与市场,精准投放包装箱6.3万个,统一组织销售精品蔬菜,增加高端蔬菜供应量,提高市场竞争力。三是深入开拓销售市场。借助全国知名销售商走进宁夏活动,积极对接区内外蔬菜市场,拓宽蔬菜销售渠道;招引资广州东升农场有限公司落户彭阳,打通粤港澳高端市场;依托“互联网+”创新营销模式,通过线上直播带货等销售渠道,构建从“田间到餐桌”、从“市场到商超”的多元化销售模式,实现与高端市场、高品质生活的有力衔接。

二、存在问题

虽然我县冷凉蔬菜产业发展取得长足发展,但受产业基础、发展模式、市场需求、经营理念、营销方式等方面的影响和制约,总体上发展层次低端,量小质弱,存在较多短板和问题。

一是干旱少雨、水源短缺,基础保障跟不上。依托水系联蓄联调工程,红、茹河流域产业基地高效节水灌溉条件得到了有效改善,但县内南北自然条件差异大,区域性、季节性缺水问题突出,有灌溉条件的海子塬、沟口、宽坪等蔬菜基地在汛期用水紧张,现有的以补灌为主的水源条件不能保障8万亩以上的高质量蔬菜种植规模，全县旱地种植蔬菜占比达到50%，受自然灾害影响风险较大，严重制约蔬菜产业发展。

二是设施老旧、标准较低，灾害抵御能力弱。全县设施老旧问题较为严重，设施蔬菜生产面积逐年减少，效益持续降低。2009—2015年建成的日光温室以土墙体、后屋面草泥结构为主，质量标准低，抵御自然灾害能力弱，出现了不同程度的结构性损毁，且新棚型、新材料和新技术更新换代缓慢，需要改造提升的日光温室数量多、难度大，影响持续生产。比如，新集乡、古城镇、红河镇、城阳乡境内均有老旧日光温室不能正常生产使用，效益最佳期的减少影响了蔬菜的正常生产。

三是链条偏短、经营乏力，产品附加值不高。全县蔬菜产业引进培育的龙头企业产业链条短，带动能力有限，存在各自为战、单打独斗的现象，应对市场变化的能力弱，且精深加工项目仍未投入运行，没有真正形成产加销一体化发展的产业体系，仍以地头低价位销售普货和小商小贩买卖为主，受市场价格波动的制约较大，还未走出“没有加工无销路、有了加工没原料”的窘境，往往造成销路不畅，附加值不高，效益偏低。同时，订单种植企业存在盲目性发展问题，经营管理不到位，部分农户参与订单种植积极性不高，造成订单种植矛盾较大。

四是技能落后、参与度低，联农带农不够强。产业人才短缺，当地产业带头人、经纪人队伍没有培育起来，产业发展组织化程度低；农村劳动力中妇女、中老人居多，存在年龄偏大、劳动技能偏低的情况，以自家生产经营为主，变为蔬菜产业工人的意愿不强，难以适应蔬菜基地产业化、标准化的生产技术要求和企业化的运行效率。同时，企业自身带动能力不够强，与农户利益联结机制不够紧密，大多以“流转土地、就近务工”为主。

三、对策建议

下一步，聚焦全县冷凉蔬菜产业发展目标，应在“强基础、扩规模、调结构、优品种、延链条、拓销路”上持续下功夫。

一要完善基础设施，保障产业发展。积极争取引黄入彭项目，并挖潜水系联蓄联调，以水定规模，彻底解决蔬菜产业发展灌溉用水问题。充分巩固现有的设施农业园区用地，支持社会主体盘活利用老旧设施园区，集中利用3年时间整体推进新集海子塬、沟口、红河友联等老旧日光温室维修改造，按照产业政策进行奖补。加大新棚型研发、引进和推广力度，支持蔬菜种植主体新建10米以上大跨度钢架结构塑料拱棚，增强设施抗御冷、冻、风、雪、涝等自然灾害的能力，延长设施使用年限，提高机械化耕作水平，推进农机农艺深度融合。更新设施装备，配套智能化管理的物联网技术，补齐园区水、电、路等基础设施短板，夯实产业发展基础，加快标准化设施辣椒生产基地建设，培育现代农业示范园区。

二要加快结构调整，培育优势品种。围绕全县产业布局，聚焦发展以辣椒为主的优势品种，开展辣椒规范化穴盘育苗1亿株，支持种植主体大力发展塑料拱棚辣椒栽培和“庭院蔬菜”种植，扩大加工型、订单式露地辣椒种植，推进“彭阳辣椒”产业大县建设，做大优势产品规模，实现集聚效应。加强与自治区农科院、园艺站、宁夏大学合作，组建蔬菜产业技术服务团队，建立专家服务基地，实施国家重点研发项目，通过在辣椒资源收集与品种引进筛选、栽培生理与绿色生态栽培、标准化栽培工艺与机械化生产、采后加工等方面进行深入研究，每年甄选适宜本地栽培、产销对路的加工型品种3—5个，并引进蔬菜园艺高层人才，解决产业发展技术难题，示范推广先进技术，提高科技成果转化率，促进和服务彭阳辣椒产业发展。

三要推进链条延伸，健全产业体系。坚持以壮大龙头企业作为蔬菜产业发展的抓手，调整完善相应的产业扶持政策，尤其是增加蔬菜冷链、加工、销售环节的补贴，做好营商环境、政策扶持、跟踪服务，扶持龙头企业做大做强，持续延长产业链条，健全产业体系，增强产业附加值。加大招商引资工作力度，继续完善针对蔬菜龙头企业基础设施建设扶持政策，以及在园区配套设施的建设用地政策，对有市场端优势、带动能力强、效果好的龙头企业加大奖补力度，调动龙头企业的积极性，推进辣椒精深加工和脱水蔬菜加工企业及早运行投产，开发蔬菜精深加工产品，促进龙头企业做大做强，推动产业融合发展。

四要深化人才培育，促进联农带农。采取“请进来+走出去”的方式对蔬菜基地管理人员、种植大户、县乡技术人员开展技术培训，鼓励乡村外出人员返乡创业，培养产业带头人、致富能手。支持龙头企业、合作社、家庭农场、小农户发展多样化的联合经营，提升小农户组织化程度，实现新型经营主体与小农户利益联结多元化，持续增加农民收入。以龙头企业、合作社为引领，建立“公司+市场+基地+农户”“企业+村集体+农户”等模式，通过订单生产、土地入股、合作共建基地等方式，形成紧密利益联结共同体，让农户分享产业链增值收益，实现增收致富。

五要组建产业协会，强化风险抵御。积极号召蔬菜生产、科研、种业、技术推广、蔬菜农资生产经营、深加工及配套产业链等领域的从业者和单位自愿组成彭阳县蔬菜产业协会，并充分发挥协会联系广泛、信息来源多的优势，及时收集整理市场信息，了解掌握成员单位服务需求，开展综合风险研判，加强沟通协调和产品宣传，科学指导育苗、种植、收获等关键生产环节，为行业发展提供全方位的信息服务，护航产业高质量发展。

关于深化园区体制机制改革推动高质量发展的调研报告

马文生

当前，我县工业正处于加快发展的关键时期，园区招商引资和项目建设取得了一定的成绩，但存在的问题也较为突出，为进一步深化园区体制机制改革，有效激发园区内生动力和发展活力，推动园区高质量发展行稳致远，本人在经常深入园区企业和外出考察，实地了解企业项目建设和生产经营现状、存在的问题，探索推动解决高质量发展的堵点、难点问题，不断优化营商环境，理顺园区管理体制，推进园区的有效开发、建设和管理，促进全县工业经济持续快速健康发展。现将有关调研情况报告如下：

一、基本情况

王洼产业园区是2012年经自治区人民政府批复设立的自治区级产业园区，内设综合办公室、经济发展局、规划建设与审批服务局、招商投资局、安全环保管理局，核定全额预算事业编制17名。园区布局为“一园三区块”，规划面积451公顷。区块一区块二依托宁夏王洼煤业有限公司及王洼镇镇区建设，主导产业为煤炭综合利用，区块三位于县城南门，主导产业为轻工及农副产品加工。目前园区共有企业57家（纺织服装企业6家，农特产品加工企业24家，煤炭开采企业1家，其他轻工企业26家），其中规上企业5家（王洼煤业有限公司、鑫卓能源科技发展有限公司、科胜商砼有限责任公司、佳利源薯业有限公司、金秋农业科技有限公司），2023年拟培育入规企业10家（宁夏苏宁智能装备制造有限公司、宁夏晟塬农业科技有限公司、宁夏微元素食品有限公司、宁夏晋阳科技有限公司、宁夏鑫美隆轻纺科技有限公司、宁夏朗星科技有限公司、宁夏新恒纺织科技有限公司、宁夏田盛食品有限公司、龙东食品有限公司、云雾山果品有限公司）。2022年园区累计完成工业总产值450487万元，同比增长39%；完成工业增加值241299万元，同比增长37%。2023年前三季度完成工业总产值31.4亿元，同比增长5%，完成工业增加值17.14亿元，税收总额为7.3亿元，园区就业总人数为4215人，用电14543万千瓦时。

二、园区发展现状

（一）*工业发展方向明确*。近两年来县委和政府下大力气抓工业经济发展，实施工业强县战略，紧紧围绕“四新”产业体系发展工业，对重点产业进行政策扶持，为企业发展指明了方向。2022年规上工业增加值占地区生产总值比率从2020年的18.5%提高到了28.4%，有效改变了我县工业企业规模小竞争力弱、产业链条短、分布散等发展现状，目前我县国家级高新技术企业新增2家，专精特新企业达到了20家，区级以上科技型企业达到30家，规上企业10家。同时坚持高端化、绿色化发展工业经济，引进生态友好型工业项目，近两年引进落地的20家工业项目，均属于《产业结构调整指导目录（2021年本）》鼓励类项目，严禁高排放、高污染、高耗能、低效能项目落地，严格环境影响评价，控制能源消费总量和强度，为我县工业经济长远发展奠定坚实的基础。

（二）*招商引资成效明显*。作为工业经济发展的主阵地、招商引资的主战场、高质量发展的排头兵，王洼产业园区的发展轨迹几乎和全县工业经济的发展历程严丝合缝，经历了由小到大、由弱到强。园区自2012年由自治区批复建园以来，整体布局为“一园三区块”，规划面积451.01公顷，发展定位为宁南地区能源基地、特色农产品加工、轻工产品制造集散中心，区块一、区块二位于王洼镇依托王洼煤业建立，主导产业为煤炭资源综合利用，区块三位于县城南门，主导产业为轻工及农副产品加工。彭阳是煤炭和石油资源富集区，煤炭和石油产业毫无疑问地成了工业经济的主导产业，几年前，在外地人的眼中，工业园区除了王洼煤业，真的是拿不出像样的、有规模的、叫得响名字的企业，王洼煤业一枝独大，其他工业、产业都上不了规模，入不了人们"法眼"，这既是我们的经济支柱，也是我们一直以来的短板。

经过11年的发展，现在，当你走进彭阳、走进王洼产业园区，你会发现，除了王洼煤业，本地云雾山果品、万升朝那鸡、佳利源薯业、红峰淀粉、宝发、荣发饲草、万科商砼已不知不觉发展壮大起来，招商引进的鑫卓能源、金秋农业、新恒纺织、朗星科技、晋阳机电、微元素食品、美臣纺织等龙头、链主企业，更是为我们的工业发展注入了强劲动力，一栋栋现代化厂房在园区拔地而起，见证了工业产业的培育、发展，乃至百花竞放的过程，更见证了彭阳现代工业体系的壮大。

（三）产业集聚效应凸显。围绕发展"四新"产业，在县委、县政府的大力支持下，园区按照集群化发展思路，突出地方特色优势，不断在延长产业链、提升价值链、打通供应链、完善利益链"四链融合"上下足功夫，产业发展初具规模。一是在煤炭综合利用产业上，支持王洼煤业提升产能，实施矿井水综合利用工程，保护矿山生态环境，井下废水处理达标后可以回用于煤矿企业，服务生产与生活，同步提高环境效益、社会效益和经济效益；依托煤炭资源优势，吸引重大项目落地，南湾煤矿和2×660MW电厂项目正在开展前期工作，建成后将与王洼煤矿一道，在周边能源基地建设上占有举足轻重的地位；鑫卓能源煤矸石综合利用项目，变原煤开采产生的煤矸石固废为原料，大力发展新型绿色建材，实现固废再利用，推动了开发区绿色循环发展。目前该企业年可利用煤矸石固废80万吨，每天生产空心砖等新型建材25万块，解决当地群众就业近100人，经济、社会和生态效益十分明显；苏宁矿山机械增材再制造项目生产的设备主要服务于煤矿"三机一架"，目前该公司的业务除区内煤矿外，已扩展至周边甘肃等地区煤矿，有力增强了煤炭产业服务能力，填补了我县设备制造和服务的空白。二是在农副产品加工产业上，依托我县红梅杏、山桃、肉牛、中药材、绿色蔬菜产业优势，推动农副产品加工业提质增效、延长产业链条，提高产品附加值，从粗放式初加工向精深加工转变。如微量元素年产5万吨富钾富锶复合干果饮品及2000吨红梅杏条生产加工项目的建成投产，将为本地杏子产业发展托底，有效解决杏子无人收购加工且附加值低的现状，保障林果产业持续健康发展，目前该厂生产的董记酸梅汤，已频繁出现在周边地区商超货架、饭店餐桌上，得到了广大群众的一致好评；推广"工厂+基地"模式，建设彭阳县农产品分拣加工冷链配送中心，引进以基地种植、收储分拣、烘干加工一体的辣椒一二三产融合发展项目、脱水蔬菜等项目，实现以农副产品加工龙头企业带动一产，以一产推动工业企业发展的新局面，实现一二三产业发展高度融合，形成二产拉动一产，三产推动二产的发展格局。三是在轻工纺织产业上，按照"一年打基础、两年出效益、三年上规模"的发展思路，积极融入区市纺织产业发展体系，努力形成产业链条完整、市场体系完善、空间布局合理的现代纺织产业发展格局。目前，园区内新华源服饰、东方圣骄服饰、合业制衣生产订单稳定，新恒纺织年产4万锭纺纱项目、鑫美隆年产4000万件无纺布系列产品项目建成投产，美臣纺织13万锭高端纺纱及1亿平方米功能性面料生产加工项目加快建设，预计2024年8月建成，2025年5月全面达产，达产后可年生产功能性面料约1亿平方米、纱线约3万吨，年产值过5亿元，年实现利税约0.6亿元，解决当地群众就业约800人，成为本地纺织产业链主企业，在延链补链强链上实现更好的带动作用，推动全县"四新"产业发展提档升级。除此之外，已建成投产的朗星科技、晋阳机电等项目，即将落地建设的美华玻璃、山东祥通集团年产5000万米（层）高端输送带、陕西电子信息集团年产2GW大尺寸（12英寸）单晶硅拉棒、金刚线切片及1亿只方硅芯生产加工项目、浙江腾峰纺织年产20万锭纺纱等一批重大项目，将为工业经济高质量发展注入新动能。四是在数字信息产业上，抢抓产业数字化、数字产业化新机遇，大力发展5G、云计算、数字赋能赋智、信息外包服务等新业态，建成数字经济产业园，目前入驻企业8家，创造了1500个就业岗位，实现了就业由低质量向高质量跨越，由人找工作向工作找人转变。

（四）基础配套不断完善。11年间，园区累计投入基础设施建设资金1.3亿元，建成了较为完善的水、电、气、路、排水、通信等基础设施，园区主次干道6.23千米，完成绿化2万平方米，实施路灯亮化110盏，铺设给排水管线18.5千米，建设110千伏输变电站1座，设计规模日处理200立方污水处理站1座，完成三纵三横道路建设。建有总面积2.7万平方米的中小企业孵化园标准化厂房36套，目前新建的5.2万平方米中小企业培育基地可入驻企业20家以上，配套设施逐年增加，一个高标准、高规格的工业园区正在逐步走向正轨，迈向成熟。

三、体制机制改革亮点

为推动一二三产业快速融合发展，加快乡村振兴步伐，更加便捷、高效地引导招商引资重点企业助力产业发展，彭阳县在全区率先探索并设立产业高质量发展和乡村振兴引导资金，每年安排引导资金2000万元(闽宁资金1500万元，县财政筹资500万元)，由园区管委会监管，园硕公司具体管理运营，通过参股引投、助企纾困、扶持过桥等方式，坚定客商投资信心，助力符合园区主导产业类型的企业发展。一是深化体制机制改革增强发展动力。建立健全“管委会+公司”管理模式，成立彭阳县园硕产业发展有限责任公司，注重引导资金市场化运作实效，积极帮助解决发展难题，为园区企业不断做大做强保驾护航。如宁夏鑫卓能源煤矸石分选加工项目出现短期资金周转困难后，面临贷款到期、人员工资拖欠、流动周转艰难，但该企业产品市场前景好，也是解决固废处理实现资源循环利用的链条企业，为此，在第一时间通过产业合作方式，注入引导资金800万元，既解决了企业发展难题，也让该项目得以接续实施。目前该企业年可利用煤矸石固废80万吨，每天生产空心砖等新型建材25万块，解决当地群众就业近100人，经济效益、社会效益和生态效益十分明显。二是注重市场运作实效增强发展活力。始终把招商引资作为推动产业结构调整和经济转型升级的“一号工程”，对有投资意向但还在观望的重点招商引资企业，通过产业引导合作和国企背书影响，踢好“临门一脚”，坚定他们的投资信心，促成项目落地实施。如微量元素年产5万吨富钾富锶复合干果饮品及2000吨红梅杏条生产加工项目，通过参股500万元，使企业看到了政府发展林果产业的决心，坚定了投资信心，目前项目已正式投产，将为我县杏子产业发展托底，有效解决杏子无人收购加工且附加值低的现状，保障林果产业持续健康发展。目前累计安排产业引导资金2800万元，出资2340万元，参股7家企业，撬动社会投资15.67亿元，“四两拨千斤”效果显著。产业园区近两年在建和签约落地项目可新增就业岗位近2000个，岗位月平均工资4000元以上，为农村剩余劳动力家门口就近就业增收提供了便利。三是助力乡村产业振兴增强发展信心。产业引导资金按照不高于项目总投资的10%和期限不超过5年进行参股合作，分红模式为“保底分红+净收益分红”，保底收益率为5%，帮助争取的各级各类奖补资金均作为企业净收益参与分红，其中收益的20%用于管理费，80%将用于乡村振兴示范村发展，持续壮大村集体经济，以产业振兴助推乡村振兴高质量发展。通过发挥产业引导资金助企纾困、过桥助贷作用，聚焦乡村产业发展的关键领域和环节，加强谋划、精准发力，将促成更多招商企业落地，推动辣椒、杏子、小杂粮、肉牛等农副产品延伸产业链、拓宽价值链，有效促进乡村产业发展提质增效，同时招商企业的落地建设也将提供大量就业岗位，为脱贫人口高质量就业创造有利条件。

四、存在的问题

虽然园区经济运行稳中有进，招商引资和项目建设等工作有序推进，但还存在一些问题和短板，一是企业用工难，目前园区各企业和在建项目普遍面临招工用工难题，虽然通过参加招聘会、校企联动、与扶贫车间结合等方式，帮助解决了部分用工，但受工资、就业观念等因素影响，企业整体用工情况不容乐观。二是政策配套难，招商引资重在先手，投资者较为看重地方配套的优惠政策，但在招引一些投资和带动作用较大的项目时，对一些需要“一事一议”的优惠政策等，园区由于缺乏主动性，洽谈合作时较为被动。三是企业监管难，园区作为招商落地企业管理单位，想方设法帮助企业纾困解难，推动项目尽快投产见效，但由于缺乏必要的抓手和行之有效的手段，在督促企业加快项目建设进度时往往心有余而力不足。四是土地报批难，依据2022年自治区自然资源厅土地集约利用评价结果，王洼产业园区三个区块土地建成率分别达到98.82%、100%和76.01%，园区用地已趋近饱和，目前可利用土地已不足以支撑落地一些重大项目，加之规划调整、土地报批时限较长，重点招商项目落地较难，等等，这些问题和短板，都需要在今后的工作中进一步加强和改进。

五、发展建议

通过调研和外出考察，在看到本地和外地园区的差距后，进一步增强了紧迫感、危机感和责任感，坚定了推动我县工业经济和产业园区高质量发展的信心和决心。

（一）要坚定发展目标。围绕实现“工业总产值从2021年33亿元增长到2026年120亿元”近中期工业发展规划目标，利用3—4年时间培育年产值50亿元以上工业企业1个、10亿元以上工业企业2个、5亿元以上工业企业8个、亿元以上工业企业10个。到2024年，规上工业企业达到25家，其中王洼煤业实现产值50亿元，苏宁智能制造、微元素食品、朗星科技、龙东食品、晟塬农业、新恒纺织、鑫美隆轻纺等规上企业产值过亿元，全县规上工业总产值60亿元以上，规上工业增加值33亿元以上。山东祥通集团年产5000万米（层）高端输送带、陕西电子信息集团年产2GW大尺寸（12英寸）单晶硅拉棒、金刚线切片及1亿只方硅芯生产加工项目、浙江腾峰纺织年产20万锭纺纱等一批重大项目签约落地或开工建设；2025年，规上工业企业达到33家，其中王洼煤业实现产值60亿元，2×660MW坑口电厂、南湾煤矿新增产能预期产值分别达到20亿元、10亿元，美臣纺织、苏宁智能制造、微元素食品、祥通集团、腾峰纺织等企业年产值或新增产能预期产值均达到5亿元，朗星科技、鑫美隆、新恒纺织、晋阳机电、田盛农业、传田科技、鑫卓能源、美华玻璃等10家企业均实现产值亿元以上，全县规上工业产值达到100亿元以上，增加值48亿元以上，开发区跻身全区百亿元产值园区序列。2026年实际工业产值突破120亿元，其中规上工业产值稳定在100亿元以上，规上工业增加值稳定在50亿元以上。

（二）要拓宽发展空间。按照“三区三线”划定方案，拟将位于王洼镇的区块一、二整合为园区王洼区块，主导产业为煤炭综合利用及固废综合利用；原区块三调整为县城东区块，主导产业为纺织服装及农副产品加工；新增县城西区块2070亩，主导产业为新材料和高新技术等轻工业，计划2024年启动征收，下半年招商企业入驻，基础设施逐步完善，预计亩均产值超过300万元，实现工业产值40亿元以上，全县工业产值达到150亿—200亿元，全口径工业税收由目前7亿元（不含资源税）增加到14亿元（不含资源税），县级工业税收留成由现在的2.4亿元增长到5亿元左右，连同附加其他税种收入及非税收入，县级财政可以达到8亿元左右，工业经济实力将跃上新台阶。

（三）要坚持创新发展。在看到与产值百亿元以上园区的差距后，首先要学的是解放思想、与时俱进，我县工业园区尚处在起步加速阶段，一口吃不出来大胖子，我们要正视差距，立足实际，坚定发展信心，大抓项目、抓大项目、抓高质量项目。与区内各工业园区要进一步加强联系、扩大合作，尤其在资源、产业、信息、人才、项目、技术等方面进行多层次交流合作，实现互惠互利、优势互补、共同发展。今年自治区召开的民营经济大会是宁夏历史上规格最高、规模最大的推动民营经济高质量发展大会，梁言顺书记代表全区党员干部，郑重向广大民营企业和民营企业家作出了“真诚交心交友、新官必理旧账、言必信行必果”3个承诺，民营经济发展迎来了新机遇，一批创业创新群体将会如雨后春笋般成长，工业园区要加强孵化园管理，加快中小企业培育基地建设进度，发挥新兴产业孵化器功能，充分激活民间投资，让更多的新技术、新产品、新业态、新产业在这里孵化。虽然我们已推行了一系列改革，但形成影响和创造经验的还不多，除了设立产业引导资金和平台公司，具有独创性的新动作偏少，这就需要我们解放思想、开动脑筋，以更大的魄力推动园区改革，着力形成一批可复制、可推广的改革经验。

（四）要提高建设效率。效率是开发区发展制胜的生命线和核心竞争力，去年我们落地了招商引资项目22个，有的建设进度快，有的进度比较缓慢，我们考察过的园区中过亿元的项目人家8个月建成投产，而我们8个月有的连前期工作都完成不了。所以，我们的行政审批效率还要继续提高、部门间协作配合还要加强、服务质量还要提升，同时一定要完善事前、事中、事后的监管，该作为的要积极作为，该担当的要勇于担当。对审批进入园区的建设项目，要狠抓管理，节能减排，坚守安全环保底线，推动安全高效发展。

（五）要靠实招大引强。园区是经济发展的主阵地，项目是园区的生命力，要主攻重特大项目、实施精准招商，瞄准细分行业，大力实施产业链招商、专业化招商、以商招商，以产业园区为载体，聚焦主导产业延链、立足科技创新强链、突出传统产业补链，做大做强产业集群，持续优化产业结构，努力形成大企业顶天立地、中小企业铺天盖地的良好局面。同时，要集中精力培育规上企业和龙头企业，营造稳定公平透明、可预期的营商环境，及时解决企业发展中遇到的困难，帮助企业不断做大做强。通过全力营造“重商、尊商、亲商、富商、留商”的社会氛围，整合招商资源和队伍，开展联合招商、以商招商，力争引进一批能引领、带动、延伸园区产业发展的大项目落户园区，实现我们跻身全区百亿元产值以上园区行列目标。

（六）要调动社会投资。区域经济发展的活力和希望在民间、在民营，今年是全面贯彻落实党的二十大精神的开局之年，也是推动后疫情时代经济高质量发展的关键之年，自治区也发出了推动民营经济高质量发展的信号，我们要重视扶持民营经济，始终坚持思想上放心放胆、政策上放宽放活，工作上放手放开，积极大胆地让民营经济登上发展的大舞台、唱主角、唱大戏。当前民营经济已成为支撑和促进各工业园区加快发展的中坚力量，我们学习借鉴外地先进经验，一定要把民营经济作为一项事关全局的战略举措来抓，进一步落实各项优惠政策，加强对民营企业家的选拔和培养，努力形成一批区域名牌和拳头企业。要继续坚定不移地推进全民创业，加强对民营企业的管理和引导，促进民营经济向特色化、规模化发展。有关部门单位要牢固树立民本经济的思想，不断创新服务方式，提高服务质量，重点在融资担保、人才培训等方面给予支持帮助，依法打击侵害企业利益的行为，努力为民营经济的发展创造良好环境。

（七）要配套基础设施。要紧紧围绕高质量发展和新旧动能转换，树牢精明增长、产城融合、服务至上的新理念，以更大的力度和更实的举措推动园区重塑，充分展示主阵地、主战场、主力军的新作为，不光是软服务，硬环境也不能忽视，要按照“基础先行、筑巢引凤”的原则，适度超前进行水、电、路、通信和标准厂房等基础设施建设。今年我们实施的5.2万平方米中小企业培育基地项目，就是进一步提升园区孵化入驻能力，相关配套的道路、给排水项目也在抓紧实施，同时也可以制定鼓励政策，通过市场化运作和必要的行政引导，调动大企业、民间资金和外来资金参与园区基础设施建设的积极性，变单纯由政府投入为多渠道、多元化投入，变建设工业园区为经营工业园区，不断提升我们园区的承载和吸引力。

（八）要创出服务口碑。受限于客观经济条件的制约，我们比不了发达地区，可是我们应该在优化软环境上下功夫，应通过我们的主观努力，营造最佳和最具吸引力的软环境，以此弥补硬环境的不足，通过考察我们也可以看到，不光是我们说营商环境，所有地区、园区都在搞营商环境，我们更要在服务上下足功夫，要树立人人代表彭阳形象、个个都是投资环境、事事关系招商引资的观念，切实改进工作作风，提高服务水平，把打造高效的服务环境作为最大品牌，进一步规范管理，给投资者构筑一条“绿色通道”。我们的包抓联系企业制度要靠实做实，不能停留在纸面上，要及时了解项目建设的进展情况，千方百计使每一个项目都能“引得进、留得住、发展好”，各部门要在项目推进过程中为企业提供项目环评、立项审批、注册登记等全方位服务，帮助企业解决用电、融资、招工等问题，全力营造良好的服务环境。

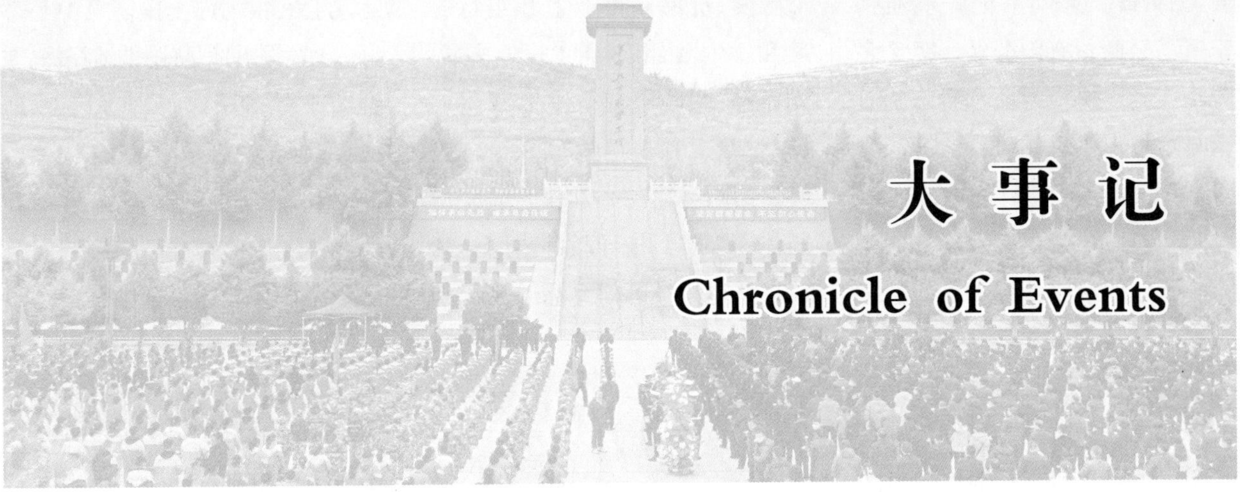

1月

3日 彭阳县康种药材种植专业合作社、彭阳县六盘益农种植专业合作社被固原市农业农村局认定2021年市本农民专业合作社示范社；彭阳县旭祥家庭农场、彭阳县森大武家庭牧场、彭阳县兔侠家庭牧场认定2022年三星级家庭农场。

9日 县委举办科级领导干部学习贯彻党的二十大精神轮训班。

10日 全县重大安全风险研判防控工作机制第二次会议召开，传达学习自治区重大安全风险研判防控工作机制第四次会议精神。县委书记张永强主持会议并讲话。

同日 彭阳县2022年度党管武装述职评议会议召开，传达学习全市党管武装述职评议会议精神，县委书记、县人武部党委第一书记张永强主持会议并讲话。

同日 县公安局举行郭明同志先进事迹报告会。

同日 彭阳县游客集散中心试营业。

11日 彭阳县招商引资企业——彭阳IU酒店开业运营。

12日 自治区科协、固原市委、市政府主办的以"践行科技为民，助力乡村振兴"为主题的科技助力乡村振兴集中服务活动在彭阳县举行。

13日 固原市政府副市长喜晓林到彭沟路大沟湾段、宁夏公路桥梁建设有限公司、县汽车站、县交通运输综合执法大队、县世纪公交有限责任公司，对彭阳县春运服务保障和交通安全生产等工作进行调研。

16日 固原市政协副主席杨耀峰到王洼镇、小岔乡、古城镇走访慰问部分困难群众。

同日 固原市政协社会法制和资源环境委员会党支部、功能型党支部、古城镇小岔沟村党支部在小岔沟村联合开展"迎新春、送温暖"主题党日活动。

17日 县卫健局联合文广局组织开展以"文明健康有你有我·绿色环保人人参与"为主题的2023年首个"爱国卫生日"活动。

同日 彭阳县茹河文化园开园仪式在茹河瀑布风景区举行。

18日 县委、县政府在县城举办彭阳县2023年春风行动暨新春专场招聘会启动仪式。自治区人力资源和社会保障厅二级巡视员马继凯宣布彭阳县2023年春风行动暨新春专场招聘会启动，固原市委常委、组织部部长杨继宏作讲话，县委书记张永强致辞，县委副书记、政府县长周浩主持启动仪式。

同日 县四大机关领导到全县城乡，走访慰问驻彭部队官兵、消防救援指战员、军人家属、离退休干部、一线医务工作者、公安干警、生活困难群众、劳动模范、道德模范、残疾人等群体。

19日 县委书记张永强到宁夏马云商贸有限公司、客又多购物广场、盛世万家和超市调研全县市场保供工作。

同日 彭阳县举办2023年"迎新春佳节·话彭阳发展"知名人士和企业家座谈会，县委书记张永强出席会议并致辞，县委副书记、政府县长周浩主持会议。

20日 县委书记张永强，县委副书记、政府县长周浩到王洼煤业有限公司银洞沟煤矿、冯庄乡小园子村长庆油田第十一采油厂彭阳采油作业区孟一联合站、罗洼乡寨科村、草庙乡草庙村崾岘护林点，对全县安全生产、森林草原防灭火等工作进行实地督导检查。

21日 县第一小学、县第三小学入选自治区中小学德育示范校名单。

23日 县第一小学、县第五小学、县第四中学、县第三中学、县第三小学、城阳乡初级中学入选全区中小学劳动教育示范学校名单。

28日 彭阳县举行2023年新春升旗仪式。县四大机关领导、县直各部门(单位)干部职工参加仪式。

同月 在2022年"中珠杯"全国珠心算网络答题比赛中，县第二小学学生胡文浩获得学生A组特等奖和学生A组、B组PK赛季军；马博获得学生A组特等奖；陈雪凤、陈浩斌获得学生A组一等奖；施懿航获得学生A组二等奖；虎澎获得学生B组特等奖和学生A组、B组PK赛季军；刘雅婷、张晓晓获得学生B组一等奖；董文慧获得学生B组二等奖。彭阳县第二小学代表队获得团体一等奖，指导教师彭阳县第二小学退休教师何克亮荣获优秀教练奖。

2月

2日 县法院与宁夏大学法学院战略合作签约仪式举行，为彭阳法院授牌"宁夏大学法学院实习实践基地"。宁夏大学法学院党委书记李治涛，法学院院长吕耀军，法学院副院长胡世恩，学院系室负责人及教师，彭阳法院党组副书记、副院长武应龙等在家院领导及各部门负责人参加仪式。

同日 固原市政协副主席杨耀峰带领督查组到彭阳县督导检查安全生产和森林草原火灾防控工作。

3日 县委、县政府主办的2023年"庆新春 闹元宵"灯光秀表演活动在县城上演。

6日 县委、县政府邀请西安三意社秦腔剧团参加彭阳县2023年我们的节日·精神的家园"庆新春 闹元宵"秦腔展演活动。

9日 彭阳县领导彭波、刘洪涛、张穆榕到新集乡上马洼村为现役军人张小军家庭送去"二等功"喜报。

同日 彭阳县社区冰雪趣味运动会在雷河滩全民健身中心举办。比赛设雪地足球、雪地托球、雪地毽球、雪地滚球、雪地龙舟、雪地拔河、堆雪人、拉雪橇8个项目。

10日 中国共产党彭阳县第九届纪律检查委员会第三次全体会议在县文化影视中心大礼堂召开，出席全会的县纪委委员14人，列席152人。

同日 彭阳县腾飞申通快递有限公司快递员王博、中国邮政集团有限公司彭阳县分公司邮递员吴瑞祥被宁夏首届"塞上江南最美'骑士'"宣传活动领导小组办公室评选为宁夏首届"塞上江南最美骑士"。

11日 县委书记张永强带领县四大机关赴浙江省、福建省、江苏省考察招商引资项目。

13日 县人民政府召开全体(扩大)暨廉政工作会议，深入贯彻党的二十大精神，全面落实党中央、国务院各项决策部署和区、市党委、政府及县委各项安排，认真落实区、市政府全体会议精神，紧扣县委九届五次全会和县两会确定任务，安排政府系统贯彻落实工作。

14日 县教体局举办"奋进新征程·建功新时代"彭阳县篮球争霸赛。

16日 县融媒体中心将对"彭阳广电"微信公众号进行主体迁移至"彭阳新闻"微信公众号。

20日 彭阳县2022年度基层党(工)委书记抓基层党建工作述职评议和乡镇、部门(单位)"一把手”述责述廉评议会召开。

21 日 彭阳县“移风易俗进万家活动”在白阳镇中庄村举办。

同日 自治区残联党组书记、理事长马如林带领调研组到城阳乡陈沟村、红河镇徐塬村就残疾人家庭情况、收入来源、生活状况以及各项惠残政策的落实情况等工作进行调研。

23 日 全区扶贫志编纂篇目(彭阳)评审会在彭阳县召开。

29 日 县人民政府与深圳至诚环境科技有限公司签约年产1000套工业用智能传感管理终端及固废数字化收贮转运项目。

同日 厦门市农业农村局考察组到彭阳县闽宁协作乡村振兴示范村杨坪村茹河瀑布风景区、长城村乔家渠红军长征毛泽东宿营地、金鸡坪梯田公园,对全县闽宁协作乡村振兴示范村旅游产业开发建设及生态旅游产业发展等工作情况进行交流协作。

同月 彭阳县塬上农业发展有限公司被自治区授予“自治区特色经济林优质示范基地”称号。

3 月

1 日 县委副书记、政府县长周浩带领调研组深入各乡镇和王洼产业园区调研全县农业产业化暨一、二、三产融合发展情况和林下经济发展情况。

6 日 县委副书记、政府县长周浩到小岔沟红军长征毛泽东宿营地旧址、古城镇田庄村无量山石窟和冯庄乡小湾村璎珞宝塔景区、城阳乡长城村麦秆画技艺传承保护基地、草庙乡牛湾杏花岭和冯庄乡小湾村红梅杏种植基地调研全县文化旅游产业发展情况和基础设施建设工作。

7 日 自治区党委常委、组织部部长石岱到城阳乡长城村、白阳镇阳洼村、王洼产业园区和宁南数字经济产业园，调研基层党建、红色美丽村庄建设、村集体经济发展情况等工作。

10 日 彭阳县乡村振兴金融服务中心启动仪式在新集乡新集村举行，标志着全县156个乡村振兴金融服务中心全面运行并为该村颁发“乡村振兴金融服务中心”牌匾。

同日 中国共产主义青年团彭阳县第七次代表大会在县城召开。县委书记张永强、固原市委书记李树荣出席大会。

11 日 中华全国供销合作总社合作指导部部长刘崇高带领考察组到彭阳县城阳供销社和彭阳县供销集团有限责任公司,就基层社改造建设和农业社会化服务开展情况进行考察。

15 日 彭阳县2023年创建全国文明城市决战决胜誓师大会召开。

17 日 彭阳县委巡察工作领导小组办公室发布中共彭阳县九届委员第四轮巡察公告。

18 日 彭阳县肉牛产业协会换届选举大会召开，选举杨存军为协会会长。

20 日 第十九届宁夏六盘山山花节暨第十一届“梯田花海·醉美彭阳”文化旅游节推介会在银川举行。

21 日 全国政协委员、自治区政协副主席马秀珍带领调研组到彭阳县调研王洼煤业矿井水处理集约节约利用情况。

23 日 自治区党委第三巡视组进驻彭阳县开展巡视工作动员会议召开，开展为期2个月的巡视工作。自治区党委第三巡视组组长陆斌出席会议并讲话,自治区党委第三巡视组副组长侯建国、彭阳县委书记张永强、政府县长周浩出席会议。

同日 固原市委副书记、市长杨青龙，市政协主席余剑雄等市在职厅级领导干部到彭阳县乔家渠红军长征毛泽东宿营地接受党性教育和廉政教育。

24 日 彭阳县数字经济产业发展座谈会在自治区国资委召开。

26 日 宁夏中卫市歌舞团创作演出,国家艺术基金2020年度大型舞台剧和创作资助项目——现代眉户戏《春到六盘》在彭阳县城上演。

27 日 年处理3万吨固废暨铁锌等金属提纯循环利用项目正式签约落地彭阳。

29 日 固原市委第七巡察组临时党支部、彭阳县纪委监委机关党支部联合开展“赓续红色血脉·永葆清廉本色”主题党日活动。

30 日 彭阳县博物馆被宁夏文化和旅游厅(宁夏文物局)公

布为自治区第二批革命文物名录的可移动革命文物。

同日 彭阳县民营经济高质量发展暨优化营商环境推进会召开。

同日 彭阳县供销合作社第三次代表大会召开，选举产生第三届理事会、监事会。

4月

1日 由宁夏中医护理质控中心主办，县中医医院承办的全区中医护理工作观摩交流暨中医护理适宜技术创新推广培训班在县中医医院举办。

同日 固原二中、弘文中学2000多名师生，徒步往返54千米，到彭阳县任山河烈士陵园开展扫墓活动，接受爱国主义教育。

同日 由县委宣传部、县文广局、白阳镇人民政府主办，县文明办、县创城办、新时代文明实践中心承办，县市监局、县交巡警大队协办的彭阳县“新时代文艺轻骑兵”志愿服务进社区暨“文明素养提升”系列宣传活动在白阳镇友谊街社区宁馨花园小区举行。

同日 县司法局组织20余名“童声飞扬”法治小记者到县消防救援大队参观学习。

3日 第十九届宁夏六盘山山花节暨第十一届“梯田花海·醉美彭阳”文化旅游节在杨坪村茹河瀑布风景区开幕。

同日 自治区人大常委会财经委主任委员梁积裕带领调研组到彭阳县大沟湾流域、宁南数字经济产业园等调研区域协调发展情况。

同日 银川市西夏区政协副主席孙春芳带领考察组到彭阳县青云湾梯田公园、金鸡坪梯田公园、乔家渠红军长征毛泽东宿营地旧址等地，实地考察基层社会治理、文旅产业融合发展工作。

同日 固原市退役军人事务局、双拥办联合市人防办、固原军分区、彭阳县退役军人事务局在任山河烈士陵园开展2023年清明祭英烈暨代烈士家属祭扫活动。

4日 彭阳县开展“2023·崇尚·清明祭英烈”暨任山河烈士陵园清明祭扫活动。

同日 彭阳县召开以“铸牢中华民族共同体意识”为主题的2023年党外人士座谈会。

同日 新集乡初级中学七、八年级全体师生徒步往返30千米，到古城镇任山河烈士陵园开展主题为“传承红色基因 争做时代新人”清明节祭扫活动。

同日 县第三小学组织四年级至六年级“学雷锋之星”和“新时代好少年”等学生代表，前往任山河烈士陵园、小岔沟红军长征毛泽东宿营地旧址、乔家渠红军长征毛泽东宿营地旧址和城阳乡长城塬闽宁现代循环农业科技示范园开展研学旅行活动。

5日 县图书馆举办“我们的节日·精神的家园”清明诗会主题文化活动。

6日 县委理论学习中心组（扩大）学习会召开。

同日 彭阳县壹珍药业有限责任公司生产车间被固原市总工会推荐为自治区工人先锋号。

同日 县消防救援大队组织召开辖区物业消防安全责任人火灾事故警示教育培训会。

6—7日 彭阳县举办2023年肉牛养殖示范户专题培训班。

7日 县政协组织部分县政协委员和机关干部前往姚河塬西周城址开展“文物保护和利用”委员大讲堂活动。

同日 彭阳县总工会六届五次全委（扩大）会议召开。

同日 由县委宣传部、县教体局、县融媒体中心联合策划制作的2023年“彭阳教育之窗——骨干教师谈教学”系列节目（第二期）播出：县职业技术学校副校长张建宁谈“如何做深产教融合文章 推进职业技术教育高质量发展”。

同日 县卫健局组织各医疗机构在县城怡园广场开展以“优质资源下沉，人人享有健康”“宜居靓万家，健康新生活”为主题宣传活动。

8日 第四届彭阳县“梯田花海”自行车挑战赛暨美丽新宁夏自行车联赛（彭阳站）活动在县城举办。来自北京、广东、江西、安徽等省市及宁夏本地50多家自行车俱乐部、运动协会近500名运动员参赛。比赛设山地男子精英组、山地男子大师组、公路男子组和山地女子公开组，从县城彭安街出发，经过陡坡村、崾岘村、中庄村、王岔村、牛湾村到杏花岭结束，全长27.5千米。

同日 由县委宣传部、县文广局主办，县新时代文明实践中心承办的彭阳县"新时代文艺轻骑兵"志愿服务暨"文明素养提升"系列宣传专场晚会在县城怡园广场举行。

10日 九届彭阳县委理论学习中心组(扩大)学习会召开。

同日 平安彭阳建设协调小组办公室暨扫黑除恶斗争领导小组办公室主任2023年第一次会议召开。

同日 银川市第二十一小学湖畔分校与彭阳县第四小学教育集团开展以"落实新课标，践行新理念，引领新课堂"为主题的合作教学交流研讨活动。

10—14日 县教体局、县卫健局、县红十字会在县职业技术学校联合举办全县校园急诊急救培训班。分期分批组织700余名中小学校班主任进行培训并通过考核，由县红十字会颁发救护员证书。

10—14日 彭阳县创建全国文明城市网报资料业务骨干培训班在山东大学举办。

10—16日 县疾控中心委托第三方专业消杀公司，对县城内2个农贸市场、4个垃圾中转站、29个公共卫生间、3所医院、28000平方米街道绿植、8000平方米水域和365栋居民楼的地下管道、暖气沟、垃圾箱等，开展春季病媒生物消杀工作。

11日 福建省厦门市集美区、翔安区，彭阳县文旅协作座谈会召开。集美旅游有限公司和翔安旅游发展有限公司分别与彭阳县全域旅游投资有限公司签订合作协议。

同日 县公安局、税务局、烟草专卖局、中国人民银行彭阳县支行、中国农业银行彭阳县支行、移动公司6家"邻聚力"党建联建成员单位在王洼煤业有限公司开展"送法进企业"活动。

11—13日 彭阳县巩固拓展医疗保障脱贫攻坚成果有效衔接乡村振兴战略政策专题培训班在县委党校举办。

12日 自治区人大常委会副主任、总工会主席沈左权带领调研组到彭阳县惠民劳务移民就业车间、县宏泰汽车检测有限责任公司、县职工服务中心等实地调研工会工作。

同日 县交通局开展交通安全和管理政策培训。

同日 由县委宣传部、县教体局、县文广局主办，县文化馆承办的"礼赞二十大·奋进新征程"彭阳县2023年"戏曲进校园"活动在县第二小学举办。

12—13日 自治区人大常委会副主任、自治区总工会主席沈左权带领调研组到彭阳县司法局、县政务服务中心、县自然资源局、县市监局、县公安局交巡警大队、红河司法所等实地调研行政复议工作。

12—18日 由自治区体育局、固原市人民政府主办，宁夏社会体育服务中心、彭阳县人民政府承办的宁夏第六届农民篮球争霸赛决赛在彭阳县举办。来自全区各市、县(区)22支代表队，264名运动员参赛。

13日 县委统一战线工作领导小组2023年第1次会议召开。

同日 彭阳县举行"家门口的税务局"启动仪式。县税务局与中国农业银行彭阳县支行、固原市烟草公司彭阳分公司签订"税费服务协议"，为税费服务联络员颁发聘书。

14日 全区2023年特色农业生产社会化服务推进会在彭阳县召开。

同日 固原市委副书记、市长杨青龙到白阳镇阳洼村、县城工业园区、红河镇上王村等实地调研经济运行和项目建设情况等工作。

同日 彭阳县开展以"学习党的二十大精神，贯彻总体国家安全观，增强全民国家安全意识和素养，夯实以新安全格局保障新发展格局的社会基础"为主题的全民国家安全教育日活动。

同日 由县人社局主办，县民政局、县退役军人事务局、县乡村振兴局、县妇联、县残联、县就创中心、各乡镇人民政府承办的2023年县内移民专场招聘会在县人力资源服务中心举行。

同日 彭阳县乡村医生能力提升培训班开班。全县各乡镇(中心)卫生院120名乡村医生将分四期参加为期 8 个月的集中培训。

15 日 青岛科技大学党委常委、副校长丁林一行到城阳乡初级中学看望青岛科技大学第 24 届研究生支教团彭阳分队队员。

16 日 宁夏农林科学院园艺研究所研究员谢华、助理研究员高晶霞，原西北农林科技大学教授薛泉宏、研究员张风宝到古城镇郑庄村冷凉蔬菜标准化生产基地开展种植技术指导。

17 日 县纪委监委领导干部到红河镇文沟村开展“围炉夜谈”主题下访活动，围绕“纪检监察工作+清廉乡村建设”同村“三委”班子成员和村民代表开展座谈交流。

17—20 日 全区 2022 年中小学班主任基本功大赛决赛(小学组)在彭阳县举办。来自全区各市县(区)的 16 名班主任同台竞技。

18 日 彭阳县举办村（居）监会主任履职能力提升培训班。

同日 县委全面依法治县委员会执法协调小组 2023 年第一次会议召开。

同日 县第一中学组织师生赴乔家渠红军长征毛泽东宿营地开展 2023 年“学习党的二十大 争做时代好少年”教育实践活动。

19 日 县委副书记、政府县长周浩带领政府领导班子和相关职能部门深入宁夏朗星科技有限公司、宁夏鑫美隆轻纺科技有限公司等 9 家民营企业开展现场办公，协调解决企业发展过程中遇到的困难和问题。

同日 县职业技术学校举办 2023 届毕业生暨县域内未就业人员就业推介会。

20 日 彭阳县举办创建全国文明城市专题培训会。邀请自治区文明办副主任马萍就创建全国文明城市工作作专题培训。

21 日 彭阳县 2023 年第二次创建全国文明城市推进会召开。

同日 由县委宣传部、县文广局主办，县图书馆承办的 2023 年“阅享新时代 共筑书香彭阳”阅读推广暨“4·23”世界读书日阅读分享会在县图书馆举办。

同日 团县委联合县卫健局组织 40 余名医务人员参加自治区团委和区卫健委举办的 2023 年“共青团乡村振兴健康服务项目”视频培训。

22 日 城阳乡刘河村正式发布新修订的《村规民约》。

23 日 由县委宣传部、县发改局、县教体局主办，县文明办、县新时代文明实践中心承办的彭阳县 2023“塞上书香节”暨“缤纷塞上·惠民乐购”消费季系列活动启动仪式在县城举行。

同日 由县委宣传部主办，彭阳新华书店有限公司、县消防应急中队承办的“同读一本好书，共建书香军营”2023 年读书日走进军营主题阅读活动在县消防救援大队举办。

24 日 彭阳县第十届人民代表大会常务委员会第十二次会议召开。会议听取和审议县人民政府关于《彭阳县国土空间总体规划(2021—2035 年)》的议案、关于健康养老工作的报告、关于 2023 年棚户区改造项目有关情况的报告；审议县人大常委会调研组关于健康养老工作的调研报告。

同日 彭阳县 2023 年应急管理指挥部和减灾委员会第一次全体会议暨全县防汛抗旱工作部署和“九小”场所消防安全综合治理工作及教体、卫健、民政系统消防安全专项行动工作会议召开。

25 日 福建省厦门市农业农村局(市乡村振兴局)一级调研员蔡瑞进带领调研组到城阳乡长城塬矮砧苹果种植基地、城阳乡长城村闽宁现代循环农业（食用菌)科技示范园、乔家渠红军长征毛泽东宿营地旧址、白阳镇中庄村、草庙乡和谐村“出户入园”养殖园区等地，调研苹果种植基地建设情况、食用菌原材料供给、分选包装及销售情况、乔家渠红军长征毛泽东宿营地旧址建设情况及农业蔬菜产业培育、肉牛养殖等工作开展情况。

同日 福建省厦门市翔安区内厝镇党委书记叶建庭带领调研组到小岔乡调研产业发展、基础设施建设、生态旅游等领域的发展情况。

27 日 彭阳“梯田夜肆”正式开市。

同日 固原市信访局联合彭阳县信访局在县城怡园广场开展《信访工作条例》集中宣传日活动。

同日 新集乡举办以“增进团结 促进消费构建和谐”为主题

的民族文化艺术节暨2023年物资交流大会。

同日 县审批局联合县文广局在县图书馆举办2023年“书香润韶华、悦读启新程”主题诵读比赛。

同日 县教体系统召开2023年第四次校园安全工作会。

同日 彭阳农村商业银行召开“政银企”对接座谈会。

28日 县爱卫办组织各成员单位在城阳乡长城村开展以“宜居靓万家 健康新生活”为主题的第35个“爱国卫生月”宣传活动。

同日 由县发改局主办，县电商公共服务中心、靖边县银龙电子科技有限公司彭阳县分公司承办的2023年彭阳县“双品网购节”暨云耕彭阳“五一”欢乐购活动在电商公共服务中心举办。

29日 彭阳至庆阳高铁站客运班线开通试运行。该班线从彭阳县城发车，沿327国道途经彭阳县城阳乡向东行驶至甘肃省镇原县后，经太平镇北至庆阳高铁站，全程130千米。

同日 彭阳县纪念延安双拥运动80周年暨茹河之声双拥合唱团“弘扬劳动美·助力乡村振兴”庆“五一”文艺晚会县城和谐公园演出。

同月 魏金柱的作品《尺水可兴波》在“面朝大海·心向未来”深圳海洋诗歌季——“在海边，写给未来的诗”征集活动中荣获二等奖。

5月

4日 县委副书记、政府县长周浩一行先后到王洼煤矿矿井水处理系统、运煤铁路专线装卸站、王洼独立工矿区居民避险搬迁工程——安置点建设项目、王洼镇大葱种植、白阳镇辣椒种植、西气东输西三线彭阳分输压气站建设项目、县城棚户区改造项目、工业园区宁夏传田科技有限公司农产品加工物流园项目、烟叶公司烟叶收购仓储项目等重点项目现场，实地察看项目建设进展。

同日 县妇幼保健院儿科中医门诊开诊。邀请福建厦门市儿科中医专家施劲帅坐诊。

5日 县委副书记、政府县长周浩带领调研组深入红河镇、城阳乡、孟塬乡调研红梅杏等林果产业受灾及营销创新准备情况。

同日 中铁十八局集团承建的银昆高速公路太阳山至彭阳段控制性工程之一的油坊梁特大桥顺利合龙，成为银昆高速公路全线该类型桥梁首个完成双幅合龙的项目。

同日 王洼镇赵沟村举办庆祝“五一”国际劳动节趣味文体活动。

6日 县公安局法制大队三级警长马文艳被公安部、共青团中央评为全国公安机关成绩突出个人。

8日 石嘴山市大武口区人民政府副区长郑本立带领考察组到彭阳县考察金融纠纷调解中心业务开展情况。

同日 县委副书记、政府县长周浩到古城镇任河村、县城工业园区宁夏佳利源生物科技有限公司等实地调研“六权”改革工作。

同日 县消防救援大队组织开展“防灾减灾周”消防队站开放活动。

同日 彭阳县农村适龄妇女“两癌”免费筛查工作全面展开。此次“两癌”筛查对象为全县农村户籍35—64岁妇女，筛查工作持续到8月15日，全县将完成农村适龄妇女宫颈癌、乳腺癌筛查7200人。

9日 固原市人大常委会副主任马凤贤带领调研组到彭阳县调研科技创新工作。

同日 县第一中学举办以“书香激扬青春 读书润泽生命”为主题的读书励志讲座。邀请厦门大学研究生支教团4位教师作励志讲座。

9—10日 福建省厦门市集美区委副书记、区人民政府区长倪杰带领考察团到白阳镇中庄村、闽宁现代循环农业（食用菌）科技示范园、城阳乡长城村、乔家渠红军长征毛泽东宿营地旧址、闽宁协作产业园区、朗星LED光电设备制造基地、宁南数字经济产业园、闽宁农业产业园区（宽坪千亩露地绿色蔬菜基地）等实地考察闽宁协作工作。

9—11日 福建省厦门市翔

安区舫山小学副校长朱亚寨带领部分教师到红河镇中心学校开展教学交流活动。翔安区舫山小学与红河镇中心学校2023年建立对口帮扶协作关系。

10日 由健康彭阳建设领导小组办公室、县创建全国文明城市指挥部办公室主办，县卫健局、县教体局承办，县疾控中心、县体育中心协办的全国第八届“万步有约”健走激励大赛彭阳赛区暨彭阳县第二届“健康彭阳·万步有约·文明出行”健走激励大赛启动，正式拉开全县为期100天的健走激励大赛序幕。

同日 县中医医院举办庆祝第112个“5·12”国际护士节系列活动之“护理礼仪大赛”暨星级护士站、优秀护理工作者表彰大会。

同日 宁夏自然资源厅、宁夏国土资源调查监测院联合彭阳县自然资源局在古城镇中心学校及古城镇皇甫谧文化广场、郑河街社区等地开展2023年全区地质灾害防治科普宣传活动。

11日 县委理论学习中心组召开(扩大)学习会。会议邀请自治区民委经济发展处副处长方宏刚就铸牢中华民族共同体意识作专题讲座。

同日 县消防救援大队联合县第四中学开展消防安全培训及应急演练活动。

同日 县禁毒委员会办公室联合县教体局、县融媒体中心及部分乡镇开展禁毒名师“一堂精品课”评选活动。

同日 交岔乡关口村发布新修订的《村规民约》。

11—13日 彭阳县“奔跑吧·少年”儿童青少年主题健身活动暨第十八届中小学生田径运动会在县城西门体育场举行。分为小学组、初中组、高中组，共设89个比赛项目，其中10个集体项目、79个个人项目，共有来自全县各中小学28支代表队、559名运动员参赛。运动会上，有9人次打破8项纪录，各代表队取得团体奖15个、优秀组织奖3个、体育道德风尚奖3个，评选出优秀运动员56名、优秀教练员28名、优秀裁判员13名。

12日 彭阳县召开重大事故隐患专项排查整治2023行动暨迎接国务院安委会督导检查动员部署会。

同日 全县多个部门(单位)在县城怡园广场开展以“防范灾害风险 护航高质量发展”为主题的集中宣传活动。

同日 交岔乡东洼村举办巩固拓展脱贫攻坚成果同乡村振兴有效衔接表彰大会暨“四个一”文体活动。

同日 新集乡团结村发布新修订的《村规民约》。

13日 彭阳县干部能力提升研修班开班。

14日 草庙乡新洼村组织开展“情浓五月天 感恩母亲节”主题活动。

同日 小岔乡小岔村举办“我为妈妈做道家常菜”母亲节主题活动。来自小岔村、榆树村、李渠村、米沟村、耳城村和吊岔村的32位“妈妈”参加比赛。

15日 彭阳县行政执法人员能力提升培训班在县委党校开班。

同日 县公安局联合多个部门在县城怡园广场开展“5·15”打击防范经济犯罪宣传活动。

16日 自治区人大常委会法工委主任冯自保到古城镇人民政府、县司法局调研基层立法联系点工作。

同日 县人大常委会副主任陈宗惠带领调研组深入草庙乡包山村高效节水灌溉工程、白阳镇中庄片区综合治理项目、白阳镇陡坡村高标准农田建设工程、古城镇乃河水库茹河高效节水灌溉工程、新集乡马旺堡村小流域综合治理项目等实地调研全县高标准农田建设及节水灌溉工作。

17日 中国纪检监察杂志社专题采访部主任师长青一行到彭阳县嘛喇湾流域生态综合治理示范区、阳洼流域、茹河流域等实地调研生态文明建设工作。

同日 福建省厦门市翔安区委书记黄鹤麟带领调研组到彭阳县闽宁协作产业园区、朗星LED光电设备制造基地、白阳镇中庄村厦门绿百合拱棚辣椒标准化示范基地、彭阳县肉牛产业发展阳洼村肉牛“出户入园”园区、闽宁现代循环农业食用菌科技示范园、乔家渠红军长征毛泽东宿营地旧址等实地调研闽宁协作工作。

同日 自治区政协副主席郑

震带领调研组到彭阳县宁夏加特农业规模养殖场、古城镇兽医站、白阳镇阳洼村、红河镇文沟村、龙东食品有限公司屠宰加工厂等，实地调研肉牛产业和政协工作。

同日 县人大常委会主任何少庸带领调研组深入宁夏合业制衣有限公司、宁夏天成扶农科技有限责任公司、宁夏朗星科技有限公司、宁夏金秋农业科技有限公司、宁夏春又发农副产品有限公司彭阳分公司等企业，实地调研工业经济发展情况和招商引资工作。

18 日 固原市委书记滑志敏先后到彭阳县青云湾生态综合治理示范区、红河镇宽坪村千亩露天绿色蔬菜种植基地、王洼产业园区、宁南数字经济产业园、乔家渠红军长征毛泽东宿营地旧址、白阳镇富阳路社区、白阳镇司法所等地，调研全县产业发展、生态建设、基层治理等工作。

同日 固原博物馆联合宁夏文物考古研究所举办“发现获国——宁夏彭阳姚河塬西周城址考古成果展”，展期至 8 月 30 日。展览分为两个单元，内容涵盖红河流域区域系统考古调查和姚河塬西周城址，以文物类型为单元标识，精选田野考古发掘出土文物 224 组，共计 382 件，涉及陶器、青铜器、玉器、象牙器、原始瓷器等，系统展示红河流域区域系统调查成果，再现姚河塬西周城址的布局、形制和埋葬制度，揭开这处史籍未记载的西周诸侯国“获国”都邑城址的神秘面纱。

同日 吴忠市利通区委常委、宣传部部长王贻宁带领考察组到彭阳县博物馆、宁夏建茹文化产品创意有限公司、祁德堂农民文化大院、瓮国胜麦秆画工作室、乔家渠红军长征毛泽东宿营地旧址等，实地考察创建全国文明城市、新时代文明实践、媒体融合、文化建设等工作。

同日 彭阳县召开 2023 年第二季度宗教界人士“三定”学习暨铸牢中华民族共同体意识宣讲会。

同日 由固原市教体局组织开展的“郑福明名师工作室”区域联片教研活动走进彭阳县第三幼儿园。围绕“倾听幼儿 相伴成长——自主游戏中教师的观察与指导”主题进行交流研讨。

18—19 日 县人大常委会主任何少庸带领调研组深入罗洼乡罗洼村、王洼镇路寨村、草庙乡祁崾岘村实地调研乡村振兴工作，并检查《中华人民共和国乡村振兴促进法》实施情况。

19 日 县委网信办联合县公安局举办全县网络安全知识培训班。

同日 小岔乡举行党建引领肉牛产业高质量发展——青贮包奖补养殖户发放仪式。共发放饲草包共计 246 吨，165 位养殖户领到免费饲草包。

同日 县退役军人事务局负责人赴中卫市中宁县恩和镇慰问现年 95 岁高龄的抗美援朝老兵马万春老人。

19—21 日 彭阳县受邀参加第十八届海峡旅游博览会和 2023 第八届中国（厦门）国际休闲旅游博览会，在宁夏馆和厦门集美馆 2 个展台展示区，展示推介小秋杂粮、果脯、地椒茶、朝那鸡、麦秆画、刺绣等具有地域特色的各类产品，发放彭阳旅游指南、遇见彭阳宣传册、彭阳旅游手绘地图，滚动播放诗意彭阳、彭阳梯田、彭阳山花等彭阳旅游推介视频，将优质旅游资源在海峡两岸市场进行深度推广。

20—22 日 新集乡组织全乡种植养殖大户代表 50 人赴甘肃省庆阳市、平凉市观摩学习种植养殖技术、产业发展经验等先进经营理念和发展模式。

21 日 由固原市残联、彭阳县人民政府残工委主办，县委宣传部、县残联、县文广局、县教体局承办的固原市第三十三次全国助残日系列活动在县文化馆举行。

同日 在由中国田径协会和天津市体育局主办的 2023 年全国 U18 田径锦标赛暨东亚运动会选拔赛上，彭阳县王洼镇马掌村马蕊在女子 100 米预赛中以 11 秒 38 的成绩打破亚洲 U18、中国 U18 两个年龄段纪录以及全国少年、全国中学生等多项赛事纪录，并达国际健将标准。在决赛中以 11 秒 80 的成绩荣获女子 100 米冠军。

22 日 由县委宣传部、县教育体育局、县融媒体中心联合策划制作的 2023 年“彭阳教育之窗——骨干教师谈教学”系列节目(第三期)播出:县第五小学教师马韶梅谈“‘双减’背景下‘减负增效 全面育人’”。

同日 县文化馆举办2023年服务宣传周系列活动暨“强国复兴有我”主题文艺展演。

23日 由县委、县政府主办,县委宣传部、县科技局、县科协承办的2023年彭阳县科技活动周暨全国科技工作者日活动启动仪式在县城怡园广场举行。

同日 甘肃省平凉市镇原县人大常委会副主任常效东、路博生、郑继隆带领考察组到彭阳县考察重大项目建设、城镇规划建设和特色农业及文旅康养产业培育发展工作。

同日 县机关事务服务中心组织广大干部职工在行政中心机关餐厅举行“反对浪费 崇尚节约”暨餐桌文明行动宣传活动。

23—24日 宁夏科技馆联合彭阳县科协开展科普大篷车进校园、社区系列活动。全县共注册科普宣传员5919名，人口占比3.93%，转发分享科普文章超过162万篇。

24日 福建省厦门市翔安区新圩镇四级调研员林晨带领考察组到交岔乡开展结对帮扶工作。

同日 福建省厦门市集美区民政局局长陈巍带领和欣社工服务中心工作人员到红河镇宽坪村开展“闽宁协作 暖心彭阳”慰问活动。共慰问宽坪村困难家庭40户，发放米面油等基本生活物资共计8000元。

同日 由自治区民政厅、中国移动慈善基金会、宁夏儿童福利基金会、泰达国际心血管病医院联合实施的中国移动爱“心”行动——贫困先心病儿童救助计划宁夏第五期项目在彭阳县开展免费筛查活动。来自天津泰达国际心血管病医院的专家为25名心脏病儿童做了全面的心脏检查，为符合条件的患者给出明确的救助计划，对具有手术适应证且符合救助条件的5名患儿，于6月上旬安排到天津泰达国际心血管病医院接受治疗。

同日 固原市政协副主席刿小平带领调研组到彭阳县姚河塬西周遗址、县博物馆、乔家渠红军长征毛泽东宿营地旧址等地开展“全面实施历史文化保护工程，推动生态文旅特色市建设”专题调研。

同日 由固原市公安局交通警察分局主办，彭阳县乡村振兴局、红河镇人民政府、县公安局交巡警大队协办的交通安全巡回宣讲暨“四个一”文体活动在红河镇文沟村进行。

同日 由县人民政府主办，县应急管理指挥部办公室、县人民武装部、古城镇人民政府、县水务局、县自然资源局、县地震局承办的全县2023年度山洪、地质灾害及地震防御应急演练在古城镇石家峡水库举行。

25日 彭阳县廉洁文化建设2023年第一次联席会议召开。

同日 由县农业农村局主办、古城镇人民政府承办的彭阳县2023年布病防控“口罩+手套”专项行动启动仪式在古城镇皇甫村文化广场举行。

同日 城阳乡举办以“弘扬中华优秀传统文化 铸牢中华民族共同体意识”为主题的传统诗歌诵读活动。

同日 草庙乡人民政府、草庙派出所、草庙司法所和草庙法庭在草庙乡街道联合举办“美好生活·民法典相伴”主题宣传活动。

26日 县委全面依法治县委员会守法普法协调小组组织25家成员单位在县城怡园广场举办2023年“美好生活·民法典相伴”主题集中宣传活动。

同日 由县禁毒委员会办公室、县委宣传部、县教体局在县文化馆演播厅联合举办以“党建引领、红色传承、绿色无毒”为主题的2023年青少年禁毒知识竞赛决赛。

同日 冯庄乡举办铸牢中华民族共同体意识专题讲座。

27日 自治区政协组织自然资源厅相关专家到彭阳县金鸡坪度假山庄和乔家渠民宿，实地调研民宿产业发展用地情况。

同日 由县委宣传部、县民政局主办,县文明办、县新时代文明实践中心、彭阳新华书店有限公司承办的彭阳县首届“村规民约”“居民公约”诵读大赛在城阳乡长城村乔家渠红军长征毛泽东宿营地旧址举办。

28日 县青年志愿者协会在县城西门体育场举办以“麦芽呵护 七彩童年”为主题的“六一”亲子运动会。

同日 县司法局在茹河街法治文化公园举办“美好生活·民法典相伴”法治文化游园会。

29日 县委全面依法治县委员会第5次会议召开。

同日 由县新时代文明实践中心、县图书馆、县幼儿园联合举办2023年“六一”国际儿童节“童悦书香”阅读分享会。

同日 县卫健局联合白阳镇人民政府分别在白阳镇茹河街社区和嵕岘小学开展以“倡新时代婚育文化、助家庭和谐幸福”为主题的宣传教育活动和健康知识宣传及“留守儿童”关爱活动。

同日 罗洼乡卫生院为石沟、嵕岘、薛套、寨科4个村65岁以上老年人进行糖尿病、精神病、癫痫病、布病免费体检筛查。

30日 福建省厦门市翔安区委常委、统战部部长庄平勇带领考察组到彭阳县壹珍药业有限责任公司、乔家渠红军长征毛泽东宿营地旧址、闽宁现代循环农业食用菌科技示范园、金鸡坪梯田公园、古城镇皇甫村、宁夏煌甫谧艾益康产业有限公司、彭阳县博物馆等考察闽宁协作“万企兴万村”等工作。

同日 由宁夏师范学院、彭阳县委宣传部、县文广局联合主办的“聚升大合力·展宁师风采”第一届“宁师之声”全区巡回演出彭阳站分别在城阳乡长城村乔家渠红军长征毛泽东宿营地旧址和县城怡园广场举行。

同日 彭阳县疾病预防控制局挂牌成立。

同日 全县城乡部分小学、幼儿园开展形式多样的庆“六一”活动。

31日 由县委宣传部、县教体局、县文广局主办的以“童心向党 筑梦未来”为主题的庆“六一”文艺展演活动在县城怡园广场举行。

同日 团县委、县教体局联合在县第二小学举行2023年新发展少先队员集中入队示范仪式。80名一年级学生现场戴上红领巾宣誓，成为光荣的中国少年先锋队队员。

6月

1日 固原市人大常委会主任李志达、市政协副主席杨银梅一行到新集乡中心学校慰问少年儿童，送去慰问金20000元。

同日 自治区人大常委会副主任杨玉经带领调研组到古城镇皇甫村、石家峡水库、乔家渠红军长征毛泽东宿营地旧址、白阳镇茹河街社区、新集乡团结村蔬菜集约化育苗中心人大代表联络点等地，实地调研财政转移支付资金分配、管理、支持重点基础设施项目建设支出情况，铸牢中华民族共同体意识示范区建设和人大代表联络点工作开展情况等工作。

同日 彭阳县组织收听收看全区禁毒工作电视电话会议。

同日 县委常委、政府副县长刘旭，县人大常委会副主任王儒、马素贵，县政协副主席赵坤、文珍珠分别深入全县部分乡镇小学、幼儿园，走访慰问少年儿童和教师，并送去慰问金。

同日 彭阳县2023年城乡居民基本养老保险工作推进暨业务培训会召开。

同日 县审批局、县人社局、县残联联合举办铸牢中华民族共同体意识专题讲座。

同日 宁夏苏宁智能装备制造有限公司组织36名公司新招聘人员赴石嘴山市大武口区总公司进行岗前培训。

2日 孟塬乡举办铸牢中华民族共同体意识专题讲座。

同日 县统计局召开退休干部座谈会。

同日 彭阳县召开自媒体从业者交流座谈会。

同日 “文明彭阳 与爱同行”彭阳县鑫源汽车客运出租有限公司举行2023年第十五届“爱心送考生 鑫源送关怀”公益活动启动仪式，调派120多辆出租车服务高考考生。

同日 孟塬乡何岘村举行2023年“强国复兴有我”民风建设表彰大会暨铸牢中华民族共同体意识秦腔展演活动。

5日 县委书记张永强到县第三中学、县第一中学考点，实地调研检查高考筹备工作情况。

同日 县委副书记、政府县长周浩先后到宝中线扩能改造项目、月子鸡育雏中心、药材公司商住楼、职业技术学校实训楼、苏宁矿山机械增材再制造、微元素食品开发有限公司年产2000吨红梅杏条5万吨富钾富锶干果饮品、年产2000吨纺织原料、晋阳机电空气源热泵、中小企业孵化器等，实地调研全县重点项目建设情况。

同日 固原市生态环境局彭阳分局组织县发改局、县教体局、县科技局等20家生态环境保护领导小组成员单位以及王洼煤业有限公司、长庆油田采油十一场彭阳作业区等10家重点企业，在县城怡园广场举办以“建设人与自然和谐共生的现代化”为主题的环境日宣传活动。

同日 县公安局联合县文广局、县市监局、县教体局、县住建局等部门，围绕排查整治安全隐患，重点对网吧、娱乐服务场所、校园周边、各重要交通要道附近的重点路段和重点场所进行清查整治。

6日 2023年普通高校招生全国统一考试彭阳考区考务工作培训会召开。

同日 《彭阳县扶贫志》编纂工作指导小组评审会议召开。

7日 固原市科协组织第三届委员会常务委员、各县（区）科协主席、市直学会（协会）负责人一行20人到彭阳县菌草技术协会、茹河生态园科普文化公园和生态保护科普示范园区，实地观摩学习基层农技协建设和科普阵地建设工作。

同日 全县2495名学子参加2023年普通高等学校招生全国统一考试。

7—8日 县新时代文明实践中心、团县委、县医药有限责任公司等多家部门（单位）、企业分别在县第一中学、县第三中学考点设置“志愿者服务站”。

8日 福建省厦门市妇联党组书记、主席庄海英带领调研组到彭阳县调研“康乃馨”关爱困境妇女项目实施情况。

同日 固原市政协副主席杨银梅带领巡视组到彭阳县巡视2023年高考工作。

9日 固原市政协副主席虎久强带领调研组先后到彭阳县好又多商贸有限责任公司、龙东食品有限公司、宁夏微元素食品开发有限公司、宁夏北国蜜语农业科技发展有限公司、鑫源宏泰宏鑫公司等，实地调研提升优化营商环境政策落实质效工作。

同日 全区工程建设项目审批制度改革现场观摩交流培训会在彭阳县举办。

同日 县委副书记、政府县长周浩带领县人民政府班子成员和相关职能部门负责人先后到宁夏微元素食品开发有限公司、宁夏新恒纺织有限公司、宁夏田盛食品有限公司等8家民营企业现场办公，协调解决企业发展过程中遇到的困难和问题。

同日 县根治拖欠农民工工资工作领导小组办公室在县城苏州公馆建设项目部组织召开彭阳县保障农民工工资支付工作“法律进工地”暨“互观互学”观摩会。

同日 县未成年人保护工作委员会办公室组织县司法局、县民政局、县公安局在县城怡园广场开展主题为“奋进新征程·同心护未来”的未成年人保护宣传活动。

同日 县档案馆开展以“奋进新征程·兰台谱新篇”为主题的“6·9”国际档案日系列宣传活动。

同日 草庙乡组织全乡14名村党支部书记开展2023年村党组织书记抓党建促乡村振兴“擂台比武”活动。

同日 城阳乡举办村党组织书记抓党建促乡村振兴“擂台比武”活动。

9—11日 县档案馆联合县体育中心、乒乓球协会、青年体育协会举办彭阳县首届唐人“兰台杯”乒乓球比赛。

10日 由县委宣传部、县文广局主办，县文化馆承办的“文化和自然遗产日”宣传展示活动在县城怡园广场举办。

11日 厦门大学党委副书记徐进功带领慰问组到县第一中学慰问支教的厦门大学第24届研究生支教团队员。

12日 由自治区交通运输厅、中铁建宁夏高速公路有限公司、彭阳县交通运输局、彭阳县应急管理局等单位联合主办的银昆高速公路(宁夏段)2023年“安全生产月”高处坠落事故应急救援演练活动在彭阳县银昆高速公路任湾茹河特大桥项目工地举行。

同日 固原市政协社会法制和资源环境委员会组织界别政协委员到古城镇开展以“关注微心愿 委员在行动”为主题的关注困境儿童微心愿活动。

同日 古城镇组织全镇20名村党支部书记开展2023年村党组织书记抓党建促乡村振兴“擂台比武”活动。

13日 自治区政协副主席马秀珍带领调研组围绕“严格耕地资源保护 夯实粮食安全根基”到彭阳县大沟湾流域、白阳镇陡坡村、古城镇田壕村等地开展三级联动调研。

同日 冯庄乡举办村党组织书记抓党建促乡村振兴“擂台比武”活动。

同日 红河镇组织全镇12名村党支部书记开展2023年村党组织书记抓党建促乡村振兴“擂台比武”活动。

14日 自治区人大常委会法制委主任张廉带领调研组到彭阳县白阳镇粮油仓库有限公司城阳分公司和古城分公司开展《宁夏回族自治区地方储备粮管理条例》立法调研。

同日 自治区、市纪委监委案件监督管理室领导到彭阳监督检查纪委办案安全工作、审查调查措施使用和谈话室使用管理等工作。

同日 县委农村工作领导小组会暨县实施乡村振兴战略工作领导小组2023年第二次会议召开。

同日 《彭阳县扶贫志》市级评审会在固原召开。

同日 县人民检察院、县人民法院联合开展“模拟法庭”庭审活动。县第四中学150余名师生参加活动。

同日 王洼镇组织全镇21名村(社区)党支部书记开展2023年村(社区)党组织书记抓党建促乡村振兴“擂台比武”活动。

同日 彭阳县金地燃气有限公司在县城栖凤小区组织开展“安全生产月”天然气泄漏着火突发事件应急演练活动。

同日 彭阳县世纪公交公司组织公司全体驾驶员、管理人员召开安全生产培训会。会议邀请固原市交通运输综合执法支队一大队大队长李辉作《道路运输驾驶员应急驾驶操作指南(试行)》专题讲解。

15日 固原市人民政府副市长喜晓林带领调研组先后到任山河烈士陵园、白阳镇茹河街社区退役军人服务站、宁夏北国蜜语农业科技发展有限公司等,实地调研退役军人服务保障、权益维护、就业指导、创业帮扶等工作。

同日 固原市政协副主席王政权带领调研组先后到彭阳县山牛源肉牛科技养殖专业合作社、彭阳县壹珍药业有限责任公司、宁夏万升实业有限责任公司等,开展“创新新型农业经营主体培育体制机制,助力建设乡村全面振兴样板市”专题调研。

同日 县防范和处置非法集资领导小组办公室在县城怡园广场开展以“守住钱袋子·护好幸福家”为主题的防范和打击非法集资宣传月活动。

同日 孟塬乡举办村党组织书记抓党建促乡村振兴“擂台比武”活动。

15—16日 彭阳县召开农村党建现场检视观摩推进暨党员服务群众“挂联诺”机制部署会。

16日 年产10万锭高端纺纱及4000万平方米功能性面料生产加工项目正式签约落地彭阳。

同日 在固原市少工委召开二届三次全体会议上,彭阳县博物馆(历史文化类),乔家渠少先队校外实践教育基地、任山河烈士陵园(红色教育类),彭阳县茹河街社区、彭阳县政府街社区(综合实践类),彭阳县应急消防科普教育基地(安全自护类),彭阳县人民法院、彭阳县茹河街法治文化公园、彭阳县检察院(法治教育类),彭阳县皇甫村(民族团结类)被共青团固原市委员会、固原市教育体育局、少先队固原市工作委员会命名为第一批固原市少先队校外实践教育基地。

同日 县防范和处置非法集资领导小组办公室组织县王洼产业园区管委会、县公安局、县发改局等20多家成员单位,在县城怡园广场开展以“人人讲安全、个个会应急”为主题的“6·16”安全宣传咨询日活动。

同日 由县就业创业工作领导小组主办，县人社局承办，县就业创业和人才服务中心、县退役军人事务局、宁夏智讯市场发展有限责任公司、宁夏信禾数智产业园管理有限公司协办，举办“百日千万招聘专项行动”暨宁南数字经济产业园专场招聘会。

同日 王洼镇杨寨村举办铸牢中华民族共同体意识示范村创建暨第四届民风建设表彰大会。

同日 团县委组织白阳镇茹河街社区团支部、县第一小学部分师生联合开展“石榴花开感党恩争做民族团结石榴籽”主题研学活动。

17 日 银川一中校长张永宏带领 9 名优秀教师到彭阳县围绕“2023 年高考试题分析暨学业水平合格性考试复习策略”开设普通高中合作办学系列讲座。

同日 彭阳县供销社政府街“数字供销”综合服务站举行开业揭牌仪式。正式启动政府街“数字供销”服务站推介彭阳特色农产品。

17—18 日 彭阳县南部乡镇小学足球发展联盟校际青少年交流联赛在县城雷河滩举行。

17—19 日 罗洼乡举办“民族团结杯”篮球运动会。

18 日 在县客运公司建成的全县首个新能源车辆集中充电站投入运营。

同日 红河镇宽坪村举办“粽叶飘香·自包米粽·共度端午”包粽子活动。全村 90 余名村民参加活动。

18—20 日 北方民族大学文学与新闻传播学院新闻传播系 157 名师生到任山河烈士陵园、乔家渠红军长征毛泽东宿营地旧址，青云湾梯田公园、金鸡坪梯田公园、茹河瀑布，古城镇皇甫村、红河镇宽坪村、城阳乡杨坪村等地，开展采风采访社会实践活动，并与县委宣传部签订校外实践教学及就业基地协议。

19 日 固原市人大常委会主任李志达到彭阳县乔家渠红军长征毛泽东宿营地旧址、姚河塬西周遗址等，调研文化旅游产业发展情况。

同日 县委理论学习中心组举办(扩大)学习会暨意识形态专题讲座。邀请宁夏党校社会与文化教研部教授李长德作专题辅导。

同日 王洼产业园区管委会在南门工业园区组织开展 2023 年安全生产、生态环境保护应急演练活动。

同日 古城镇第八届乡风文明大会暨 2023 年物资交流会在高庄村举行。

同日 由县委宣传部、县文广局、白阳镇人民政府主办，县文明办、县创城办、新时代文明实践中心承办的彭阳县“新时代文艺轻骑兵”进社区暨“情暖端午 粽香千家”志愿服务活动在县城三产园区举办。

20 日 固原市政协党组书记、主席余剑雄带领全市政协系统“两项建设”观摩团成员到古城镇三级政协委员联络点、红河镇三级政协委员联络点、社会福利和社会保障界委员工作室、杨宁国委员会客室等地实地观摩。

同日 彭阳县纠治形式主义官僚主义专项整治和乡村振兴、教育、粮食购销、国有企业等领域专项治理工作推进会召开。

同日 县委副书记、政府县长周浩先后到西门菜市场、绿都华府临时市场、西门体育场东门早晚市、栖凤花园中门早晚市、农贸市场、梯田夜肆、尚街等，实地调研全县早市与夜经济发展情况。

同日 草庙乡和谐村组织全村 200 余名村民开展“我们的节日·端午节”系列活动。

21 日 县住建局在苏州公馆项目施工现场组织开展全县建筑工地“安全生产月”建筑施工安全文明标准化示范工地观摩暨紧急救援演练活动。

同日 罗洼乡举办民风建设表彰暨文化商贸物资交流大会。

同日 孟塬乡举办 2023 年消费促进年活动暨乡风文明表彰大会。

同日 城阳乡杨坪村第三届乡风文明表彰大会暨文艺篝火晚会在茹河文化园举行。

同日 白阳镇各社区组织开展“我们的节日·精神的家园·端午节”系列主题活动。

同日 草庙乡周庄村开展“浓情端午”主题活动。

同日 县文广局在县文化馆举办“我们的节日 精神的家园”2023年“浓情端午 欢乐粽享”主题活动。

同日 县幼儿园组织全体师幼开展“端午节汉服秀游园”主题系列活动。

同日 冯庄乡上湾村、小园子村举办“情暖端午话家风、依依巧手做香囊”“弘扬传统文化、厚植爱国情怀”共度端午系列活动。

21—22日 县级领导带队，各乡镇、部门(单位)协同联动,分区域、分行业、分领域开展全县安全生产风险隐患专项整治。

22日 九届彭阳县委2023年第十二次常委会(扩大)会议暨县安委会第四次全体(扩大)会议召开。会议传达学习习近平总书记对宁夏银川市兴庆区富洋烧烤店燃气爆炸事故作出的重要指示精神及自治区、市委和市政府相关会议精神。

24日 由县退役军人事务局主办的县茹河之声双拥合唱团庆祝建党102周年合唱晚会在县城和谐公园举行。

25日 县委副书记、政府县长周浩先后到西门物流园项目、宁南数字经济产业园二期项目、朗星科技有限公司、园区工业地产开发等地，督导调研全县重点项目建设及安全生产工作。

同日 草庙乡举办第七届民风建设表彰暨文化商贸物资交流大会。

同日 冯庄乡举办“红色传承 绿色无毒”主题宣传活动暨庆“七一”“禁毒杯”农民篮球运动会。

26日 固原市政协副主席杨耀峰带领调研组到古城镇小岔沟村污水处理站和古城镇污水处理站，调研深化农村生活污水综合治理工作。

同日 彭阳县第十届人民代表大会常务委员会第十三次会议召开。

同日 彭阳县2023年“党建引领 红色传承 绿色无毒”“6·26”国际禁毒日宣传活动在县城怡园广场举行。

同日 县委政法委员会召开2023年第二次全体(扩大)暨全县社会面整体防控工作部署会议。

同日 小岔乡榆树村举行庆祝建党102周年暨“四个一”文体活动。

同日 固原市总工会在小岔沟村举办中华蜂养殖培训班。邀请自治区劳动模范、宁夏泾六盘蜂业科技有限公司总经理、技术总指导冶连荣为农户讲解中华蜂养殖技术。

同日 县世纪公交有限责任公司、县鑫源汽车客运出租有限公司联合开展“安全生产月”交通事故及消防综合应急救援演练活动。

同日 由县公路管理段主办，宁夏公路桥梁建设有限公司承办的农村公路水毁道路防汛应急抢险演练活动在彭阳县韩李公路K2+000开展。

26—28日 中国宋庆龄基金会携手北京同仁医院眼科专家,在县人民医院开展“2023年彭阳公益行”活动。

27日 宁夏黄土地区公路建造技术交流暨现场观摩会在彭阳县举行。

同日 县安委会2023年第五次全体(扩大)会议暨县消安委会第三次全体(扩大)会议召开。

同日 2023年初中学业水平全区统一考试彭阳考区考务培训会召开。

同日 县委老干部局组织开展全县离退休干部学习贯彻习近平新时代中国特色社会主义思想知识竞赛活动。

28日 九届彭阳县委第四轮巡察集中反馈会议召开。

同日 彭阳县2023年初中学业水平全区统一考试在县第二中学、县第三中学2个考点进行。全县4462名考生参加中考,其中九年级考生2291人、八年级考生2171人。

同日 王洼镇梁壕村举办喜迎中国共产党成立102周年暨第二届民风建设表彰大会。

29日 彭阳县召开“九小”场所安全隐患排查起底工作动员部署会。

同日 全区2023年初中学业水平统一考试第四巡视督察组组长王思旭、固原市人民政府副市长杨生俊带领巡视组到彭阳县巡视2023年初中学业水平全区统一考试彭阳考区工作。

同日 小岔乡举办庆祝中

国共产党成立102周年暨铸牢中华民族共同体意识乡风文明表彰大会。

同日 冯庄乡举办庆“七一”“唱红色歌曲、诵民俗作品”有奖比赛。

29—30日 自治区人民政府办公厅二级巡视员、驻福建办事处副主任苏占海带领闽籍企业考察团到红河镇宽坪村绿色蔬菜示范园区、城阳乡杨塬村欧洼红梅杏产业示范种植园、彭阳县牛羊定点屠宰厂、宁夏万升实业有限责任公司等地，开展招商项目考察活动。

30日 由县住建局主办，县人社局、县总工会、团县委协办，彭阳县富跃建筑工程有限公司、宁夏顺弘建设工程有限公司等企业承办的以“巍巍六盘 匠心有我”为主题的建筑工人技能大赛在县城南门停车场举办。

7月

1—2日 自治区党委书记、人大常委会主任梁言顺到彭阳调研粮食安全和“三夏”工作。

2日 全县安全隐患排查整治工作推进会召开。

4日 九届彭阳县委第五轮巡察工作动员部署会召开。

5日 由自治区农业农村厅、自治区商务厅、自治区文化和旅游厅、自治区供销社、自治区林业和草原局、中共固原市委员会、固原市人民政府主办，固原市农业农村局、固原市商务投资促进局、固原市文化旅游广电局、固原市林业草原发展服务中心、固原市供销社、中共彭阳县委员会、彭阳县人民政府承办的宁夏固原彭阳第二届红梅杏开园节暨“瓜果飘香·清凉彭阳”文化旅游节开幕。

同日 县安委会2023年第六次全体（扩大）会议暨全县瓶装液化石油气安全监管工作会议召开。会议传达学习自治区党委书记梁言顺深入中卫市、固原市暗访督查安全隐患排查整治工作情况、自治区安委会（扩大）会议暨全区瓶装液化石油气安全监管工作会议、市委书记滑志敏暗访督查全市人员密集场所安全经营和道路交通安全情况精神，听取区、市党委主要领导深入彭阳县暗访督查安全隐患排查整治工作通报问题整改情况汇报。

同日 县人民政府2023年第十三次常务会议召开，传达学习自治区党委书记梁言顺到彭阳调研讲话精神。

6日 参加宁夏冷凉蔬菜节暨全国知名蔬菜销售商走进宁夏活动的全体与会人员和区内外媒体记者，到彭阳县实地观摩冷凉蔬菜产业发展情况，品尝特色农产品，宣传推介彭阳县冷凉蔬菜品牌，着力提升全县冷凉蔬菜产业发展层次和水平。

同日 年产6万吨高端工业级玻璃器皿生产项目及年产1000万件外包装系列产品生产线建设项目正式签约落地彭阳。

同日 县委副书记、政府县长周浩调研全县安全发展工作，对汛期防汛备汛、“九小”场所消防安全、施工安全、自然灾害险点等安全生产隐患排查整治工作进行督导调研。

7日 固原市政协副主席虎久强带领调研组到草庙乡退化林修复建设重点区调研国家林业碳汇试点市建设情况，了解全县国家林业碳汇试点市建设情况工作。

同日 西吉县卫生健康局局长冯良斌一行到彭阳交流创建国家卫生县工作、慢性病防治示范县创建等方面工作经验。

9日 呼和浩特市人大农业委员会主任、委员赵永富带领考察组到古城镇温沟村设施农业示范园区、红河镇绿色蔬菜产业融合示范园区、上王设施农业科技示范园区，考察冷凉蔬菜产业发展情况和园区建设情况。

同日 县委副书记、政府县长周浩深入县城各网格片区督导检查“九小”场所安全隐患排查整治工作。

同日 全县安全隐患排查整治第2次网格长会议召开。

10日 全县安全隐患排查整治第2次网格长会议召开。

10—11日 自治区人大常委会党组副书记、副主任白尚成带领调研组到古城镇温沟村设施农业示范园、皇甫村宁夏煌甫谧艾益康产业有限公司、新集乡人大代表之家、团结村蔬菜集约化育苗中心人大代表联络点、G85

银昆高速任湾茹河特大桥、宁夏微元素食品开发有限公司、宁夏朗星科技有限公司，实地调研全县重点项目建设及人大工作开展情况。

11日 全县安全隐患排查整治第3次网格长会议召开。

同日 全县防汛抗旱救灾工作推进会召开。

13日 彭阳县气象局成立大会暨揭牌仪式在彭阳县原气象站举行。

同日 全县2023年招商引资工作第一次推进会召开。

同日 彭阳县举办第五次全国经济普查普查区划分及绘图工作培训班。

14日 县委全面依法治县委员会办公室第七次会议暨全县法治政府建设推进会召开。

同日 彭阳县驻村帮扶工作会议召开，深入学习贯彻习近平总书记重要指示精神和区、市、县党委、政府关于驻村帮扶工作部署要求。

15—17日 中国农业科学院烟草研究所二级研究员刘好宝一行到彭阳县城阳乡、古城镇等烟叶主产区域调研烟叶产业发展情况。

17日 县委副书记、政府县长周浩到部分乡镇调研全县安全生产、农村热源清洁化改造、水系连通及库井灌溉农田整治、农村建筑节能改造等重点工作。

同日 彭阳县举办驻村第一书记和工作队员履职能力提升培训班。

同日 冯庄乡虎嵕岘村举办首届股份经济合作社村集体经济分红大会。

19日 县人大常委会主任何少庸、副主任王儒、马素贵带领检查组先后到新集乡人民政府、姚河塬西周遗址、新集乡沟口寄宿制小学、沟口清真寺、交巡警大队、王洼镇杨寨村、宏泰汽车检测有限责任公司，对贯彻执行《中华人民共和国民族区域自治法》和《宁夏回族自治区促进民族团结进步工作条例》情况开展执法检查。

同日 全县道路交通安全管理工作会议召开。

同日 福建省厦门市翔安区政府党组成员、副区长颜莉莉带队到彭阳县对接劳务协作工作，并进行座谈交流。

同日 草庙乡举行农村党建现场检视观摩推进会暨2023年农村党员联系服务群众"挂联诺"机制挂牌活动启动仪式。

20日 固原市纪委监委组织人员到彭阳开展"送课下乡"活动。市纪委常委、监委委员蒋建荣，市监委委员、案件审理室主任杨文义，市纪委监委案件监督管理室主任刘旭升分别就信访业务知识、案件审理业务知识和案件监督管理业务知识进行专题辅导。

20—21日 县人大常委会主任何少庸、副主任王志会、王儒带领调研组到县教体局、卫健局、农业农村局、粮食购销公司、宁夏智讯市场发展有限责任公司、彭阳县供热公司、红河镇人民政府、县盛泽供水有限公司、白阳镇中庄村高标准农田、城阳乡转湾至财神嵕岘红色旅游公路建设现场、县标准化厂房(纺纱)项目建设现场、彭阳县园硕产业发展有限责任公司、县人才公寓保障租赁住房项目现场等地，对县财政预决算、国有资产管理、政府债务及审计查出问题整改情况开展调研。

21日 县纪委监委联合县文广局在县图书馆举办2023年"崇廉尚洁·以文润德"优秀廉洁文化读物推荐活动。

同日 县平安建设协调小组办公室组织县委办（国安办）、政府办，县委组织部、宣传部、统战部、政法委等40家成员单位在县城怡园广场开展以"共建平安彭阳 共享美好生活"为主题的集中宣传活动。

同日 县人武部政委张穆榕和县退役军人事务局负责人到城阳乡、白阳镇、王洼镇等乡镇，为荣获三等功的李鹏、孙辉、刘涛等现役军人家属送去立功喜报。

同日 彭阳县举办2023年村（社区）党组织书记抓党建促乡村振兴"擂台比武"决赛。

22日 县委书记张永强，县委副书记、政府县长周浩等县委、县政府领导班子成员，各乡镇、县直各部门（单位）党政主要负责人，负有安全生产监督管理职责的县安委会成员单位领导班子成员，区市驻彭单位、企业、国有企业主要负责人在县委党校分课堂以视频形式参加全区党政领导干部安全生产综合能力提升专题培训班。

25日 固原市人大常委会副主任童全成、张立君、袁秉和、马凤贤带领视察组到彭阳石家峡水库、宁夏苏宁新能源设备有限公司彭阳分公司矿山机械增材再制造产业化项目、宁夏微元素食品开发有限公司年产2000吨红梅杏条5万吨富钾富锶干果饮品项目建设现场，视察重点项目建设情况。

同日 县民政局、罗洼乡人民政府、固原市爱尔眼科医院联合固原市百合社区志愿者服务中心在罗洼乡罗洼村、寨科村开展“义诊进社区 关爱老年人”大型义诊社区活动。

26日 彭阳县举行“八一”军事日暨观摩武警固原支队机动中队活动。

同日 彭阳县巩固国家卫生县和健康彭阳建设暨健康水平提升行动工作推进会召开。

同日 彭阳县中长期青年发展规划联席会议第四次全体会议召开。

同日 白阳镇刘台村举行首次集体经济组织成员“分红会”，663名成员共享35000余元村集体红利。

同日 白阳镇玉洼村举行集体经济股份合作社分红会，全村1173名群众共分红6.93万元。

同日 红河镇人民政府组织人员在韩堡村举行消防安全知识讲座暨应急演练活动。

27日 中国胸痛中心执行委员会委员、青海省红十字医院沈密教授带领中国胸痛中心核查组专家现场核查县人民医院胸痛中心建设。

同日 彭阳县2023年第二季度根治拖欠农民工工资工作推进会召开。

28日 由自治区党委网信办主办、五市党委网信办协办的“‘宁’聚正能量 奋进先行区”网络媒体宁夏行暨网络达人家乡代言活动走进彭阳县。

29日 县委理论学习中心组（扩大）学习会暨国防教育专题讲座在县委党校举办。

31日 县安委会2023年第七次全体（扩大）会议暨安全隐患排查整治第七次网格长会议召开。

同日 彭阳县妇女第六次代表大会在县城召开。

同日 彭阳县2023年“崇廉尚洁 以文润德”廉洁文化主题作品评选活动在县文化馆举办。

同月 县委书记张永强、县人民政府县长周浩等四大机关领导先后走访慰问驻彭部队、消防救援大队和优抚对象，向驻彭部队官兵、消防救援人员和优抚对象致以亲切的问候和节日的祝福。

同月 彭阳建茹剪纸、刺绣保护传承基地、赵氏木板雕花技艺保护传承基地被自治区文化和旅游厅评选为第八批自治区级非物质文化遗产传承基地。

8月

1日 彭阳县2023年庆祝建军96周年暨庆“八一”双拥文艺演出在县武警中队举行。

同日 由县民政局主办，冯庄乡人民政府、县人民医院、固原市社工协会协办的“心中有国家中有爱”建军节社区义诊活动在冯庄乡小园子村开展。

同日 城阳乡杨塬村举行股份经济合作社“激励分红会”。

2日 自治区农业农村厅种植业管理处副处长俞风娟带领参加全区农技推广观摩培训会的全区各市、县（区）农技中心主要负责同志、农业生产技术骨干、新型经营主体代表等100余人，到孟塬乡双树村千亩大豆玉米带状复合种植单产提升技术示范园区观摩交流学习。

同日 县第三中学教师王伯龙、县第四中学教师韩多杰、县第二中学教师任卫杰被固原市教育体育局推荐为自治区第十批特级教师。

3日 “黄花菜、高山蔬菜产业关键技术研究与应用示范”部省联动项目检查组到彭阳县孟塬乡赵山庄村、草滩村露地辣椒示范基地检查项目执行情况，召开2023年年中项目检查工作会。

同日 彭阳县2023年第一次府院联席会议召开。

同日 彭阳县公物仓信息平台试运行培训班举办。

同日 固原市企业家创新精神培训班(彭阳县专场)举办。

7日 县委理论学习中心组举办(扩大)学习会暨学习贯彻自治区党委十三届四次全会精神专题研讨会。

同日 县退役军人事务局组织举办2023年自主就业退役士兵消防安全知识培训班。

同日 县纪委监委召开2023年第十四次纪委常委会监委委务会(扩大)会议。

同日 新集乡被固原市委统战部推荐为全区民族团结进步模范集体，县委统战部副部长海文春(回)、交岔乡党委书记余德明被推荐为模范个人。

8日 彭阳县召开巩固拓展脱贫攻坚成果全面推进乡村振兴工作推进会。

同日 由县全民健身领导小组主办,县教体局、县体育中心、县健身操协会承办的第九套广播体操(工间操)比赛在县城举办。

9日 固原市人大常委会副主任吴璞带领调研组到古城西沟流域综合治理示范点、红河镇宽坪村绿色蔬菜示范园区、白阳镇中庄村、白阳镇阳洼村肉牛养殖“出户入园”示范园区,调研特色农业发展情况。

同日 县消防救援大队组织召开全县消防安全重点单位学习贯彻自治区党委十三届四次全会精神暨安全生产“1+37+8”系列文件解读会。

同日 由县农业综合开发服务中心主办，县雨露职业技能培训学校承办的国际农业发展基金贷款优势特色产业发展示范项目彭阳县2023年度农民培训班在古城镇温沟等村举办。

10日 县人大常委会主任何少庸、副主任王志会、王儒、马素贵带领调研组到王洼独立工矿区、县人民医院王洼分院项目建设地、草庙敬老院、草庙乡丑畔村、白阳镇阳洼村肉牛“出户入园”养殖园区、白阳镇富阳街社区、彭阳县第二中学、闽宁现代循环农业科技示范园、茱花沟流域生态综合治理示范点，调研全县2023年上半年国民经济和社会发展计划执行情况及“十四五”规划中期评估工作。

同日 彭阳县自然灾害综合防治工作专题培训班在县委党校开班。

13日 中铁二十一局集团承建的银昆高速公路LJ12-2标彭阳县任湾茹河特大桥顺利合龙。

15日 彭阳县召开巩固拓展脱贫攻坚成果全面推进乡村振兴工作视频调度会。

16日 自治区政协农业和农村委员会副主任沈自力带领调研组到城阳乡长城村闽宁现代循环农业科技示范园调研食用菌产业发展情况。

同日 彭阳县2023年“辞夏迎秋纳凉夜 梯田夜肆狂欢节”主题文化活动在县城梯田夜肆举办。

同日 自治区政府研究室挂职干部、白阳镇党委副书记张龙牵线自治区政府研究室,在白阳镇开展“主题教育 情系莘莘学子”爱心助学捐赠活动，为白阳镇56名家庭困难学生每人捐赠500元。

18日 福建省厦门市建设局党组成员、副局长张文勤带领考察组到彭阳县考察城乡建设工作,并看望慰问援宁挂职专技人员。

同日 彭阳县安全隐患排查整治工作视频调度会召开。

同日 县精神文明建设指导委员会2023年第二次全体（扩大)会议召开。

同日 厦门市集美区商务局四级调研员李上委、工信局副局长赵奕源带领考察组到彭阳县福泰菌业基地、宁夏新恒纺织科技有限公司纺纱项目、宁夏美臣纺织科技有限公司13万锭高端纺纱及1亿平方米功能性面料生产加工项目、宁夏龙东牛羊定点屠宰加工厂、乔家渠红军长征毛泽东宿营地旧址等，考察项目建设发展情况,投资环境,招商引资合作，了解彭阳特色产业发展及红色文化资源保护利用情况。

21日 县委审计委员会2023年第五次会议召开。

同日 县委2023年议军会议召开。

同日 彭阳县总河长第九次会议召开。

同日 彭阳县“就业创业促进年”暨城镇居民收入工作推进会召开。

同日 彭阳县社会保险数据治理先行先试工作推进会召开，

宣读《彭阳县社会保险数据治理应用工作实施方案》。

23 日 九届彭阳县委 2023 年第二十一次常委会(扩大)会议召开。

同日 县委副书记、政府县长周浩先后来到康居苑东区、南区,交通小区、栖凤花园、茹河花园、绿都华府等居民小区调研全县物业管理和居民小区安全生产工作。

24 日 县人民政府与中国联通宁夏分公司联合举办全县优质农产品全产业链高质量发展座谈会。

同日 彭阳县第五次全国经济普查推进会暨单位清查布置和业务软件培训会召开。

同日 彭阳县第十届人民代表大会常务委员会第十四次会议召开。会议听取和审议县人民政府关于 2022 年财政决算(草案)、2022 年本级预算执行和其他财政收支情况的审计工作、2023 年上半年国民经济和社会发展计划执行情况、2023 年上半年财政预算执行、政府债务及国有资产管理工作情况、贯彻落实《中华人民共和国民族区域自治法》《宁夏回族自治区促进民族团结进步工作条例》情况的报告;审议县人大常委会财经工作委员会关于 2022 年财政决算的审查报告。

同日 孟塬乡第十八届人民代表大会第四次会议召开。

25 日 甘肃省镇原县委常委、政府常务副县长吕春晖带领党政考察团一行到白阳镇茹河街社区、县茹河生态园和乔家渠红军长征毛泽东宿营地旧址等,考察学习城市规划及城市建设情况、基层党建工作、茹河生态园治理情况和美丽村庄建设情况。

26 日 彭阳县重点领域安全隐患排查整治工作推进会召开。

27 日 城阳乡城阳村举办“四个一”文体活动暨安全生产知识宣传活动。

27—28 日 县委副书记、政府县长周浩带领政府分管领导及相关部门负责人到全县各重点行业、领域调研督导安全生产工作,暗访督查学习贯彻落实自治区党委十三届四次全会精神情况。

28 日 固原市人大常委会副主任师淑莲带领调研组到城阳乡长城村乡村旅游、乔家渠民宿产业、白阳镇罗堡村江南农庄、罗堡山庄五星级乡村旅游点调研彭阳县乡村旅游工作。

同日 石嘴山市大武口区人大常委会党组书记、主任魏冠中带领考察组到彭阳县青云湾生态综合治理示范区、红河镇宽坪村绿色蔬菜产业融合示范园区,白阳镇中庄流域综合治理、阳洼村肉牛“出户入园”养殖园区,考察全县小流域治理及乡村振兴产业发展情况。

30 日 彭阳县巩固国家卫生县第 2 次工作推进会召开。

同日 全县政法系统干部政治轮训班在县委党校开班。

31 日 固原市、彭阳县共同召开彭阳煤电联营项目 2×660 兆瓦机组工程推进会。

同日 固原市禁毒办组织观摩组到彭阳县观摩禁毒工作。

同日 古城镇第六届人民代表大会第三次会议召开,依法补选马建梅、姬武军为古城镇人民政府副镇长。

同日 县发改局联合有关部门举办全县餐饮行业安全生产和消防安全专题培训班。

同月 宁夏朗星科技有限公司 LED 光电设备制造基地建设项目在彭阳县城南门工业园区全面投产运营。

同月 彭阳县各乡镇、部门(单位)开展多形式学习,推动自治区党委十三届四次全会精神走深走实。

同月 王洼镇马掌村 15 岁女孩马蕊入选国家训练营,这是固原市首例女子青少年百米短跑运动员进入国家集训营。

9 月

1 日 县委人才工作领导小组 2023 年第一次会议召开,审议通过《彭阳县中长期人才发展规划(送审稿)》及有关事宜。

2 日 古城镇人民政府和县人社局共同举办彭阳县 2023 年金秋行动暨古城镇专场招聘会。

3 日 红河镇第三届人民代表大会第四次会议召开,依法补选李苗苗、晁宏扬为红河镇人民政府副镇长。

4—5 日 第十三届全国政协副主席、中国宋庆龄基金会主席李斌一行到彭阳县调研定点帮扶工作。

5 日 自治区团委书记龚雪飞带领调研组到新集乡团结村育苗基地、宁南数字经济产业园区、白阳镇政府街社区、县人才公寓，实地调研青年助力乡村振兴、创业就业工作及青年之家、青年驿站的建设运行情况。

同日 全区首期纪检监察案件审理业务巡讲活动在彭阳县开展，自治区纪委监委二级巡视员陈红梅、吴忠市纪委监委案件审理室主任吴艳虹等全区 5 名纪检监察案件审理业务骨干开展业务巡讲。

6 日 自治区人大常委会秘书长、党组成员、机关党组书记王文宇带领自治区、市执法检查组到彭阳县宁夏王洼煤业公司王洼二矿、苏州公馆建设项目部、城关清真寺、县人民政府，就贯彻落实安全生产“一法两条例”情况开展执法检查。

7 日 宁南数字经济产业园与固原市职业技术学校教学实训基地揭牌暨政校企合作签约仪式在彭阳县举行。县委副书记、政府县长周浩，固原市职业技术学校党委书记王万龙出席并共同为固原职业技术学校教学实训基地揭牌。

同日 中国环境科学研究院生态文明中心高级工程师孙丽慧、自治区生态环境厅自然生态保护处处长张桂荣带领调研组，到彭阳县调研“绿水青山就是金山银山”实践创新基地建设情况。

同日 草庙乡举办“巾帼心向党 建功新征程”广场舞大赛。

同日 城阳乡召开 2023 年教育工作暨庆祝第三十九个教师节表彰大会。

8 日 县第三中学召开“躬耕教坛 强国有我”庆祝第三十九个教师节表彰大会。

同日 红河镇召开 2023 年教育工作暨庆祝第 39 个教师节表彰大会。

10 日 由自治区教育厅、宁夏广播电视台新闻广播主办，彭阳县委宣传部、县文广局承办的以“推广普通话 助力乡村振兴”为主题的自治区第二十六届全国推广普通话宣传周进乡村活动在白阳镇中庄村举行。

同日 中国铁建投资集团牵头投资建设、中铁二十局承建的银昆高速控制性重难点工程友联红河特大桥左幅完成合龙。

11 日 县人民政府 2023 年第二次全体(扩大)会议召开。

同日 县第三中学教师王伯龙、第二中学教师任卫杰、第四中学教师韩多杰被宁夏教育工委、教育厅推荐为第十批自治区特级教师人选。

同日 冯庄乡小寺村、孟塬乡草滩村、草庙乡新洼村、小岔乡小岔村被固原市委组织部、固原市农业农村局、固原市乡村振兴局确定为全市“新型农村集体经济示范村”。

同日 由县民政局主办，固原市身障者服务促进会、彭阳县怡辰社会工作服务中心、彭阳县铭一社会工作服务中心协办的 2023 年度“赋能启航·护童成长”儿童主任能力提升班在白阳镇政府街社区举办。

11—16 日 县司法局在宁夏警官职业学院举办社区矫正工作者业务能力提升培训班。县司法局 40 余名社区矫正工作者参加培训。

12 日 农业农村部专家指导组组长杨文钰带领团队到彭阳县开展玉米大豆带状复合种植技术指导和大豆玉米测产工作。

同日 县人大常委会组织自治区、市、县、乡(镇)四级人大代表视察全县重点项目建设及改善民生 10 件实事办理情况。

14 日 宁夏 2023 年农家书屋补充出版物百姓“线上点单”活动在彭阳县举办。

15 日 全县学习贯彻习近平新时代中国特色社会主义思想主题教育工作会议召开。

同日 彭阳县组织工作会议召开。

同日 16:50—18:27，小岔乡、冯庄乡、古城镇、王洼镇、白阳镇、草庙乡、罗洼乡、红河镇、城阳乡、孟塬乡、新集乡 11 个乡镇先后遭受短时间强降雨并伴有冰雹天气，其间最大冰雹直径 3 厘米左右。经统计，受灾农户 3544 户 12603 人；农作物玉米、糜子、辣椒、马铃薯、荞麦等受灾总面积为7431.8公顷，成灾面积7431.8公顷，经济损失5672.83万元。罗洼乡、小岔乡、草庙乡、冯庄乡和白阳镇5个乡镇1229户5713间房屋屋顶不同程度受损，经济损失3999.10万元。合计经济损失9671.93万元。

同日 彭阳县2023年下半年入伍新兵出征仪式在县城举行。

17日 冯庄乡第十八届人民代表大会第四次会议召开，依法补选赵文文、祁桐为冯庄乡人民政府副乡长。

18日 彭阳县处级领导干部学习贯彻习近平新时代中国特色社会主义思想主题教育读书班开班。

20日 宁夏万升实业有限责任公司举行预制菜项目启动暨产品品鉴推介活动。

22日 县委学习贯彻习近平新时代中国特色社会主义思想主题教育领导小组第一次会议召开。

同日 福建省厦门市科学技术局党组书记、局长孔曙光带领考察组到彭阳县闽宁现代食用菌科技示范园考察菌菇产业发展情况。

同日 由县委、县政府主办，县委宣传部、县农业农村局、县文广局、县教体局、县供销社承办，各乡镇人民政府协办的彭阳县第五届"金色彭阳 醉美梯田"文化旅游节在县城怡园广场开幕。

同日 县政协组织政协委员视察全县重点项目建设和民生实事办理情况。

23日 福建省厦门市国资委组织相关国企代表到彭阳县闽宁现代循环农业(食用菌)科技示范园、宁夏微元素食品开发有限公司、宁夏万升实业有限责任公司等地，考察调研全县区域发展优势、产业发展规划、招商引资等工作情况。

同日 由县委宣传部、县文广局主办，县文化馆、县博物馆、县美术家协会、县书法家协会承办，宁夏青年美术馆协办的彭阳县"诗意彭阳 多彩梯田"全国名家书画作品邀请展在县博物馆开展。

25日 国家牧草产业体系"一县一业"服务彭阳县域经济座谈会召开，国家牧草产业技术体系首席科学家、中国农业大学草业科学与技术学院院长张英俊带领相关专家、教授、学者出席会议。

同日 福建省厦门市委宣传部与厦门市东西部协作办公室组织中央、福建省驻厦门媒体和厦门市新闻单位媒体组成采访团到彭阳县闽宁现代循环农业科技示范园、宁夏朗星科技有限公司LED光电设备制造基地开展闽宁协作采访活动。

同日 县委举办理论学习中心组(扩大)学习会暨巩固拓展脱贫攻坚成果全面推进乡村振兴专题讲座。

26日 中国农业科学院饲料研究所党委书记陆建中带领肉牛产业顾问组到古城镇任河村加特肉牛规模养殖场、彭阳县山牛源科技养殖专业合作社、古城任河村肉牛养殖户家、白阳镇阳洼村肉牛"出户入园"养殖园区，调研全县肉牛规模养殖场建设、肉牛养殖、屠宰加工、产业效益等情况。

同日 政协彭阳县十届十次常委会会议召开。

同日 由县委、县政府主办，县委宣传部、县文广局、县教体局承办的以"我们的节日 精神的家园"为主题的彭阳县2023年"迎国庆 度中秋"秦腔展演活动在县城体育广场上演。此次秦腔剧目演出活动由西安三意社承演，为期11天，为全县群众献上21场秦腔盛宴。

26—28日 由宁夏教育厅教学研究室主办，县教体局承办的以"阅读沐初心 书香致未来"为主题的宁夏中小学阅读研讨暨全民阅读现场会在彭阳县举办。

28日 县2023年拥军优属拥政爱民工作领导小组会议召开。

同日 红河镇第三届乡风文明表彰暨"四个一"文体活动在何塬村举办。

30日 中国铁建投资集团牵头投资建设、中铁二十局承建的银昆高速控制性重难点工程友联红河特大桥合龙。银昆高速友联红河特大桥地处彭阳县境内，全长2161米，共有主墩18个，最大跨度140米，最深桩基88米，最高处109米。截至年底，是自治区在建最高的高速公路大桥。

同月 彭阳县梯田夜肆被自治区文旅厅命名为自治区级夜间文化和旅游消费集聚区。

同月 宁夏微元素食品开发有限公司年产5万吨富钾富锶复合干果饮品及2000吨红梅杏条生产加工项目在彭阳县王洼产业园区正式投产。

10月

2日 由固原市委宣传部、市文广局主办，各县（区）文广局承办的2023年"大地欢歌"乡村文化活动年暨中秋国庆文艺巡演活动在城阳乡杨坪村举办。

8日 固原市人大常委会副主任安祯带领市人大常委会执法检查、专题调研组到彭阳县小岔沟红军长征毛泽东宿营地、乔家渠红军长征毛泽东宿营地开展《固原市红色文化遗址保护条例》执法检查，专题调研行政规范性文件备案管理工作。

同日 红河镇举办第六届乡风文明表彰暨2023年文化商贸物资交流大会。

9日 县委副书记、政府县长周浩到天楹运营中心、彭阳县虎狮酒业有限公司、新华源纺织有限公司、宁夏鑫美隆轻纺科技有限公司等重点项目现场，调研全县重点项目建设情况。

同日 彭阳县2023年中青年干部培训班和干部进修班在县委党校开班。

10日 固原市人大常委会副主任童全成带领调研组到彭阳县田韵农业发展专业合作社、彭阳县鑫卓能源科技有限公司调研招商引资工作。

11—12日 国家卫生县自治区级复审评估专家组组长、自治区卫健委健康综合处处长郝晓明带领专家组对彭阳县巩固国家卫生县工作进行评估。

11—12日 自治区市场监管厅党组书记、厅长杨少华到彭阳县调研市场监管所"两化"建设及驻村帮扶工作。

13日 县委召开理论学习中心组（扩大）学习会暨学习贯彻习近平新时代中国特色社会主义思想主题教育交流研讨会。

同日 中共彭阳县新集乡委员会党校正式成立。

同日 县教体局组织教体系统30余名离退休党员到县第一中学、第五小学、职业技术学校和县博物馆开展观摩活动。

17日 自治区人大常委会党组副书记、副主任白尚成，自治区人大常委会党组成员、副主任沈凡、沈左权，自治区人大常委会秘书长王文宇，固原市人大常委会党组副书记、主任李志达分别带领区、市人大常委会党组理论学习中心组成员到彭阳县青云湾流域、茹河生态园、县城生活污水处理厂，调研生态环境保护、小流域综合治理、茹河河道综合治理、县城生活污水处理等工作。

同日 第三次全国土壤普查彭阳县外业调查采样工作启动会召开。

同日 县人民政府与中国平安财产保险股份有限公司宁夏分公司举行战略合作框架协议签约仪式。

18日 自治区交通运输行业党委党建工作推进会在彭阳召开。

同日 2023年银川市"国培计划"校对校"一对一"精准帮扶培训项目调研会在王洼镇初级中学召开。

21日 彭阳县闽宁协作乡村振兴专题培训班在县委党校举办。

22日 县农业农村局结合"彭阳县2023年绿色高产高效行动大豆玉米带状复合种植单产提升整建制推进县"项目实施方案，在孟塬乡双树村大豆玉米带状复合种植示范基地举办彭阳县2023年绿色高产高效行动大豆玉米带状复合种植整建制推进县项目——玉米籽粒机械直收现场会。

25日 县委学习贯彻习近平新时代中国特色社会主义思想主题教育领导小组第二次会议召开。

同日 由王洼镇党委、镇人民政府主办的"奋进新征程，唱响新时代""铸牢中华民族共同体意识"首届乡村歌手大赛决赛在王洼镇矿区街文化广场举行。

26日 自治区政协副主席马秀珍带领调研组到新集乡初级中学、县幼儿园、县正元节能环保建材有限公司、县永弘砖业有限责任公司，对校园安全和非煤矿山安全治理工作开展民主监督。

同日 彭阳县第十届人民代表大会常务委员会第十五次会议在县城召开。

同日 彭阳县十届人大常委会第十五次会议通过，任命文杰为彭阳县人民政府副县长，免去陈振能彭阳县人民政府副县长职务。

同日 福建省厦门市杏林街道党工委副书记、办事处主任李行带队到彭阳县虎家小园子地下党支部旧址、乔家渠红军长征毛泽东宿营地、彭阳县塬上农业发展有限公司、茹河瀑布等地考察全县特色产业、红色旅游发展情况，进一步对接闽宁结对帮扶工作。

28日 由县教体局主办，县体育中心、县足球协会承办的“奔跑吧少年”彭阳县第四届中小学生校园足球联赛暨首届足球嘉年华活动在县城举办。

同日 彭阳县选派白阳镇政府街社区、红河镇何塬村和白阳镇陡坡村三支代表队参加在隆德县举行的固原市首届村规民约（居民公约）诵读大赛决赛。

30日 固原市宣讲团分别到城阳乡、法院、教体局、公安局、财政局、自然资源局、住建局、卫健局、市监局开展“感恩总书记奋进新征程”习近平新时代中国特色社会主义思想宣讲。

31日 彭阳县召开学习贯彻习近平新时代中国特色社会主义思想主题教育复盘推演工作会。

11月

1日 固原市人大常委会副主任安祯带领调研组到彭阳县茹河白阳镇段调研泾河流域协同立法暨河道保护立法工作。

同日 彭阳县组织开展离退休党员干部学习贯彻习近平新时代中国特色社会主义思想主题教育专题调研暨县域经济观摩活动。全县县处级退休干部代表、离退休党员干部代表和县直各部门（单位）离退休干部党支部书记参加调研观摩。

3日 国家（宁夏）中医疫病防治队、国家（陕西）中医疫病防治队应对突发公共卫生事件联合应急演练在古城镇皇甫谧文化广场举行。

同日 县纪委监委开展审查调查中心安全应急处置演练活动。县委常委、纪委书记、监委主任蔡文刚出席并讲话。

5日 县委书记、县委学习贯彻习近平新时代中国特色社会主义思想主题教育领导小组组长张永强以“用心感悟思想伟力 牢记嘱托感恩奋进 奋力谱写全面建设社会主义现代化美丽新宁夏彭阳新篇章”为主题作专题党课。

6日 县委理论学习中心组扩大学习会暨学习贯彻习近平新时代中国特色社会主义思想主题教育交流研讨会召开。

7日 自治区民政厅党组成员、副厅长张隽华带领全区社会救助培训观摩会与会人员到白阳镇茹河街社区、县综合福利服务中心、红河镇韩堡村，实地观摩全县数字赋能精准低保边缘家庭认定、低保家庭失能老年人兜底托养服务和“小平台”协商议事兜底救助做法成效。

同日 自治区人大常委会副主任杨玉经带领自治区党委督查组到白阳镇中庄村“代表联络站+专业代表小组”、富阳路社区人大代表小组活动室，督查贯彻落实中央人大工作会议精神及自治区党委《关于新时代坚持和完善人民代表大会制度加强和改进人大工作的实施意见》情况。

同日 宁南数字经济产业园与甘肃省庆城职业中等专业学校教学实训基地揭牌暨政校企合作签约仪式举行。

同日 彭阳县2023年秋冬季森林草原防灭火暨林长制工作推进会召开。

8日 县委书记张永强看望慰问新闻工作者并出席座谈会。

同日 县精神文明建设指导委员会2023年第三次全体（扩大）会议召开，会议研究审议《关于上报2023年底到届或整改期满的固原市文明村镇、文明单位、文明校园、文明家庭重新申报的复查报告》;研究审议拟推荐第十四批固原市文明村镇、第二十八批固原市文明单位、第五批固原市文明校园和第二届固原市文明家庭名单。

9日　城阳乡第十七届人民代表大会第四次会议召开。依法选举关学武为城阳乡人民政府副乡长。

10日　由自治区党委宣传部、文明办主办的2023年全区移风易俗主题文艺节目赴基层巡演活动在草庙乡草庙村举行。

12日　彭阳县“沿着总书记足迹 感悟思想伟力”主题实践活动在泾源县大湾乡杨岭村开展。

13日　县委政法委员会2023年第四次全体(扩大)会议召开。

14日　彭阳县人民政府与广东浩传管理服务有限公司举行数字经济产业项目签约仪式。

20日　县委书记张永强带队深入县城茹河花园、西门菜市场、幸福城小区等地督办“关于实施彭阳县城建筑节能改造工程的议案”和“关于进一步提升创建全国文明城市工作的提案”办理情况。

21日　县委书记、县委学习贯彻习近平新时代中国特色社会主义思想主题教育领导小组组长张永强为新集乡全体乡村党员干部,作以“感恩总书记,奋进新征程”“牢记总书记嘱托，铸牢中华民族共同体意识”为主题的主题教育宣讲。

同日　彭阳县举办基层党组织书记和党务工作者培训班。

22日　县人大常委会主任何少庸,副主任马素贵、陈宗惠带领调研组到彭阳县正元节能环保建材有限公司、古城镇小岔沟污水处理站、彭阳县世阳再生资源有限公司、宁夏王洼煤业有限公司王洼二矿,调研2023年环境状况和环境保护目标完成情况及排污权改革工作。

24日　原州区人大常委会副主任罗永耀带领考察组到白阳镇中庄村人大代表联络站、富阳路社区代表小组活动室、新集乡人大代表之家、新集乡团结村人大代表活动室、联络点、古城镇温沟村设施农业示范园区人大代表联络点，考察调研全县人大代表之家规范化建设先进经验和典型做法。

同日　由自治区林业和草原局、彭阳县森林草原防灭火指挥部主办,县自然资源局、应急管理局承办,县公安局、卫健局等部门协办的2023年秋冬季森林草原防灭火能力提升培训暨森林草原火灾扑救实战演练在彭阳县举办。

26日　2023年彭阳闽宁工作组组会暨彭阳闽宁工作组临时党支部成立大会召开。

同日　彭阳农村商业银行迁至彭阳县城兴彭大街与广安路交会处新办公大楼办公。

27日　县委理论学习中心组扩大学习会暨学习贯彻习近平新时代中国特色社会主义思想主题教育交流研讨会召开。

28日　县委常委会召开学习贯彻习近平新时代中国特色社会主义思想主题教育调研成果交流会。

30日　古城镇党委、白阳镇富阳路社区、红河镇何塬村村委会、新集乡初级中学、县文广局、县税务局、县公安局被评为全市民族团结进步模范集体。罗洼乡石沟村村委会主任王小学，王洼镇党委委员、镇人民政府副镇长姬元林,城阳乡党委委员、统战部部长、乡人民政府副乡长汪志骞,冯庄乡党委书记陈彩云，新集乡人民政府副乡长马进龙，草庙乡和谐村党支部书记贾世导，小岔乡人民政府民生服务中心主任马建军，县第五小学中小教一级教师王艳，农业综合开发服务中心正高级农机工程师杨极乾，县福泰菌业有限责任公司总经理、高级林业工程师祁登荣，县消防救援大队大队长代建立，县委统战部办公室副主任白玉，孟塬乡白杨庄村委会副主任虎继红被评为全市民族团结进步模范个人。

12月

3日　福建省厦门市委教育工委书记、市教育局局长陈珍带领调研组到彭阳调研厦门援宁支教工作。

4日　彭阳县召开2024年

重点工作谋划汇报会。

同日 彭阳县2023年“宪法宣传周”启动仪式暨“12·4”国家宪法日专场法治文艺会演在县城举行。

5日 彭阳县贯彻落实习近平总书记视察宁夏重要讲话和重要指示批示精神全面大起底“回头看”专题会议召开。

同日 县委常委班子第二批暨政府班子主题教育调研成果交流会召开。

同日 县人民政府党组召开学习贯彻习近平新时代中国特色社会主义思想主题教育第九次集中学习暨“四下基层”专题研讨会。

同日 县动物疾病预防控制中心张国俊被农业农村部评为全国农业农村系统先进个人。

6日 彭阳县学习贯彻新修订《中华人民共和国行政复议法》集中培训班在县城举办。全县25个县直行政执法单位(部门)分管领导、执法人员、法治审核人员共计52人参加培训。

7日 自治区总工会党组书记、副主席马军生带领调研组到彭阳县宁夏鸿泰妍纺织科技有限公司、古城镇小岔沟村,调研工会爱心托管班建设情况和古城镇小岔沟村联合工会工作开展情况。

8日 县委书记、县委学习贯彻习近平新时代中国特色社会主义思想主题教育领导小组组长张永强深入县住建局、县卫健局、县教育局，调研学习贯彻习近平新时代中国特色社会主义思想主题教育开展情况。

同日 彭阳县被自治区党委办公厅、自治区人民政府办公厅考核为2022年度自治区污染防治攻坚战成效良好等次。

11日 自治区党委主题教育第四巡回督导组副组长、宁夏医科大学党委副书记丁聃带领督导组到古城镇卫生院、县人民医院、宁夏美臣纺织科技有限公司13万锭高端纺纱及1亿平方米功能性面料生产加工项目、宁夏苏宁智能装备制造有限公司年2万台(套)矿山机械增材再制造项目现场,调研推动发展重大项目建设及主题教育检视问题整改情况。

同日 由县教体局、县农业农村局、县自然资源局主办,县职业技术学校承办的彭阳县2023年高质量发展肉牛养殖、林果栽培技术培训班开班。来自全县10个“2652”肉牛养殖示范村、61个“5350”肉牛养殖示范村中的示范户、规模养殖场以及12个乡村振兴示范村和8名苹果、红梅杏示范基地技术人员,共计60人参加培训。

12日 自治区残疾人康复中心主任马占秀带领调研组到彭阳县残疾人康复中心、部分残疾人家中调研残疾人辅助器具适配服务工作。

13日 县委召开学习贯彻习近平新时代中国特色社会主义思想主题教育领导小组第三次会议。

同日 县委理论学习中心组(扩大)学习会暨学习贯彻习近平新时代中国特色社会主义思想主题教育交流研讨会召开。

同日 县委副书记、政府县长周浩调研疫情物资管理、经责审计问题整改工作。

同日 由宁夏恒信创达数据科技有限公司申报的宁南数字经济产业园众创空间被认定为自治区级众创空间。

18日 县委副书记、政府县长周浩带领调研组深入县乃河灌区高效节水农业项目、王洼镇高建堡樱桃基地节水补灌工程、县庙台片区高效节水农业项目及彭阳县历史遗留废弃矿山与低效土地生态修复项目，调研山水林田湖草沙一体化保护和修复工程项目建设情况。

同日 由县委组织部、县委党校、县妇联联合举办妇联干部素质能力提升暨妇女创业创新培训班开班。

同日 王洼镇至甘肃环县高铁站班线正式开通。

18—19日 由县委宣传部、县民政局、团县委主办，县文明办、县新时代文明实践中心承办的彭阳县2023年志愿者骨干培训班在县城影视中心举办。乡、村两级负责志愿服务工作人员,文明实践志愿服务队骨干180余人参加培训。培训班邀请自治区党委宣传部社会活动处处长孟延军，宁夏义工志愿服务联合会党支部书记、会长吴金霞作专题辅导，并组织参训人员到富阳路社区、红河镇夏塬村进行实地观摩。

18—19 日 全县教体系统开展“立师德 正师风 树师表 铸师魂”暨“学习身边榜样”主题宣讲活动，宣讲团成员由 21 名区、市级优秀教师、骨干教师代表等组成。分别在县第一中学、县第三中学、王洼镇中心学校、古城镇第二小学、城阳乡初级中学、红河镇初级中学进行宣讲，来自全县 32 所学校(幼儿园)的 1400 名教师聆听宣讲。

22 日 县委理论学习中心组(扩大)学习会暨学习贯彻习近平新时代中国特色社会主义思想主题教育交流研讨会召开。与会人员围绕学习贯彻习近平总书记“铸牢中华民族共同体意识是新时代党的民族工作的主线，也是民族地区各项工作的主线”重要指示精神开展研讨交流。

同日 新集乡白林村举行“美丽乡村行”交通安全巡回宣讲暨“四个一”文体活动。

25 日 由县科协、县农业农村局、县烟叶有限公司联合主办的彭阳县烤烟提质增效生产技术培训班在县委党校开班。此次培训为期 8 天，培训人数 120 人,分两期举办。培训班邀请中国农业科学院烟草研究所、中国烟草总公司青州烟草研究所调制加工研究中心烘烤专家刘伟进行专题培训。

同日 由县委宣传部、县文广局、县市监局、白阳镇人民政府主办,白阳镇郑河街社区、郑河街社区新时代文明实践站承办的“移民融入共治理 移风易俗树新风”暨“四个一”文体活动在白阳镇郑河街社区举办。活动中,对 16 名民族团结示范户、孝老爱亲示范户、最美奋斗者、优秀网格员、优秀志愿者进行表彰奖励。

26 日 由县委宣传部牵头，县“扫黄打非”办联合县公安局、县文广局等成员单位，对县域内书店、印刷企业、文具店等校园周边文化市场及电影院、网吧、KTV 等娱乐场所进行元旦节前文化市场专项检查。

同日 冯庄乡党委组织部分县、乡级人大代表、乡村干部和肉牛养殖户 50 余人,前往孟塬乡草滩村壮大村集体经济示范点、椿树岔村红梅杏高接换头示范点，白阳镇任河村肉牛养殖示范户、中庄村人大代表联络站，古城镇小岔沟红军长征毛泽东宿营地及宁南数字经济产业园、王洼产业园区宁夏新恒纺织科技有限公司等 5 家县内企业观摩学习。

同日 县教体局组织福建支教彭阳教师前往红河镇中心学校、红河镇初级中学开展“送教下乡”暨“山海情深 共话发展”互动交流活动,同时慰问 2 户困难学生家庭。

26—27 日 县人武部政委张穆榕和县退役军人事务局负责人先后到新集乡、王洼镇、城阳乡，为荣立三等功的台东东、杨宁、黄青春三位现役军人家庭送喜报，向他们送上党和政府的关怀和问候。

27 日 县人民政府 2023 年第二十九次常务会议召开，会议研究审议《2024 年彭阳县政府工作报告(审议稿)》《关于县十届人大三次会议代表议案、建议办理情况的报告(审议稿)》《关于县政协十届二次会议委员提案办理情况的报告（审议稿)》《关于 2023 年改善民生 10 件实事办理情况的报告(审议稿)》等事项。

同日 彭阳县妇女儿童工作会议召开。

同日 县委宣传部为乔家渠红军长征毛泽东宿营地和任山河烈士陵园 2 个自治区爱国主义教育基地挂牌。

28 日 彭阳县党外知识分子联谊会第二次会员代表大会暨彭阳县新的社会阶层人士联谊会第一次会员代表大会召开。会议审议通过《彭阳县党外知识分子联谊会章程》和《彭阳县新的社会阶层人士联谊会章程》,选举产生彭阳县党外知识分子联谊会第二届理事会理事、会长、副会长、秘书长和彭阳县新的社会阶层人士联谊会第一届理事会理事、会长、副会长、秘书长。

同日 县委退役军人事务工作领导小组第五次会议召开。会议审议《彭阳县委退役军人事务工作领导小组工作规则（送审稿)》《彭阳县委退役军人事务工作领导小组办公室工作细则（送审稿）》《彭阳县退役军人事务核查督办实施细则（送审稿）》。

同日 由县委宣传部、县教体局、县文广局主办，县图书馆、文化馆承办的“奋进新征程 建功新时代”演讲比赛在县文化馆举办。

29日 彭阳县第十届人民代表大会常务委员会第十六次会议召开。会议应到常委会组成人员22人，实到22人，符合法定人数。会议听取审议县人民政府关于2023年环境状况和环境保护目标完成情况及排污权改革工作情况的报告、关于“十四五”规划中期评估的报告和检察院近三年侦查活动监督工作开展情况的报告，批准调整彭阳县国民经济和社会发展第十四个五年规划和2035年远景目标纲要部分指标、2023年预算调整和政府债务限额，审议有关人事任免议案，审议通过县人大常委会工作报告、2024年工作要点及关于召开彭阳县十届人大四次会议有关材料。

同日 政协彭阳县十届十一次常委会会议召开。会议应到常委会组成人员28人，实到26人，符合规定人数。会议听取县人民政府关于提案工作办理情况的通报，县人民法院、县人民检察院工作通报及县教体局关于全县基础教育工作情况通报；审议通过《关于赴河北山东省部分县（区）考察基础教育工作情况的报告》和县政协十届三次会议会务材料及委员请辞事宜；审议通过增补政协彭阳县第十届委员会委员事宜。

同日 彭阳县2023年秋冬季森林草原防火工作第二次推进会召开。

同日 全县教体系统第三届职工运动会在县城举办，全县各中小学、幼儿园、局机关34支代表队1319名运动员将进行为期4天的篮球、羽毛球、乒乓球、跳绳、4×100米接力赛、拔河共6项比赛。

同日 县委史志研究室被自治区地方志编审委员会评为2023年度全区地方志工作县级一等奖，编纂出版《彭阳当代文献资料选编》第一辑（1949—1954）和第二辑（1955—1956）被评为创新奖。

同日 县卫健局组织县人民医院、县中医医院、县妇幼保健院医务人员在县城怡园广场开展冬春季呼吸道传染病宣传义诊活动。

同日 草庙乡王岔村举办庆“元旦”暨“四个一文体活动”。

同月 由县委全面依法治县委员会守法普法协调小组主办，县司法局、县教体局承办的以“宪法伴我成长 做新时代守法青少年”为主题的彭阳县首届校园法治文化节系列活动在全县各学校举行。

同月 县第四小学、县第三幼儿园被自治区教育厅确定为第三批自治区家庭教育指导服务示范校。

县情概览

General Situation of Pengyang County

建置区划

【位置面积】 彭阳县位于宁夏东南部边缘，六盘山东麓，西连宁夏原州区，东、南、北分别环邻甘肃省镇原县、平凉市和环县，1983年由原固原县分设建县，土地总面积2533.49平方千米。属典型中温带半干旱大陆性季风气候，自然灾害相对频繁，经济以农业为主。

【建置沿革】 彭阳县历史悠久，3万年前就有人类在红河、茹河流域繁衍生息。西周初期，周王室在彭阳县境分封获国，将宁夏南部大部地区纳入中央王朝的管辖范围。西周中期，戎族迁居宁夏南部，彭阳境内有乌氏、朝那等戎。战国秦昭襄王三十五年（前272），秦国将宁夏南部纳入统治区域，设乌氏、朝那等县。汉文帝十四年（前166），匈奴单于率十四万骑入朝那、萧关，杀北地都尉孙卬。东汉后期，西北爆发羌族起义，安定郡、朝那县一度内迁，到西魏大统元年（535）将朝那县迁至今甘肃灵台县朝那镇。北朝时，县境设平凉郡，北魏及北周设长城郡、黄石县、长城县、平凉县，隋唐设百泉县。北宋咸平六年（1003）筑彭阳城，金置东山县，元设广安县又升州，明初撤广安州并入开城县，明清以后隶属固原州、固原直隶州、固原县。中华人民共和国成立后，彭阳先后为固原县彭阳区、彭阳公社驻地，1983年10月从固原县析彭阳县。

【行政区划】 彭阳县辖4个镇、8个乡，156个行政村、6个居民委员会。其中，白阳镇辖17个行政村、5个社区居委会，古城镇辖20个行政村，王洼镇辖20个行政村、1个社区居委会，红河镇辖12个行政村，新集乡辖20个行政村，城阳乡辖10个行政村，草庙乡辖14个行政村，孟塬乡辖11个行政村，冯庄乡辖11个行政村，小岔乡辖7个行政村，罗洼乡辖7个行政村，交岔乡辖7个行政村。

（高　磊）

自然环境

【地质地貌】 彭阳县地势西北高东南低，呈坡状倾斜。全县可分为两大类型区，即中低山土石质山区和黄土丘陵沟附亚区。在附亚区又可分为2个亚区（北部丘陵沟区和红茹河谷残区）。土壤以湘黄土为主，其余为灰褐土、山地棕土、山地草甸土、暗黄土等。有机质含量较高，土壤肥沃。

【河流湖泊】 彭阳县有3条河流，均系泾河支流，由西北向东南出境。红河发源于彭阳县新集乡窦家山庄，境内流程63千米，流域面积359平方千米，径流总量1800万立方米。茹河发源于原州区大湾水沟壕，境内流程92.8千

2023年彭阳县下辖乡(镇)、行政村(社区)一览表

表1

序号	乡镇名称	下辖行政村(社区)名称
1	白阳镇	友谊街、政府街、郑河街、茹河街、富阳路、南山村、陡坡村、崾岘村、周沟村、玉洼村、姬山村、姚河村、白岔村、刘台村、余沟村、阳洼村、罗堡村、老庄村、姜洼村、任湾村、中庄村、双磨村
2	古城镇	温沟村、店洼村、高庄村、任河村、古城村、甘海村、川口村、田庄村、郑庄村、田壕村、罗山村、羊坊村、皇甫村、海口村、乃河村、王大户村、小岔沟村、丁岗堡村、刘沟门村、挂马沟村
3	王洼镇	矿区街、北洼村、李寨村、路寨村、王洼村、赵沟村、姚岔村、梁壕村、杨寨村、崖堡村、马掌村、团庄村、石岔村、山庄村、孙阳村、花芦村、陡沟村、李洼村、邓岔村、李岔村、尚台村
4	红河镇	友联村、韩堡村、红河村、常沟村、夏塬村、徐塬村、宽坪村、什字村、上王村、文沟村、何塬村、黑牛沟村
5	新集乡	新集村、张化村、上蔡村、白林村、谢寨村、周庄村、大火村、峁堡村、姚河村、沟口村、白河村、张湾村、太寺村、何山村、赵沟村、团结村、白草洼村、马旺堡村、下马洼村、上马洼村
6	城阳乡	刘河村、城阳村、陈沟村、韩寨村、杨坪村、沟圈村、北塬村、杨塬村、涝池村、长城村
7	草庙乡	包山村、和谐村、草庙村、赵洼村、新洼村、张街村、曹川村、丑畔村、周庄村、刘塬村、米塬村、牛湾村、王岔村、和沟村
8	孟塬乡	何岘村、玉塬村、高岔村、双树村、草滩村、牛耳塬村、虎山庄村、椿树岔村、小石沟村、白杨庄村、赵山庄村
9	冯庄乡	冯庄村、小寺村、虎崾岘村、崖湾村、小湾村、茨湾村、高庄村、上湾村、雅石沟村、羊草湾村、小园子村
10	小岔乡	米沟村、榆树村、李渠村、小岔村、吊岔村、耳城村、柳湾村
11	罗洼乡	罗洼村、马涝村、石沟村、寨科村、张湾村、薛套村、红崾岘村
12	交岔乡	东洼村、交岔村、庙庄村、关口村、保阳村、大坪村、关堡台村

米，流域面积2088平方千米，径流总量8040万立方米。安家川河发源于甘肃省环县芦湾乡庙儿掌，境内流程56千米，流域面积803平方千米，径流总量2250万立方米。朝那湫，系山间湖泊，位于彭阳县古城镇海口村马场组，水面约2公顷，蓄水2.71万立方米。陶家海子是红河支流小河的发源地，历史上水面较宽广，但2023年水面仅200余平方米。

【土壤植被】 彭阳县土壤分为4个土类、12个亚类、22个土属、49个土种，黑垆土面积2.19万公顷，占总面积的8.6%，山地灰褐土面积为1.65万公顷，占总面积的6.5%，粗骨土面积970公顷，占总面积的0.4%。彭阳县植被分为草原、草甸、森林、人工4类，草原植被分布在除县境西南部以外的广阔地区，面积73887公顷，占植被总面积的87.1%，覆盖度25%—90%；草甸植被主要分布在海拔1700—2400米的县境西南部黄赤山、瓦亭梁一带地区，面积约1万公顷，占植被总面积的11.8%，阳坡、半阳坡的植被覆盖度为80%—96%，阴坡为93%—95%；森林植被主要分布在县境西南部土石质山区的挂马沟，面积0.09万公顷，占植被总面积的1.1%，覆盖度100%；人工植被面积11.67万公顷，其中，退耕地造林5.13万公顷，经济林面积5467公顷，荒山荒地造林5.15万公顷，治理沟道449条1.62万公顷。

【气候物候】 彭阳县属中温带大陆性半阴湿半干旱气候，冬寒长，春暖迟，夏热短，秋凉早，日照时

数长。2023年，彭阳县年平均气温为8.9℃，较历年平均值8.5℃偏高0.4℃，其中，1月较历年持平，2月、3月、6月、7月、8月、9月、10月、11月分别偏高0.7℃、0.7℃、0.4℃、0.5℃、0.7℃、2.0℃、1.0℃、0.3℃，4月、5月、12月偏低0.8℃、0.5℃、0.1℃；最高气温35.4℃，出现在7月9日；最低气温为-21.8℃，出现在1月24日。全年日照总时数为2157.9小时，较历年同期2346.6小时偏少188.7小时。全年总降水量为296.0毫米，较历年同期值478.7毫米偏少182.7毫米，其中，1月、3月、6月、7月、8月、9月、11月、12月分别偏少3.8毫米、7.7毫米、38.7毫米、42.1毫米、75.4毫米、33.5毫米、9.8毫米、1.4毫米，2月、4月、5月、10月分别偏多8.0毫米、5.7毫米、6.7毫米、9.0毫米。农业主要自然灾害有霜冻、干旱、雨涝、冰雹等。

（马　霞）

自然资源

【土地资源】 彭阳县总面积253353.22公顷，其中耕地面积68171.94公顷，林地面积116115.32公顷，耕地和林地面积184287.26公顷，占全县总面积的72.74%；草地面积8801.62公顷，其他农用地17101.48公顷，建设用地面积14718.58公顷，未利用地面积27322.64公顷。全县划定耕地保有量67273.33公顷，永久基本农田保护面积58880公顷，占耕地保有量面积的87.52%。

【矿产资源】 彭阳县是煤炭和石油资源富集区，境内已探明煤炭、石油、石灰岩等矿产资源6种。截至年底，全县原煤、原油年产分别达948万吨和18万吨以上，开发潜力巨大。

【野生动物资源】 彭阳县境内重点区域监测各种鸟类16目42科181种0.6万只左右，主要包括鸊鷉目、雁形目、鹤形目、鸻形目、雀形目、佛法僧目、鸡形目、啄木鸟目、鸽形目、鹰形目、鹈形目、鹃形目、犀鸟目，其中国家一级保护动物4种（黑鹳、青头潜鸭、乌雕、草原雕），国家二级保护动物21种。监测到各种兽类7目14科25属30种，主要包括食肉目的猫科、犬科、鼬科；偶蹄目的猪科、鹿科；猬形目的猬科；兔形目的兔科、鼠兔科；啮齿目的松鼠科、跳鼠科、仓鼠科、鼠科；食虫目的鼹科；翼手目的蝙蝠科等，其中国家一级保护动物1种（豺），国家二级保护动物1种（豹猫）。主要分布于全县河流、水库、人工湿地和县域内主要林区。

【野生植物资源】 彭阳县境内重点区域监测木本植物100余种，主要有山杨、山柳、山榆、山桃、山杏、白桦、椴树、红桦、辽东栎、扁核木（马茹刺）、杜梨、刺柏、山楂、枸子、酸刺、毛榛子、虎榛子、川榛子、白蜡、花楸、沙棘（黑刺）、胡颓子、藤五加、海棠等；草本植物300余种，主要有赖草、芒草、二色棘豆、兴安胡枝子、冰草、短炳草、尖叶胡枝子、红花岩黄芪、短翼岩黄芪、草木栖状黄芪、糙叶黄耆、狗尾草、金色狗尾草、山野豌豆、白羊草、白草、苦荬菜、百里香、细叶韭、细叶苔草、无芒雀草、披肩草、垂穗披肩草、老芒麦等，有毒草本植物主要有黄花棘豆、乏羊草、醉马草、狼毒等；药用植物200余种，主要有葫芦巴（苦豆子）、花菽、党参、羌活、赤芍、白芍、远志、山桃、杏、麦芽、芹艽、柴胡、沙参、黄精、细叶立黄芪（沙打旺）、仙鹤草、防风、膜荚黄芪、钟楼、前胡、黄芦木、毛叶小檗、香藿、贝母、节节草（土麻黄）、角茴香、节裂角茴香、山罂粟、黄花草等。

【自然景观资源】 彭阳县因得天独厚的地理条件造就的自然景观有朝那湫、五峰山、龙虎山、二龙山、七个山、八蜡台、栖凤山、茹河瀑布、石峡河、小巫峡、响桥子等。成功打造的生态景观有阳洼流域、大沟湾流域、白岔流域、小虎洼流域、杨寨流域、新洼流域、嘛喇湾流域、黑窑滩流域、挂马沟木林海、长城塬、茹北观光果园等。

（翟红霞）

自然灾害

【概况】 彭阳县地处六盘山东麓，大部分地区属黄土高原丘陵地貌，历史时期地质灾害、气候灾害、生态环境灾害频发。其中又尤以干旱、冰雹、霜冻等气候灾害为主。2023年，彭阳县发生7次自然灾害。全县12个乡镇156个行政村都不同程度遭遇自然灾害的侵袭，累计受灾人口达186452人次，农作物受灾面积10314.476公顷。5713间房屋屋顶不同程度受损。灾害造成直接经济损失26632.51万元。

【雹灾】 2023年，彭阳县发生3次雹灾，涉及白阳镇、古城镇、王洼镇、红河镇、新集乡、城阳乡、草庙乡、孟塬乡、冯庄乡、罗洼乡、小岔乡、交岔乡12个乡镇，最长持续时间约20分钟，最大雹径20毫米，最大地面积雹厚度3厘米。雹灾导致13612人次受灾，经济损失5990.93万元。

【冻灾】 2023年，彭阳县发生4次冻灾，涉及白阳镇、古城镇、王洼镇、红河镇、新集乡、城阳乡、草庙乡、孟塬乡、冯庄乡、罗洼乡、小岔乡、交岔乡12个乡镇，导致172840人次受灾，经济损失约20641.58万元。

（曹　晓）

人口和民族宗教

【人口】 在三万年前的旧石器时代，古人类已经在今彭阳县境繁衍生息，经过历代统治者数次大规模的官方移民和民间自发移民，截至年底，彭阳县户籍户数7.46万户，同比下降0.3%；户籍人口24.31万人，同比下降0.5%。其中户籍城镇人口6.54万人，占户籍人口的比重为26.89%，比上年末增长0.03个百分点。根据2023年人口变动抽样调查数据，年末全县常住人口总户数5.79万户，常住人口16.16万人。其中，城镇人口6.38万人，占常住总人口的（常住人口城镇化率）39.48%，比上年末增长0.23个百分点；乡村人口为9.78万人，占常住总人口的60.52%。男性人口8.59万人，占常住总人口的53.2%；女性人口7.57万人，占常住总人口的46.8%，男女性别比为113.5(女性为100)。汉族人口11.03万人，占常住总人口的

2023年年末彭阳县人口数及其构成表

表2

指　　标	年末数(万人)	比重(%)
一、户籍人口情况		
户籍总户数(万户)	7.46	100.00
户籍总人口	24.31	100.00
其中:城镇人口	6.54	26.90
乡村人口	17.77	73.10
其中:男性人口	12.72	52.32
女性人口	11.59	47.68
其中:汉族	16.59	68.24
回族	7.71	31.72
其他少数民族	0.01	0.04
其中:0—17岁	5.44	22.38
18—34岁	6.38	26.24
35—59岁	8.97	36.90
60岁及以上	3.52	14.48
二、常住人口情况		
常住总户数(万户)	5.79	100.00
常住总人口	16.16	100.00
其中:城镇人口	6.38	39.48
乡村人口	9.78	60.52
其中:男性人口	8.59	53.16
女性人口	7.57	46.84
其中:汉族人口	11.03	68.23
回族人口	5.12	31.72
其他少数民族人口	0.01	0.05

68.23%；回族人口 5.12 万人，占常住总人口的 31.72%；其他少数民族人口 0.01 万人，占常住总人口的 0.05%。平均家庭人口 2.79 人/户。全年常住人口出生人数 0.17 万人，出生率为 10.54‰；全年常住人口死亡人数 0.15 万人，死亡率为 9.30‰，自然增长率为 1.24‰。

（李晓捷）

小岔乡榆树村农耕文化园“党史教育馆”　（小岔乡 提供）

【民族】 自古以来，彭阳县就是一个多民族迁居地，自西周以后，历代最主要的民族有汉族、西戎族、匈奴族、吐蕃族、蒙古族、回族等，经过长期的民族交往、交流、交融，逐渐形成汉族为主，回族次之，兼有其他少数民族构成的格局。截至年底，彭阳县居住着汉族、回族、满族、蒙古族、壮族、藏族、土族、侗族、苗族、布依族、土家族、维吾尔族、东乡族、彝族、羌族、傣族、黎族等 24 个民族，其中回族人口 5.12 万人，占常住总人口的 31.68%。在全县 12 个乡镇中，回族人口占 50%以上的有古城镇、新集乡、交岔乡 3 个乡镇。

【宗教】 由于历代统治者的倡导、古代各民族迁入，到明清时期，佛教、道教、伊斯兰教是彭阳县境人民群众信奉的主要宗教，同时佛教和道教也逐渐合一。截至年底，全县有信教群众 2.39 万人，其中，道教 0.72 万人，伊斯兰教 1.6 万人，基督教 700 人，有宗教活动场所 137 座，其中道教场所 8 座，伊斯兰教场所 129 座，有备案认证的宗教教职人员 232 人（道教教职人员 16 人，伊斯兰教教职人员 216 人）。

（高伟艳）

历史文化

【历史遗存】 彭阳县历史遗存众多。自旧石器时代就有人类在彭阳县境繁衍生息，有岭儿、刘河遗址。新石器时代各类遗址有上百处，以打石沟遗址为代表出土大量玉器及玉料残片。彭阳还发现西周初期获国的都邑遗址，遗址中出土周文化、商文化和寺洼文化遗物。战国时秦国在县境修建战国秦长城，距今已 2200 余年。秦汉以后，县境先后有朝那县、长城郡、黄石县、长城县、平凉县、百泉县、东山县、广安州等，并遗留下大量城堡、烽燧及墓葬。

【红色文化】 彭阳县是中国共产党在宁夏开展革命工作较早的地区之一，属陕甘宁边区的重要组成部分，曾有 58%的土地和 46%的人口属于陕甘宁革命边区，是宁夏革命老区一类县。1935 年 10 月 7 日，毛泽东、周恩来、王稼祥等率领中国工农红军陕甘支队（即中央红军）翻越六盘山。7 日和 8 日晚，毛泽东分别宿营小岔沟、乔家渠。1949 年 7 月 31 日，中国人民解放军在彭阳任山河打响了解放宁夏的第一枪。至中华人民共和国成立前夕，中国共产党在彭阳县境先后建立固北、固原 2 个县委，麻子沟圈、草庙、二龙山 3 个区委，安家川 1 个乡级苏维埃政府，峁堡、解岘 2 个地下交通站，25 个地下党支部，18 个抗敌后援会。

【非物质文化遗产】 2023 年，彭阳县有自治区级非遗项目 5 项、市级非遗项目 4 项；市级非遗传承保护基地 4 个；非遗项目代表性传承人 30 人，其中区级传承人 3 人、市级传承人 17 人、县级传承人 10 人。

【历史名人】 乌氏倮，战国末期

2023 年彭阳县非物质文化遗产一览表

表 3

序号	类别	项目名称	级别	入选时间
1	传统技艺	剪纸	区级	2007 年 6 月
2	传统技艺	草编	区级	2007 年 6 月
3	传统技艺	纸织画	区级	2009 年 5 月
4	传统美术	麦秆工艺品制作技艺（固原麦秆画）	区级	2023 年 12 月
5	传统技艺	彭阳蜂蜜酿酒技艺	区级	2023 年 12 月
6	传统美术	泥塑彩绘脸谱	市级	2009 年 7 月
7	传统音乐	彭阳鼓乐	市级	2011 年 6 月
8	传统美术	刺绣	市级	2022 年 8 月
9	传统美术	根雕	市级	2022 年 8 月
10	传统技艺	地椒茶制作技艺	县级	2023 年 6 月
11	传统技艺	彭阳果脯制作技艺	县级	2023 年 6 月
12	传统技艺	擀毡技艺	县级	2023 年 6 月
13	传统技艺	窑洞营造技艺	县级	2023 年 6 月
14	传统技艺	十大碗制作技艺	县级	2023 年 6 月
15	传统技艺	笼食制作技艺	县级	2023 年 6 月
16	传统技艺	燕麦酒酿造技艺	县级	2023 年 6 月
17	传统技艺	彭阳藤编	县级	2023 年 6 月
18	传统技艺	山桃核编织	县级	2023 年 6 月
19	传统体育、游艺与竞技	方棋	县级	2023 年 6 月
20	传统体育、游艺与竞技	纸牌	县级	2023 年 6 月
21	传统舞蹈	社火	县级	2023 年 6 月
22	民俗	春官词	县级	2023 年 6 月
23	曲艺	口弦	县级	2023 年 6 月
24	传统戏剧	秦腔	县级	2023 年 6 月
25	传统音乐	花儿	县级	2023 年 6 月

乌氏戎人，把马、牛、羊贩卖到关中地区，从关中收购丝织品带回来牧区进献给戎王，并从戎王那里换取 10 倍的利润，由此他成为当时西北地区有名的大牧主兼大商人，秦始皇也给予了他“比封君”的待遇。皇甫谧，魏晋时期的著名学者，出生于安定郡朝那县（今彭阳县古城镇），虽然一生未曾出仕，但他所著诗赋诔颂论甚多，著有《针灸甲乙经》《帝王世纪》《玄晏春秋》《年历》等书，《高士》《逸士》《列女》等传，其中《针灸甲乙经》是当今世界保存的最早一部针灸医学专著，皇甫谧也因此被尊为世界针灸鼻祖。胡安戎，北宋时曾担任彭阳城寨主，任职期间组织民众在城内修路、植树，他也是彭阳有史可考的生态建设第一人。

（高　磊）

风景名胜

【姚河塬遗址】 姚河塬遗址位于彭阳县新集乡姚河村，距彭阳县城 25 千米。经考古发掘，姚河塬遗址是西周早期获国的都邑，遗址内有墓葬区、宫殿、城墙、车马坑、铸铜作坊、制陶作坊、护城河等，先后出土青铜器、玉器、骨角牙蚌器等各类文物 1000 余件，其中甲骨文有 100 余字，为将获国纳入西周分封体制提供了最为直接的证据。姚河塬遗址是彭阳县商周考古的重大发现之一，填补了西周历史的空白，也证实 3000 年前的西周早期，宁夏南部就已经被纳入中央政府的管辖范围。国内专家对彭阳姚河塬遗址评价为：最西北的西周早期封国都邑城址、最西北的西周早期诸侯级墓葬、最西北的甲骨文发现地、最西北的原始瓷器出土地、最西北的铸铜作坊遗址。2018 年 4 月，姚河塬遗址入选为“2017 年度全国十大考古新发现”。

【无量山石窟】 无量山石窟位于

彭阳县古城镇田庄村北塬组，距彭阳县城22千米。石窟为北宋时期建造，分东、西两窟，东窟窟顶呈窟窿形，石质造像5尊，3尊主佛并排而坐，居中为释迦牟尼，右为无量寿佛，左为弥勒佛，形态各异。在3尊主佛东侧又有道教的北方玄武大帝石像。西窟造像20尊，呈一线排列。这些造像融合了圆雕、浮雕阴刻等多种雕凿艺术手法，造像体形圆润，线条流畅活泼，栩栩如生，尤其对衣褶、眼神等刻画更是细致入微，创造出一种敦厚含蓄、优美健康的艺术形象。民国《固原县志》载："石家峡，形势壮丽，草木蒙茸。山腰古石佛三，罗汉一十有八。水出峡口，淙淙之声，无间冬夏，烟云霭霭，朝夕不散。"1988年1月，无量山石窟被公布为自治区(省)级文物保护单位。

【璎珞宝塔】 璎珞宝塔位于彭阳县冯庄乡小湾村牛湾组，距彭阳县城54千米。璎珞宝塔始建于明嘉靖三十年(1551)，为仿木结构七层八角楼阁式空心砖塔。塔通高20米，由塔基、塔身、塔刹三部分组成。塔基呈八角形，用红砂岩砌筑，高0.25米。整个塔身各层由下而上逐级缓收，显得挺拔稳健。每层以叠涩砖出檐，檐下各面正中及转角处均饰以砖雕一斗三升斗拱。塔身第二层背壁正中嵌有一块长0.9米、宽0.45米的长方形石匾。中间双阴线镌刻横书"璎珞宝塔"四个大字，右竖刻"发心功德主张侃高氏"，左竖刻"嘉靖三十年二月初一日立"。塔室采用厚壁空心式木构楼层结构，原有木梯可以攀登。塔周围曾出土陶质文吏俑、提梁俑、瓦当、筒瓦、柱础、殿宇饰件、吻兽件。民国《固原县志》载："张侃，固原卫人，家居七个山。嘉靖三十年春，有堪舆士过其庄，上下相度，谓侃曰：'此山若塔，当主斯郡文风日进，科第联翩。'侃应之曰：'若然，当勉之。'于是竭资鸠工，阅一年而告成，塔高五丈余，至今犹巍然生色也，自题曰：'璎珞宝塔。'"璎珞宝塔是宁夏南部山区现存的唯一一座有确切纪年的明代古塔，有较高的历史、科学、艺术价值。1988年被公布为自治区(省)级文物保护单位。

(高　磊)

土特名产

【红梅杏】 彭阳红梅杏因鲜艳的色泽、亮丽的果面、独特的风味、良好的口感，深受广大顾客青睐，系国家地理标志产品。2023年，红梅杏累计发展面积5467公顷，其中挂果面积1467公顷，实现产量1650吨、产值3600万元。

【果脯】 彭阳杏脯色泽美观，酸甜可口，色香味俱全，保持了鲜杏的天然色泽。果脯蜜饯营养丰富，含有大量的葡萄糖、果糖、矿物质、多种维生素等对人体健康有益的物质。2023年，彭阳县有云雾山、栖凤、茹河等3家加工企业，从业人员150人，年生产杏脯及各种果脯产品2000吨，实现产值6000万元。

【小杂粮】 小杂粮是彭阳县当地传统种植的耐旱稳产粮食作物，也是全县特色产业之一，小杂粮种植面积稳定在4000公顷左右，主要有夏杂豌豆和秋杂谷子、糜子、荞麦、燕麦。近年在全县产业政策影响下，种植面积逐渐趋于集中，2023年，彭阳县创建市级小杂粮高标准示范基地2个，面积2205.5亩，实施主体通过乡、村两级政府申报初步创建300亩以上县级标准化示范基地58个，经乡、村初验县级抽验最终验收合格44个，总标准化示范基地面积1.46万亩。

【朝那乌鸡】 彭阳县朝那乌鸡饱和脂肪酸含量低，不饱和脂肪酸含量高，富含人体8种必需氨基酸和10种非必需氨基酸，属高蛋白低脂肪食品，系国家地理标志保护产品、国家地理标志登记产品。朝那乌鸡已成为彭阳县特色优势产业之一，截至年底，全县朝那乌鸡饲养量达到80万只。

【月子鸡】 彭阳县月子鸡学名为黑羽乌骨鸡，通体黑色，羽毛黑亮，个头较小，平均每只重1.75千克左右，肉质细嫩、清香干润、味道鲜美，富含丰富的蛋白质、氨基酸和维生素A、D、E，以及钙、铁、锌等多种人体所需的营养成分，其营养成分高于一般土鸡2—3倍，而且脂肪含量极低，营养价值高，是妇女生孩子“坐月子”增强营养的首选鸡。月子鸡蛋皮淡绿，蛋黄金黄，蛋清稠密，富含多种微量元素。

（何元刚）

2023年经济社会发展

【政治建设】 2023年，彭阳县坚持把开展学习贯彻习近平新时代中国特色社会主义思想主题教育作为重大政治任务，采取举办读书班、专题党课等多种方式，召开县委理论学习中心组学习会6次，讲专题党课30场次、宣传宣讲56场次。各级党组织开展学习研讨2330余场次、讲专题党课643场次、宣传宣讲1460场次。开展习近平总书记视察宁夏重要讲话和重要指示批示精神全面大起底、“回头看”，梳理任务123条，制定措施333条。组织开展“感恩总书记，奋进新征程”等实践活动，加强理想信念教育、党性教育。县级领导干部围绕15个领域开展调查研究，形成高质量调研报告27篇，县委召开调研成果交流会剖析典型案例、交流调研成果、推进转化运用，提出政策对策112条。弘扬“四下基层”优良作风，深入开展“办实事、解民忧、暖民心”实践活动，办理群众反映问题6000余件、民生项目27件、民生实事70项。扎实开展“进企业、送服务、解难题”活动，帮助企业解决困难问题327个。深化农村党员联系服务群众“挂联诺”机制，3292名党员户挂牌“亮”身份，办结承诺事项4504个。坚持边学习、边对照、边检视、边整改，县委、人大、政府、政协领导班子列出问题清单18个，各乡镇、各部门（单位）梳理问题清单94个，均全部整改到位。农村公路生态植绿柳谷坊防撞墙经验做法入选全区主题教育成果，得到主题教育中央第十五巡回指导组及区、市党委和政府主要领导批示肯定并在全区推广。强力推进“8+2”专项整治，梳理问题26个，落实整改措施93条，已出台和拟定中制度文件28个。

【经济建设】 2023年，彭阳县实现地区生产总值90.13亿元，比上年增长4.0%，一产、二产、三产增加值分别增长3.8%、4.9%、3.3%，三次产业比例达到18.6:38.3:43.1。规模以上工业增加值27.3亿元，增长7.4%；固定资产投资41.4亿元，增长5.5%；社会消费品零售总额15.24亿元，增长1.3%；地方一般公共预算收入3.48亿元，可比增长8.1%，一般公共预算支出44.38亿元，增长2.5%；城乡居民人均可支配收入分别达到33822元、15901元，分别增长5.2%和8.3%。

围绕市场主体实际需求，为各类企业和个体工商户退减缓税费6126万元，新增贷款7.5亿元，新增市场主体1600户。出台10条政策措施，安排消费资金540余万元，举办促消费活动30余场，撬动社会消费近亿元。R&D（科研）经费增长52.8%，35家企业被列为国家科技型中小企业，国家和自治区级科技型企业分别达到35家、40家。实施产业倍增计划，建成农业产业项目39个，巩固提升肉牛养殖示范村71个，建成“出户入园”养殖园区10个，肉牛饲养量23万头，打造冷凉蔬菜示范园区4个，新改建日光温室737栋，蔬菜面积7.2万亩，发展庭院经济林2234亩，红梅杏产值3600万元，培育朝那鸡养殖示范村107个，朝那鸡饲养量80万只。建成矿山机械增材再制造等工业项目12个，新增规上工业企业3家，预计规上工业增加值增长8%，新增入园企业20家。实施投资牵引计划，开展重点项目建设“晒比促”活动，建设重点项目93个，完成投资54.1亿元。争取国家和自治区级资金项目74个、资金11.4亿元，围绕产业发展、乡村振兴、生态环保等领域，谋划2024年重点项目92个，年度计划投资92.10亿元。在西安、福州举办农文旅推介招商活动，全年落地项目40个，到位资金35.26亿元、完成固原市下达任务的110%，其中亿元以上项目22个，兑现招商引资奖补资金3845万元。

【文化建设】 2023年，彭阳县各行政村（社区）结合传统节日开展

"四个一"文体活动1600余场次。以彭阳民间民俗文化为特色，推出山核桃、刺绣、剪纸、麦秆画等手工艺品，重点围绕剪纸、刺绣、根雕、麦秆画、纸织画等非遗产品与文化创意设计开发研制文创产品，申请自治区级非遗名录保护项目2项，市级非遗名录保护项目7项，市级非遗保护传承基地4个，非遗项目代表性传承人30人。推进文化体制改革，推动文化产业快速发展，立足历史文化、红色文化、生态文化，打造精品乡村旅游线路3条、红色旅游精品线路2条。打造乔家渠红军长征毛泽东宿营地、小岔沟红军长征毛泽东宿营地、任山河烈士陵园、孟塬古庄院红色文化园等爱国主义教育基地，发挥红色文化对党员干部及广大群众的思想教育作用，红色旅游景区景点年接待人数达10万人次以上。举办山花节、红梅杏开园节、梯田节等，打响彭阳文旅品牌。截至年底，全县接待游客人数113万人次，实现社会综合收入4.44亿元。围绕乡村振兴，以歌曲、舞蹈、戏剧、书画、摄影等为重要载体，扶持辅导文艺团队创作《退彩礼》《逆行英雄》等现代眉户剧4部、编排《万疆》《水墨彭阳》《大美彭阳》等舞蹈作品20余部，精心创作《翠花嫁女》《扶贫轶事》等小品6部，《移风易俗树新风》《俺把移风易俗谈》等音乐快板8部。发展县、乡两级文化人才，先后争取区级文化工作者6名，县级文化工作者24名，组织扶持文化工作者结对帮扶各乡（镇），让农村基层群众真正成为文化惠民的受益者、参与者。加强日常执法，切实维护文化旅游市场秩序，累计出动执法人员2315人次，加强对网吧、娱乐场所、校外培训机构等的日常检查巡查，处理日常投诉举报4次，立案处罚3起案件。

【社会建设】 2023年，彭阳县实施居民收入提升行动，出台促进就业创业政策33条，兑现援企稳岗等补贴314万元，高校毕业生、农民工、退役军人、脱贫人口等重点群体就业总体稳定，零就业家庭动态清零，数字经济产业园兴产业促增收经验被国家发展改革委员会作为全国共同富裕案例推广。新增城镇就业1839人，农村劳动力转移就业5.9万人，城镇调查失业率控制在5.5%以内。开工建设教育项目9个，改造提升中小学17所，推进"互联网+教育"，全面巩固提升"双减"治理成果，学科类校外培训机构压减率100%。实施健康水平提升行动，深化医药卫生体制改革，组建县疾病预防控制局，出台《关于深化公立医院薪酬制度改革实施方案》，建成县人民医院王洼分院主体，改造提升村卫生室19个，国家卫生县城通过自治区考核。基本养老、基本医疗等参保覆盖面不断扩大，完成城乡低保扩围增效，新增城乡低保3018户3931人。

【生态环境建设】 2023年，彭阳县认真落实自治区"1+4"系列文件，协同推进降碳、减污、扩绿、增长，美丽彭阳建设迈出新步伐。加强生态保护修复，编制完成国土空间总体规划，坚决打好黄河"几字弯"攻坚战，扎实推进山水林田湖草沙一体化保护和修复工程，建成"山水工程"7个，完成绿化造林9.58万亩，恢复治理废弃矿山12个，治理小流域40平方千米，森林覆盖率20.68%，水土流失治理率82.34%，草原综合植被覆盖度87.64%。严格推进禁牧封育、禁伐限伐、禁烟禁火，落实"林长+警长+检察长"机制，强化森林草原防火监管巡查，深入打好蓝天、碧水、净土"三大保卫战"，全面整改中央和自治区环保督察及"回头看"反馈问题，排查整改生态环境领域风险隐患127条，大气优良天数比例90%以上，茹河、蒲河、红河国控出境断面水质保持Ⅱ类，地下水水质达到Ⅲ类，建设用地和农用地环境质量安全可控。推进绿色转型发展，扎实做好"生态+"和"绿色+"文章，采取"公司+合作社+基地+农户"模式，培育林业专业合作社120家，引进林产品加工企业3家，发展林下中药材4.1万亩、生态鸡54万只，林下经济产值7700万元，联农带农1.2万余户，户均增收2500元。

（王晓文　张天乐）

中国共产党彭阳县委员会

Pengyang County Committee of the Communist Party of China

综　述

【深化改革】　2023年,彭阳县召开深改委会议,下发《彭阳县全面贯彻落实党的二十大精神坚定不移把改革推向前进的任务清单》,明确重点改革任务49项135项措施。制定《彭阳县委全面深化改革委员会2023年工作要点》《彭阳县2023年全面深化改革任务清单》,聚焦12个重点领域,部署48项重点改革任务、建立具体措施146项,明确37个改革牵头部门,压紧压实责任链条,每两月开展一次书面督察,分析研判改革任务落实情况,下发《工作提醒》6期,持续推动改革任务落地落实。制定推进“六权”改革思维导图,落实年度用水权、土地权、排污权、山林权改革重点。建立《贯彻落实自治区〈关于深化“六权”改革的意见〉任务清单》,项目化管理、清单化推进5个方面24项改革任务65项措施。彭阳县首创《山林地确权登记明白书》经验在全区“六权”改革推进会上受到肯定并在全国推广,国家林业和草原局发改司《林业改革动态》刊发《宁夏彭阳深化“山林权+”改革》典型案例。着力从优化营商环境、金融和国有资产管理改革等方面开展调研,完成《彭阳县增强金融服务质效　助推实体经济健康发展》《彭阳县建立产业发展引导资金　助推园区企业高质量发展》等改革动态11期,为县委决策部署提供科学依据。

【产业转型】　2023年,彭阳县大力实施产业倍增计划,建成农业产业项目39个,巩固提升肉牛养殖示范村71个,建成“出户入园”养殖园区10个,肉牛饲养量23万头,打造冷凉蔬菜示范园区4个,新改建日光温室737栋,蔬菜面积7.2万亩,发展庭院经济林2234亩,红梅杏产值3600万元,培育朝那鸡养殖示范村107个,朝那鸡饲养量80万只。建成矿山机械增材再制造等工业项目12个,新增规上工业企业3家,预计规上工业增加值增长8%,园区承载力进一步增强,新增入园企业20家。宁南数字经济产业园获评自治区级现代服务业集聚区、数字经济示范园区、众创空间,建成的“梯田夜肆”被命名为自治区级第一批夜间文化和旅游消费集聚区,全年接待游客数、旅游社会总收入分别增长29%、11%。

【城乡发展】　2023年,彭阳县常态化开展防返贫监测帮扶,对重点人群、特殊人群“八必访”,新识别监测对象475户1890人,辍学学生常态清零,脱贫人口和监测对象家庭医生签约率、医保参保率均100%,新建加固农村房屋674户,整改安全饮水问题1164户,脱贫人口人均纯收入15430元,增长16.3%。实施移民致富提升项目 43 个，改造提升安置点 6 个，移民人均可支配收入增长 11%。发展壮大乡村特色产业，出台价格、补贴、保险“三位一体”政策体系，粮食播种面积 74.7 万亩，其中大豆玉米带状复合种植 14.41 万亩，坚决遏制“非农化”、有效防止“非粮化”，建成高标准农田 15 万亩。依托特色资源，强龙头、补链条、兴业态、树品牌，肉牛、蔬菜、红梅杏、食用菌等特色产业品牌品质、市场份额、综合效益同步提升，采取订单合同、流转租赁、资产收益等经营方式，充分发挥农业经营主体联农带农作用，农民增收致富渠道不断拓宽。实施乡村建设项目 15 个 1.35 亿元，156 个行政村村庄规划全覆盖，创建乡村振兴示范村 8 个，整治乡村振兴薄弱村和移民薄弱村 9 个。农村人居环境整治成效显著，打造农村人居环境整治示范乡 3 个、示范村 20 个、美丽村庄 7 个，新建卫生厕所 655 户，普及率 65%，所有行政村生活垃圾和污水得到收运处理。推进市政基础设施和燃气、排水、供热管线改造，理顺物业管理体制机制，改造老旧小区 21 个，新建保障性租赁住房612 套，苏州公馆等 8 个房地产项目有序推进，商品房销售面积增长 44.9%，新增充电桩 177 个、车位 1000 个。续建农村公路 140 千米，完成农村公路路况提升 216 千米，开通运营彭阳至庆阳、环县高铁站客运班线，石家峡水库完成主体工程，除险加固水库 4 座，“互联网+城乡供水”模式被水利部编入教科书面向全国推广，彭阳县“吃水经”在世界联合国水大会上分享。

【和谐社会建设】 2023 年，彭阳县常态化推进扫黑除恶斗争，成功侦破“ZBS”特大网络传销案，实现发案数、财损数“双下降”。建成县社会治理应急指挥中心，开展治理重复信访、化解信访积案专项工作，7 类重点人群被纳入“两个台账”管理服务。坚决贯彻习近平总书记对富洋烧烤店燃气爆炸事故重要指示精神，制定贯彻落实自治区“1+37+8”系列文件《责任清单》，常态化开展安全隐患大排查大整治，排查整改安全隐患 2.5 万余条，编制“1+35+7”应急预案体系，常住燃气用户“三件套”安装率 100%，形成安全生产预警预防、检查排查、监督管理、宣传教育、学习培训、督查考核、追责问责等一整套运行体系和工作闭环。

【学习贯彻习近平新时代中国特色社会主义思想主题教育】 9 月至 12 月，彭阳县开展学习贯彻习近平新时代中国特色社会主义思想主题教育。教育分理论学习、调查研究、推动发展、检视整改 4 个阶段展开，制定主题教育实施方案，成立县委主题教育领导小组。四套班子分别制定理论学习中心组主题教育专题学习研讨计划，开展专题学习研讨 28 次，带动各级党组织学习讨论 805 场次。围绕 6 个选题方向和 13 项调研重点，四套班子“一把手”靶向确定调研课题 27 个(正、反典型案例 8 个)，27 名县级领导采取“四不两直”深入一线实地调研 153 次，组织召开调研成果交流会 4 场次，研究提出对策措施 112 项。93 个重点建设项目全部开工、完成投资 54.1 亿元。深入实施人才强县战略“22 条措施”，制定人才发展中长期规划，投入 300 万元实施人才项目 19 个。新识别监测对象 475 户 1890 人，消除风险 161 户 628 人，脱贫人口、监测对象家庭医生签约率、医保参保率均 100%。新建加固农村房屋 674 户，整改安全饮水问题 1164 户，脱贫人口人均纯收入 15430 元、增长 16.3%。完善市政设施体系，新增充电桩 177 个、车位 1000 个，新开通彭阳至庆阳、环县高铁站定制客运专线 2 条，改造供热管网 5.1 千米，县城主要地段防洪排涝雨污分流改造基本完成。在办结 2023 年 10 件改善民生实事基础上，办理民生项目 27 项、为民办实事 70 项。县级领导班子累计查找问题 2 批 18 个，制定整改措施 60 条，12 个乡镇、57 个部门（单位）对标梳理问题 94 个，制定措施 258 条，全部完成销号，整改率 100%。

（王晓文　张天乐）

重要会议

【学习贯彻习近平新时代中国特色社会主义思想主题教育工作会议】 2023 年 9 月 15 日，彭阳县学习贯彻习近平新时代中国特色社会主义思想主题教育工作会议召开，学习贯彻习近平总书记在中央主题教育工作会议上的重要讲话精神，传达学习党中央和自治区党委学习贯彻习近平新时代中国特色社会主义思想主题教育第一批总结暨第二批部署会议精神、固原市委学习贯彻习近平新时代中国特色社会主义思想主题教育工作会议精神，安排全县学习贯彻习近平新时代中国特色社会主义思想主题教育工作。

【县委常委会会议】 2023年，中共彭阳县委常委会会议共召开32次。

（王晓文　张天乐）

2023年中共彭阳县委常委会会议情况一览表

表4

会议时间	会议名称	会议内容
1月10日	九届县委2023年第一次常委会会议	听取困难群众救助工作情况汇报、全县安全生产、网络安全、宗教领域、社会稳定和信访安全保障、食品药品安全、森林草原防灭火、市场保供工作情况、全县疫情防控工作情况汇报；审议《彭阳县2023年春节慰问及困难群众救助工作方案》；研究2023年全县招商引资指导性目标任务分解事、调整优化县委应对新型冠状病毒感染疫情工作领导小组和县应对新型冠状病毒感染疫情工作指挥部机构、试用期满干部和挂职干部等事宜
3月31日	九届县委2023年第六次常委会会议	听取全县政治安全、民族宗教、社会安全、意识形态、网络安全、金融安全、安全生产领域风险隐患排查化解情况、2022年法治政府建设工作、全县纠治形式主义官僚主义专项整治、乡村振兴领域腐败和作风问题专项治理、教育领域侵害群众利益不正之风专项治理、国有企业“靠企吃企”专项治理工作情况汇报；审议《2023年彭阳县全面从严治党党风廉政建设和反腐败工作主要任务分工方案》《彭阳县向自治区党委第三巡视组工作汇报（送审稿）》《县委常委会2023年工作要点任务清单（送审稿）》《“和美乡村杯”全国乡村篮球大赛暨宁夏第六届农民篮球争霸赛决赛工作方案》《彭阳县2023年棚户区改造项目实施方案（送审稿）》；研究彭阳县城乡环卫保洁、生活垃圾运输及焚烧处理市场化运营、机关事业单位编外聘用人员管理等事宜
4月23日	九届县委2023年第八次常委会会议	听取县委、人大、政府、政协领导外出招商引资和考察学习情况汇报、听取一季度全县安全生产工作情况汇报；审议《彭阳县国土空间总体规划（2021—2035）（送审稿）》；研究全县城乡污水处理市场化运营、挂职干部、“3·28”火情有关责任人组织处理等事宜
5月12日	九届县委2023年第九次常委会会议	听取“六权”改革工作情况汇报；审议《县委国家安全委员会2023年工作要点（送审稿）》《进一步维护全县政治安全工作方案（送审稿）》《彭阳县爱国卫生管理办法（送审稿）》《彭阳县巩固国家卫生县工作方案（送审稿）》《彭阳县人民政府2023年度重大行政决策事项目录（送审稿）》
6月14日	九届县委2023年第十一次常委会会议	听取全县推动移风易俗树立文明乡风工作情况汇报、2023年上半年全县党风廉政建设和反腐败工作情况、纪委监委执纪执法审查调查工作情况汇报、全县纠治形式主义官僚主义专项整治、乡村振兴领域腐败和作风问题专项治理、粮食购销领域腐败问题专项整治、教育领域侵害群众利益不正之风专项治理、国有企业“靠企吃企”专项治理工作情况汇报、全县纪检监察干部队伍教育整顿工作进展情况汇报；审议《彭阳县市场主体梯度培育提质升级行动方案（送审稿）》《彭阳县全面优化营商环境推动民营经济高质量发展实施意见（送审稿）》《彭阳县2023年闽宁资金使用方案（送审稿）》；研究国有建设用地使用权续期、出让彭地（G）〔2023〕—08、09号国有建设用地、干部等事宜
6月22日	九届县委2023年第十二次常委会会议	传达学习习近平总书记对宁夏银川市兴庆区富洋烧烤店燃气爆炸事故重要指示精神，6月22日凌晨自治区党委常委会会议、自治区安委会会议、固原市安委会会议精神，6月22日上午自治区各领域安全生产工作调度会议、固原市委常委会会议精神，研究部署全县各领域安全生产工作

续表 4

会议时间	会议名称	会议内容
6月28日	九届县委2023年第十三次常委会会议	听取九届县委第四轮巡察情况综合汇报、县安全生产风险隐患排查整治工作情况汇报、生态环保各级各类反馈问题整改情况汇报、全县财政运行及政府债务风险防范情况汇报、2023年上半年网信工作情况汇报；审议《彭阳县贯彻落实自治区巡视整改和成果运用实施办法的责任清单(送审稿)》《彭阳县2022年巩固拓展脱贫攻坚成果同乡村振兴有效衔接考核评估问题整改方案（送审稿）》《彭阳县防汛抗旱应急预案(送审稿)》《2023年彭阳县网信工作要点及分工(送审稿)》《进一步加强舆情引导和风险防范应对工作方案(送审稿)》；通报2022年度区、市效能目标管理考核结果，研究2022年度乡(镇)、部门(单位)效能目标管理考核结果，审议《2023年重点任务常态化督查工作方案(送审稿)》；研究出让彭地(G)〔2023〕—10、11、12号国有建设用地、试用期满干部等事宜
7月7日	九届县委2023年第十四次常委会会议	听取全县涉法涉诉信访领域突出问题专项整治工作进展情况汇报、全县“九小”场所安全隐患排查整治及区、市暗访督查发现问题整改情况汇报，通报安全隐患排查整治工作督查情况和区、市暗访督查发现问题整改不力有关责任人处理结果；审议《彭阳县城镇燃气安全风险隐患排查整治工作方案(送审稿)》《彭阳县进一步加强瓶装液化石油气安全监督管理方案（送审稿)》《彭阳县深化“九小”等场所消防安全专项整治工作方案(送审稿)》《彭阳县人员密集场所疏散通道和外窗专项治理工作方案（送审稿)》《彭阳县安全宣传教育工作方案（送审稿)》审议《2023年全县打击治理电信网络诈骗违法犯罪工作方案(送审稿)》《2023年全县道路交通安全专项治理工作方案（送审稿)》《2023年全县开展预防溺水专项治理工作方案（送审稿)》《关于全面加强新时代少先队工作的实施意见(送审稿)》；研究安全隐患排查整治区、市暗访督查发现问题整改不力有关责任人处理意见、资金事宜、出让彭地(G)〔2023〕—13、14号国有建设用地、彭阳县妇联第六届执行委员会换届选举候选人建议人选、干部等事宜
7月10日	九届县委2023年第十五次常委会会议	研究对自治区党委安全生产领域“四防”专项督查发现的问题整改不力以及对市政府主要领导带队督查检查发现的问题排查不到位有关责任人的处理意见
7月24日	九届县委2023年第十七次常委会会议	听取全县上半年经济运行情况汇报；研究自治区“四防”督查通报彭阳商场、好多面面馆有关问题责任人处理意见和干部等事宜
7月28日	九届县委2023年第十八次常委会会议	传达学习中共宁夏回族自治区第十三届委员会第四次全体会议精神，研究贯彻意见
8月4日	九届县委2023年第十九次常委会会议	听取全县安全生产风险隐患排查整治工作情况汇报、全县维护政治安全“十大专项行动”工作情况汇报；审议《彭阳县深入开展自治区党委十三届四次全会精神“大学习、大讨论、大宣传、大实践”活动方案(送审稿)》《关于加强新时代离退休干部党的建设工作的实施方案(送审稿)》《彭阳县领导干部任前公示办法(送审稿)》；研究安全隐患问题整改不力处理、资金、财政部宁夏监管局反馈问题整改、彭阳县国有资产经营有限公司、彭阳县润彭投资管理有限责任公司减资事宜、彭阳县茹河河道治理和大县城建设土地及房屋征收补偿资金、退还村级光伏扶贫电站折旧费和大修理费、出让彭地(G)〔2023〕—15、16、17号国有建设用地和干部任用等事宜
8月23日	九届县委2023年第二十一次常委会会议	听取2023年上半年财政预算执行情况、政府债务管理、国有资产管理情况汇报；审议《2022年度财政决算(草案)》《关于调整2023年财政预算及政府债务限额的报告》

续表 4

会议时间	会议名称	会议内容
9 月 27 日	九届县委 2023 年第二十四次常委会会议	听取县委第三轮巡察整改、第五轮巡察工作情况汇报，中秋、国庆期间全县安全生产、社会稳定和信访安全保障、食品药品安全、市场保供工作情况汇报，全县基层党组织建设工作情况汇报，全县外事工作汇报；审议《中共彭阳县委员会巡察工作规划（2022—2026）》《彭阳县 2023 年统筹整合使用财政涉农资金（调整）实施方案》《2023 年彭阳县苹果、红梅杏冻害补贴实施方案》《关于评选彭阳县建县 40 周年先进集体和先进个人工作方案（审议稿）》；研究调整 2023 年全县饲草调制补贴标准及延长饲草调运期限等事宜、余昊东因公随中国宋庆龄基金会赴日本访问交流等事宜
10 月 25 日	九届县委 2023 年第二十五次常委会会议	听取县人大议案建议、政协提案办理情况汇报、全县保障农民工工资支付工作情况汇报、全县学习贯彻习近平新时代中国特色社会主义思想主题教育进展情况汇报；审议《贯彻落实中共中央、自治区党委、市委关于新时代坚持和完善人民代表大会制度 加强和改进人大工作重点任务分工方案（送审稿）》《全县学习贯彻习近平新时代中国特色社会主义思想主题教育“为民办实事”工作方案》《彭阳县 2023 年闽宁资金使用方案》《2023 年彭阳县效能目标管理考核方案（送审稿）》；研究停职干部恢复职务和干部等事宜
11 月 12 日	九届县委 2023 年第二十七次常委会会议	研究干部事宜
11 月 28 日	九届县委 2023 年第二十九次常委会会议	通报 G85 银昆高速 12-2 标段事故情况，研究相关责任人处理意见

县委综合事务

【文稿起草】 2023 年，中共彭阳县委办公室（以下简称县委办）严把办文程序关、公文质量关、发文程序关和法规政策关，年内，向市委报备规范性文件 42 个，先后撰写领导讲话 30 余篇，起草各类报告、汇报和专题材料 100 余篇，整理编发县委常委会纪要 31 期，撰写制发县委及办公室文件 77 份。紧紧围绕全县改革创新重点领域、社会热点难点以及群众关切，坚持问题导向，组织干部到各行业领域调研并撰写调研报告 70 余篇，积极为县委科学决策和施政提供参考依据。

【信息调研】 2023 年，县委办坚持贯彻落实办公室全员抓信息工作制度，积极构建区、市、县三级信息报送互通机制，按月制定党委信息报送要点，紧贴县委中心工作，围绕热点、难点问题，积极报送苗头性、倾向性、预测性信息和经验类、综合性信息，努力为党委决策提供全方位、多领域、多角度的信息服务。严格落实突发事件紧急信息报送机制，确保突发事件第一时间上报、第一时间响应，第一时间妥善处置，坚决杜绝迟报、漏报、瞒报情况发生。全年共组织编写上报各类一般信息 500 余条，紧急信息 60 余条。

【督促检查】 2023 年，彭阳县制定县委常委会会议研究事项落实机制，对县委常委会确定的事项，以下发督办函等形式及时跟进落实，落实情况在县委常委会上进行通报。对区、市、县党委部署的重点工作，及时分解落实、掌握推进情况、汇总报告。全年下发各类督办函 1300 余份，在县委常委会作出通报 8 期。县委办荣获 2023 年度全区督查工作先进集体称号。

【机要保密】 2023 年，彭阳县加强《中华人民共和国保守国家秘密法》《中华人民共和国保守国家秘密法实施条例》《密码强国建设纲要》等法律法规性文件的宣传，进一步加强密码及密码通信装备、密码电报、业务文电、档案管理、密码通信机房等重点环节规范化管理。坚持全面落实保密管理责任制，执行24小时值班制度，共接收处理中央、区、市文件2100余份，明、密电报传输办理89份，无错漏、迟办等事故发生，视频会议全部通畅，无一失误和差错，确保县委与上级党委机关的工作联系、信息畅通和涉密信息的绝对安全。

【保障服务】 2023年，彭阳县按照“厉行节约、量财办事、保障有力”的要求，严格执行党政机关国内公务接待管理规定、财务预算和公用经费定额标准及管理办法，进一步加强财务、固定资产管理，合理安排预算开支，切实加强后勤保障。认真执行公务接待管理办法和会议审批及会议经费管理办法，抓好公务接待以及会议分级审批工作，年内无超标准接待等问题发生。

（王晓文　张天乐）

重大决策

【2023年彭阳县农业产业高质量发展实施方案】 为认真贯彻落实《中共中央 国务院关于实现巩固拓展脱贫攻坚成果同乡村振兴有效衔接的意见》、《中共中央 国务院关于做好2023年全面推进乡村振兴重点工作的意见》及区市农村工作会议精神，全面推进乡村振兴战略实施，促进农业产业高质量发展，巩固拓展脱贫攻坚成果，健全农业产业发展长效机制，转变农业发展方式，深化农业供给侧结构性改革，加快推进农业农村现代化，结合彭阳县农业产业发展实际，县农业农村局编制《2023年彭阳县农业产业高质量发展实施方案》（以下简称《方案》）。经政府专题会、常务会及县委常委会讨论研究通过后，于2023年3月3日由中共彭阳县委办公室印发。《方案》由总体思路、大力实施粮食保障工程、推进农业产业高质量发展、奖补范围、保障措施5个部分组成。《方案》强调严守粮食安全底线，实施旱作节水农业建设和玉米大豆带状复合种植，确保粮食种植面积稳定在74.7万亩以上，产量稳定在21.4万吨以上。紧紧围绕“五特”产业布局，持续扩大种养规模，加快构建标准化生产、链条化加工、融合化发展、品牌化经营的现代农业体系，全面推进农业产业高质量发展。规定除县外生态移民外，县内所有农户、新型经营主体、村集体经济组织、企业均可享受奖补。所有项目的同一环节只能享受中央、区、市、县一次奖补。

【彭阳县2023年中药材和食用菌产业高质量发展实施方案】 为贯彻落实《中共中央 国务院关于实现巩固拓展脱贫攻坚成果同乡村振兴有效衔接的意见》《中共中央 国务院关于做好2023年全面推进乡村产业振兴重点工作的意见》《固原市“五特五新五优”15个产业专班2023年工作方案》文件精神，全面推进中药材和食用菌产业高质量发展，县科技局编制《彭阳县2023年中药材和食用菌产业高质量发展实施方案》（以下简称《方案》），经政府专题会、常务会及县委常委会讨论研究通过后，于2023年3月31日由中共彭阳县委办公室印发。《方案》由总体思路、主要任务、扶持政策、资金概算、工作要求5个部分组成。《方案》提出坚持以习近平新时代中国特色社会主义思想为指导，深入学习贯彻党的二十大精神、自治区第十三次党代会精神、习近平总书记视察宁夏重要讲话和重要指示批示精神，聚焦中药材和食用菌产业高质量发展的目标，立足彭阳县资源优势，切实做实做强做优中药材和食用菌产业。在原有林下药材20万亩基础上，2023年以柴胡为主推品种发展林下药材种植5万亩、有机种植0.1万亩、林药间作0.1万亩、道地药材种植1.8万亩。加快推进绿色低碳发展，鼓励中药材企业建设规模以上集分拣、加工、仓储、物流于一体的生产车间，构建产销一体化的现代化产业体系，坚定不移地把彭阳县打造成为六盘山区中药材种植带上具有重要位置的“生态药谷”。依托长城塬闽宁现代循环农业科技示范园，发挥企业引领作用，利用作物秸秆等农业废弃物生产食用菌，采取“企业+基地+农户”模式，由企业制作菌袋带动周围农户充分利用菇棚、菜棚轮作倒茬栽培食用菌，不断扩大食用菌生产规模，助推食用菌产业提质增效。

【彭阳县全面优化营商环境推动民营经济高质量发展实施意见】 为全面落实党的二十大精神，深入贯彻习近平总书记关于民营经济发展的重要论述和视察宁夏重要讲话及重要指示批示精神，按照《自治区党委人民政府关于全方位优化营商环境推动民营经济高质量发展的若干意见》和《关于全面优化营商环境推动民营经济高质量赶超式发展若干措施》要求，坚持“两个毫不动摇”，促进“两个健康”，营造支持民营企业规范健康发展的良好环境，进一步激发民营企业内生动力，2023年7月24日，中共彭阳县委办公室印发《彭阳县全面优化营商环境推动民营经济高质量发展实施意见》（以下简称《意见》）。《意见》由完善公平竞争市场环境，消除企业隐形壁垒；营造稳定的政策环境，帮助企业纾困解难；构建改革的创新环境，鼓励企业发展壮大；打造高效的政务环境，为企业提供便利条件；健全平等的法治环境，保护企业家合法权益；创建诚信的社会环境，增强企业发展信心6个部分组成。《意见》内涉及的所有奖补政策县内所有民营经济主体均可享受，但原则上不重复享受同类政策，《意见》特别说明的除外。每年年初由各牵头部门征集上一年度奖补项目，经牵头部门初审后将申报资料报彭阳县民营经济领导小组办公室审核，审核通过的项目提交彭阳县民营经济领导小组审定后兑现奖补资金。

【彭阳县第二轮土地承包到期后再延长三十年整乡试点工作方案】 红河镇位于彭阳县东南部，距县城15千米，下辖12个行政村66个村民小组，家庭承包经营农户5947户21576人，耕地面积8.49万亩。2022年农民人均可支配收入15380元。全镇共确权承包地8.49万亩，颁发农村土地承包经营权证5911本。彭阳县二轮土地承包将于2024年底到期，自2021年起已开展村组延包试点，在总结经验做法的基础上，需要进一步扩大试点范围，为2024年整县开展延包工作积累经验。县农业农村局编制《彭阳县第二轮土地承包到期后再延长三十年整乡试点工作方案》（以下简称《方案》），经政府专题会、常务会及县委常委会讨论研究通过后，于2023年11月3日由中共彭阳县委办公室印发。《方案》由试点范围和基本情况、试点内容、进度安排、保障措施4个部分组成。《方案》提出要指导试点村组探索延包工作的一般程序，包括：选举产生延包工作小组、摸底调查、拟定延包方案、核实确认集体经济组织成员、召开本集体经济组织成员的村民会议、讨论通过延包方案、制定重大问题处置办法、提交上级延包领导小组审议批复、组织实施延包方案、签订土地承包合同。在此基础上，完善农村土地承包经营权登记簿、农村土地承包经营权证、农村土地承包数据库管理系统等。

【彭阳县推进基本养老服务体系建设实施方案】 为积极应对人口老龄化国家战略，健全全县基本养老服务体系，推动实现全体老年人享有基本养老服务，更好保障老年人生活，根据《自治区党委办公厅、人民政府办公厅〈关于推进基本养老服务体系建设的实施方案〉的通知》《固原市委办公室、人民政府办公室〈关于推进基本养老服务体系建设的实施方案〉的通知》精神，县民政局编制《彭阳县第二轮土地承包到期后再延长三十年整乡试点工作方案》（以下简称《方案》），经政府专题会、常务会及县委常委会讨论研究通过后，于2023年10月10日由中共彭阳县委办公室印发。《方案》由总体要求、主要任务、组织保障3个部分组成。《方案》提出要重点聚焦老年人面临的家庭和个人难以应对的失能、残疾、高龄、无人照顾等困难时的基本养老服务需求，推动社会保险、社会救助、社会福利、慈善事业、老年优待等制度资源优化整合，加快补齐城乡养老服务短板，及时动态调整基本养老服务对象、内容、标准等。至2025年底，基本养老服务制度基本健全，清单不断完善，服务对象、内容、标准等清晰明确。基本养老服务对象精准识别和动态管理机制初步建立，老年人享受助餐、康复、护理、精神慰藉等服务更加便利。全县公办敬老院全部面向社会老年人开展集中照护服务，乡镇范围具备综合功能的养老服务中心覆盖率达到60%,养老机构护理型床位占比达到60%。生活不能自理特困人员集中供养率达到60%,家庭照护培训率达到90%,65岁及以上老年人城乡社区规范健康管理服务率达到73%以上。特殊困难老年人月探访率实现100%、能力年度评估率实现100%。

【2023年彭阳县苹果、红梅杏冻害补贴实施方案】 2023年4月6日和4月29日凌晨,彭阳县大范围普遍遭受低温霜冻2次,据宁夏气象局气象科研所发布气象数据彭阳县最低温度-5℃到-3℃,且持续时间长达3小时以上,特别是4月29日凌晨5:00县域内最低温度达-5℃,超过杏树、苹果冻害指标临界值温度≤-5℃重度等级,造成全县果品大面积遭受冻害甚至绝产,经调查全县3亩以上(含3亩)红梅杏受冻成灾以上面积1329户9718.56亩,其中合作社种植331亩,农户种植9387.56亩;3亩以上(含3亩)苹果受冻成灾面积89户6411.5亩,其中合作社、农户经营3125.5亩,企业经营3286亩。因林果业种植周期长,见效慢,风险高,种植大户、合作社、企业前期投资高,经营困难,彭阳县人民政府给予冻害补贴,扶持产业持续发展,县自然资源局编制《2023年彭阳县苹果、红梅杏冻害补贴实施方案》(以下简称《方案》),经政府专题会、常务会及县委常委会讨论研究通过后,于2023年10月12日由中共彭阳县委办公室印发。《方案》由基本情况、补贴范围及标准、补贴资金及来源、工作要求4个部分组成。《方案》提出补贴标准为红梅杏冻害程度为成灾以上(含成灾)的合作社、种植户每亩补贴200元,企业每亩补贴150元。苹果冻害程度为成灾以上(含成灾)的合作社、种植户、企业每亩补贴500元。补贴方式通过财政直补的方式补贴给合作社、种植户、企业。

(王晓文　张天乐)

组织工作

【公务员管理】 2023年,彭阳县招录公务员68名、选调生7名,从在职优秀村干部中考试录用乡镇机关公务员2名,进一步充实干部队伍。开展年轻干部专项调研,储备年轻干部150余名,举办中青年干部培训班1期、干部进修班1期,举办年轻干部座谈会6次,对新入职公务员开展谈心谈话150余人次。统筹推进政法机关年轻干部"3331"工程,配备90后政法机关副科级领导干部2名。

【干部培训】 2023年,彭阳县实施党的创新理论学习教育计划,持续深入开展"大学习、大讨论、大宣传、大实践"活动,及时学习习近平总书记最新重要讲话和重要指示批示精神。充分发挥党校主阵地作用,举办科级干部学习贯彻党的二十大精神轮训班3期,围绕乡村振兴、基层治理等举办专题培训班18期培训700余人次。组织1045人次参加党政领导干部安全生产综合能力、生态环境保护综合能力提升专题培训班。

【党的建设】 2023年,彭阳县大力实施基层党组织提质增效工程,常态化整顿农村软弱涣散基层党组织2个,"一村一策"制定整顿措施8条。坚持抓先进促后进,在各领域选取36个党建示范点,倒排序确定12个党建薄弱村党组织。划拨20万元建设乡镇基层党校5个,投入120万元对22个村级阵地进行改造提升,进一步提升保障能力。持续深化农村党建"一抓两整"创建行动,高标准谋划任河村红色美丽村庄建设项目,创建党建示范村125个。开展村"两委"届中分析,探索驻村干部跨乡交叉选派、村级交叉考核,组织抓党建促乡村振兴擂台比武,培育村级后备干部530名、产业带头人2126名。高质量完成驻村干部轮换工作,选派驻村干部422人,全覆盖开展任职培训。稳步推进9个新确定的扶持发展壮大村集体经济项目建设,扎实推进12个村集体经济收益分配试点工作创新设置奖励股、基础股和兜底股。坚持党建引领基层治理,优化整合党建、综治等网格,划分2293个城乡"全科网格",梳理成立网格(村民小组)党小组571个,推动治理力量向一线延伸。健全社区"联合党委"运行机制,发挥社区治理“一书三单”指导作用，督促机关企事业单位与社区签订“共驻共建协议书”100份，2000余名在职党员主动到社区报到开展志愿服务。全面推行农村党员联系服务群众“挂联诺”机制，3292户党员户挂牌联系群众1.4万户，排查化解矛盾纠纷577起、解决群众急难事662件。持续深化“三强九严”工程，新创建10个模范机关。持续深化“五强五促”行动，选派党建工作指导组3个、党建指导员17名，成立交通运输行业党委，加强对道路交通运输行业党建工作指导。

深化高质量德育、高质量办学“双高争先”行动，深入推进医技医术强、医德医风强“德医双强”行动。抓实国企党建“六化六提升”工程，打造国企示范党支部1个，以点带面推动工作提升。坚持全程纪实、部门联审等制度，严把发展党员入口和质量，全面启用全国党员管理系统流动党员子系统，登记录入流动党员1052名，发放流动党员证、寄送学习资料、建立联系台账，开展流动党员摸底排查3轮次，确保将所有党员纳入党组织管理。为114名新增党龄达到50周年老党员申报颁发“光荣在党50年”纪念章，发放党内关怀帮扶资金20.5万元。

【干部队伍建设】 2023年，彭阳县坚持新时代好干部标准和“四个特别”政治标准，注重选用政治过硬、适应新时代要求，提拔重用干部69名，晋升职级20名。坚持把政治标准放在首位，综合运用反向测评、个别谈话、理论测试等方式，对65个部门（单位）和12个乡镇开展政治素质考察，了解掌握干部的政治立场、政治态度、政治担当。开展“四个不限定”调研，运用谈心谈话、提醒函询诫勉等手段，对苗头性、倾向性问题，先后提醒谈话6人次，对履行安全风险隐患排查责任落实不到位的5名领导干部予以停职检查。坚持在干中学、学中干，选派2名干部到福建厦门挂职、1名干部到区直部门挂职，抽调111人次参与巡察、4名干部开展社区治理工作，选派7名选调生、422名机关干部到村任职。实施公务员队伍“三强一高”工程，规范公务员辞去公职后从业行为，统筹做好公务员调任、转任、登记、培训、考核等工作，先后转正定级67名、参公登记4名，完成公务员艰苦边远地区津贴调标913人次，公务员晋级晋档321人。

【人才工作】 2023年，彭阳县出台《彭阳县人才发展中长期规划》，对8个重点人才培养专项明确时间图、任务书，投入300万元人才工作专项资金实施县本级人才项目19个。制定印发《彭阳县人才公寓保障性租赁住房运营管理方案》，规范配建269套公寓式住房。持续推进“名师工程”，建成各级各类“名师工作室”19个，形成以“名师工作室”为龙头，以“名师名校（园）长”为骨干，以“骨干教师”“学科带头人”为主力军的优秀群体培养模式。聚焦“五特四新四优”产业布局，实施优秀人才培育行动，选派5名专业技术人才参加自治区第十九批“基层之星”研修学习，推荐2名专业技术人才参加青年托举人才培育项目、1名专业技术骨干为“西部之光”访问学者研修对象。实施“法律明白人”“农村学法用法示范户”双培养工程，开展“法律明白人”培训72场次，培育“法律明白人”1684名，培养农村学法用法示范户331户。依托闽宁协作平台，紧盯学科建设需要培育骨干医疗人才，先后选派61名重症医学、中医针灸等学科医疗骨干，赴省内外医疗机构访学研修。支持企业建立人才工作室，引进专业骨干参与企业创新研究，宁夏佳利源生物科技有限公司引进硕士研究生2名，推动生物有机肥项目成功研发投产。医疗卫生系统通过人才支援、项目合作、学术交流等方式，引进专家（团队）46批次90余人次，开展诊疗活动6654人次，带动培养本土人才86人次。教育系统全职引进公费师范生3名，事业编制教师11名，有效缓解学科教师短缺。柔性引进厦门市科技、农业等领域36名对口协作专业技术人才，通过优势资源互补，深化对口协作工作，帮助实现产业发展和人才培育。组织537名中小学教师开展2023年“县管校聘”岗位微调，实现教师队伍合理流动和教师资源的均衡配置。调整20名科技特派员、选派17名“三区”人才围绕农业全产业链开展科技服务，建立示范基地12个，培育示范户130户，带动就业1779户，举办培训30期、培训农民1637人次。紧盯本土人才作用发挥，组织37名专业技术人员、150名有饲草调制技术和经验的村组土专家，面对面向养殖户宣传青贮饲草补贴政策，传授青贮调制技术，帮助实现青贮饲草应贮尽贮。

（王子春）

宣传工作

【概况】 2023年，彭阳县以“我们的节日·精神的家园”为主题，积极开展重点节庆、中华传统节日主题文化活动，全县各行政村（社区）结合传统节日开展“四个一”文体活动1600余场次。围绕乡村振兴，以歌曲、舞蹈、戏剧、书画、摄影等为重要载体，扶持辅导文艺团队创作《退彩礼》《逆行英雄》等现代眉户剧4部、编排《万疆》《水墨彭阳》《大美彭阳》等舞蹈作品20余部，精心创作《翠花嫁女》《扶贫轶事》等小品6部，《移风易俗树新风》《俺把移风易俗谈》等音乐快板8部。大力发展县、乡两级文化人才，先后争取区级文化工作者6名，县级文化工作者24名，组织扶持文化工作者结对帮扶各乡（镇），让农村基层群众真正成为文化惠民的受益者、参与者。

【理论学习】 2023年，彭阳县制定印发《2023年县委理论学习中心组学习计划》，截至年底，组织开展县委理论学习中心组学习18次，交流研讨15次85人次，专题辅导6场次，带动各级党组织理论学习中心组学习570余场次。带动全县各级党组织利用“周例会”“6+*X*”主题党日“夜读班”等开展学习7200余场次，以党的创新理论统一思想、统一意志、统一行动，忠诚拥护“两个确立”，坚定践行“两个维护”。全县开展党的二十大精神宣讲1117场次，开展党的二十大精神文明实践系列活动600余场次，“新时代文艺轻骑兵”演出96场次，各类政策宣讲740余场次，同时发动全县各乡镇、各部门（单位）干部职工进村入户，将“政策明白卡”送到全县48730户群众手中。

【主流媒体宣传】 2023年，彭阳县做好共同富裕宣传引导，推出系列深度稿件，彭阳山花、红梅杏、梯田多次登上央视新闻频道，展示彭阳生态文明建设成果和良好形象。实施全媒体转播工程，乡村振兴、生态文旅、项目建设等多条有“温度”新闻线索被《人民日报》、新华社、人民网、新华网、《光明日报》、《经济日报》等国内媒体和多家国外媒体相继转发或采访，中央及区、市主流媒体共计发稿2800余篇。由清华大学新闻学院拍摄，记录该县姚河塬遗址发掘情况的《蓝皮卡，黄土地》纪录片，参加意大利佛罗伦萨电影节展映；由宁夏广播电视台和广东广播电视台联合制作的纪录片《镜头下的西部乡村》，走进香港国际影视展受到影视从业者积极关注；2023年联合国水大会在美国纽约联合国总部召开，在大会“水资源、经济和可持续发展”分论坛上，彭阳县的水故事讲到了联合国，向世界分享了彭阳智慧和彭阳方案，讲好彭阳故事、传播彭阳声音。

【媒体融合发展】 2023年，彭阳县统筹政务新媒体和社会自媒体等网络传播平台发展，以自治区“政务云”平台为基础，建成彭阳县“163”一体化政务服务平台。建立“彭阳新闻”“彭阳发布”“彭阳融媒”等新媒体公众号，累计关注人数超40余万人，处于固原市政务媒体榜首，“彭阳新闻”微信公众号被固原市委宣传部、网信办评为“固原市优秀政务微信”。

【意识形态工作】 2023年，彭阳县深入开展“网络生态治理”“正道”“新风”集中行动，开展护苗、秋风、固边“扫黄打非”等专项行动，联合网信、公安、文广等部门开展专项执法检查，推动文化市场健康发展。严格落实意识形态工作责任制，履行好管队伍、管阵地、管导向三大职责，压实“责任链”、种好“责任田”，以意识形态专项检查“指挥棒”助推“软要求”成为“硬约束”；守好守牢网络安全阵地，不断深化网络生态治理，为全县经济社会高质量发展提供可靠网络安全保障。

（海　蓉）

2023 年彭阳县在国家级媒体发稿(报道)一览表

表 5

日　期	新　闻　标　题	媒体名称	记　者
1 月 12 日	宁夏固原:统筹资源,提升农村地区救治水平	《人民日报》	秦瑞杰
1 月 12 日	宁夏固原彭阳县市场监管局加大监管力量“保驾护航”新春佳节	中国食品报网	—
1 月 14 日	宁夏人大代表杨凤鹏:用好林业资源 发展绿色产业	《光明日报》	张文攀
1 月 19 日	51 家企业提供 2100 个岗位！宁夏彭阳新春专场招聘会暖民心	《光明日报》	张文攀
1 月 20 日	宁夏彭阳县组织新春专场招聘会	新华网	吕　泽
1 月 20 日	彭阳县 2023 年春风行动暨新春专场招聘会启动	人民网	阎梦婕
1 月 20 日	宁夏彭阳举办 2023 年春风行动暨新春专场招聘会	中国新闻网	李佩珊
1 月 24 日	宁夏彭阳召开知名人士和企业家座谈会	中国新闻网	李佩珊
1 月 24 日	不来宁夏不知道丨从毛驴驮水到手机买水,黄土塬也讲“吃水经”	《人民日报》	秦瑞杰
2 月 1 日	宁夏:开展“春风行动” 实现年度就业创业“开门红”	新华网	吕　泽
2 月 2 日	宁夏彭阳:赋能肉牛产业 助推乡村振兴	中国新闻网	胡耀荣
2 月 2 日	宁夏彭阳:让干部政治上站得稳、靠得住、能放心	中国新闻网	胡耀荣
2 月 2 日	彭阳县以数字经济蹚出就业增收“新路子”	人民网	阎梦婕　宽　容
2 月 3 日	西海固:科学让农民换了活法	《光明日报》	王建宏　张文攀
2 月 5 日	宁夏彭阳:创新“321”发展思路 做好“山林＋”改革文章	新华网	吕　泽
2 月 5 日	宁夏彭阳:以高质量人才工作推动经济社会高质量发展	新华网	吕　泽
2 月 8 日	瑞雪兆丰年:宁夏新年首场大雪	《人民日报》	刘　峰
2 月 11 日	宁夏固原:党建引领集体经济“强筋壮骨”	新华网	马丽娟
2 月 13 日	六盘山区“云供水”	新华网	邹欣媛
2 月 15 日	宁夏彭阳:“四个一”文体活动让群众品出幸福味	《光明日报》	张文攀
2 月 15 日	雪后初霁 千层白练	央视新闻	—
2 月 16 日	雪后初霁 赏彭阳梯田美景	央视新闻	李浩男
2 月 18 日	宁夏彭阳:奋力冲刺“开门红”吹响建设“冲锋号”	中国新闻网	李佩珊
2 月 19 日	宁夏“雨水”至春耕忙 推进高标准农田建设 为春耕打下坚实基础	CCTV-13	—
2 月 20 日	宁夏彭阳:瑞雪染白“大地指纹”	新华网	何晨阳　吕　泽
2 月 20 日	宁夏彭阳:让干部政治上站得稳、靠得住、能放心	中国新闻网	李佩珊
2 月 25 日	宁夏表彰 27 名非公经济优秀建设者	人民网	穆国虎
2 月 28 日	宁夏彭阳:市场监管引领文明节约“新食尚”	中国食品报网	—
3 月 1 日	宁夏彭阳:打好春耕生产“第一仗”	中国新闻网	—
3 月 15 日	宁夏彭阳县:以林养林实现增绿增收共赢	《人民日报》	秦瑞杰

续表5

日　期	新　闻　标　题	媒体名称	记　者
3月15日	宁夏彭阳:春日里触摸大地"指纹"邂逅最美梯田	人民网	梁宏鑫
3月16日	宁夏彭阳县:春日里触摸大地"指纹"邂逅最美梯田	《人民日报》	梁宏鑫
3月17日	宁夏彭阳交警:参观车祸残骸 再敲平安警钟	《人民日报》	吴　翔
3月20日	第十九届宁夏六盘山山花节暨第十一届"梯田花海 醉美彭阳"文化旅游节四月如约而至	—	李佩珊　王　博　李居正
3月21日	4月,邀您赏梯田花海 品"醉美彭阳"	《人民日报》	梁　爽
3月21日	"梯田花海 醉美彭阳"文化旅游节启动	中国县域经济报	吴舒睿
3月23日	来彭阳,寻找春天的浪漫足迹	人民网	闫梦婕　宽　容
3月23日	宁夏西海固"吃水经"亮相联合国水大会	人民网	宽　容　贾　茹
3月23日	邂逅花海 遇见彭阳	新华网	张洁龙
3月23日	西海固的水故事讲到了联合国	《光明日报》	张文攀
3月27日	绿水青山就是发展的"靠山"	《光明日报》	王建宏　张文攀
4月1日	第十九届宁夏六盘山山花节将于4月3日启动	新华网	—
4月3日	5条优质赏花线路等你来 第十九届宁夏六盘山山花节开幕	人民网	—
4月4日	第十一届"梯田花海·醉美彭阳"文化旅游节开幕	《中国商报》	—
4月4日	人间芳菲四月天 "醉美花海"在宁夏	《经济日报》	—
4月5日	宁夏彭阳县优化村干部管理 为乡村振兴赋能	《人民日报》	—
4月12日	宁夏彭阳县多点发力激活乡村善治"内动力"	《人民日报》	—
4月12日	宁夏第六届农民篮球争霸赛决赛开幕	新华网	—
4月18日	看彭阳争霸,猜花落谁家	《人民日报》	—
4月19日	宁夏"村BA"赛季圆满结束 原州区五获桂冠	《中国日报》	—
4月28日	来一场说走就走的旅行	新华网	—
4月29日	宁夏:2023固原美食文化节启动	《光明日报》	—
4月29日	宁夏固原:美食文化节掀起"五一"消费热	新华网	—
5月4日	宁夏固原:黄土高原旱梯田蔚为壮观	中国新闻网	李太源
5月5日	让出行更便捷 宁夏彭阳开通至甘肃庆阳高铁站定制客运班线	中国新闻网	李佩珊
5月7日	基层声音 ‖ 我和我的村 | 一起"竹斋眠听雨"	乡土中国	—
5月14日	宁夏彭阳:红色暖"新"激活两新组织发展新动力	《光明日报》	—
6月1日	彭阳文物	央视新闻	—
6月1日	固原市:以乡村文化振兴推动古村落保护发展	《人民日报》	公长生
6月1日	固原市:以乡村文化振兴推动古村落保护发展	新华网	公长生

续表 5

日　期	新　闻　标　题	媒体名称	记　者
6月10日	今天是文化和自然遗产日 宁夏 姚河塬遗址考古 神秘“获国”揭开面纱	央视网	—
6月10日	精选文物近四百件 姚河塬遗址考古成果展揭开 “获国”神秘面纱	央视新闻	—
6月14日	宁夏彭阳:旱作梯田六月美	新华网	卢　鹰
6月21日	摇滚音乐会、篝火晚会、美食……彭阳县乔家渠邀你一起欢乐过端午	新华网	—
6月24日	宁夏彭阳:“四个一”文体活动迎端午	新华网	—
6月29日	宁夏彭阳县推行“挂联诺”机制让党员在身边、服务暖心坎	《人民日报》	刘　峰
6月29日	宁夏彭阳县“七项活动”庆祝建党102周年	《人民日报》	刘　峰
7月2日	梯田夜肆迎远客	《经济日报》	许　凌
7月2日	香甜脆嫩！彭阳红梅杏	《经济日报》	翟子豪
7月4日	麦浪滚滚好“丰”景 宁夏彭阳县11万亩冬小麦开镰收割	人民网	周　航　贾　茹
7月4日	宁夏彭阳:冬小麦开镰收割	新华网	—
7月5日	宁夏:冬小麦进入收割期	新华网	卢　鹰
7月5日	视频｜彭阳县:冷凉蔬菜“蔬”写富民产业好“钱”景	中商网	—
7月7日	宁夏彭阳:“火辣产业”绘就乡村振兴之路	中国农网	—
7月22日	抗美援朝老兵马万春:深藏功名 坚守初心	新华网	刘　海
7月24日	彭阳“梯田夜肆”人气旺	《经济日报》	吴舒睿
7月24日	多点发力育强党员队伍	《经济日报》	吴舒睿
7月24日	宁夏彭阳:麦秆作画 坚守梦想		李甜甜
8月1日	宁夏彭阳县“网格化”管理有效发挥驻村干部优势	《人民日报》	—
8月2日	彭阳县白阳镇:1836位村民喜领分红	新华网	—
8月2日	宁夏高标准农田建设管理模式创新与实践	中国农业综合开发	杨月菊
8月5日	宁夏彭阳县开展抓党建促乡村振兴“擂台比武”	《人民日报》	刘　峰
8月13日	银昆高速宁夏段任湾茹河特大桥合龙	央视新闻	许　波　李浩男
8月14日	宁夏彭阳:多措并举 强化安全生产领域政治监督	中国新闻网	李佩珊
8月15日	“中国生态长城”宁夏彭阳:只此青绿入画来	中国新闻网	李佩珊
8月17日	宁夏彭阳县实施“四小工程”绘就善治乡村	《人民日报》	刘　峰
8月22日	宁夏彭阳县“选、育、管、用”多管齐下提升干部整体素质	《人民日报》	刘　峰
8月25日	人民日报刊发整版调研,深度聚焦固原“积分制”改革	《人民日报》	张　文

续表5

日 期	新 闻 标 题	媒体名称	记 者
8月28日	稳就业促就业|"90后"牙医李昊昊:"服务基层是我坚定的选择"	新华网	—
8月29日	宁夏彭阳:"村BA"火热开赛激发农民体育运动热情	中国新闻网	李佩珊
8月30日	彭阳县乡村振兴金融服务成为普惠金融"新引擎"	中国新闻网	李佩珊
9月2日	宁夏彭阳县:用心用情用力绘就"农业强、农民富、农村美"的"新画卷"	《人民日报》	刘 峰
9月12日	彭阳县:以"林长制"促"林长治"	人民网	阎梦婕 宽 容
9月12日	宁夏彭阳:点绿乡村治理"一池春水"	中国新闻网	李佩珊
9月13日	"中国生态长城"宁夏彭阳:只此青绿入画来	中国新闻网	李佩珊
9月22日	宁夏固原建强基层党组织为乡村振兴提供坚实支撑	《人民日报》	—
9月23日	宁夏彭阳县抓好"三个方面"打造高素质专业化年轻干部队伍	《人民日报》	刘 峰
9月25日	宁夏固原:擦亮"红色六盘"党建品牌	《人民日报》	刘 峰
9月25日	宁夏彭阳县创新"三项机制"助推农村党建提质增效	《人民日报》	刘 峰
9月26日	【视频】山水田园 锦绣彭阳	人民网	周 航 贾 茹
9月30日	央媒看宁夏丨银昆高速公路友联红河特大桥主体完工	央视新闻	—
10月6日	闽宁"山海情":村民顾家挣钱两不误	中国新闻网	郑江洛
10月8日	只此青绿入画来	新华网	—
10月9日	瞭望丨走近战国秦长城	新华网	—
10月11日	宁夏杨坪村 艺术墙绘让村里"有颜值更有内涵"	《中国日报》	—
10月12日	宁夏固原:建、管并举用好农家书屋 架起乡村振兴"文化桥"	中国新闻网	—
10月12日	宁夏彭阳警民携手救助国家二级保护动物雕鸮	中国新闻网	—
10月13日	宁夏彭阳县 "选育管用"并举 全链条锻造乡村振兴"领头雁"	《人民日报》	—
10月16日	宁夏"百村千碗·乡村美食"工程成果展示活动举行	人民网	—
10月17日	宁夏彭阳县党建赋能"小网格" 以实绩实效提升群众幸福感	《人民日报》	—
10月25日	宁夏彭阳县:建设实用、开放、共享的乡镇党校	《人民日报》	—
10月25日	【航拍高清视频 秋日 看中国最美旱作梯田】	《中国日报》	—
10月27日	宁夏固原市彭阳县:加强农村精神文明建设 赋能乡村振兴	中国文明网	—
10月29日	宁夏固原:文明新风尚深入人心	《光明日报》	—

统战工作

【概况】 2023年，彭阳县理论学习中心组开展集中培训9批次3500余人次。组织开展“牢记总书记嘱托 铸牢中华民族共同体意识”宣讲活动853场次。狠抓党员干部教育引导，在9月、10月主题党日组织全体党员深入学习习近平总书记关于加强和改进民族工作的重要思想300余场次，开展以“牢记总书记嘱托 铸牢中华民族共同体意识”为主题的主题党日讲党课422场次。夯实各族群众思想基础，坚持以社会主义核心价值观为引领，发挥新时代文明实践站(所)作用，将党的统战民族宗教政策宣传教育与移风易俗、扫黑除恶斗争等结合起来，教育引导各民族群众自觉维护民族团结进步和社会和谐稳定。

【党外人士工作】 2023年，彭阳县加强与各民主党派、无党派人士的合作，鼓励支持各民主党派、无党派人士围绕全县经济社会发展重大问题进行调查研究，积极建言献策，两会期间党外人士提出提案、议案均超过10件；组织召开彭阳县党外知识分子联谊会第二次会员代表大会暨彭阳县新的社会阶层人士联谊会第一次会员代表大会，召开党外人士座谈会2场次、征求意见会2场次，在白阳镇茹河街社区建立侨眷读书角。

【民营经济统战工作】 2023年，彭阳县建立健全民营企业和民营企业家权益保障机制，优化营商环境，鼓励和支持民营企业参与国家重点工程和基础设施建设。采取“请进来、走出去”方式，通过网络培训和专题培训相结合模式，深入开展“万企兴万村”“送政策 进民企”等活动，召开企业座谈会3场次，推动42家民营企业与32个村签订“万企兴万村”行动协议书，组织30家民营企业参加各类展销活动7场次，帮助37家民营企业打通销售渠道。

（高伟艳）

2023年9月12日，彭阳县举行2023年“送茶入户”发放仪式暨“民族团结进步月”“全国科普日”集中宣传活动启动仪式 （统战部 提供）

政策研究

【概况】 2023年，彭阳县委政研室全面贯彻落实区、市、县党代会和全会决策部署，聚焦全面深化改革重点任务和县委、县政府中心工作，有效发挥改革统筹、调查研究、决策服务、协调督促等职能作用，推动各项工作取得新进展新成效。

【调查研究】 2023年，彭阳县委政研室制定《彭阳县2023年领导干部大调研任务清单》，确定调研任务102项。按照学习贯彻习近平新时代中国特色社会主义思想主题教育工作部署，制定主题教育调查研究专项方案，围绕“六个方面”调研选题方向和大兴调查研究13个方面调研内容确定县级领导调研课题27个，涵盖县域经济、特色产业、生态建设、基层治理、交通安全、干部培养等15个领域。制定《学习贯彻习近平新时代中国特色社会主义思想主题教育调查研究计划》《领导干部主题教育调查研究课题清单》，明确调研方法、完成时限等内容，县级领导结合“四下基层”，深入乡村、部门和企业，着力提高调查研究的前瞻性和实效性，梳理发现问题93条、研究解决对策112条。围绕“农业经营体制改革”等方面调研形成《彭阳县推进“三统三分”农业经营体制改革实践》《整治宜居环境 建设美丽乡村》《做“热”冷凉蔬菜产业 拓宽乡村振兴致富路径》，分别在《宁夏工作研究》第1期、第5期、第9期刊发，2篇通过《六盘山论坛》刊发。从优化营商环境、金融和国有资产管理改革等方面开展调研，完成《彭阳县增强金融服务质效 助推实体经济健康发展》《彭阳县建立产业发展引导资金 助推园区企业高质量发展》等改革动态11期，为县委决策部署提供科学依据。

【深化改革】 2023年，彭阳县召开县委深改委会议2次，下发《彭阳县全面贯彻落实党的二十大精神坚定不移把改革推向前进的任务清单》，明确重点改革任务49项135项措施。制定《彭阳县委全面深化改革委员会2023年工作要点》《彭阳县2023年全面深化改革任务清单》，聚焦12个重点领域，部署48项重点改革任务、建立具体措施146项，明确37个改革牵头部门，每两月开展一次书面督察，分析研判改革任务落实情况，下发《工作提醒》6期，持续推动改革任务落地落实。建立制定推进“六权”改革思维导图，落实年度用水权、土地权、排污权、山林权改革重点。建立《贯彻落实自治区〈关于深化“六权”改革的意见〉任务清单》，项目化管理、清单化推进5个方面24项改革任务65项措施。彭阳县首创《山林地确权登记明白书》经验在全区“六权”改革推进会上受到肯定并在全国推广，国家林业和草原局发改司《林业改革动态》刊发《宁夏彭阳深化“山林权+”改革》典型案例。

【财办工作】 2023年，彭阳县委财办紧紧围绕县委关于做好经济工作的决策部署，对照《彭阳县财政性资金管理办法》《关于进一步严格财政支出管理坚决落实过紧日子要求的通知》文件精神，下发《关于全县“三公”经费和“三项”费用执行情况的通报》，要求全县各级单位从严从紧控制预算，切实压减“三公”经费和“三项”费用及非必要非刚性支出，进一步降低行政运行成本。

（海 婧）

网络安全与信息化

【概况】 2023年，彭阳县围绕网上重大主题宣传、重要会议活动、重大事件节点等开展评论工作。

【网络宣传教育】 2023年，彭阳县贯彻落实《宁夏2023年网上重要主题宣传和重要议题设置方案》，开展“美丽新宁夏·奋进先行区”“石榴花开 籽籽同心”铸牢中华民族共同体意识网上宣传等系列网络主题活动，配合区、市委网信办开展“遇见宁夏”“网络达人浪固原”等主题采访宣传活动，共发送原创稿件50多条，转载、点赞2万余次。

【网络事务处置】 2023年，彭阳县加强与政法、统战、公安等重点部门高效协作，及时会商研判，舆情应对处置水平不断提升。加强网络舆情的分析研判，不断提高舆情产品的参考价值和服务功能，形成《舆情专报》9期，每周梳理形成《舆情动态》33期。

【网络阵地建设】 2023年，彭阳县制定印发《关于进一步强化基层党组织作用加快健全网络综合治理体系的工作方案》，在全县各乡（镇）、村（社区）全面推行“功能型党支部组织领导，督促各乡镇、各部门（单位）建立4支队伍、3个工作清单和5项保障机制”的“1435”工作机制，健全县、乡（镇）、村（社区）三级管网治网体系，把网上风险排查、矛盾化解同基层治理体系密切结合。

【第十一季网络达人浪固原活动】 2023年8月10日至14日，固原市第二届网络文化节系列活动之第十一季网络达人浪固原活动，以“奋进新征程 固原更出彩”为主题，围绕固原“三个计划”“五特五新五优”产业发展和“五个市”建设等重点工作，邀请人民网、新华社、《光明日报》、中新社等媒体记者和来自北京、天津、山东、陕西、海南等全国多地的网络名人共70余人，深入乔家渠红军长征毛泽东宿营地、青云湾生态综合治理示范区、彭阳县博物馆、古城镇艾草加工扶贫车间等点位进行体验式采访。腾讯宁夏等商业网站线上参与报道，相关信息在网站、抖音、快手、视频号、微信公众号、微博、今日头条、客户端等主要网络平台传播，覆盖陕西、甘肃、四川、山东、福建、广东等全国多个地区，成功对彭阳县的历史、生态、人文、美食、乡村振兴等进行全方位、多角度、多形式宣传。

【信息化发展】 2023年，彭阳县围绕“行政村通宽带，4G网络全覆盖”目标，实施电信普遍服务试点工程，接通全县156个行政村光纤宽带，加大通信铁塔建设力度。年内，新建4G基站33个，5G基站62个，全县已累计建设通信铁塔384个、4G基站937个，实现156个行政村村委会、卫生院、学校、电商服务点以及部分自然村4G信号全覆盖；城区、矿区、主要公路、高速公路沿线以及主要乡镇人口密集的部分行政村5G信号全覆盖。加快推进宁南数字经济产业园建设完善，着力构建“数据外包+直播电商+数字传媒+现代服务+文化旅游”等多元业态融合发展模式。“互联网+城乡供水”模式经验在全国推广；“互联网+教育”打造的“三个课堂”赋能小规模学校教育质量提升案例，入选教育部信息技术与教育教学深度融合示范案例名单；“互联网+医疗健康”建成远程心电、远程影像、远程超声诊断中心。落实深化“放管服”改革工作任务，梳理“四级四同”事项1280项，1190个事项实现“一网通办”，网办率88.5%，涉企经营许可事项审批时限压缩47.4%。

（焦宏梅）

机构编制工作

【概况】 2023年，彭阳县严格落实《事业单位登记管理条例》及实施细则，全面提升事业单位登记服务水平。2023年以来，共完成14个事业单位变更登记、172个统一社会信用代码证书申领和换领工作，进一步强化事业单位事中事后监管。

【重点领域改革】 2023年，彭阳县按照“城乡统筹、调整结构、有增有减”原则，重新调整28所中小学教职工编制，完成56名教职工岗位竞聘、划转聘任等工作，推进教职工编制均衡配置。深入落实公立医院人员总量管理要求，重新核定县医院、中医院、妇幼保健院人员总量，配合县人社、卫健部门完成公立医院编外人员过渡分流登记，对418名备案人员实行实名制管理，切实加强基本公共卫生服务人员保障。县卫生健康局加挂彭阳县疾病预防控制局牌子，重新组建彭阳县疾病预防控制中心。彭阳县动物卫生监督所（彭阳县动物疾病预防控制中心）调整为彭阳县动物疾病预防控制中心，挂彭阳县动物卫生监督所牌子；在彭阳县农业技术推广服务中心加挂彭阳县植保植检中心牌子；在乡镇农业综合服务中心加挂植保植检站牌子。

【编制资源配置优化】 2023年，彭阳县落实102名中小学教职工编制减编任务，重新调整优化教师编制资源配置。依托实名制库信息管理平台，结合2023年度统计年报工作，对全县行政、事业单位人员基础信息进行摸底汇总，重点完善实名制库中行政事业人员职级、岗位等级等信息，确保数据真实准确、规范完整。加强与组织、人社、财政等部门沟通协调，完善信息共享机制，完成行政事业单位150名人员招录、180名人员任职和调动、189名人员退休减少信息更新完善，切实增强编制管理规范性和有效性。对标对表区市党委编办有关要求，研究制定调研评估工作方案，选取发展和改革局、农业农村局等10个部门（单位），开展机构编制执行情况和使用效益评估，将评估结果作为机构改革重要支撑。

【机构改革成果深化】 2023年，彭阳县制定《彭阳县机构改革方案》，起草《彭阳县机构改革方案实施意见》和《涉改革部门机构编制职数框架》等，跟进落实机构改革各项工作任务。印发《彭阳县派驻乡镇机构及工作人员管理考核办法》,建立健全派驻机构纳入乡镇统一指挥工作机制，赋予乡镇党委对县直部门派驻机构的统一指挥权、干部管理考核权。结合2023年全区公务员统一招录,为古城、新集等10个乡镇综合执法办公室补充10名法学类专业人员,强化执法人员职业保障,提升综合执法能力水平。深化权责清单管理运用,梳理汇总2020年以来交通、民政等9个部门涉及行政许可、行政处罚、行政检查等权力清单调整事项共计287项。

【机构编制法治建设】 2023年，彭阳县把深入学习贯彻落实《中国共产党机构编制工作条例》(以下简称《条例》)及配套法规政策作为重要任务,将《条例》及配套法规政策文件纳入干部理论学习计划，累计集中学习20场次,开展知识测试3场次。坚持以《中国共产党机构编制工作条例》为根本遵循，进一步规范机构编制工作流程，建立健全机构编制事项事前、事中、事后监督检查的规范性管理机制。严格执行机构编制报告制度，按期向上级编委报告2022年度机构编制管理情况。严格落实“三定”规定,各部门没有出现擅自增设内设机构、加挂牌子、人员超编、超配领导职数等问题。完成106家事业单位法人年度报告公示,并按照15%比例抽检后进行实地核查，进一步强化事业单位法人事中、事后监管。

（虎登辉）

党校工作

【概况】 2023年,中国共产党彭阳县委员会党校（以下简称县委党校）主要负责培训彭阳县局(镇)级以下党员领导干部,参与制定实施彭阳县干部教育与培训计划,为基层党组织的党员轮训、入党积极分子培训等提供教育、培训服务。2023年举办培训班22期3436人次，现场教学45场2815人次,开展各类宣传宣讲22场次1960人次,开展党史学习教育和理论阐释宣传。

【党校培训】 2023年,县委党校发挥干部培训主阵地作用，共办各类培训班24期4372人次,其中主体班举办中青年干部培训班和干部进修班各1期，重点举办了全县干部能力提升研修班4期，完成承办全区党政领导干部安全生产综合能力提升专题培训班、全区领导干部生态环境保护综合能力提升培训班彭阳分课堂培训任务。承担六盘山干部学院等现场教学讲解45次2815人次。开展宣讲22场次1960人次，推动习近平新时代中国特色社会主义思想下基层进机关、进乡镇、进村(社区)、进学校、进企业。

【党校教学】 2023年,县委党校制定《彭阳县委党校2023年备课科研工作安排》,把党的二十大精神作为干部培训必修课，统筹谋划贯彻党的二十大精神和党的创新理论教育宣传工作，健全完善理论课党性教育课程体系。用好《党的二十大报告辅导读本》等权威教材，围绕党的二十大精神总论、“五个牢牢把握”、《中国共产党章程(修正案)》和若干专题,从

2023年10月9日，彭阳县中青年干部培训班和彭阳县干部进修班同时开班。图为学员现场教学攀爬六盘山,重走长征路 （李海燕 摄）

理论教育、党性教育、特色课程和现场教学、科研与决策咨询等方面，确定教师备课方向和科研课题。推动理论学习与课程开发相结合，开展说课（试讲）研讨活动8场次。组织教师积极参加全市党校精品课、“微党课”大赛活动，其中1人获固原市党校微党课比赛三等奖、2人获优秀奖。围绕全县中心工作确立每个教师重点科研课题，组织参加全区党校系统学习宣传贯彻习近平文化思想理论研讨会征文3篇，入会2篇，参加县委宣传部关于习近平视察宁夏重要讲话精神和重要指示批示精神理论征文2篇。开展“牢记总书记嘱托，铸牢中华民族共同体意识”教育，立足党校干部教育培训，创建铸牢中华民族共同体意识示范单位和教育基地，与统战部门联合举办“铸牢中华民族共同体意识”主题征文活动，评选表彰优秀文章39篇。

【师资建设】 2023年，县委党校新招录研究生1人，从教育系统选调教师1人，初步形成党校教师队伍梯次结构。创造条件支持教师到福州市委党校、广西百色干部学院、自治区党校（行政学校）培训，推动专职教师知识更新和实践锻炼，提升政治能力和专业能力。落实《全区市县党校（行政学院〔校〕）教研人员导师制培养实施办法（试行）》，争取自治区党校支持，选派1名教师落实导师培养制，完成课程开发、理论文章、主体班教学等任务。同时，对新进年轻教师安排由老教师实行“一对一”帮带，指导开展备课、教学、科研等，加强年轻教师指导培养。按照专职为主、专兼结合，探索建立特聘、兼职、特邀和县级领导干部到党校讲课“四支教师队伍”师资库77人。

（李海燕）

党史编研

【党史研究】 2023年，县委史志研究室完成《彭阳红色资源概述·乡镇篇》城阳乡、古城镇、红河镇等8个乡镇的红色资源概述。深入挖掘全县红色文化资源，先后完成《革命老区巡礼·宁夏篇》、《宁夏党史现场》（彭阳部分）18处红色遗址旧址、3个党史纪念馆、2个红色美丽村庄的编纂任务。挖掘整理革命史料，整理撰写《红三十二军在彭阳》等研究性文章6篇，在新集乡沟口村援西红三十二军旧址布成“红三十二军在彭阳事迹展”。

【党史宣传】 2023年，县委史志研究室先后在乔家渠、小岔沟、任山河等革命旧址遗址，向区内外部门（单位）、干部群众宣讲中央红军在彭阳的三天两夜、彭阳红色资源、地方历史等40余场次，现场听众2000余人。

【挖掘整理“毛泽东吃土豆话初心”红色故事】 2023年，县委史志研究室积极挖掘地方红色文化，形成1935年10月毛泽东在长城塬吃土豆话初心的历史故事，该故事被自治区党委书记充分肯定，并在2023年12月全区一次重要会议上讲出。12月20日，《人民日报》客户端对梁言顺讲述毛泽东在彭阳吃土豆话初心的故事进行报道，截至年底，浏览量达27.2万次。

（李青杨）

彭阳县人民代表大会

Pengyang County People's Congress

综　述

【人大代表构成】 2023 年，彭阳县第十届人民代表大会有代表 198 名，男性代表 146 名，占 73.7%；女性代表 52 名，占 26.3%。人大代表中汉族 137 人，回族 61 人。

【人大常委会自身建设】 2023 年，县人大常委会坚持用好“四下基层”工作法，常委会班子成员带头深入基层宣讲 12 次、讲党课 6 次，领题开展调研 5 项，形成调研报告 5 篇，梳理问题 18 个，提出对策建议 20 条，协调办理民生实事 9 件。常委会党组检视问题 2 项，新制订、修订《关于加强和改进执法检查工作的办法》等制度 8 项，以长效化制度成果巩固主题教育成效。认真贯彻落实新时代党的建设总要求，压紧压实全面从严治党责任，严格落实党风廉政建设“一岗双责”，开展警示教育 10 次，筑牢廉洁从政防线。严格执行中央八项规定精神和区市县党委有关规定，扎实开展纠治形式主义官僚主义专项整治，深化拓展“转作风、重实干、勇担当”活动成效，持续正学风、改文风、转会风、纠“四风”。牢牢把握意识形态工作主动权，坚决守牢意识形态安全底线。加强自治区党委巡视反馈问题整改落实，主动认领问题 15 条，制定方案、建立台账，扎实做好整改“后半篇”文章。

（张　蓉）

2023 年彭阳县人大常委会组成人员一览表

表 6

职　　务	姓　　名
党组书记、主任	何少庸
党组副书记、副主任	王志会
副主任	王　儒
党组成员、副主任	马素贵(回族)、陈宗惠
成　　员	马东颖(女，回族)、马学武(回族)、马玲(女，回族)、马玲玲(女，回族)、王靇、王效雄、王雪晶(女，回族)、安海斌、李佐江、张建荣、侯正平、海东(回族)、海鹏(回族)、姬秀金(回族)、姬秀娟(女，回族)、职晓霞(女)、韩瑜(女)

2023 年彭阳县人大代表一览表

表 7　　　　单位:人

级　别	属　地	姓　　　名	数量
区第十三届人大代表	彭阳县	陈春平、李志达、马世军(回族)、郎伟(回族)、马瑾(回族)、张永强、周浩、何少庸、马文龙(回族)、杨凤鹏、闫生栋、兰武英(回族)、刘晓娟(女、回族)、海小燕(女、回族)	14
市第五届人大代表	彭阳县	柳富、马玉芳(女、回族)、位西北、任立新(回族)、袁秉和、李建平、王成明、王伦、王志贤、马瑾(回族)、魏文彬、张永强、周浩、何少庸、李芊、刘旭、蔡文刚、刘瑾、孙有平、王东强、马文生、叶力进、余长会、乔升、王克祥、曹建刚、罗会云(女)、职晓霞(女)、陈伯洲、罗金彩(女)、王霞(女)、林淑玲(女)、马贵仁(回族)、王玉君、蔺瑞峰、马江驰(回族)、夏涛(女)、王蕾(女)、翟红霞(女)、刘蕊(女)、马花(女、回族)、海小燕(女、回族)、海正芳(女、回族)、海曈(女、回族)、姬志琴(女、回族)、马志林(回族)、徐万信、马玲玲(女、回族)、杨治刚、海鹏(回族)	50
县第十届人大代表	白阳镇	丁志刚(回族)、马东颖(女、回族)、马成文(回族)、马玲(女、回族)、王应芳(女)、王国成、王国恩、王雪晶(女、回族)、王银玲(女)、公永军、邓志峰、邓爱霞(女)、周浩、刘淑(女)、闫生栋、安振杰、安续堂、祁士龙、李芊、杨志(回族)、杨斌、吴天德、何昀龙、余生智(回族)、张永刚、张立坤、陈伯洲、陈福广、赵志栋、侯正平、晁主铎、高正文、高荣、席旭红、海东(回族)、海劼(女、回族)、姬秀娟(女、回族)、黄贵存、黄梅(女)、韩平、韩占珍、韩春东、韩瑜(女)、蔺志杰、薛强	45
	古城镇	马小蓉(女、回族)、马凤仓(回族)、马文生、马文成(回族)、马玉秀(女、回族)、马占华(回族)、马伟(回族)、马守林(回族)、马国峰(回族)、马和梅(女、回族)、马玲玲(女、回族)、王蓉(女)、王固平、文小荣、田志科、刘娟娟(女)、孙有平、杨生科(回族)、张凤琪(回族)、张永强、高云霞(女、回族)、高应广、海东升(回族)、海占智(回族)、姬秀金(回族)、戴小维	26
	王洼镇	马小琴(女、回族)、马玉梅(女、回族)、王立明、叶力进、刘秀云(女)、刘岩(女)、祁久文、祁涛、李佐江、杨国龙、何少庸、何宪福、张国仁、张治有、陈宗惠、海立凤(女、回族)、海林(回族)、海金刚(回族)、梁建国、薛凯	20
	红河镇	马文山(回族)、马良晓(女、回族)、马学武(回族)、王生东、王克占、王树茂、王爱彬、兰魏(回族)、李双美(女)、杨国儒、张成秀(女、回族)、张建荣、范忠于、徐万信、职晓霞(女)、常珍霞(女)、路卫军	17
	新集乡	马文龙(回族)、马玉兰(女、回族)、马成林(回族)、马成荣(回族)、马应祥(回族)、马志霞(女、回族)、马丽(女、回族)、马林(回族)、马素贵(回族)、马鹏才(回族)、王志会、王儒、田润香(女)、买红艳(女、回族)、李万斌、李龙、杨国(回族)、余长会、余秀发(回族)、宋来宝、张英台(回族)、张穆榕(回族)、陆耀东、罗会云(女)、单玉龙(回族)、赵万刚(回族)、刘文林(回族)、海玉山(回族)、海保宗(回族)、姬文鲜(女、回族)	30
	城阳乡	王霈、刘旭、刘建东、祁宏、祁国佐、李文德、杨军利、何治玉、宋来功、张玉霞(女)、张玮(女)、张科、周红(女)、姚世平、袁春梅(女)、徐枫兰(女)、郭仁	17
	草庙乡	王玉宝、王东强、刘秀霞(女)、何绍龙、李勇、赵世有、贾晓婧(女)、倪娜(女)、高平、韩钊、雅玉贵、蔡文刚	12
	孟塬乡	王效雄、王娟(女)、王继科、刘瑾、陈万银、陈志栋、陈福霞(女)、姚永锋、高文学、魏国栋	10
	冯庄乡	万丽(女)、安海斌、祁飞京、张恒仪、张耀辉、陈彩云(女)、彭波	7
	小岔乡	王芳军、王继东、罗金彩(女)、甄长青、韩芳鸿(女)	5
	罗洼乡	马婕(女、回族)、王兴峰、王霞(女)、刘库、常福礼	5
	交岔乡	杨海鹏(回族)、余德明、张春燕(女、回族)、海鹏(回族)	4

重要会议

【概况】 2023年，彭阳县召开县人大常委会会议6次，对13项重大事项作出决议决定，依法任免国家机关工作人员92人次。

【人大常委会会议】 2023年，彭阳县召开人大常委会会议6次，即十届人大常委会第十一次至十六次会议。

（张　蓉）

2023年彭阳县召开人大常委会会议情况一览表

表8

会议时间	会议名称	会议内容
2月27日	十届人大常委会第十一次会议	听取和审议县人民政府关于2022年法治政府建设及“八五”普法工作开展情况的报告、关于2021年度本级预算执行和其他财政收支审计查出问题整改情况的报告、县人民法院关于一站式多元解纷和现代化诉讼服务体系建设工作开展情况的报告；审议县人民法院提请的人事任免议案，依法任命杨志远为彭阳县人民法院刑事审判庭副庭长
4月24日	十届人大常委会第十二次会议	听取和审议县人民政府关于《彭阳县国土空间总体规划（2021—2035年）》的议案、关于健康养老工作的报告、关于2023年棚户区改造项目有关情况的报告；审议县人大常委会调研组关于健康养老工作的调研报告
6月26日	十届人大常委会第十三次会议	听取和审议县人民政府关于工业经济发展和招商引资工作开展情况的报告、关于高标准农田建设及节水灌溉工作情况的报告、关于乡村振兴工作开展情况及《中华人民共和国乡村振兴促进法》贯彻实施情况的报告；审议县人大常委会调研组关于工业经济发展和招商引资工作开展情况的调研报告、关于高标准农田建设及节水灌溉工作情况的调研报告、县人大常委会调研（执法检查）组关于乡村振兴工作开展情况及《中华人民共和国乡村振兴促进法》贯彻实施情况的调研（检查）报告、县人大常委会考察组关于乡村振兴工作的考察报告；审议通过彭阳县人大常委会制度制定事宜（《彭阳县人大常委会关于加强政府债务审查监督的实施办法》《彭阳县人民代表大会常务委员会组成人员履职考评办法（试行）》《彭阳县人民代表大会常务委员会调研视察执法检查考察工作办法》）；审议县人民检察院提请的人事任免议案，依法任命金正成为县人民法院审判员，王向丽为县人民检察院检察员、检察委员会委员。专题询问乡村振兴工作
8月24日	十届人大常委会第十四次会议	听取和审议县人民政府关于2022年财政决算（草案）的报告、关于2022年本级预算执行和其他财政收支情况的审计工作报告、关于2023年上半年国民经济和社会发展计划执行情况的报告、关于2023年上半年财政预算执行、政府债务及国有资产管理工作情况的报告、关于贯彻落实《中华人民共和国民族区域自治法》《宁夏回族自治区促进民族团结进步工作条例》情况的报告；听取和审议县人大常委会财经工作委员会关于2022年财政决算（草案）的审查报告；审议通过县人大常委会关于批准2022年度财政决算的决议；审议县人大常委会调研组关于政府债务管理情况的调研报告、关于全县国有资产管理工作的调研报告、县人大常委会执法检查组关于《中华人民共和国民族区域自治法》《宁夏回族自治区促进民族团结进步工作条例》贯彻执行情况的检查报告、县人大常委会考察组关于赴云南昆明、广西桂林等地考察学习民族工作的考察报告；审议县人民政府关于提请调整2023年财政预算的议案、批准2023年政府债务限额的议案；审议通过县人大常委会关于批准调整2023年财政预算的决定、关于批准2023年政府债务限额的决定、关于接受张锐辞去县十届人民代表大会代表、委员职务的决定；审议县人大常委会、人民政府、监察委员会、人民法院提请的人事任免议案，依法任命韩春东为县人大常委会财政经济工作委员会主任，依法决定任命余昊东为县国防动员办公室主任、依法任命王丽为县监察委员会委员、白昊为县人民法院执行局局长；审议县人民法院关于提请确定人民陪审员名额数的议案；审议通过县人大常委会关于确定人民陪审员名额的决定

续表 8

会议时间	会议名称	会议内容
10 月 26 日	十届人大常委会第十五次会议	听取和审议县人民政府关于安全生产工作的综合报告、关于数字经济产业发展情况的报告、关于文化旅游工作情况的报告、关于重点项目建设及改善民生 10 件实事办理情况的报告、关于县十届人大三次会议代表议案建议办理情况的报告；审议县人大常委会执法检查组关于安全生产“一法两条例”实施情况的执法检查报告、县人大常委会调研组关于数字经济产业发展情况的调研报告、关于文化旅游工作情况的调研报告、县人大常委会视察组关于全县重点项目建设及改善民生 10 件实事办理情况的视察报告；听取和审议县人大常委会法工委关于 2023 年规范性文件备案审查工作情况的报告；审议通过关于接受马继祥等辞去县十届人民代表大会代表、委员职务的决定；审议县人民政府、人民法院提请的人事任免议案，依法决定任命文杰为彭阳县人民政府副县长。依法任命张秉伟等 75 人为彭阳县人民法院人民陪审员
12 月 29 日	十届人大常委会第十六次会议	听取和审议县人民政府关于 2023 年全县环境状况和环境保护目标完成情况及排污权改革工作情况的报告、关于“十四五”规划中期评估的报告、县人民检察院近三年侦查活动监督工作开展情况的报告；审议县人民政府关于提请调整彭阳县国民经济和社会发展第十四个五年规划和 2035 年远景目标纲要部分指标的议案、关于提请调整 2023 年财政预算的议案、关于提请批准 2023 年政府债务限额的议案；审议通过县人大常委会关于批准调整 2023 年财政预算的决议、关于批准 2023 年政府债务限额的决议、关于批准调整彭阳县国民经济和社会发展第十四个五年规划和 2035 年远景目标纲要部分指标的决议；审议县人民检察院提请的人事任免议案；审议通过县人大常委会 2024 年工作要点、关于县十届人大三次会议以来代表变动及补选代表资格审查情况的报告；审议县人大常委会关于召开彭阳县第十届人民代表大会第四次会议的决定、县人大常委会工作报告、关于召开彭阳县第十届人民代表大会第四次会议有关事宜；通报县人大常委会组成人员 2023 年度履职情况

重大决定和人事任免

【重大决定】 2023 年，县人大常委会充分发挥人大制度优势和职能作用，先后对“十四五”规划部分指标、预算调整等 13 项重大事项作出决议决定。

【人事任免】 2023 年，县人大常委会坚持党管干部和人大依法任免有机统一，依法任免国家机关工作人员 92 人次。

（张　蓉）

2023 年彭阳县人大常委会对国家机关工作人员职务任命一览表

表 9

姓　名	任命职务	县人大常委会决定任职的时间和届次会议
杨志远	县人民法院刑事审判庭副庭长	2 月 27 日，县第十届人大常委会第十一次会议
金正成	县人民法院审判员	6 月 26 日，县第十届人大常委会第十三次会议
王向丽	县人民检察院检察员、检察委员会委员	6 月 26 日，县第十届人大常委会第十三次会议
韩春东	县人大常委会财政经济工作委员会主任	8 月 24 日，县第十届人大常委会第十四次会议
余昊东	县国防动员办公室主任	8 月 24 日，县第十届人大常委会第十四次会议
王　丽	县监察委员会委员	8 月 24 日，县第十届人大常委会第十四次会议
白　昊	县人民法院执行局局长、审判委员会委员	8 月 24 日，县第十届人大常委会第十四次会议

续表 9

姓　名	任命职务	县人大常委会决定任职的时间和届次会议
文　杰	县人民政府副县长	10 月 26 日,县第十届人大常委会第十五次会议
马巧梅	县人民法院人民陪审员	10 月 26 日,县第十届人大常委会第十五次会议
马军虎	县人民法院人民陪审员	10 月 26 日,县第十届人大常委会第十五次会议
马秀花	县人民法院人民陪审员	10 月 26 日,县第十届人大常委会第十五次会议
王天文	县人民法院人民陪审员	10 月 26 日,县第十届人大常委会第十五次会议
王云龙	县人民法院人民陪审员	10 月 26 日,县第十届人大常委会第十五次会议
王　丽	县人民法院人民陪审员	10 月 26 日,县第十届人大常委会第十五次会议
王秉福	县人民法院人民陪审员	10 月 26 日,县第十届人大常委会第十五次会议
王　钰	县人民法院人民陪审员	10 月 26 日,县第十届人大常委会第十五次会议
王　健	县人民法院人民陪审员	10 月 26 日,县第十届人大常委会第十五次会议
王继琴	县人民法院人民陪审员	10 月 26 日,县第十届人大常委会第十五次会议
王　瑞	县人民法院人民陪审员	10 月 26 日,县第十届人大常委会第十五次会议
公永军	县人民法院人民陪审员	10 月 26 日,县第十届人大常委会第十五次会议
火起红	县人民法院人民陪审员	10 月 26 日,县第十届人大常委会第十五次会议
邓占虎	县人民法院人民陪审员	10 月 26 日,县第十届人大常委会第十五次会议
兰正武	县人民法院人民陪审员	10 月 26 日,县第十届人大常委会第十五次会议
兰晓娟	县人民法院人民陪审员	10 月 26 日,县第十届人大常委会第十五次会议
朱小燕	县人民法院人民陪审员	10 月 26 日,县第十届人大常委会第十五次会议
朱凤琴	县人民法院人民陪审员	10 月 26 日,县第十届人大常委会第十五次会议
乔建生	县人民法院人民陪审员	10 月 26 日,县第十届人大常委会第十五次会议
刘世鹏	县人民法院人民陪审员	10 月 26 日,县第十届人大常委会第十五次会议
刘　存	县人民法院人民陪审员	10 月 26 日,县第十届人大常委会第十五次会议
刘国伟	县人民法院人民陪审员	10 月 26 日,县第十届人大常委会第十五次会议
刘娟娟	县人民法院人民陪审员	10 月 26 日,县第十届人大常委会第十五次会议
刘满银	县人民法院人民陪审员	10 月 26 日,县第十届人大常委会第十五次会议
闫登海	县人民法院人民陪审员	10 月 26 日,县第十届人大常委会第十五次会议
李　伟	县人民法院人民陪审员	10 月 26 日,县第十届人大常委会第十五次会议
李　萍	县人民法院人民陪审员	10 月 26 日,县第十届人大常委会第十五次会议
李彩荣	县人民法院人民陪审员	10 月 26 日,县第十届人大常委会第十五次会议
李鹏飞	县人民法院人民陪审员	10 月 26 日,县第十届人大常委会第十五次会议
杨正仁	县人民法院人民陪审员	10 月 26 日,县第十届人大常委会第十五次会议
杨全晓	县人民法院人民陪审员	10 月 26 日,县第十届人大常委会第十五次会议
杨　芳	县人民法院人民陪审员	10 月 26 日,县第十届人大常委会第十五次会议
余再洲	县人民法院人民陪审员	10 月 26 日,县第十届人大常委会第十五次会议
汪志东	县人民法院人民陪审员	10 月 26 日,县第十届人大常委会第十五次会议
孙国财	县人民法院人民陪审员	10 月 26 日,县第十届人大常委会第十五次会议
张　升	县人民法院人民陪审员	10 月 26 日,县第十届人大常委会第十五次会议
张　沛	县人民法院人民陪审员	10 月 26 日,县第十届人大常委会第十五次会议

续表 9

姓　名	任命职务	县人大常委会决定任职的时间和届次会议
张　玮	县人民法院人民陪审员	10月26日,县第十届人大常委会第十五次会议
张尚先	县人民法院人民陪审员	10月26日,县第十届人大常委会第十五次会议
张秉伟	县人民法院人民陪审员	10月26日,县第十届人大常委会第十五次会议
张淑萍	县人民法院人民陪审员	10月26日,县第十届人大常委会第十五次会议
陈　莉	县人民法院人民陪审员	10月26日,县第十届人大常委会第十五次会议
陈清源	县人民法院人民陪审员	10月26日,县第十届人大常委会第十五次会议
武　银	县人民法院人民陪审员	10月26日,县第十届人大常委会第十五次会议
虎　岐	县人民法院人民陪审员	10月26日,县第十届人大常委会第十五次会议
虎振强	县人民法院人民陪审员	10月26日,县第十届人大常委会第十五次会议
虎继红	县人民法院人民陪审员	10月26日,县第十届人大常委会第十五次会议
罗有才	县人民法院人民陪审员	10月26日,县第十届人大常委会第十五次会议
周巧花	县人民法院人民陪审员	10月26日,县第十届人大常委会第十五次会议
周　勇	县人民法院人民陪审员	10月26日,县第十届人大常委会第十五次会议
庞玉红	县人民法院人民陪审员	10月26日,县第十届人大常委会第十五次会议
宗向阳	县人民法院人民陪审员	10月26日,县第十届人大常委会第十五次会议
赵国鹏	县人民法院人民陪审员	10月26日,县第十届人大常委会第十五次会议
赵明生	县人民法院人民陪审员	10月26日,县第十届人大常委会第十五次会议
赵　栋	县人民法院人民陪审员	10月26日,县第十届人大常委会第十五次会议
胡振东	县人民法院人民陪审员	10月26日,县第十届人大常委会第十五次会议
贾粉玲	县人民法院人民陪审员	10月26日,县第十届人大常委会第十五次会议
高成峰	县人民法院人民陪审员	10月26日,县第十届人大常委会第十五次会议
郭正富	县人民法院人民陪审员	10月26日,县第十届人大常委会第十五次会议
剡文虎	县人民法院人民陪审员	10月26日,县第十届人大常委会第十五次会议
剡得银	县人民法院人民陪审员	10月26日,县第十届人大常委会第十五次会议
海维学	县人民法院人民陪审员	10月26日,县第十届人大常委会第十五次会议
海　鹏	县人民法院人民陪审员	10月26日,县第十届人大常委会第十五次会议
姬芙蓉	县人民法院人民陪审员	10月26日,县第十届人大常委会第十五次会议
姬治杰	县人民法院人民陪审员	10月26日,县第十届人大常委会第十五次会议
黄　娅	县人民法院人民陪审员	10月26日,县第十届人大常委会第十五次会议
黄淑霞	县人民法院人民陪审员	10月26日,县第十届人大常委会第十五次会议
崔广荣	县人民法院人民陪审员	10月26日,县第十届人大常委会第十五次会议
梁德万	县人民法院人民陪审员	10月26日,县第十届人大常委会第十五次会议
韩亚婷	县人民法院人民陪审员	10月26日,县第十届人大常委会第十五次会议
韩彦伟	县人民法院人民陪审员	10月26日,县第十届人大常委会第十五次会议
程志刚	县人民法院人民陪审员	10月26日,县第十届人大常委会第十五次会议
雷海军	县人民法院人民陪审员	10月26日,县第十届人大常委会第十五次会议
路　娟	县人民法院人民陪审员	10月26日,县第十届人大常委会第十五次会议
慕玲娟	县人民法院人民陪审员	10月26日,县第十届人大常委会第十五次会议

2023 年彭阳县人大常委会对国家机关工作人员免去职务一览表

表 10

姓　名	免去职务	县人大常委会决定任职的时间和届次会议
喇　睿	县人民法院审判员、刑事审判庭副庭长	2 月 27 日,县第十届人大常委会第十一次会议
杨志远	县人民法院王洼人民法庭副庭长	2 月 27 日,县第十届人大常委会第十一次会议
海春莲	县人民法院审判员	2 月 27 日,县第十届人大常委会第十一次会议
刘天军	县人民法院审判员	2 月 27 日,县第十届人大常委会第十一次会议
杨生发	县人民法院审判员	2 月 27 日,县第十届人大常委会第十一次会议
张彦春	县监察委员会委员	8 月 24 日,县第十届人大常委会第十四次会议
查　安	县人民法院执行局局长	8 月 24 日,县第十届人大常委会第十四次会议
陈振能	县人民政府副县长	10 月 26 日,县第十届人大常委会第十五次会议
梁向坤	县人民检察院检察员、检察委员会委员	12 月 29 日,县第十届人大常委会第十六次会议

人大监督

【概况】 2023 年,县人大常委会统筹运用法定监督方式，实行正确监督、有效监督、依法监督,确保宪法法律有效实施，确保行政权、监察权、审判权、检察权依法正确行使。一年来,组织视察调研 25 次,执法检查 3 次,开展专题询问 1 次。

【经济领域监督】 2023 年,县人大常委会组建新一届预决算监督审查委员会,围绕全口径审查、全过程监管,审查和批准财政决算,听取和审议预算执行、审计查出问题整改、国有资产管理等专项工作报告。建立健全政府向人大报告债务机制,制定《关于加强政府债务审查监督的实施办法》,推动政府债务规范管理。

【民生领域监督】 2023 年,县人大常委会专题调研健康养老工作,提出补齐基础设施短板、做好医养结合等意见建议 11 条,推动养老服务体系建设。聚焦防范打击电信网络诈骗,“解剖麻雀”式剖析典型案例,提出强化宣传防范、加强公民个人信息保护等意见建议 10 条,着力守好人民群众的“钱袋子”。围绕铸牢中华民族共同体意识示范县建设，对民族工作“一法一条例”贯彻实施情况开展执法检查,赴广西、云南考察学习先进经验。

【乡村振兴监督】 2023 年,县人大常委会专题询问乡村振兴工作，综合运用专题调研、执法检查、外出考察、听取和审议专项工作报告等方式，对乡村振兴工作及《中华人民共和国乡村振兴促进法》贯彻实施情况开展全链条、全方位监督，提出强化法律宣传引导、加快产业优化升级、完善农业基础设施建设等审议意见 5 条,助推乡村全面振兴步伐加快。坚持把粮食安全摆在首位，对高标准农田建设及节水灌溉工作开展专题调研，提出加强工程质量管控、注重后续管理维护等审议意见 3 条，多次对审议意见办理落实情况进行现场督查。

【生态保护监督】 2023 年，县人大常委会聚焦生态文旅特色县建设,围绕“千年古邑、红色沃土、生态彭阳”,紧扣“红、古、绿”三色旅游线路开展沉浸式、体验式调研,提出打造精品品牌、强化服务保障等意见建议 10 条，力促文旅深度融合。听取和审议全县环境状况和环境保护目标完成情况报告,专题调研“排污权”改革工作,提出加强农业面源污染治理、建筑垃圾资源化利用等意见建议7条。

【法律监督】 2023年，县人大常委会把人大监督贯穿于司法活动每一个环节，制定《对司法工作进行全过程监督的实施方案》，对法院一站式多元解纷和现代化诉讼服务体系建设、检察院近三年侦查活动监督工作开展专题调研，组织10名人大代表随机抽取法院100件已审执结案件进行回访，组织36名代表直接参与检察院案件公开听证、公安执法、社区矫正等工作，持续推进法治彭阳建设。听取和审议法治政府建设及“八五”普法工作报告，组织新任命人员宪法宣誓2次，引导公职人员尊崇宪法，依法履职。成立规范性文件备案审查委员会，依法备案审查规范性文件5件，受理转办群众来信来访6件，促进解决合理合法诉求。

（张　蓉）

视察调研

【调研工业经济发展和招商引资工作】 2023年，县人大常委会以推动高质量发展为目标，对全县工业经济、招商引资工作开展专题调研，听取和审议专项工作报告，提出加快规上企业培育、持续优化营商环境等意见建议10条，不断夯实产业发展根基。

【对安全生产“一法两条例”贯彻落实情况开展执法检查】 2023年，县人大常委会按照自治区人大统一安排，首次与区市人大开展“三级人大联动、五级代表参与”安全生产“一法两条例”执法检查，通过问卷调查、第三方评估、邀请专家实地检查等方式，发现问题隐患92条，持续督促整改销号。

（张　蓉）

2023年11月22日，彭阳县人大常委会组织调研组对全县2023年环境状况、环境保护目标完成情况及排污权改革工作进行调研　（杨　艳　摄）

议案建议

【概况】 2023年，县人大常委会建立议案建议提出沟通协商、人大常委会领导联系包抓、工作委员会对口督办机制，推动议案办理工作。县十届人大三次会议提出的8件议案、24件建议，办复率100%，有效解决一批事关群众切身利益的“急难老小”问题。

【关于加强人居环境整治实施美丽村庄建设项目的议案】 彭阳县第十届人民代表大会第三次会议期间，人大代表提出“关于加强人居环境整治实施美丽村庄建设项目的议案”。古城镇温沟村、红河镇什字村、王洼镇杨寨村、草庙乡丑畔村、孟塬乡草滩村、新集乡姚河村、白阳镇嵎岘村等7个美丽村庄建设项目，已完成全部建设任务，共计硬化道路25千米，安装太阳能路灯393个，垃圾分类投放点28套，村庄人居环境综合整治6.37万平方米。

【关于实施彭阳县城建筑节能改造工程的议案】 彭阳县第十届人民代表大会第三次会议期间，人大代表提出“关于实施彭阳县城建筑节能改造工程的议案”。2023年实施茹河花园小区23栋楼73430平方米外墙面节能保温改造、屋面防水维修改造工程已完工。

（张　蓉）

彭阳县十届人大三次会议代表建议办理情况一览表

表 11

<table>
<tr><th>序号</th><th>建议名称</th><th>进展情况</th></tr>
<tr><td>第 1 号</td><td>关于硬化王洼镇山庄村部至陡沟组公路的建议</td><td rowspan="7">按照交通运输部、厅道路目标要求和投资导向，截至 2022 年，全县 20 户以上较大规模人口自然村通硬化路已经全面实现。2023 年至 2025 年，自治区政府、交通运输厅已将补助投资转向农村公路质量服务乡村振兴三年行动，主要建设内容为现有农村公路路况提升，涉及全县 1500 千米农村等级公路，建设规模大，投资近 4 亿元，财政配套资金超 2 亿元，原计划实施的该建议因无交通运输部（厅）补助投资，县整合资金拼盘受限难以启动，后期县人民政府将结合村庄规划编制，通过美丽村庄建设、农业农村建设、文旅融合打造多渠道争取项目资金，由多部门梯次推进逐步实施</td></tr>
<tr><td>第 2 号</td><td>关于硬化小小公路至榆树哈岔公路的建议</td></tr>
<tr><td>第 3 号</td><td>关于硬化小岔乡居民点至郝区前庄公路的建议</td></tr>
<tr><td>第 4 号</td><td>关于硬化川王公路至古城杨庄公路的建议</td></tr>
<tr><td>第 5 号</td><td>关于新建古城镇嘛喇洼流域防火道路的建议</td></tr>
<tr><td>第 6 号</td><td>关于新建古城镇上温沟农业设施园区道路的建议</td></tr>
<tr><td>第 7 号</td><td>关于硬化古城镇石古公路至古城王湾公路的建议</td></tr>
<tr><td>第 8 号</td><td>关于开通孟塬至彭阳公交线路的建议</td><td>已办结。组织相关工作人员和公交公司现场查看，已于 2023 年 2 月 26 日开通，日发 2 班，周末增加班次</td></tr>
<tr><td>第 9 号</td><td>关于维修红河镇惠红公路柴沟水库至常沟雷嘴北干渠的建议</td><td>已办结。该项目已列入六盘山生态功能区山水林田湖草沙一体化保护和修复项目，计划维修改造柴沟水库至常沟雷嘴排洪渠 8.1 千米，改造过路桥涵等建筑物 22 座等，截至年底，已完成编制初设报告，需跨年度实施，计划 2024 年建成并投入使用</td></tr>
<tr><td>第 10 号</td><td>关于治理王洼镇山庄村下川组沟头的建议</td><td>已办结。已完成沟头回填，回填土方 3.5 万立方米，建成集水井 2 座、排水渠 60 米</td></tr>
<tr><td>第 11 号</td><td>关于治理孟塬乡椿树岔村下芦岔组沟头的建议</td><td>已办结。已完成消力池、集水井等全部建设内容，共计投资 37.23 万元</td></tr>
<tr><td>第 12 号</td><td>关于实施罗洼乡居民点排洪改造工程的建议</td><td>已办结。已完成排洪渠提升和维修等全部建设内容，完成投资 7.06 万元</td></tr>
<tr><td>第 13 号</td><td>关于实施小岔乡街道排洪改造工程的建议</td><td>已办结。对部分破损排洪渠混凝土进行拆除，铺设 Φ50 预制混凝土 U 形渠 303 米，截至年底，已全部完成</td></tr>
<tr><td>第 14 号</td><td>关于改造提升城阳乡陈沟村南沟及沟门居民点基础设施的建议</td><td>该项目已完成项目方案设计、施工图设计和专家评审，进入自治区项目库，由于项目资金不闭合，暂未取得项目批复文件，计划 2024 年 3 月底前开工建设</td></tr>
<tr><td>第 15 号</td><td>关于给新集乡部分村队增加垃圾收集箱及转运车辆的建议</td><td>已办结。结合 2023 年新集乡姚河村美丽村庄建设项目，配套建设垃圾投放点 10 处、垃圾分类箱 40 个。其他各村队将在后期美丽村庄建设过程中逐年纳入实施</td></tr>
<tr><td>第 16 号</td><td>关于给古城镇辖区村组增设垃圾箱的建议</td><td>已办结。结合 2023 年古城镇温沟村美丽村庄建设项目，已在温沟村投资 2 万元配套建设垃圾投放点 2 处、垃圾分类箱 8 个。其他各村队将在后期美丽村庄建设过程中逐年纳入实施</td></tr>
<tr><td>第 17 号</td><td>关于加强全民公共文化服务建设的建议</td><td>已办结。实施“彭阳县乡村文化示范点建设项目”，对古城镇高庄村、城阳乡刘河村、城阳乡城阳村、城阳乡韩寨村、城阳乡杨坪村 5 个文化活动广场进行维修改造，项目总投资 174.14 万元。截至年底，已完成全部建设内容</td></tr>
</table>

续表 11

序号	建议名称	进展情况
第 18 号	关于建设新集乡全民健身中心的建议	已办结。争取 2022 年体彩公益金 600 万元用于新集乡全民健身中心 2000 平方米场地建设，截至年底，已完工
第 19 号	关于在社区实施适老化改造项目的建议	已办结。按照自治区民政厅关于《全区推进居家适老化改造项目建设实施方案》要求，由市民政部门牵头招标采购实施项目，通过购买第三方专业评估机构，对分散供养特困人员范围的高龄、失能、残疾老年人家庭和城乡低保对象中的高龄、失能、留守、空巢、残疾老年人家庭及计划生育特殊家庭进行改造需求评估，对符合改造条件的对象，通过招投标与 3 家企业签订实施改造项目合同，在全县 12 个乡镇 94 个村、6 个社区，完成适老化改造 506 户
第 20 号	关于建设彭阳县人民医院残疾人无障碍通道的建议	2023 年，暂无资金来源，截至年底，积极争取资金支持
第 21 号	关于新建城阳乡长城塬矮砧密植苹果基地气调库的建议	已办结。该项目已完工，气调设备已安装调试完成并交付使用
第 22 号	关于在红河镇街道建设标准化水厕的建议	已办结。红河镇街道西头已建成一座 80 平方米水厕（文旅局建），正在积极争取 2024 年财政资金支持在街道东头建设标准化水厕
第 23 号	关于加强冯庄乡雅石沟村村级阵地建设的建议	经与自治区民政厅对接，为冯庄乡雅石沟村新建 200 平方米农村社区服务站，并同时将新集乡赵沟村、小岔乡柳湾村、冯庄乡雅石沟村新（改建）农村社区服务站项目上报自治区民政厅。自治区民政厅分别于 2021 年和 2022 年纳入项目建设内容，自治区发改委未批准，因此暂无项目资金支持
第 24 号	关于店洼村曹沟废弃日光温室恢复耕地的建议	已办结。已完成店洼村曹沟废弃日光温室拆除和土地平整

彭阳县十届人大三次会议代表议案办理情况一览表

表 12

序号	议案名称	进展情况
第 1 号	关于加强人居环境整治实施美丽村庄建设项目的议案	已办结。古城镇温沟村、红河镇什字村、王洼镇杨寨村、草庙乡丑畔村、孟塬乡草滩村、新集乡姚河村、白阳镇崾岘村等 7 个美丽村庄建设项目，已完成全部建设任务，共计硬化道路 25 千米，安装太阳能路灯 393 个，垃圾分类投放点 28 处，村庄人居环境综合整治 6.37 万平方米
第 2 号	关于实施设施农业园区旧棚改造项目的议案	已办结。一是将设施农业园区旧棚维修改造列入 2023 年蔬菜高质量发展方案，积极申报国家以工代赈项目，维修红河镇上王村设施农业园区老旧日光温室 131 栋，已建成投产。二是申请中央彩票公益金支持革命老区项目资金 4000 万元，将其中 3800 万元用于老旧设施园区维修改造，拆除旧棚 144 栋，新建新型日光温室 74 栋，维修海子塬设施农业园区老旧日光温室 444 栋，宽坪设施农业园区老旧日光温室 75 栋

续表 12

序号	议案名称	进展情况
第 3 号	关于在徐夏塬及常沟片区实施高效节水灌溉供水项目的议案	已办结。常沟、杨塬片区土地流转区域管网已配齐，正常灌溉运行。徐夏塬 4500 米骨干供水工程项目已完成方案设计和项目批复，组织招投标，需跨年度实施，预计 2024 年 4 月底前完成工程建设
第 4 号	关于实施红堡流域林田路草综合治理项目的议案	已办结。该项目已完成全部建设内容，完成投资 992.87 万元。项目共完成梯田改造 209 公顷、土壤改良 161 公顷、新修生产道路 7 千米、新建积粪池 100 座、安装太阳能路灯 100 盏、营造水土保持林面积 200 公顷、封育治理面积 1824 公顷、安装防护围栏 9.5 千米、配套宣传牌 1 块、标识牌 2 块
第 5 号	关于完善工业园区道路等基础设施建设的议案	已办结。王洼产业园区（区块二）道路及给排水管网工程已完成护坡、边沟、排水管道、道路等全部建设内容
第 6 号	关于加强农村公路养护管理，提升农村公路路况质量和水平的议案	已办结。围绕"四好农村路"建设目标，全面推行"专业化＋市场化"农村公路养护改革，落实县、乡、村三级农村公路"路长制"，及时维修病害灾毁路面、改善路容路貌。实施 2023—2025 年 1500 千米超期服役病害频发农村公路路况提升工程，全方位提升农村公路保通保畅能力。一是 2023 年投资 8842.69 万元，实施路况提升工程项目，共 20 条 184.797 千米，截至年底，已全部完工。实施 2023 年改建项目 1 条 31 千米，截至年底，已完工。二是投资 2858.51 万元实施道路安全生命防护提升工程。集中摸排急弯陡坡、临水临崖、高落差农村公路旁侧增设安全护栏路段 276 条 143.14 千米，截至年底，已全部安装。三是投资 220 万元实施生命安全防护工程 19.94 千米，安装护栏 7742 米、新建警示桩 160 根、安装标志牌 38 块、路基回填土方 6416 立方米。四是投资 300 万元对 112 条农村公路路面病害及边沟水毁等路段进行维修处理，修剪路树和路肩高草 3293.62 千米
第 7 号	关于实施王洼产业园区独立工矿区标准化厂房项目的议案	已办结。彭阳县中小企业培育基地项目（标准化厂房）已完成 1 号、2 号、3 号厂房基础承台、地梁等基础工程，项目需跨年度建设，预计 2024 年 9 月底前建成投用
第 8 号	关于实施彭阳县城建筑节能改造工程的议案	已办结。2023 年实施茹河花园小区 23 栋楼 73430 平方米外墙面节能保温改造、屋面防水维修改造工程已完工

代表工作

【阵地建设】 2023年，县委和政府高度重视、全力支持人大代表家站建设，安排资金138万元，人大常委会紧扣“五好”目标、“八有”标准，对122个代表家站进行规范提升，标准化建“家”、规范化管“家”、常态化用“家”的经验做法在全区代表家站规范化建设工作推进会上交流分享。在代表网络履职平台发布活动通知、工作动态、代表风采70余篇，实现代表网上履职、线上尽责。推进古城镇基层立法联系点与代表之家深度融合，收集立法意见建议7条，并在全区基层立法联系点规范化建设推进会上作典型经验交流。整合人大代表力量，组建专业代表小组12个，代表专业特长和职业优势得到充分发挥。白阳镇中庄村乡村振兴专业代表小组围绕“5350”肉牛养殖示范村建设，组织养殖户抢抓时机青贮饲草，到户指导30余次。把代表联络点“设”在移民帮扶车间里、“联”在产业链上，古城温沟设施农业示范园、新集团结集约化育苗中心、红河宽坪有机蔬菜示范园等代表联络点帮助群众就近务工1490多人次，经验做法在《宁夏人大》上刊登报道。

【闭会期间代表活动】 2023年，县人大发挥代表主体作用，开展“代表接待选民日”“人大代表听民声”集中走访月等活动，收集反映社情民意300余条，推动解决电动车充电难等群众急难愁盼问题87件。组织各级人大代表深入开展“护安全促发展”主题实践活动，及时发出倡议书，排查整治安全隐患1000余次、宣传安全知识350余次，收集意见建议35条。先后邀请300余名代表列席人大常委会会议，参与视察、调研、检查以及“一府一委两院”组织的听证会、开放日等活动，政府主要领导邀请部分区市县乡人大代表视察全县重点项目建设及改善民生10件实事办理情况，保障代表知情知政、议政参政。健全代表履职评价机制，完善履职档案管理，组织206名县乡人大代表向选区选民述职并进行评议，推动代表规范履职。

【履职培训】 2023年，县人大常委会不断加强代表能力建设，坚持“请进来”与“走出去”相结合，县内举办基层代表履职能力提升班1期，赴全国人大培训基地学习1次，参训172人。坚持常委会会前学法制度，举办《中华人民共和国乡村振兴促进法》《中华人民共和国劳动法》等法治讲座5期，参学300余人次。健全完善代表工作机制，制定《关于新时代加强和改进彭阳县人大代表工作的具体措施》《常委会组成人员履职考评办法》等，规范代表履职活动。

（张　蓉）

工作委员会与专门委员会

【财政经济工作委员会】 2023年，财政经济工作委员会聚焦经济社会发展，组建新一届预决算监督审查委员会，对2022年度财政预算执行和其他财政收支审计情况、2022年财政决算情况、2023年上半年财政预算执行情况及国有资产管理工作开展专题调研，提出审议意见21条，不断提高预算执行的严肃性和约束力，推动国有资产规范管理体系建设。专题调研政府债务管理工作，建立健全政府向人大报告债务机制，制定《关于加强政府债务审查监督的实施办法》，推动政府债务规范管理。调研了工业经济、数字经济发展、招商引资、国民经济和社会发展计划执行情况、移民小区、保障房小区物业管理等工作，提出审议意见12条，不断增进民生福祉。十届人大四次会议期间，对县人民政府《关于彭阳县2023年国民经济和社会发展计划执行情况与2024年国民经济和社会发展计划草案的报告》《关于彭阳县2023年财政预算执行情况和2024年财政预算草案的报告》进行初步审查，提交审查报告。加强对外交流学习，组织部分常委会组成人员及乡镇人大主席赴江苏省建湖县考察学习预算联网监督工作，为进一步提高工作质量和水平提供可借鉴经验。

【法制工作委员会】 2023年，法制工作委员会加强和改进人大对司法工作的监督，制定印发《关于对司法工作进行全过程监督的实施方案》，对法院一站式多元解纷和现代化诉讼服务体系建设、检察院近三年侦查活动监督工作开展专题调研，听取和审议法治政府建设及“八五”普法工作情况的报告，推动全社会尊法学法守法用法。对县人民政府贯彻执行《中华人民共和国乡村振兴促进法》、安全生产“一法两条例”、民族工作“一法一条例”情况开展执法检查，并听取和审议专项报告，有力地推动相关法律法规在县域内的贯彻落实。坚持常委会会前学法制度，举办法治讲座5期，辅导学习《中华人民共和国乡村振兴促进法》《中华人民共和国劳动法》等法律法规，参学人数300余人次。认真做好规范性文件备案审查工作，成立规范性文件备案审查委员会，更好地发挥备案审查的监督功能，切实维护宪法权威与法治统一。认真做好人大信访工作，全年受理群众来信来访6件次，推动解决一批涉及人民群众切身利益的问题。

【教科文卫工作委员会】 2023年，教科文卫工作委员会围绕“老有所养”这一民生期盼，对全县健康养老工作开展调研，听取和审议政府专项工作报告，向政府转交审议意见4条，推动形成以居家为基础、社区为依托、机构为支撑、医养结合为辅助的多层次养老服务新格局。聚焦生态文旅特色县建设，紧扣“红、古、绿”三色旅游资源开展沉浸式、体验式调研，提出意见建议10条，推进文旅深度融合。

【代表联络选举工作委员会】 2023年，代表联络选举工作委员会对乡村振兴、高标准农田建设及节水灌溉、“排污权”改革、全县环境状况和环境保护目标完成情况工作开展专题调研，提出审议意见12条。举办基层县乡人大代表及人大工作者履职能力提升班1期，组织22名常委会组成人员、人大代表及人大工作者赴全国人大培训基地培训学习，代表履职培训实现全覆盖。建立健全代表工作机制，制定印发《常委会组成人员履职考评办法》等，支持和保障代表更好依法履职。紧扣“五好”目标，按照“八有”标准，扎实推进代表活动阵地规范化建设，对12个人大代表之家、110个代表联络站进行提档升级，推进家站功能提质增效。整合人大代表力量，组建乡村振兴、产业发展、乡村治理等专精特新特色代表小组12个，代表专业特长和职业优势得到充分发挥。积极发挥代表在闭会期间的作用，坚持以代表小组为基本活动单元，组建代表小组99个，将961名四级人大代表全部编组进家（站）开展活动，确定每月15日为代表接待选民日、5月和10月“人大代表听民声”集中走访月，开展驻室接待、入户走访等活动，切实做到听民声、察民意、解民忧。加强与代表的联系，积极邀请代表列席常委会会议，邀请代表参与视察、调研、检查以及“一府一委两院”组织的听证会、开放日、“百案大回访”等活动，拓宽代表知情知政渠道。健全代表履职评价机制，组织206名代表向选区选民述职，自觉接受选民监督。

（张　蓉）

彭阳县人民政府

Pengyang County People's Government

综　述

【深化改革】　2023年，彭阳县创新以林养林、以地换林新模式，引进栽植优质树种苗木110种，全面完成山林地界定确权201.9万亩，在全区率先发放“山林地确权明白书”1.93万本，完成山林地流转挂网交易1.56万亩279万元。吸引社会资本开展红梅杏高接换头3000亩，产出效益提高近10倍。认定国家级林下经济示范基地2家、自治区级1家，发展林下养鸡54万只、中药材4.1万亩，产值达到7700余万元。发展庭院经济林2234亩，打造庭院经济示范村15个，在遭受严重霜冻情况下林业总产值保持相对稳定。深化“山林+”改革经验在全区“六权”改革推进会上进行交流，被国家林业和草原局作为典型案例在全国推广。建立健全取水许可和水资源税征收联动机制，征缴用水权使用费105.7万元、水资源税547.7万元，全县取水总量控制在2900万立方米以内，万元地区生产总值用水量较2020年下降7.9%以上。盘活闲置集体建设用地630.6亩，消化批而未供土地7113亩。全面推开第二轮土地承包到期后再延长30年整乡试点工作。持续深化国资国企改革，开展国有企业“靠企吃企”专项治理行动，盘活国有低效无效资产6575万元、4.8万平方米。持续完善工业园区“管委会+平台公司”运营模式，安排产业高质量发展和乡村振兴引导资金3255万元，撬动社会投资15.67亿元。纵深推进供销系统综合改革，入选全国“绿色农资升级行动”试点县。数字政府建设、财税金融、农业农村等改革取得阶段性成果。深化“放管服”改革，开展“双随机、一公开”监管，上线“彭阳工程建设项目审批”微信小程序，企业投资项目全流程审批时限压减到30个工作日内，营商环境评价办理建筑许可指标位居全市第一。优化完善招商引资政策，兑现招商引资奖补资金3845.9万元，助力17家企业申报各类项目资金5606万元。落实县级领导包抓企业机制，定期召开“政银企”对接会、现场办公会，有效破解制约企业发展难点堵点问题327件。

【农业发展】　2023年，彭阳县巩固提升肉牛养殖示范村71个，建成“出户入园”养殖园区10个，在肉牛价格持续下跌情况下，出台一揽子政策，肉牛饲养量突破23万头。打造冷凉蔬菜示范园区4个，新改建日光温室737栋，开展露地辣椒订单种植5443亩，蔬菜面积达7.2万亩。引导建设红梅杏防霜冻立体大棚108亩，进一步健全红梅杏“七统一”发展机制，完成红梅杏销售72万千克，实现产业链产值3600万元。培育“1030”朝那鸡养殖示范村107

个，饲养量达到80万只。农业产业全链条升级，肉牛草畜产业建设项目稳步推进，年产2万吨农用地膜生产加工等项目建成投产，农产品加工冷藏配送中心主体完工，“产供储运”一体的农业全产业链逐步拓展。承办宁夏冷凉蔬菜节暨全国知名蔬菜销售商走进宁夏活动，冷凉蔬菜直供粤港澳大湾区，朝那鸡获评宁夏好食材，开发衍生预制菜品17款，农业全产业链产值达到54.7亿元。

【二、三产业】 2023年，彭阳县坚持“工业强县”不动摇，生产原煤1050万吨、原油10万吨以上，新增规上工业企业4家，实现规上工业总产值45亿元，增长9%，全县工业企业达到92家，实现县级税收收入3.15亿元。优化工业园区“一园三区”空间布局，建设中小企业培育基地，新增标准化工业地产5.2万平方米，盘活利用低效土地85亩，新增入园企业20家，园区企业达到57家，亩均产值达到241万元。盘活闲置房产改造提升宁南数字经济产业园A区、建成投运B区，广东浩传、平安保险、唯品会等一批头部企业入驻，入园企业累计达到24家，全年园区产值达到6000万元，纳税超过400万元，与固原职业技术学校、甘肃庆城职业中等专业学校建立教学实训基地，累计吸纳就业1600余人，发放员工薪资3000余万元，“盘活闲置房产兴产业促增收”共富案例被国家发展改革委在全国推广。全县工业企业、数字经济企业提供就业岗位3500个，全社会新增稳定就业岗位4000个，全年兑现援企稳岗返还等补贴资金330.3万元，发放创业贷款1亿元，培育创业实体396个，带动就业1358人。实现农村劳动力转移就业5.9万人、工资性收入15.1亿元。实施消费需求促进年活动，安排消费资金540万元，带动消费近1亿元，实现社会消费品零售总额15.24亿元。引入市场主体全资建设运营综合夜市街区“梯田夜肆”，被命名为自治区级第一批9家夜间文化和旅游消费集聚区之一，年消费营收超过5000万元。新增规上服务业企业1家、限上企业3家，其中，宁夏恒信创达全年实现营业额超过3400万元，成为全市第一家信息传输软件和信息技术服务业规上服务业企业。新培育电商企业5家，实现交易额1.5亿元，增长15%。

【脱贫攻坚成果巩固拓展】 2023年，彭阳县健全防返贫动态监测帮扶机制，新识别监测对象475户1890人，累计消除风险771户2638人。以依靠发展产业就业作为促进脱贫群众持续增收的基本方式，发放产业类贷款3.39亿元、产业补贴2.13亿元、就业补贴1413.9万元，贷款贴息1930万元，脱贫人口人均纯收入达到15430元，增长16.3%，“两个高于”目标全面实现。着力解决移民群众产业、就业、社会融入“三件事”，实施移民致富提升项目43个，改造提升移民安置点6个，提供就业岗位474个，移民事项实现社区一站式办理。

【城乡面貌】 2023年，彭阳县加快创建全国文明城市，完善市政设施体系，新增充电桩177个、泊车位1000个，新开通彭阳至庆阳、环县高铁站定制客运专线2条，改造供热管网5.1千米，县城主要地段防洪排涝雨污分流改造基本完成。统筹刚性和改善性住房需求，改造老旧小区9.5万平方米，实施棚户区改造89户，采购闲置房源改造建设保障性租赁住房即（人才公寓）269套，开工新建保障性租赁住房612套，化解历史遗留城镇住宅“办证难”问题436套。开发建设苏州公馆、星城一品等房地产项目8个，完成商品房销售面积9.4万平方米，增长55%，增速位于全区前列。高标准完成村庄规划95个，156个行政村规划“应编尽编”。创建乡村振兴示范村8个，打造农村人居环境整治示范乡（镇）3个、示范村20个、美丽村庄7个，农村卫生厕所普及率达到65%。实施农村饮水安全水质提升改造605户、管网提升改造311.7千米。加快创建农业面源污染治理示范县，农田残膜回收利用率、畜禽粪污资源化综合利用率均达到95%。实施农村公路路况质量提升工程216千米、农村公路安全生命防护提升工程155千米。

【民生事业】 2023年，彭阳县组建教育集团12个，调整交流教师102人，改造提升中小学校17所，县一中教学楼、职业中学实训楼项目竣工验收，义务教育优质均衡率75%。加快建设“书香彭阳”，成功举办全区中小学生阅读研讨暨全民阅读现场会。承办宁夏第六届农民篮球争霸赛决赛等体育赛事20余场次，建成投运新集全民健身中心，全县人均公共体育场地面积达到3.8平方米，位居全国前列，获评全区唯一全国全民运动健身模范县。持续推进文化惠民工程，开展“戏曲进乡村”等惠民文艺演出102场次。实施姚河塬遗址保护工程，挖掘窑洞营造技艺等17项县级非物质文化遗产传承项目。打造国家AAA级和国家AA级旅游景区各1个，彭阳梯田入选“宁夏二十一景”，被央视等各级媒体多次宣传报道。举办大型文旅节庆活动3场次，参加全国文旅宣传推介5场次，接待游客首次突破115万人次，实现社会综合收入4.5亿元，较2019年增长87%。深入开展基层医疗与公共卫生供给质量提升行动，县人民医院王洼分院、县医院传染病综合楼主体完工，19个村卫生室完成提升改造。建立电子居民健康档案13万余份，“互联网+医疗”服务成效明显。落实三孩补贴政策，完成青少年视力筛查4.8万余人、“两癌”筛查7206人。引进医疗专家46批90人次，带动培养本土人才86人，基层诊疗率65%，县域内就诊率90%。顺利通过国家卫生县复审。完成低保扩围增效，新增城乡低保对象3018户3931人，发放低保金9568.6万元、残疾人“两项补贴”1354.7万元，低保边缘家庭认定“撒网行动”被推荐为民政部年度典型案例。全力保障农民工合法权益，追回拖欠农民工工资673.7万元。完成506户困难老年人居家适老化改造。社会保险数据治理先行先试工作稳步推进，基本养老和基本医疗保险参保率分别为98.5%和98.4%。

【社会治理】 2023年，彭阳县全面落实自治区党委十三届四次、市委五届八次全会精神，开展安全风险隐患大排查大整治，2.5万余条隐患全面整改，消防改造“双通道”经验做法在全市推广。农村公路生态植绿柳谷坊防撞墙经验入选全区主题教育成果，得到中央主题教育督导组及区、市党委、政府主要领导批示肯定并在全区推广。坚持和发展新时代“枫桥经验”，建成社会治理应急指挥中心，矛盾纠纷排查化解率达99.1%，信访工作“三+”经验在全区推广。面对冻灾、旱灾、涝灾、冰雹等多重自然灾害，统筹资金2882万元鼓励恢复灾后生产，最大限度减损近3400万元。加快创建国家食品安全示范城市，食品药品安全形势稳定向好。创新建立项目审批“三征求”“三把关”机制，全年累计偿还化解债务5.2亿元。深入开展“双伪”机构排查整治，金融领域风险总体可控。破获“ZBS”特大网络传销案得到区市肯定和全国主流媒体跟踪报道，电信网络诈骗同比下降28.9%。

【宋庆龄基金会帮扶】 2023年，中国宋庆龄基金会直接投入帮扶资金（无偿）391万元，引进帮扶资金（无偿）120万元，实施帮扶项目13个，培训基层干部50人，培训技术人员313人。购买农产品4.92万元，帮助销售农产品46.68万元，助力彭阳县经济社会高质量发展。

【闽宁协作】 2023年，彭阳县与翔安区、集美区召开党政联席会议6次，与翔安区签订《2023年东西部协作框架协议》，创新“部门+镇（村）+企业+社会组织”组合帮扶模式，教体、卫健、文旅等部门、18所学校、8所医院签订协作共建协议。积极探索“点餐式”协作模式，争取闽宁协作资金4850万元，落实社会帮扶资金806.006万元，实施闽宁示范村打造、产业培育、基础设施建设、消费帮扶等项目22个，打造闽宁乡村振兴示范村4个，实现彭阳农特产品销售2.067亿元，引导6家工业企业落地闽宁产业园、到位资金2.126亿元。举办闽宁乡村振兴专题培训班5期150人次、专业技术人才培训班31期

1047人次，开展订单式、定向式劳务技能培训19期900人次，引导农村劳动力就业省外转移就业650人、省内就近就业4866人，兑现闽宁劳务就业补贴790万元。86名福建专技人才到彭阳挂职，彭阳县选派20名专技人才赴厦门跟岗锻炼。

（李华龙）

重要会议

【政府全体会议】 2023年，彭阳县召开政府全体会议2次。

2月13日，县人民政府召开全体（扩大）暨廉政工作会议，深入贯彻党的二十大精神，全面落实党中央、国务院各项决策部署和区、市党委、政府及县委各项安排，认真落实区、市政府全体会议精神，紧扣县委九届五次全会和县两会确定任务，安排政府系统贯彻落实工作。会上，政府各副县长对各自分管领域工作作安排，有关部门和乡镇主要负责人作表态发言。

9月11日，县人民政府召开第二次全体（扩大）会议，通报全县2023年重点项目建设、招商引资、“五特四新四优”产业发展、民生实事办理、政府工作报告主要任务完成情况；县人民政府各副县长、园区管委会主任安排部署分管领域工作。县委副书记、政府县长周浩主持会议并讲话，强调全县政府系统要坚持以习近平新时代中国特色社会主义思想为指导，深入学习贯彻党的二十大精神，全面落实党中央、国务院各项决策和区、市党委、政府部署及县委各项工作要求，坚持稳中求进工作总基调，以提高发展质效为主要任务，以科学统筹兼顾为主要方法，持续在“工业振兴、农业现代化、产城融合、科技赋能、改革增效、民生改善、统筹发展和安全”等具体抓手上下功夫，进一步统一思想、坚定信心，团结奋斗、狠抓落实，确保完成全年目标任务，为奋力谱写现代化彭阳建设新篇章作出新的更大贡献。

【政府常务会议】 2023年，彭阳县召开政府常务会议29次。

（李华龙）

2023年彭阳县召开政府常务会议情况一览表

表13

会议时间	会议名称	会议内容
1月9日	第一次政府常务会议	听取全县近期市场保供、社会治安维稳、困难群众救助、未成年人保护、保障农民工工资支付、森林草原防灭火、安全生产、食品药品安全、信访安全保障工作汇报；研究审议《彭阳县2023年春节慰问及困难群众救助工作方案》《彭阳县重大动物疫病强制免疫过敏死亡或流产补偿办法》等事项
2月14日	第二次政府常务会议	研究审议招商引资项目政策兑现等事宜
2月27日	第三次政府常务会议	听取全县2022年度法治政府建设情况汇报；研究审议《彭阳县2023年全面推进乡村振兴重点工作实施方案》《彭阳县关于做好一季度经济工作、确保实现“开门红”工作方案》《彭阳县2023年农业产业高质量发展实施方案》等事项
3月8日	第四次政府常务会议	听取全县春耕备耕工作情况汇报；研究审议《彭阳县“就业创业促进年”活动实施方案》《全县居民收入提升行动实施方案（2023—2027年）》《彭阳县2023年中药材和食用菌产业高质量发展实施方案》等事项
3月22日	第五次政府常务会议	听取全县就业创业促进年活动开展情况、2021年度保障农民工工资支付工作考核通报问题整改情况、全县矿山领域安全问题隐患专项督查反馈问题整改情况、全县食品安全工作情况汇报、全县2022年下半年自治区乡村振兴重点帮扶县审计发现问题整改情况汇报；研究审议《第十九届宁夏六盘山山花节暨第十一届“梯田花海·醉美彭阳”文化旅游节实施方案》《“和美乡村杯”全国乡村篮球大赛暨宁夏第六届农民篮球争霸赛决赛工作方案》等事宜

续表 13

会议时间	会议名称	会议内容
3 月 30 日	第六次政府常务会议	听取全县工业企业、房地产业、数字经济产业发展情况汇报，安排相关工作；研究审议彭阳县城乡污水处理市场化运营等事项
4 月 18 日	第七次政府常务会议	听取矿山安全领域问题隐患整改情况汇报、2022 年全县效能目标管理考核结果情况汇报等；研究审议《彭阳县国土空间总体规划（2021—2035）》等事项
5 月 6 日	第八次政府常务会议	听取全县 2023 年一季度经济运行情况汇报；研究审议《彭阳县爱国卫生管理办法》《彭阳县巩固国家卫生县工作方案》《彭阳县人民政府 2023 年度重大行政决策事项目录》等事项
5 月 19 日	第九次政府常务会议	听取全县各部门 2023 年争项目争资金情况汇报；研究审议《彭阳县 2023 年闽宁资金使用方案》《彭阳县国有资产盘活工作实施意见》《彭阳县机关事业单位编外聘用人员管理暂行办法》及工业园区用地等事项
6 月 7 日	第十次政府常务会议	研究审议《彭阳县市场主体梯度培育提质升级行动方案》《彭阳县全面优化营商环境推动民营经济高质量发展实施意见》《彭阳县产业高质量发展和乡村振兴引导资金管理办法（试行）》等事项
6 月 15 日	第十一次政府常务会议	听取全县 2023 年自建房安全专项整治工作、冬季清洁取暖项目进展情况、防范打击治理电信网络诈骗犯罪工作、政府债务管理和金融风险防范化解情况汇报；研究审议《彭阳县防汛抗旱应急预案》、老旧智能交通设备升级改造、招商引资项目优惠政策兑现等事项
6 月 27 日	第十二次政府常务会议	听取全县近期安全生产、消防安全、安全风险隐患专项整治排查、生态环境保护重点工作进展情况汇报；研究审议《彭阳县 2022 年巩固拓展脱贫攻坚成果同乡村振兴有效衔接考核评估问题整改方案》等事项
7 月 5 日	第十三次政府常务会议	听取全县上半年税收情况汇报；研究审议安全风险隐患排查整治“1+7”方案、开发区建设等事项
7 月 13 日	第十四次政府常务会议	听取全县审计重点工作和道路交通安全工作情况汇报；研究审议国有建设用地使用权续期等事项
7 月 31 日	第十五次政府常务会议	听取全县上半年经济运行情况、安全生产问题隐患整改落实“回头看”情况汇报；研究审议全县各中小学消防风险隐患整改等事项
8 月 4 日	第十六次政府常务会议	研究审议王洼产业园区块三道路给排水工程概算调整、农村生活垃圾填埋场基础设施维修及监测井改扩建、资产调拨等事项
8 月 10 日	第十七次政府常务会议	听取区市督查反馈问题及 2023 年巩固拓展脱贫攻坚成果同乡村振兴有效衔接重点工作进展情况、全县重大消防安全风险隐患整治情况汇报；研究审议《彭阳县贯彻落实自治区党委十三届四次全会精神任务清单》《彭阳县 2023 年闽宁协作工作意见》等事项
8 月 22 日	第十八次政府常务会议	听取全县防汛救灾、经济运行、重点项目建设、房地产和建筑业发展等情况汇报；研究审议《彭阳县家庭教育指导实施方案》《彭阳县关于优化生育政策促进人口长期均衡发展的实施方案》《彭阳县城镇燃气安全专项整治工作方案》等事项
9 月 1 日	第十九次政府常务会议	听取全县法治政府建设、爱国卫生运动开展、耕地保护情况汇报；研究审议《彭阳县防汛抗旱应急预案》、2023 年石油天然气井场部署计划等事项
9 月 14 日	第二十次政府常务会议	听取全县通过“多规合一”推动项目策划生成、落地实施等改革工作进展情况汇报；研究审议《彭阳县“1+35+7”应急预案》《彭阳县推进基本养老服务体系建设的实施方案》《彭阳县气象事业发展“十四五”规划》等事项
9 月 28 日	第二十一次政府常务会议	听取中秋、国庆期间全县市场保供、社会稳定、安全生产、食品药品安全、信访及行政复议和应诉等情况汇报；研究审议村庄规划、招商引资等事项

续表 13

会议时间	会议名称	会议内容
10 月 13 日	第二十二次政府常务会议	听取全县 2023 年前三季度税收等情况汇报；研究审议《彭阳县贯彻落实自治区党委十三届五次全会生态文明“1+4”系列文件任务责任清单》、彭阳县优质农产品全产业链高质量发展项目实施等事项
10 月 20 日	第二十三次政府常务会议	听取全县 2023 年重点项目建设情况汇报；研究审议《彭阳县古城镇任河村推动红色村组织振兴建设红色美丽村庄试点工作建设实施方案》等事宜
11 月 2 日	第二十四次政府常务会议	听取国务院相关督查准备情况汇报；研究审议《彭阳县贯彻落实市委〈关于加快宁夏副中心城市高质量发展的实施方案〉任务责任清单（讨论稿）》《彭阳县贯彻落实市委〈关于加快建设生态文旅特色市的实施意见〉任务责任清单（讨论稿）》等事宜
11 月 9 日	第二十五次政府常务会议	听取全县 2023 年《政府工作报告》主要任务指标完成情况汇报；研究审议《彭阳县扩大有效投资争资金争项目争招引“百日无冬闲”攻坚行动实施方案》等事宜
11 月 17 日	第二十六次政府常务会议	听取全县 1—10 月经济运行、未成年人思想道德建设等情况汇报；研究审议《彭阳县人民政府关于打击整治违法占地建设行为的工作实施方案》等事宜
12 月 6 日	第二十七次政府常务会议	听取全县 2023 年重点建设项目进展及 2024 年重点建设项目谋划储备、全域旅游、医保缴纳、打击毁林毁草专项行动、森林草原防灭火、林长制、北方冬季清洁取暖项目建设等工作情况汇报；研究审议《彭阳县重点人群管理服务工作实施方案》及招商引资政策兑现等事项
12 月 14 日	第二十八次政府常务会议	听取全县安全生产工作和国有企业经营情况汇报；研究审议《彭阳县贯彻落实气象高质量发展纲要（2023 年版）实施方案》等事宜
12 月 27 日	第二十九次政府常务会议	听取全县耕地保护和矿产资源督查反馈问题及违法图斑整改、党政同责落实、“百日无冬闲”攻坚行动进展、妇女儿童工作情况汇报；研究审议《2024 年彭阳县政府工作报告（审议稿）》《关于县十届人大三次会议代表议案、建议办理情况的报告（审议稿）》《关于县政协十届二次会议委员提案办理情况的报告（审议稿）》《关于 2023 年改善民生 10 件实事办理情况的报告（审议稿）》等事项

政府综合事务

【政务服务】 2023 年，彭阳县人民政府办公室开展调查研究，牵头起草政府工作报告、经济运行分析、安全生产等全县工作汇报 40 余篇，撰写领导讲话、交流发言等综合性材料 1000 余篇，审核编发政务信息 400 余篇，排名位于全区前列，被自治区政府办公厅采用 14 篇，编发《政务信息》8 期，发行政府公报 4 期 1280 份，为县政府科学决策提供了优质的信息服务。收发处理中央、国务院和区、市来文来电 5612 件，彭阳县文件 3366 件。全年组织召开县政府常务会 29 次，筹办县长办公会、政府专题会等各类会议 300 余次。统筹做好中央部委、外省县区及区市领导到彭阳调研接待工作，组织协调各类现场调研、山花节等大型活动 10 余次。

【督查督办】 2023 年，彭阳县人民政府累计开展各类现场督查 131 次，编发督查通报 19 期，督办落实政府议定事项 200 余件，按时办结率 100%。

【政务公开】 2023 年，彭阳县改版升级彭阳县人民政府门户网站，首页动态展示彭阳实景高清视频，网站集成设置六大服务板块，通过“我想看”“我想办”“我想问”三大主流模块进一步方便群众查阅信息。依托全国政务新媒体信息报送系统，严格网络工作群管理。围绕全县“五特四新四优”产业、乡村振兴等重点领域，精心打造政府网站“政策公开讲”专题专栏，组织开展“政策公开

9月28日，彭阳县开展以“坚持为民履职，打造阳光政府”为主题的“互观互学　整乡推进”政府开放日活动　（张　治　摄）

讲”活动8次，进一步增强群众对政府工作的认同感、获得感。开发彭阳县村务公开微信小程序和大数据平台，打造162个行政村（社区）线下村务公开栏新阵地，实现村务公开线上线下全覆盖。持续打响“政府开放月”宁夏政务公开品牌，9月，集中组织16个部门（单位）开展“政府开放日”活动，切实保障人民的知情权、参与权、表达权、监督权。

【建议和提案办理】　2023年，彭阳县十届人大三次会议期间共立人大代表议案8件，分别由园区管委会、住建局、交通局、水务局、农业农村局等政府部门办理并全部办结，办结率100%。共立代表建议24件，2023年办结14件，占总数的59%；办理中1件，占总数的4%；争取办理9件，占总数的37%。县政协十届二次会议期间，共立政协委员重点提案6件，分别由县委宣传部、园区管委会、人社局、农业农村局等部门办理并全部办结，办结率100%。其间，共立委员提案32件，2023年办结30件，占总数的94%。截至年底，办理中2件，占总数的6%。

【政府热线】　2023年，彭阳县“12345”分办中心共受理市热线中心派发的工单6125件，其中，求助工单3573件、投诉工单2198件、咨询工单290件、举报工单33件、建议工单30件、表扬工单1件。按期办结4865件，按时办结率79.43%，市民满意率88.04%。

（李华龙）

信访工作

【概况】　2023年，彭阳县信访总量509件676人次，其中接待群众来访316批464人次，群众网上信访193件，网上重复信访29件。信访事项及时受理率100%，按期办结率100%，群众满意率97.14%。

【信访接待】　2023年，彭阳县落实领导坐班接访、包案化解制度，每天安排一名县级领导在县信访接待大厅坐班接待来访群众，为群众答疑解惑，对疑难复杂信访案件实行领导包案。县信访局对全县已办结的信访事项、人民网地方领导留言板及区、市、县领导信箱等投诉反映的问题逐件进行回访。全年县级领导坐班接待群众来访170批206人，化解突出信访问题43件。

【积案办理】　2023年，彭阳县开展集中治理重复信访化解积案专项行动，针对国家信访局第三批交办彭阳县的9件重复信访事项，落实7名县级领导包案、8个责任单位牵头办理，全部按期办结。集中开展化解信访突出问题专项行动。针对自治区党委第三巡视组交办彭阳县的187件重点信访事项（其中重复投诉10件并案办理），落实19名县级领导包案、27个责任单位牵头办理，除转交县纪委监委办理的5件外，其余的182件已全部按期办结。

【信访积案有效化解问题专项整治】　2023年，第二批主题教育开展以来，1个重点领域信访问题风险隐患（即银昆高速过境引发的信访突出问题，涉及王洼、白阳、城阳、红河、交岔5个乡镇

2023年4月27日，固原市信访局联合彭阳县信访局在县怡园广场开展《信访工作条例》集中宣传日活动（杨丽媛 摄）

226件信访事项），已完成评估226户，评估赔偿资金为93.2万元；与农户签订赔偿协议205户，兑现赔偿资金79.88万元，21户已经进入诉讼程序；8件重点疑难信访事项已全部化解。

【信访工作】 2023年，彭阳县召开5次信访工作联席会议，专题安排部署重大会议及重要节点期间的信访工作，全年防范和化解重大风险隐患3个，提出问责建议1次，印发督办函28份、预警信息5份、信访专报5份。

（胡亚娟）

行政审批

【一窗受理集中服务】 2023年，彭阳县全面推行“证照免提交”服务，对线下窗口58台高拍仪进行升级，积极引导办事群众通过“亮码”方式办理政务服务事项，免提交范围覆盖企业和群众办事高频使用证照的80%以上。梳理“零材料”事项75项，“一照（证）通办”事项72项，企业和群众申请时只填报相对简单的申请书（如备案表、承诺书等），提交一张证照即可办理政务服务事项。

【网上审批】 2023年，彭阳县全面提升“一网通办”能力，对全县1197项“网上办”事项按照行业政策更新变动和群众评价集中反馈的问题，由实施部门定期审查和更新完善网上办事指南，以确保公布最新办理流程和相关信息，让办事企业群众看得懂、学得会，实现线上线下无差别受理、同标准办理、同质量服务。全年网上办件量23万件，网办率84.3%。

【服务提升】 2023年，彭阳县按照“七统一”和“十个一”标准要求，12个乡镇便民服务中心和162个村（社区）“家门口”服务站建设完成。乡镇便民服务中心可办理132项，“家门口”代办事项54项，审批服务“马上办、网上办、就近办、一次办，掌上办”变为现实。建立“好差评”数据生成、归集、传输、分析、反馈机制，在县政务大厅和乡镇民生服务中心全面推广“好差评”工作机制，9480人次参与“好差评”评价，满意率为100%。将“12345”政务服务热线纳入政务服务体系统筹推进、统一管理，受理、办理“12345”便民服务热线中心下派有效工单5872件，办结率98.08%，群众满意度87.7%。成立彭阳县“帮办代办”志愿服务队，解决办事群众不能到现场或者到现场不会办理的困境，在政务大厅一、二楼安排志愿者，对老弱病残、退役军人等实行全程陪同办理或直接办理，对有困难办事群众，在大厅一楼设置“办不成事”反映岗，持续提升企业和群众办事获得感和满意度。

（雷　博）

信息化建设

【信息发布】 2023年，彭阳县编制《彭阳县政府信息公开发布“三审三校”制度》，严格履行信息编辑初审、复审、终审三道程序，通过政府网站和政务新媒体等平台，发布各类政府信息15146条。严格按照依申请公开线上线下办理流程，规范办理依申请公开35件。紧扣县委、县政府重大决策部署，明确政策解读流程、形式、内容，从源头上把关政策性文件解读工作，累计发布政策解读30条。

【网络建设】 2023年，彭阳县健全县、乡、村三级电子政务外网体系，加强对运营商政务网络运维的监督考核，提升全县电子政务外网资源配置效率。加大网络安全监管及通报力度，督促指导各乡镇、部门（单位）安装网络安全防护设施，通过终端防护总平台及各单位分平台统一下发病毒查杀任务，进一步提高全县网络安全防护水平。强化行政中心网络机房管理，采购行政中心网络机房整体运维服务、UPS（不间断电源）供电系统机头、制冷空调、上网行为管理软件授权，加大对网络、设备、数据全方位管理力度。完善机房运维保障体系，强化专人巡检、定期维护、安全应急演练等措施，全力保障行政中心正常办公办事。聚焦行业领域安全生产风险隐患排查，配齐行政中心网络机房及6个弱电井消防灭火设备，着力消除安全风险隐患。紧盯“全县会议一体协同”目标，不断提升“云视通”会议系统功能，在行政中心319主会场接入腾讯视频会议，配备摄像机和无线话筒，实现多种视频会议无缝对接。“云视通”会议系统连通县城8个重点会议场所、12个乡镇、162个行政村（社区）分会场，为全县重大事务一屏通管、统一调度、一体协同提供强有力的信息化技术支撑。

【“数字政府”建设】 2023年，彭阳县成立由政府分管领导为组长，各相关部门为成员的数字政府建设工作领导机构，统筹推进全县数字政府建设工作。印发《2023年彭阳县数字政府建设工作要点》，细化分工、压实责任，狠抓平台建设、协同应用、资源共享等重点工作。持续打造数字政府建设应用场景，全面深化全县水务、医疗、供销等领域数字化改革，发挥改革试点成果示范带动作用。将数字政府建设纳入全县效能目标绩效考核体系，建立清单定任务、台账管进度、督查问效能工作机制，推进数字政府建设目标任务落地见效。先后组织选派工作人员，赴贵州、厦门等地学习数字政府建设好思路好做法，为全县数字政府建设提供经验借鉴。积极宣传推介数字政府建设工作成效，总结提炼2022年度全县数字政府建设工作典型经验，得到自治区推进数字政府建设领导小组充分肯定，考核为三等奖并给予以奖代补资金50万元。

（杨红霞）

县直机关事务管理

【公务活动保障】 2023年，彭阳县贯彻执行《党政机关国内公务接待管理规定》《自治区公务服务实施办法（试行）》《宁夏回族自治区公务接待费管理规定》《彭阳县公务接待实施细则》等相关文件精神，严格落实公务接待清单制度，规范接待流程，建立统分结合、运转协调、高效有序的公务服务管理机制。保障自治区党委、政府主要领导到彭阳调研、全区安全生产巡查督查工作等各项接待工作190余次，配合其他部门完成接待工作110余次，保障彭阳县委、政府会议、各部门预订会议120余场次。

【办公用房管理】 2023年，彭阳县以“规范、高效、节约、安全、稳定”为基本原则，将除涉及国家秘

2023年12月，彭阳县机关事务服务中心四项举措开展“反对浪费、崇尚节约”文明行动 （张警予 摄）

密、国家安全等特殊办公用房的县级党政机关办公用房纳入管理系统。认真核实各部门占有及使用办公用房的面积，完成2023年度办公用房数据填报工作。全年共有6家县本级党政机关办公用房大中修项目提交申请，其中3家进入审核程序。印发《彭阳县公物仓信息平台试点建设实施方案》，召开全县公物仓信息平台试运行培训会议，扎实有序推进国家公物仓创新试点建设，搭建自治区行政事业性国有资产共享共用调剂平台。截至年底，67家单位全部完成内部组网，入仓单位5家，累计入仓资产31件，总价值114234元。

【公共机构节能】 2023年，彭阳县积极推动本地区节能改造工作，累计资金达2598.91万元。全年7个乡镇进行燃煤锅炉改造，投入资金达1145.63万元；行政中心办公楼1820处灯具进行节能改造，投入资金69.85万元；水务局、文化旅游广电局、住建局、农业农村局四栋大楼外立面（外墙保温）实施节能改造，改造面积13199.62平方米，投入资金1322万元；机关食堂和公寓灶进行改造升级，更换最新节能灶具累计资金11.43万元；2个重点用能单位进行分户、分项计量改造，实施能耗在线监测，累计改造资金50余万元。推动可再生能源替代行动，县机关事务服务中心对接发改局积极推动新建建筑安装太阳能光伏屋顶计划，按照《彭阳县清洁能源产业发展实施方案》逐步开展实施。加强对重点用能单位的创建和管理，机关事务服务中心、县人民医院和第四中学创建为国家级公共机构示范单位，县人民医院“打造全新绿色医院”获评2021—2022年度全区公共机构能源资源节约优秀典型案例。

（杨芳芳）

港澳台事务 侨务

【港澳台事务】 2023年，彭阳县对全县港澳台同胞情况进行摸排整理，配合市委统战部对全县港澳台同胞进行慰问，了解其存在的困难，帮助解决实际问题。

【侨务工作】 2023年，彭阳县全面发挥侨胞桥梁纽带作用，积极开展“爱侨志愿服务”活动，先后慰问侨眷8人次，组织培训学习1场次，召开座谈会2场次。在白阳镇茹河街社区建立彭阳县侨眷读书角，县委统战部走访慰问全县6名侨眷。

（高伟艳）

中国人民政治协商会议彭阳县委员会

Pengyang County Committee of the Chinese People's Political Consultative Conference

综　述

【概况】 2023年,中国人民政治协商会议彭阳县委员会（以下简称政协彭阳县委员会）坚持党的领导、统一战线、协商民主有机结合，坚持发扬民主和增进团结相互贯通、建言资政和凝聚共识双向发力,认真履行政治协商、民主监督、参政议政职能,广泛凝聚共识，为助力彭阳经济社会高质量发展作出积极贡献。

【政协委员构成】 2023年,政协彭阳县委员会共有政协委员180人,其中:中国共产党15人,民主党派和无党派人士11人,共青团2人,工会2人,妇联3人,工商联和新的社会阶层25人,科学技术协会1人,台胞1人,文化艺术界6人,科学技术界6人,社会科学界1人,经济界22人,农业界16人，教育界17人，体育界3人,新闻出版界2人,医药卫生界12人，社会福利和社会保障界7人，散居少数民族1人，宗教界12人,特邀人士15人。

【政协委员会自身建设】 2023年，政协彭阳县委员会修订完善常务委员会工作规则、提案办理工作规程、"有事好商量"协商活动规则等制度6项。严格执行重大事项请示报告制度，向县委请示报告重要事项、重要会议、重要工作11次。印发《县政协党组关于自治区党委巡视组反馈问题整改方案》,成立整改落实工作领导小组,细化制定4项整改措施,实施台账管理,严格"对账"销号。召开巡视整改专题民主生活会,查摆班子及成员问题27条,细化措施,全部整改。全年开展党组会、

2023年政协彭阳县第十届委员会常务委员会组成人员一览表

表14

职　务	姓　　名
党组书记、主席	马文山(回族)
党组副书记、副主席	赵　坤
党组成员、副主席	文珍珠(女)
副主席	杨世福
党组成员、秘书长	刘世锋
委　员	余在德　杜占山　王志成　赵银汉　扈志明 海文春(回族)　赵香莲(女)　张志娥(女) 何万兵　陈让云　张志强　蔺瑞峰　张志科 白丽(女,回族)　海正芳(女,回族)　任小帅 李云　任三敬　袁金琴(女)　马彩霞(女,回族) 剡成虎(回族)　查安(回族)　沈丽云(女) 海玉满(回族)

2023年政协彭阳县第十届委员会委员一览表

表15 单位:人

界别	姓名	人数
中国共产党	刘世锋 马　福 张　娟 余在德 马文山 赵　坤 文珍珠 张鹏军 海文春 王　宇 晁海军 黄　勇 虎　富 张彦文 惠泽仁	15
民主党派和无党派人士	杨世福 陈让云 任三敬 赵香莲 张社军 张伟正 赵慧芳 李升阳 查　安 马韶梅 王玉坤	11
共青团	杨立慧 王永宁	2
工会	石效霞 刘莉萍	2
妇联	海正芳 赵凤琴 陈雪霞	3
工商联和新的社会阶层	杨万升 任小帅 姬智慧 沈丽云 袁继仁 苏发忠 梁　生 邵建海 王兴瑞 崔生琴 林万丰 李恒春 张广智 祁飞龙 张　勇 杨　利 李会标 陈振文 张　玉 白世峰 惠树玉 乔　佩 刘正学 王春霞 强志芳	25
科学技术协会	王前军	1
台胞	杨　林	1
文化艺术界	林生库 杜占山 杨宁国 何海燕 侯　鹏 马宏芳	6
科学技术界	剡成虎 常富德 扈志强 刘　惠 张银付 米克进	6
社会科学界	李　娟	1
经济界	冯天佐 张志强 海　鹏 何万兵 徐万平 冶　珺 冯　婧 马彩霞 兰晓娟 郭文娟 吴　佩 牛雅玮 马红军 晁　佩 吴国建 康琼霞 袁士伟 祁　玉 阿　瑞 杨平忠 王志成 张生有	22
农业界	张志科 李　云 蔺瑞峰 邓彩丽 胡长青 谈志斌 周　花 杨　玲 马科奇 许佐周 乔守君 邓占钊 陈世贵 党进奎 张　虎 赵　波	16
教育界	张志娥 杨　芳 陈海燕 孙国顺 马雪花 郑永霞 王兴旺 马凤富 马　芳 王洪海 马伯慧 陈立春 杨文元 郑　周 李树敏 马金山 海维强	17
体育界	张红霞 席彩霞 海　娟	3
新闻出版界	扈志明 杨万库	2
医疗卫生界	杨志斌 马素霞 马晓娟 高　勇 张俊秀 袁金琴 姬文廷 杨彩秀 党孝奇 姬芳芝 胡聪聪 贾东慧	12
社会福利和社会保障界	徐　梅 朱建鹏 马灵智 张文忠 李鸿奎 赵银汉 白　丽	7
散居少数民族	沙阿塔·邦嘎	1
宗教界	刘效龙 海玉满 韩秉军 马彦发 马喜云 鲜碧录 马志刚 马玉福 马成山 杨生龙 周凤奇 马文林	12
特邀人士	马　兵 李维勇 杨陇东 刘月花 姬武军 姚微波 陈宏璋 汪志骞 剡晓明 海　岗 马福平 姬元林 马鑫鋆 陈永明 惠忠民	15

理论学习中心组学习、集中学习等会议25次,专题研讨18次。协助县委组织部做好1名科级干部民主推荐工作，调任4名年轻干部进入政协队伍。组织班子成员和各专委会主任20人次参加区、市政协轮训学习，在厦门华侨大学、中共永新党校、重庆大学举办政协委员履职能力提升培训班3期150余人次，在县内举办委员培训班1期140余人次。

（顾　龙）

重要会议

【概况】 2023年,政协彭阳县委员会共召开常务委员会议4次，审议通过《政协彭阳县委员会常务委员会工作规则》等13份报告,未召开全体会议。

【政协常委会会议】 2023年,政协彭阳县委员会共召开常务委员会议4次。

（顾　龙）

2023年政协彭阳县委员会召开常委会会议情况一览表

表16

会议时间	会议名称	会议内容
3月28日	十届八次常委会会议	审议通过《〈彭阳生态建设40年〉编纂工作实施方案》
7月20日	十届九次常委会会议	听取县人民政府关于全县上半年经济运行情况的通报、县人民政府关于提案工作办理情况的通报、县人民法院上半年工作情况通报、县人民检察院上半年工作情况通报、县创城办关于彭阳县创建全国文明城市工作的通报、县农业农村局关于全县肉牛产业发展情况的通报;审议通过《关于创建全国文明城市工作的考察报告》《关于全县肉牛产业发展情况的调研报告》
9月26日	十届十次常委会会议	听取县乡村振兴局关于彭阳县“十二五”“十三五”县内移民工作情况的通报、县发改局关于彭阳县石油资源开发利用情况的通报、交通局关于彭阳县乡村道路建设情况的通报;审议通过《关于“十二五”“十三五”县内移民工作情况的视察报告》、《关于石油资源开发利用情况的调研报告》、《关于全县乡村道路建设情况的调研报告》、《政协彭阳县委员会常务委员会工作规则》和有关人事事宜
12月29日	十届十一次常委会会议	听取县人民政府关于县政协十届二次会议以来提案办理情况的通报、县人民法院2023年工作情况的通报、县人民检察院2023年工作情况的通报、县教育体育局关于全县基础教育工作情况的通报;审议通过《关于赴河北山东省部分县(区)考察基础教育工作情况的报告》、《政协彭阳县委员会提案办理工作规程》、《中国人民政治协商会议彭阳县第十届委员会常务委员会工作报告（草案)》、《中国人民政治协商会议彭阳县第十届委员会常务委员会提案工作报告(草案)》、《政协彭阳县委员会2024年协商计划(草案)》、政协彭阳县第十届委员会第三次会议会务文件(草案)、政协彭阳县第十届委员会有关委员辞职的决定(草案)、增补政协彭阳县第十届委员会委员事宜;审议政协彭阳县第十届委员会补选常务委员候选人建议名单(草案)、政协彭阳县第十届委员会第三次会议选举办法(草案)

协商议政

【概况】 2023年,政协彭阳县委员会落实党政点题要求，围绕全县教育教学、社区民生保障等开展调研,提出意见建议,助力相关问题解决。全年围绕乡村道路建设、石油资源开发利用等议题调研并提出意见建议41条。

【委员大讲堂】 2023年,政协彭阳县委员会开展委员大讲堂活动2次。3月7—15日,县政协提案和委员联络委员会、经济委员会,组织农业界委员先后在小岔、红河等乡镇的肉牛养殖示范村开展“肉牛养殖技术培训”委员大讲堂活动。4月7日,县政协组织部分县政协委员和机关干部43人,前往姚河塬西周城址调研并围绕“文物保护和利用”开展委员大讲堂活动。

（顾　龙）

提案与社情民意

【概况】 2023年，政协彭阳县委员会提出提案65件，内容涉及全县产业发展、乡村振兴、生态建设、文化旅游、社会治理、民生事业等各个方面。经审查，立案38件，并案7件，转为意见建议处理20件，这些提案分别由15个部门办理，所有提案都在规定时限内办结，办复率100%。全年报送社情民意信息20期，得到县委、县政府主要领导批示15期，其中“关于加强县人民医院人才引进和培养的建议”“关于重新核定中小学教师编制的建议”“关于加强彭阳县农村生活污水处理设施后续管理的建议”得到自治区政协办公厅采纳。

【办理关于大力发展庭院经果林产业的提案】 在中国人民政治协商会议彭阳县第十届委员会第二次会议上，提出“关于大力发展庭院经果林产业的提案”。彭阳县自然资源局制定印发《彭阳县林果产业高质量发展五年规划》，采取流域生态经济、庭院经济、设施栽培和嫁接改良提升“四种模式”，大力发展以红梅杏为主的林果产业。已完成庭院红梅杏栽植1721亩、庭院苹果栽植513.4亩、山杏高接改良3000亩、经果林晚霜冻预防及病虫害防治2万亩、山杏林食心虫防治10万亩。引进宁夏微元素食品开发有限公司年产2000吨红梅杏条和5万吨富钾富锶干果饮品项目，截至年底均已投产。

【办理关于切实提质增效宁南数字经济产业园的提案】 在中国人民政治协商会议彭阳县第十届委员会第二次会议上，提出“关于切实提质增效宁南数字经济产业园的提案”。宁南数字经济产业园共建设A、B两个区域。A区面积1.08万平方米，入驻企业22家，其中数据服务外包企业10家，投放电销、贷后管理、数据标注、在线教育等呼叫业务，电子商务类企业9家，园区管理运营和餐饮、零售企业3家，累计带动就业1600余人，稳定就业470人，累计发放工资2010万元。2023年8月被评为自治区数字经济示范园区。B区于11月底建成投运，面积0.67万平方米，已签约唯品会、广东浩传、北京讯众等头部企业，以客服业务为主，后期将形成区域范围内最大综合客服中心。截至年底，园区发展整体顺利，入驻企业均处于较好盈利状态，利润率约40%。

（顾　龙）

彭阳县政协十届二次会议委员提案办理情况一览表

表17

序号	提案名称	进展情况
第1号	关于大力发展庭院经果林产业的提案（重点提案）	已办结。制定印发《彭阳县林果产业高质量发展五年规划》，采取流域生态经济、庭院经济、设施栽培和嫁接改良提升“四种模式”，大力发展以红梅杏为主的林果产业。已完成庭院红梅杏栽植1721亩、庭院苹果栽植513.4亩、山杏高接改良3000亩、经果林晚霜冻预防及病虫害防治2万亩、山杏林食心虫防治10万亩。引进宁夏微元素食品开发有限公司年产2000吨红梅杏条和50000吨富钾富锶干果饮品项目，截至年底，均已投产
第2号	关于王洼产业园区民营企业高质量持续发展的提案（重点提案）	已办结。制定印发《彭阳县全面优化营商环境推动民营经济高质量发展实施意见》《彭阳县王洼产业园区中小企业孵化园管理办法》，帮助中小企业降低运营成本，提高创业孵化率。建立县级领导包抓机制和“一企一册”台账，召开全县民营经济高质量发展暨优化营商环境座谈会、政银企对接会。累计兑现招商奖励资金2324万元，为17家企业争取项目资金5606万元，协助解决企业贷款3600万元，有效利用产业高质量发展和乡村振兴引导资金2340万元，帮助7家企业渡过难关。举办大型人才招聘会3次，为企业招聘员工200余人，有效解决企业用工难题

续表 17

序号	提案名称	进展情况
第 3 号	关于改造提升蔬菜老旧园区日光温室效益的提案（重点提案）	已办结。引进六盘红果有限公司，成立田韵农业专业合作社，利用以工代赈项目资金 350 万元加企业自筹 157.1 万元，维修改造红河镇上王设施农业园区老旧日光温室 131 栋。通过旧棚改造提升，单棚净产值达 6000—15000 元，同时通过提供就业等方式联农带农，建立利益联结机制，带动周边群众增收。争取 2023 年中央专项彩票公益金支持欠发达革命老区乡村振兴项目，在海子塬、宽坪设施农业园区实施维修改造日光温室 516 座，其中海子塬 441 座、宽坪 75 座，全面推进老旧设施农业园区改造提升，改造后该园区年育苗量 2000 万株，生产以辣椒为主的冷凉蔬菜 3000 吨，助力农户增收
第 4 号	关于推进用水权改革工作的提案	已办结。深化巩固水权改革，赋能水权资产价值，鼓励区域水权、取水权、灌溉用水户用水权等水权交易，完善合理水价形成机制，深化农业水价综合改革，健全城乡供水价格动态调整机制，构建“资源有价、使用有偿、节水增效”的用水新业态。积极引导鼓励国有企业和金融机构参与用水权收储交易，已完成水权交易 13.9 万元，用水权质押授信贷款 1000 万元。先后出台配套文件 14 项，签订用水权代管协议 1.32 万份（户），颁发用水权证 83 个（农业 81 个、工业 2 个），申领取水许可证 9 个（工业 8 个、规模化养殖业 1 个）；在宁夏公共资源交易平台自然资源要素交易市场二级交易平台完成我区首例用水权市场化交易，交易工业用水权 1.8432 万立方米
第 5 号	关于加快构建肉牛产业高质量发展创新体系的提案	已办结。出台《彭阳县促进当前形势下肉牛产业健康发展实施方案》，免费发放救灾饲草 1151 吨，扶持农户调运饲草 5.16 万吨，全面推进饲草青贮工作，收割青贮玉米 20.29 万亩、池贮饲草 63.16 万立方米、薄膜青贮 7.74 万吨；培育 50 头以上养殖大户 196 家，100—200 头 13 家，200—300 头 5 家，300—500 头 2 家，500 头以上 4 家，全县现有千头肉牛养殖村 46 个、万头肉牛养殖乡镇 5 个，肉牛养殖户（场）达到 1.5 万户；累计完成“见犊补母”3.34 万头，实施肉牛冷配改良 4.8 万头；巩固培育“2652”“5350”肉牛养殖示范村 71 个，新建“出户入园”示范园区 3 个，盘活利用闲置规模养殖场 2 个，建成年屠宰牛 2 万头屠宰场 1 个、肉牛分割中心 2 家，全县肉牛饲养量达到 23.52 万头
第 6 号	关于进一步规范彭阳县快递业发展的提案	已办结。成立彭阳县交通运输行业党委，指导企业成立快递行业协会，促进交通运输行业政策和党建工作深度融合。印发寄递行业专项治理方案，联合市监、公安、劳动保障等单位开展培训 2 次，开展联合执法检查 2 次，督促 9 家快递企业全部为员工缴纳保险，京东、顺丰、邮政 3 家快递企业为员工缴纳了养老金和保险。构建“一点多能、一网多用、功能集约、便利高效”的城乡运输服务发展新模式，积极推进客货邮商融合发展示范县
第 7 号	关于优化营商环境提升政务服务能力的提案	已办结。一是在政务大厅设置“办不成事”窗口，企业和群众在办事过程中发现某项业务“不好办”“不能办”“办不了”，可以向“办不成事”窗口反映，进一步优化办事流程，确保“办不成事”向“办成事”转化，进一步提升政务服务的办事成功率。二是增设“党员兜底服务”窗口，针对办事群众提交申请后没能成功受理、审批，或多次到大厅仍未能解决问题等相关情况，收集后按照难易程度、轻重缓急归纳梳理，优化办事流程、明确责任主体、办理措施和完成期限，让办事群众办成“难办的事”。三是提供免费刻章服务。新开办企业可享受首套印章免费刻制服务，为新开办企业节约印章刻制成本。在企业开办“零跑动”“一次办”的基础上，联合县公安局，推动实现企业开办“零成本”。四是优化政务服务场所功能布局，全面推行“无差别”一窗综合受理和“专区分类”一窗并行模式，设置企业开办、项目建设、综合服务等审批服务专区和“一件事一次办”“跨省通办”“区内通办”“委托授权”审批窗口等

续表 17

序号	提案名称	进展情况
第 8 号	关于切实提质增效宁南数字经济产业园的提案(重点提案)	已办结。宁南数字经济产业园共建设 A、B 两个区域。A 区面积 1.08 万平方米,入驻企业 22 家,其中数据服务外包企业 10 家,投放电销、贷后管理、数据标注、在线教育等呼叫业务,电子商务类企业 9 家,园区管理运营和餐饮、零售企业 3 家,累计带动就业 1600 余人,稳定就业 470 人,累计发放工资 2010 万元,2023 年可入规上限数字信息企业 1 家。2022 年 10 月被评为自治区级现代服务业集聚区,2023 年 8 月被评为自治区数字经济示范园区。B 区已于 11 月底建成投运,面积 0.67 万平方米,已签约唯品会、广东浩传、北京讯众等头部企业,以客服业务为主,后期将形成区域范围内最大综合客服中心。截至年底,园区发展整体顺利,入驻企业均处于较好盈利状态,利润率约 40%,能够源源不断提供高质量就业岗位,有效解决县域及周边地区高校毕业生等群体就业问题,推动县域经济社会发展,打造彭阳产业竞争新优势
第 9 号	关于加强保护和建设好高标准农田的提案	已办结。制定印发《彭阳县高标准农田工程设施管护制度》,高标准农田建后管护按照"谁受益、谁管护,谁使用、谁管护"以及"市场手段与政府补助相结合"等原则开展建后管护。已完成 2023 年 15 万亩高标准农田建设任务,实施土地平整 15 万亩,机深耕旋耕 12.53 万亩,涉及彭阳县 12 个乡镇 47 个行政村,受益 13193 户 45924 人
第 10 号	关于支持和鼓励民营企业参与山林权改革的提案	已办结。通过招商引资等途径,支持和鼓励民营企业参与山林权改革。2023 年培育涉林新型经营主体 17 家,累计培育 22 家,其中民营企业 8 家,流转山林地 3.1 万亩,累计流转 4.79 万亩,用于实施低效林改造、发展林下经济和林产品加工等涉林生产经营活动。县内 1 家企业被命名为国家重点龙头企业,2 家企业被命名为国家林下经济示范基地,2 家合作社被命名为自治区林下经济示范基地
第 11 号	关于编制乡村建设规划,全面推进乡村振兴的提案	已办结。制定《彭阳县村庄规划工作实施方案》,根据村庄分类结果,结合各村实际和发展建设需要,在认真调研论证的基础上,梳理村庄现状,按照技术规范开展村庄规划编制工作,编制能够指导今后乡村发展的"多规合一"实用性村庄规划。彭阳县 156 个行政村村庄规划编制工作已全部完成
第 12 号	关于建设彭阳县零工市场的提案	彭阳县零工市场位于县城农贸市场西侧,用地面积 334 平方米,建设风雨亭一座,设置座位 60 个,完善基础建设、配套设施、信息服务等。2023 年 5 月,政府专题会议研究,同意建设县零工市场。2023 年 7 月,政府常务会议研究,同意划拨国有存量建设用地作为零工市场建设用地。截止 2023 年底,零工市场项目已完成前期准备工作,申请涉农整合资金项目支持,待资金到位后开工建设
第 13 号	关于进一步提升创建全国文明城市工作的提案(重点提案)	已办结。一是制定《彭阳县 2023 年创建全国文明城市暨城市更新行动实施方案》,构筑"1+4+6"工作模式,着力攻难点、补短板、强弱项。健全网格化管理长效机制,将 82 个网格片区优化为 1017 个子网格,厘清创建责任。健全问题清单督导机制,制定下发《彭阳县创建全国文明城市问题清单》,紧盯问题,逐项销号。二是加强基础设施建设,对全县基础设施存在的短板不足进行全面摸排,列入年度财政预算,对于发现的短板不足逐项整改。持续开展城乡卫生环境专项整治,在西门菜市场、农贸市场出店经营现象严重的店铺周围设立"一米线",持续改善市场周边的市容环境和卫生秩序。出动警力下沉至广安路、泰和路等重点路口、路面,常态化开展不文明行为专项整治行动,纠正查处各类交通违法行为 3.2 万起。三是持续深化文明素养提升行动,以新时代文艺轻骑兵进小区宣传活动为契机,通过喜闻乐见的节目,不断提高群众知晓率和满意度,截至年底,已开展活动 50 余场次。在彭阳新闻曝光台公开曝光乱停乱放、乱泼乱倒等不文明行为 30 起

续表 17

序号	提案名称	进展情况
第 14 号	关于规范住宅小区物业管理的提案	一是制定印发《彭阳县开展“加强物业管理　共建美好家园”活动实施方案》，进一步加强对各小区物业的监管，严格审查业委会选举备案、公共维修资金的提取使用程序。二是监督物业管理企业及时公开物业收费细则及使用情况，每月针对物业服务企业的收费是否透明、管理及资质等进行督查检查至少 1 次。三是加强对物业服务企业的监管，督促物业企业经常性开展员工的学习培训，提高工作人员理论水平和服务意识，减少在管理过程中的纠纷矛盾、鼓励物业服务企业高薪面向社会招聘大学生、退伍军人中招聘物业工作人员，提高物业服务水平。四是依法依规清退一批服务质量差、群众满意度低的物业服务企业，依法整治一批住宅小区内的违法违规行为，及时引入高质量物业服务企业，解决部分小区物业管理缺失的问题。五是加强各种法律条例的宣传，加强《物业管理条例》《中华人民共和国物权法》《中华人民共和国合同法》《业主大会议事规则》《大修基金管理办法》《装饰装修管理办法》等物业管理相关的法律法规宣传
第 15 号	关于加强共享单车管理的提案	已办结。一是针对共享单车运行中存在的问题，及时向运营公司下发《责令整改通知书》，督促运营公司指派专人进行摆放，设立点位告示牌。二是督促运营公司对单车停放点进行调整优化，新增 20 个点位方便市民出行。三是督促运营公司指派专人对单车头盔定期消毒清理，对破旧头盔进行及时更换，对车辆定期维护保养。四是加大监管力度，督促运营公司加强对共享单车的管理，形成长效管理机制
第 16 号	关于在民乐苑小区和财富广场科学规划建设公厕的提案	已办结。民乐苑小区初建时建有公共厕所和垃圾中转站，现产权属于民乐苑小区开发商宁夏正丰房地产开发公司，已纳入收购计划。财富广场公厕已联系维修到位，厕所现能正常使用，同时在财富广场东西头各建 1 座临时公厕，能够满足财富广场周围商铺及梯田巷夜肆消费者如厕需求
第 17 号	关于切实整治乱占河床耕作的提案	已办结。及时更新河长信息并纳入自治区信息平台管理，完善 7 名县级河长、78 名乡（镇）级河长和 135 名村级河长的责任网格。编制完成全县 56 条河沟责任划分图，划定三级河长管理责任范围，设置巡河打卡点 733 个，实现河沟管理全覆盖。完善河长制管理综合信息平台，所有河长安装“河长通”手机 APP，全面落实“县级河长一月一督查，乡镇河长半月一检查，村级河长每周一巡查”机制，充分发挥“河长＋检察长＋警长”工作机制及各项规章制度。全年各级河长巡河 220 人 7408 次，组织开展各类巡河检查 56 次，三长制联合检查 4 次，发现“四乱”问题 14 个，全部销号。已完成 155 个解译的河湖遥感疑似问题图斑核查整治工作。后期将继续常态化开展“清四乱”巡查，加强河道管理，保障行洪安全
第 18 号	关于持续推进美丽乡村建设的提案（重点提案）	已办结。创新完善积分兑换、红黑榜、美丽庭院等激励评选制度，引导发动群众积极参与环境卫生整治和管理维护，推动乡村环境从干净整洁向美丽宜居转变。2023 年打造农村人居环境整治示范乡 3 个、示范村 20 个。2023 年高质量完成农村户厕改造 681 户，打造农村厕所革命整村推进村 17 个，超额完成改造任务
第 19 号	关于韩涝公路五峰山景区过境段边沟改造增设集雨池的提案	已办结。截至年底，韩涝公路五峰山景区过境段边沟改造工程组织施工，因增设集雨池占用林地，已通过边沟改造将雨水排入自然沟道

续表 17

序号	提案名称	进展情况
第 20 号	关于推动全民阅读,建设书香彭阳的提案	已办结。一是促进网读开展。根据《关于举办宁夏中小学阅读研讨暨全民阅读现场会的通知》,于 9 月 26—28 日组织开展宁夏中小学阅读研讨暨全民阅读活动,来自全区 500 余名一线教师、教研员参加。二是提升阅读质量。出台《彭阳县中小学师生课外阅读工作实施意见》等阅读管理制度,引导全县广大师生在课外阅读中获取语言知识和语言能力,全面提升中小学阅读教学质量。三是补充阅读资源。争取福建翔安图书捐赠 657 本,补充罗洼中心校、冯庄中心校等农村学校图书室;宋庆龄基金会捐赠图书 100 册,补充红河中学、新集中学等学校图书室;县委组织部根据各学校阅读需求将给学校补充价值 22 万元的图书;政府拨款 30 万元采购短缺书目,根据各学校需求,已分发各学校
第 21 号	关于重视地方文化挖掘的提案	已办结。一是挖掘整理汇总地椒茶、果脯、窑洞、春官词、社火等 17 个非遗项目,并成功申报成为第二批彭阳县非物质文化遗产代表性项目;彭阳建茹剪纸、刺绣保护传承基地成功申报第八批自治区级非物质文化遗产保护传承基地。举办"文化和自然遗产日"宣传展示、"非遗进校园"、"非遗进社区"非遗培训活动 9 场次,开展线上"云享非遗·影像展"13 期;普查整理中医针灸、酿醋非遗项目资料,为下次非遗项目评审打好基础。二是成功举办第十九届宁夏六盘山山花节暨第十一届"梯田花海·醉美彭阳"文化旅游节银川推介会、开幕式、第二届"红梅杏"开园节、第五届"金色彭阳·醉美梯田"文化旅游节;组织人员参加第十八届海峡旅游博览会暨第八届中国(厦门)国际休闲旅游博览会,5 月组织赴西安、福州参加避暑季旅游推介活动,整体推介彭阳文化旅游资源。三是打造以乔家渠民宿、罗堡山庄、江南农庄等为代表集观光、餐饮、住宿、采摘、休闲娱乐于一体的乡村综合体。以"宁夏二十一景"为契机,制定《彭阳县打造"宁夏二十一景"之固原彭阳梯田创新升级工程三年行动方案(2023—2025 年)》,通过《宁夏日报》发布《彭阳:文旅融合助力乡村振兴提质增效》,依托"彭阳文旅"微信公众号发布原创文化旅游推文 36 篇,拍摄发布宣传视频 70 余条,多渠道宣传彭阳。四是结合彭阳文旅资源特点,制定红色研学游、梯田观光游、历史考据游三条精品旅游线路,发布彭阳旅游指南,绘制并印发旅游地图;发展五星级乡村旅游示范点 3 家、四星级乡村旅游示范点 4 家、三星级农家乐 5 家
第 22 号	关于深入推进移风易俗努力打造文明乡风的提案	已办结。一是新修订完善 156 个行政村"村规民约",把彩礼最高限额、倡导移风易俗等内容纳入其中,举办全县首届"村规民约"诵读大赛,17 个行政村 185 人参加比赛,带动 2000 余名群众开展诵读活动,让"村规民约"入人心,成为村民自治的行动自觉。指导白阳镇政府街社区、白阳镇陡坡村、红河镇何塬村参加固原市首届"村规民约"诵读大赛,荣获二等奖 1 个、三等奖 2 个。二是坚持把抵制高价彩礼、引领社会新风作为评选表彰星级文明户、移风易俗示范户等的重要条件,评选表彰移风易俗示范户、"好公婆"、"好儿媳"、"星级文明户"等先进典 1300 余人。三是全面推行乡村文明实践积分卡制度,开展积分兑换 69.51 万余分,参与积分兑换农户 2 万余户,让"小积分"成为引领乡风文明的新时尚。四是充分发挥新时代文明实践所(站)作用,组织开展习近平新时代中国特色社会主义思想、党的二十大精神、移风易俗政策等各类宣传宣讲 2000 余场次;组织开展"四个一"文体活动 1500 余场次,通过经常性开展活动,推动农村精神文明建设不断走实走深。五是在"文明彭阳"微信公众号上发布《彭阳县关于"拒绝高价彩礼、推进移风易俗"问题线索举报奖励办法的通告》,公布举报电话、明确奖励标准,鼓励广大群众积极举报

续表 17

序号	提案名称	进展情况
第 23 号	关于引进高层次人才的提案	已办结。通过公开招聘、基层项目招募等方式，引进硕士研究生 7 名；通过对口帮扶，引进硕士研究生 10 名，高级职称专家 7 名；通过兼职挂职的方式，柔性引进硕士研究生和高级职称专家 51 人，引进 24 名高级职称专家服务基层；通过自主培育的方式，培养青年拔尖人才 2 名
第 24 号	关于提升农村中学科技馆和城区青少年科学工作室建设的提案	已办结。一是制定《农村中学科技馆运行标准规范》，建立农村中学科技馆场地建设、展品陈列、宣传开放、活动开展等方面评价体系，组织参加青少年科技创新大赛、青少年科学节、校园科技节等活动。二是建立培养优良的科技教师队伍，城区每所学校及农村有科技馆的学校配备 1 名专职科技辅导员开展科技工作。三是在评优选先、职称晋升方面向科技辅导老师倾斜。四是积极参与区市县各级各类线上线下科技培训活动，组织 135 人次教师参加了区市县的科技培训活动，并有 5 件作品分别获得区市级二等奖、三等奖和优秀奖
第 25 号	关于农村环境卫生综合治理的提案	已办结。一是 2023 年计划高质量完成农村户厕改造 655 户，打造农村厕所革命整村推进村 17 个，已全部完成。二是紧盯公路、村组道路两侧沿线、农户房前屋后等重点区域，压茬推进村庄清洁提升行动“四季战役”。创新完善积分兑换、红黑榜、美丽庭院等激励评选制度，引导发动群众积极参与环境卫生整治和管理维护。2023 年在全县打造农村人居环境整治示范乡 3 个、示范村 20 个。三是持续优化健全农村生活垃圾治理体系，常态化开展垃圾分类和资源化利用示范创建，制定农村生活污水治理工作实施意见和设施运行维护管理办法，强化厕污同治，指导做好农村生活污水治理项目的谋划布局、模式选择、项目施工。四是 2023 年在古城小岔沟等 7 个村开展农村污水治理及资源化利用项目。全县农村生活垃圾治理村庄覆盖面将达 95%以上，生活污水治理率将达到 42%
第 26 号	关于县城南门工业园区及杜家沟企业安置区环境卫生治理的提案	制定园区生态环境保护工作方案，签订环境卫生责任书，组织对南门工业园区及杜家沟安置区公共区域环境卫生集中清理 2 次，项目建设工地采取覆盖、洒水、进厂道路铺砂等措施降尘防尘，持续改善园区生态环境质量
第 27 号	关于对工业园区东下角河道两侧环境治理的提案	已办结。制定园区生态环境保护工作方案，联合住建局、水务局对工业园区东下角河道两侧环境进行治理，截至年底，已开展集中清理污泥、污染物 2 次
第 28 号	关于加强古城镇茹河流域生态环境保护和污染防治的提案	申报《彭阳县茹河流域乃河水库至店洼水库段生态缓冲带修复项目》，该项目已于 6 月完成初步设计，9 月完成专家评审进入自治区水污染治理项目库，10 月 20 日提交国家水污染项目库，等待生态环境部审查批复
第 29 号	关于有序实施“减盐行动”助力健康中国建设的提案	已办结。一是强化行业监管，依法加强对碘盐市场的监督管理，2023 年以来未发现重大碘盐违法案件。对碘盐销售点、居民各层次碘盐进行全定量跟踪检测，居民合格碘盐覆盖率达 90%以上，儿童尿碘监测指标达标。二是强化宣传引导，组织开展健康知识“六进”宣讲活动和“三减三健”活动 460 场次，累计发放“小三件”6500 套，发放宣传册、宣传用品 4 万余件。结合全民健康营养周、世界家庭日等活动集中宣传“减盐行动”65 场次

续表 17

序号	提案名称	进展情况
第 30 号	关于进一步加强义务教育学校劳动教育的提案	已办结。一是制定印发《彭阳县关于组织开展劳动教育系列活动的通知》《关于进一步做好中小学劳动教育工作的通知》,要求学校高度重视,在落实好常规工作的基础上,按照时间节点扎实组织开展各项活动,如期高质量做好各项申报工作。学校利用宣传栏、班级微信群等平台大力宣传,引导家长认识劳动教育的重要性。二是各中小学校切实履行全面实施劳动教育的领导责任,加强宣传引导,制定政策措施并督促落实,认真解决劳动教育实施过程中的难点问题。全县各中小学根据实际情况,以学期为单位规划建立劳动教育实施方案,引领保障好劳动教育活动有序开展。三是严格按照国家标准,要求全县中小学开设劳动教育课每周不少于 1 课时,每学年设立劳动教育周,由各校在学年内或寒暑假自主安排,以集体劳动为主,小学低中年级以校园劳动为主,小学高年级和中学适当走向社会、参与集中劳动
第 31 号	关于解决农村教育资源配置问题的提案	已办结。2023 年根据学校学科教师短缺情况设岗,共招聘 11 名事业编制教师和 3 名公费师范生,由于乡村学校规模小等原因,按照优质均衡发展要求,无法保证每校都配备相应学科教师,因此,县教体局继续采取城区和乡镇内音体美等短缺学科教师走教的形式,2023 年春季学期共派出音体美学科走教教师 19 名,秋季学期共派遣音体美学科走教教师 17 名。为进一步改善学校办学条件,争取 2023 年薄弱环节改善与能力提升项目建设红河镇中心学校教学楼 3000 平方米施工;改造古城镇初级中学 200 米运动场已竣工投入使用;新集乡赵沟小学、白草洼小学、太寺小学、古城镇中川小学、红河镇宽坪小学、红河镇初级中学、沟口寄宿制学校、交岔乡中心学校、孟塬乡中心学校等学校校舍维修改造已完工
第 32 号	关于持续加强中小学生心理健康教育的提案	已办结。一是立足课堂阵地,开设心理健康教育课,目前全县各中小学校开课率为 100%,各学校结合不同学段学生特点,开发心理健康教育课程,利用“5·25”心理健康教育月等主题活动提升学生心理健康素养。二是全县设立心理咨询室 75 间,每间至少配备 1 名专职或兼职心理健康教育教师,周一至周五每天开放不少于 4 小时,及时为学生提供心理咨询和辅导服务,并定期开展团体辅导活动。三是邀请校外心理健康专家 5 人,进校指导心理健康教育工作;建立医教合作机制,选派心理健康专业专家 43 名,先后组织培训心理健康兼职教师 212 名,教体局招聘心理健康教育专业教师 14 名,保障心理健康教师队伍建设。四是设立校外心理咨询室,积极开展心理健康援助服务,由 5 名中小学专职心理教师面向全县学生、家庭提供心理咨询服务,及时解答学生、家长的困惑和问题,做好常态化心理咨询服务,并利用社区家庭教育服务站
第 33 号	关于解决县医院、中医院在编人员差额工资的提案	已办结。根据《关于彭阳县事业单位分类的通知》(宁编办发〔2015〕221 号)和《关于印发彭阳县卫生系统九定方案的通知》(彭编发〔2006〕28 号)精神,县人民医院、县中医院为公益二类定额补助事业单位。全区 55 家公立医院全部执行差额工资,解决在编人员差额工资暂无政策依据
第 34 号	关于在县城居民小区附近规划设置便民“早市”的提案	已办结。一是采取早中晚三班制错时巡查,加强现有的老城市场和利民街市场 2 个农贸市场规范管理,归行划市,引导商户进场经营。二是合理设置临时摊位疏导点,根据时令蔬菜瓜果售卖实际,在不影响行人和车辆通行条件下,截至年底,已在三泰街、栖凤小区门口西侧、西门体育场对面,绿都华府西侧设立流动摊点疏导点四处,设立告示牌,引导零星蔬菜瓜果商贩集中规范售卖

续表 17

序号	提案名称	进展情况
第 35 号	关于切实减轻中小学生课外负担的提案	已办结。一是彭阳县校外培训机构已实现全流程监管；对校外培训机构存在的未按规定明码标价、价格欺诈等违法违规行为，通过询问学生和家长等方法，进行跟踪督查，确保培训机构不发生恶意涨价行为，对不落实预收费资金监管要求的校外培训机构，采取约谈等方式，会同银行严格监控教培机构，严防“卷钱跑路”等问题发生，完善“黑白名单”制度，定期发布校外培训机构黑白名单。二是印发《关于认真做好 2023 年寒假期间校外培训治理工作的通知》《彭阳县 2023 年开展校外培训机构综合治理工作实施方案》，对违规培训多发的居民小区等重点场所进行排查，查处 2 家非学科类无核准书、无营业执照机构，遣散学员 30 名。6 月 24 日至 7 月 18 日，通过对全县 21 家校外培训机构检查，共排查问题隐患 33 条。检查组现场下达整改通知书 21 份，已整改问题 33 条。查处违规组织开办学科类培训班 2 个，共遣散学生 40 人，查处隐形变异学科培训机构 1 家
第 36 号	关于提升我县基础教育质量的提案	已办结。一是加强制度建设，着力推进音、体、美、劳动教育，落实“双减”实现减负提质。创建自治区级劳动教育示范校 7 所、体育传统项目示范校 8 所、健康教育和体教融合示范校 8 所；“义务教育阶段作业设计与实施典型案例”获全区一等奖。二是加大后备干部培养力度，提拔任命副校（园）长 7 人；全面推行“县管校聘”改革，落实走教制度；招聘事业编制教师 24 名，政府购买招聘公办幼儿教师 97 名；举办全县中小学（幼儿园）领导班子履职能力提升培训班及教师全员假期培训班 3 期，参训教师实现全覆盖。三是加强常规教学管理，建立“推门听课”长效机制，探索推进集团化办学和县中结对帮扶，组建 12 个教育集团，累计开展联动教研 42 次，教师结对帮扶 90 人，集体备课及作业展评 15 次，与宁夏师范学院、银川市二十一小、银川一中、厦门大学附中等县外优质学校签订协同办学协议并持续开展帮扶交流活动。四是全面提升教师信息能力素养，出台《彭阳县中小学教师信息技术应用能力提升工程 2.0 整校推进工作方案》《彭阳县“互联网 + 教育”实施细则》《彭阳县 2023 年国家智慧教育平台应用暨“互联网 + 教育”工作实施方案》，建设在线互动课堂 266 间，建设智慧教室 145 间，AI 教学行为分析教室 20 间，65 所中小学全部入驻教育云数字学校，无线覆盖学校主要区域，更新多媒体设备 54 套。《“三个课堂”提升农村小规模学校教学质量高质量发展案例》被列入教育部信息技术与教育教学深度融合示范案例名单
第 37 号	关于加强村医队伍建设的提案	已办结。制定印发《彭阳县村医能力提升培训工作实施方案》，分 4 期对 120 名村医进行集中培训学习 2 个月、集中理论授课与讨论交流 2 周、临床见习 6 周。遴选 47 名村医赴自治区人民医院宁南医院参加专项培训。建立医疗专技人才“组团式”帮扶基层一线模式，累计安排 119 名医护人员下基层开展“传帮带”活动 560 场次，累计义诊接诊患者 3191 人次，授课 174 场次，入户健康指导 427 人次
第 38 号	关于进一步增设城区公共免费停车位的提案	已办结。一是按照《城市道路路内停车泊位设置规范》，以“应划尽划”为原则，近两年结合创城工作在商业区周围、人行道及道路两侧新增划设临时停车位 3830 个。二是将县城凤凰公园地下停车场交付彭阳县恒城建设发展有限责任公司负责运营，在东昂明月台对面小微公园项目建设中规划建设免费停车场一处。三是依据《固原市停车场管理办法》（2023 年 6 月 1 日施行），加强对县城现有 6 处收费停车场管理，督促企业规范设置停车标识牌等设施，明确收费项目标准、依据、投诉电话等，引导车辆有序进出和规范停放

视察调研

【概况】 2023年,政协彭阳县委员会围绕创建全国文明城市工作赴陕西、广西考察,围绕基础教育工作赴河北、山东考察,提出意见建议报送县委、县政府批示,转交相关部门采纳落实。加强与区市政协联络,围绕耕地资源保护、肉牛产业发展等议题,开展区、市、县政协三级联动调研,协商座谈相关问题;参与市政协赴浙江考察发展民宿经济工作;配合区市政协完成农业面源污染治理、文物保护等专题调研。

【调研全县教育教学工作】 2023年4月中旬,县政协组建4个调研组对全县部分中小学校、幼儿园和教体局开展调研,通过听取学校介绍,与学校领导、中层干部、代课老师、学生家长等148人"一对一"谈话,对全县教育教学工作中存在的问题和建议进行了全面的了解掌握,并对当前存在的困难和问题提出了意见和建议。

【调研全县石油资源产业开发利用情况】 2023年8月上旬,根据县政协2023年协商计划安排,县政协成立调研组,先后赴甘肃省庆阳市镇原县、西峰区、庆城县、环县和全县石油钻采点,实地调研周边县区及彭阳县石油资源开发利用发展情况。

2023年5月,彭阳县政协组织部分政协委员赴广西南宁考察学习创建全国文明城市工作 (马文博 摄)

【调研全县乡村道路建设情况】 2023年8月9日,县政协组织部分政协委员和交通局等相关部门负责人,围绕乡村道路建设、管理、养护主题,对彭沟公路、固红公路、韩李公路、转财公路等重点乡村道路进行实地调研,并召开座谈会议、政协专题会议,综合调研和各方面意见建议,组织撰写《关于全县乡村道路建设情况的调研报告》。

【调研社区民生保障工作情况】 2023年11月中旬,根据九届县委2023年第26次常委会会议要求,县政协成立调研组,采取实地调研、随机走访和座谈交流等方式,先后深入县城幸福城、栖宁苑、秀水花园、茹河花园、民乐苑、绿都华府等小区,对小区的物业服务管理、业主委员会作用发挥和基础设施建设等情况进行调研。

【考察河北、山东省部分县(区)基础教育工作情况】 2023年9月中旬,县政协组织部分政协委员和学校校长一行12人组成考察组,赴河北省保定市莲池区、衡水市桃城区和山东省滨州市滨城区、济南市历城区,实地考察14所学校的基础教育工作。

【视察县内"十二五""十三五"移民工作情况】 2023年8月上旬,县政协组织部分委员先后深入5个乡镇的4个移民村、5个移民安置点、5个扶贫车间及产业园区实地视察,采取现场观摩、走访询问、听取介绍等形式,重点了解移民政策的贯彻落实及移民住房、就业、教育、服务管理、生产发展等方面的情况,并召开协商座谈会,听取县政府相关部门的情况汇报，协商提出意见建议。

（顾　龙）

专门委员会工作

【提案和委员联络委员会】 2023年，彭阳县政协提案和委员联络委员会对十届二次会议立案的38件提案进行督办，并全部办结；开展十届三次会议提案征集工作，共征集提案106件，立案69件。组织委员围绕县内“十二五”“十三五”移民工作情况开展视察，围绕全县教育教学工作情况开展调研，形成报告并提出意见建议。开展“有事好商量”活动2次，设计布设“三级政协委员联络小组工作室”6个，指导红河镇三级政协委员联络小组开展活动3次，举办委员大讲堂活动2次，联系指导委员会客室开展政策宣传和农用技术咨询等活动5次，组织委员参加线下线上培训班4期，开展主题读书会1次，选派委员参加县政府和部门各类民主监督活动13场次。

【经济委员会】 2023年，彭阳县政协经济委员会召开功能型党支部会议4次，牵头组织部分委员开展全县肉牛产业发展情况、全县石油资源开发情况的调研，并提交调研报告；组织部分委员开展全县重点建设项目视察和全县教育教学质量的调研，配合区、市、县政协三级政协委员等调研

2023年11月，彭阳县政协组织部分教育体育界政协委员开展基础教育质量提升界别活动

（顾　龙　摄）

活动4次；扎实开展“两项建设”，全年开展三级政协委员联络小组工作、“委员大讲堂”活动、界别委员活动等10次。

【教科文卫体委员会】 2023年，彭阳县政协教科文卫体委员会组织开展“姚河源遗址的开发保护和利用”的专项调研，组织部分政协委员和部分中小学校校长赴河北省、山东省有关县（区）实地考察14所学校的基础教育工作。开展界别委员活动9次，三级委员联络小组工作3次。开展文史资料的收集整理编辑工作，完成《彭阳生态建设40年》资料的征集、编辑、初审工作；完成《彭阳政协》（内刊）2023年1—4期的组稿、编辑、发行工作。

【社会治理委员会】 2023年，彭阳县政协社会治理委员会完成“县政协在城区电动车管理中民主监督作用不够”的思考和社区民生保障工作2项专题调研，并形成调研报告。调研全县乡村道路建设情况，考察学习外地创建全国文明城市工作，形成报告并按时报送县委、县政府。提交集体提案3件、委员共提交提案21件；专委会共撰写社情民意3份、委员共撰写社情民意16份。按照县政协2023年“有事好商量”协商议题，开展各类协商活动8次，有效推动问题解决。

（顾　龙）

中共彭阳县纪律检查委员会 彭阳县监察委员会

Pengyang County Commission for Discipline Inspection of the Communist Party of China Pengyang Commission of Supervision

综　述

【概况】 中共彭阳县纪律检查委员会与彭阳县监察委员会合署办公。彭阳县纪委监委机关内设7个机构：办公室（宣教政研室）、党风政风监督室、信访室、案件监督管理室、第一纪检监察室、第二纪检监察室、案件审理室。截至年底，县纪委监委有行政编制44名，工勤编制2名；实有在岗公务员42名，工勤2名，其中副科级及以上领导干部17人，纪委书记、监委主任1名（县委常委兼任），副书记、副主任2名，纪委常委3名，监委委员3名（其中2名由纪委常委兼任），副科级室主任2名，副科级派驻纪检监察组组长8名。

【纪检监察制度改革】 2023年，彭阳县纪委监委贯通融合巡察、审计、司法等各类监督，贯彻《纪检监察机关派驻机构工作规则》《关于进一步深化市、县（区）纪委监委派驻机构改革的意见》，建立“一组一策”监督模式。制定《彭阳县关于加强纪检监察监督巡察监督与审计监督贯通协同高效的工作办法》，实现“一审多项”“一审多果”“一审多用”。严格政策界限，完成全县60名纪检监察干部监察官等级首次确定工作。制定《派驻（出）县直部门（单位）和乡镇纪检监察机构管理暂行办法》《彭阳县案件监督管理规范性工作指南》等规章制度21项，不断健全内容科学、程序严密、运用有效的纪检监察制度体系。高标准建成集学习教育、集中办案、心理疏导等多功能于一体的数字化审查调查中心，有效发挥“组组”协同监督、“室组”联动监督、“室组地”联合办案优势，数字监督检查

2023年彭阳县纪委监委机构和人员一览表

表18

职　务	姓　名
纪委书记、监委主任	蔡文刚
纪委副书记、监委副主任	杨廷财
	张庚红
纪委常委	张晓东
	杨剑锋
	马存林（回族）
	虎小慧（女，任至6月）
	王志和（6月任职）
监委委员	马启峰（回族）
	王　丽（女，6月任职）

体系基本框架初步构建。

【纪检监察队伍建设】 2023年，彭阳县纪委监委深入开展“纪检监察工作规范化、法治化、正规化建设年”活动，分级分类开展全员培训，举办培训班3期、培训195人次，组织干部参加全区“十佳审理人”业务竞赛和中央、区、市纪委业务巡讲活动，1名干部荣获全区纪检监察系统“十佳审理人”称号并获优秀论文奖。深入开展纪检监察干部队伍教育整顿工作，查办纪检监察干部问题线索8件，立案1件，运用第一种形态处理纪检监察干部18人。深入开展党建与业务“双融双促双提升”专项行动，选派5名基层工作经验丰富的党员干部担任驻村第一书记和工作队员，抽调8名党员干部带头组建4个专项工作专班，深入开展乡村振兴、教育、国有企业等领域专项治理。

（马银刚）

重要会议

【县纪委全委会】 2023年，中国共产党彭阳县第九届纪律检查委员会全体会议召开1次。2月10日中国共产党彭阳县第九届纪律检查委员会第三次全体会议在县文化影视中心大礼堂召开，出席全会的县纪委委员14人，列席152人。县委常委、纪委书记、监委主任蔡文刚代表县纪委常委会作题为《深入学习贯彻党的二十大精神 在新征程上坚定不移推进全面从严治党 为开创现代化彭阳建设新局面提供坚强保障》的工作报告。

【县纪委常委会】 2023年，彭阳县纪委常委会监委委务会会议召开24次。

（马银刚）

2023年彭阳县纪委常委会监委委务会会议情况一览表

表19

会议时间	会议名称	会议内容
1月29日	九届县纪委第一次纪委常委会监委委务会	听取《12月份问题线索情况报告》《2022年度执纪执法审查调查计分情况报告》《2022年度全县纪检监察机关执纪执法审查调查情况分析报告》《2022年度全县党风政风监督情况分析报告》《2022年度全县信访举报情况分析报告》；听取《关于廉政档案信息录入情况的报告》；研究审议《彭阳县监察委员会向县人大常委会报告专项工作实施方案（审议稿）》；研究审议《关于县纪委监委机关2022年度文书档案整理归档事宜的报告》；研究审议《关于2022年“5·16”专案组相关经费支出的报告》；审议《关于彭阳县纪委监委机关各室、乡镇纪委、派驻机构2022年度考核结果的报告》《关于彭阳县纪委监委2022年度优秀公务员人选的报告》
2月17日	九届县纪委第二次纪委常委会监委委务会	研究审议《关于进一步加强纪律监督监察监督派驻监督巡察监督统筹衔接的分工方案》；讨论《彭阳县粮食购销领域腐败案件警示教育专题片解说词》；听取《2022年度工会收支情况汇报》；研究《关于2022年度全县纪检监察系统（巡察机构）先进集体、先进个人、业务尖兵、优秀共产党员拟推荐人选的报告》《关于召开贯彻落实中央和区市县纪委全会精神暨2023年彭阳县纪检监察工作推进会方案》
2月27日	九届县纪委第三次纪委常委会监委委务会	研究审议《关于全县开展纠治形式主义官僚主义专项整治的实施方案》《关于开展乡村振兴领域腐败和作风问题专项治理工作方案》《关于开展全县教育领域侵害群众利益不正之风专项治理实施方案》《关于开展国有企业“靠企吃企”专项治理工作方案》；研究审议《彭阳县“纪检监察工作规范化、法治化、正规化建设年”活动实施方案》；研究审议《彭阳县纪检监察系统深化重复举报治理和业务范围外信访事项化解专项活动工作方案》；研究审议《2023年彭阳县纪委监委“三八”妇女节主题活动方案》；研究审议案件相关事宜

续表 19

会议时间	会议名称	会议内容
3月10日	九届县纪委第四次纪委常委会监委委务会	研究审议《彭阳县纪委监委开展纪检监察干部队伍教育整顿实施方案》《彭阳县纪检监察干部队伍教育整顿领导小组成员组成、机构设置及职责分工》《彭阳县纪检监察干部队伍教育整顿领导小组工作规则》《彭阳县纪检监察干部队伍教育整顿领导小组办公室工作机制》;彭阳县纪委监委形式主义官僚主义专项整治动员
3月14日	九届县纪委第五次纪委常委会监委委务会	研究审议《彭阳县纪委监委2023年培训计划》;研究审议《2023年“全县领导干部廉政警示教育月”活动方案(审议稿)》《彭阳县“一月一主题”廉洁教育活动实施方案》;研究审议《2023年纪检监察重点课题调研及特色亮点工作的报告》;听取全县纠治形式主义官僚主义专项整治、乡村振兴领域腐败和作风问题专项治理、教育领域侵害群众利益不正之风专项治理、国有企业“靠企吃企”专项治理工作前期进展情况汇报;研究审议《彭阳县纪委监委领导干部定期接访工作制度》;研究审议《彭阳县纪委监委采购执勤执法车辆的报告》;研究审议《关于彭阳县纪委监委接入纪检监察涉密会商系统的报告》
4月6日	九届县纪委第六次纪委常委会监委委务会	通报固原市纪检监察机关执纪执法情况和彭阳县纪委监委3月份问题线索管理情况,研究审议《彭阳县案件监督管理规范性工作指南》;听取2023年第一季度党风政风监督、执纪执法审查调查、信访举报工作情况分析报告;听取彭阳县粮食购销领域问题专项整治、深化重复举报治理和业务范围外信访事项化解专项活动工作进展情况汇报;研究审议《彭阳县纪委监委机关贯彻落实2023年全面从严治党、党风廉政建设和反腐败工作部署分工方案》;研究审议《彭阳县纪委监委2023年理论学习中心组学习计划》;研究审议《关于整理全县工程建设、政府采购等重点领域突出问题专项治理工作档案的报告》;研究审议《关于“5·16”专案相关办公经费支出的报告》;研究审议案件相关事宜
4月21日	九届县纪委第七次纪委常委会监委委务会	研究审议《彭阳县纪委监委全流程办案平台启用和建设工作方案》;研究审议《彭阳县党风廉政建设和反腐败工作情况报告(修改完善稿)》;听取县纪委监委党支部2023年第一季度工作进展情况汇报;研究审议《关于支付全县村(居)监会主任履职能力提升培训班工作经费的报告》;研究审议《关于乔家渠“红色＋长征精神”廉洁文化教育点内容更新及经费支付的报告》;研究审议案件相关事宜
5月10日	九届县纪委第八次纪委常委会监委委务会	听取县纪委监委机关各室2023年以来工作情况汇报;听取纠治形式主义官僚主义专项整治、乡村振兴领域腐败和作风问题专项治理、教育领域侵害群众利益不正之风专项治理、国有企业“靠企吃企”专项治理,深化重复举报治理和业务范围外信访事项化解专项活动工作进展情况汇报; 听取纪检监察干部队伍教育整顿学习教育环节整体情况, 研究部署下一阶段工作; 听取2023年4月问题线索管理情况报告;研究审议《关于支付〈群众痛恨什么就坚决整治什么〉廉政教育微党课制作经费的报告》
5月30日	九届县纪委第九次纪委常委会监委委务会	听取2023年5月问题线索监督管理情况报告;审议《彭阳县纪委监委保密工作制度(送审稿)》《彭阳县纪委监委财务管理办法(送审稿)》《彭阳县纪委监委公务车辆管理制度(送审稿)》《彭阳县纪委监委固定资产管理办法(送审稿)》;审议《关于开展“如何推进彭阳县农村基层腐败综合治理体系建设”问题调研的通知》;听取县外异地扶贫搬迁移民领取耕地地力保护补贴核查情况的汇报、研究处理意见;研究全县纪检监察干部外出培训事宜

续表 19

会议时间	会议名称	会议内容
6 月 9 日	九届县纪委第十次纪委常委会监委委务会	听取全县纠治形式主义官僚主义专项整治、乡村振兴领域腐败和作风问题专项治理、粮食购销领域腐败问题专项整治、教育领域侵害群众利益不正之风专项治理、国有企业“靠企吃企”专项治理工作情况汇报
7 月 5 日	九届县纪委第十一次纪委常委会监委委务会	听取委机关各室、各派驻纪检监察组、各乡镇纪委 2023 年纪检监察重点调研课题进展情况汇报；听取 2023 年上半年党风政风监督工作情况分析报告、信访举报工作分析报告、执纪执法审查调查情况分析报告；听取 2023 年 6 月问题线索监督管理情况报告；研究审议《固原市委第七巡察组巡察彭阳县纪委监委机关反馈意见整改方案（审议稿）》《固原市委第七巡察组巡察彭阳县纪委监委意识形态工作反馈问题整改方案（审议稿）》；研究审议《关于同意聘用张勇为二级汽车驾驶员的报告》；研究审议《关于支付使用创建全国文明城市集团视频彩铃费用的报告》；研究审议案件相关事宜
7 月 24 日	九届县纪委第十二次纪委常委会监委委务会	研究审议《全县基层治理不良现象专项整治重点任务分工方案（审议稿）》；研究审议《关于开展党员干部和公职人员参与酒驾醉驾、赌博问题专项整治的实施方案（审议稿）》；研究审议《关于重新调整提级监督村包抓领导的汇报》；听取关于赴江西干部学院集中培训学习情况的汇报；研究审议《关于调整县纪委监委领导班子成员分工方案（审议稿）》《关于调整县纪委监委工作人员分工及职责的方案（审议稿）》；听取县纪委监委 2023 年上半年意识形态工作情况汇报；听取关于对彭阳县纪委监委近三年执纪执法审查调查案件进行逐案质量评查排查的报告；研究审议《彭阳县纪委监委关于申报智慧谈话系统项目概算费用的报告》；研究审议《关于支付彭阳县纪检监察干部在江西省干部学院举办业务能力提升培训班相关费用的报告》
7 月 26	九届县纪委第十三次纪委常委会监委委务会	研究审议案件相关事宜
8 月 7 日	九届县纪委第十四次纪委常委会监委委务会	专题学习《自治区党委 人民政府关于深入学习贯彻习近平总书记重要指示批示精神统筹发展和安全 提高安全生产工作水平 切实保障人民群众生命财产安全的意见》（宁党发〔2023〕18 号）、《梁言顺同志在自治区党委十三届四次全体会议上的讲话和雷东生同志对〈意见〉及专项配套文件的总体说明》（宁夏党办通报第 16 期）、《自治区党委办公厅 人民政府办公厅印发〈关于城镇燃气安全提升行动的方案〉等 37 个安全生产专项文件的通知》（宁党办〔2023〕46 号）、《自治区党委办公厅 人民政府办公厅关于印发〈管行业必须管安全管业务必须管安全管生产经营必须管安全实施细则（试行）〉等 8 个安全生产配套文件通知》（宁党办〔2023〕47 号）
8 月 9 日	九届县纪委第十五次纪委常委会监委委务会	研究审议《彭阳县纪检监察机构开展监察官等级首次确定工作实施方案》；研究审议《关于 2023 年 7 月份问题线索监督管理情况的报告》《彭阳县问题线索管理工作指南（试行）》；研究审议《全县纪检监察机关配合开展医药领域腐败问题集中整治工作方案》；研究审议《彭阳县纪委监委意识形态工作责任制实施细则》；听取关于确定全县 2023 年度政治生态分析研判重点乡镇、部门的汇报；研究审议关于县纪委监委资产报废的报告
8 月 16 日	九届县纪委第十六次纪委常委会监委委务会	研究审议关于全县纪检监察干部第二期赴河南红旗渠干部学院培训事宜；研究审议关于彭阳县纪委监委审查调查中心办案系统采购事宜

续表 19

会议时间	会议名称	会议内容
9月4日	九届县纪委第十七次纪委常委会监委委务会	通报8月领导干部“围炉夜谈”下访活动情况；通报彭阳县纪检监察系统基层信访举报工作督查情况通报；听取关于2023年8月问题线索监督管理情况的报告；研究审议《自治区党委第三巡视组巡视反馈彭阳县问题清单》（彭阳县纪委监委部分）、《自治区纪委监委第四督导检查组反馈意见落实措施清单》；研究审议关于支付2023年草庙乡米塬村、和沟村驻村工作经费的报告；研究审议彭阳县监察委员会2024年部门预算项目经费事宜；研究审议案件相关事宜
9月22日	九届县纪委第十八次纪委常委会监委委务会	研究审议彭阳县案件监督管理规范性工作指南第三册（审查调查中心2个工作流程和8项工作制度）、第四册（关于进一步规范彭阳县纪委监委机关纪检监察业务专题会议的通知和彭阳县纪委监委机关执纪监督和审查调查专题会议研究讨论案件工作制度（试行））；研究审议《关于解聘第二届特约监察员杨占川等6人的报告》；研究审议《关于确定彭阳县纪委监委审查调查中心办公家具采购企业的报告》《关于确定彭阳县纪委监委审查调查中心内部装饰企业的报告》；研究审议《关于采购安可替代打印机及复印机的报告》；研究审议《关于划拨2023年纪检监察系统中央政法转移支付资金的报告》
9月26日	九届县纪委第十九次纪委常委会监委委务会	研究审议案件相关事宜
10月11日	九届县纪委第二十次纪委常委会监委委务会	听取2023年前三季度党风政风监督工作情况分析报告、信访举报工作分析报告、执纪执法审查调查情况分析报告；通报9月领导干部“围炉夜谈”主题下访活动情况；听取关于2023年9月问题线索监督管理情况的报告；研究审议《彭阳县案件监督管理规范性工作指南第五册》《彭阳县反腐败案件查处协调领导小组工作指南》；研究审议《彭阳县纪委监委协作片区工作人员管理制度》《彭阳县纪委监委“室组地”协作片区联合办案制度》《彭阳县纪委监委协作片区室务会议制度》；研究审议关于网上采购A4纸的报告；研究审议案件相关事宜
10月23日	九届县纪委第二十一次纪委常委会监委委务会	研究干部职级晋升相关事宜
11月10日	九届县纪委第二十二次纪委常委会监委委务会	听取2023年10月问题线索监督管理情况的报告；听取案管室关于如何推进彭阳县农村基层腐败问题综合治理体系建设的调研成果；通报10月领导干部“围炉夜谈”主题下访活动情况、2023年第20次县纪委常委会监委委务会（扩大）会议议定事项、10月领导交办事项及工作任务落实情况；研究审议《关于彭阳县纪检监察机构干部监察官等级首次确定的请示》；研究审议《关于聘请彭阳县监察委员会特约监察员的建议》；研究彭阳县粮食购销领域腐败案件警示教育专题片制作费用支付事宜；研究彭阳县纪委监委审调中心维修、改造项目事宜；研究彭阳县监察委员会平台专线组网协议事宜；研究彭阳县纪委监委审调中心安装开水炉、净水器事宜；研究审议案件相关事宜
12月7日	九届县纪委第二十三次纪委常委会监委委务会	研究干部职级晋升相关事宜

续表 19

会议时间	会议名称	会议内容
12 月 12 日	九届县纪委第二十四次纪委常委会监委委务会	听取彭阳县纪委监委 2023 年度执纪执法工作总结；听取关于 2023 年 1—11 月问题线索监督管理情况的报告；通报 11 月领导干部“围炉夜谈”主题下访活动情况；研究审议《彭阳县纪委监委借用人员管理办法(试行)》；研究审议《2023 年度彭阳县纪委监委派驻(出)机构和乡镇纪委工作考核细则》；研究审议主题教育问题清单销号事宜；研究彭阳县纪委监委门户网站托管及网络安全运行协议费用事宜；研究彭阳县纪委监委审查调查中心办案系统等资金支付事宜；研究彭阳县纪委监委“10·8”专案组搬迁费用支付事宜；研究彭阳县纪委监委固定资产报废事宜；研究彭阳县纪委监委固定资产清查合同事宜；研究采购 A4 纸事宜；研究关于委托宁夏计算机软件与技术服务有限公司对彭阳县纪委监委信息化系统维护、服务的报告；研究关于解决草庙乡米塬村和和沟村帮扶资金的报告；研究干部职工体检事宜

审查执纪

【审查调查】 2023 年度，彭阳县各级纪检监察机关共处置问题线索 248 件，立案 50 件，处分 43 人，组织处理 108 人次，移送司法机关 1 人。

【案件查处】 2023 年度，彭阳县深化国有企业“靠企吃企”和粮食购销领域腐败问题专项整治，处置问题线索 11 件，立案 4 件，给予党纪政务处分 3 人，问责 1 人，移交市纪委 2 件。乡村振兴领域腐败和作风问题专项治理处置问题线索 13 件，立案 3 件，留置 1 人，给予党纪政务处分 3 人。教育领域侵害群众利益不正之风专项治理处置问题线索 6 件，立案 3 件，给予党纪政务处分 3 人。形式主义官僚主义专项治理处置问题线索 1 件，立案 1 件，问责 3 人。自治区党委第三巡视组移交问题线索 32 件，立案 2 件，问责 2 人；县委巡察移交问题线索 15 件，立案 1 件。违反中央八项规定精神问题线索 5 件，给予党纪政务处分 4 人，问责 1 人。严查快处酒驾醉驾、赌博问题及其背后的“四风”问题，处置问题线索 36 件，给予党纪政务处分 28 人。

（马银刚）

党风廉政建设

【概况】 2023 年，彭阳县纪委监委紧扣习近平总书记重要讲话和重要指示批示精神，围绕先行区建设、实施乡村振兴战略、铸牢中华民族共同体意识，以及全县“九大重点产业”“五个县建设”“六大提升行动”“六权改革” 等中心任务落实，统筹发展与安全，压紧压实安全生产领域主体责任、监管责任、属地责任。制定全面从严治党“三个清单”和纪实台账，综合运用“一把手”述责述廉、政治生态分析研判、督办约谈提醒、党风廉政建设责任制考核、列席驻在部门“三重一大”会议等方式，压紧压实管党治党政治责任，县委主要领导和纪委书记“双约谈”乡镇、部门(单位)“一把手”39 人次，进一步推动党委（党组）主体责任、纪委监委监督责任一体落实。推进基层小微权力“监督一点通”服务平台应用，常态化宣传推广，开展培训 1 次，办理群众诉求 218 件。常态化开展“打伞破网”工作，制定《彭阳县纪委监委落实自治

2023 年 7 月 17 日，县纪委召开全县群众身边不正之风和腐败问题集中整治第二次推进会

（刘彭生 摄）

区扫黑办2022年调研督办反馈问题整改方案》,完成《彭阳县纪委监委落实自治区扫黑办2022年调研督办反馈问题情况报告》。

【"一月一主题"廉洁文化教育】 2023年,彭阳县纪委监委充分发挥廉洁文化教育引导、激励浸润作用,组织全县各级党组织"一月一主题"开展廉洁文化教育活动,启动"全县领导干部廉政警示教育周"活动,制作《群众痛恨什么就坚决整治什么》和《粮仓"硕鼠"现形记》警示教育片,形成"以红色文化作底色、以廉洁文化为引领、以廉政微党课为警醒"的"全链条"教育模式。

（马银刚）

监督整改

【政治监督】 2023年,彭阳县纪委监委聚焦党的二十大战略部署和区市县党委决策部署落实,瞄准靶心、定期盘点、动态问效。将乡村全面振兴样板县建设作为政治监督重中之重,持续跟进监督检查,核实并推动解决问题99个。统筹发展与安全,紧盯"1+37+8"系列文件落实,做好责任片区"九小"场所安全隐患排查整治,及时跟进监督自治区党委"四防"督查通报和市委督查反馈问题整改,严肃查处责任落实不力、不担当不作为、重形式轻效果等问题11起32人次。强化"一把手"和领导班子监督,推动党委(党组)主体责任、纪委监委监督责任一体落实,针对主体责任落实,下发督办通知15份、工作提醒10份、整改通知书15份。做好巡视巡察反馈问题整改"后半篇文章",对九届县委第二轮、第三轮巡察8个党组织反馈问题整改情况进行"回头看"2次,发现并要求及时整改问题22个,针对第四轮、第五轮、第六轮巡察政治监督要点工作开展培训3次。

【日常监督】 2023年,彭阳县纪委监委认真贯彻落实主题教育"四下基层"要求,常态化开展领导干部"围炉夜谈"主题下访活动,推动深化重复举报治理和业务范围外信访事项化解专项活动向纵深推进,全县信访举报总量、重复举报量、业务范围外信访事项同比分别下降17.2%、16.7%、60.7%,减量退位态势得到进一步巩固。各派驻纪检监察组列席驻在部门"三重一大"会议143次,参加民主生活会11次,开展监督检查103次,推动解决问题38个,下发督办函2份,工作提醒21份,开展廉政谈话84人次。运用监督执纪"四种形态"批评教育帮助和处理249人次,其中运用第一、二、三、四种形态占比分别为81.13%、9.23%、4.82%、4.82%。

（马银刚）

巡查监督

【常规巡察】 2023年,九届县委完成对4个乡镇、13个部门的常规巡察,发现问题395个,反馈立行立改问题444个,移交问题线索21件;配合完成自治区党委对彭阳县委的巡视、市委对县纪委监委、县委组织部的提级巡察工作及对隆德县应急管理局的交叉巡察任务。选派2名干部参与自治区党委第三轮巡视,1名干部被评为优秀巡视干部。开展对县应急管理局的巡审同步联动,对县总工会、红河镇的先审后巡工作。

【成果运用】 2023年,彭阳县巡查工作领导小组办公室制定印发《中共彭阳县委员会巡察工作规划(2022—2026年)》及《彭阳县贯彻落实自治区巡视整改和成果运用实施办法的责任清单》等文件。联合县纪委监委、县审计局出台《彭阳县关于加强纪检监察监督巡察监督与审计监督贯通协同高效工作办法(试行)》。县纪委监委、组织部、巡察办组成专项监督检查组对县委第二、三、四轮巡察反馈问题整改情况进行监督检查,并向县委常委会会议进行专题汇报。

【队伍建设】 2023年,彭阳县巡查工作领导小组办公室新调整领导班子2人,调入事业单位实习生2人。动态更新完善巡察人才"两库"共155人,注重抽调多岗位历练的干部和有巡察工作经验的专业化年轻干部参与县委巡察工作,提升巡察干部队伍的整体质量,增强巡察工作质效。

（马　真）

群众团体

Mass Organizations

彭阳县总工会

【概况】 2023年，彭阳县基层工会组织313个，会员25858人。彭阳县总工会着力推进“会站家”一体化建设。已建工会“职工之家”27个，户外劳动者服务站14个，其中3个站点被认定为全国最美站点、4个站点被认定为自治区最美站点，累计服务职工群众16234人次。壹珍药业生产车间被授予自治区工人先锋号荣誉称号。

【工会普惠服务】 2023年，彭阳县总工会开展新就业形态劳动者“健康守护”活动，为全县1212名新就业形态劳动者和环卫工人进行了免费体检。“两节”期间慰问劳模46名，发放慰问金6.1万元，发放劳模津贴3.6万元。组织5名劳模、5名援鄂医护人员赴区外疗休养，2名劳模参加区内疗休养。组织6名全国劳模、5名农民劳模参加健康体检。召开以“弘扬劳模精神，助力乡村振兴”为主题的全县庆“五一”劳模代表座谈会。

【困难职工帮扶】 2023年，彭阳县总工会进一步完善困难职工帮扶制度，常态化开展困难帮扶、送温暖工作。截至年底，建档困难职工47户，其中深度困难12户，相对困难35户，共发放救助金65.17万元。拟建档困难职工25人。截至年底，共发放各类救助慰问金83.033万元。2022—2023年度开设工会班3个，资助高中学生100人，发放助学金26万元；2023—2024年度工会班学生125人，发放助学金32.5万元。

【职工文体活动】 2023年，彭阳县总工会利用职工服务中心平台，常态化开展职工文体活动。在元宵“三八”国际妇女节、“五一”国际劳动节、七夕、国庆、中秋等节日期间组织开展各种文化活动，促进职工体面劳动、舒心工作、全面发展。

（石玉国）

中国共产主义青年团彭阳县委员会

【概况】 2023年，共青团彭阳县委紧紧围绕团的根本任务、政治责任、工作主线，推动共青团引领力、组织力、服务力和大局贡献度不断提升。截至12月底，共青团彭阳县委共有下级组织596个，其中团委23个，团工委2个，团总支59个，团支部512个。

【团组织建设】 2023年，共青团彭阳县委多措并举推进共青团基层组织改革，加强新兴领域团组织建设，新建行业系统和非公企业团组织16家。召开共青团彭阳县第七次代表大会，选优配齐团组织工作力量，举办团干部“青马工程”培训班、履职能力提升培训班2期，全县少先队辅导员风采大赛1期。扎实抓好团员发展和管理，落实好“三会两制一课”制度，严格规范入团标准，2023年新发展团员349名，核查整改2022年发展团员存在问题54条，团员规模结构和整体素质持续优化。

【青少年思想政治引领】 2023年，共青团彭阳县委坚持用习近平新时代中国特色社会主义思想武装青年，“青年大学习”“红领巾爱学习”等网上主题团课参学5.13万余人次，开展主题系列团队日活动60余场次，参与团员青年2万余人次。举办集中入团仪式11场次，举行规范分批入队仪式和“红领巾奖章”争章活动64场次。举办“石榴籽一家亲”研学、“闽宁青少年手拉手”夏令营、“学习党的二十大精神 铸牢中华民族共同体意识”诵读比赛等青少年民族团结进步教育实践活动20余场次。

【青少年权益维护】 2023年，共青团彭阳县委坚持做好青少年权益保护服务，深化青少年领域法治建设，组织开展开学“法治第一课”“国家安全教育周”“民法典宣传月”“反诈进校园”等普法宣传活动10余次，覆盖青少年1500余人次。

【青年志愿服务】 2023年，共青团彭阳县委围绕彭阳重点产业和重点项目成立34支青年突击队，开展争先争效活动。主动参与全县重点工作和重大赛事，累计招募50余名志愿者为六盘山山花节、全国乡村篮球赛、红梅杏开园节等各项活动搞好服务，积极发动青年志愿者参与全国文明城市创建、安全生产隐患排查、巡河护河、垃圾分类、光盘打卡、环境整治、教育宣传等志愿服务活动30余次。持续开展“七彩假期”“返家乡”社会实践等志愿服务品牌活动，在寒暑假招募厦门大学、宁夏大学等8个团队大学生志愿者210余名，开展社区服务、儿童托管辅导等志愿服务活动，为基层社会治理贡献青春能量。

【少先队工作】 2023年，全县各级少先队组织在县委、县政府的坚强领导下，深入推进少先队改革，全县少先队事业取得新发展，较好完成了各项工作任务。全县各级少先队组织紧紧围绕党的二十大这条主线，广泛开展规范共青团、少先队标志标识专项行动1次，举行“学习二十大、永远跟党走、奋进新征程”少先队辅导员风采大赛1次，开展少先队辅导员主题教育宣讲15场次，依托六盘山长征纪念馆、将台堡红军长征纪念园、乔家渠红军长征宿营地等红色教育基地，组织开展“学习二十大 争做新时代好少年”系列活动8场次，举行主题队日活动暨新队员入队仪式10场次。校外少工委建设32家，2023年彭阳县共有9名少先队员、1个少先队集体荣获宁夏“红领巾奖章”四星章。

【青少年帮扶】 2023年，共青团彭阳县委开展困难青少年精准摸排关爱工作，实施“希望工程圆梦行动”、点亮微心愿、“青少年视力健康工程”等公益活动8场次，覆盖青少年1476人次，累计发放学习用品、助学物资、慰问金等共计98.28万元。

（张旭娟）

彭阳县妇女联合会

【概况】 2023年，彭阳县有专兼职妇女干部2734人，县、乡、村三级妇联组织175个，在乡镇、村（社区）建立妇女之家162个，在党政机关、事业单位、公有制企业、“三新”（新经济组织、新社会组织、新就业群体）领域中建立妇女组织60个。实施“基层妇联领头雁行动计划”，面向乡村妇联干部举办素质能力提升培训班1期，参训180余人次。

【妇女组织建设】 2023年，彭阳县各乡镇、村（社区）妇联组织全面完成换届选举工作，开展县妇女第六次代表大会筹备工作，选举产生女村委会成员241人，女村委会主任18人，分别占33.1%和11.54%，村（社区）妇联执委2430人，其中妇联主席162人，专兼职副主席324人。在党政机关、事业单位和“两新”组织中建立妇女组织17个，建设妇女之家4个、妇女微家4个，形成覆盖城乡、条块结合、立体开放的妇女组织网络。实施“基层妇联领头雁行动计划”，面向乡村妇联干部举办素质能力提升培训班3期，参训550余人次，基层妇联干部综合素养和履职能力持续提升。

【妇女思想政治引领】 2023年，彭阳县聚焦“巾帼心向党”主题，组建宣讲队，线上线下常态化开展“巾帼大宣讲”，推动党的创新理论走进基层、走进家庭、走进妇女心中，筑牢党执政的群众基础。围绕党的创新理论、党史、铸牢中华民族共同体意识等开展“巾帼心向党 喜迎二十大”特色宣讲活动2场次，覆盖移民群众200余人。以“兰花芬芳巾帼红”为品牌引领，组建“妇联执委+巾帼志愿者”服务宣讲队，开展志愿活动3次。在“彭阳新闻”媒体平台开设“巾帼风采”专栏宣传报道女性先进典型，开展寻找“最美巾帼奋斗者”等活动，累计宣传报道全县各行各业优秀妇女典型15人，推荐自治区三八红旗集体1个、自治区三八红旗手2名、市三八红旗手2名。

【服务妇女创业创新】 2023年，彭阳县围绕“乡村振兴巾帼行动”，以特色产业为抓手，发放农村妇女创业担保贷款338笔5029万元，先后举办彭阳县高素质女农民能力提升培训班和移民妇女手工作品直播带货培训班2期、培训妇女80人，助力妇女就业创业。

【巾帼建功行动】 2023年，县妇联联合县委党校、人社局等部门举办女性技能创业、直播带货、文化素质提升等培训班2期，培训100人，持续深化“创业创新巾帼行动”，充分发挥妇女干部和巾帼志愿者的言传身教作用，面向广大妇女和家庭开展宣传引导工作，以实际行动带动广大群众见贤思齐，提升创建积极性。组织2名妇女参加全区高素质女农民产业带头人示范性培训班，实施自治区妇联“双培双带”项目3人15万元，助力妇女就业创业、促进增收致富。

【妇女儿童权益保护】 2023年，彭阳县大力开展普法宣传教育，畅通信访渠道，指派专职干部接听“12338”妇女维权热线，聘请自治区妇联公益律师为全县妇女儿童提供免费法律咨询诉讼援助，落实“线上+线下”矛盾纠纷化解双机制，各级妇联受理各类来访120件，结案率98%。聘请专家讲师深入乡村一线宣讲培训男女平等基本国策、《中华人民共和国民法典》《中华人民共和国反家庭暴力法》等法律知识20场，开展“三八”维权宣传、“美好生活·民法典相伴”等普法宣传活动5场，发放妇女维权卡片、宣传彩页500余份，引导广大妇女学法、知法、守法、用法。

【困境妇女儿童帮扶】 2023年，彭阳县扎实开展“大走访大排查+关爱帮扶”工作，开展“把爱带回家”寒假儿童关爱服务、“守护儿童　绽放未来”关爱困境女童、“心手相牵　快乐成长”暑假留守儿童关爱等活动22场次，对全县困境儿童摸排建档436人，开展“小树苗”困境儿童关爱服务活动，发放困境儿童“微心愿”450份。建立全县困境妇女台账252人，组织7210名农村适龄妇女参加“两癌”免费筛查，救助低收入“两癌”患病妇女13人13万元。慰问单亲母亲、患重病妇女等困境妇女76名6.49万元，资助女大学生69人10.4万元，获得北京灿烂阳光慈善基金会定向捐赠的价值80余万元的护肤品，向环卫工人、留守妇女等重点群体发放。

【家教家风家庭文明建设】 2023年，彭阳县争取闽宁帮扶资金30万元打造家风家训主题公园3个。推荐全国最美家庭1户，创建县级“美丽庭院”139户，“健康家庭示范户”120户，举办彭阳县“树廉洁家风·创最美家庭”家庭亲子阅读微视频征集活动和“亲子共沐书香 强国复兴有我”家庭亲子阅读活动2场，在重要时间节点开展形式多样的家庭文明建设活动8场，举办“亲子共沐书香强国复兴有我”、“快乐假期 相约绘本”家庭亲子阅读活动3场，征集“树廉洁家风·创最美家庭”家庭亲子阅读微视频百余部。举办彭阳县家庭教育志愿者培训班1期。在彭阳融媒开辟“最美家庭风采”专栏报道先进家庭典型事迹，推动形成家庭文明新风尚。在全县6个社区建立家校社家庭教育指导服务站，常态化、高质量开展家庭教育指导服务60余场次，服务家长孩子2000余人次。聘请国家级、自治区级家庭教育讲师开设家庭教育知识讲座7场，1500余名群众听讲，引导家长为青少年扣好人生“第一粒扣子”。

【“三八”国际妇女节系列活动】 2023年，彭阳县庆祝“三八”国际妇女节趣味运动会在县体育场举行。共有袋鼠跳接力、四人踏板、三人四足、众星捧月、拔河5个集体项目，25米折返跑、投篮、跳绳、毽球4项个人项目。

（褚玫红）

彭阳县科学技术协会

【概况】 2023年，彭阳县有乡镇科协12个、村（居）委会科普协会160个，企业科协13个，园区科协1个，农村专业技术协会8个，基层学会3个，农村中学科技馆6所，青少年科学工作室6所，新时代文明实践所科普室3个，科普宣传长廊共17处，科普宣传景观小品1处，科普文化公园1处。2023年，彭阳县科学技术协会（以下简称县科协）共开展科普进校园、乡村、机关等活动200余场次，科技周、科普日等主题科普实践活动130余场次，科技志愿服务活动120余场次，推荐入选“宁夏青年科技人才托举工程”、宁夏企业“创新达人2人；开展科技培训活动4次，培训种植养殖大户150余人；开展科普助力乡村全面振兴活动20场次；全县科普宣传员注册量1万余名，转发分享科普文章190万余篇；推广使用“科创中国·宁夏中心”数字平台，登记入驻企业及个人用户量200个，发布路演活动1次，动态及资讯606条。彭阳县新建企业科协1个、农村专业技术协会2个，园区科协1个，学会3个。

【科普宣传】 2023年，县科协贯彻落实《彭阳县全民科学素质行动规划纲要实施方案（2021—2025）》《彭阳县关于推进全域科普工作的实施方案》，开展科普进校园、乡村、机关等活动200余场次，开展科技周、科普日等主题科普实践活动130余场次，以党的二十大精神为主题，围绕种养殖技术、食品安全、应急科普、安全生产、环境保护、卫生健康等科普知识开展科普宣传志愿服务活动120余场次，开展“千人万场”家庭安全素养提升科普宣传活动75场次。持续推进“科普中国”落地应用，全县科普宣传员注册量1万余名，转发分享科普文章190万余篇，传播量位居全市第二。联合县融媒体中心、彭阳大城小事工作室打造“彭阳科普传播矩阵”，推送科普视频文章600余期。

【科普活动】 2023年，县科协邀请区内外科技专家到彭阳县举办红色旅游赋能乡村振兴、小秋杂粮的生产加工销售、菌草实用技术、红梅杏保鲜防冻技术培训讲座和

2023年9月，彭阳县科协在县二中开展科普进校园活动　（申雁婷 摄）

指导服务活动4场次，培训新型农业经营主体负责人、专业技术人员、致富带头人150余名。联合市科协开展学习贯彻自治区党委十三届四次全会精神科普助力乡村全面振兴活动20场次。推广使用“科创中国·宁夏中心”数字平台，登记入驻企业及个人用户量200个，发布路演活动1次，动态及资讯606条。组织开展“5·30”全国科技工作者日系列活动，搭建科技工作者交流平台，宣传科技人物事迹，联合宁夏科技馆开展科学家精神进校园、社区活动10场次。1名县中医院外科医师入选“宁夏青年科技人才托举工程”名单；彭阳县福泰菌业有限责任公司总经理获评宁夏企业“创新达人”。

【科普服务】 2023年，县科协争取自治区科协科普示范社区建设项目资金25万元，建成政府街社区爱眼护眼科技馆。加强农技协科普阵地建设，建成彭阳县菌草协会滚动式灯光科普宣传栏4处。打造提升彭阳县科普文化公园、生态保护科普示范园，园内新建科普宣传栏4处。新建宁夏云雾山果品开发有限责任公司、小岔乡农耕文化园市级科普教育基地2个；建成中国农技协宁夏彭阳静原鸡科技小院（宁夏万升实业有限责任公司）1处。组织全县中小学生参加第37届宁夏青少年科技创新大赛、全区防震减灾科普作品比赛。开展“双进”助力“双减”暨“蒲公英”科技育苗行动，在全县各中小学校开展科普大篷车展品互动讲解和科学小实验展示活动10场次；着力打造彭阳县科普公园，园内LED电子屏分时段播放内容丰富的科普知识。加大科技辅导员培训力度，开展线上线下培训60余人，进一步提升科技辅导员科学素质和专业能力。县科协荣获固原市青少年科技创新大赛优秀组织单位称号，县科协干部马武琴荣获固原市青少年科技创新大赛“优秀组织工作者”称号。

（申雁婷）

彭阳县工商业联合会

【概况】 2023年，彭阳县工商业联合会（以下简称县工商联）按照新时代民营经济统战工作要求，紧紧围绕中心服务大局，以“五好”县级工商联建设为载体，创新方法、主动作为、靠前服务，在服务和推动“两个健康”上作出积极贡献。县工商联荣获2022—2023年度全国“五好”县级工商联称号、2023年度全区工商联系统先进单位称号。

【民营经济法律服务】 2023年，县工商联开展“送政策·进民企”活动5场次，发放宣传政策300余份。联合司法、人社部门开展法律宣传和援企稳岗政策宣讲活动。联合县委统战部开展民族团结月宣传教育活动，让企业更精准地掌握当前经济形势和有关政策，让群众更深入地了解相关就业优惠政策。

【民营经济调查研究】 2023年，县工商联扎实做好全国工商联民营经济调查点工作，配合全国、自治区工商联完成优化营商环境、民营企业复工复产、用工、融资等专项调研任务，落实企业投资自主权、落实税收优惠政策等第三方评估工作，为各级党委和政府科学决策，推动民营经济健康可持续发展提供可靠数据和参考依据。2023年，县工商联被自治区工商联评为全区民营企业调查点工作先进单位。

【服务民营经济发展】 2023年，县委常委、政协主席马文山，统战部部长丁志刚，带领县工商联、投促中心负责人及全县部分民营企业家到安徽、新疆、内蒙古等地考察学习，开展以民营企业为主体的以商招商考察对接活动。2023年，县工商联对接落实项目7个（落地3个、在谈4个），到位资金4500万元，其中彭阳县益斌园农畜综合开发有限责任公司月子鸡孵化基地建设项目到位资金2000万元，好又多商贸有限公司乡镇贸易中心项目到位资金1500万元，天水华盛农业开发有限责任公司水果玉米试验推广项目到位资金1000万元，截至年底，浙江志同食品科技有限责任公司优质农产品分拣包装配送、新疆西域赛湖服饰科技有限公司智慧校服校鞋研发应用、上海鲁农供应链有限公司薯条深加工项目和甘肃省华亭市圣帮工贸有限公司投资的煤矸石加工转化项目已完成对接联系。

【商会建设】 2023年，县工商联坚持每月1次党组中心组学习制度和企业家副主席、副会长季度例会制度。以“四好”商会标准持续加强县级商会建设，扩大会员数量，提升会员质量。优化年轻一代民营经济代表人士的联系服务，持续增强组织活力。指导基层工商联吸纳年轻一代企业家、创二代、新的社会阶层人士加入工商联组织，截至年底，全县登记在册民营经济总数14234家。

【民营企业人才培育】 2023年，县工商联坚持以“走出去、请进来”的方式，积极落实民营经济“两个健康”培训计划，配合区工商联组织[illegible]8名民营企业家赴河南省红旗渠开展理想信念教育培训，提升民营经济人士站在高处谋发展的能力。按照“政府主导、部门助力、民企主动、农民自愿、合作共赢”的原则，引导民营企业形成“大企业龙头引领、小微企业遍地开花”的帮扶格局，全年有24家民营企业与[illegible]个村结对，累计有42家民营企业与34个村签订“万企兴万村”行动协议，项目投资总额45803.83万元，实际到位资金32336.7万元，提高村集体经济收入累计762.53万元，与结对村村民签署劳动合同人数为1123人，支付非固定用工工资累计3197万元，吸引大学生返乡就业创业23人，为结对村培训各类人才累计747人。

【民营经济人士参政议政】 2023年，县工商联坚持把调查研究工作作为服务“两个健康”和参政议政、当好参谋助手的基础性工作来抓，聚焦民营经济发展中的融资难、创新难、维权难、用工难、信息难等问题，深入开展调查研究。2023年，民营经济人士围绕《关于当前市场经济困境的建议和议案的提案》《关于彭阳县招商引资及招商企业落地后两点建议的提案》等意见建议，累计向县政协和市工商联撰写提交政协提案9件。

【民营经济社会服务】 2023年，彭阳县鑫源宏泰宏鑫公司“爱心送考”调派120多辆出租车为高考生服务，为红河镇友联村31名大学新生发放每人1000元的奖学金，共计3.1万元，9年来累计筹资15.7万元，资助157名大学生圆梦大学。彭阳县壹珍[illegible]业有限公司捐助资金2万余元，捐助中药材种子种苗价值30万余元。宁夏金成林生态农林科技有限公司、古城镇挂马沟村[illegible]农户签订帮扶协议，为古城镇挂马沟村7户（监测户）村民捐赠基础母羊各7只，累计为17户村民捐赠基础母羊119只。彭阳县好又多商贸有限公司为白阳镇缴纳医疗保险的380户居民免费发放价值100元购物券，共计3.8万元。县工商联为红河镇夏塬村、白阳镇双磨村各拨付农产品消费帮扶资金1万元。

（孙会能）

彭阳县文学艺术界联合会

【概况】 2023年，彭阳县文学艺术界联合会（以下简称县文联）针对地方原创歌曲发展现状、难点堵点问题开展系列调研工作，发现并破解发展过程中的难点问题，继续推动创作出一批有代表性、传播性的精品力作；继续做好会员教育培训、发展会员等工作，年内，新发展会员9名，组织下属8个文艺家协会会员参加国家、区市培训学习50余人次。

【文艺创作】 2023年，县文联完成《彭阳文学》（季刊）1—4期的编辑出版，共从5212篇1146万字的来稿中精选编辑文学作品168篇40万余字，刊登本土艺术家创作的书法、美术、摄影、民间工艺等文艺作品39幅（张）；在“山花节”举办彭阳县“印象山花”主题摄影比赛，征集摄影作品598张，评选出一等奖1个、二等奖2个、三等奖3个、优秀奖19个。组织各协会文艺家积极参与国家、区市各类文艺作品评奖活动，2023年度获得国家级奖项3个、自治区级奖项9个、市县级奖项60余个，摄影家协会会员杨巨辉获得《大美黄河》中国人文地理第二期在线影展三等奖，农民诗人曹兵诗集《我在田野等风吹过》于11月底在陕西太白文艺图书出版公司出版。

【采风交流活动】 2023年，县文联联合县委宣传部举办“彭阳县首届农民摄影大赛”，鼓励广大农民摄影人观察生活，讲好身边故事，记录乡村振兴，描绘美丽家乡；联合县委宣传部、县文广局举办“诗意彭阳　多彩梯田”全国名家书画作品邀请展，并且在“彭阳文艺”公众号同步线上展出，展示彭阳生态建设发展的辉煌成就及新变化新气象；突出“文化振兴”帮扶，组织各协会深入基层开展赠送“中堂”、“乡村振兴之老庄影像”摄影项目、赠春联及美术作品、“送戏入村”等活动，抓牢基层精神文明建设，提升乡风文明，全面有效推进乡村振兴。

【文艺为民服务】 2023年，县文联组织各文艺家协会开展“文艺下基层”活动12场次，赠送春联12000多副，赠送“福”字、年画等1000多幅（本）；“3·5”雷锋日组织开展书法进校园活动，为50名爱好书法的师生授课并赠送书法用品；联合图书馆、县三中开展读书活动，为图书馆、县三中捐赠书籍400余本，营造全民阅读的良好氛围；组织书法家协会开展“助你一笔之力”书法公益课堂，邀请自治区书法名家每月到彭阳县文艺中心、各小学开设一次免费书法公益讲座，进一步提高群众文化素质和文化素养，传承中华优秀传统文化，增强学生们继承和弘扬中华优秀传统文化的自觉性和自信心；组织戏曲家协会会员开展戏曲进乡村活动108场次，为群众提供丰富的文化生活载体。全年共开展各类文艺志愿服务活动200余场次。

【“诗意彭阳　多彩梯田”全国名家书画作品邀请展】 2023年9月23日至10月30日，县委宣传部、县文广局主办，县文化馆、县博物馆、县美术家协会、县书法家协会承办，宁夏青年美术馆协办的彭阳县“诗意彭阳　多彩梯田”全国名家书画作品邀请展在县博物馆展出。展出百余位全国知名书画家到彭阳写生、采风，创作的100余幅精品作品，以梯田为主，展示彭阳生态建设发展的辉煌成就及新变化新气象，体现了彭阳发展之美、人文之美、生活之美、生态之美。

（文　元）

彭阳县残疾人联合会

【概况】 2023年，彭阳县持证残疾人9483人，其中，视力残疾1185人，听力残疾2150人，言语残疾221人，肢体残疾4160人，智力残疾811人，精神残疾540人，多重残疾416人。按残疾等级分，一级残疾928人，二级残疾5176人，三级残疾2016人，四级残疾1363人。

【残疾人康复服务】 2023年，县医疗健康总院开展0—6岁残疾儿童抢救性康复工作，对发育迟缓、言语障碍等残疾儿童进行康复训练，截至年底，在训残疾儿童120人（其中听力8人、视力1人、言语37人、肢体38人、智力29人、孤独症7人），转介至其他康复机构39人；为144名精神障碍患者发放和报销药品4.29万元；为1251名残疾人适配轮椅等辅助器具1350件，补贴资金83.70万元；筛查脊髓损伤、假肢矫形及“重塑未来”患者33人，并对患者针对性地进行辅具适配及康复手术治疗；选拔残疾运动员5名，参加全区首届残奥会，取得金牌1枚、银牌2枚和铜牌1枚。

【残疾人就业服务】 2023年，彭阳县按照“提技能、促就业、惠民生”的工作思路，举办实用技术培训和职业技能培训5期，培训残疾人及亲属260人，助力乡村振兴；为36名符合条件的灵活就业残疾人给予一次性创业补贴17万元，增加创业积极性；为24名个体工商户及盲人按摩从业人员发放养老保险补贴12.70万元，加大养老保障力度；实施好“阳光助残小康计划”，为符合条件的“三类监测户”每户发放4000元的助农补贴资金，增加种植养殖积极性；严格执行残疾人就业保障金征收使用管理办法，依法推进残疾人按比例就业，做好就业年审工作；完成新增残疾人就业163人，占任务的247%，多渠道扶持残疾人实现充分就业。

【残疾人职业技能培训】 2023年，县残联按照“提技能、促就业、惠民生”的工作思路，在新集乡开展为期10天的残疾人畜牧养殖技术培训，培训残疾人及亲属100人，助力残疾人科学养殖；在古城、草庙等乡镇对有培训需求的残疾人进行摸底培训，完成培训160人。

【扶残助残活动】 2023年，县残联协助县教体局对不能随班就读的50名重度残疾儿童送教上门，为11名新考录残疾大学生发放助学金3.6万元；为4264名困难残疾人按月发放生活补贴，为5795名重度残疾人按月发放护理补贴，共发放“两项补贴”1237.65万元；为70户“三类监测户”发放“阳光助残小康计划”补贴28万元；对135名生活不便的残疾人提供居家托养服务，改善生活条件；开展“五个一文化”下基层活动，慰问残疾人196人，发放慰问金5.6万元，完成残疾人家庭无障碍改造146户，为174名困难残疾人提供上门服务；先后4次对残疾人持证情况开展专项核查整治。全县共摸排整治持证残疾9483人，其中新办证453人，纠正人证不符13人，注销残疾人证586人，实现问题数据动态清零。

【残疾人信息核查】 2023年，彭阳县在库持证残疾人9511人，其中调查注销75人、查无此人7人，已搬迁25人，空挂户10人，外出142人，正常填表9252人，采集方式通过入户和电话调查，入户率93.64%，APP采集比例100%。精准掌握残疾人在动态更新年度内的基本情况、经济及住房、社会保障、教育、基本医疗及康复需求等情况。实施全区残疾人基本状况调查试点工作项目，摸清残疾人底数，掌握残疾人状况，共摸排未持证功能障碍人群36人，开展未持证功能障碍人群残疾鉴定17人，确保应持尽持，实现动态清零。

（虎丽萍）

彭阳县红十字会

【概况】 2023年，彭阳县红十字会（以下简称县红十字会）加大服务力度，着力引导培育该县红十字会品牌。截至年底，彭阳县成立110个基层红十字会组织，实现乡镇、社区、卫生系统全覆盖。发展志愿者100人、团体会员10个、成人会员135人。县红十字会共接收社会捐物价值381.888万元，根据《中华人民共和国红十字会法》以及捐赠方定向协议，全部合规合法发放，并向社会公示，接受社会各方面的监督。

【应急救护救援】 2023年，县红十字会聚焦宣传动员、急救培训、健康养老、心理救援和人道救助服务等内容，特别在涉旅企业、教育行业、公安局、交通局、消防救援大队、环卫等重点领域集中开展救护培训，使救护培训进社区、进农村、进学校、进企业、进机关活动稳步推进。以“千人万场”家庭安全素养提升教育培训活动为载体，对全县162个村（社区）辖区人员进行应急救护、常见意外伤害等知识进行普及。共开展应

2023年9月9日，彭阳县红十字会在王洼镇矿区街社区举办2023年“数字赋能、救在身边”世界急救日急救科普知识讲座 （袁荣荣 摄）

急救护培训34场次，举办应急救护普及性知识讲座20场，“千人万场”家庭安全素养提升教育培训活动共计80场，已开展志愿服务活动30余次。

【造血干细胞捐献和无偿献血】 2023年，县红十字会利用“5·8”公益日、世界献血日、世界急救日等活动，宣传紧急救援、应急救护、人道救助、无偿献血、造血干细胞捐献、人体遗体器官捐献等工作。协助固原市中心血站在“世界献血日”当天开展无偿献血活动，并对志愿捐献造血干细胞人员进行了登记。全年县红十字会累计完成272人次共计9.57万毫升无偿献血，90人造血干细胞入库登记。

【红十字会志愿服务】 2023年，彭阳县结合本地实际情况在杨坪村茹河瀑布游客集散中心按照相关建设标准完成红十字救护站建设。在车站、旅游景点、政务大厅、学校等人员密集场所投放AED（自动体外除颤器）机14台。并以开展“千人万场”家庭安全素养提升教育培训活动为桥梁，为全县人民群众进行应急救护知识普及并发放急救箱（包）。

（杨登凯）

彭阳县计划生育协会

【概况】 2023年，彭阳县计划生育协会（以下简称县计生协）开展家庭健康促进行动，重点以“健康宣传、生活习惯、健康理念、无烟创建、家庭环境、家庭关系、社会扶助、优生优育、青春教育”为主题的九项内容，推动健康促进行动。

【健康宣传教育】 2023年，县计生协利用“5·29”会员活动日、“7·11”世界人口日、老年健康宣传周，积极组织开展健康知识“六进”宣讲活动，全年共开展各类健康宣讲及义诊活动300余场次，累计发放“小三件”3000余套，发放宣传册、宣传用品2万余件。

【生殖健康】 2023年，彭阳县免费孕前优生咨询和健康检查计划备孕夫妇1772人，评估出高风险人群88人（男25人、女63人），占孕前优生健康检查人数4.97%，高风险随访率100%；全年接受婚前医学咨询及检查1821人，为备孕人群免费发放叶酸，发放各类避孕药具18000盒，健康咨询约3980人次；孕产妇健康咨询管理1466人，其中：早孕建册1840人，早孕建册率98.44%，产后访视率98.31%，孕产妇系统保健管理1432人，孕产妇系统管理率97.08%。

【“两癌”筛查】 2023年，彭阳县完成农村妇女宫颈癌筛查7206人，其中，HPV（人乳头瘤病毒）阳性1351人，需做阴道镜495人，已做阴道镜472人，阴道镜检查率95.35%。完成乳腺癌筛查7206人，其中做钼靶检查107人，良性病变102人。

【计划生育家庭帮扶】 2023年，彭阳县每户困难家庭由1名村级计生专干，1名乡镇计生专干，1名县级工作人员组成联系人，设置有联系人姓名和电话的卡片，使其遇到困难和问题能够及时得到直接沟通，完善电子信息帮扶档案；建立计生家庭健康档案，开展随访服务和健康指导；建立计生困难家庭就医就诊“绿色通道”，各医疗机构及乡镇卫生院实现对计生特殊家庭优先挂号、优先就诊、优先化验、优先检查、优先住院、优先取药“6个优先”便利服务。开展大学生圆梦行动，帮助48名2022年新入学“少生快富”纯女户大学生每人1000元；5月29日，计生协会员日走访慰问计划生育困难家庭50户，每户送去大米25千克，面粉25千克，植物油10千克，针对慰问人群开展上门谈心及心理疏导。

（刘莉萍）

法 治
Rule of Law

政法委与综治

【平安彭阳建设】 2023年，彭阳县坚持和发展新时代“枫桥经验”，认真落实党建引领基层社会治理“1+1+3”工作机制，进一步调整优化提升12个乡镇功能型党支部，组建162个村（社区）党小组，统筹基层综治力量，全力推进基层社会治理。开展平安建设宣传月活动，为12个乡镇印制发放各类宣传资料50余万份，固原市命名平安建设示范乡镇2个、优秀集体3个、模范个人7人。深化矛盾纠纷排查化解，深化运用“问题、责任、考核”三张清单，认真落实“周例会、月研判、季考核”机制，排查各类矛盾纠纷2808件，化解2799件，化解率99.7%。开展治理重复信访、化解信访积案专项工作，实现全县信访工作及时受理率、按期答复率、参评率、满意率“四率”提高和重复信访率下降的良好态势。强化社会治安整体防控，常态化推进扫黑除恶斗争，对标认领整改各级反馈问题18个，受理线索3条，整治金融放贷、市场流通、教育领域乱点乱象360余个。严厉打击电信网络诈骗，立案128起，破案28起，抓获犯罪嫌疑人163人。开展道路交通安全整治，查处各类交通违法行为4.2万起。持续加强命案防控，强化“红橙黄”动态预警管理机制，落实“六跟进”措施，人民群众安全感明显提升。

【法治彭阳建设】 2023年，彭阳县严格执行行政规范性文件“三统一”和有效期等制度，审查各类文件、合同、协议等16件，制发行政规范性文件5份，报备率和公布率100%。严格落实行政案件“一单三联”制度，完善“一案一函”应诉提醒制度，审结一审行政诉讼案件55件，行政负责人出庭应诉率100%。组织评查执法案卷632本，下发督查通报2份、书记督办函35份，有效提升行政执法办案水平。推进公正司法，着力解决人民群众在司法领域的难点堵点问题，受理各类案件7612件，办结7292件，结案率95.8%。深化落实“群众信访件件有回复”，办结群众来信来访104件。办结民事支持起诉案件32件，帮助32名农民工讨薪25万余元。挖掘数字检察赋能，办理各类案件783件，开发应用数字检察监督模型18个，发出纠正违法通知书56份，制发各类检察建议113份。推进全民守法，扎实开展“八五”普法宣传，严格落实“谁执法谁普法”普法责任制，组织开展专题普法活动460余场次，“八五”普法讲师团等普法队伍开展法治宣传200余次，在全社会营造良好的尊法学法守法用法氛围。发挥“关键少数”示范引领作用，完善落实领导干部“1+3+*X*”学法清单，举办全县领导干部习近平法治思想专题培训2次，开展宪法宣誓4场次，旁听庭审3场次。

【政法改革】 2023年，彭阳县制定《彭阳县全面深化政法改革2023年工作要点》，严格落实法官检察官助理、司法行政人员、聘用制书记员、司法警务辅助人员等管理制度，细化“四类案件”监管，召开专业法官会议和审判委员会会议29次，讨论疑难复杂案件168件。严格落实警情、案件巡查、考评机制，组织评查刑事案件482起、行政案件1190起。优化政法机构职能体系，持续推进法院审级职能定位改革，在12个乡镇设立法官联系点和检察官联系点，推动司法服务延伸到最基层。推进公安机关大部门大警种制改革，配备警务助理156人，治安巡防员251人，推行派出所“两不办理”（不再办理刑事案件和黄赌毒类案件）改革，建成警务室162个。完成县级综治中心和乡镇综治中心规范化建设。全面深化诉讼制度改革，深化以审判为中心的诉讼制度改革，落实“四类”人员出庭作证，执行罪刑法定、疑罪从无、证据裁判等原则，对1名被告人依法宣告无罪。优化刑事诉讼监督机制，监督公安机关立案1件，撤案9件，纠正漏捕1人，书面纠正侦查机关侦查活动16件，提请刑事抗诉1件。探索“4321”诉源治理模式，完成诉前调解案件1655件。深化“放管服”“互联网+政务服务”等改革，持续推行公安机关“365天×24小时”服务，周末及节假日办理1134人次。探索诉讼服务“大超市”服务，实现诉讼业务集约化、数字化办理，网上立案1874件，在线调解534件，网上开庭47件。

【政法队伍建设】 2023年，彭阳县持续深化纠治“四风”，核查办理政法队伍教育整顿案件线索12条，处理执法不规范1人；常态化组织开展警示教育活动35次，组织政法各单位和乡镇（部门）干部全程听审王某某、杨某某涉嫌犯贪污、挪用公款等罪一案，坚持以案释法、以案示警，教育引导广大政法干警严明政治纪律和政治规矩。持续提升素质能力，印发《彭阳县常态化加强新时代政法干警素质能力训练实施方案》，常态化开展技能培训、岗位练兵、轮值轮训75场次，有效提升政法干警应对复杂情况的能力。落实“3331”工程，调整优化政法委、检察院、司法局班子。提拔任用23名政法干警、5名乡镇政法委员，储备优秀年轻干部42名，法官、检察官、警察等职级晋升9人。完善暖警爱警政策体系，加强干警身心健康保护，举办荣警退休仪式、干警慰问、体检等关心关爱活动，慰问民辅警243人次，发放慰问金12.3万元。突出英模激励，举办郭明先进事迹报告会，充分展现新时代政法干警良好面貌。

（魏建存）

法治政府建设

【概况】 2023年，彭阳县制定《彭阳县党政主要负责人履行推进法治建设第一责任人职责清单》，召开“谁执法谁普法”履职报告评议会，组织召开县委全面依法治县委员会办公室、执法协调小组、司法协调小组及守法普法协调小组会议14次，研究各领域重点工作任务，部署开展行政执法专项督查、行政应诉突出问题专项治理、道路交通安全与运输执法领域突出问题专项整治等重点活动。

【行政执法监督】 2023年，彭阳县严格执法人员资格管理，举行2023年度新申领行政执法资格考试2场次，为18名司法行政人员申领行政执法监督证，127名基层执法人员申领执法证件，清理退休、离岗等不符合条件人员36人。聚力提升执法人员能力水平，举办“学思践悟习近平法治思想　以规范化执法护航高质量发展”行政执法练兵擂台比武技能竞赛和行政执法人员能力提升培训班，对全县35个行政执法部门481名行政执法人员开展全覆盖式培训。完善行政执法监督体系，对全县31家行政执法单位行政裁量权基准、“三项制度”等行政执法制度落实情况和632件行政执法案卷组织开展专项督查和评查工作，3件行政处罚案卷获评

"全区行政处罚优秀典型案卷"。扎实开展道路交通安全和运输执法领域突出问题专项整治,征集并整改问题线索39条,自查整改各类问题88条,核查线索119件。

【行政复议应诉】 2023年,彭阳县成立行政复议咨询委员会,建成行政复议接待室、听证(审理)室、调解室,行政复议代办点13个,打通行政复议服务群众"最后一公里"。截至年底,全县共受理行政复议案件20件,同期增长25%,办结20件。制定《彭阳县人民政府办公室关于加强和改进行政应诉工作的实施意见》,召开"府院联席"会议1次,严格落实"一单三联"工作制度,完善"一案一函"应诉提醒制度,审结一审行政诉讼案件42件,行政负责人出庭应诉率100%,败诉率33.3%。

【合法性审查】 2023年,彭阳县完成行政规范性文件后评估6件,督促相关单位及时纠正存在问题的行政规范性文件4件,审核各类文件18件,其中行政规范性文件9件,已制定发布6件,均按期报备和公布,报备率、公布率100%。严格重大行政决策制定程序,严格执行重大决策目录清单制度,制定《彭阳县人民政府2023年度重大行政决策事项目录》,组织审查重大行政决策事项5件,已出台并公布3件。

【行政争议化解】 2023年,彭阳县行政争议协调化解中心对法院委托化解的33件案件严格落实领导参加、联调联动、多元化解等争议解决制度,成功化解8件,化解成功率24.2%。

(高丽娜)

公 安

【概况】 2023年以来,彭阳县公安局围绕学习宣传贯彻党的二十大精神"一条主线",突出服务保障经济社会发展和乡村振兴战略"一个主题",抓好平安彭阳和法治公安"两项建设",开展基层提振、基础提质、基本能力提升"三大行动",实施政治建警、改革强警、科技兴警、文化育警"四大工程",即"11234"总体思路,从严从实从细抓好各项措施的落实,大力推进公安工作现代化,为全县经济社会高质量发展创造安全稳定的政治治安环境。

【打击犯罪】 2023年,县公安局共立刑事案件560起,同比下降0.53%,破293起,抓获犯罪嫌疑人548人。立治安案件1232起、同比上升10.09%,结案947起,查处违法人员708人。立电信诈骗案件135起,同比下降36.32%,在全市率先侦破1起非法经营不合格液化石油气瓶案,抓获犯罪嫌疑人2人,查扣不合格液化气瓶140个。成功侦破"ZBS"特大网络传销案,抓获骨干成员9人,提请逮捕6人,涉案金额4.01亿元,涉及全国29个省、市(县),被自治区副主席、公安厅党委书记、厅长冼国义批示肯定,中新网、中央电视台十二套《一线》《天网》栏目跟踪报道。

【社会治安管理】 2023年,县公安局严格落实高等级勤务和"1、3、5分钟"快速反应机制,不断提升见警率和管事率。全方位巡逻防控,扎实开展"夏季治安打击"行动,全面落实"打、防、管、控"各项工作措施,共组织开展集中清查活动32次,出动警力5800余人次,检查加油站354家次、旅馆458家次、重点单位598家次、寄递物流265家次、出租房屋218家次,发现整改隐患问题643个。

【户政管理】 2023年,县公安局户籍窗口办理二代居民身份证19723人次,更换户口本11738个,出生登记1976人,死亡登记1293人,迁出迁入4643人次,办理临时身份证900人次,户籍、补录、恢复变更户籍信息35人次,自治区居民异地办理身份证审核2419人次,办理准迁证253人次,办理边境证111人次,互联网+网上业务咨询答复129人次,办理证件挂失322人次。

【道路交通安全管理】 2023年,县公安局"拉网式"排查出道路隐患258处,及时安排专项资金384万元,一路一策、分级治理、

2023年7月25日，彭阳县公安局古城派出所开展夏季治安打击整治专项行动中，巡逻时查获枪支2把、军用子弹4枚、射钉弹若干　（县公安局 提供）

按期销号，截至年底，已全部完成治理。严厉打击酒驾醉驾、无证等交通违法行为，共查处各类交通违法4.9万起，查处酒驾205起，无证622起，年内，全县道路交通事故四项指数两降两升。共发生交通事故4661起，造成16人死亡，216人受伤，经济损失33.84万元。受伤人数同比下降11.11%，财产损失同比下降9.81%，事故起数同比上升6.37%，死亡人数同比上升6.67%。

【危爆物品管控】 2023年，县公安局加大危爆物品安全监管力度，共检查涉枪单位8家次、涉爆单位93家次、排查涉爆从业人员128人次，发现并整改问题隐患28处。查处涉枪案件2起，收缴枪支3把。

【“110”接处警】 2023年，彭阳县接警13243起，其中，无效报警37起，处置有效警情13206起，有效警情同比增加139起，日均处警36.18起，同比上升1.06%。违法犯罪类警情1737起，日均4.76起，同比上升5.31%。

【执法监督】 2023年，县公安局严格落实警情、案件巡查、考评机制，2023年以来，共组织评查刑事案件482起，发现问题1522条，评查行政案件1190起，发现问题2266条，巡查接报警11127起，发现问题371条，发布日巡查通报304份，执法监督建议书4份。

【执法水平】 2023年，县公安局提供法律服务10余次，疑难执法问题攻坚和法律指导服务50余次，组织召开专门研究案件的联席会4次，集体研究解决疑难重大复杂案件12起。开展法治培训5次，培训达600余人次，召开全局法制员专题会议4次，旁听法院庭审案件4次，到办案单位送教5次，组织全体民警、辅警积极参加市级智考平台考试3次，县局考试11次，不断提升执法水平。

【从优待警】 2023年，县公安局举行荣警退休仪式、郭明同志先进事迹报告会、“三八”国际妇女节活动等公安文化活动，组织慰问因公牺牲民警家属、因公伤残民辅警、生活困难民辅警及退休党员242人，收集民辅警家庭，对年内执法中受侵害致身体不同程度损伤的3名民辅警开展维权抚慰工作，对因公负伤的2人开展工伤认定申报。提拔正科干部11人、副科干部8人，进一步使用3人，岗位交流14人，解决三级、四级高级警长8人。

（任媛媛）

检　察

【概况】 2023年，彭阳县人民检察院（以下简称县检察院）按照“讲政治、顾大局、谋发展、重自强”的检察工作总要求，严厉打击各类刑事犯罪，打造“阳光检察”，邀请社会各界人士参加公开庭审、公开宣告、检察开放日，广泛接受民主监督，努力提升检察工作，检察工作取得新进步。

【刑事检察】 2023年,县检察院加强刑事立案和侦查活动监督,监督立案7件,撤案23件,追捕6人,制发纠正违法通知书26份,检察建议书17份。加强审判监督,检察长列席人民法院审判委员会会议6次,提出刑事抗诉1件,制发检察建议4份。针对监外执行活动违法情形提出纠正26人,针对社区矫正脱管提出纠正1人,针对财产刑执行不当书面提出纠正12件。

【民事行政检察】 2023年,县检察院办理民事生效裁判结果监督案件2件,其中发出再审检察建议1件,法院采纳后和解结案;提请抗诉1件,上级院抗诉后已发回重审。深化民事审判程序监督,发出监督检察建议20份。强化民事执行监督,发出执行监督检察建议15份。办理行政非诉执行案件5件,向行政机关制发检察建议5份,开展行政争议实质性化解9次;加强行刑反向衔接,制发检察意见书13份。

【公益诉讼检察】 2023年,县检察院深度践行“诉前实现公益保护是最佳司法状态”的办案理念,认真落实公益诉讼法定领域履职责任,聚焦维护国家利益和社会公共利益,依法稳步拓展办案范围,办理行政公益诉讼案件61件,诉前磋商23件,发出诉前检察建议38件,诉前整改率100%,双赢多赢共赢效果凸显。

【未成年人检察】 2023年,县检察院积极推进未成年人检察业务一体履职、融合履职、综合履职,办理案件12件。切实加强对附条件不起诉未成年人的观护帮教,制订针对性、个性化、具体化、多元化的帮教方案,共开展考察帮教20人。助力平安校园和法治校园建设,协助开展入职查询2900人次;以“一号检察建议”为牵引,制作青少年喜闻乐见、形式多样的法治教育产品,开设“标准化”“菜单式”法治宣讲课程48次;举办“检爱同行,共护花开”检察开放日活动,联合县法院开展“模拟法庭”沉浸式体验。对事实无人抚养儿童、刑事案件未成年被害人等特殊群体开展关爱救助18人,发放司法救助金3万元。

【检务公开】 2023年,县检察院组建听证员库,聘任不同领域的18名专业人员为检察听证员,规范开展各类听证56场次,在“中国检察网”公开直播听证全过程5次。组织开展观摩庭审、“检察开放日”活动3次,发布案件程序性信息400条,实现律师参与办案全覆盖。

【检务为民】 2023年,县检察院与县公安局、医保局、卫生健康局制定《关于医保领域行政执法部门与检察监督业务信息数据共享工作规定》,共同守护人民群众“看病钱”;与公安、邮政管理部门部署开展联合行动,着力守护邮包里的安全;主动加强与市场监管部门的沟通,保障人民群众用药安全;成立公民个人信息保护工作专班,从三大领域监督各行业对公民个人信息的保护等。通过9个专项监督活动,共办理案件108件,发出检察建议60份,不断满足人民群众日益增长的多元司法需求。坚持和发展新时代“枫桥经验”,深化落实“群众信访件件有回复”,受理104件群众来信来访,均在7日内程序性回复、3个月内办理进展或结果答复,矛盾纠纷化解率100%。办结民事支持起诉案件32件,帮助32名农民工讨薪25万余元。

【检察改革创新】 2023年,县检察院牢固树立“数字赋能监督,监督促进治理”数字检察工作理念,与7个单位建立数据共享机制,获取外部数据64万余条,开发应用数字检察监督模型18个,发现线索231条,成案153件,“业务主导、数据整合、技术支撑、重在应用”工作机制效能有效发挥。

（黄立华）

法 院

【概况】 2023年,彭阳县人民法院(以下简称县法院)受理各类案件7612件,办结7292件,同比分别上升10.91%、14.96%,结案率95.8%。法官人均结案365件,结收比102.82%,均居全市法院第一;结案均衡度0.8,诉讼案件平

2023年7月，彭阳县检察院开展养老诈骗宣传活动　　（检察院 提供）

均办理时间23.3天，均位居全区法院第一；执行到位标的额1.78亿元，实际执行到位率48.1%，高于全区、全国平均值15.3个、23.4个百分点，17项执行质效指标均优于全区平均值。

【刑事审判】 2023年，县法院审结刑事案件143件189人，判处3年以上有期徒刑14人，判处3年以下有期徒刑、拘役168人（适用缓刑81人），单处罚金2人，免予刑事处罚2人，宣告无罪3人，追赃挽损300余万元。审结危险驾驶、交通肇事等犯罪81件。严惩制造毒品等源头性犯罪，依法判处某某有期徒刑19年。审结王春会等电信网络诈骗及关联犯罪案件15件。审结刘某某非法吸收公众存款犯罪案。

【民商事审判】 2023年，县法院审结民商事案件4425件。加强劳动者权益保障，依法处理欠薪纠纷案件279件。完善家事审判制度，审结婚姻家庭纠纷案件590件，256对夫妻经调解重归于好。加强妇女儿童权益保护，审结抚养纠纷案件46件，发出人身安全保护令3份。加强老年人司法保护，审结赡养纠纷案件4件，依法判令相关责任人承担赡养责任。弘扬社会主义核心价值观，审结名誉权、隐私权纠纷案件55件。

【案件执行】 2023年，县法院执结案件2724件，执结率93.54%。强化执行指挥中心实体化运行，查人找物、财产变现、协同联动、精准惩戒等执行手段更加有力。利用网络查控系统对被执行人全国范围内财产一键查询，累计查控案件8900件次。网络司法拍卖成交1097.44万元，为当事人节省佣金53.76万元，有力破解财产变现难题。发挥府院联动作用，化解“骨头案”“钉子案”11件。推行首执和终本团队联动办案模式，汇聚执行工作合力，执结历年终本案件232件。加大强制执行和信用惩戒力度，拘传289人，司法拘留104人，执行悬赏26人，纳入失信被执行人名单并曝光697人，发出限制消费令834份，1365人迫于强制执行和信用惩戒压力履行义务。

【诉源治理】 2023年，县法院依托1个“石榴籽”调解室、2个“塞上枫桥人民法庭”、5个社区“法官工作室”和12个乡镇“法官联系点”，搭建“辖区全覆盖”的诉源治理网络，扎实推进“两源”治理，草庙法庭“1243”解纷工作法入选“全区新时代基层‘枫桥经验’先进典型”名单。诉前调解各类纠纷1655件，司法确认847件。推动人民法院调解平台进乡村、进社区、进网格，在线调解纠纷1489件。充分延伸审判职能，针对多发、高发案件所反映出来的行业易发问题和管理漏洞，及时向行业部门、市场主体发出司法建议13份。

【司法综合配套改革】 2023年，县法院率先推行裁判文书“阅核制”，严把案件裁判质量，院庭长阅核裁判文书273份。充分发挥专业法官会议、审判委员会指导把关作用，召开专业法官会议和审判委员会会议29次，讨论疑难复杂案件168件。深化以审判为中心的刑事诉讼制度改革，落实“四类人员”出庭作证，打造证人

"隐身"作证室,以程序公正保障实体公正。强化目标考核导向,贯彻落实新版审判质量管理指标体系,做实全员绩效考核。

【营造法治化营商环境】 2023年,县法院审结"宁夏纵横现代物流园置业有限公司"清算案,推动市场主体有序退出,最大限度保障债权人合法权益。审结王洼全民健身中心工程质量纠纷案,挽回经济损失779万元。完善金融案件审理机制,审结涉金融案件226件,执行到位标的额3983万元,追回扶贫小额信贷资金467.98万元。服务招商引资项目,执行工业园区租赁合同案件5件。助力村集体经济健康发展,为红河镇宽坪村等5个村追回资金80万余元。坚持善意文明司法,及时修复企业信用251次,对1家企业暂缓适用强制措施,最大限度减少对企业生产经营的不利影响。

【法治宣传】 2023年,县法院全面落实普法责任制,建设融媒体工作室,助力法治社会建设。开展送法进企业、进社区、进乡村等活动15次,集中宣传8次,发放宣传资料2000余份。加强法官判后答疑,强化以案释法,努力引导群众增强法治观念,发布案例21篇,编写信息175篇,拍摄短视频15部。选派3名青年法官和法官助理担任法治副校长,组织"青少年模拟法庭"3次,开展"送法进课堂"活动4次,守护未成年人健康成长。举办法院开放日活动5次,让群众零距离感受司法公正。

【智慧法院建设】 2023年,县法院打造"信息化建设赋能智慧院"品牌,投资70万余元用于信息化项目建设,推动司法审判和现代科技深度融合。法官留言系统、律师"一码通"、证人"隐身"作证室等信息化成果,使当事人享受到智慧法院建设带来的数字红利,让审判执行驶入"信息高速路"。

(赵彩芸)

2023年6月14日,彭阳县人民检察院、县人民法院联合开展"模拟法庭"庭审活动 (杨 天 摄)

司法行政

【概况】 2023年,彭阳县司法局开展主题教育,细化理论学习、干事创业、检视整改3个方面20项具体内容,办理"为民办实事"5件,检视整改问题2条。完成自治区党委依法治区办"一规划两纲要"和"八五"法治宣传教育中期评估检查,成立行政复议咨询委员会,建成行政复议代办点13个,办理行政复议案件20件,开展普法宣传活动460场,创新重点人群管理服务"1235"工作模式,开展矛盾风险隐患排查化解专项行动和法律援助惠民生行动,排查调处各类矛盾纠纷2012起,办理法律援助案件462件。

【法治宣传】 2023年,彭阳县开展"美好生活·民法典相伴""乡村振兴·法治同行""关爱明天·普法先行"等专题普法活动460余场次,"八五"普法讲师团等普法队伍在重要时间节点开展法治宣传200余次。组织40名"法治小记者"开展情景式普法活动4场,开展"青少年模拟法庭"活动3次。在微信公众号发布"以案释法"52

2023年12月4日，彭阳县举办“宪法宣传周”启动仪式暨“12·4”国家宪法日专场法治文艺汇演活动　（县司法局 提供）

篇，推出“每日学法”普法短视频142期，“书香司法”“百年法治”“法治政府示范创建应知应会”180余篇。成功复核“全国民主法治示范村”1个，创建“全区民主法治示范村”3个，示范带动基层依法治理。

【公共法律服务】 2023年，彭阳县制定《关于加快推进彭阳县公共法律服务体系建设实施方案》，推进现代化公共法律服务体系建设，建成集法律咨询、法律援助、人民调解、公证、行政复议代办等功能于一体的公共法律服务实体平台，建立县公共法律服务中心1个、乡公共服务站12个、村公共法律服务室162个，为县、乡服务中心（站）配备“公共法律服务智能查询一体机”13台，为村（居）公共法律服务室配备桌面可视电话机162台。召开彭阳县2023年度村（居）法律顾问工作推进会，为全县社区村居配齐“一村(社区)一法律顾问”，大力宣传和推广宁夏“12348”热线，实现公共法律服务实体、热线、网络全覆盖，实现公证、法律援助、普法宣传等服务“一揽子受理、集成式服务、一次性办结”。全年共接待来访群众2200余人次，解答群众法律咨询2800余条。

【社区矫正】 2023年，彭阳县严格落实《中华人民共和国社区矫正法》，按照社区矫正“质量提升年”要求，坚持“1234”工作模式，通过“线上+线下”措施强化日常监管，引进宁夏睿心管理咨询有限公司专业力量开展“5+1”教育矫治，开展红色教育4次，举办心理健康讲座3次，个案咨询16人次。社区矫正对象未发生脱管漏管现象。及时核实“三假”“三无”人员，落实重点刑释人员必接必送制度，坚持季度走访确保刑释人员底数清楚。建立“两类人员”一户一策精准帮扶台账734户，常态化开展“两类人员”涉黑涉恶线索排查。举办“两类人员”养殖技能培训班1次、落实低保23人、临时救助19人、社会保险555人、职业技能培训127人、指导就业或就学17人。

【人民调解】 2023年，县司法局坚持和发展新时代“枫桥经验”，新招募12名司法协理员，建立县级调解专家库1个，将退休法官、仲裁人员、心理咨询师等21名骨干力量纳入调解队伍，通过专家讲座、实训演练、远程培训、案卷评审等形式，全面提升调解员队伍综合素质，累计组织开展人民调解培训8场次。常态化开展矛盾纠纷大排查大起底大化解活动，调处各类矛盾纠纷2012件，调解成功1963件，成功率97.6%，涉及金额9196.376万元，实现“小事不出村，大事不出乡（镇），矛盾不上交”。协调选任人民陪审员75名，推动司法公正公平，参与协助办理信访事件67件，办理信访件1件，无涉法涉诉信访及司法救助案件。

【律师工作】 2023年，彭阳县引进宁夏泽芸律师事务所1家，举办律师培训班1场，全县律师全部参学，律师办理法律援助案件462件，为群众解答法律咨询500余人次，开展进企业法治体检14次。印发《彭阳县村居法律顾问工作方案》,村居法律顾问实现全覆盖,推行法律顾问定期坐诊、流动巡诊、网络微诊、可视电话面诊“四诊合一”工作机制,法律顾问举办各类法治宣传讲座500场,解答法律咨询3000余次,代写法律文书100余份。

【公证工作】 2023年,彭阳县深化公证领域改革,深入开展公证咨询和业务办理,积极推行上门办证,使公证服务惠及更多群众,让人民群众在每一次公证法律服务中感受到温暖。扩大“最多跑一次”公证事项范围,探索公证服务“巡回办证、网上办证”机制,深入基层开展公证办理流程宣传20余场,提升公证业务群众知晓率。全年共办理各类公证事项121件,其中采取告知承诺制方受理并办理公证事项36件,代写有关公证事项法律文书28个。

【司法鉴定】 2023年,彭阳县人民医院司法鉴定中心按照《自治区物价局 司法厅关于印发〈宁夏回族自治区司法鉴定收费管理办法〉的通知》(宁价费发〔2017〕24号),开展法医临床司法鉴定(0201人体损伤程度鉴定、0202人体残疾等级鉴定、0203赔偿相关鉴定),每例鉴定费800元。全年司法鉴定人总数12人,司法鉴定业务总量5例。

【法律援助】 2023年,彭阳县制定《彭阳县关于实施法律援助提升工程暨“八个一”专项行动工作方案》,建立法律援助站15个,推行法律援助经济困难状况个人诚信承诺制,开展法律援助品牌创建活动和“三个暖阳”系列活动,办理法律援助案件462件,其中民事案件167件、行政案件1件、刑事案件52件,解答法律咨询1200余人次,开展法律援助案卷评查4次,评查案卷424本,案卷质量明显提升。组织开展《中华人民共和国法律援助法》学习6场次,开展《中华人民共和国法律援助法》宣传20余场次。

(高丽娜)

军 事
Military Affairs

彭阳县人民武装部

【概况】 2023年，中国人民解放军彭阳县人民武装部（以下简称县人武部）坚持以习近平新时代中国特色社会主义思想为指导，扣牢建军一百年奋斗目标，抓住政治建军固根本、聚焦使命任务抓备战、坚持强基固本打基础，奋力推动全县国防动员和后备力量建设高质量发展。2023年，县人武部被宁夏军区表彰为全面建设先进单位。

【党管武装】 2023年，彭阳县着眼增强管武抓武意识，召开县党管武装述职会、人武工作会，组织60名科级以上干部过“军事日”，邀请国防大学教授作形势报告，有效凝聚高位抓武的共识合力。坚持军地联考、县委通报乡镇管武抓武绩效机制。积极协调县委召开议军会，积极推进新营区暨民兵训练基地建设。

【双拥共建】 2023年，彭阳县坚持以纪念延安双拥运动80周年为牵引，深化全民国防教育，在县四小建设打造的“任山河少年军校”实质推进，在县二小换代布新的“陶克叶少年军校”即将完工，援建的三中申报挂牌“全国国防教育示范学校”，2所军民共建小学国防教育氛围日渐浓厚。打造彭阳崇军品牌，制度化慰问彭阳籍官兵、军烈属和退役军人，开展送喜报、送新兵“双送”等活动，被《解放军报》报道。

【民兵整组】 2023年3月，县人武部针对民兵编建任务重、整组工作推动难的问题，在充分调研论证的基础上，按要求严格抓体检政审、集合点验、入队训练。4月，逐乡镇进行民兵点验检查指导，统一按照开展潜力部署、优化布局结构、调整配备人员、预建党的组织、清点落实装备、集合点验民兵、组织检查验收的程序组织实施。

【基层建设】 2023年，彭阳县坚持军地联考、县委通报机制，坚持“按纲抓建、固强补弱、以点带面”工作思路，每月至少组织1次专武干部例会，及时安排部署工作，积极组织新入职专武干部参加军区、军分区专武干部集训，有效提高专武干部队伍素质。指导王洼镇、新集乡、城阳乡完成基层武装部规范化建设。红河镇、城阳乡武装部在宁夏军区基层阵地达标年度考评中取得优秀。

【兵员征集】 2023年，县人武部按照“节点提前、工作提速、标准提高”要求认真筹划部署年度征兵工作，全程加强“五率”精准动态管控。积极创新征兵宣传机制，充分利用融媒体平台、传统媒介（短信、标语、宣传车）和公众媒体

（电影院、广场屏幕）等广播媒体资源，加大征兵宣传的力度。严把体检政考关键环节，尤其针对预选新兵心电图、外科、眼科等易出问题的项目，部首长蹲点重点科室，亲自把关，确保体检公平公正，无人为操作，完成上级给予的征集任务。

【安全管理】 2023年，县人武部部署开展“安全大检查”“抓一线、打基础、保稳定”“法规学习季”活动。召开“以案为鉴鸣警钟，严守法纪保安全”专题组织生活会，开展人武部网络安全宣传周活动、人武部净化网络专题教育整顿活动，严密落实风险评估、隐患排查、安全保密等制度，单位保持高度安全稳定和集中统一。

（彭 波 张穆榕）

退役军人事务

【基础建设】 2023年，白阳镇友谊街社区等4个百人以上社区成功创建为全国示范型服务站，54个乡（镇）、村（社区）退役军人服务站创建红色精品型服务机构。打造“老兵”系列工作品牌，各乡（镇）“老兵志愿服务队”和36名村（社区）“兵两委”在基层一线展现生机活力，贡献硬核力量。全年举办全县退役军人事务系统培训班2期。

【退役军人就业创业】 2023年，彭阳县发布各类招聘信息12期，实现多名退役军人就业。通过政府购买服务及开发护林员、保洁员、护路员等岗位，为退伍军人提供就业岗位。开展职业技能培训2期，多名退役军人接受高等职业教育。大力实施创业扶持，创新“政府+银行”金融扶持模式，召开退役军人创办企业代表暨税收优惠政策座谈会，协调各商业银行为退役军人创业提供“崇军”贷款。完成政府安排的退役士兵占编安置工作。为住房困难的退役军人申请解决公租房，为退役士兵发放自主就业一次性经济补助。

【优抚帮扶】 2023年，彭阳县全面落实退役军人待遇保障和抚恤补助政策，向全县优抚对象865人发放优抚金、物价补贴、节日补助等473.88万元，为在部队立功受奖人员发放奖励金。完成退役军人优待证申领发放，为部队立功受奖人员家属集中送喜报，为荣立个人二等功的现役军人家属上门报喜，悬挂“二等功臣之家”牌匾，悬挂光荣牌40个。春节到八一建军节期间，共走访慰问驻军单位及困难退役军人、现役军人家属，并发放慰问金。组织军人军属子女赴闽宁对口帮扶城市参加暑期夏令营活动。畅通军人子女入学、随军家属工作调动绿色通道，为有听力障碍的退役军人配发助听器和患精神病退役军人患者定期巡诊，优先为困难优抚对象给予低保和帮扶救助。

【双拥工作】 2023年，彭阳县健全军地互提需求、互办实事“双清单”制度，“茹河之声”双拥合唱团坚持每周五、六在双拥公园诵唱红色经典歌曲，举办庆“五一”“七一”“八一”专场文艺晚会。彭阳“老兵宣讲团”巡回为机关、学校、社区开展宣讲活动。充分发挥任山河烈士陵园爱国主义教育示范基地作用，共接待区内外各界社会团体96场次6万余人。发展崇军合作单位320家，搜集整理全县219名荣立三等功以上的退役军人简要事迹，编纂《彭阳县退役军人风采录》。对健在的15名抗美援朝、剿匪老战士，“抢救性”留存影像资料。依托“永驻军魂”栏目积极宣传报道各行业退役军人典型事迹，全县3名拥军先进典型被推荐参加全区“最美拥军人物”和“最美军嫂”评选活动，孟塬乡草滩村退休教师虎俊隆获评首届全区最美拥军人物。深入推进烈士寻亲工作，为河北省石家庄市栾城区搜集整理任山河战斗中牺牲的战士信息。该县经验做法被区党委退役军人工作领导小组办公室、区厅刊发交流21次。

（王晓晓）

经济管理

Economic Management

宏观经济调控

【县域经济】 2023年，彭阳县实现地区生产总值90.13亿元，比上年增长4.0%，第一、二、三产业增加值分别增长3.8%、4.9%、3.3%，三次产业比例达到18.6:38.3:43.1。

【发展规划编制】 2023年底，彭阳县制定2024年全县国民经济和社会发展的主要预期目标，即地区生产总值增长6.7%，全社会固定资产投资增长10.0%，规模以上工业增加值增长11.0%，地方一般公共预算收入增长13.5%，社会消费品零售总额增长5.5%，城镇居民人均可支配收入增长7.0%，农村居民人均可支配收入增长9.0%，完成区市下达的各项约束性指标。

【经济运行监测】 2023年，彭阳县规模以上工业增加值27.3亿元，增长7.4%；固定资产投资41.4亿元，增长5.5%；社会消费品零售总额15.24亿元，增长1.3%；地方一般公共预算收入3.48亿元，可比增长8.1%，一般公共预算支出44.38亿元，增长2.5%；城乡居民人均可支配收入分别达到33822元、15901元，分别增长5.2%和8.3%。

【有效投资】 2023年，彭阳县扎实开展"项目'五比'"活动和"扩大有效投资巩固提升年"活动，坚持"旬提醒、月通报、季考核"工作机制，93个县级重点建设项目全部开工建设，59个项目建成完工，完成投资54.1亿元。紧盯中央和自治区政策导向与资金投向，抢抓有利契机，跑项目、争资金、促发展，被列为国家与自治区投资计划清单的项目74个，争取到位资金11.4亿元。着力做好项目管理、服务，苏州公馆、星城一品等项目顺利推进，全县民间投资增速突破100%，创造历史新高度。全面贯彻自治区全方位优化营商环境"31条"政策举措，《彭阳县依托宁夏工程建设项目审批管理系统开展全流程电子证照应用方案》作为典型案例在全区范围内推广，营商环境工作再上台阶。全力推动民营经济高质量发展，全县民营经济高质量发展暨优化营商环境推进会顺利召开，认真落实县级领导包抓重点企业、重点项目制度，现场研究推进解决企业发展难点堵点问题327件，兑现各类招商引资奖补资金3846万元，为17家企业争取各类项目资金5606万元。

【工业经济】 2023年，彭阳县年20000台(套)矿山机械增材再制造项目一期投产，年产60万立方米煤矸石蒸气加压混凝土砌块及墙板绿色产品项目开工建设，王洼2×660兆瓦坑口火电机组工程、矿井水综合利用项目稳步推进，煤炭开采洗选及前后端上下游装备制造与综合配套链条不断延伸。年产5万吨富钾富锶干果饮品及年产2000吨红梅杏条项目建成投产，辣椒一二三产融合、年加工5000吨脱水蔬菜、蜜饯果脯果仁酥果糕生产线项目主体完工，农副产品加工链条逐步拓展。年产4000万件无纺布、年产4万锭纺纱项目建成投产，年产13万锭高端纺纱及年产1亿平方米宽幅功能性面料生产加工项目落地建设，纺纱规模突破17万锭，规模效应日益凸显。

【商贸流通】 2023年，彭阳县在全面贯彻执行区、市促消费各项政策措施的基础上，结合县情实际，制定《彭阳县2023年消费需求促进年活动实施方案》，出台十条促消费政策和实施三大专项行动，成功举办“云耕彭阳·迎春心礼”——2023年彭阳县网络年货节暨消费促进月、双品网购节、浪宁夏品味道梯田夜肆节等消费促进活动，累计发放消费券13期12.4万张310余万元，带动消费6000余万元。升级打造“梯田夜肆”，投入经营以来，累计实现营业额2300余万元。积极争取2023年县域商业体系建设项目，先后3次组织企业申报项目6个，争取自治区专项资金支持项目4个。持续加大帮扶产品供应商指导力度，推动消费帮扶产品销售，截至年底，全县消费帮扶企业达到71家、549款产品，上架832平台54家、495款产品。持续加大政府采购脱贫地区农副产品力度，县域各预算单位共填报预留份额142.07万元，已完成采购117.71万元。年内，县内消费帮扶产品共实现销售1.98亿元。

【粮食及物资储备】 2023年，彭阳县全力保障粮食能源安全，始终保持101.86万亩耕地面积不动摇，粮食产量进一步提升，西气东输三线建设稳步推进，能源保供能力不断增强。持续加强宏观调控，做好夏粮收购工作，完善粮油保障体系，建立粮油价格信息监测点4个、应急供应网点18个，为政府调控粮源提供依据，确保粮油市场供应不脱销、不断档。做好储备可满足1200人需要的救灾物资任务，切实提高储备应对突发事件的能力。同时，加大对粮食和物资储备仓储设施的监督检查力度，夯实粮食和物资储备企业“两个安全”的主体责任，定期排查整治隐患，坚决防止各类安全事故发生。

【安全环保】 2023年，彭阳县一体推进贯彻落实自治区党委十三届四次、五次全会精神，全面开展安全和生态环境风险隐患排查和问题整治“回头看”，累计排查整改安全风险隐患2.5万余条、生态环境风险隐患127条，全年未发生重特大安全生产和环境保护事件。

（王　睿）

国有资产监管

【行政事业单位资产监管】 2023年，彭阳县财政局按照《彭阳县行政事业单位国有资产使用管理办法》和《彭阳县行政事业单位国有资产处置管理办法》，履行国有资产的监督管理职能。坚持资产配备与行政事业单位履行职能需要相适应，与预算管理和政府采购相结合，按照《彭阳县本级行政单位通用办公家具设备配置标准（暂行）》要求，严格审核资产配置标准，依托宁夏国有资产信息管理系统从资产购置入账到报废处置的全链条信息化和透明化管理。

【企业资产监管】 2023年，县财政局根据县人民政府授权，依照相关法律法规规章履行出资人职责，监督管理县属国有企业国有资产，印发《关于推行县属国有企业“三重一大”事项报告制度的通知》《县属国有企业内部审计管理暂行办法》《关于加强县属国有企业资产负债约束的通知》《彭阳县政府性融资担保公司负责人经营业绩考核暂行办法（试行）》等文件，进一步规范国有企业管理。发改局、交通运输局、人社局、住建局、水务局、文广旅游局、金融局、乡村振兴局负责行业监管职责，各权属企业自主经营、自负盈亏。

（王玉帆）

财　政

【一般公共预算收支】 2023年，彭阳县地方一般公共预算收入完成34814万元，完成调整预算数的100.62%，同比下降19.70%。其中：税收收入完成28349万元，同比下降10.26%，占地方一般公共预算收入的81.43%；非税收入完成6465万元，同比下降45.05%，占地方一般公共预算收入的18.57%。地方一般公共预算支出完成443819万元，完成变动预算数的86.01%，同比增长2.46%。

【重点保障】 2023年，彭阳县有效统筹整合使用财政涉农资金，全力支持巩固拓展脱贫攻坚成果同乡村振兴有效衔接，全面推进乡村振兴，加快农业农村现代化。全年统筹整合使用财政涉农资金38823万元，完成支出38213万元，支付率98.43%（其中：衔接资金完成支出22441万元，支付率100%），重点用于9个部门（单位）39个具体项目；积极鼓励引导金融机构，深入推进金融政策创新，持续开展金融信贷扶持，稳步扩大涉农信贷规模，有效助力脱贫人口创业就业，大力培育发展壮大新型农业经营主体和草畜、红梅杏等优势特色产业。全县金融机构涉农贷款余额511132万元，脱贫人口小额信贷余额9652户70264万元，覆盖面60.27%，其中：当年新发放脱贫人口小额信贷4369户31380万元，完成自治区下达任务26000万元的120.69%；全年落实公共安全保障资金23451万元，全力支持全县应急救援和安全生产保障工作。

【民生事业支出】 2023年，彭阳县不断优化支出结构，合理统筹调度资金，足额拨付社保救助资金，全力保障机关事业单位离退休人员养老保险缺口资金，统筹解决农民工工资、农业保险县级配套等民生资金，全年用于教育、社会保障与就业、医疗卫生、城乡社区、农林水等方面的民生支出达到379755万元，同比增长0.33%，占一般公共预算支出的85.57%。

【财政管理】 2023年，彭阳县牢固树立预算绩效管理理念，对纳入部门预算的项目实行预算绩效目标同编制、同审核、同批复、同公开；对28个涉农统筹整合项目资金实行绩效目标中期监控；对12个重点项目开展绩效评价，切实做到“花钱必问效，无效必问责”。全年完成财政投资评审项目456个，评审投资总额309535万

2023年彭阳县财政收支及增长速度统计表

表20

指　　标	完成额（万元）	比上年增长（%）
全口径财政收入	149540	−16.2
地方财政收入	42153	−13.6
公共财政预算收入	34814	−19.7
其中：税收收入	28349	−10.3
非税收入	6465	−45.1
政府性基金收入	7339	35.6
地方财政支出	458380	3.4
其中：公共财政预算支出	443819	2.5
其中：一般公共服务支出	32048	21.4
公共安全支出	9085	15.0
教育支出	63902	2.2
科学技术支出	4058	27.6
社会保障和就业支出	59336	−4.4
卫生健康支出	30352	10.4
节能环保支出	18920	−2.8
住房保障支出	23250	25.1
城乡社区支出	18483	−26.3
农林水支出	135164	7.3
政府性基金支出	14559	44.1

元，预(结)算225724万元，净审减9531万元，审减率4.22%；全年纳入直达资金监管范畴资金共计105944万元，累计完成支付91078万元，支付率85.97%。认真贯彻落实中央和自治区关于推进普惠金融高质量发展的实施意见，支持引导全县7家商业银行进一步扩大信贷营业服务网点，累计建成乡村振兴金融服务中心145个，覆盖面92.94%，基本实现县域基础金融服务全覆盖。

【政府债务管控】 2023年，彭阳县积极督导并筹措各类资金，扎实做好政府债务风险防范化解工作，全年偿还化解地方政府债务51973万元，超额完成当年政府债务化解任务。印发《关于严防新增政府隐性债务风险的通知》，严格执行项目审批“三征求、三把关”机制，持续加强政府投资项目建设源头管控，坚决堵住新增隐性债务的口子。从政府债务规模、结构、安全性分析，全年政府债务风险未超过债务风险警戒线，风险等级评定为绿色，为政府债务风险正常地区，债务风险整体可控。

【政府采购管理】 2023年，彭阳县预算安排采购资金36922.19万元，同比增长32.9%，实现合同采购金额36070.38万元，同比增长35.05%，节约资金851.81万元，资金节约率为2.31%。转发《宁夏回族自治区财政厅关于做好2023年政府采购脱贫地区农副产品工作的通知》[彭财(综)发〔2023〕53号]，101家预算单位拟预留采购份额为142.07万元，完成采购交易总额186.56万，完成彭阳县全年预留份额采购，带动农副产品销售。全年通过“政府采购在线质疑投诉系统”处理投诉8起，受理7起，涉及金额共计2472.07万元。线下受理纪委信访案件2个、市财政局转办案件6个、审计局转办案件2个、代理检举案件1个、区专治办转办案件21件，工程建设政府采购等重点领域突出问题专项治理收尾。按照彭阳县工程建设政府采购等重点领域突出问题专项治理工作领导小组办公室《关于开展工程建设政府采购等重点领域专项治理综合评估的通知》要求，整理汇总专项治理材料及文件，配合完成验收评估工作。为进一步优化营商环境，全年开展4次关于政府采购领域专项整治工作，包括中小企业政策落实自查自纠、倾斜照顾本地企业专项整治、评审专家劳务报酬自查自纠和“四类”违规行为专项治理四个方面。

（王玉帆）

税　务

【税费收入】 2023年，彭阳县组织税费收入20.38亿元，其中税收收入11.41亿元，中央级收入4.24亿元，省级收入4.01亿元，县级收入3.16亿元，社会保险费收入4.52亿元，非税收入3.34亿元，其他收入1.11亿元。其中，地方级税收增收明显，耕地占用税、房产税、契税、土地增值税、车船税同比分别增收2435万元、1780万元、520万元、229万元、89万元，全年税费收入超出年初预判。

【退税减税降费】 2023年，彭阳县新增减税降费5950.65万元，增值税留抵退税430.57万元，惠及纳税人11278户次。研究推出“提级审核”“团队审核”“台账管理”政策落实机制，建立支持乡村振兴、产业发展、科技创新等方面的税费优惠政策台账，编制“先查先纠、自查自纠”风险指标30条，自查政策落实问题152条，补税费15.28万元，退税费0.49万元。扎实开展税费优惠政策督察8次，发现并整改问题20项，开展专题培训3场，确保政策落实精准有效。同时，联合县融媒体中心开展“政策公开讲”“税费服务体验行”“一把手走流程”“纳税人开放日”等活动。

【税收征管改革】 2023年，彭阳县建立“政策台账”“税源台账”“征收台账”“外部数据台账”，持续加大对40户重点税源企业和94个重点项目工程等税源监控力度，重点税源全年累计入库税款10.07亿元，同比增收2400万元，重点建设项目全年累计入库税款5866万元，同比增收70万元。持续规范“实地核查—数据分析—结果反馈”风险应对流程，全年应对中低风险任务77户次，补缴税款及滞纳金4067.29万元，风险应对入库税款占全年税收任务的2.97%，位列全市第一。持续推广“数电票”工作，认真清理统一身份平台疑点数据1791条、已清算未注销企业15户，为“金四”上线夯实了数据基础。持续完善《行政处罚知识口袋书》，认真落实西北五省（区）最新税务行政处罚裁量基准，严格落实行政执法“三项制度”，自查税费数据累计达27.86万条，核实整改1.28万条，补缴税费178.01万元，退税费74.64万元，税收执法案卷获评固原市优秀案卷。持续加大法治政府建设力度，举办习近平法治思想、《中华人民共和国民法典》《中华人民共和国宪法》等专题讲座3场，深入乡镇、社区、企业、校园开展法律宣传活动8次，迎接自治区“八五”普法中期检查，法治政府建设工作受到检查组的高度肯定，成功入选为自治区中期验收观摩点。

【纳税服务】 2023年，彭阳县全力打造“家门口的税务局”纳税服务品牌，全县铺设5个“一刻钟税费服务圈”、164个“乡村税费咨询服务点”，构建“覆盖镇村、条块结合、横向到边、纵向到底”的乡村税费服务新模式。2023年，全年举办各类辅导培训7场，发布各种线上宣传作品47部，精准推送税费优惠政策6869户次、辅导纳税人2351户次，远程帮办业务2700余笔。聚力创建“枫桥式”税务分局，提出“打造一个阵地、建设‘四员’队伍、创新四个机制、探索一个流程、共建一个品牌”的“枫桥式”税务分局“14411”创建模式，重点打造“四室合一”税费综合服务体，形成七区八岗九团队服务新模式，建成“涉税争议咨询调解中心”，及时调解涉税争议8件，解决人民群众急难愁盼问题42件，切实把涉税争议调解延伸到乡村。持续创新纳税服务，利用“辅导+预审”新模式，推动资料预审与自助办税相衔接；实行“分流导办、自助先税、全程协办”新机制，推动“问办协同”向“智慧网办”升级。持续探索“乡村税费咨询点+网上办”“一刻钟税费服务圈+协助办”“重点企业+预约办”等“非接触”办税模式，全面落实143项“全程网上办”、20项线上线下融合办、15项线下预约办及24项线下延期办事项清单，全年网报率达94.88%，全年网办业务覆盖率达91.67%，线下税费业务办理量减少36%。持续化解历史遗留“办证难”问题，向9小区432户提供“一小区一方案、一住户一对策”的税务化解方案，“办证难”税务化解率100%。

（陈荆乐）

金融监管

【金融机构监管】 2023年，中国人民银行彭阳县支行按月对法人金融机构的流动性进行监测，对辖内资本不足的法人机构，下发提示函4次、现场约谈2次，督导不断补充资本。

【反洗钱工作】 2023年，彭阳县建立金融机构反洗钱工作联络机制，中国人民银行彭阳县支行联合县公安局等5个部门成立彭阳县打击治理洗钱犯罪工作领导小组，组织召开工作会议。

【金融风险防控】 2023年，中国人民银行彭阳县支行落实重大事项报告制度，金融机构快速上报重大事项9次，做到对各类金融风险早发现、早预警、早处置、早补救。扩大存款保险宣传覆盖面，组织开展集中宣传2次，发放公益短信0.6万条，通过LED屏、电视等媒介播放宣传视频17次。

（王子禹）

审　计

【概况】 2023年，彭阳县审计局安排审计项目13个，审计发现154个问题，查出管理不规范资金17231.53万元，提出审计建议33条。提交审计信息简报64篇，审计专报4篇。选送的彭阳县自然资源局所属茹河林场等3个林场财务收支情况审计项目获得全区审计项目质量等级评定二等级。彭阳县审计局荣获全区审计工作“先进集体”称号，2名干部获评全区审计工作“先进个人”。

【重大政策跟踪审计】 2023年，

县审计局围绕解决群众急难愁盼问题，开展就业补助资金和失业保险基金审计，揭示向不符合条件的人员和企业发放补贴、创业担保贷款增设门槛等问题，审计报告得到审计厅领导肯定性认可。分析提炼形成《关于进一步完善创业担保贷款工作机制的建议》。开展标准化厂房(纺纱)项目跟踪审计，揭示项目未按时编制竣工财务决算、未开展绩效评价等问题。开展2021—2022年扶持村集体经济发展资金管理使用情况专项审计，推动巩固拓展脱贫攻坚成果同乡村振兴有效衔接。

【预算执行审计】 2023年,县审计局开展县本级预算执行情况、决算草案以及其他财政收支情况和全县一级预算单位部门预算执行情况审计，重点关注地方政府债务、财政转移支付资金分配下达和直达资金管理使用、财政存量资金收回及统筹安排、预算绩效管理等情况，揭示滞留一般预算转移支付资金、财政结转结余资金递增趋势明显、未建立绩效评价制度、决算编制不完整不准确等突出问题。提出加强预算管理、项目资金管理,加大审计查出问题整改力度等审计建议6条。

【经济责任审计】 2023年，县审计局开展县网络信息中心等4个部门(乡镇)6名领导干部经济责任审计和1家单位2名领导干部履行自然资源资产管理情况审计,揭示重大经济决策落实、“三重一大”制度执行等方面的突出问题,加强权力运行制约和监督,促进领导干部依法、秉公、廉洁用权和全面落实生态环境保护责任。

【民生领域审计】 2023年,县审计局开展教体局所属第三中学、第四中学等6所学校财务收支审计,揭示挤占学生生活费、未严格落实学校食堂“保本”“零利润”经营规定等问题。开展彭阳县高标准农田建设情况审计和捐赠款物专项审计,打通惠民利民政策“最后一公里”。

【审计整改】 2023年,县审计局严格落实中共中央办公厅、国务院办公厅《关于建立健全审计查出问题整改长效机制的意见》和自治区党委办公厅、自治区政府办公厅《关于进一步加强审计整改工作意见》有关部署要求,对2018年以来各级审计机关审计查出问题整改情况进行重点跟踪督促检查,通过县委常委会、政府常务会议、政府专题会等研究相关整改事项5次,对未整改到位的问题通过发送工作提醒和督办函4次35份督促被审计单位加快整改进度。将审计查出问题整改情况纳入全县效能目标管理考核,推动审计整改工作走深走实。截至年底，上级审计机关审计查出问题整改率为100%，县级审计机关审计查出问题整改率为95.67%。

（曹　凯）

统　计

【统计调查】 2023年，彭阳县统计局密切关注全县经济运行动态及主要经济指标变化,准确把握社会各界对统计服务的需求,定期开展指标调查分析研究,及时撰写统计专报,定期发布《国民经济和社会发展统计公报》《经济要情手册》《经济发展月报》等。进一步推进统计“双基”建设,着力补齐基层统计工作短板,提升统计基层基础规范化建设水平,截至年底,全县基本单位名录库法人单位共3198家，产业活动单位525个;高质量完成11个乡镇45个样本点800个抽样户的人口变动调查工作。持续加大数据核查力度,加大数据质量事前、事中、事后管控力度。逐步加强对企业统计的管理指导,规范企业统计行为，引导企业开展自查自纠,巩固提升源头数据质量。扎实推进统计造假屡禁难绝专项治理行动,共计发现问题21条,已全面完成整改。截至年底,已全面完成普查“两员”选聘及普查区划分，全县共计选聘普查指导员170人，普查员34人，机构人员26人;共计划分普查区162个,普查小区193个，标绘建筑物3600个；高质量完成3599家单位、5451家个体户的单位清查工作，底册核查率100%。

【依法统计】 2023年,县统计局同区、市统计局对全县23家企业、单位进行数据质量核查，查找问题2处，下达责令整改通知书2份；组织各专业人员对全县161家企业开展数据质量核查，共计发现问题11条，已整改9条，针对存在问题形成问题清单、制定整改台账，明确整改任务，落实整改责任；按照国家及区市工作要求，精心动员部署，逐步完善工作机制，制定印发了彭阳县专项治理工作方案；坚持问题导向，围绕“八个必查”工作要求，逐条查摆问题，逐项进行整改，共查出存在问题6条，完成整改6条。

【统计服务】 2023年，县统计局围绕统计监督职能，为社会公众提供统计服务。进一步加大信息发布力度，及时搜集、整理与核对统计数据，累计撰写统计专报4期、分析报告5篇，认真编印《2022年彭阳县国民经济和社会发展统计公报》《2022年经济要情手册》，月度发布《彭阳经济发展月报》10期，持续开展主要指标数据解读，对全县经济发展情况进行综合分析和趋势性把握，变事后统计为事前监测预警，为县委、县政府决策提供依据。

【第五次全国经济普查】 2023年，彭阳县召开第五次全国经济普查推进会，成立第五次全国经济普查工作领导小组，制定印发《彭阳县人民政府关于做好第五次全国经济普查工作的通知》，全县各乡（镇）经济普查机构全部组建到位，7家投入产出企业电子台账数据审核全面完成。落实领导包片和专业人员包乡镇、日通报和周会商研判及普查员、乡镇、县经普三级联审制度，县普查办专业人员深度融入乡村、社区督导单位清查工作，加强数据监测，防止虚报漏报，提高清查工作质量，在清查登记阶段已召开3次第五次经济普查工作推进会，对全县清查进度进行通报。截至11月9日，经第五次全国经济普查已进入自查和验收阶段，单位清查已全部完成。全县普查“两员”（指导员、普查员）选聘已全部完成，共选聘普查指导员170人，普查员34人，机构人员26人，共划分普查区162个，普查小区193个，标绘建筑物3600个，已全部审核上报。

（李盼盼）

市场监管

【概况】 2023年，彭阳县共查处食品、药品、特种设备、知识产权、产品质量在内的各类违法案件167件，涉案金额14.73万元，罚没款55.65万元。案件公示率100%，在全市市场监管系统扫黑除恶市场流通领域整治暨“铁拳”行动推进会上连续两个季度被授予执法办案“流动红旗”。“落实食品安全属地管理责任平台”录入包保主体2514家。企业年报完成2336户，年报公示率96.97%。表彰“诚信经营、放心消费”企业10家，在“红黑榜”专栏列入重点督查企业35家，实时曝光62期，立案查处28起。

【市场主体登记】 2023年，彭阳县有市场主体14480户，同比增长3.64%。其中，企业3063户，个体工商户10871户，农民专业合作社546户。全年新登记市场主体1638户，同比增长17.17%。其中，企业422户，个体工商户1198户，农民专业合作社18户。

【反垄断与反不正当竞争】 2023年，彭阳县市监局审查抽查全县各级部门单位2022年1月1日起出台的政策性文件219个，清理31个文件，修改文件3件，废止文件5件。开展制止滥用行政权力排除、限制竞争执法专项行动，深化电子商务经营者、互联网平台不正当竞争治理。强化水电气、交通等涉企行业违规收费整治。统筹部门联合“双随机”抽查，实现“进一次门、查多项事”，汇总全县抽查事项93项，制定本部门抽查事项30项，部门联合抽查事项35项。

【消费者权益保护】 2023年，彭阳县推进“放心消费创建承诺”活动，创建“诚信经营、放心消费”承诺示范单位10家。受理咨询、投诉举报802件，其中“12315”平台119件，“12345”热线622件，电话投诉28件，收到投诉举报信函22件，信访11件，办理诉转案11件，罚没款1.74万元，为消费者挽回经济损失9.88万元。“3·15”国际消费者权益日和“9·14”2023年侵权假冒伪劣商品全国统一销毁行动联合公安、卫健等部门与全国同步开展“保护知识产权、打击侵权假冒 2023 年侵权假冒伪劣商品全国统一销毁行动”等，集中销毁了涉及食品、药品、化妆品以及油漆、灶具、防护用具、电动车等 10 类 7.15 万件，价值 24.08 万元的商品，并邀请融媒体中心和电视台进行跟踪报道，展示食品、药品、工业产品和特种设备等“三品一特”执法成果和市场流通领域专项整治成效。

【企业信用监管】 2023 年，县市监局按照 A、B、C、D 四类信用风险等级开展不同比例抽查，对违法失信者“无处不在”，对守法诚信者“无事不扰”。年内，共制定下发“双随机、一公开”任务 108 项，抽取检查对象 885 户，按照信用风险分类下发任务 45 项。指导企业“信用修复”，建立行政处罚决定书与信用修复告知书“两书同达”工作机制，实行“一处罚一告知”，发出信用修复告知书 11 份，将 582 户已补做年度报告且提交申请材料齐全的经营主体移出异常名录，在市场登记注册环节，签订诚信经营承诺书 1380 余份。

【质量标准化建设】 2023 年，彭阳县坚持示范带动，推进质量强县建设，认真贯彻落实《质量强国建设纲要》，制定质量强县建设实施方案，围绕“五特四新四优”产业发展，建立高质量发展的标准体系；以“质量月”活动为契机，组织全县 19 家中小企业参加先进质量管理方法专题培训，引导企业通过内部质量管理水平的提升，帮助企业在运营中不断改善进步。综合运用质量管理、标准创新、检验检测、监督执法等手段加大对集贸市场、加油站、医疗卫生等领域强制检定计量器具的监督检查力度，推动产业质量提升。对集贸市场、加油站等 56 家企业涉及的强制检定计量器具进行全覆盖检定，全面提高产品和服务质量水平。

【计量监管】 2023 年，县市监局针对民生计量领域共出动执法人员 64 人次，检查相关经营主体 80 余家，做到全县医疗机构强制检定计量器具 100%检定。对全县国有粮食企业、基层粮库、粮食生产企业、粮食收购点等粮食购销领域计量器具使用单位全覆盖排查，对粮食市场经营主体的计量器具进行统一鉴定，共检定含粮食购销领域多主体在内的强制检定计量器具 500 余台(件)，现场标定 10 台，对超期未检等情况下达责令改正通知书 10 份，立案查处 5 起，对部分免征检定费用的强制检定计量器具免征检定费用达 1 万余元，进一步保障彭阳县经营性强制检定计量器具受检率和合格率。同时，利用“增强质量意识　推进高质量发展——彭阳县民生领域强制检定计量器具检定暨‘百家企业质量诚信倡议’”活动，对全县 27 户加油站 108 个油枪全覆盖进行检定，对农贸市场、商场超市、涉粮企业、医疗机构等重点场所的 1400 余台计量器具进行检定，立案查处 5 起计量器具未进行强制检定案，罚款 0.25 万元。

【产品质量监管】 2023 年，彭阳县坚决落实“严把源头、严控过程、严管终端”，聚焦重点区域、重点产品。对该县民生领域重点产品进行监督抽检，截至年底，共抽检产品涉及 8 个大类共 99 个批次，抽检产品涉及化肥、儿童和学生用品、建筑材料、食品相关产品、纤维制品、燃气等，其中检验检测 11 个批次不合格，均已立案查处，处置率 100%。紧盯校园周边学生重点产品执法监管，从销售终端发力加强少先队相关标识管理，联合开展红领巾、少先队队旗、队徽等少先队标识检查，现场要求停止使用少先队队徽标识产品 7 个，下达责令整改通知书 4 份，责令停止销售并退回厂家尺寸规格不合格队旗 72 面。进一步强化认证检测监管，开展强制性产品认证专项整治及检验检测机构“双随机”检查，检查获证企业、认证机构、检验检测机构等 6 家次，现场责令改正 1 家。

【特种设备安全监管】 2023 年，彭阳县全面排查特种设备使用登记情况，在县域内轮番开展特种设备安全专项整治，对压力容器、压力管道、电梯、起重机械、场(厂)内专用机动车辆等特种设备使用场所开展地毯式排查，共检查企业 122 家次、设备 700 余台(套)，排查一般安全隐患 36 个，下发特种设备安全监察指令书 27 份，立案查处 2 起，罚没款 3

万元；宁夏特种设备检验检测院培训中心在彭阳县举办自治区第十期特种设备作业人员暨第九期特种设备焊接操作人员培训班，切实提升特种设备管理人员和操作人员持证上岗率和业务素养。

【食品安全监管】 2023年，彭阳县按照分层分级标准，将县域内2514家食品生产经营户分为A级6家、B级27家、C级483家、D级1998家。聘请175名食品药品监督信息员，持续推进国家食品安全示范城市创建工作。37家食品生产经营者全部建立安全追溯体系，配备食品安全总监20人、安全员2514名。进一步抓好主食、乳品、食用油、蔬菜、肉及肉制品等重点食品的监督抽检，共完成食品安全抽检960批次，餐饮具ATP（三磷酸腺苷）快速检测812批次，检测合格率99.2%。餐饮食品快检300批次，检测各类食材70余种，全部合格。聚焦群众关注热点，针对问题多发的重点场所、重点环节，组织开展食品“三小”行业、学校及其周边、农村食品安全、反食品浪费、餐厨废弃物处理专项整治行动，排查整改问题隐患360条，查处食品违法案件95起，罚款27.46万元，向公安机关移送涉嫌销售有毒有害食品案件1件，“三小”行业备案率98%，同时全县42家大中型餐饮单位完成“清洁厨房”建设，覆盖率55%。

【药品安全监管】 2023年，彭阳县深入实施智慧监管畅通行动，“阳光药店”信息系统账号注册、基本信息录入、执业药师人脸采集等各项数据指标100%，“阳光药店”创建率100%。实施信用监管强基行动，开展常态化记分监管和年度信用等级评定，强化对“两品一械”企业诚信教育培训，完善企业信用监管电子档案，建档率90%。开展疫苗、麻醉药品、精神药品等重点品种专项整治和美容美发机构和宾馆经营使用化妆品专项整治，严厉打击违法行为。全县95%的个体诊所、村卫生室等医疗机构基本建成“规范药房”，共上报药械妆不良反应223例，医疗机构占比85%。严格落实《宁夏监督抽检不合格药品核查处置工作规范》，确保抽检不合格“两品一械”风险控制、核查处置率100%。依据抽样工作计划，完成31批次药品抽样任务。

【市场综合执法】 2023年，彭阳县加快构建以信用为基础的新型监管机制，修订《彭阳县市场监管领域部门联合“双随机 一公开”监管实施细则》，增加“双随机、一公开”联席会议成员单位8家，结合“双随机、一公开”监管，以食品、特种设备等生产企业监管为切入点，推进信用承诺、信用信息归集共享、信用风险分类管理、失信记录修复、失信联合惩戒等事前、事中、事后全链条监管，对未履行2022年度报告的企业和合作社列入经营异常名录88户，其中依法对6家企业因连续两年未履行年报公示义务且无正当理由超过六个月未开业作出列入异常名录并吊销营业执照的处理。年内，通过国家企业信用信息公示系统公示行政处罚信息105条，“双公示”信息及时率、准确率达100%。以“互联网+明厨亮灶”智慧监管为依托，全县103所学校（幼儿园）上线全区“宁夏阳光餐饮”系统，智慧监管覆盖率达100%，594家社会大中型餐饮户上线“互联网+明厨亮灶”智慧监管系统，在全市率先实现了98%覆盖率的目标，对全县1家残疾人服务机构、8家敬老院食堂和11家老年人饭桌建立台账，督促安装“互联网+明厨亮灶”智能摄像头，实现智慧监管。

【民生领域案件查办“铁拳”行动】 2023年，彭阳县制定印发《2023年民生领域案件查办“铁拳”行动方案》，聚力13项“铁拳”行动重点任务，集中执法资源，凝聚执法力量，守牢“三品一特”安全底线。已查处“铁拳”行动重点类型案件17件，罚没款4.82万元，典型案例入选自治区市场监管厅2件、在市级媒体曝光发布9件，在全市一、二季度市场监管系统扫黑除恶市场流通领域整治暨“铁拳”行动推进会上被授予执法办案“流动红旗”。加强部门联合，强化行刑衔接，围绕“三书一函”开展专项行动2次，行政处罚25起，罚没款9.23万元。

（杨绍康）

知识产权保护

【商标注册】 2023年，彭阳县有效注册商标1095件；证明商标3件“彭阳辣椒”、“固原红鸡”（活鸡）、“固原红鸡”（鸡肉）；国家地理标志保护产品2件“彭阳红梅杏”“朝那鸡”。

【专利发明】 2023年，彭阳县有效发明专利13件，每万人发明专利拥有量0.81件。

【专利保护】 2023年，彭阳县要求41家销售企业与已获地理标志使用授权的2家企业签订“彭阳红梅杏”地理标志使用授权协议，严厉打击非法使用“彭阳红梅杏”地理标志标识进行违法销售的行为，严格规范“彭阳红梅杏”地理标志专用标志使用管理。组织18家企业申报“彭阳红梅杏”地理标志专用标志矢量图，其中15家企业已通过国家知识产权局审批。全力打造“彭阳红梅杏”地理标志发展全产业链，制定印发《彭阳县红梅杏产业高质量发展规划（2023—2027）》《彭阳县2023年林果产业种管养综合提升项目实施方案》等政策文件，助力“彭阳红梅杏”产业高质量发展，全年彭阳县林果产业种管养综合提升项目兑现补贴共101.963万元。制定印发《彭阳县草畜产业项目实施方案》，全面保护优质“朝那鸡”种鸡资源，在县域内集中打造朝那鸡养殖示范村90个，发展养殖户2000户，新建2000只以上的朝那鸡林下养殖示范点20个，推广“散养自由采食+集中补饲育肥”养殖模式，在自然林下养殖环境中培育优质地标产品，2023年朝那鸡产业发展项目兑现补贴资金80.88万元。

【监督检查】 2023年，彭阳县在“红梅杏”上市季加大执法检查力度，多部门联合打击地理标志侵权违法行为，查办地理标志侵权案件2起，没收7980个“彭阳红梅杏”侵权包装物，罚款0.3万元。查办商标侵权案件3起，没收价值558.4元的涉案商品，罚款0.6万元，以强监管、严执法、优服务保障用标企业合法权益并助力地理标志产业高质量发展。

（杨绍康）

2023年彭阳县主要价格指数一览表

表21

指　　标	以上年同期价格为100
居民消费价格总指数	100.2
其中：食品烟酒	100.2
衣着	100.0
居住	101.2
生活用品及服务	99.9
交通和通信	97.6
教育文化和娱乐	100.8
医疗保健	101.5
其他用品和服务	103.4
服务价格指数	101.0
工业生产者出厂价格指数	92.7

价格管理

【价格调控】 2023年，彭阳县开展农业灌溉和居民用水、县城供暖2项成本审核，召开水价调整听证会1次。

【价格监测】 2023年，彭阳县对全县重要民生市场价格监测，对米面油、肉禽蛋、蔬菜瓜果、食盐等48种日常副食品的市场价格进行定点监测，每日向固原市发展和改革委员会报送监测数据。

【价格检查】 2023年，彭阳县强化对民生领域市场保供农产品与节日性产品的价格监管，出动执法人员31人次，检查经营户28家，现场责令整改1家。未发现哄抬价格、串通涨价与扰乱市场价格秩序等违法行为。

（杨绍康）

农 业

Agriculture

种植业

【概况】 2023年，彭阳县粮食播种面积49800公顷，其中，小麦7333公顷，豆类267公顷，小秋杂粮4.22万公顷。全年实现粮食总产21.64万吨，比上年增长1.1%。油料种植1909公顷，产量2494吨；烟叶种植236公顷，产量450吨；药材种植2215吨，产量7470吨；蔬菜种植4799公顷，产量19.39万吨；瓜果类种植221公顷，产量9481吨；其他作物种植2.08公顷。

【高标准农田建设】 2023年，彭阳县完成1万公顷高标准农田建设任务，实施土地平整1万公顷，机深耕旋耕8353.33公顷，涉及12个乡镇47个行政村，受益13193户45924人。科学实施高效节水项目，彭阳县2022年批复实施高效节水农业项目3604.93公顷，涉及9个乡镇10处田间工程，截至年底，已全面试水运行；2023年高效节水项目2466.67公顷，已完成规划设计进入招投标阶段。

【冬小麦种植】 2023年，彭阳县冬小麦种植面积7333.33公顷，较上年7000公顷增加333.33公顷，增幅4.8%。平均亩收获穗数27.42万穗，比上年32.23万穗减

2023年彭阳县农作物播种面积及增长速度一览表

表22

指　　标	种植面积(公顷)	比上年增长(%)
农作物总播种面积	1199303	−5.1
粮食作物	747000	0.0
夏收粮食	114000	4.6
冬小麦	110000	4.8
秋收粮食	633000	−0.8
玉米	452934	12.7
薯类	75000	−5.9
油料	28631	46.0
其中:胡麻籽	28383	46.8
烟叶	3541	0.7
药材	33230	3.8
蔬菜	71981	−15.4
瓜类	3320	−9.9
其他作物	311600	−16.4

少 4.81 万穗，减少 14.9%；平均穗粒数 27.4 粒，比上年 26.1 粒增加 1.3 粒，增长 5.0%；千粒重 30.25 克，比上年 32.24 克减少 1.99 克，减少 6.2%；理论亩产量 227.27 千克，比上年 273.88 千克减少 46.61 千克，减少 17.0%；折合实际亩产量 193.18 千克，比上年 232.80 千克减少 39.62 千克/亩，减少 17.0%；实收亩产量 189.67 千克，比上年 231.46 千克/亩减少 41.79 千克/亩，减少 18.1%。

【马铃薯种植】 2023 年，彭阳县投入资金 75 万元招标采购并发放马铃薯原原种 250 万粒，在新集乡大火村、红河镇常沟村、草庙乡丑畔村、牛湾村、冯庄乡崾岘村、小寺村、孟塬乡双树村建立原种基地种植 33.33 公顷。由宁夏佳利源薯业有限公司自行采购马铃薯原原种薯 200 万粒，在小岔乡吊岔村集中连片建原种基地 26.67 公顷，补贴资金 40 万元。由宁夏佳利源薯业有限公司筹集马铃薯原种 800 吨，品种为“庄薯 3 号”“青薯 9 号”等，在小岔乡吊岔村、白阳镇任湾村、余沟村、白岔村、中庄村、冯庄乡小寺村、雅石沟村、王洼镇路寨村、草庙乡新洼村、草庙村、新集乡白林村、大火村、城阳乡涝池村建立一级种薯基地 503.82 公顷，补贴资金 37.7865 万元。全年马铃薯种植面积 5000 公顷，总产量 1.2 万吨。平均亩产（折主粮）160 千克，较上年 200 千克减少 40 千克。

【大豆玉米套种】 2023 年，彭阳县完成大豆玉米带状复合种植面积 9360.4 公顷，全部为全膜双垄覆盖条件大豆玉米带比“3:4”种植模式，其他模式只有零星试验示范。其中，玉米占 67%，折算面积 6043.47 公顷；大豆占 33%，折算面积 2716.93 公顷。

2023 年 10 月 22 日，彭阳县举办绿色高产高效行动大豆玉米带状复合种植整建制推进县项目——玉米籽粒机械直收现场会 （徐丹彤 摄）

【小秋杂粮种植】 2023 年，彭阳县创建市级小杂粮高标准示范基地 2 个（面积 147.03 公顷），其中，彭阳县万禾家庭农场在草庙乡和沟村、牛湾村创建糜子标准化生产示范基地 1 个（面积 67.03 公顷）、宁夏观刈麦农业发展科技有限公司在冯庄乡茨湾村创建糜子标准化生产示范基地 1 个（面积 80 公顷）。实施主体通过乡、村两级政府申报初步创建 20 公顷以上县级标准化示范基地 58 个，经乡、村初验县级抽验最终验收合格 44 个，总标准化示范基地面积 973.33 公顷，其中，小岔乡标准化示范基地 3 个（面积 64.11 公顷）、王洼镇准化示范基地 6 个（面积 135.07 公顷）、古城镇标准化示范基地 1 个（面积 85.6 公顷）、草庙乡标准化示范基地 10 个（面积 225.51 公顷）、孟塬乡标准化示范基地 8 个（面积 172.99 公顷）、罗洼乡标准化示范基地 5 个（面积 110.07 公顷）、交岔乡标准化示范基地 3 个（面积 69.72 公顷）、白阳镇标准化示范基地 7 个（面积 449.83 公顷）、城阳乡标准化示范基地 1 个（面积 21.39 公顷）。

【冷凉蔬菜种植】 2023 年，彭阳县建成设施农业标准化示范园区 16 个、供港供粤有机蔬菜标准生产基地1个、标准化露地蔬菜基地10个、集约化育苗基地4个，新引进厦门绿百合、内蒙古太润、六宝红果等龙头企业3家，巩固提升冷凉蔬菜标准化示范园区4个，开展露地辣椒订单种植5443亩、大葱订单种植144.47公顷，建成拱棚辣椒标准化示范基地73.33公顷、大葱标准化示范基地106.67公顷。开工建设辣椒一二三产融合发展、脱水蔬菜加工等蔬菜产业延链补链项目2个，维修改造新集海子塬、红河宽坪、红河上王老旧日光温室647栋，完成"净菜入超"2.4万吨，全县蔬菜面积达到4800公顷。

（何元刚）

养殖业

【肉牛养殖】 2023年，彭阳县出台《彭阳县促进当前形势下肉牛产业健康发展实施方案》，免费发放救灾饲草1151吨，扶持农户调运饲草5.16万吨，全面推进饲草青贮工作，收割青贮玉米13526.67公顷、池贮饲草63.16万立方米、包膜青贮7.74万吨；累计完成"见犊补母"4.05万头；巩固培育"2652""5350"肉牛养殖示范村71个，新建"出户入园"示范园区3个，盘活利用闲置规模养殖场2家，累计培育规模养殖场26家，建成年屠宰牛2万头屠宰场1家、肉牛分割中心2家，全县肉牛饲养量达到23.52万头。

【朝那乌鸡养殖】 2023年，彭阳县培育朝那鸡"1030"模式养殖示范村106个，依托草庙曹川国家级朝那鸡保种场，发放朝那鸡商品鸡苗10万只，建成厦门朝那鸡直营店1个，全县朝那鸡饲养量达到80万只。

【动物防疫】 2023年，彭阳县推动重大动物强制免疫，完成口蹄疫免疫35.89万头(只)，高致病性禽流感免疫家禽175.27万只，牛布病免疫2.46万头，牛结节性皮肤病免疫18.28万头，羊布病免疫20.31万只，羊小反刍兽疫免疫36.43万只，应免动物免疫密度100%。持续做好布病防控工作，采取线上线下培训、集中培训等形式举办各类培训班10余起，培训人员2000多人，印制布病防控知识宣传挂图4万份；筹措布病防控专项资金106.2万元，采购布病A19疫苗37500头份，采购大中型消毒机8台、消毒药5吨、防护用品2000多套；在全县重点区域、养殖户开展"大清洗、大消毒"工作，共清洗、消毒场所944处，消毒面积529.2134万平方米。

（何元刚）

特色产业

【中药材产业】 2023年，彭阳县累计种植中药材4666.67公顷，其中林下仿野生中药材3333.33公顷；有机种植66.67公顷；林药间作66.67公顷；道地药材1200公顷。遴选1家企业开展重点龙头企业优质中药材产业链建设，遴选3家企业和合作社建设中药材标准化示范基地。

【闽宁现代食用菌科技园】 2023

2023年8月，农户正在采摘红花　（刘小平 摄）

年，闽宁现代循环农业科技示范园已实现日产5吨食用菌，年产值1600万元，吸纳82名农民工入园务工，年人均纯收入3.5万元,年支出劳务费150余万元。推行“园区+企业+贫困户”带动模式,采取企业生产菌袋、农户管理出菇、企业回收产品统一销售的办法,带动25户脱贫户承包园区菇棚自主生产，户均增收2.5万元以上。

（虎　彪）

农业机械化

【概况】 2023年,彭阳县农业机械总动力达到29.24万千瓦,拖拉机保有量7640台,其中大中型拖拉机（22.065千瓦以上的拖拉机)保有量3080台,拖拉机配套农具11540部。

【农机推广】 2023年,彭阳县为研发适宜宁南山区推广的大豆玉米膜上播种机、中耕除草机,在孟塬乡双树村协助自治区农业机械化技术推广站进行大豆玉米机械化种植试验4公顷。其中“3+4”种植模式1.33公顷,“4+4”种植模式20亩,“3+2”种植模式0.667公顷,单种玉米模式0.667公顷,开展机具适应性试验，对适合宁南山区的膜上播种机进行改进。

【农机购置补贴】 2023年,彭阳县报废拖拉机等机具14台,共计补贴资金7.995万元。提升农机装备,完成农机购置补贴1921台(部),受益农户1083户,全年完成农机购置与应用补贴项目资金1426.7731万元(其中中央补贴资金1285.122万元、省补资金141.6511万元)。

【农机安全管理】 2023年,彭阳县注册登记拖拉机(联合收割机)546台，审验拖拉机（联合收割机）驾驶证356本，检验拖拉机(联合收割机)1708台,培训驾驶员645人。建立完善农机安全监管二级网格12个、三级网格156个、四级网格2个;举办各类培训班16场次，培训农机驾驶人员645人次；开展农机安全隐患排查42次，排查农业机械772台次,排查农机安全问题隐患3个。

（何元刚）

工　业

Industry

综　述

【产业发展】 2023年，彭阳县有工业企业115家，从业人员6349人。其中，规模以上工业企业14家，规模以下工业企业101家。全年实现工业总产值480059万元，按可比价格计算，比上年增长3.8%。其中，规模以上工业总产值450722万元，增长7.4%；规模以下工业总产值29337万元，下降15.0%。实现工业增加值281883万元，按可比价格计算，比上年增长3.8%。其中，规模以上工业增加值273082万元，增长7.4%；规模以下工业增加值8801万元，下降15.0%。实现规模以上工业销售产值449650万元，同比增长1.4%；规模以上工业企业利润总额144345万元，同比增长21.3%；主营业务税金及附加33290万元，同比增长9.6%。

【工业转型升级】 2023年，彭阳县坚持创新驱动发展战略，深化科技体制机制改革，全社会研发费用投入2300万元，R&D（研究与试验发展）经费投入强度达0.26%。以项目引领科研事业，立项建设研发项目43个投资1350万元，争取各级各类科研补助资金875万元。新入库国家科技型中小企业35家，荣发农牧荣列国家高新技术企业，宁夏恒信创达数据科技有限公司成功申报认定为自治区级众创空间，创新主体与日俱增。完成科技成果登记5项、技术合同登记52项，交易额1605万元，科技创新成果日益丰富。健全产学研协同转化机制，立项自治区县域科技成果引进示范推广项目3个、重大科技成果转化项目1个，转化科技成果4个。

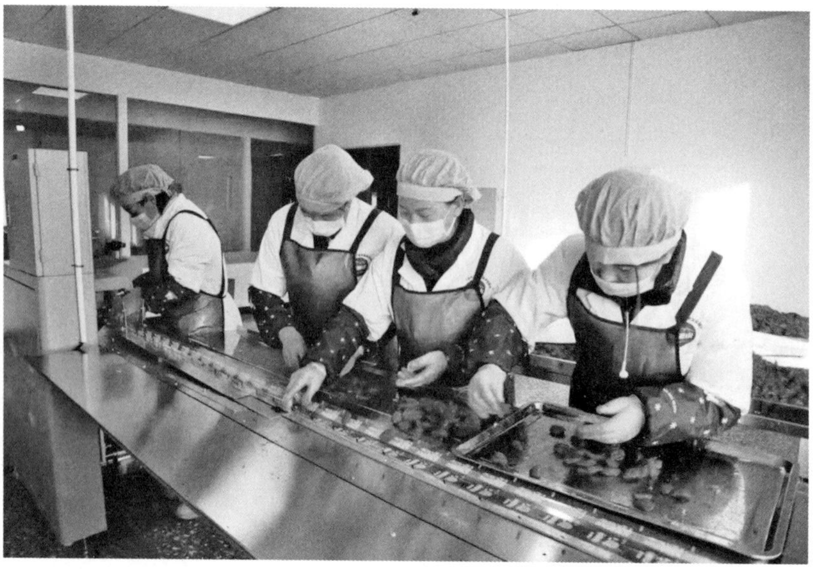

2023年12月21日，在王洼产业园区的宁夏红晶灵农产品开发有限公司红梅杏脯生产车间里，工人们正在生产线上忙碌　（王洼产业园区 提供）

聚焦产业技术转型升级，引进农业示范推广新品种85个，转化应用和示范推广智慧农业、良种繁育、农副产品加工等新技术31项，产业效益低的难题逐步得到破解。

【项目建设】 2023年，彭阳县建设项目93个，总投资176.15亿元，年度计划投资62.74亿元。截至年底，已全部开工建设，开(复)工率100%，完成投资47.46亿元，投资完成率75.64%。列入市属重点建设项目47个，总投资168.67亿元，年度计划投资72.62亿元。截至年底，已全部开工建设，开(复)工率100%，完成投资46.71亿元，投资完成率78.94%。按照《彭阳县2023年建设项目责任清单》要求，坚持“一旬一提醒、半月一督查、一月一通报、一季一考核”的督办机制，联合政府督查室、财政局、统计局对项目建设进行督促检查，确保项目建设进度、资金支付、统计入库“三统一”。全年共开展项目督查6次，印发督查通报7期。紧盯中央和自治区政策导向与资金投向，抢抓有利契机，跑项目、争资金、促发展，为加快补齐基本公共服务和基础设施建设短板奠定良好基础。截至年底，已下达资金计划或列入国家与自治区投资计划清单的项目74个，下达资金11.39亿元。

【规上企业倍增计划实施】 2023年，彭阳县大力实施产业倍增计划，建成农业产业项目39个，巩固提升肉牛养殖示范村71个，建成“出户入园”养殖园区10个，肉牛饲养量23万头，打造冷凉蔬菜示范园区4个，新改建日光温室737栋，蔬菜面积7.2万亩，发展庭院经济林2234亩，红梅杏产值3600万元，培育朝那鸡养殖示范村107个，朝那鸡饲养量80万只。建成矿山机械增材再制造等工业项目12个，新增规上工业企业3家，规上工业增加值增长8%，园区承载力进一步增强，新增入园企业20家。宁南数字经济产业园获评自治区级现代服务业集聚区、数字经济示范园区、众创空间，建成的“梯田夜肆”被命名为自治区级第一批夜间文化和旅游消费集聚区，全年接待游客数、旅游社会总收入分别增长29%、11%。

（王　睿）

王洼产业园区

【概况】 彭阳县王洼产业园区是2012年经自治区人民政府批复设立的自治区级产业园区。园区布局为“一园三区块”，核准园区规划控制面积451公顷，其中：区块1规划面积226.66公顷，区块2规划面积71.8公顷，建成区面积151.7公顷，分别位于王洼镇北洼村一矿区域、姚岔村二矿区域，主导产业为煤炭资源综合利用；区块3规划面积152.54公顷，建成区面积65.3公顷，位于县城南门，主导产业为农副产品加工及轻工制造。建设用地规模318.45公顷，其中区块1用地规模168.95公顷，区块2用地规模44.45公顷，区块3用地规模105.05公顷。截至2023年末，入园企业60家，在职员工4200余人，有规上企业8家，园区中小企业孵化园2015年被认定为自治区级小型微型企业创业孵化示范基地。中共彭阳县王洼产业园区工作委员会、彭阳县王洼产业园区管理委员会（以下简称园区党工委、管委会）分别是彭阳县委、县政府的派出机构，为副处级。管委会内设“一办四局”(党政办公室、规划建设与审批服务局、招商投资局、经济发展局、安全保管理局），核定全额预算事业编制17名。

【基础设施建设】 2023年，彭阳县实施王洼产业园区区块二道路给排水工程、工业园区市政供水管道工程、区块三供暖工程、园区基础设施提升改造—排洪渠及电力排管工程、中小企业培育基地等7项工程，完成投资达到1.2亿元，实现园区市政道路、雨水、污水、天然气、电力、热力等基础配套设施进一步完善，园区承载孵化能力进一步增强。统筹优化“一园三区块”空间布局，利用原有区块一二整合为王洼区块，区块定位为煤炭资源综合利用区；区块三调整为县城东区块，区块定位为农副产品及轻工产品制造区；新增西门区块，定位为轻工产品制造区。

【经济运行】 2023年，王洼产业园区加强经济运行分析和监测，坚持周跟踪、旬调度、月分析，在做好新入规企业业务规范指导的同时，对拟入规企业优选培育，选定10家责任到人，明确每月任务清单，督导企业早谋划、早入规。建立管委会干部包抓企业责任制，每人确定1—2家企业，积极协调解决企业发展诉求，指导帮助企业申报各类项目，开展技术改造，组织参与政银企对接、暖春招聘、山花节展销等各种活动，解决企业融资难、招工难、销售难等问题，不断提升企业效益。据统计，2023年，规上工业总产值达到45亿元，规上工业增加值增长8%，全年新增年产值2000万元以上符合入规标准的工业企业6家（第一批审核认定3家），园区就业总人数为4215人，用电14543万千瓦时。

【项目建设】 2023年，王洼产业园区作为全县工业经济发展主阵地，园区始终把项目建设作为头等大事来抓。截至年底，园区落地项目中龙东食品、朗星科技、新恒纺织、晋阳机电、鑫美隆轻纺、苏宁智能制造、微元素食品、晟塬农业等项目建成投产，美臣纺织、美华玻璃等项目加快建设；投资1.7亿元，实施园区基础配套设施建设项目4个，其中排管工程和排洪渠工程完工，区块二道路及给排水管网工程完成工程量的60%，中小企业培育基地完成工程量的10%；矿井水综合利用、坑口电厂、南湾煤矿等项目协同有关部门加快推进。

2023年11月9日，王洼产业园区宁夏晋阳机电科技有限公司的生产车间内，工人正在组装生产清洁取暖设备 （张 治 摄）

【招商引资】 2023年，王洼产业园区抢抓固原市建设宁夏副中心城市发展机遇，强化园区招商主体作用，紧盯市县重点产业布局，根据全县产业链招商地图，围绕煤炭采掘洗选和综合加工利用、纺织服装、新材料、新能源、农副产品加工等重点产业，按图索骥、靶向招商。全年开展外出招商活动25次，考察企业124家，对接洽谈项目88个，落地项目41个，到位资金30.36亿元，同比增长11.3%，完成固原市下达彭阳县32亿元目标任务的94.8%，纺织服装、新材料、装备制造等产业项目实现了“无中生有”，其中，以美臣纺织、新恒纺织为代表的纺织服装，以苏宁智能制造、晋阳机电为代表的设备制造，以微量元素食品为代表的农产品加工企业作为头部企业落地建设，将为“四新”产业发展发挥重要作用。

【安全生产】 2023年，王洼产业园区扎实开展安全风险隐患大排查大整治工作，持续完善问题清单、整改清单、责任清单“三个清单”，先后排查整改各类安全风险隐患67条，各级督查反馈问题18条完成销号，积极推进杜家沟道路排水应急处理工程。严格落实部门监管责任，与辖区企业签订年度责任书，召开安全生产例会3次，开展警示教育培训2次，切实加强重大节假日期间安全生产检查，规范扬尘、粉尘、污水、固废处理，压实企业主体责任，为园区高质量发展打下良好的安全基础。

【环境保护】 2023年，王洼产业

园区强化入园企业和项目审查力度，当好企业“环保管家”，加强园区日常管理，严防“散乱污”。紧盯中央和区市环境保护督察“回头看”反馈的问题整改，指导督促企业制定具体整改方案，明确整改时限，细化落实措施，涉及园区38家企业92个问题全部整改到位，第二轮中央环保督察反馈园区问题1项，已整改落实并按期上报市工信局销号。并严格落实“河长制”和节能减排要求，2023年，园区万元工业总产值能耗为0.05吨标准煤，万元地区生产总值耗水5.0立方米，能耗均控制在自治区下达的指标内。

【专项治理】 2023年，王洼产业园区紧盯企业违规生产经营存在的“未经报备许可擅自扩大生产经营范围”“厂房消防设施不到位”等方面存在的违规问题，整治违规经营企业20家，已全部整改到位。有序推进入园企业“退低进高”“腾笼换鸟”，清退产值不高、效益不明显的小微企业5家，为入园企业腾出发展空间。同时，对欠费企业进行上门催缴，下发缴费通知12份，进一步规范孵化园基础管理工作。

【助企纾困】 2023年，王洼产业园区持续优化营商环境，扎实推动《彭阳县县级领导干部包抓企业工作制度》落地见效，印发《彭阳县王洼产业园区管理委员会干部职工包抓企业责任清单》，通过建立县级领导包抓重点企业责任制和管委会干部职工网格化服务企业制度，形成企业问题每月滚动协调解决机制，以“店小二”和“保姆式”服务，“面对面”帮助企业协调解决贷款、用工、用水、用电等问题，市场主体发展信心进一步增强。全面推行“管委会+公司”模式，不断创新发展，在组建公司，配齐人员的同时，制定《产业园区中小企业孵化园管理办法》《产业高质量发展和乡村振兴引导资金管理办法》，产业引导资金按照不高于项目总投资的10%和期限不超过5年进行参股合作，建立“保底分红+净收益分红”的模式，保底收益率5%，帮助争取的各级各类奖补资金均作为企业净收益参与分红。统筹闽宁资金和财政资金作为产业引导资金，累计安排3255万元，其中闽宁协作资金2455万元，县财政统筹800万元，出资2340万元，参股7家企业，撬动社会投资15.97亿元。

（徐 洁）

原煤生产

【概况】 2023年，宁夏王洼煤业有限公司（以下简称王洼煤业）完成原煤产量948万吨，实现商品煤销量948万吨，平均售价415.41元/吨，完成利润14.76亿元，利税总额9.81亿元，工业总产值41.35亿元。

【安全生产】 2023年，王洼煤业累计查出重大事故隐患29项，整改销号28条；组织修订全员安全生产责任制4次；坚持各级管理人员月度查治“三违”指标不变，累计查处违章380起，同比下降420起，下降106.59%，考核59.79万元，清退承包商违章人员11人；督办隐患问题整改，累计下发通报360期，查出消除安全隐患（问题）5060条，曝光图片4935张，整改率99.5%；开展隐患排查、重大事故隐患排查52次，累计查出问题（隐患）1172条，整改率98.1%；开展“一规程三细则”大培训168场次，参训5289人次，组织专项应急演练27次，参演2596人次；开展生态环境风险隐患大清查，查出环保问题22项，整改21项；王洼煤矿、银洞沟煤矿完成环境影响后评价报告编制、评审及备案，通过自治区绿色矿山验收；三对矿井400立方米/时水处理均通过环评验收。

【经营管理】 2023年，王洼煤业公司预算执行率达97%以上；全员劳动生产率3188.66吨/(人·年，较同期增长920.98吨/(人·年；开展公司全口径成本分析，提前筹划压降措施，单位成本同比下降46元/吨；通过与国家开发银行开展存量贷款利率调整、结构置换等方案优化公司债务结构，提前偿还国家开发银行长期借款本金3.26亿元，下调利率0.15个百分点，利息同比降低

2176万元，财务费用同比降低3037万元；材料库存较同期下降658.85万元；老旧、淘汰设备报废收益1200万元，除去净残值收益率达2.7倍；争取政策支持，创收增效，2023年公司共计享受政策优惠11840万元。

【技术创新应用】 2023年，王洼煤业技术研发投入10866.65万元，同比增长5681.59万元，增长109.58%。对各矿新采工作面防灭火“三带”进行研究划分、煤层可注性及近距离易自燃厚煤层综放开采自燃规律进行研究；重新划分各矿水文地质类型，开展王洼矿区水文地质补充勘探工程和已采煤层“两带”发育高度探查工作；同各院校合作完成王洼煤矿010803回风顺槽等巷道的支护项目研究；完成各矿万兆环网建设、视频监控系统全覆盖、人员精确定位及一体化融合通信等信息化基础系统建设，实现矿井UWB（超宽带）精确定位和4G无线通信信号的全覆盖；实施银洞沟煤矿软岩巷道大变形机理及控制技术的项目研究；引进应用柴油单轨吊、掘锚一体机、液压锚杆钻车、掘进迈步式自移机尾、远程湿式喷浆机等装备，进一步提升各矿井装备水平；完成三对矿井双重预防机制管理信息系统、矿压监测系统、矿井水害预警系统的建设，提升了矿井安全管理水平；公司全年申报受理专利23项，获授权专利7项，取得政府科技补助资金642.19万元。

【重点项目建设】 2023年，王洼煤矿21采区项目已完成可行性研究报告编制，并通过集团公司会审；王洼二矿500万吨/年扩建项目和银洞沟煤矿12采区项目可研通过中铝立项审查；成功竞拍银洞沟煤矿外围资源，按相关流程实施采矿证办理准备工作；王洼煤矿、王洼二矿2000立方米/时矿井水预处理和1500立方米/时矿井水深度处理、银洞沟煤矿500立方米/时矿井水深度处理已完成中铝立项可研审查；矿井水主排水系统项目已收到中铝股份项目的立项批复；完成2个生态综合治理工程建设，王洼独立工矿区居民避险搬迁工程已具备竣工验收条件。

（李建设）

石油开发与服务

【概况】 2023年，彭阳县原油日产突破500吨大关，全年超产0.15万吨，为年跨越20万吨奠定基础。石油产业发展服务中心获得厂劳动竞赛一等功以及全国引领性劳动和技能竞赛立功集体荣誉称号。

【石油管理服务】 2023年，彭阳县原油生产时率保持在99.5%以上，重点工作落实率100%。应对两省安全环保新形势、新要求，油田开发与风险管控、生态保护协同发展，QHSE（质量、健康、安全和环境4个方面的指挥和控制组织管理体系）管理实现“三连金”，彭阳油田顺利通过宁夏绿色矿山建设复核验收。

【技术创新】 2023年，彭阳县推广演23粘弹自调控水补能调驱技术三采试验，年自然递减连续两年下降，含水上升率由4.1%下降到2.3%。推进水质提升、欠注井防治、系统能力提升，试验同轴增效射孔等新工艺，采出水水质达标率由96.8%上升到98.0%，配注合格率由86.0%上升到91.5%。以“降存量、控增量”为目标，持续推进眼管加深、缓蚀剂投加等预防措施，重塑套管8口、套管防护155口，新增套损井数持续受控。优化措施结构，优选措施工艺，措施有效率提升14.5%，累计增油5817吨。

（李文勇）

商贸服务业

Business Services

投资促进服务

【招商成果】 2023 年,彭阳县落地招商引资项目 40 个,概算总投资 94.39 亿元,到位资金 35.26 亿元,同比增长 7%,完成固原市下达彭阳县 32 亿元招商引资目标任务的 110.2%。其中新建项目 20 个,概算总投资 33.85 亿元,到位资金 17.87 亿元;续建项目 20 个,概算总投资 60.54 亿元,到位资金 17.39 亿元,全县 2023 年招商引资目标任务完成率在全区 22 个县区中排名第四、获一等奖,在固原市排名第一。

【项目储备】 2023 年,彭阳县紧盯国家产业政策导向,立足主体功能区划分,着眼园区资源禀赋,围绕“五特四新四优”产业,精心谋划包装 58 个项目,制作《走进彭阳》招商引资宣传片及产业链招商地图,召开“返乡知名人士”座谈会,切实增强传播力、吸引力。借助“山花节”、“红梅杏开园节”、“9·8” 投洽会等大型活动先后召开推介会 7 次,针对企业投资需求及县域产业发展方向,重点推介该县亟待招商项目,为后续工作奠定了坚实基础。

【营商环境优化】 2023 年,彭阳县在全区率先探索并设立产业高质量发展和乡村振兴引导资金,累计安排产业引导资金 2800 万元,出资 2340 万元,先后参股 7 家企业,撬动社会投资 15.67 亿元。制定出台《彭阳县招商引资政策若干规定》,从资金奖补、要素保障、科技赋能、税收优惠等方面为投资主体提供全程服务,为高质量招商引资提供政策支撑。兑现各类招商引资奖补资金 3845.94 万元,为 17 家企业争取申报各类项目资金 5606 万元。以亲商、安商、富商为宗旨,建立领导包抓、专班推进等机制,压紧压实县级领导、县直部门和乡镇三级责任。召开政企业协调会解决融资、基础设施配套、项目申报、住房、教育、产品推销等一系列问题。

（韩亚卓）

商贸市场

【概况】 2023 年,彭阳县已建成县农贸市场、西门菜市场、东山街露天市场,有乡镇驻地农贸市场 11 个,村级农贸市场 4 个,新集蔬菜批发交易市场 1 个。

【设施建设】 2023 年,彭阳县申请获得自治区县域商业体系建设专项资金支持项目 4 个,建成新集乡、孟塬乡、罗洼乡、冯庄乡 4 个乡镇商贸中心建设,争取自治区市场体系建设专项资金,支持供销社提升改造王洼镇石岔村农产品集配中心,县乡村商贸设施进一步完善。

（虎广恒）

批发零售业

【概况】 2023年，彭阳县有在册批发零售市场主体6258家，其中企业638家，个体经营户5620家，批发零售限额以上企业12家，其中零售10家，批发2家。

【安全生产】 2023年，县发改局严格落实行业安全生产指导督促职责，严格按照区、市、县安全生产安排部署，扎实开展安全生产隐患排查整治，先后开展“安全生产月”活动及各类专项整治行动，全年共开展商贸流通领域安全生产检查407家次，指导督促企业整改隐患873条。

（王　睿）

粮油供销

【粮油经营】 2023年，彭阳县有粮食收购备案企业21家，有粮油价格信息监测点4个，在12个乡镇6个社区布设粮油应急供应网点18个。县级财政配套资金594.1万元，自主储备县级政府临时原粮1800吨。确定彭阳县三泰科技实业有限责任公司、彭阳县金粒来面粉加工有限公司为粮食应急加工企业，日加工能力分别为20吨、120吨。

【粮油管理】 2023年，彭阳县建立粮食安全联合执法机制和储粮安全督查小组，先后2次对粮食流通领域开展监督检查，发现存在问题6个，及时下发《联合执法检查情况通报》，截至年底已全部整改到位。组织人员对彭阳县2023年新收获冬小麦、玉米进行采样29份，送达自治区粮油产品质量监测中心进行集中会检，从检测数据获悉，彭阳县2023年收获冬小麦整体质量较上年下降，为冬小麦最低水平，玉米整体质量较上年有所下降。

（王　睿）

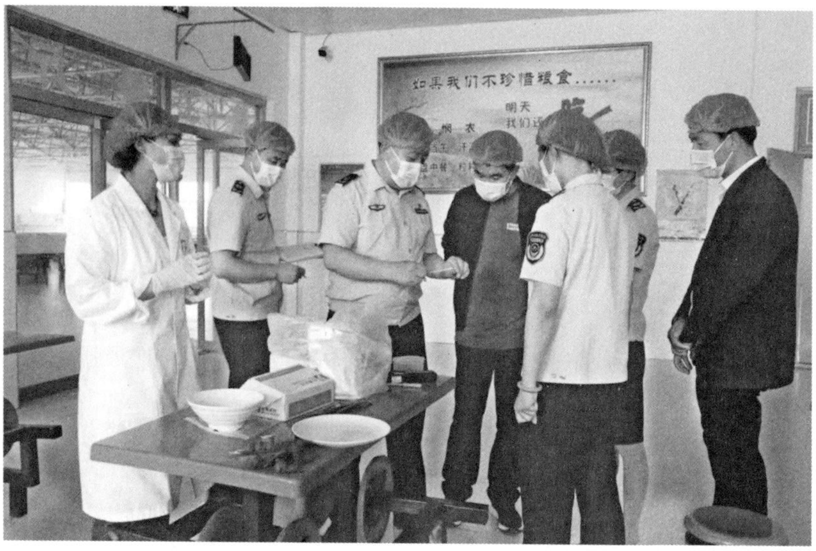

2023年9月，彭阳县市监局对食品进行抽检、随机取样　（县市监局 提供）

供销合作

【概况】 2023年，彭阳县供销合作社联合社(以下简称县供销社)全系统实现商品销售3.07亿元，利润52.82万元，分别完成年任务的116.1%、100.05%；农资销售22419吨，农产品市场交易6.58万吨，分别完成年任务的111.4%、108%。年末职工162名，其中在册职工48名，离退休职工114名。县供销社在全区供销合作社系统2022年度综合业绩考核中获得一等奖，县第九次党代会、第十届人民代表大会以“供销社体制改革走在全区前列”给予肯定，被全国供销总社确定为“绿色农资”升级行动试点县。

【综合改革】 2023年，彭阳县狠抓“数字供销”示范县建设。以开展“数字供销”建设为契机，改扩建彭阳数字供销县级运营中心和农产品展示展销中心1个，建成政府街和友谊街“数字供销”展示店2个，建成涝池、红河等10个供销驿站（村级综合服务社），展示彭阳果脯、中药材、杂粮、黄酒、蜂蜜等土特产品60多个品种。推进“三位一体”综合合作试点工作，在城阳、孟塬等乡种植和订单托管农民种植党参、黄芪、黄芩等中药材3000亩，辐射带动全县1500余户种植中药材4.4万亩。推动劳动、人事、分配三项制度改革,持续推进人才强社,聘用县联社机关工作人员1名，引进社会能人9人担任基层社主任，开展农产品加工、粮食购销、农作物种植、土地托管等新业态,不断拓宽经营业务范围。

【社会化服务】 2023年,彭阳县为确保春耕生产顺利进行，发挥供销社农资供应主渠道作用,安排裕丰农资公司联合基层社供应农资22039吨、各类种子86.83吨、农膜148.57吨。围绕中心,服务大局，紧急组织调运救灾玉米种子2738袋,发放至古城、白阳等10个乡镇,救灾面积5000亩,及时完成抗冻救灾任务。积极实施政府招标项目,积极争取2023年水库移民后期工程项目二铵370吨、尿素532吨;争取彭阳县2023年绿色高产高效行动大豆玉米带状复合种植整建制推进县物资(一标段)政府采购项目,总投资202.57万元,购进尿素795吨,全部发放到种植户家中。开展飞防飞播、土地托管等社会化服务,飞防飞播玉米、小麦1万亩。全社托管土地5.85万亩,农业社会化服务面积13万亩次。开展废旧物资回收服务,回收残膜1841吨。

【农产品营销】 2023年,县供销社协助县委宣传部、县发改局等单位举办宁夏固原(彭阳)第二届红梅杏开园节暨“瓜果飘香·清凉彭阳”旅游节。协同农业农村局、自然资源局，市场监管局对接优选41家红梅杏经销商,签订合作协议,做好红梅杏销售工作。组织订购红梅杏包装箱25万只。与农户签订《红梅杏购销协议》86份，预收购红梅杏共计108120千克。在遭受严重霜冻灾害的情况下，全县种植红梅杏约2万名农户，红梅杏产量72万千克,农户直接销售2520万元，户均直接增收1260元。全力做好“832平台”运营工作，在线展示彭阳农产品640款，线上销售2443万元,累计销售5616.3万元,入驻企业23家,累计入驻企业72家。扎实做好闽宁协作对口帮扶采购彭阳农产品销售工作，销售果脯、马铃薯、小米、枸杞、牛羊肉等农产品1300万元，解决农产品卖难问题。协办“第六个中国农民丰收节”暨第五届“金色彭阳醉美梯田”文化旅游节。发挥农产品协会作用，持续做好以辣椒为主的蔬菜营销工作，销售以辣椒为主的蔬菜、以玉米为主的小秋杂粮、中药材等农产品6万吨，销售1.3亿元。

【基层网络建设】 2023年,彭阳县推进“三位一体”综合合作试点工作,组建金融服务点3个,改造提升综合服务社2个、电商服务站1个。协调信用社、贺兰山村镇银行为长城村、城阳村等种植户贷款600万元。草庙供销社引进彭阳县合鑫再生资源有限公司建设生物质颗粒燃料项目，安排就业6人，进一步带动当地农民就业创收。深入推进“村社共建”,合作共建杨寨供销合作社“村社共建”供销社4家,高庄、任河等村级供销合作社25家;吸纳彭阳县好又多商贸有限公司、宁夏煌甫谧艾益康产业有限公司等6家龙头企业为成员社，与供销社联合合作、合作共赢、助力乡村振兴、共同促进农民增收致富。按照“总采、联储、分销”的模式,强化系统内外联合合作,着力打造以“供销社企业+配送中心+基层网点”为框架,上下贯通、横向联动的农资经营网络，依托已建成的2个农资配送中心,强化与17个基层供销社、12个农资直营店、8个村农资加盟店业务合作,持续推进“绿色农资”升级行动,不断提升网络覆盖面和终端配送能力，做好农资业务配送和精准服务,做好“最后一公里”配送服务工作。

(韩天斌)

烟草专卖

【卷烟营销】 2023年,彭阳县烟草局积极落实“让客户更满意、我们在行动”主题营销活动,建成1户加盟终端。深入推进“旧貌换新颜”主题营销活动,建设城阳农网示范街，全年建成现代终端262户。积极落实区局(公司)党组关于彭阳烟叶提质增效的工作要求,联系调整帮扶村,邀请专家现场开展种植技术和有机肥制作培训,争取帮扶资金20万元购置设施设备，解决育苗和烘烤设施陈旧、烟叶质量不高等症结问题。

【专卖监管】 2023年，县烟草局保持高压严打态势，拓宽执法协作渠道，靶向联合公、检、法等部门开展卷烟市场协同共治，查处假私烟违法经营案件25起，查获假烟1.73万支，涉烟案值3.04万元，公安机关立案在办假烟案件1起。加强真烟异常流动综合治理，查处案件14起，涉案卷烟64.01万支，涉案金额45.33万元，其中5万元以上案件4起；异常流出卷烟696条，同比下降9.93%，流销比0.0432%。严把许可审核关，网上办件率76.91%，好评率100%，积极对接行政审批局，定期将营业执照注销信息与专卖系统数据进行比对，及时注销零售许可证3个，开辟行政许可智慧监管的新路径。组织开展烟草专卖法宣传进社区、进客户、进烟农活动30余场次。

（韩兴库）

盐业经营

【盐业销售】 2023年，彭阳县各类盐销售1007.84吨，其中，小包盐销售567.32吨，畜牧盐销售269.43吨，工业盐销售136.23吨，中高端盐品销售17.43吨，大单品绿色食用盐销售2.3吨，大单品低钠盐销售7.29吨，其他中高端盐品销售7.84吨。小苏打销售48.95吨。盐品礼盒完成177盒，非盐礼盒销售26盒。宁盐商城线上转化率为100%。

【食盐差异化供给】 2023年，彭阳县配送站加大低钠盐、绿色食用盐、优选精制湖盐、炖肉盐等9个品种盐品的上柜铺货力度，利用“3·15”国际消费者权益日、“5·15”碘缺乏病宣传日、“9·15”减盐周等机会，加大宣传力度，大力宣传多品盐的健康保健作用，提高广大消费者对产品的认知度。深入全县大中小型超市和零售网店，采取集宣传、服务于一体的工作方式，推进销售工作的全面展开。新增商超专柜2家，发展多品盐销售客户（商超、BC店）63家。

【健康用盐知识宣传】 2023年，彭阳县配送站联合彭阳县卫健局、疾控中心等单位，先后在友谊街社区、古城镇集市、白阳镇陡坡村、孟塬乡何岘村、彭阳县职业中学等场所开展集中宣传活动5次，在“彭阳大城小事”公众号发布专题宣传1篇，在彭阳融媒官方公众号发布专题宣传2篇，县融媒体中心跟踪报道1次；开展“低钠盐进机关食堂”活动，通过全站人员努力，积极联系对接，将低钠盐成功进驻31家机关食堂。

（何海燕）

成品油管理

【加油站点】 2023年，彭阳县有加油站29个，实际经营28个。

【安全管理】 2023年，彭阳县开展加油站专项整治工作、“双随机”联合抽查工作等专项行动，开展安全执法检查20次、90家次，累计排查整治安全隐患120处。

（袁士伟）

快递服务

【概况】 2023年，彭阳县有快递企业15家，正常运营快递企业9家。其中，国有快递企业1家（彭阳县邮政分公司），民营快递企业8家（中通快递、圆通快递、申通快递、韵达快递、极兔快递、京东快递、顺丰快递、德邦物流）。年内，快递日均进出港量约2.7万件，业务量达到997.2万件。

【监督管理】 2023年，彭阳县加强对寄递企业的管理，年内，有县级电商快递分拨中心1个、各乡镇快递服务中心57个、村级快递服务网点72个；快递配送车辆143辆，从业人员331人。

（虎广恒）

电子商务

【电商培育】 2023年，彭阳县已建成县级电商公共服务中心、农产品展销中心、实现电子商务全覆盖，累计成功孵化电商企业78家，打造电商标杆企业25家，培育电商示范乡镇3个，电商示范村站 25 个，完成电商从业培训 7600 余人次。

【农村电子商务】 2023 年，彭阳县打造“云耕彭阳”电商公共品牌，有 126 个村级电商服务站，彭阳县及 1 名主播被列为全国数商兴农直播电商典型案例。

（虎广恒）

新兴服务业

【会计服务】 2023 年，彭阳县全面实施政府会计制度，新旧会计制度有序衔接，会计信息系统及时更新，并执行“财务会计和预算会计适度分离并相互衔接”的会计核算模式。全县经营范围有代理记账业务的 10 家，通过开展代理记账行业专项整治活动，加强代理记账行业监督管理。年内，通过会计人员信息管理系统，注册单位信息、个人信息分别是 135 个和 568 人。

【人力资源服务】 2023 年，彭阳县鼓励企事业单位积极申报各类人才项目，同时抓好自治区专家服务基地和申报人才工作载体管理服务工作。全年推荐申报自治区青年拔尖人才 2 人，国务院政府特殊津贴 2 人，专技二级 1 人，自治区塞上英才 1 人，专家服务基地 1 家，开展 120 人次专业技术知识更新培训项目 1 期。

【房地产服务】 2023 年，彭阳县依据《彭阳县整治规范房地产市场秩序三年行动方案》，全年检查房地产项目 8 个，房地产经纪机构 9 家，物业服务企业 13 家，下发整改通知书 3 份，对预售资金监管、合同签订不规范等问题及时整改纠正到位，规范房地产市场秩序。

【律师服务】 2023 年，彭阳县引进宁夏泽芸律师事务所 1 家，举办律师培训班 1 场，全县律师全部参学，律师办理法律援助案件 462 件，为群众解答法律咨询 500 余人次，开展进企业法治体检 14 次。印发《彭阳县村居法律顾问工作方案》，村居法律顾问实现全覆盖，推行法律顾问定期坐诊、流动巡诊、网络微诊、可视电话面诊“四诊合一”工作机制，法律顾问举办各类法治宣传讲座 500 场，解答法律咨询 3000 余次，代写法律文书 100 余份。

（王玉帆　兰小成　虎　刚　高丽娜）

旅游业

Tourist Industry

综　述

【概况】 2023年，彭阳县接待游客115万人次，比上年增长25%；实现社会综合收入4.5亿元，比上年增长28%。农家乐接待人数17万人次，比上年增长3%；实现营业收入835万元，比上年增长0.8%。

【旅游基础设施建设】 2023年，彭阳县完成续建长征文化公园建设项目和乔家渠民宿产业建设项目、金鸡坪及茹河瀑布内部道路建设项目、金鸡坪阳洼驿站及停车场建设项目；彭阳县应急广播体系建设项目，已完成县级指挥平台搭建、指挥中心改造装修及所有终端设备安装（适配器175套、音柱65套、收扩机671套、大喇叭1342套）；彭阳县乡村文化旅游助力乡村振兴建设项目已完成招投标。

【旅游宣传推介】 2023年，彭阳县依托区、市文旅产业项目推介和招商平台向外宣传推介“红色、古色、绿色”资源，赴西安市、福州市、厦门市开展文旅宣传推介招商活动5场次，重点推介金

2023年4月3日，彭阳县举行第十九届宁夏六盘山山花节暨第十一届“梯田花海　醉美彭阳”文化旅游节

（县融媒体中心 提供）

鸡坪梯田公园、茹河瀑布风景区、乔家渠红军长征毛泽东宿营地等旅游资源,"十大碗"等特色美食和红梅杏、蜂蜜黄酒等特色农文旅产品。邀请厦门市集美区、翔安区文化和旅游局到彭阳考察文旅资源开发、景区运营,签订合作框架协议。邀请政府分管领导出镜拍摄《红色沃土 不忘初心》《千年古邑 宁静质朴》《山水田园 锦绣彭阳》3个宣传片,制作发布"彭阳县全域旅游VR全景智慧导览地图""畅游彭阳"小程序,全方位展示彭阳旅游资源。参加2023年"晒文旅 晒优品 促消费"——"我是家乡带货王"直播带货活动,邀请"网红"直播带货,拓展销售渠道,荣获"实力破圈奖"第二名。

【旅游节庆活动】 2023年,彭阳县举办第十九届宁夏六盘山山花节暨第十一届"醉美花海 魅力彭阳"文化旅游节、宁夏固原(彭阳)第二届红梅杏开园节暨"瓜果飘香·清凉彭阳"文化旅游节、2023年彭阳县第五届"金色彭阳 醉美梯田"文化旅游节、宁夏第六届农民篮球争霸赛决赛、"梯田花海"自行车挑战赛等10余项文体活动,向区内外推介展示彭阳旅游资源,以节庆活动带动文化旅游消费,拉动旅游经济快速增长。通过微信视频号和抖音制作发布彭阳文化旅游各类宣传视频68个,浏览量达1000万人次。制作全域旅游手绘地图10万份、遇见彭阳宣传册5000份、彭阳旅游指南宣传折页1万份、"梯田花海·醉美彭阳"宣传折页2万份,并投放于全县各景区景点、酒店宾馆、农家乐、民宿,扩大文化旅游品牌宣传覆盖面,不断提升彭阳文旅品牌影响力和知名度。

(朱亮亮)

旅游行业管理

【概况】 2023年,彭阳县建立健全对旅游市场实施监督管理的制度,完善监督管理的工作措施和工作机制,切实履行监督管理的职责。为确保旅游市场安全运营和更好为旅游者提供服务,成立旅游市场监督管理工作领导小组,对全县12家星级农家乐和民宿、1家星级酒店、3家旅行社,4家国家A级旅游景区进行日常运营监督管理,规范旅游市场秩序,促进旅游业持续健康发展。

【旅行社管理】 2023年,彭阳县有旅行社(分社、营业部)3家,分别是西安天马国际旅行社彭阳营业部、宁夏天桥百事通国际旅行社有限公司彭阳营业部、宁夏大为旅游咨询服务有限公司。县文广局全面落实彭阳县旅行社管理工作,对旅行社服务质量,游客安全、旅游包车等各方面进行日常监督和管理。根据固原市文广局旅行社备案要求,对3家旅行社进行备案,做好"一户一档"台账资料建立工作。

【旅游安全管理】 2023年,县文广局为落实安全生产相关要求,联合市监局、消防大队、供电局等单位对县域内旅游企业安全隐患问题进行联合排查检查,对存在安全隐患问题的旅游经营单位下发责令改正通知书,并监督及时整改。全年出动检查人员600余人次,排查出安全隐患问题120余个,已全部完成整改。对存在的安全隐患详细记录,督促企业自觉履行安全生产主体责任,及时消除安全生产隐患。要求经营单位严格落实安全生产责任制、建立隐患排查及整改台账,组织应急演练、开展安全生产教育培训等,切实保障全县旅游市场健康稳定和安全有序。

【旅游从业人员管理】 2023年,彭阳县旅游从业人员150余人,为适应旅游行业发展新势态,增强景区景点,农家乐、民宿,星级酒店、旅行社等管理及服务人员的服务意识,县文广局不定期开展旅游市场管理及服务质量政策解读及宣传贯彻行动,定期举办培训班,邀请具有丰富教学经验的专家及优秀从业人员进行理论和实践的培训,培训内容以政策解读、管理理念、服务质量、主动服务意识、安全防范意识为主,加强全县旅游从业人员队伍建设,保障游客合法权益,提升彭阳县旅游服务质量。

(朱亮亮)

旅游开发

【旅游示范创建】 2023年，彭阳县推出“彭阳十大碗”、燕面糅糅等10余种彭阳特色美食，精心打造果脯、小秋杂粮等20余种“彭阳伴手礼”，引进如家、骏怡、IU等连锁酒店4家，打造乔家渠民宿、金鸡坪度假山庄等精品民宿（农家乐）12家，茹河瀑布风景区成功申报国家AAA级旅游景区、乔家渠红军长征毛泽东宿营地成功申报国家AA级旅游景区和固原市少先队校外实践教育基地。新评定五星级乡村旅游示范点2家、三星级乡村旅游示范点3家，开发红色教育研学游、绿色生态观光游、历史文化探秘游3条精品旅游线路，县、乡、村三级接待游客承载功能日趋完善。运营县城游客集散中心，设置彭阳伴手礼商店5个，以“梯田夜肆”文化旅游街区为重点，创新夜间消费聚集区新业态、新场景、新产品，发展夜间经济。

【红色旅游】 2023年，彭阳县制定红色研学游线路：小岔沟红军长征毛泽东宿营地（区级文物保护单位）—任山河烈士陵园（县级文物保护单位）—彭阳博物馆（国家AAA级旅游景区）—乔家渠红军长征毛泽东宿营地（区级文物保护单位、国家AA级旅游景区）—中央红军长征十三大队宿营地旧址—中共固原县委旧址（县级文物保护单位）—彭阳县游客集散中心。以乔家渠红军长征毛泽东宿营地红色景区为重点，提升红色景区建设水平，进行深度开发，丰富旅游资源，增强旅游发展的市场竞争力和影响力，已申报为国家AA级旅游景区，全年接待游客22万人次，积极申报为国家AAA级旅游景区。

（朱亮亮）

旅游资源

【乔家渠红军长征毛泽东宿营地旧址】 乔家渠红军长征毛泽东宿营地位于城阳乡长城村乔家渠组乔生魁旧宅。1935年10月8日傍晚，毛泽东带领红军到达乔家渠，夜宿乔生魁家，这是红军长征途经彭阳时毛泽东的第二处宿营地。为传承革命精神、弘扬红色文化，彭阳县委、县政府对乔家渠红军长征毛泽东宿营地旧址进行加固、旧址原貌复原及布展，并配套建设游客集散中心、红军小道、停车场、诗词园等基础设施，2012年7月，被自治区国防教育委员会命名为自治区级国防教育基地。2023年，共接待游客22.22万人，收入155.31万元。

【小岔沟红军长征毛泽东宿营地旧址】 小岔沟红军长征毛泽东宿营地位于六盘山东麓，为宁夏彭阳县古城镇小岔沟彭（阳）青（石嘴）公路北侧张有仁旧宅，是中国工农红军长征途经彭阳时毛泽东住过的第一处住宅。住宅坐北面南，依山而建，占地面积1000余平方米，院内原有窑洞5孔，现存3孔，中间1孔曾为毛泽东当年居住。2023年，共接待游客3.01万人，收入6.02万元。

【任山河烈士陵园】 任山河烈士陵园位于彭阳县古城镇任河村，属全区规模最大的烈士陵园。1949年7月31日至8月1日，中国人民解放军西北野战军第十九兵团挥师北上解放宁夏。东线部队六十四军在曾思玉军长的率领下，进入彭阳任山河一带，与马鸿逵部第十一军相遇，经过全军将士两昼夜的浴血奋战，打开了解放宁夏的南大门，拉开了解放宁夏的序幕。1955年，为了纪念在这次战斗中壮烈牺牲的364名人民解放军，在任山河修建烈士陵园。

【姚河塬遗址】 姚河塬遗址位于固原市彭阳县新集乡姚河村，是一处西周早期诸侯国级别的都邑性城址。遗址分宫殿区、墓葬区、作坊区、居民区等，面积达92万平方米。该遗址是目前已知的西北地区首次发现的西周诸侯国都邑城址，从商代晚期延续到西春秋早期，贯穿整个西周历史，填补西北地区商周历史的空白，也证实3000年前的西周早期，宁夏南部就已经纳入中央政府的管辖。姚河塬遗址的发现和发掘填补了历史文献的空白，首次了解到周人在西北边疆地区的经略和管控经营模式，同时作为陇东高原的最高级别诸侯国，控制除固原地区外，亦包括今天庆阳等地，是周人在西北地区的军事前哨基地和最为重要的军事屏障。2018年4月姚河塬遗址被评为“全国十大考古新发现”，2019年10月，被国务院公布为全国重点文物保护单位。

【彭阳县博物馆】 彭阳县博物馆位于县城悦龙新区，于2017年11月正式建成对外开放，建筑面积11000平方米，是一座集文物收藏、展览、研究于一体的县级综合博物馆，馆藏文物7000余件，其中国家一级文物9件，国家二级和三级文物560件。馆内设“茹水遗珍——彭阳古代文物陈列展”“红色记忆——彭阳近现代史迹展”“今我彭阳展”“彭阳规划展”“临时展厅”“观众互动厅”6个展厅和学术报告厅。2019年被命名为国家AAA级旅游景区。2023年共接待区内外各级党委政府部门、学校、社会团体来馆参观学习80余次，接待参观人数7.5万余人。

【青云湾梯田公园】 青云湾梯田位于彭阳县县城西南大沟湾流域，涉及白阳镇、新集乡2个乡镇8个行政村，总面积30平方千米，是彭阳县乃至黄土高原生态治理的样板工程之一。2016年被自治区林业厅、教育厅和共青团宁夏区委命名为第一批自治区生态文明教育基地。

【嘛喇湾梯田公园】 嘛喇湾77号彩虹路位于白阳镇、古城镇、王洼镇三镇交会处，是以旱作梯田为主的五彩梯田之一，中间贯穿7.7千米红、黄、蓝三色镶嵌的旅游公路，称“彩虹”路。该梯田总面积29平方千米，治理面积3.2万亩，共植各类花卉树木320万余株，流域森林覆盖率35%以上。新修梯田公园内部道路7.7千米，并对道路沿线进行绿化，新建观景台4处，景区出入口大门2座，增设标识标牌、道路排水、绿化等，并配套建设休憩设施、环卫设施等，成为彭阳县乡村旅游新型网红打卡地。2023年，共接待游客9.31万人，收入32万元。

【金鸡坪梯田公园】 金鸡坪梯田公园位于白阳镇阳洼流域。2016年，阳洼流域被评为宁夏首个小流域水利风景区，彭阳旱作梯田入选“中国美丽田园”10项梯田景观之一。2019年金鸡坪梯田公园被命名为国家AAA级旅游景区。2023年，共接待游客21.98万人，收入262.5万元。

【茹河瀑布风景区】 茹河瀑布风景区位于彭阳县城阳乡杨坪村。由于地壳变化和河床运动，这里形成了2处落差9米以上的连环瀑布和幽深狭长的茹河石峡谷，瀑布下游峡谷长约3千米。瀑布将河床切割出一条近800米长的岩石断层。景区内建有停车场3处、道路6千米、踏步280米、游客中心1座、内部木栈道560米、厕所1所及配套设施等，2012年10月，被水利部命名为国家级水利风景区。2023年，共接待游客43.21万人，收入1253.68万元。

（朱亮亮）

茹河瀑布　　（2023年12月，徐丹彤 摄）

金融业

Finance Industry

金融服务

【货币政策执行】 中国人民银行彭阳县支行认真贯彻执行稳健的货币政策，服务实体经济发展。截至年底，全县人民币存款和贷款余额分别为83.87亿元、71.19亿元，较年初分别增长2.24%、11.55%。印发《彭阳县关于加强疫情防控和经济社会发展金融支持的通知》《彭阳县关于落实好助企纾困政策的通知》等文件，引导金融机构加大普惠小微主体的融资支持力度。

【现金服务】 中国人民银行彭阳县支行组织开展“过新年，兑新钱”、“适老化”现金服务等活动，开展彭阳县居民现金使用感受问卷调查，完成企业和居民用现调研，进行小面额人民币服务暗访。

【经理国库】 中国人民银行彭阳县支行开展4期国债发售宣传及巡查，完成个人所得税汇算清缴退税8298笔415万元、增值税留抵退税业务46笔322万元，实现国库核算“零差错”。

【支付环境建设】 中国人民银行彭阳县支行组织召开彭阳县涉案账户约谈分析会2次，与县公安局、金融局、市场监督管理局联合督导金融机构账户风险管控工作，开展银行结算账户数据安全管理督导工作，实现ACS（中央银行会计核算数据集中系统）业务核算“零差错”。

（王子禹）

银行业

【中国工商银行股份有限公司彭阳支行】 2023年，中国工商银行股份有限公司彭阳支行通过支农惠农举措，不断加大对农村基础能源和环境设施建设支持力度，全力解决农村地区的金融问题，为众多乡村小微企业发放经营性和供应链贷款，通过广泛收集村民信贷需求，重点了解农业经营主体经营状况、发展规划及融资困难，制定“种植e贷”特色方案，配置工行“种植e贷”“富宁贷”“商户贷”等优质普惠金融产品——“一次授信、随借随还、循环使用”，提供手续简单、操作便捷的“一键即贷”服务。通过发放宣传折页，宣传手册，向群众普及消保、征信、反洗钱、反电信诈骗和处置非法集资金融知识，增强群众识别非法金融活动的能力。通过业务的办理，引导群众熟知个人手机银行、商户收款码、“兴农通”App等多项服务要点，手把手带领群众线上办理，拓宽村民日常消费支付结算渠道。定期召开由行长及网点主管参加的内控、风险分析会议，提出业务处理中的问题并解决。加强全行在制度执行及业务操作中的监督检查工作，发现问题并及时提出督促对问题的整改落实情况，全年未发生各类风险事件。

（刘　渊）

【中国农业银行股份有限公司彭阳支行】 2023年，中国农业银行股份有限公司彭阳支行积极改善农村金融支付环境，深入推进数字化转型、互联网金融服务开展严程序、广领域、多业态农户信息建档，全县行政村覆盖率100%。打造线下“营业网点+自助银行+惠农通服务点”和线上“e贷平台+手机银行”信贷模式，形成对“三农”客户零距离服务的全覆盖。加快推进惠农通服务点功能升级，打通农村金融服务“最后一公里”，加大智能设备投放力度，截至年底，建设惠农通服务点128个，掌银客户累计59043户，较年初增加5618户，让偏远地区的农民也能享受到数字化金融服务。各项存款余额196423万元，较年初增加28541万元，增长17%，存款同业份额大幅增长，增量和存量份额较上年分别提升10.19个和1.52个百分点，增量份额大于存量份额，实现历史性突破。各项贷款余额150872万元，较年初增加27919万元，增长18.5%。

（张奋科）

【中国建设银行股份有限公司彭阳支行】 2023年，中国建设银行股份有限公司彭阳支行聚焦市委“五特五新五优”发展规划，研发上线纯信用模式的线上支农类贷款——建业贷，农户可通过建行手机银行、建行“裕农通”App自助申请、线上支用，年利率低至3.45%，同业最低。截至年底，已累计向2988户种植、养殖和农户经营主体发放信贷资金1.87亿元，减费让利逾125万元。联合自然资源局合力推动红梅杏专项信贷支持计划，投放2000万元用于支持红梅杏特色产业。借助建行善融商务电商平台的渠道优势，进一步拓宽“农特优”产品销售渠道，并充分发挥善融扶贫优惠政策，促进红梅杏、粮食醋、胡麻油、土蜂蜜、果脯、黄酒等产品走出彭阳，销向全国。截至年底，各项贷款余额3.51亿元，乡村振兴贷款占2/3。

（沈　璇）

【中国邮政储蓄银行股份有限公司彭阳支行】 2023年，中国邮政储蓄银行股份有限公司个人客户总资产16291.3万元。支行个人储蓄余额10876.11万元，个人信贷余额68740.35万元。全年信用卡发卡987张，开立对公账户42户，代理保险累计销售155.78万元，新增理财1585.2万元，非货币基金累计销售127.49万元。经营性贷款结余60959万元，净增8015万元，线上信用户净增2118.49万元，“融资E”净增738万元，建成“752”样板信用村2个。全年住房贷款放款13笔660万元，净增630万元，结余19户679万元，实现一手房贷款在彭阳县支行零的突破。

（王文利）

【宁夏银行股份有限公司彭阳支行】 2023年，宁夏银行股份有限公司彭阳支行发放农户贷款248笔、4665万元；普惠小微贷款户数316户、余额17052万元，较年初增加75户、3091万元。签订党建共建协议15份，在新集乡新集村、城阳乡长城村、孟塬乡草滩村等10个乡镇签约“乡村金融服务站”23个、双百站点6个，较年初新增4个，发放个人贷款13882万元，较年初增加1898万元。截至年底，各项贷款余额2.6亿元，较年初新增0.46亿元；普惠小微贷款余额1.70亿元，较年初新增0.30亿元；“三农”贷款余额1.32亿元，较年初新增0.30亿元；支行贷款收息率98.75%，不良率为0.29%。

（李　艳）

【宁夏彭阳农村商业银行股份有限公司】 2023年，宁夏彭阳农村商业银行股份有限公司完成新办公大楼整体装修及搬迁工作，白阳、红河支行标杆网点复验通过，孟源支行标杆网点打造成功，撤销栖翠园等2家低效自助银行。坚守市场定位，切实服务实体经济发展，根据彭阳县土地确权信息，围绕数字化转型，制定《彭阳农村商业银行新农快贷业务推进实施方案》，大力推广新农快贷。截至12月末，已成功测算授信6979户15313万元，完成目标任务的111%；已授信农户743户5744万元，完成全年任务的39%；已用信723户4695万元，

2023年11月26日，彭阳农村商业银行办公大楼正式挂牌启用

（县融媒体中心 提供）

完成全年任务的95%。加大“房e贷”业务营销推广力度，截至12月末，共计办理“房e贷”业务25户，授信596万元，用信406万元，用信率68.12%。2023年，宁夏彭阳农村商业银行股份有限公司获得自治区和谐劳动关系创建示范单位称号，荣获固原市金融工作局等3家单位联合颁发的“金融支持乡村振兴先进单位”称号，荣获2022年度彭阳县区市驻彭单位优秀奖、区市驻彭单位服务地方经济奖。截至12月底，各项贷款38.18亿元，较年初增加3.07亿元，存贷比99%，剔除贴现、信用卡各项贷款余额33.16亿元，较年初增加4.47亿元，完成全年任务的140.83%。

（胡稳恒）

【宁夏彭阳贺兰山村镇银行股份有限公司】 2023年，宁夏彭阳贺兰山村镇银行股份有限公司开通征信查询和系统报数工作，上线ACS系统及申请超级网银等已签约未上线使用系统，完成外网认证建设工作，对机房电路、监控、空调设施等进行更新改造。截至年底，各项存款余额4.26亿元，各项贷款余额4.42亿元。不良贷款43户共计593.23万元，较年初户数增加14户，余额减少176.38万元；全年累计收回不良802.07万元，其中现金收回518.85万元，以物抵债收回283.22万元；年末不良率为1.34%，较年初下降0.33个百分点。

（戴　亮）

保险业

【中国人民财产保险股份有限公司彭阳支公司】 2023年，中国人民财产保险股份有限公司彭阳支公司建立以项目清单为单元的销售团队，明确项目发展目标，紧盯项目跟进落地。在履约类责任险、公益岗位、农民工、铁杆庄稼保、团体意外等持续发力。对接人社、就业中心等部门，加强对铁杆和公益岗位等业务的政策支持，加强与劳动监察部门对接，加大对农民工、完工履约类等业务的拓展力度，加强与应急部门的沟通，抓好县域安全生产责任险的推广和覆盖率提升，加强与市场监督、教育部门沟通，提高全县食品安全责任险和校园食品安全险的推广和覆盖率提升以及电梯责任险的推进，加大与民政局沟通力度，推进救助类业务和特困供养人员意外险。

（宗向华）

【中国人寿保险股份有限公司彭阳支公司】 2023年，中国人寿保险股份有限公司彭阳支公司积极在政府网站宣传，下乡入户递送保单，积极对接政保业务合作单位选取100多名脱贫户及困难家庭进行米、面、油新春慰问。持续开展诚信周教育工作，经理室成员带头深入职场宣讲诚信合规和风险管控、销售人员行为规范、反洗钱、非法集资等内容。对监管部门、公司发现的违规销售行为严肃查处问责，全年共查处违规销售人员11人。全年总保费收入7470万元，实现正增长。其中标保达成449万元，达成率86.8%，首年期交达成1523万元，达成率89%，十年期达成701万元，达成率90.5%，大短险达成837万元，达成率82.2%。

（冯天佐）

交通 邮政 通信

Transportation, post and communication

交　通

【概况】 2023年,全县境内公路通车里程3217千米,其中高速公路34.5千米,国道125.9千米,省道85.7千米,县道47.7千米,乡道475.7千米,村道2436.3千米,专用道11.2千米,公路密度126千米/百平方千米。全县常住人口20户以上具备条件自然村通全部通硬化路。农村公路列养率100%,经常性养护率100%。年末全县营运汽车保有量1410辆,其中营运货车1103辆,营运客车87辆,营运出租车220辆。公交车辆保有量122辆,其中城市公交35辆,城乡客运公交54辆。

【公路建设】 2023年,彭阳县续建农村公路项目32条155.045千米,概算总投资2.07亿元,全部建成通车。实施城阳乡城阳村转湾组至白阳镇陡坡村财神崾岘红色旅游公路改建项目30.84千米,总投资2636.17万元,2023年8月建成通车。

【G85高速公路建设】 2023年,G85银昆高速公路彭阳过境段项目路基和桥梁主体工程已全部完成;2处隧道开挖完成100%,衬砌完成100%;路面底基层摊铺完成85%,基层摊铺完成80%,下面层完成56%,中面层完成38%;房建完成58%;累计完成固定投资75亿元,其中2023年完成固定投资24.35亿元。

【公路养护】 2023年,彭阳县聚焦提升农村公路质量服务乡村振兴三年攻坚行动,投资6206.527万元,在固红路、彭石路等20条农村公路实施路况提升项目184.8千米。实施公路安全生命防护提升工程,投资2858.51万元,在急弯陡坡、临水临崖、3米以上高落差及事故多发路段实施护栏安装项目,增设波形梁钢护栏143.142千米。成功实践创新出具

银昆高速茹河特大桥　　(2023年8月13日,王江辉 摄)

有彭阳特色的绿色生态型柳工坊防撞墙，得到中央主题教育督导组及自治区主要领导肯定并在全区推广。

【路域环境整治】 2023年，彭阳县投资565.31万元实施2022年农村公路(冯王路)养护工程项目9.647千米。投资220.56万元,在何黑、关小、羊马3条农村公路实施农村公路生命安全防护工程，治理隐患里程19.939千米。投资300万元实施农村公路养护项目，对112条农村公路路面病害及边沟水毁等进行维修处理。聚焦改善养护公路站基础条件，投资125.13万元，实施农村公路养护工程(新集公路站改建)项目。

【旅客运输】 2023年，彭阳县开通“彭阳—庆阳高铁站”“彭阳—环县”定制客运。投资148.43万元实施彭阳县农村客运新能源充电桩及附属设施项目。增加新能源出租车20辆，货运车辆83辆，客运车辆4辆。2023年累计运送旅客235万人次，其中班线车辆运送13万余人次，出租车辆运送75万余人次，公交车辆运送147万余人次。

【行政执法】 2023年，彭阳县交通运输综合执法大队办理行政执法案件69件，查处非法营运车辆20辆次，查处超限运输车辆20辆次，行政执法罚款81900元，卸载砂石料825.55吨。办理行政许可111件，公示111件，交通运输政务办件量3315件(笔)。开展行政执法检查200余次，排查安全隐患288条，整改288条，约谈企业3次。组织公路执法巡逻51次，巡逻农村公路2027.3千米，查处并清理影响公路安全畅通隐患16处，清理路面堆积物92立方米，清除非法设置标志牌8块、清理摆摊设点1处，排查违法占道施工、堆物作业等影响公路畅通的行为隐患16起，排查农村公路漫水桥38座。完成宁夏王洼煤业有限公司等10家货运源头企业公示，对源头企业进行执法检查28次，下发责令整改通知书27份。摸排燃气客运车辆188辆(其中出租车169辆)、货运燃气车辆113辆、行业内面包车56辆。查处运送瓶装液化石油气2车辆，移交住建局和发改局进行处理，检查燃气企业2次。检查运输企业52次专项检查，发现并整改安全隐患91起。探索柔性执法，实施轻微免罚3次，落实为民办实事20余次，及时回复处理群众投诉101起，回复率100%。

2023年11月11日，县公安局交巡警大队执勤交警和交通劝导志愿者一起在县城区重点交通路口引导行人文明出行 （董 浩 摄）

【安全生产】 2023年，县交通运输综合执法大队对标对表“1+37+8”文件，梳理牵头1个意见9个方案15项内容24条具体任务，梳理配合1个意见23个方案130项内容225条具体任务。排查国省干线农村公路平交道口隐患131处，已移交至宁夏公路管理中心固原分中心进行整治，排查县乡村农村公路安全隐患38处，已全部整改。投入41.2万元在农村公路增设减速带5条，更换完善标志标牌13块，安装闪光警示信号灯10个，处置涵洞出水口12处。修剪路树和路肩高草共计3293.62千米。开展“九小”场所风险隐患摸排起底工作，共摸排商户86家，发现隐患113处，已全部整改销号。

（刘少龙）

邮　政

【概况】 2023年,中国邮政集团有限公司宁夏回族自治区彭阳县分公司（以下简称中国邮政彭阳县分公司）设综合部、邮政业务部、金融业务部、寄递业务部4个职能部门,基层邮政所13个,综合便民服务站点130处,职工(包括劳务派遣工)66人。2023年经营总收入完成1344.96万元,同比增长11.75%,同期收入净增加141.46万元。

【寄递业务】 2023年,中国邮政彭阳县分公司寄递业务收入完成172.68万元，同比增长-13.05%,完成年计划的72.86%。一是特色产品红梅杏因霜冻致使寄递收入缩减；二是电商大客户因超账期欠费原因致使发货量缩减和客户不稳定。

【图书报刊征订】 2023年,中国邮政彭阳县分公司市场部积极组织客户经理开展党史及政务类图书销售工作，累计实现图书销售额12.3万元，全面完成2023年图书销售12万元目标计划。报刊订阅完成流转额143万元，业务收入达104万元。

（王文利）

通　信

【中国电信股份有限公司彭阳分公司】 2023年,中国电信股份有限公司彭阳分公司加大对5G网络的投资力度,投资320万元,建成5G基站17个,4G基站建设15个,2个智慧城市项目。投入20万元对小岔乡等3个模块局电源进行改造。投入35万元对中心局交流引入设备更换,完成油机室油机/市电转换柜更换。投资56万元对老旧网络进行升级改造，完成千兆小区21个，开通XGPON接入设备3台,割接180个XGPON端口。线路整治30千米,机房整治8个,光交整治10个,完成农村补盲建设10个点位。

（阿　曦）

【中国移动股份有限公司彭阳分公司】 2023年，中国移动股份有限公司彭阳分公司致力于推动当地经济发展和信息化水平提高,4G网络覆盖率100%,5G网络覆盖率90%以上,千兆小区网络布局不断完善,提升上网速度,着力解决偏远地区信号弱覆盖问题，解决群众急难愁盼的宽带问题,先后覆盖偏远地区宽带1500余户。大力投资县域内重要公路信号基站建设，有效解决信号覆盖盲区，完成8次重大活动现场和中高考网络保障工作。基于强大的网络和数据中心，积极支撑传统产业升级、战略性新兴产业壮大和未来产业布局，高质量发展云计算,数智能力不断提高。

（董蓉蓉）

【中国联通股份有限公司彭阳分公司】 2023年，中国联通股份有限公司彭阳分公司为开展网络优化工作,提升户感知,全年完成35个L900基站、70个5G基站。联合电信开展5G网络共建,针对已建成的5G基站进行网络优化，确保用户正常使用。光改小区/村子13个，新建端口数1088个,其中千兆端口1088个,发展宽带用户2560户。积极投身数字乡村建设，建设彭阳新集乡新集村数字乡村示范点。开展12次内部员工网络安全培训，开展全民网信安全宣传,推送短信40万条次,全年未发生网络安全事件。开展“我为群主办实事,联通助老沃先行”,为留守在家的老人开展手机软件使用培训,手机杀毒、清理内存,下载“国家反诈中心”App,全年举行12场次。

（张　莉）

【中国广电宁夏网络有限公司彭阳分公司】 2023年，中国广电宁夏网络有限公司彭阳分公司中标彭阳县应急广播体系建设项目、县“四纺三网”建设和设备采购项目及彭阳县教育体育局义务教育薄弱环节改善与能力提升古城镇中川小学计算机设备政府采购项目,截至年底,全部完成项目的施工建设和验收等相关工作。全年基本在用用户4212户,完成5G用户1800户；完成基础业务收入110万元,完成率86.7%;完成政企业务收入566万元，完成率162%。

（徐　浩）

城乡建设

Urban and Rural Construction

综　述

【概况】 2023年，彭阳县城建成区面积达到8.5平方千米，建筑物总面积350万平方米；城市道路总长54条65.19千米，排水管网209.75千米；城市污水处理率99.64%、垃圾集中处理率100%；建成区绿化覆盖率44.51%，绿地率41.32%；城区常住人口6.38万人，城镇化率39.48%。

【城市项目建设】 2023年，彭阳县突出项目建设支撑，服务管理提质，统筹推进大县城、小城镇、美丽村庄“三位一体”城镇体系建设，打造宜居宜业宜游人居环境，不断提升民生获得感。全年牵头实施的重点建设项目共21个，总投资10.88亿元。其中，社会投资项目8个9.39亿元，政府投资项目13个1.49亿元。

【城市住房保障】 2023年，彭阳县开发建设商品房的项目有苏州公馆、星城一品等8个项目，共计建设商品房2184套30.01万平方米。全年销售586套7.8万平方米，其中住宅496套6.62万平方米，营业房90套1.22万平方米，同期相比增速163%。制定出台《彭阳县促进房地产市场平稳健康发展若干措施》，享受购房补贴政策的有135套427.46万元，多项利好政策的加持，促进房地产市场销售量大幅提升。

【农村住房保障】 2023年，彭阳县总投资1600万元完成高质量美丽宜居村庄7个。投资2204万元对古城镇皇甫村、草庙乡和谐村、城阳乡沟圈村1263户12.8万平方米建筑外立面进行节能改造。严格按照《彭阳县住房安全保障动态监测预警帮扶工作方案》，完成对监测出的218户住房问题户改造和交岔乡、小岔乡2个乡镇崖面存在安全风险的3户农户维修加固。

【城市生态建设】 2023年，彭阳县加强城市生态修复，保护城市自然风貌格局，通过留白增绿、拆违建绿、见缝插绿等方式，实施县城绿化及小微公园建设工程，全年新增绿化面积9400平方米，新建城市口袋绿地公园3个，建成区绿化覆盖率44.51%，绿地率41.32%，人均绿地面积38.72平方米/人。

（虎　刚）

城市管理

【违建查处】 2023年，彭阳县推行“人机结合”日巡查机制，利用无人机、航拍图对比、实地巡查以及对接村委会等方式，本着“不漏一户，挨茬核对”的原则，建立“横向到边，纵向到底”的日巡查工作机制，对新增违建发现一处拆除

2023 年 12 月，彭阳县增加便民充电桩，破解新能源汽车充电大难题
（县融媒体中心 提供）

一处，共拆除县城规划区内违法建筑 6 户 592.9 平方米。

【市容秩序】 2023 年，彭阳县精准处理便民与扰民、市容与繁荣、搞活与规范关系，对标全国文明城市创建工作要求，在西门蔬菜市场、农贸市场等区域统一施划黄线，允许商户在店外“一米线”内经营，受到群众和商户好评。全年共规范出店经营、流动摊点、乱搭乱挂、乱堆乱放等行为 3672 起；处理违规渣土运输 25 起，规范不文明施工 12 起；排查户外广告门头牌匾总数 2754 家，存在安全隐患 167 处，已整改 167 处。

【环境卫生】 2023 年，彭阳县完成城市环卫保洁市场化改革，全年收集清运垃圾 16016 吨，其中焚烧处理 8397 吨。制定《彭阳县公共机构生活垃圾分类管理制度》《彭阳县垃圾分类宣传活动方案》，全县行政事业单位及公共服务机构生活垃圾分类基本实现全覆盖；采购两分类垃圾箱 1000 余个，投放到县城区公共区域，广泛开展以“垃圾分类，从我做起”为主题的生活垃圾分类宣传，提升垃圾分类知晓率。

【市政设施】 2023 年，彭阳县开展城市建设安全整治三年行动，全年维修塌陷损坏人行道 2230 平方米，沥青路面 2470 平方米，混凝土路面 920 平方米，更换雨污井盖 52 套，雨箅子 38 套，维修路灯 2956 盏、景观灯 1456 盏，全城亮灯率达 98%以上，亮化设施完好率 98%。

【物业管理】 2023 年，彭阳县开展物业管理服务能力提升行动，协助社区组织各小区成立业主委员会，采取“以大带小”“拆墙合院”“拆小并大”等方式，力争实现小区物业全覆盖。严格执行《彭阳县物业服务等级标准》，完善物业服务企业评价措施，清退 2 家服务意识淡薄，管理水平低下的物管企业，引进优秀物管企业接管，着力解决物业公司服务质量不佳、物业矛盾纠纷处理不及时、小区环境脏乱差等问题。

（虎　刚）

行业监管

【城镇燃气监管】 2023 年，彭阳县排查天然气居民用户 8732 户，入户率 100%，发现并完成整改的隐患 1263 个，整改率 100%，安装天然气“三件套”8732 户，安装率 100%；排查非居民用户 541 户，排查率 100%，发现并完成整改的隐患 26 个，整改率 100%，安装天然气“三件套”541 户，安装率 100%。县城区排查液化气居民用户 1700 户，入户率 100%，发现并完成整改的隐患 1409 个，整改率 100%，安装“三件套”1700 户，安装率 100%；排查非居民用户 561 户，入户率 100%，发现并完成整改的隐患 25 个，整改率 100%。各乡镇排查液化气用户 1035 户，入户率 100%，发现并完成整改的隐患 1035 个，整改率 100%。其中，居民用户 922 户、非居民 113 户，安装率均为 100%。

【自建房监管】 2023 年，彭阳县排查自建房并录入归集平台 83163 栋，其中经营性自建房 2509 栋，其他自建房 80654 栋。排查存在隐患共计 793 栋，其中经营性自建房存在隐患186栋已采取措施整治完成。其他自建房存在隐患607栋，其中C级302栋、D级43栋，实施一房一策分类整治，截至年底，其他自建房已整治463栋，正在整治98栋，未整治46栋。

【供热服务监管】 2023年，彭阳县实施东热源厂流化床锅炉超低排放改造工程等大气污染治理项目3个，城区供暖面积达到271万平方米，供热普及率94.21%。实施东热源厂分布式节能改造，实现辖区17座换热站热力平衡，确保居住小区室温均达到20℃以上。

【建筑工地监管】 2023年，彭阳县对在建房屋市政工程开展两轮全覆盖精准排查，共排查发现重大事故隐患5条，已全部整改完成；督促施工企业和项目开展人员安全教育培训2次、对关键岗位人员未考勤到岗履职的4名人员扣除个人信用分值；全面推行危大工程管理资料线上报送、危险作业监护人制度和安全日志，开展质量安全标准化考评，全县在建工地安全“零事故”。

【污水处理监管】 2023年，彭阳县完成城乡污水处理市场化运行改革，全年共计处理污水117.08万吨，处理后污水出水水质稳定达到国家一级A排放标准。农村已建成的43座污水处理站和1座提升泵站出水水质检测稳定达标排放，农村生活污水治理率42%。加强城市餐厨垃圾运行，4月建成投运以来设备运行平稳，共计处理餐厨垃圾823吨。

【房地产业监管】 2023年，彭阳县实施东热源厂流化床锅炉超低排放改造工程等大气污染治理项目3个，城区供暖面积达到271万平方米，供热普及率94.21%。实施东热源厂分布式节能改造，实现辖区17座换热站热力平衡，确保居住小区室温均达20℃以上。

（虎　刚）

2023年11月29日，彭阳县第二批公共租赁住房摇号分配大会在县住建局智慧城管大厅举行，90户家庭“摇”到公租房　（县住建局 提供）

水　务

【工程建设与管理】 2023年，彭阳县新建续建水利水保项目17处，总投资2.45亿元。石家峡水库工程主体工程已全部完成；完成西庄、庙咀、小虎洼、周庄4座水库除险加固建设任务；治理史嘤岘、红堡小流域2条40平方千米，实施坡耕地综合治理1.6万亩；发展何中庄、常沟等节水灌溉9600亩。实施农村饮水安全水质提升改造工程，入户改造520户，完成管网提改造升301.7千米，铺设管道115.76千米；新建泵站2座，各类闸阀井116座。对全县所有在建、在运水利工程及各生产经营单位隐患进行风险分级管控，日常、汛前、节假日期间开展拉网式大排查，发现一般隐患问题152个，已整改152个，整改率100%。

【农田水利】 2023年，彭阳县以茹河流域库坝连通、红茹河调水工程为骨架，连通水库20座，有效调蓄雨洪水、中水和弃水，推进常规水和非常规水有效混合利用，年新增用水量550余万立方米，加快构建“格局合理、多源互补、丰枯调剂”的供水水网体系，保障高效节水灌溉用水；按照“以水带肥、以肥促水、因水施肥、水肥耦合”的技术路径，大力推广高效节水技术，持续提升节灌设施，完善21.9万亩高效节水灌溉取水计量体系建设，精准核定特色产业发展用水，倒逼产业结构调整和土地规模化集约化利用，提高灌区水资源利用和管理效率。依托“三统三分”机制，集中流转高标准农田土地经营权，实现“引水上山上塬、特色农业上山上塬”，亩均产出较传统种植可增加收入4000元以上。

【水资源管理】 2023年，彭阳县总取水量控制在4100万立方米以内、万元地区生产总值用水量较2020年下降13%以上、规模以上工业用水重复利用率达到90%、中水利用率40%、农业灌溉水有效利用系数提至0.75。推进工业节水减排、城镇节水降损，城镇公共供水管网漏损率降至10%，农村公共供水管网漏损率控制在12%以内，到2025年，全县节水型工业园区建成率达到100%，工业园区再生水回用率由24%提高至50%，矿井疏干水综合利用率由20%提高至50%。

【河湖管理】 2023年，彭阳县编制完成全县56条河沟的责任划分图，划定三级河长管理责任范围，设置巡河打卡点733个，实现了河沟管理全覆盖。完善7名县级河长、78名乡（镇）级河长和135名村级河长的责任网格，构建起纵向上三级贯通，横向上多部门协同的治水体系。更换各级河长公示牌82块。充分发挥“河长+检察长+警长”工作机制及各项规章制度。全年各级河长巡河220人7408次，组织开展各类巡河检查56次，三长制联合检查4次，发现“四乱”问题15个，全部销号。整改销号水利部反馈疑似“四乱”遥感图斑163个、自治区河长办反馈疑似“四乱”遥感图斑204个、自治区河长办暗访问题8个。排查全县入河排污口41处、雨水口17处，并对6处排污口完成整改。完成茹河健康评价、自治区河湖管理保护“十四五”规划中期评估、自治区河长办开展河湖长制六项基本制度和《宁夏回族自治区河湖长履职细则（试行）》后评估。9月26日，召开甘宁两省区跨省界河流联防联控联治2023年联席会。

【水旱灾害防御】 2023年，彭阳县制定印发《彭阳县2023年度水旱灾害防御值班人员安排通知》，严格落实领导带班和值班人员24小时值班制度，确保汛期信息畅通。扎实开展排查，对17处在建水利水保工程、43座水库、128座淤地坝、16处山洪灾害防治危险区等薄弱环节开展拉网式排查整治，建立“三个清单”，及时消除安全隐患，共检查发现问题81个，全部整改销号。强化供水保障，面对严重旱情，充分利用现有的水库及机井为水源，统筹调水200万立方米，启用自备机井186眼，充分利用各种抗旱设备和各种水源，积极开展抗旱自救，完成灌溉面积为10万亩，其中大田灌溉0.9万亩，高效节水面积7.5万亩，河道、渠道抽水、拉水灌溉面积1.6万亩。强化应急保障，修订完善全县水库、淤地坝《大坝安全管理（防汛）应急预案》《县、乡（镇）、村级山洪灾害防御预案》等文件，组织开展全县山洪灾害暨防汛应急演练。落实防汛用水泥200吨、砂砾石2000立方米、铁丝1吨、编织袋及草袋7万条、抢险工具400把、抽水机具34台套，装备抗旱供水车辆3辆、救生衣400件，组建防汛抢险队伍57支，抢险人员达到2800余人。

【用水权改革】 2023年，彭阳县深化巩固水权改革成果，赋能水权资产价值，鼓励区域水权、取水权、灌溉用水户用水权等水权交易，完善合理水价形成机制，深化农业水价综合改革，健全城乡供水价格动态调整机制，构建“资源有价、使用有偿、节水增效”的用水新业态。征收长庆油田分公司第十一采油厂、王洼煤业有限公司等10家取水企业用水权有偿使用费105.6万元。

（虎建礼）

供电服务

【概况】 2023年，国网宁夏电力有限公司彭阳县供电公司（以下简称国网彭阳县供电公司）全年完成售电量4.62亿千瓦时、同比增长9.09%，综合线损率3.38%、同比降低0.77%，电费回收率100%，配网工程建设6864.5万元，连续安全生产8786天，综合业绩考核连续4年A级。

2023年4月，彭阳供电公司为“山花节”提供电力保障　（马　斌 摄）

【电力保供】 2023年，彭阳县坚持“大容量、多布点、短半径”的建设思路，电网建设任务早规划，投运计划早安排，施工周期早下达，实现工程项目当年立项、当年施工、当年竣工、当年投运，完成改造及大修10千伏线路174.94千米，0.4千伏线路29.54千米，增容布点配变112台，为5个乡镇67个自然村的“煤改电”接入奠定基础，35千伏古城变10千伏512川口线改造工程荣获国网宁夏电力优质工程称号。

【安全管理】 2023年，国网彭阳县供电公司按照经理管总、分管管面、部门管线、专责管点原则，全面推行“远程+现场”双管控双监督的模式，明确目标、规范措施、严肃考核，全年执行作业计划2957项，国网公司认定“无违章现场”3个，固原公司评定“遵章现场”2个。高质量建成投运应急装备专用库房，进一步夯实应急基础保障，安全管控形势总体平稳可控。

【服务提升】 2023年，国网彭阳县供电公司按月汇总分析工单集中区域，故障类型，安排计划、集中消缺，以比“95598”更快速度、更优质量、更好服务赢得用户对自有渠道充分认可，全年“95598”工单871件，同比减少576件，万户工单数位居国网宁夏电力第二。全程跟踪报装进度，实现用户用电早接快送，全年延伸四线24千米，完成2472户新装用户装表接电，宁夏首个政企共担电力设施投资工程项目在彭落地实施，古城温沟“村网共建”电力便民服务入选国网公司示范名单。

【电路维护】 2023年，国网彭阳县供电公司认真落实自治区安全生产“1+37+8”系列文件精神，结合自治区“九小”场所安全隐患专项治理，解决历年难以解决问题527项，清理历年难以清理树障13305棵，更换老旧联络开关5台，完成53条线路首级开关遥控试验，线路跳闸48次，同比压降41次，百公里跳闸次数位居国网宁夏电力第一。全年百公里故障停电时户数0.66，位居宁夏公司第五，全年供电可靠性99.9387%，同比提高0.0253%。

【电力创新】 2023年，国网彭阳县供电公司更换2015年以前13版表计4500块，更换积成电子功能性缺陷表计2550块，更换双模模块31000余块。设置专人负责营销基础档案治理工作，累计更改完善身份证异常7856户，电话号码异常3260户。有序推进低压智能断路器更换改造工作，完成220户(1.5–6)A表计配套智能断路器改造并实现远程停复电功能。高质量完成城网中心营业厅及王洼、草庙、城阳供电所营业厅升级改造，实现营业厅硬件智能化换代。

（马　斌）

乡村振兴

Rural Revitalization

脱贫攻坚成果巩固拓展

【防返贫监测帮扶】 2023年，彭阳县全链条推进责任落实，建立"领导包抓+专班推进+驻村帮扶"机制，压实四方责任，紧盯防止返贫动态监测和帮扶机制落实，年内，新识别监测对象449户1796人，累计识别1801户6574人，通过产业、就业等措施消除风险729户2472人，剩余均落实措施。紧盯6类困难群体，通过家庭人均收入核算和财产评估，对符合扩围认定条件的困难群众新增为城乡低保对象，新增2373户3074人，累计11162户19122人，共发放低保金7813万元。全县共有农村低保9668户16490人，其中，脱贫户和监测对象5959户10800人。全县共有农村低保整户保1676户3233人，其中三类监测户353户896人，按户占19.41%，按人占25.37%。

【"三保障"及饮水安全】 2023年，彭阳县继续加强对脱贫家庭的义务教育、基本医疗和住房安全保障工作。落实"双线控辍"工作机制，建立"三包三保"和"五长"责任制，辍学学生常态化清零，义务教育巩固率95%以上，全面落实资助政策，资助学生13473人次896.9万元，家庭经济困难学生资助全覆盖。落实基本医保、大病保险、医疗救助政策，建立"一人一档"和"一病一案"，累计就诊185257人次，报销基金9015.49万元，定额资助特殊困难人群医保62375人1430.02万元，救助重点救助对象5730人、报销798.71万元，脱贫人口、监测对象家庭医生签约率100%，医保参保率100%。推进农村危房改造、农房抗震改造，开展住房安全保障动态监测预警，新建、加固、补面积农村房屋575户，新增危房动态清零。建立城乡一体化智慧供水体系，排查整改安全饮水问题1143户、新接自来水145户，自来水安全保障率100%，委托第三方检测机构定期开展水质检测，水质安全率达到100%，"互联网+城乡供水"模式被水利部写成教科书，彭阳"吃水经"在2023年联合国水大会上分享。

【农民增收】 2023年，彭阳县紧盯产业发展，拓宽群众致富路径。在肉牛产业上，统筹资金3589万元，出台《彭阳县促进当前形势下肉牛产业健康发展实施方案》，将肉牛繁育"见犊补母"标准提高至1000元/头，完成"见犊补母"2.548万头，巩固培育"2652""5350"肉牛养殖示范村71个，建成"出户入园"养殖园区10个，培育规模养殖场21家，全县肉牛饲养量18.44万头。在冷凉蔬菜产业上，巩固提升示范园区4个，引进厦门绿百合、内蒙古太润等龙头企业，落实辣椒订单种植362.87公顷、红葱订单种植144.47公顷，建成拱棚辣椒标准化示范基地73.33公顷、大葱标准化示范基地106.67公顷，盘活利用老旧日光温室131栋，建设辣椒一二三产融合发展、脱水蔬菜加工项目2个，全县蔬菜面积4666.67公顷。在特色板块产业上，落实朝那鸡“1030”模式养殖示范村89个，发放朝那鸡商品鸡苗7.15万只，建成厦门朝那鸡直营店1个，全县朝那鸡饲养量42万只。创建66.67公顷以上小杂粮示范基地2个，打造20公顷以上示范基地30余个，全县小杂粮面积4000公顷。在红梅杏产业上，利用群众房前屋后土地，栽植庭院经济林175.73公顷，高接改良红梅杏200公顷，全县累计种植红梅杏5466.67公顷，挂果面积1466.67公顷，全年红梅杏产量720吨，实现产值3600万元，户均增收1100余元。在生态经济产业上，采取“公司+国有林场+合作社+基地+农户”等模式，发展林下养鸡54万只，林下养蜂0.4万箱，林下中药材2733.33公顷，林下经济产值2亿元以上。发动群众采摘山杏核、山桃核等林产品1.45万吨，实现产值8110万余元，户均增收2400余元。在联农带农上，培育新型农业经营主体350家，发展龙头企业26家，通过吸纳就业务工、土地流转、订单收购等多种模式带动群众1万余户增收1亿余元。在村级集体经济上，筛选发展壮大村集体经济项目9个，选取12个示范村探索村集体经济发展分配新模式，设置奖励股、基础股和兜底股按比例分红，全县156个行政村村集体经济收入均达8万元以上，30万元以上的8个。在消费帮扶上，入驻“832平台”农业龙头企业、专业合作社54家，完成交易额954.63万元，全县各单位采购农副产品104.86万元，福建等实现消费帮扶产品销售1.98亿元，带动帮扶脱贫户2104户7735人。在帮扶资产上，成立2个扶贫项目资产核查工作组，对162个村（社区）扶贫资产全面排查，梳理扶贫（帮扶）资产4552个，资产原值554324.89万元，其中，国有资产625个23.29亿元，占42.02%；集体资产3345个10.95亿元，占19.75%；到户资产582个21.19亿元，占38.23%。资产确权进度、移交完成率均为100%。

【就业帮扶】 2023年，彭阳县在厦门建立用工基地13个，完善“点对点、一站式”劳务输出对接机制，组织群众外出务工，转移就业5.9万人，“铁杆庄稼保”参保4.87万人，实现工资性收入14.95亿元。截至年底，发放一次性交通补贴1757人75.7万元；发放务工补贴2310人176万元。健全完善“创业培训+创业指导+创业贷款+创业补贴”服务机制，落实创业担保贷款及贴息等政策支持，发放创业担保贷款2920万元。新增公益性岗位1200个，截至年底，全县在岗公益性岗位人员4178人，其中脱贫劳动力公益性岗位3922人，比上年增加222人。建成就业帮扶车间24家、吸纳就业958人，其中脱贫人口及监测对象370人，发放稳岗补贴5家270人30.25万元。2023年，享受“雨露计划”毕业生554名，就业（升学）474名，就业（升学）率85.56%。培训乡村工匠50人、

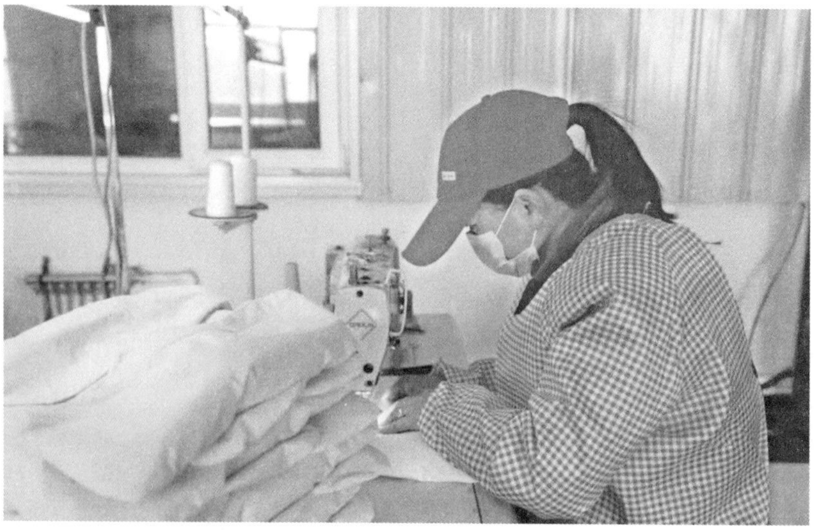

2023年11月28日，古城镇皇甫村的宁夏煌甫谧艾益康产业有限公司帮扶车间
（县融媒体中心 提供）

任务完成率167%，申报推荐工匠名师、大师等10人。

【移民搬迁后续帮扶】 2023年，彭阳县实施移民致富提升项目43个、投资3958万元，集中整治移民安置点3个，建成300亩以上玉豆套种示范点5个，发展庭院经济示范户400户，选派科技特派员17名，发展肉牛养殖221户，帮扶车间提供移民就业岗位445个，转移就业2419人。发放各类就业补助资金189人8.4万元，为移民办理居住证1707本，对35户移民纳入社会救助兜底保障范围，开展各类“星级文明户”“移风易俗模范户”等道德典型评选表彰活动15场次，评选出模范典型户58户，对6个安置点基础设施和公共服务短板改造提升，全年移民群众人均可支配收入13796.19元、同比增长11%。

【资金帮扶】 2023年，彭阳县共发放各类民政保障对象救助资金8944.7万元，困难残疾人生活补贴和重度残疾人护理补贴1004.78万元，临时救助资金389.97万元、救灾资金1098.91万元。

【协作帮扶】 2023年，彭阳县统筹推进闽宁对口协作、中央定点帮扶和企业帮扶等工作。在深化闽宁协作上，党政主要领导交流互访4次，召开联席会议6次，制定《帮扶计划》《任务清单》《闽宁资金使用方案》，争取闽宁协作资金5567万元，精准谋划实施项目42个，累计打造闽宁协作乡村振兴示范村5个。在深化中央定点帮扶上，实施帮扶项目5个、投入资金308万元。开展彭阳县特色产品进部委进央企活动，帮助销售农产品10万元。县委、县政府主要领导赴宋基会座谈交流2次。在深化社会帮扶上，深入开展“万企兴百村”行动，签订协议书45份，与厦门市翔安区、集美区等外省9个工商联缔结为友好工商联（商会），组织30家民营企业参加各类展示展销和产销对接活动7次。

（何元刚）

农村改革

【经营体制改革】 2023年，彭阳县规范有序开展农村土地承包经营权流转工作，新增流转面积1039.67公顷，累计流转总面积达到15253.33公顷，土地流转总户数15179户，签订土地流转合同14629份，流转土地面积占耕地面积22.08%。

【农村土地制度改革】 2023年，彭阳县稳妥开展第二轮土地承包到期后再延长30年试点工作，截至年底，2022年整村延包试点工作已全面完成，共涉及新集乡周庄村周庄组和大火村大火组2个组236户1115人，2023年红河镇第二轮土地承包到期后再延长30年整乡镇试点工作已完成县、乡、村三级培训工作，完成航拍正射影像图16000公顷，摸底调查、工作底图制作工作也已全部完成，共涉及12个行政村57个村民小组5694户5666.67公顷耕地。

【集体经济扶持】 2023年，彭阳县新培育农民专业合作社3个，新创建市级示范合作社4个、四星级家庭农场1家，扶新型农业经营主体19家。开展农业生产社会化托管服务。按照村级自荐、乡镇推荐、县级遴选的方式，组织全县23个村集体经济组织整合农机车辆开展粮食作物耕种环节农业生产社会化服务，完成服务面积83.1万亩次，遴选服务组织1家开展春季果树防冻农业生产社会化服务，完成服务面积2.1万亩次。

【农村环境】 2023年，彭阳县实施农村道路畅通工程，续建农村公路项目31条140千米，提升路况质量21条216千米，实施道路安全生命防护提升工程276条143.14千米。实施乡村清洁能源建设工程，完成清洁能源改造2500户，巩固提升89座光伏电站，净收益4698万元。扎实开展农村人居环境整治，新建卫生厕所655户，累计完成21838户，普及率65%，农村生活垃圾治理村庄覆盖面95%以上，生活污水治理率42%。农用残膜回收率95%，畜禽粪污资源化综合利用率 95%。

（何元刚）

乡村建设

【人居环境整治】 2023 年，彭阳县打造农村人居环境整治示范乡 3 个、示范村 20 个，发放宣传资料 6 万份，悬挂横幅标语 300 余条，投工投劳 2.2 万人次、投入机械 3900 余台，拆除有安全隐患的土坯房、残垣断壁 290 余处，清理农村生活垃圾 1.6 万吨，回收农用残膜 6869 吨，加工销售塑料造粒 2300 吨，农用残膜回收率 95%，秸秆综合利用率 90.48%，畜禽粪污资源化综合利用率 95%。

【面源污染治理】 2023 年，彭阳县持续优化健全农村生活垃圾治理体系，常态化开展垃圾分类和资源化利用示范创建，不断提升垃圾治理水平，强化厕污同治，指导做好农村生活污水治理项目的谋划布局、模式选择、项目施工。年内农村生活垃圾治理村庄覆盖面 95%以上，生活污水治理率 42%。

（何元刚）

乡村治理

【农村基层组织建设】 2023 年，彭阳县深入推进抓党建促振兴，打造党建示范点 24 个，整顿软弱涣散村党组织 2 个，创建巩固示范乡镇 12 个、示范村 125 个。开展村“两委”届中分析，探索驻村干部跨乡交叉选派、村级交叉考核，组织抓党建促乡村振兴擂台比武，培育村级后备干部 530 名、产业带头人 2126 名。完成驻村干部轮换工作，选派驻村干部 422 人，全覆盖开展任职培训。推进 9 个新确定的扶持发展壮大村集体经济项目建设，推进 12 个村集体经济收益分配试点工作，创新设置奖励股、基础股和兜底股，进一步激发广大党员干部群众参与村集体经济发展的动力。

（王子春）

【矛盾纠纷化解】 2023 年，彭阳县常态化开展矛盾纠纷大排查大起底大化解活动，调处各类矛盾纠纷 2012 件，调解成功 1963 件，成功率 97.5%，涉及金额 9196.376 万元，实现“小事不出村，大事不出乡（镇），矛盾不上交”。协调选任人民陪审员 75 名，推动司法公正公平，参与协助办理信访事件 67 件，办理信访件 1 件，无涉法涉诉信访及司法救助案件。

（高丽娜）

【精神文明建设】 2023 年，彭阳县修订“村规民约”，举办首届“村规民约”诵读大赛，带动 2000 余名群众参与，做实乡村文明实践积分卡制度，兑换 69.51 万分，参与积分兑换农户 2 万余户。发挥法治保障作用，开展“法律进乡村”活动 200 余场，培育农村学法用法示范户 331 户，申报“全国民主法治示范村”1 个，创建“县级民主法治示范村”12 个。大力宣扬先进典型，评选表彰移风易俗示范户、“好公婆”、“好儿媳”、“星级文明户”等先进典型 1300 余人，开展各类宣传宣讲 2000 余场次、“四个一”文体活动 1500 余场次，推动群众精神文化活动走实走深。

【移风易俗】 2023 年，彭阳县广泛开展移风易俗志愿服务活动，在各行政村（社区）组建移风易俗劝导志愿服务队 162 个。提升村规民约制度约束力，全县 162 个行政村（社区）全部重新修订完成，并成功举办“村规民约”诵读大赛，参加固原市首届“村规民约”大赛，荣获二等奖 1 名、三等奖 2 名。截至年底，全县成功创建全国文明村镇、单位 6 个，县级以上文明单位、文明村镇、文明校园 208 个，选树全国道德模范及提名奖 4 人、“中国好人”4 人，市级以上道德模范 94 人，并有效发挥其在推动移风易俗中的“排头兵”作用，教育引导广大群众自觉抵制铺张浪费、高额彩礼、厚葬薄养等各种陈规陋习。

（海　蓉）

生态环境

Environmental Protection

环境质量

【空气质量】 2023年，彭阳县大气优良天数323天，优良天数占比89.0%，PM10、PM2.5平均值分别为45微克/立方米、24微克/立方米。

【水土质量】 2023年，茹河、红河、蒲河出境断面年平均Ⅱ类水质；全县饮用水备用水源地Ⅲ水质，无疑似污染或污染土壤，土壤环境安全可控。

（张平林）

污染防治

【大气污染防治】 2023年，彭阳县完成大气环境质量评估，建成空气预警监测站2座，邀请生态环境厅开展臭氧走航帮扶监测2次。建成罗洼、冯庄等7个乡镇3.7万平方米清洁能源取暖项目。县城建成区建筑施工工地全部落实“6个100%”抑尘措施，覆盖裸露地块23.4万平方米。完成登记并审核通过非道路移动机械177辆，完成机动环境检测1.3万台，督促辖区4家机砖建材企业安装在线监测设备。联合行业主管部门加大对非道路移动车辆执法监管力度，按照行业要求划定非道路移动车辆作业区域，减少机械在大气环境敏感区域内长时间作业。加油加气站完成油气回收设施安装，督促国营加油站率先安装油气在线监控设施。

【水污染防治】 2023年，彭阳县强化城镇生活污水管理达标排放监管。县城第二污水处理厂处理城镇生活污水205.5万吨，减排COD（化学需氧量）802.68吨、氨氮157.9吨、总氮213.32吨、总磷23.09吨。建成投运城市餐厨垃圾处理厂，处理餐厨垃圾823吨。累计建成投运农村生活污水处理站39座并委托第三方机构规范运维，生活污水达标排放。农村生活污水处理率达到25.37%，全面消除城乡黑臭水体。开展国控断面、地下水、备用水源地水质检测54次，委托宁夏环境科学院对茹河水质pH值超标现象进行专项调研论证，配合市局开展黄河流域重要支流入河排污口排查，建立健全排污口登记台账，实行清单化管理，建设红河、茹河水质监测预警站2座，实行水质在线管理。

【土壤污染防治】 2023年，彭阳县推进秸秆粪污“两利用”、化肥农药“两减量”、农用残膜和农药废包装废弃物“两回收”。累计建成集粪场5.01万平方米、沉淀池1.01万立方米，规模畜禽养殖场粪污处理设施装备配套率达到100%，全县年畜禽粪污排放量达到135万吨，资源化利用130万吨以上，利用率96%。完善“163”残膜回收模式，建立回收网点47

个，残膜回收率稳定在95%以上，建立农资店临时农药包装废弃物储存点39个，建成回收点1个，回收农药废弃物1.61吨，农药包装废弃物回收率达80%以上，推广有机肥替代化肥，鼓励合作社、企业等新型经营主体就近就地利用畜禽粪便、农作物秸秆等有机肥资源，推广堆肥还田代替部分化肥，完成示范田1.08万亩；建设有机肥替代化肥核心示范园区1个，化肥、农药使用量逐年减少。强化建设用地安全管理，完成“一住两公”建设用地安全评估5宗，土壤环境质量总体安全可控。

【工业固（危）废防治】 2023年，宁夏固体危险废物动态监管平台中涉及彭阳县固体废物产生企业6家，危险废物产生单位7家，危险废物经营单位1家。一般工业固体废物产生量135.3万吨，综合利用率达到99.4%，危险废物产生量847.6吨，全部实行信息化、电子化管理，储存、转运实行电子联单化管理。

（张平林）

环境监管

【环保督察】 2023年，彭阳县聚焦中央环保督察反馈问题，以煤矸石堆放储存、非煤矿山开采、垃圾填埋场治理为突破口，举一反三，突出综合修复和规范治理两个环节，秉持帮扶与监管并重，确保整改见效。督察组转办的8件群众投诉案件已全部办结销号，反馈的15个方面共性问题，已全部完成整改并通过区市验收。自治区党委“四防”常态化督查组检查彭阳县4家企业反馈11个问题，自治区异地交叉执法检查反馈彭阳县3家企业4个问题，已全部整改销号。同时举一反三，对历年历次各级各类环保督察反馈问题开展“回头看”，消除生态环境领域风险隐患。

【环境监测】 2023年，彭阳县采取“双随机、一公开”执法监管模式，对中央和区市党委生态环境保护督察反馈问题进行“拉网式”排查和“回头看”，现场检查企业240余次，制作“移动执法”App164个，下发督办通知书32份，开展加油站、非煤矿山、农村生活污水处理站、畜禽养殖、固危废以及生态违法行为联合执法检查8次，立案查处3件，罚款3.6万元。受理“12369”环境投诉热线和“12345”便民热线以及群众来访的反映的群众身边的环境问题，累计受理各类环境污染投诉22件，其中噪声类投诉11件、大气类10件、固体废物类1件，调查处理率和办结率均100%。

（张平林）

自然资源管理

【概况】 2023年，彭阳县总面积为253352.22公顷。耕地总面积68171.94公顷，占全县调查总面积的26.91%。从利用结构看，彭阳县的耕地以旱地为主，占耕地总面积的93.33%。彭阳县无水田；水浇地4746.4公顷，占耕地总面积的6.96%；旱地63333.7公顷，占耕地总面积的92.90%。全县旱地主要分布在王洼镇、古城镇、白阳镇、城阳乡、新集乡、红河镇等。园地总面积758.04公顷，林地总面积116716.45公顷，草地总面积34917.60公顷，湿地总面积144.57公顷。城镇村及工矿用地总面积13231.27公顷，交通运输用地总面积1029.93公顷，水域及水利设施用地总面积1789.92公顷，其他土地总面积16532.27公顷。矿产种类主要为煤炭、砖瓦用黏土、建筑石料用灰岩和建筑用砂四类。矿山规模除煤矿为中型外，其余全部为小型矿山。

【资源规划】 2023年，彭阳县自然资源局围绕生态空间、农业空间、城镇空间科学划定生态保护红线、永久基本农田和城镇开发边界，全县完成国土空间总体规划文本编制，划定生态保护红线51300公顷、城镇开发边界1480公顷、划定永久基本农田保护红线58880公顷，已形成“三区三线”划定成果，完成《彭阳县国土空间总体规划（2021—2035年）》编制，已经自治区人民政府批复实施。科学编制村庄规划，完成全县156个行政村庄规划编制工作，于2023年底全部批复实施。

【资源审批】 2023 年，彭阳县细化优化建设项目用地、设施农用地、占用林地、非煤矿山及苗木检疫、林木种子经营许可等审批流程，严格规范审批程序。完成用地预审与选址意见书 5 件、用地规划许可证 8 件、建设工程规划许可证 19 件、乡村建设工程规划许可证 10 件，在宁夏工程建设项目审批管理系统审批事项 56 件，不予预审事项 61 件，补交土地出让金 43 宗。按程序已批复彭阳县王洼产业园区道路及排水管网工程项目、彭阳县栖凤街延伸段道路建设工程等建设用地 9 个批次 14 个项目；已报批 2 个单独选址项目，其中姚河塬遗址保护棚及附属设施项目已完成报批，西气东输三线中段（中卫—吉安）项目宁夏段（彭阳）项目已上报自然资源部审查。预审设施农用地 1754 余宗，上图入库 1000 余宗。县自然资源局征收彭阳县全域乡村旅游(茹河风景区)基础设施建设、新集中心学校扩建等 14 个项目集体土地 23.11 公顷，配合县交通局持续开展 G85 银昆高速、石家峡水库项目征收后续工作。报批交通、石油、水务等 50 个占用林地项目。划拨土地 24 宗 479.2096 公顷，出让 18 宗 31.0192 公顷，出让价款 6507.5 万元，审批临时用地 3 宗 16.8 公顷，配合乡镇和农业农村局核查审批新建农民宅基地 163 户。办理林草种子生产经营许可证 8 家、产地检疫合格证 113 份，签发植物检疫证书 949 份。

【资源管护】 2023 年，彭阳县全面推行林长制，构建县、乡、村三级林长体系，建立长效运行机制，发布一号林长令，加强森林资源管护。实施天保工程森林资源管护项目，加强天保护林员、生态护林员管理，强化湿地监测管理，按时兑现退耕还林专项补助资金 3455.94 万元。在 4 个移民迁出区实施黄土高原水土流失综合治理项目，完成紫花苜蓿种植生态修复治理 346.67 公顷。捕打草原鼢鼠 1.88 万只、投放药剂 2.6 吨，防治面积 6753.33 公顷，虫害无人机飞防面积 1340 公顷，投放药剂 0.1 吨；防治鼢鼠、天牛、沙棘木蠹蛾等林业有害生物 12226.67 公顷（其中鼢鼠防治 10826.67 公顷），捕打森林鼢鼠 6.2 万只。产地检疫苗木 846.67 公顷，调运检疫各种苗木 4952 万株、接穗 5 万根、种子 5300 千克，复检各种苗木 322.3 万株、木材 515 立方米、电缆盘 47 个，查处违规调运苗木、木材 3 批，完成松材线虫病春秋两季专项普查 993.33 公顷，以及美国白蛾、苹果蠹蛾等病虫害监测调查，林业有害生物监测覆盖率 100%。彭阳县完成森林生态系统草地贪夜蛾、反枝苋、小蓬草、意大利苍耳、垂序商陆、大狼杷草、野燕麦、火炬树等外来入侵物种的调查、采集、标本制作等工作。对候鸟等野生动物种群进行严密的追踪监测，迁徙期境内重点区域监测到白琵鹭、绿头鸭等各鸟类 4000 多只。

【确权管理】 2023 年，彭阳县发放不动产权证书及不动产登记证明 2910 本、首次登记 1332 件、转移登记 1077 件、变更登记 17 件、更正登记 18 件，预告登记 1150 件、注销登记 529 件、查封登记 93 件，宅基地房地一体确权登记 484 宗。完成公益性集体建设用地使用权和房屋所有权调查摸底工作，总计调查 590 宗，完成确权登记 11 宗。颁发集体土地所有权证书 70 本，涉及彭阳县 44 个村、70 宗集体土地，登记面积 534 平方千米。发放山林地确权明白书 19255 本，颁发林权类不动产证 55 本。

【行政管理】 2023 年，彭阳县严格土地及矿产资源执法，全年开展执法巡查 94 次，在全县 12 个乡镇 156 个行政村发放、违法占地巡查日志 168 本，发放农村乱占耕地建房不准占用永久基本农田建房、不准强占多占耕地建房不准买卖流转耕地违法建房，不准在承包耕地上违法建房、不准巧立名目违法占用耕地建房、不准违反“一户一宅”规定占用耕地建房、不准非法出售占用耕地建的房屋、不准违法审批占用耕地建房宣传资料 1000 份，开展资源领域相关法律法规专题宣讲 6 场次，下发《停工及责令整改违法行为通知书》15 份，行政立案查处案件 7 件，其中非法采矿案

6件、破坏土地案挖砂1件、向县公安局移送非法采矿涉嫌刑事案2件。办理行政应诉及上诉开庭案件和民事案件42件，规范办理群众信访事项21件，办结“12345”便民服务热线事项96件，办结率100%。

【安全管理】 2023年，彭阳县健全县、乡、村、组四级防治体系，摸清134处地质灾害隐患点，安装20处远程监测仪器，发放各类宣传资料12000余份，承办全区地质灾害业务培训和现场应急演练，参与群众200余人次，对3处受到地质灾害隐患安全威胁的20户70人进行搬迁安置，投入资金约191.21万元。县自然资源局通过网络、车载喇叭、发放宣传资料等途径宣传森林草原防火相关法律政策，采取重点林区路口、景区景点、村组庄头设卡检查、签订坟头责任书等措施，强化火源管控维修栖凤山森林草原防火物资储备库1200平方米，在罗洼马涝、交岔庙庄新修防火道路5.2千米严厉打击矿山私挖乱采、无序开采、破坏生态环境、不履行恢复治理义务等违法违规行为，对3家生产非煤矿山开采点进行核查，现场核查是否存在超层越界开采行为，对无证或持过期证仍然开采的情况，依法下发责令停产通知书并严格执行停产整改。县自然资源局成立自然资源系统防治应急分队，落实汛期和防火期24小时领导带班、专人值守和信息速报等制度。

【山林权改革】 2023年，彭阳县完成山林资源界定确权134606.67公顷，完成率100%，退耕地到户确权39866.67公顷，完成率95.2%，打印并颁发林权类不动产证38本、退耕地确权明白书18211本。挂网流转交易林地5笔166.67公顷，流转国有林地5笔973.33公顷。新发展林下养鸡95.5万只、养蜂1.65万箱，林下种植中药材5333.33公顷，累计达到13866.67公顷，实现林下经济收入1.17亿元。积极培育新型绿化经营主体，通过招商引资，引进广州绿石碳科技股份有限公司协议开发林业碳汇项目，力争2024年彭阳林业碳汇上网交易并取得收益。引进庆阳飞扬东果果业有限公司流转王洼、崖堡2个村集体林地193.65公顷，用于实施低效林改造提升示范林建设项目，规划补植以樱桃为主的灌木树种14.43万株。

【土地权改革】 2023年，彭阳县完成农村土地承包经营权变更登记5.45万户，选定2个村涉及234户开展第二轮土地承包到期后再延长30年试点工作。农村宅基地使用权和房屋所有权确权登记发证35319宗，集体建设用地调查991宗，已确权发证11宗。

（翟红霞）

生态建设

【概况】 2023年，彭阳县围绕实施党建、廉政、法治、服务四项政治建设工程，绿化造林、林果产业、生态修复三项生态建设工程，规划、审批、确权、保护、安全、执法六项资源管理工程，山林权、土地权改革两项改革创新工程的“4362”工作思路，定目标、压责任、强措施、抓落实，全力推进全县自然资源工作有序开展。林业有害生物监测预报工作被授予2022年度先进国家级中心测报点称号；在全国水果口感大赛暨中国苹果口感大赛中和2023年宁夏苹果大赛活动中，组织推荐选送的富士苹果分别荣获金奖和银奖；全县3家涉林经营主体获评国家级和自治区级林下经济示范基地；3名个人分别获评国家、区级和市级先进。

【造林绿化】 2023年，彭阳县完成造林绿化9.58万亩，其中：人工造林3.1万亩，退化林分改造2.4万亩，未成林抚育提升4.08万亩。全县林木保存面积累计达到175万亩(其中退耕地造林77万亩)，森林覆盖率由建县初的3%提高到20.68%(基于“国土三调”对林草综合植被盖度的调整，自2023年7月森林覆盖率由36.87%调整为20.68%)，县域生态效益由量的累加实现质的飞跃。

【庭院林果】 2023年，彭阳县发展庭院经果林2234亩（其中:庭院苹果513亩、庭院红梅杏1721亩），打造示范村15个；全县累计发展红梅杏8.2万亩（其中，挂果面积2.2万亩）。在遭受严重霜冻灾害的情况下，红梅杏产量72万千克，农户直接销售收入2520万元。预防晚霜冻及病虫害防治2万亩，山杏食心虫防治10万亩；建设海棠良种繁育基地350亩；选择适合发展红梅杏的退耕还林及荒山低产山杏林，高接改良红梅杏3000亩。制定红梅杏鲜果“七统一”营销方案，引进宁夏微元素农业开发有限公司建成年产5万吨富钾富锶复合干果饮品及2000吨红梅杏条生产加工车间，延长产业链条，增加产品附加值，多渠道带动群众增收，着力构建产加销一体化经营体系。在全县先行试点搭建100亩红梅杏防冻棚，以预防红梅杏花期受冻，夯实红梅杏丰硕结果之基。

【生态修复治理】 2023年，彭阳县完成2022年中央财政资金草原生态修复治理（草种繁育）项目1198亩，完成任务的119.8%，草种出苗率和成活率均为90%以上。2022年草原综合植被盖度为87.62%，草原生态保护成效显著，草原质量稳步提升。建立“边开采边治理、边开采边督促、边治理边验收”的矿山恢复治理工作机制，积极争取项目扶持恢复治理，全面推进绿色矿山建设。对12家630亩历史遗留废弃矿山，编制《彭阳县历史遗留废弃矿山与低效土地生态修复项目方案》，已经自治区自然资源厅2023年度第一批生态保护修复项目竞争性评审通过，已编制完成项目初步设计，通过公开招投标，分4个标段已完成工程量的80%，支付资金530万元。

（翟红霞）

节能减排

【能源项目建设】 2023年，彭阳县统筹推进“四尘同治、五水共治、六废联治”，深入打好蓝天碧水净土保卫战。完成优质清洁煤配送5400吨，建成罗洼、冯庄等7个乡镇清洁能源取暖项目3.7万平方米，重污染天气基本消除，优良天数占比不断提升。城市餐厨垃圾处理厂启动运行，45座农村生活污水处理站规范运营，城乡黑臭水体全面消除，茹河、蒲河、红河均达标出境。累计建成集粪场5.01万平方米、沉淀池1.01万立方米，粪污资源化利用率95%，农用残膜回收利用率90%以上，化肥、农药零增长，农业面源污染有效控制，土壤环境质量安全可控。严格落实节能审查制度，加强节能审查事中事后监管，全年无“两高”项目落地。开展节约型机关创建活动，创建比例94%，节水型单位比例99%，一般工业固废综合利用率85%以上。推进工业节水减排、城镇节水降损，规模以上工业用水重复利用率90%，中水利用率40%，农业灌溉水有效利用系数提至0.75。推动交通领域节能管理，彭阳县农村客运新能源充电桩及附属设施项目建成投用，新采购新能源出租车20辆，客运车辆中新能源车辆占比54.1%。

【排污权改革】 2023年，彭阳县全面完成排污权改革工作。初始排污权确权量分别为二氧化硫391.7吨、氮氧化物488.2吨、化学需氧量150.4吨、氨氮19.8吨。政府储备排污量分别为二氧化硫755.49吨、氮氧化物503.17吨、化学需氧量15.9吨、氨氮2.51吨。组织宁夏祥昇商贸有限公司、彭阳县供热公司在排污权交易平台完成竞价交易2次，交易获得氮氧化物初始排放权1.45吨、二氧化硫初始排放权0.495吨。

【节能降耗】 2023年，彭阳县能源消费总量29.22万吨标准煤，同比增长6.7%；单位地区生产总值能耗0.352吨标准煤/万元，同比增长2.5%，较“十三五”末下降2.7%。全县规模以上工业综合能源消费量为7.85万吨/标准煤，规模以上工业能耗同比增长9.1%。

（王　睿）

科学技术

Science and Technology

科技管理

【经费投入】 2023年，彭阳县研发费用投入2300万元，R&D经费投入强度达0.26%，增长52.9%。县本级财政完成科技投入2109.12万元，立项县本级研发项目43个，项目资金1350万元。

【"宁科贷"业务开展】 2023年，彭阳县办理"宁科贷"业务16笔，涉及彭阳县福泰菌业有限责任公司等16家企业，贷款金额4980万元。

【科技型企业培育】 2023年，彭阳县坚持以创新主体培育为关键，建立健全科技企业培育库。35家企业成功入库国家科技型中小企业；11家企业备案自治区科技型中小企业；彭阳县荣发农牧有限责任公司成功申报国家高新技术企业；培育技术创新中心4个，宁夏恒信创达数据科技有限公司成功申报自治区众创空间，实现彭阳县众创空间"零的突破"。组织企业及干部职工参加企业家创新精神专题培训，共计培训18期582人次（线下3期181人次），激发企业的创新创业意识。

（虎　彪）

科技活动

【科技成果转化】 2023年，彭阳县深化科技成果转化体制机制改革，健全产学研协同转化机制，促进产学研合作从技术创新协同向成果产业化协同延伸。组织申报自治区县域科技成果引进示范推广项目14个，评审通过3个；申报自治区重大科技成果4个，评审通过1个，立项资金135万元。完成科技成果登记5项；完成技术合同登记52项，交易额1605万元，科技成果转化成为产业发展新动能。

【科技周活动】 2023年，彭阳县举办科技周系列宣传活动，参与志愿者100余人次、群众1200余人次，发放科普资料6000余份。组织开展科普进乡村、进学校、进社区活动，累计开展活动15次，全民科学素养稳步提升。组建专家团队，深入科技企业，开展科技政策解读40余次。利用文化、卫生、科技"三下乡"活动，将科学育种，科学管理，科学防灾等科学知识普及给广大农村地区，解决科普服务"最后一公里"问题。借助已建成的4个科普工作站，大力传播科学知识，弘扬科学精神，科普宣传阵地逐步扩大。

【闽宁科技协作】 2023年，彭阳县完善东西部科技合作机制，鼓励企业与区内外科研院所加强合作交流。依托闽宁合作平台，邀请40余名专家开展对口协作，指导服务涵盖林果、中药材、食用菌等多个农业领域。充分发挥福建挂职交流科技人员牵引联动作用，厦门派驻县科技局挂职的副研究员陈碧娟试种羊肚菌成功，已规模化种植面积达50亩以上，为食用菌产业增收蹚出一条新路子，厦门市产业技术研究院研究员乐文策划组织召开“助力脱贫攻坚，巩固脱贫成果”东西部科技合作项目对接活动6次，推动东西部合作交流。

（虎　彪）

科技指导

【科技培训】 2023年，彭阳县举办培训30期、培训农民1637人次。选派“三区”人才17名到草庙乡和谐村等24个生态移民安置点开展科技服务，采取现场讲解、示范指导、入户面授、集中培训等形式，使农民掌握先进的农业适用技术，培育和造就一大批乡土科技人才。

【科技特派员】 2023年，彭阳县调整20名科技特派员持续围绕农业全产业链开展服务，累计建立示范基地12个，引进示范推广新品种12个，示范推广新技术20项，培育示范户130户，带动就业1779户，服务企业、合作社等20家。

（虎　彪）

地震监测

【地震宏观观测】 2023年，彭阳县地震监测预报预警以宏观观测为主，共有24名宏观观测员，每个乡镇各2人。2023年，组织全县24名宏观观测员集中开展培训一次，并对全县12个乡镇24个地震宏观观测点工作于5月和10月进行两轮专门检查。通过深入宏观观测点实地察看，各观测点动物反应、水位、数据传输等一切正常，周围环境良好。

【抗震设防信息采集】 2023年3月，彭阳县成立由各乡镇，应急局、住建、教体、卫健、交通、水务、地震、供电、电信公司、移动公司、联通公司等部门组成县地震易发区房屋设施加固工程协调工作组，并于5月30日前完成对2022年度已竣工加固和新建、改建、扩建房屋设施抗震设防数据信息的采集，其中加固工程214处（农村民居212处，学校1处，卫生院1处），新建扩建工程463处（农村民居461处，学校2处），共677处。

【抗震设防监管】 2023年7月，彭阳县地震局会同住建局对全县建设工程进行地震安全性评价、抗震设防等专项检查，共检查17处，其中学校、医院重点工程5处，高层建筑5处，一般建设工程7处。对现场检查发现的问题，按照“谁建设、谁负责”的原则，依法明确建设单位的主体责任，督促立行立改、全面整改。

【防震减灾宣传】 2023年，彭阳县开展防震减灾宣传教育投入12万余元。在“5·12”全国防灾减灾周、“7·28”唐山地震纪念日等重要时段联合多部门在怡园广场等地开展集中宣传活动，宣传防震减灾法律法规，普及地震应急救护知识。防震减灾宣传文具盒2500个、手提袋6500个、地震安全知识宣传折页1万余份；在国际防灾减灾日、科普宣传日等，集中发放宣传资料（地震安全知识读本、折页）8000多份，手提袋、笔袋等宣传品3000余份，并于5月12日以手机短信形式向全县12万余户手机用户发送防震减灾宣传标语公益短信。

【地震应急演练】 2023年5月12日，县地震局、教体局协同彭阳县消防大队、白阳镇卫生院在彭阳县第一小学组织开展主题为“防范灾害风险，护航高质量发展”的防灾减灾应急疏散演练活动；各乡镇、各部门（单位）、中小学校、医院、商场和居民社区等组织干部职工、群众在各乡镇、部门（单位）、本社区开展2万余人的地震紧急避险和人员疏散演练活动；5月24日，由彭阳县人民政府主办，县地震局及各成员单位共同承办的全县2023年度山洪、地质灾害及地震防御应急演练在古城镇石家峡水库举行。彭阳县28个相关单位（部门）、公司、4支应急救援抢险队伍、古城镇郑庄村部分群众

1000 余人参加演练。

（任正坤）

气象测报

【彭阳县气象局成立】 2023 年 7 月 13 日，彭阳县气象局正式成立。彭阳县有 33 个区域气象观测站，其中 1 个国家无人自动区域站，1 个彭阳气象观测站，10 个六要素区域站，1 个四要素区域站，20 个两要素区域站。彭阳县共 1 个土壤水分自动站、1 部闪电定位仪、6 个农田小气候观测站、9 个人工影响天气作业点。

【科技测报手段】 2023 年，彭阳县利用各类气象观测站，对气温、相对湿度、气压、降水量、草温、地温、能见度、风向风速、闪电定位仪等数据进行实时观测；通过雷达、卫星云图、SWAN3.0、宁夏智能网格预报等平台实时监测天气变化，并通过宁夏突发事件预警信息发布平台、“121”短信发布平台、应急广播、微信、微博等对外发布各类预报预警信息，参与市县天气会商，遇重大天气过程，加强会商研判。

2023 年 7 月 13 日，彭阳县气象局正式成立　（张警予 摄）

【人工干预天气】 2023 年，彭阳县共有人工影响天气作业点 10 个，分别是彭阳、小岔等 9 个固定作业点和 1 个移动作业点。2023 年已完成全县 9 部高炮、10 部火箭架的自动化作业改造，增强人工影响作业点作业安全。全年开展 3 次人影培训，培训 53 人次，全员持证上岗。全年申请高炮作业 87 点次，批复作业 4 点次，消耗人雨弹 40 发；全年申请火箭架作业 163 点次，批复作业 17 点次，消耗火箭弹 31 枚。

【气象为社会服务】 2023 年，县气象局制作《气象信息专报》20 期、《粮食产量预报》6 期、《青贮玉米气象服务专报》1 期、《秋收秋种气象服务专报》1 期、《文化旅游节气象服务专报》3 期、《重大活动专报》1 期、《雨情快报》6 期，各类决策服务材料共 38 期。为县委、县政府领导提供《固原市四县一区及周边地区气候概况》专题汇报 2 次。全年发布各类气象灾害预警信号 70 条；联合自然资源局发布地质灾害气象风险预警 2 条，联合水务局发布山洪灾害气象风险预警 2 条；通过短信平台发布雨情信息及和各类天气预报 147 条，服务超 602546 人次。

（马　霞）

教育

Education

综 述

【概况】 2023年,彭阳县各级各类学校227所(其中普通高中2所、职业中学1所、初级中学8所、九年一贯制学校1所、小学43所、教学点127个、幼儿园45所),干部职工3023名,在校学生29163名。

【教育经费投入】 2023年,彭阳县教育经费总收入8.18562亿元,其中一般公共预算安排的教育经费8.07989亿元。安排专项资金保证义务教育阶段学校的学生公用经费、取暖费及营养改善计划经费(生均60元/年)投入,乡镇取暖费增加至每生每年205元;住宿费标准增加至每人每年300元。安排财政资金800万元用于彭阳县第四小学综合楼建设、县一中师生餐厅及宿舍楼项目1000万元,彭阳县中小学幼儿园消防及校舍安全隐患整治200万用于校园安全整治。2023年薄弱环节改善与能力提升资金850万元,其他教育项目资金300万元均落实到位,县委、县政府筹集资金用于彭阳县第五中学教学楼等项目,县级财政资金用于学校水毁维修等零星维修工程投入400多万元。继续改善县职业教育教学设施等条件,投入1000多万元改建县职业学校职业技能实训基地即县职业技术学校富阳校区,为职业教育的发展提供重要保障。

【控辍保学】 2023年,彭阳县不断健全完善控辍保学长效机制,先后出台《彭阳县进一步加强义务教育控辍保学工作的实施方案》《彭阳县建立义务教育控辍保学监测预警长效机制实施方案》《关于做好控辍保学监测劝返上报工作的通知》《关于开展控辍保学大排查活动的通知》等文件并扎实组织落实。扎实开展疑似辍学学生大摸排、撤并学生管理大检查、学籍信息大清查、送教工作大督查四项活动。明确班主任科任教师、年级组、学校、教体局、部门联合“五级劝返”制度,实现即发现即劝返。对劝返复学学生实施温馨关爱和分类施教行动,予以妥善安置;建立完善特殊群体学生关爱教育机制,对残疾儿童、留守儿童、孤儿、单亲等特殊儿童群体和有厌学辍学思想学生,实行台账管理,加强重点监测,消除辍学风险点。精准落实各学段学生资助政策,实现适龄儿童少年不因贫失学辍学。

【“双减”工作】 2023年,彭阳县建立“双减”长效机制,加强作业优化设计与管理,41名责任督学进校专项督导518人次,反馈问题159条,印发督导通报8份,约谈学校负责人13人次,“减负提质”减轻学生作业负担;“部门联动”减轻学生校外培训负担,组建工作专班,对22家校外培训机构拉网式排查

20余次，下发整改通知22份，学科类校外培训机构压减率100%。

【招生考试】 2023年，彭阳县共组织实施中考、普通高考、成人高考、高中学考等考试10余次，参与考生9200余人次。其中，参加中考2291人，1748人录取到县内外普通高中学校就读，543人录取到县内外中职、中专、技工学校就读；参加高考2974人，1988人被各级各类普通高等学校录取；966人通过成人高考取得学历提升就学机会；1415人通过高中学考取得高中毕业证书。

【教育资助】 2023年，彭阳县精准落实各学段学生资助政策，实现各学段家庭经济困难学生资助全覆盖。各级各类资助152602人次共计13759.4218万元。学前教育实施学前“一免一补”政策，资助金额341.88万元，实施免教材政策，免去全县幼儿园和学前班幼儿教材费免教材费10073人，资助金额82.5642万元。义务教育阶段实施“一补”（生活补助）政策，资助在校在册的六类家庭经济困难学生共12359人，资助资金471.46875万元，实施“两免”（免学杂费、免费提供教材）惠及85125人次，资助金额3709.27187万元。普通高中国家助学金资助3427人，资助金额342.7万元；免学费2957人，金额118.28万元。中等职业教育“两免一补”政策资助1483人，金额126.055万元，国家助学金资助学生1467人，资助金额146.7万元；免学费2212人，金额221.2万元。生源地助学贷款7792人次，贷款金额6512.86万元，确保从学前教育到研究生教育所有学段、公办民办学校、家庭经济困难学生“三个全覆盖”。

【教育质量提升】 2023年，彭阳县完成县四幼转公办工作，增加公办学前教育资源9班型270学位，全县学前教育三年毛入园率达到93.14%、普惠性幼儿园覆盖率达到100%。落实义务教育优质均衡年度工作目标，完成75%学校达标任务。落实随班就读、送教上门等措施，实现辍学学生动态清零；稳妥推进小规模学校整合，撤并50人以下小规模学校15所。优化调整12个教育集团，结对帮扶、联动教研等方式，推动城乡教育一体化发展。注重特色多样办学，高中阶段教育毛入学率达到94.7%以上。高考本科上线人数1230人，上线率49.3%，位居全市前列；完善职业教育和培训体系，聚焦产业发展，深化产教融合，加强校企合作，不断提高职业教育适应性。

【素质教育】 2023年，彭阳县制定出台彭阳县义务教育课程实施方案，劳动、体育、艺术教育实施方案和教学常规，进一步优化课程设置，细化实施要求，着力解决体育课无汗、音乐课无声、美术课无画的问题，创建自治区级劳动教育示范校7所、体育传统项目示范校8所、健康教育和体教融合示范校8所。制定出台中小学语文、数学、英语等8个学科的《作业设计与实施指南》，注重学生作业“质的提升”与“量的适度”的有机统一，获得“全区义务教育阶段作业设计与实施典型案例”一等奖，在学生作业上有了新成果。制定出台并修订完善《彭阳县中小学幼儿园教育质量综合评价实施方案》，配套制定学生、教师评价体系，深入推进教育评价改

2023年12月21日，彭阳县第一届校园法治文化节之“宪法伴我成长”普法小使者技能大赛在县教体局举办
（县教体局 提供）

革落地落实，在教育评价体系改革上有了新进展。

【校园治理】 2023年，彭阳县持续实施校园治理“五大行动”，依托区级大数据校园治理平台，提升校园风险防范智能化水平；深入推进总体国家安全观进校园、进课堂、进师生头脑，扎实开展维护校园政治安全专项行动。开展消防、交通、食品等安全教育全员专题培训8次，邀请法治副校长举办法治讲座70余场次，定期开展应急疏散演练，提升师生安全意识和突发事件处置能力。部门联合开展校园周边乱摆乱放、违规出售食品等问题综合整治7次。开展校园安全隐患大排查大整治行动，排查出问题隐患707个，已全部整改到位。规范学校危化品管理，委托专业公司回收处理危化品及实验室废液1620千克。修改完善校园安全管理规章制度43项、应急预案24个，绘好抓实校园安全“一张图”，织密织牢校园安全“一张网”，全力维护教体系统安全稳定。

【教育惠民】 2023年，彭阳县严格落实“双减”和“五项管理”，学科类校外培训机构压减率100%。全面推行课后服务和延时服务，学生参与率达96%以上。实行义务教育起始年级新生电脑派位均衡编班、班主任摇号定班，均衡搭配科任教师，有效解决“择校热”“择班热”问题。落实随班就读、送教上门等措施，辍学学生常态清零。落实营养改善计划、办理大学生生源地贷款等各项资助政策，实现家庭经济困难学生资助全覆盖。

（刘娜娜）

2023年彭阳县教育机构一览表

表23　　　　单位：人

序号	机构名称	办学类型	在校（园）人数	教职工人数	备注（小学附设班）
1	彭阳县幼儿园	幼儿园	717	96	—
2	彭阳县第二幼儿园	幼儿园	200	48	—
3	彭阳县第三幼儿园	幼儿园	617	71	—
4	彭阳县第四幼儿园	幼儿园	159	41	—
5	彭阳县第六幼儿园	幼儿园	545	71	—
6	彭阳县茹河幼儿园	幼儿园	179	28	—
7	彭阳县白阳镇嵕岘村幼儿园	幼儿园	31	7	—
8	彭阳县草庙乡中心幼儿园	幼儿园	106	22	—
9	彭阳县城阳乡沟圈村幼儿园	幼儿园	23	7	—
10	彭阳县城阳乡韩寨村幼儿园	幼儿园	7	2	—
11	彭阳县城阳乡涝池村幼儿园	幼儿园	14	3	—
12	彭阳县城阳乡刘河村幼儿园	幼儿园	7	2	—
13	彭阳县城阳乡杨坪村幼儿园	幼儿园	12	3	—
14	彭阳县城阳乡杨塬村幼儿园	幼儿园	1	1	—
15	彭阳县城阳乡长城村幼儿园	幼儿园	27	6	—
16	彭阳县城阳乡中心幼儿园	幼儿园	13	7	—
17	彭阳县冯庄乡中心幼儿园	幼儿园	11	9	—
18	彭阳县古城镇第二幼儿园	幼儿园	228	37	—
19	彭阳县古城镇挂马沟村幼儿园	幼儿园	16	6	—
20	彭阳县古城镇乃河村幼儿园	幼儿园	48	14	—

续表23

序号	机构名称	办学类型	在校（园）人数	教职工人数	备注（小学附设班）
21	彭阳县古城镇育英幼儿园	幼儿园	0	1	—
22	彭阳县古城镇中心幼儿园	幼儿园	253	37	—
23	彭阳县红河镇何塬村幼儿园	幼儿园	48	8	—
24	彭阳县红河镇黑牛沟村幼儿园	幼儿园	31	6	—
25	彭阳县红河镇中心幼儿园	幼儿园	66	16	—
26	彭阳县交岔乡关口村幼儿园	幼儿园	29	7	—
27	彭阳县交岔乡中心幼儿园	幼儿园	26	7	—
28	彭阳县罗洼乡中心幼儿园	幼儿园	44	9	—
29	彭阳县孟塬乡草滩村幼儿园	幼儿园	34	13	—
30	彭阳县孟塬乡玉塬村幼儿园	幼儿园	12	9	—
31	彭阳县孟塬乡中心幼儿园	幼儿园	21	13	—
32	彭阳县王洼镇石岔村幼儿园	幼儿园	94	11	—
33	彭阳县王洼镇王洼村幼儿园	幼儿园	30	8	—
34	彭阳县王洼镇杨寨村幼儿园	幼儿园	12	7	—
35	彭阳县王洼镇中心幼儿园	幼儿园	176	27	—
36	彭阳县小岔乡中心幼儿园	幼儿园	21	6	—
37	彭阳县新集乡大火村幼儿园	幼儿园	10	7	—
38	彭阳县新集乡沟口村幼儿园	幼儿园	95	11	—
39	彭阳县新集乡上马洼村幼儿园	幼儿园	44	7	—
40	彭阳县新集乡姚河村幼儿园	幼儿园	31	8	—
41	彭阳县新集乡张化村幼儿园	幼儿园	46	10	—
42	彭阳县新集乡中心幼儿园	幼儿园	258	34	—
43	彭阳县第一小学	小学	991	69	—
44	彭阳县第二小学	小学	1161	79	—
45	彭阳县第三小学	小学	1437	91	—
46	彭阳县第四小学	小学	976	61	—
47	彭阳县第五小学	小学	1623	100	—
48	彭阳县白阳镇中心学校	小学	225	48	35
49	彭阳县白阳镇丰台教学点	小学教学点	3	4	—
50	彭阳县白阳镇姬山教学点	小学教学点	8	9	4
51	彭阳县白阳镇双磨小学	小学	131	13	31
52	彭阳县白阳镇崾岘小学	小学	48	10	—
53	彭阳县白阳镇余沟教学点	小学教学点	12	8	3
54	彭阳县白阳镇玉洼教学点	小学教学点	1	3	—
55	彭阳县草庙乡中心学校	小学	284	33	—
56	彭阳县城阳乡中心学校	小学	204	33	—

续表 23

序号	机构名称	办学类型	在校(园)人数	教职工人数	备注(小学附设班)
57	彭阳县城阳乡沟圈教学点	小学教学点	53	10	—
58	彭阳县城阳乡韩寨教学点	小学教学点	6	5	—
59	彭阳县城阳乡涝池教学点	小学教学点	25	8	—
60	彭阳县城阳乡刘河教学点	小学教学点	11	6	—
61	彭阳县城阳乡杨坪教学点	小学教学点	28	7	—
62	彭阳县城阳乡杨塬教学点	小学教学点	8	5	—
63	彭阳县城阳乡长城教学点	小学教学点	56	9	—
64	彭阳县冯庄乡中心学校	小学	37	9	—
65	彭阳县冯庄乡小园教学点	小学教学点	4	3	—
66	彭阳县古城镇中心学校	小学	654	49	—
67	彭阳县古城镇川口教学点	小学教学点	17	8	—
68	彭阳县古城镇第二小学	小学	741	49	—
69	彭阳县古城镇海口教学点	小学教学点	14	8	—
70	彭阳县古城镇乃河小学	小学	68	11	—
71	彭阳县古城镇中川小学	小学	58	9	—
72	彭阳县红河镇中心学校	小学	426	37	—
73	彭阳县红河镇何塬教学点	小学教学点	79	7	—
74	彭阳县红河镇黑牛沟教学点	小学教学点	76	4	—
75	彭阳县红河镇宽坪教学点	小学教学点	65	8	14
76	彭阳县红河镇文沟教学点	小学教学点	44	6	16
77	彭阳县交岔乡中心学校	小学	149	22	—
78	彭阳县交岔乡关口教学点	小学教学点	70	8	—
79	彭阳县罗洼乡中心学校	小学	138	20	—
80	彭阳县孟塬乡中心学校	小学	144	18	—
81	彭阳县孟塬乡草滩教学点	小学教学点	30	4	—
82	彭阳县孟塬乡玉塬教学点	小学教学点	22	4	—
83	彭阳县孟塬乡赵山庄教学点	小学教学点	0	0	—
84	彭阳县王洼镇中心学校	小学	412	40	—
85	彭阳县王洼镇山庄教学点	小学教学点	13	4	—
86	彭阳县王洼镇石岔小学	小学	276	21	—
87	彭阳县王洼镇杨寨教学点	小学教学点	30	6	—
88	彭阳县小岔乡中心学校	小学	45	10	—
89	彭阳县新集乡中心学校	小学	604	45	—
90	彭阳县新集乡白草洼教学点	小学教学点	30	5	11
91	彭阳县新集乡白河教学点	小学教学点	17	2	—
92	彭阳县新集乡大火小学	小学	50	7	—

续表 23

序号	机构名称	办学类型	在校(园)人数	教职工人数	备注（小学附设班）
93	彭阳县新集乡沟口寄宿制小学	小学	232	23	—
94	彭阳县新集乡沟口小学	小学	165	14	—
95	彭阳县新集乡何山教学点	小学教学点	47	6	26
96	彭阳县新集乡峁堡小学	小学	53	7	—
97	彭阳县新集乡上蔡小学	小学	77	8	—
98	彭阳县新集乡上马洼教学点	小学教学点	66	6	—
99	彭阳县新集乡太寺教学点	小学教学点	32	5	13
100	彭阳县新集乡姚河教学点	小学教学点	21	4	—
101	彭阳县新集乡张化小学	小学	126	12	—
102	彭阳县新集乡张湾教学点	小学教学点	8	2	3
103	彭阳县新集乡赵沟教学点	小学教学点	40	5	11
104	彭阳县第二中学	普通初中	1952	162	—
105	彭阳县第四中学	普通初中	1481	132	—
106	彭阳县第五中学	普通初中	1018	87	—
107	彭阳县王洼镇初级中学	九年一贯制	281	48	其中：小学学生 86 人、教师 14 人
108	彭阳县城阳乡初级中学	普通初中	293	39	—
109	彭阳县红河镇初级中学	普通初中	465	45	—
110	彭阳县古城镇初级中学	普通初中	632	64	—
111	彭阳县新集乡初级中学	普通初中	523	56	—
112	彭阳县第一中学	普通高中	2432	216	—
113	彭阳县第三中学	普通高中	1983	171	—
114	彭阳县职业技术学校	职业高中	1123	109	—
小学附设幼儿班			167		—

教师队伍建设

【概况】 2023 年，彭阳县教体系统共有干部职工 3023 人，其中管理人员 24 人（行政 10 人，事业 14 人），在校(园)教职工 2999 人，其中幼儿园 743 人（含民办 29 人）；小学 1141 人，普通初中 619 人，普通高中 387 人，职业高中 109 人，教职工中专任教师 2621 人，其中幼儿园 480 人（含民办 12 人）；小学 1121 人，普通初中 568 人，普通高中 355 人，职业高中 97 人，专任教师中：正高级 3 人，副高级 631 人，中级 1076 人，助理级 609 人，员级 7 人，未定职称 295 人；专任教师中研究生学历 38 人，本科学历 1985 人，专科学历 590 人，高中阶段毕业 8 人。

【县管校聘改革】 2023 年，彭阳县制定《彭阳县中小学教师“县管校聘”2023 年岗位微调办法》，完成中小学教师“县管校聘”2023 年岗位微调工作。2023 年 8 月 7 日，县教体局对县五中新招聘七年级 10 个教学班学科教师采取划转聘用的办法，从县二中、县四中 2 所超编学校划转 27 名学科教师，由县五中按照岗位聘用程序竞聘上岗，签订聘用合同；对缺编学校短缺学科教师由教体局根据缺编学校岗位需求，结合超编学校落聘教师和其他学校申请调整岗位教师学科、年龄等实际情况统一进行推荐，按“县管校聘”双向选择程序参加空岗学校岗位竞聘，共有77名教师参与岗位竞聘，竞聘成功75名，落聘2名，对落聘的2名教师，按照组织调剂程序，安排回原学校任教，岗位微调竞聘教师中从城区聘用到乡村16名，占参与竞聘教师总数的20.8%，选拔聘用到城区高中阶段学校教师5名、中小学24名。

【教师能力提升培训】 2023年，彭阳县教师发展中心注重发挥专兼职教研员和教研员导师作用，依托全县11个集团校，组织开展集团校联合教学、联合教研活动2次，承办“宁夏中小学阅读暨全民阅读现场研讨会”1次，全区各市县700多名教师参加活动，活动被宁夏教育电视台报道。组织全县37名各学科骨干教师开展“送课下乡”活动，送课节次达到98节。聘请自治区教研室专家分学段对全县1711名中青年教师进行新课标培训，组织全县教学管理人员赴福建跟岗实践提高培训2批次60人，组织中青年优秀教师参加区、市级新高考改革研修培训39个项目169人次，国培项目185人次，全县所有教职工均参加教师研修网举办的寒、暑假集中研修项目和师德师风研修项目。县教师发展中心举办全县教师教学专业能力竞赛，全县127名教师参加“课堂模拟教学”“三字一画”基本功竞赛，共评选出一等奖39名、二等奖51名。

【“彭阳教育之窗骨干教师谈教学”栏目】 2023年，“彭阳教育之窗——骨干教师谈教学”系列访谈节目共播出21期，有21名骨干教师和优秀教师参与节目录制。为深入推进主题教育开展，2023年12月18—19日，教体局组织选树的21名“教书育人楷模”和“师德标兵”分组在县一中、县三中、王洼镇中心学校、古城镇中心学校、红河镇初级中学、城阳乡初级中学开展“立师德 正师风 树师表 铸师魂”暨“学习身边榜样”宣讲活动6场次，1400余名教师参加。

（刘娜娜）

基础教育

【概况】 2023年，彭阳县实有学生学校111所（其中，普通高中2所、职业中学1所、初级中学8所，小学60所、幼儿园40所）、教职工2904名（在编2403人、县聘幼儿教师501人）、在校学生29163名（学前幼儿4509人、小学12557人、初中6559人、普通高中4415人、职业中学1123人）。2023—2024学年度，学前三年毛入园率93.14%，小学六年巩固率95.36%，初中三年巩固率99.02%，高中阶段毛入学率94.7%。

【学前教育】 2023年，彭阳县有幼儿园40所，县聘幼儿教师501人，在校学生4509人。落实“十四五”学前教育发展提升行动计划，完成县四幼转公办工作，增加公办学前教育资源9班型270学位，全县普惠性幼儿园覆盖率100%。开展城镇小区配套园治理“回头看”，巩固治理成果。完成县幼儿园区级示范园复验工作，在县第三幼儿园开展“郑福明名师工作室”区域联片教研活动，在全社会营造尊重、支持学前教育发展的良好氛围。按照价格管理权限和成本核定调整幼儿园保教费标准。实施幼小衔接攻坚行动，全面落实《幼儿园入学准备教育指导要点》《小学入学适应教育指导要点》，成立彭阳县学前教育专家指导委员会，持续规范幼儿园办园行为，做好双向衔接、系统推进、规范管理，加快推进学前教育普及普惠发展。

【义务教育】 2023年，彭阳县有小学60所，在校学生12557人；初级中学8所，在校学生6559人。实施薄弱环节改善与能力提升项目，持续推进义务教育学校标准化建设，完成白阳镇中心学校迁建并顺利招生，新建县五中，有序增加城镇学位供给，有效解决县城初级中学“大校额”“大班额”问题；全面落实免试就近入学全覆盖，严格规范学籍管理，保障随迁子女就学。城区3所初级中学、乡镇30所村级小学实现义务教育优质均衡，全县中小学教育优质均衡率75%。出台《彭阳县乡村相对集中办学改革试点工作实施方案》，稳妥有序推进小规模学校整合。深化集团化办学模式，重新调整组建12个教育集团校，有效推动各中小学校城乡一体化发展。加强义务教育优质均衡发展档案资料建设，组织人员赴盐池县观摩学习义务教育优质均衡发展档案建设工作，开展县、校两级档案建设工作专项督导调研，邀请自治区督学张玉平作义务教育优质均衡发展指标体系解读暨档案建设工作专题培训，召开2023年义务教育优质均衡发展工作推进会。

【高中教育】 2023年，彭阳县普通高中2所、职业中学1所，在校学生普通高中4415人、职业中学1123人。出台《彭阳县“十四五”普通高中发展提升行动工作方案》，积极稳妥推进彭阳县高考综合改革，切实做好基础条件保障工作。加强基础设施建设，新建改扩建普通高中校舍面积8300平方米，增加选课走班普通教室数量，满足新高考综合改革要求。加大县域普通高中同厅直属等县外优质学校开展跨区域联合办学力度，做好厦门大学附属实验中学帮扶彭阳一中、宁夏银川一中对口帮扶彭阳三中工作，实现县中托管帮扶全覆盖。巩固提升普通高中消除大班额工作成果。全面推进普通高中开展多样化特色办学试点，大力支持彭阳一中打造科技创新高中特色学校、彭阳三中打造体育和艺术高中特色学校。2023年高考本科上线人数1230人（一本385人），一本上线率15.43%，居全市前列。

【民办教育】 2023年，彭阳县有校外培训机构22家，其中文化艺术类14家、体育类8家。22家培训机构全部纳入全国校外培训机构监管平台管理，县教体局制定并印发《彭阳县2023年寒假开展校外培训机构综合治理工作实施方案》《关于加强校外培训机构预收费监管工作的通知》《彭阳县开展校外违规培训整治攻坚行动实施方案》《彭阳县2023年暑期校外培训治理工作实施方案》《彭阳县校外培训治理安全风险隐患防范工作实施方案》等文件，进一步明确治理目标和任务；部门联合开展日查、夜查10余次，出动60余人次排查问题隐患33条，下达整改通知书21份，督办整改问题33条；查处违规开办学科类培训班2个，遣散学生40人，退费1650元；查处隐形变异学科培训机构1家，责令停止办学，下达限期整改通知书，遣散学生6人并现场退费，约谈机构负责人，督促指导规范办学行为。

【特殊教育】 2023年，彭阳县出台《彭阳县“十四五”特殊教育发展提升行动实施方案》，挂牌成立“彭阳县特殊教育资源中心”，切实做好轻度残疾学生随班就读和重度残疾学生送教上门工作，全县残疾儿童入学率98.1%。

（刘娜娜）

合作办学

【概况】 2023年，县域学校同银川一中、北京师范大学银川学校、银川市二十一小等县外优质学校开展全方位合作办学，形成以强带弱、资源共享、共同发展的良好格局，助力县域学校办学层次和质量提升。深化闽宁协作，厦门大学附属中学、集美区职业技术学校、杏南中学、集美小学、集美幼儿园，翔安区实验学校、舫山小学等10所学校同县一中、职业技术学校、新集乡中心学校、古城幼儿园等学校开展托管帮扶和“一对一”结对帮扶，常态化开展跟岗学习、送教送培、文化交流等活动，切实推动彭阳教育高质量发展。

【县一中、县三中与银川一中合作办学】 2023年3—6月，分别在县一中、西吉四中、平罗中学和宁夏银川一中开展4次“宁夏银川一中合作发展共同体教学交流活动”。宁夏银川一中定期推送高三年级月考、模拟试题，进行试卷分析及命题指导，并指导制定和完善新高考、新课程、新评价制度改革方案。

【县一中与厦门大学及附属实验中学托管帮扶办学】 2023年，厦门大学附属实验中学副校长江振武一行4人到彭阳县第一中学开展教育教学交流活动，召开座谈交流会6场，举办专题讲座2场，听评课4节。厦门大学第24届研究生支教团“这条小鱼在乎”助学金发放仪式在彭阳县第一中学举行，发放助学资金14.42万元，资助学生282人；捐助生活用品、学习用品、体育用品等合计金额约6万元，捐赠物资5100包。两校举行“青蓝工程”师徒结对签约仪式，32对师徒结对培养。厦门大学第25届研究生支教团彭阳分队赖伟航、袁婷、冯晓慧、吴璐峰4人赴彭阳一中开展为期一年的支教工作，支教期间，参与建设的彭阳一中“青蓝学吧”青年理论学习小组获评2023年度宁夏回族自治区青年理论学习“标杆小组”，筹建彭阳一中“声声慢”校园广播站，开展《南强名师云讲堂》3期。同时，厦门大学物理科学与技术学院天文学系教授开设“黑洞——思想照进现实”天文知识科普讲座。

【县一小与银川二十一小合作办学】 2023年3月，彭阳县第一小学分2批组织8人赴银川市二十一小学跟岗学习，深入领会名校的先进教育理念、方法、策略。银川市二十一小学到彭阳县第一小学开展“名校引领促发展”送教活动1次。彭阳县第一小学参加银川市二十一小线上教研活动4次，涵盖道德与法治、语文、数学、英语等多个学科，参与听评课20余节。

【县四小与银川二十一小湖畔分校合作办学】 2023年，双方在班主任管理经验交流、教学研究等多方面进行相互赋能，重点开展送教送研、跟岗学习活动。湖畔小学于4月、10月送课、送讲座2次，并派教师进行线下教学交流。县四小选派优秀教师赴湖畔小学跟岗学习，不断更新课堂教学观念。两校多次开展线上观课议课、联盟大教研等活动，为学校的可持续发展打下坚实基础。

（刘娜娜）

职业教育和成人教育

【概况】 2023年，彭阳县职业技术学校占地12.4万平方米（其中悦龙校区占地6万平方米，富阳校区占地4.4万平方米，周沟校内实训基地占地2万平方米），建筑面积5.38万平方米。2023年有20个教学班，在校学生1137人，教职工123人（其中在编教师104人，学校自主招聘19人）。学校建有计算机类、3D打印、VR教室、智能温室等40个实训教室及心理健康教育室、校园电视台等功能室，图书馆藏书10万余册。开设农林牧渔、电子与信息、旅游类等七大类11个专业，为自治区“1+*X*”证书试点学校。

【产教融合校企合作】 2023年，彭阳县职业技术学校与银川宝什利德酒店、宁南数字产业园、宁夏朗星科技有限公司等企业签订合作协议，组织开展资深工程师为顶岗实习学生授课与实训指导、专业教师入企跟岗学习等。县职业技术学校先后组织32名酒店服务与管理专业学生到银川宝什利德酒店开展顶岗实习、69名学生到宁南数字产业园开展顶岗实习工作；与宁夏朗星科技有限公司就太阳能智慧灯光、校园健康照明、智慧农业装备的产业方向等广泛开展合作。针对县域内及周边县区各行各业人员开展各类实用技术培训，增强职业教育服务县域发展能力。

【职业教育改革】 2023年，彭阳县制定《彭阳县推动现代职业教育高质量发展工作实施方案》《彭阳县贯彻落实自治区人民政府〈深化产教融合推进职业教育改革发展实施方案〉重点任务及分工方案》并对标落实。紧扣彭阳县产业发展需求，利用县四中闲置校舍建设职业教育实训基地，改造完成实训教室5间、宿舍44间。

【成人教育】 2023年，彭阳县依托县职业技术学校设立职业技能培训中心，针对县域内未就业大中专应届毕业生、退役军人、返乡务工和创业人员以及周边县区未就业人员开展技能培训，内容涉及电子电工实用技能、焊接实用技能与汽车综合服务、设施农业实用技能和电商实用技能、非遗文化传承（麦秆画、陶艺、刺绣、手链编制等）。2023年，开设全县校园急诊急救培训班5期740人，与宁夏朗星科技股份有限公司联合开展电子电工培训1期48人，举办乡村医生提升班4期160人，开展新兵入伍前期集中培训，全县高质量发展肉牛养殖、林果栽培技术培训60人。

（刘娜娜）

文 化

Culture

公共文化

【概况】 2023年，彭阳县印发《彭阳县2023年广场文化活动方案》，开展“我们的节日”元宵节、端午节、中秋节、重阳节等系列文化活动20场次，主题社教活动20场次，举办“庆新春　闹元宵”灯光秀表演、文艺晚会、秦腔展演等系列文化活动64场次；组织开展第二届红梅杏开园节、第五届梯田节文艺晚会；开展“铸牢中华民族共同体意识”广场舞大赛；充分发挥图书馆数字资源优势，相继开展“4·23”世界读书日系列活动、“我们的节日·精神的家园”元宵节灯谜等阅读推广活动39场次、录制《全民阅读　书香彭阳——我是朗读者》电视栏目29期，“诗意彭阳　多彩梯田”全国书画作品邀请展擦亮“最美旱作梯田”底色。

【文化阵地建设】 2023年，彭阳县提升标准化乡镇综合文化站2个（红河镇文化站、新集乡文化站）、城乡文化惠民示范点5个(古城镇高庄村、城阳乡刘河村、城阳村、韩寨村、杨坪村)。投入49万元，建成图书馆残障人士阅览室、休闲阅读区、老年人阅读室；完成公共图书馆第七次评估专家组实地初评；积极争取资金300万余元，实施智慧图书馆建设项目，安装图书馆瀑布流、自助借阅机、3D智能排架标、互动式体验机、朗读亭等设施设备，更新移动图书馆数字资源，建成茹河街社区东昂明月台城市书房；积极争取宋庆龄基金会中海油基金会100万元援建项目，建成数字国学馆。

【“阅享新时代 共筑书香彭阳”送书进移民村活动】 2023年8月，彭阳县图书馆在22个移民村（社区）开展“阅享新时代　共筑书香彭阳”送书进移民村活动，送去包括政治理论类、法律法规类、历史文化、人物传记等与村民密切相关的各类书籍1100余册，打通村民阅读的“最后一公里”赠书活动。

2023年4月23日，彭阳县举办2023年“阅享新时代　共筑书香彭阳”阅读推广暨“4·23”世界读书日阅读分享会　　（县文广局 提供）

【绘本阅读推广活动】 2023年，彭阳县图书馆开展3次“春风小书桌·共读一小时”绘本阅读活动，100人次参与，通过绘本阅读，培养小朋友们阅读的兴趣，让阅读成为一种习惯，并增强小朋友们的创造力和想象力，增加趣味性和参与感。

【线上好书推荐】 2023年，彭阳县图书馆发布线上好书推荐258期，内容涵盖文学经典、名家著作、历史小说等，浏览量3000余人次，发布红色故事会88期，内容涵盖强军伟业、保家卫国等专题，浏览量1000余人次。

【博物馆日活动】 2023年，“5·18”国际博物馆日期间，彭阳县博物馆以“不到长城非好汉——中央红军过宁夏”为主题，送展览进校园、进社区、进军营、进乡村，拉近博物馆与群众的距离。在城阳乡长城塬村，面向广大群众发放《中华人民共和国文物保护法》《长城保护条例》等各类宣传资料和宣传品1000余份。以“传承弘扬长城文化 打造保护利用典范”为题，举办签名征集活动，组织干部对战国秦长城沿线标志碑进行清污保洁行动，使文保单位(点)标志碑更加洁净、醒目。

(朱亮亮)

群众文化

【概况】 2023年，彭阳县开展“戏曲进乡村”惠民文艺演出72场次、“送戏下乡”惠民文艺演出30场次、“我们的中国梦——文化进万家”彭阳县学习宣传贯彻党的二十大精神暨文化 科技 卫生“三下乡”文艺会演2场次、“阅享新时代 共筑书香彭阳”全民阅读服务活动进移民村(社区)活动17场次、“新时代文艺轻骑兵”志愿服务进社区暨“文明素养提升”系列宣传活动38场次、文化志愿者进社区、进乡村志愿服务活动20场次，活动参与人数2万余人次。

【“迎国庆 度中秋”秦腔展演活动】 2023年9月26日至10月7日，由县委、县人政府主办，县委宣传部、县文化旅游广电局、教育体育局承办的“我们的节日 精神的家园”彭阳县2023年“迎国庆 度中秋”秦腔展演活动在彭阳县体育场精彩上演，此次展演，剧目丰富、阵容强大、行当齐全，邀请西安三意社共演出12天、21场次，《忠保国》《下河东》《周仁回府》《杨门女将》《狸猫换太子》《铡美案》《金沙滩》《龙凤呈祥》等众多经典秦腔剧目吸引了大量的戏迷朋友观看，线下观看群众6.3万人，线上观看群众26万人次。

【“庆新春 闹元宵”秦腔展演活动】 2023年2月6—13日，彭阳县举办2023年“庆新春 闹元宵”秦腔展演活动16场次，邀请优秀秦腔演艺团体三意社演出秦腔传统剧目(本戏、折子戏)和现代剧目，丰富广大群众尤其是老年群体精神文化生活，线上参与21万人次。

【“迎新春 写春联 送福字 挂灯笼”文化活动】 2023年1月6—18日，彭阳县举办2023年“迎新春 写春联 送福字 挂灯笼”文化活动3场次，参与人数2000人次。

【“庆新春 闹元宵”社火表演活动】 2023年1月29日至2月5日，彭阳县举办2023年“庆新春 闹元宵”社火表演活动，参与人数3万人次。

(朱亮亮)

2023年2月16日，为期十天的彭阳县2023年“庆新春 闹元宵”秦腔展演活动落下帷幕，圆满收官 (县文广局 提供)

文化遗产保护

【文物定级】 2023年，县博物馆积极配合自治区文物局开展文物定级试点工作，全面完成博物馆馆藏文物定级工作，确定馆藏一级文物31件、二级文物114组116件、三级文物438件(组)838件。

【非物质文化遗产宣传】 2023年，彭阳建茹剪纸、刺绣保护传承基地成功申报第八批自治区级非物质文化遗产保护传承基地，地椒茶、方棋等17个非遗项目入选第二批县级非物质文化遗产代表性项目名单，非遗传承人刘茹、瓮国胜获评自治区级乡村工匠名师，推荐彭阳剪纸、麦秆画制作技艺等5个非遗项目申报第七批自治区级非遗项目。举办“非遗过大年　文化进万家”系列文化活动；开展“非遗进校园”“非遗进社区”等非遗培训活动9场次、癸卯兔年生肖文物展览活动5期；组织非遗传承人参加宁夏刺绣传承人群培训班、乡村文化传承人才培训班及花儿传承人爱好者培训班及宁夏刺绣作品创意大赛。

【姚河塬遗址考古发掘】 2023年，发掘宫殿建筑基址区域，面积800平方米，该区域位于铸铜作坊区西南侧，城墙东侧。揭露出房址3间，其中一间房址经过清理，墙体夯筑坚硬，东北角发现一长方形夯土台，东西墙各有一壁柱，地面有踩踏痕迹。房址的西南侧发现规模较大的灰坑1座，为一处地坑院式房屋，南侧有坡状出入口。已发现地面式房屋2座、窑洞式房屋1座，生土坑3处，从其建筑布局上看，其北部应为生活居住区域，南部为生产或生活设施。出土遗物包括铜器、卜骨、卜甲、石刀、骨器、鹿角、蚌片及大量生活类陶器残片，另有牛、羊、猪、鹿等动物骨骼。

（朱亮亮）

新闻媒体

【概况】 2023年，彭阳县融媒体中心紧紧围绕全县中心工作和重大节庆主题活动，开展有计划、有重点、有深度、有温度的新闻宣传报道。开设《二十大精神在基层》《项目建设正当时》《大学习大讨论大宣传大实践》《闽宁协作话情深》《奋斗正当时》《美丽彭阳建设者》《铸牢中华民族共同体意识》《开展移风易俗　破除陈规陋习》等栏目13个，推送信息400余条；全年共采写时政、民生和专题新闻报道1255条，其中上传宁夏电视台新闻98条，采纳23条；上传固原电视台290条，采纳50条。

【广播电视】 2023年，县融媒体中心共采写时政、民生和专题新闻报道1255条。积极与中央、区市主流媒体对接，加大外宣力度，提升媒体形象，111条新闻稿件被央媒、区、市级媒体平台刊播，其中省级以上媒体用稿4篇，“学习强国”学习平台用稿82篇，被宁夏广播电视台评为稿件上传先进集体，荣获“优秀通讯员单位”称号。拍摄的小视频《宁夏彭阳五中百名学子阵型变换展风采》报道被中国日报网平台转发，“彭阳融媒”视频号发布的《宁夏彭阳：旱作梯田六月美》稿件被新华社客户端转发，《银昆高速宁夏段任湾茹河特大桥顺利合龙》被央视采用播发，《让出行更便捷　宁夏彭阳开通至甘肃庆阳高铁站定制客运班线》被中国新闻网采用。

【新媒体宣传】 2023年，县融媒体中心强化短视频宣传效应，通过差异化、个性化定位，不断创新思路做好精品短视频，“彭阳融媒”抖音号、快手号和视频号全年制作发布短视频722条，总点击量超过500万人次。做强新媒体微信公众号，“彭阳发布”公众号共发布信息320条，点击量64万人次；“彭阳融媒”公众号共发布信息1342条，点击量125万人次；“彭阳新闻”公众号共发布信息2481条，点击量280万人次。做好直播，扩大宣传面，利用“彭阳融媒”抖音、快手平台，开展助农公益直播带货20余场次；参与全国和美乡村篮球大赛直播15场次，累计观看人数达2万人次；开展直播彭阳2023年“迎国庆　度中秋”秦腔展演活动21场次，累计观看人数达5.5万人。全年累计直播80场次，在线观看达20余万人次。

【农村电影放映】 2023年，县融媒体中心组织16名放映员成立电影放映队，深入各乡镇、各移民点开展电影放映工作，丰富群众的文化生活。完成2023年度自治区下放彭阳县农村电影放映任务2142场，完成率100%，观影达19万余人次。

【专题专栏设置】 2023年，县融媒体中心紧紧围绕全县中心工作和重大节庆主题活动，开展有计划、有重点、有深度、有温度的新闻宣传报道，开设《二十大精神在基层》《项目建设正当时》《大学习大讨论大宣传大实践》《闽宁协作话情深》《奋斗正当时》等栏目13个，推送信息400余条；录制《全民阅读 书香彭阳 我是朗读者》《教育之窗之骨干教师谈教学》《每日学法》等栏目6个，播出200余期。

【广电事业】 2023年，县融媒体中心围绕中心大局，做好各项重点工作。常态化开展创城志愿服务活动60余次，400余人次参与，发放各类宣传资料900余份；组织干部职工参加国家、区、市等各级业务行政主管部门组织的线上业务培训80人次，赴浙江、福建等地参与业务骨干培训6人次，参与全区马克思主义新闻观培训11场次，坚持每季度举行新闻业务能力提升培训班，积极与高等院校合作，建立实习培训基地，引进厦门广播电视集团专业技术人才1名，汲取先进经验，实现山海相融；确保广播电视和网络视听节目安全播出，开展网络安全及播出安全教育培训6次、安全播出应急演练4次，严格落实领导带班和24小时轮班值守制度，定期维护播出设备，对网络安全设备及播出设备定期进行隐患排查。

（袁荣荣）

档案管理

【概况】 2023年，彭阳县档案馆馆藏纸质档案22714卷、231210件（其中，文书档案20317卷34548件、清代契约档案7卷、民国档案4卷、人事档案143卷、第二次污染源普查档案622件、医保档案21691件、退耕还林档案580卷、农村土地确权档案92389件，婚姻档案24717件、脱贫攻坚档案95卷24209件、不动产登记档案32626件、移民档案1097卷、会计档案98卷、科技档案373卷408件），实物档案232件。

【档案业务】 2023年，县档案馆督促各单位对2023年以前的文件材料及时进行整理，同时指派业务人员对政府办、水务局、文广局等10多个部门单位的文书档案、科技档案等进行检查指导，归集整理和验收移交进馆工作进一步规范，确保机关档案资源的完整与安全。依据《重大建设项目档案验收办法》，参与全县重大建设项目档案的指导、监督、检查和验收工作，共验收道路交通、小流域治理等重大建设项目档案18个。

【档案接收】 2023年，彭阳县强化档案资源体系建设再完善，做到“应收尽收、应归尽归”。接收不动产登记档案32626件，彭阳县“十二五”生态及劳务移民档案1097卷，新冠疫情防控档案6791件，脱贫攻坚档案16597件，顺利完成“两类档案”归集攻坚，馆藏纸质档案较上年增长17%。

【档案利用】 2023年，彭阳县完成6159条开放目录鉴定，最大限度地满足各方面的利用需求。接待档案利用者400多人次，调阅档案1500多卷次，给利用者复印档案资料300多份，为涉及职工群众切实利益的工龄、劳动调配、职务职称、婚姻纠纷、个人荣誉、工作查考等提供原始有效凭证。

【档案数字化】 2023年，彭阳县完成查阅利用率较高的婚姻档案、县委办和政府办2个全宗文书档案301800页数字化扫描，馆藏档案数字化率16.27%。

【依法治档】 2023年，彭阳县在“6·9”国际档案日组织开展以“奋进新征程·兰台谱新篇”为主题的宣传活动，摆放档案宣传展板6个，悬挂横幅5条，发放宣传资料900余份、宣传品1000余份。县档案局、档案馆联合县体育中心、县乒乓球协会、县青年体育协会，举办彭阳县首届唐人“兰台杯”乒乓球比赛，使广大群众进一步了解档案和档案工作，形成知悉档案法、遵守档案法、运用档案法的良好氛围。全年开展档案执法检查1次，对12个行政、事业单位和1个档案外包服务公司进行执

2023年6月9日，彭阳县举办庆祝第十六个“6·9”国际档案日宣传活动
（高玉铎 摄）

法检查。

【档案安全】 2023年，彭阳县严格按照《中华人民共和国档案法》和《机关档案管理规定》等规章制度开展工作，落实人防、物防、技防措施。深刻汲取“6·21”银川烧烤店爆炸事故经验教训，组织档案干部认真学习安全生产“1+37+8”系列文件，对档案馆库房电线路、地暖、下水管道、消防设施等进行全方位安全隐患排查，重新充装两具欠压七氟丙烷灭火装置，更换消防应急灯33个，完善灭火器和消防栓检查记录，维修有故障门窗。

（高玉铎）

地方志

【方志编纂】 2023年，彭阳县委史志研究室主持编纂并出版《彭阳县扶贫志》、《彭阳年鉴（2023）》、《彭阳当代文献资料选辑（第一辑）》（1949—1954）、《彭阳当代文献资料选辑（第二辑）》（1955—1956）、《彭阳史志》总第63、64、65、66期；主持编纂《古城记忆》《宁夏村志丛书·杨坪村志》《彭阳建县40年大事记》；参与编纂《固原通史》《革命老区巡礼·宁夏篇》；指导编纂《彭阳县文化旅游广电志》《彭阳生态建设40年》；挖掘整理彭阳县49处彭阳县革命旧址遗址资料和东山文化考证。

【方志宣传】 2023年，彭阳县开展史志书籍进部门（单位）、进村组（社区）、进校园、进企业、进军营“五进”活动和“5·18”地方志宣传日活动。县委史志研究室参与建县40年系列活动筹备工作，准备相关文稿、提供历史图片资料以及领导干部名录等。先后向宁夏社科院、甘肃省镇原县图书馆、四川省泸州市地方志工作办公室、各部门、各乡镇赠送《彭阳县志》《彭阳年鉴》《彭阳史志》《彭阳史地文集》等志鉴书籍近3000本（套），总价值8万余元。

（李青杨）

图书销售

【教材教辅征订】 2023年，彭阳县征订发行中小学教材609912册，码洋509.58万元；中小学教辅858615册，码洋400.81万元。

【一般图书销售】 2023年，彭阳县围绕图书卖场形象、营销、服务提档升级，从日常业务细节、陈列标准入手，重点解决“坐等读者进店、服务读者意识不强、业务流程不精”三个问题。全年实现一般图书销售68.74万元。

（李 东）

文化市场管理

【文化市场执法检查】 2023年，彭阳县累计出动执法人员2315人次，加强对网吧、娱乐场所、校外培训机构等的日常检查巡查，处理日常投诉举报4次，立案处罚3起案件。县文广局联合公安、扫黄打非、教体、市监、消防等部门对歌舞娱乐场所等重点领域联合执法检查17次178人次，检查文旅企业138家次。

【校外培训机构专项检查】 2023年，彭阳县开展文化艺术类校外培训机构违规收费“卷钱跑路”、教育领域侵害群众利益不正之风和出版物市场专项整治工作，充分发挥“扫黄打非”主力军作用，打响“护苗”品牌，校外培训机构教学秩序不断规范，出版物市场持续净化。

（朱亮亮）

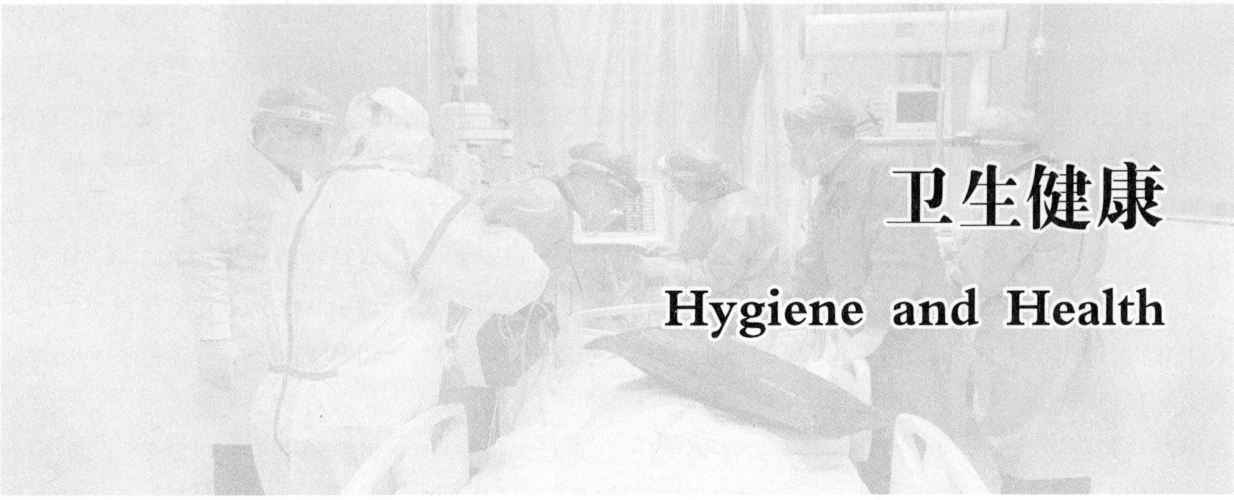

卫生健康

Hygiene and Health

综　述

【概况】 2023年，彭阳县有卫生健康系统正式在编人员656人，核定编制床位数800张，编外控制数426人，每千人常住人口拥有床位数4.96张、执业（助理）医师2.66人、注册护士3.19人，2023年人均预期寿命达岁，婴儿死亡率2.03‰，5岁以下儿童死亡率4.07‰，孕产妇连续5年零死亡。

【公立医院综合改革】 2023年，彭阳县持续推进医共体“五统一”管理，着重在人才培养、业务管理和信息化建设上加大力度。人才培养由县医疗健康总院牵头，扎实开展基层医疗与公共卫生供给质量提升年活动，采取“集中培训—跟班轮训—下沉指导”培养模式，推进乡村医生熟练掌握6项中医适宜技术和急诊急救等农村常见病诊疗技术。实施领军人才、紧缺人才、复合型人才培养计划，借助闽宁、京宁合作项目，积极搭建平台，巧于“借力”，精于“借势”，全力提升医疗水平，引进专家团队30批次65人次，培养急诊、针灸、心内等业务骨干62名。借助“紧缺人才”“基层之星”“中长期访学”等人才培养项目，选派70名专业技术人员到区内外三甲医院参加培训，县域内医疗服务质量得到明显提升。业务管理上，与健康总院牵头成立集中消毒供应中心，提升全县医用物品消毒灭菌质量，解决基层消毒不规范困扰。成立交叉考核组，对全县基层医疗机构每季度的医疗与公共卫生工作开展情况考核评价，以评促提升。信息建设上制定《彭阳县远程诊疗服务实施方案（试行）》，建成全民健康信息化县乡村一体化区域信息平台，完成医疗健康信息专网100%覆盖，建成全县“远程影像诊断中心”“远程心电诊断中心”和“远程超声诊断中心”，全年累计开展远程影像诊断15087例，心电9792例、彩超3267例，初步实现医疗保险、签约服务、分级诊疗等信息互联互通。借助闽宁资金80万元购买2000台AI智能血糖仪监测糖尿病患者的血糖水平，监测数据实时上传数据终端，家庭医生签约服务团队根据患者血糖水平进行指导建议。

（席　丽）

【全民健康水平提升行动】 2023年，彭阳县组织开展健康知识“六进”宣讲活动和“三减三健”活动，线上通过电视台开设卫生健康专栏，每日播放健康公益广告，并创建“彭阳妇幼儿保”微信视频号，开展短视频健康科普宣传。全年举办各类健康宣讲活动702场次，累计发放“小三件”6018套，发放宣传册、宣传用品6万余件，播放健康公益广告120条，创建微视频 200 期，点击量超过 14 万人次。以“健康细胞”创建为抓手，进一步构建健康新生态，累计指导验收健康细胞 146 个（户），其中健康乡镇 3 个、健康社区（村）12 个、健康机关（单位）6 个、健康学校 3 个、健康企业 2 家、健康家庭 120 户，通过示范带动，使“每个人是自己健康第一责任人”的意识深入人心，逐步成为全民共识。创建无烟党政机关 72 家，创建率 100%，设置戒烟门诊 2 家，为 200 余名烟民提供了戒烟服务。以友谊街、富阳路、茹河街社区为全县试点，组建“2+N”社区戒烟服务团队 3 个、“3+1” 专业戒烟服务团队 3 个、戒烟心理干预服务团队 3 个，打造社区控烟工作站、戒烟咨询点和心理干预辅导室，扎实推进社区戒烟综合干预。

（刘文静）

疾病预防控制

【疾病监测】 2023 年，彭阳县实施心血管病高危人群早期筛查与综合干预项目，共完成初（复）筛对象 1145 人，共筛查出高危对象 517 人，对 505 例高危对象进行了高危干预，项目工作正在有序进行。全县无甲类传染病报告，乙、丙类传染病报告 12 种 2164 例，报告发病率为 1348.19/10 万。冬春季捕获鼠 206 只，平均鼠密度 1.5%，53 份鼠血阳性，153 份鼠血阴性；鼠肺全阴性。全县粗死亡报告率 7.45‰；上报肿瘤 823 例，肿瘤完成率 70.77%。全年报告食源性疾病 404 例。辖区农药中毒 17 例。报告疑似职业病噪声聋 3 例；报告职业病煤工尘肺 3 例，职业性噪声聋 3 例。全县 17 家医疗机构均从事放射诊疗工作，12 家办理放射诊疗许可证，有 13 家医疗机构已完成年度放射工作人员体检。消毒质量计划监测医疗机构数为 6 家，实际完成监测 6 家。检验科完成居民水氟检测 8 份，艾滋病筛查 200 余份，居民尿碘采样 300 份，居民盐碘采样 300 份，完成 17111 份布病血液标本检测，初检阳性 128 份，包虫病 84 份血清抗体检测，无阳性血清。1645 份犬粪棘球蚴绦虫抗原检测，检测出 2 份阳性犬粪。

（韩志瑞）

【慢性病防治】 2023 年，彭阳县 65 岁及以上常住老年人目标数为 20414 人，实际在册管理老年人 19357 人。规范管理高血压人数为 10276 人，规范管理率 82.86%。规范管理糖尿病数为 2522 人，规范管理率 83.62%。在册精神障碍患者 813 例，规范管理率 98.65%。建立居民电子健康档案 159834 份，建档率 99.28%。

【传染病防治】 2023 年，彭阳县管理 85 例肺结核患者，其中病原学阳性 30 例、病原学阴性 51 例、无病原学结果 4 例。管理艾滋病/HIV 感染者 23 例。HIV 自愿检测 220 例。常规冷链运转 12 次，报告接种率均在 97%以上。管理包虫病病人 8 例，管理率 100%。驱虫家犬 4690 只犬，驱虫率 99.96%。全年采集犬粪 1646 份，犬粪检测均为阴性。实施春、秋两季病媒生物消杀工作，总受益人口 8 万人左右。县卫健局和县融媒体对接，签订每月 2 次的

2023 年 4 月 12 日，彭阳县疾控中心开展春季病媒生物消杀工作

（杨丽媛 摄）

电视专题宣传播放和每月不少于1次的专题报道宣传。制作宣传栏12期，举办12场次健康知识讲座、9场次健康咨询等活动，与社区、学校、企事业单位合作开展健康教育活动，覆盖人群21882人。开展健康咨询15079人。

（韩志瑞）

公共卫生

【概况】 2023年，是推进新阶段疾控体系改革发展、迎接国家卫生县第三轮复审的关键之年。全县公共卫生工作以家庭医生签约服务为抓手，推进医防融合探索发展，狠抓重点人群健康管理。累计完成老年人、四类慢病等重点人群健康体检30086人次，体检率95.60%，其中检出患病人群2211人次，并给予干预意见建议及指导合理就诊。累计管理高血压患者12235人，糖尿病患者2967人，严重精神障碍患者811人，肺结核患者81人，规范管理率均在90%以上。建立重点慢性传染病和地方病台账，现管布鲁氏菌病209例，包虫病6例，艾滋病23例，饮水型氟骨症44例，每季度至少面对面随访一次。累计开展儿童青少年视力筛查48018人，其中近视28444人，近视率59.24%，免费配镜1356副，并开展视力健康宣教5场次。积极落实妇幼健康行动项目，累计完成新生儿遗传代谢性疾病筛查802人，筛查率101.65%；新生儿听力筛查793人，筛查率100.51%；耳聋基因筛查801人，筛查率101.52%；农村适龄妇女“两癌”筛查7206人。

【基本公共卫生服务】 2023年，彭阳县基本公共卫生服务12类52项任务全面落实，65岁以上老年人健康管理15934人，老年人健康管理率为78.05%，老年人城乡社区规范健康管理服务任务完成率为105.44%；规范管理高血压患者10302例，规范管理率83.07%；血压控制人数10699例，血压控制率86.27%；规范管理糖尿病患者2543例，规范管理率84.32%；血糖控制人数2619例，血糖控制率86.84%；规范管理严重精神障碍患者802例，规范管理率98.65%，社区在册居家严重精神障碍患者健康管理770人，社区在册居家严重精神障碍患者健康管理率为94.71%；全县同期内经上级定点医疗机构确诊并通知基层医疗卫生机构管理的肺结核患者人数85例，已管理83例，肺结核患者管理率97.65%，已完成治疗的结核病患者85人，规律服药85人，规律服药率100%。

（高　丽）

【健康扶贫】 2023年，彭阳县重点监测对象共1803户6536人，入户核实率100%，核准患病1197人，救治率100%。健全防返贫动态监测和帮扶工作，全年预警新确诊大病、重病、重症慢性病患者541人，纳入三类监测对象142人。落实各项医疗保障政策和社会救助、慈善帮扶措施，稳步推进县人民医院王洼分院建设项目和疾控能力提升项目，投资466万元对罗洼乡、城阳乡、孟塬乡和新集卫生院进行维修。9家基层医疗机构设置康复室，完成156家村卫生室星级评定，其中五星级村卫生室26个；四星级村卫生室29个；三星级101个。加强人才培养和引进，公开招聘卫生专业人才17名，安置农村订单定向医学生2名，“乡村医生”基层服务人员8名，柔性引进专家（团队）46批次90人次，带动培养本土人才86人次，开展诊疗活动6654人次，举办专题讲座142场次4054人次。三家县级医疗机构、乡镇、村医先后分别选派70名、65名、47名业务骨干外出研修学习，举办村医能力提升培训班4期，每期安排30人，集中培训学习2个月。加强中医药发展，利用自治区中医药事业传承与创新发展项目资金50万元在古城、红河、新集等6个乡镇10个村卫生室建设中医阁，为61个村卫生室配备火罐、TDP治疗仪（特定电磁波治疗器）等紧缺型中医理疗设备，满足基层中医适宜技术应用需要，进一步提升中医适宜技术推广与应用。组建165个家医签约服务团队签约服务157589人，签约服务率97.88%；完成老年人、四类慢病等重点人群健康体检 27810 人次，体检率 88.51%。开展健康知识“六进”宣讲活动和“三减三健”活动 706 场次，累计发放“小三件”6018 套，发放宣传册、宣传用品 6 万余件，开设健康彭阳科普专栏 11 期，播放健康公益广告 120 条，创建微视频 200 期，点击量超 14 万人次。创建健康细胞 146 个，全县健康素养水平达到 27.10%。

（贾　燕）

【家庭医生签约】 2023 年，彭阳县制定下发《关于做实做好家庭医生签约服务工作的通知》，紧扣《国家基本公共卫生服务规范》和基本医疗服务内容开展服务，一般健康人群健康指导 1—2 次/年，重点人群按照《基本公共卫生服务规范》每年至少服务 4 次。截至年底，全县常住人口签约服务 157589 人(97.88%)；0—6 岁儿童签约服务 9855 人(100%)；65 岁以上老年人签约服务 19195 人(100%)；孕产妇签约服务 1379 人（100%）；高血压签约服务 12076(100%)；糖尿病签约服务 2934 人(100%)；肺结核签约服务 74 例(100%)；严重精神障碍签约服务 815 例(100%)；残疾人、脱贫户、三类监测户、低保五保户签约率均在 90%以上。

（梁树平）

【妇幼卫生健康促进项目】 2023 年，彭阳县产妇数 1466 人，活产数 1475 人；产妇早孕建册 1452 人，早孕建册率 98.44%，产后访视 1430 人，产后访视率 98.31%，孕产妇系统保健管理 1432 人，孕产妇系统管理率 97.08%；新生儿、婴儿、5 岁以下儿童死亡率分别为 0.68‰、2.03‰、4.07‰，7 岁以下儿童保健率 96.52%，新生儿访视率 97.83%，0—6 岁儿童眼保健管理率 96.52%。进一步做实做细妇幼民生实事，完成农村妇女宫颈癌筛查 7206 人，其中：HPV 阳性 1351 人，需做阴道镜 495 人，已做阴道镜 472 人，阴道镜检查率 95.35%。完成乳腺癌筛查 7206 人，其中做钼靶检查 107 人，良性病变 102 人。妇幼健康民生计划项目进展顺利，孕产妇艾滋病、梅毒和乙肝母婴阻断检测 855 人，确诊孕妇梅毒感染阳性 2 人，乙肝表面抗原阳性产妇 10 人，乙肝表面抗原阳性产妇所生新生儿干预率 100%。为 2982 名 6—24 月龄儿童发放营养包，营养包发放率 99.47%。免费孕前优生检查 886 对，目标人群覆盖率 91.62%；婚前医学检查 1821 人，婚检率 92.16%。目标人群叶酸发放 1885 人，服用率 100%。调查叶酸服用依存率 80.37%。

（马莹莹）

健康促进

【卫生城市创建】 2023 年，彭阳县持续巩固国家卫生县创建成果，结合文明城市创建，坚持以巩固提高国家卫生县管理质量和水平为目标，积极构建“以政府一把手负总责，分管领导具体抓，部门通力协作，群众积极参与”的巩卫工作体系，把巩固提升国家卫生县工作和城乡建设同部署、同落实，于 10 月顺利通过“国家卫生

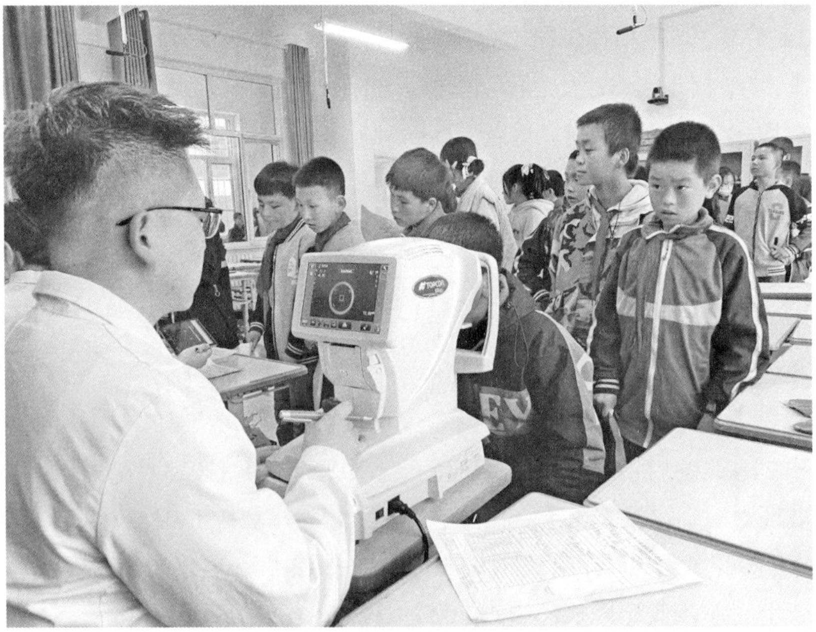

2023 年，彭阳县开展儿童青少年眼保健和视力检查　　（张警予 摄）

县”自治区级现场复审。

【病媒生物预防】 2023年，彭阳县为更好地预防疾病传播，从源头上消灭病媒孳生物，累计组织开展消杀居民小区365栋、政府机关单位10个、学校16所、宾馆酒店3个、污水井盖3600个、医疗机构3个、晨晚健身活动广场5个、医院3个、茹河水域8000平方米、街道绿植28000平方米、公共卫生间29座、垃圾中转站4个、垃圾填埋场1个、垃圾收交点300个、晨晚健身活动广场5个、农贸市场2个、工业园区1个，总受益人口7万人左右。

【爱国卫生运动系列活动】 2023年，彭阳县深入开展爱国卫生运动，通过“线上+线下”，积极组织开展健康知识“六进”宣讲活动和“三减三健”活动706场次，累计发放“小三件”6018套，发放宣传册、宣传用品6万余件，在融媒体中心开设《健康彭阳》科普专栏11期，播放健康公益广告120条，创建微视频200期，点击量超14万人次。各单位充分发挥新媒体平台作用，推送慢性病防治、保健科普、禁烟禁毒等卫生健康方面知识2000余条。借助绿都华府尚街优势，积极打造健康一条街，完成茹河河滩健康主题公园、爱国卫生文化园修缮。组织开展全民健康素养调查，倡导全民健身，累计举办全县社区运动会、万步有约等体育赛事16场次，2.5万余人次参与，2023年彭阳县健康素养水平达27.10%。

（席　丽）

卫生监督

【概况】 2023年，彭阳县依据《2023年全区卫生健康综合监督工作要点》确定的目标任务，从医疗机构依法执业、临床用血、母婴保健、医疗废物管理、院感防控、放射诊疗、实验室生物安全等方面，对193家各类医疗卫生机构进行重点监督检查。扎实推进职业病危害专项治理、二次供水专项整治、公共场所卫生和学校卫生监督检查工作。打击非法行医工作成效显著，对2家未取得医疗机构执业许可证和医师执业证人员擅自开展诊疗活动，给予罚款人民币10.5万元、没收违法所得925.70元的行政处罚。自治区卫生健康委下达“双随机”监督抽查任务9家，完结率100%，完成率100%，完成国家“双随机”监督抽查任务。

（赵金凤）

【医疗废物管理】 2023年，彭阳县医疗机构共产生医疗废物54.74吨，全部交由固原市惠众废弃物综合处理有限公司收集处理，无害化处置率100%。医疗废物暂存间内外安装视频监控，实施24小时视频监控。4家县直医疗卫生机构和12家乡镇卫生院建设完善的医疗污水处理设施设备，2家社区卫生服务中心和12家个体诊所安装医疗污水处理简易设施，所有医疗机构产生的医疗污水全部经第三方检测机构检测，符合环境排放标准达标排放。县级三家医疗机构医疗污水实现在线监测，实时向自治区生态环境厅监管平台上传监测数据，形成闭环管理。

（杨　倩）

【监督检查】 2023年，彭阳县通过开展例会培训、现场带教等方式，加强对卫生监督协管员、信息员的业务知识培训。各乡镇卫生院（社区）制定年度工作计划，建立辖区内监管单位的基础档案，落实巡查登记、协管信息报告制度，并按要求完成卫生协管巡查工作任务。全年卫生监督协管巡查1638户次，巡查覆盖率100%，报告的卫生监督协管事件或线索数1条，信息报告率100%，对报告的线索给予及时处理。

【职业病危害专项治理】 2023年，彭阳县组织卫生监督员对辖区内存在职业病危害因素的用人单位进行监督检查，全年纳入职业病危害因素治理的用人单位26家，从业总人数3636人，接触职业病危害因素人数3127人。24家用人单位进行职业病危害项目申报，并对作业场所职业病危害因素进行定期检测，接触职业病危害因素的劳动者在岗期间职业健康检查率100%、卫生知识培训率100%。

【二次供水专项治理】 2023年，彭阳县集中式供水单位4家，其中市政集中式供水单位1家、农村集中式供水单位3家，二次供水单位3家、现制现售饮用水经营主体2家，配备25台现制现售饮用水供应点。执法人员从供水单位的卫生许可证、涉水产品卫生许可批件、水源卫生防护、供水单位管理制度、管理人员情况、人员健康体检和知识培训、供水设施定期清洗消毒、水质检测公示和报送、视频监控和定期更换水质处理材料等多项内容进行监督检查，针对存在的问题，提出具体的指导意见。4家集中式供水单位对水质日检项目每天在“彭阳智慧人饮”微信公众号上予以公示，接受饮水用户的监督。

【公共场所卫生监督】 2023年，彭阳县组织卫生监督员对辖区内224家公共场所监管单位进行监督检查，从制度管理、人员管理、设备管理、卫生管理等方面进行规范性指导。224家公共场所监管单位均持有有效的卫生许可证，从业人员均办理健康合格证。

（赵金凤）

医政药政管理

【医疗机构行业监管】 2023年，彭阳县卫健局梳理《彭阳县卫生健康局权力清单目录》《彭阳县卫生健康局责任清单》222项。其中：行政许可7项、行政处罚162项、行政强制8项、行政征收1项、行政给付7项、行政检查9项、行政确认6项、行政奖励11项、行政裁决1项、其他类10项。按照高效便民，精简审批材料，压缩办理时限，简单事项即来即办，一般事项审批时限统一控制在法定时限之内，最大限度优化审批流程。全年办理执业医师证89件，护士执业证105件，新注册个体诊所2家，独生子女证18件。乡镇承办、进驻、下放事项办理生育登记1355件（其中一孩725件、二孩423件、三孩207件），独生子女保健费17件，计划生育家庭特别扶助23件，农村部分计划生育家庭奖励扶助473件，计划生育纯女户医疗保险3729件，养老保险2234件，少生快富纯女户提前实施奖励扶助2712件。按照《自治区司法厅关于开展涉及行政复议及国务院取消调整罚款事项的规章和行政规范性文件清理工作的通知》，涉及卫生监督部门4项，均为职业卫生监管；按照《自治区卫生健康委员会关于印发卫生健康领域行政执法包容免罚清单的通知》要求，2023年实施包容免罚共计10件。通过实行包容审慎监管，采取劝导示范、警示告诫等柔性执法方式，将教育提醒和行政处罚贯穿卫生执法全过程，进一步优化营商环境。

【药品采购管理】 2023年，彭阳县开展药品配备使用情况监测分析，年内完成药品编码比对和数据上报，为下一步监测医疗卫生机构药品配备使用情况做好了前期准备工作。编制全县医疗机构《药品使用目录》和《医用耗材使用目录》，梳理全县医疗机构常用目录药品2499品规，临用目录药品123品规；全县医疗机构常用目录耗材1022个品规，临用目录耗材7个品规。完成县管14家基层医疗机构、3家二级医院药品品规备案审批工作，保障基层临床用药需求。全县各医疗卫生机构全部纳入国家短缺药直报平台进行药品短缺信息上报，为国家、区、市、县四级短缺药品信息监测体系的建立，以及国家、区两级及时统筹协调和分类有效应对药品短缺问题奠定基础。

【医药管理宣传培训】 2023年，彭阳县制定印发《关于进一步加强药品安全管理及临床合理用药工作的通知》，开展全县药品规范化培训及精神麻醉药品处方“调剂药师”授权培训考试，培训专业技术人员60余人，授权精神麻醉药品处方“调剂药师”13人，进一步规范临床合理用药行为。

（席　丽）

重点医疗机构

【彭阳县人民医院】 彭阳县人民医院于1983年在原彭阳中心卫生院基础上成立，已发展成为集医疗、预防、保健、急救、教学于一体的县级综合医院，是全县的医疗急救中心。2023年，彭阳县人民医院以健康彭阳建设为主线，全面推进“1234”(即紧紧围绕推进公立医院高质量可持续健康发展“一条主线”，抓好健康彭阳建设和疫情防控成效巩固“两个重点”，统筹县域综合医改、行业作风建设、党风廉政建设“三个关键”，实现医院诊疗能力提升、医疗服务质量提升、信息化便民服务、优化医疗资源配置“四项突破”)工作措施，推动医院高质量发展，胸痛中心、消化内科通过评估评审，老年友善医院完成自治区验收，安宁疗护中心彭阳县分中心成功建立并授牌，宁夏回族自治区人民医院耳鼻喉头颈外科名医工作室成立并授牌，传染病综合楼项目投入建设，这些历程必将载入院发展史册，战略蓝图不断实现，新技术新项目持续推进，优势学科集群融合提速，人才队伍建设加速壮大，医院综合管理能力向更高层次跃进。全年总诊疗147210人次，其中门诊132215人次，住院14995人次。医疗收入8225.74万元，其中门诊收入2665.23万元，住院收入5560.51万元。门诊次均费用201.58元，住院次均费用3708.24元，平均住院7.93日，床位使用率96.66%，手术1106例。医疗服务收入占比28.48%，药占比31.24%，百元医疗收入消耗卫生材料费用21.87元，百元医疗收入成本190.74元，检查化验占比35.02%。资产总额26736万元，负债总额1991.1万元，资产负债率7.45%。医院党支部班子发挥“头雁”作用，带头落实责任、担当作为，明确政治任务，推动党支部标准化、规范化建设，严格落实党支部参与科室业务发展、职称晋升、评先评优等问题决策制度，推进党建业务同研究、同部署、同考核，持续推进医疗质量安全管理，加强科室建设，加强对外交流合作，开展看病就医突出问题专项整治，推进护理优质服务，深化“三医联动”改革，促进公立医院发展提质增效，运行模式转向精细化管理，聚焦群众看病就医难点痛点，以深化分级诊疗为突破口，以县级公立医院综合改革为重点，提升全民健康水平，多措并举，统筹推进医药卫生体制改革，让人民群众在“家门口”就能治好病，切实解决好群众“看病难、看病贵、看病远”的问题，持续推进落实“互联网+医疗健康”、专业技术队伍建设等年度任务。

（余　娀）

【彭阳县中医医院】 彭阳县中医医院始建于2009年，是一所二级甲等非营利性中医医院，是城镇职工、城乡居民医保定点医疗机构，承担着卫生部中医药适宜技术推广任务和全县人民及毗邻地区部分群众的中医药医疗、保健和急救工作。2023年，彭阳县中医医院门诊就诊人次41664人，出院4737人次，手术89台次，业务收入2449.7万元，医疗服务收入占医疗收入45.95%，药占比33.41%，检查化验占比19.64%，门诊次均费用156元，住院次均费用3810元，病床使用率为81%，平均住院日9.82天，入出院诊断相符率96%，治愈好转率98%。制定印发《2023年基层医疗与公共卫生供给质量提升年工作方案》《解决群众反映强烈的看病就医突出问题专项整治工作方案》等工作方案，建立健全医疗质量管理体系；制订2023年护理质量控制方案、二级质控计划表并组织实施，举办“全区中医护理工作观摩交流暨中医适宜技术创新推广培训班”，医院护理志愿者服务队获得2023年度宁夏护理学会优秀团队奖；制定医院感染质量考核方案和标准，上线医院感染监测系统，参加第四届“爱院感·致青春”演讲比赛，分别获得全市一等奖、二等奖和全区优秀奖；返聘、聘请中医专家来院坐诊，落地朱明清头皮针生命健康医学工作室、洛阳郭氏正骨流派传承工作室，开展腹腔镜手术；加强处方点评，促进合理用药。积极承担县内各种突发公共事件和突发灾害事件的医疗救援工作和各种考试、体育赛事的医疗保障，举办两期全县基层中医药适宜技术培训班；坚持和完善院长行政查房等制度，认真听取科室和病员、社会对医疗质量、安全和医院发展的建议和意见；年初与各科室签订消防安全责任书，全年共计投入资金2万余元更换消防器材等，先后投入5.5万元对全院各电源线路、插板进行整理和固定，投入2万余元搭建制氧机储气罐遮阳棚等；通过政府开放日活动、患者满意度调查、设立投诉电话等方式，实施医务人员医德考评；医院抗生素合理应用、处方前置审核、院感监测系统等已上线运行；进行中药房改造，增加发药窗口，购买电子病历储存架，利用门诊和住院部连廊露台打造候诊休闲休息区，推进后勤服务精细化管理。

（杜彩虹）

【彭阳县妇幼保健院】 彭阳县妇幼保健院始建于1984年，是一所集保健、医疗、预防于一体的二级医疗保健机构，属全县城乡居民医保定点医疗机构，承担着全县妇女儿童的医疗保健任务。2023年，彭阳县妇幼保健院党支部被县委组织部确定为四星级基层党建工作示范点，并在2023年自治区党委、卫生健康委等多部门联合开展的全区公医院党的建设工作评价中获评A级评价等次。创新机制，推动妇幼健康事业高质量发展，2023年妇幼保健院以妇幼特色学科体系建设为基点，以医院原本的“四大部”为基本框架，将“计划生育服务部”撤销，新建“医疗服务保障部”，建成新的“四大部”+儿童早教康复中心、儿童眼保健中心、产后康复中心、儿童口腔保健中心的“四大部四中心”工作机制。业务上实现妇幼保健机构以“治病”为中心到以“保健”为中心的功能转变，管理上实现了院、部、科、中心层级纵向分工明确、职责清晰，横向业务贯通、互相促进的科学管理体系。以“保健”为中心，大力争取县委、县政府及县卫健局资金支持，推动医院儿童早教康复中心、儿童眼保健中心、产后康复中心、儿童口腔保健中心特色科室建设，新增视力防控、口腔综合治疗、盆底康复治疗等设备，同时派遣医护人员前往医联体合作医疗机构进修相关医疗技术，从硬件软件上双向提升特色科室服务能力，拓展了业务范围，提高服务质量，推动医院部门业务发展，为就诊者提供良好的诊疗服务。引进厦门市集美区保健院、厦门市妇幼保健院、山东淄博市妇幼保健院、银川市妇幼保健院等区内外三甲医院医师等9名专家到院开展坐诊、查房、带教工作，有效带动业务发展；选派20名医务人员分别赴四川双流妇幼保健院、宁夏回族自治区妇幼保健院、宁夏医科大学附属医院、厦门市妇幼保健院、固原市人民医院、辽宁何氏眼科医院等地进修学习儿童保健、妇科、盆底超声及儿科肠胃超声等诊疗技术。以社区健康促进为依托，全方位开展健康促进，妇幼保健院提交的《强化全程服务管理全面推进健康促进医院建设》获评第十六届中国健康教育与健康促进大会优秀实践案例；《朋友的请求》《拒绝滥用麻精药品，远离毒品你我同行》分别荣获彭阳县2023年“党建引领、红色传承、绿色无毒”禁毒短视频大赛一等奖和优秀奖。

（文振江）

体育设施

【体育基础设施建设】 2023年，彭阳县建成古城镇任河社区、王洼镇矿区街2个社区多功能运动场，建成新集乡全民健身中心并交付使用；完成青少年业余体校射箭场建设项目；完成城阳乡长城村文化广场悬浮地板篮球场建设，为孟塬乡草滩村、小岔乡小岔村居民点采购安装健身器材各1套；组织实施西门公共体育场智慧化建设项目，实现客流实时监测，对接国家全民健身平台；筹措资金维修维护公共体育场馆，保证体育场馆正常运营；配合完成全县新增体育场地调查工作。2023年，全县共有体育场地1614个，总面积61.46万平方米，每万人拥有场地100.25个，人均场地面积3.82平方米。

【彭阳县体育馆】 彭阳县体育馆位于茹河北岸，建筑面积13136平方米，内设看台3016座，运动场面积6000平方米，功能齐全，

2023年彭阳县体育场馆一览表

表24 单位：平方米

序号	场馆名称	建成年份	场地面积	场地类型
1	彭阳体育馆	2020年	4950.75	篮球、羽毛球、乒乓球、健身房
2	彭阳县全民健身中心	2011年	2200	篮球、羽毛球、乒乓球、健身房
3	雷河滩全民健身中心	2017年	1600	篮球、羽毛球、乒乓球、足球
4	西门公共体育场	2020年	10000	篮球、羽毛球、乒乓球、门球、网球、足球、田径跑道
5	茹河运动场	2015年	11000	篮球、羽毛球、乒乓球、门球、网球、足球
6	城阳乡全民健身中心	2020年	1600	篮球、羽毛球、乒乓球、台球
7	王洼镇全民健身中心	2020年	1600	篮球、羽毛球、乒乓球、台球
8	红河镇全民健身中心	2020年	1600	篮球、羽毛球、乒乓球、台球
9	新集乡全民健身中心	2023年	1600	篮球、羽毛球、乒乓球、台球

体育工艺、声学、照明、地板等符合举办大型体育赛事要求。体育馆主场地为篮球场，内设射击、举重、羽毛球、乒乓球、健身房、国民体质监测等场地，是集全民健身、竞技训练、赛事举办、文体展演、大型集会等于一体的综合性场馆。全年开放360天，2023年接待人次达12.06万人次，在彭阳体育馆举办宁夏第六届农民篮球争霸赛决赛、“奋进新征程　建功新时代”彭阳县篮球争霸赛、教体系统职工运动会、警体运动会等体育赛事活动、彭阳县第九套广播体操（工间操）比赛暨2023年科学健身大讲堂暨彭阳县健身气功社会体育指导员培训班。

【西门公共体育场】 西门公共体育场于2020年10月建成投使用，建筑面积3公顷，场地有400米标准田径塑胶跑道，标准11人制足球场及篮球、羽毛球、网球、门球、乒乓球等场地，安装健身路径及健身驿站，配套体育看台、大门、公共卫生间、照明等附属设施，全天免费对外开放。西门公共体育场发挥体育场的公益性作用和综合服务功能，成为彭阳县城集群众健身、休闲娱乐、集会庆典、体育教学、竞技比赛、应急避难于一体的综合性活动场所，自投入使用以来，管理运行规范，社会效益显著，得到广大群众的普遍赞同，全年开放，健身人群达36万人次。2023年在西门公共体育场举办“全民健身·健康中国”——中西部地区县域乡村足球系列活动暨宁夏彭阳县七人制足球比赛、彭阳县中小学生田径运动会、社区运动会等赛事活动。

（刘娜娜）

全民健身

【概况】 2023年，彭阳县承办举办各级各类体育赛事活动28场次。参加2023年宁夏国家体育锻炼标准达标赛暨全国挑战赛选拔赛第三名、宁夏第十届社会体育指导员交流展示大赛健身操舞类二等奖、宁夏第六届农民篮球争霸赛第七名。举办2023年科学健身大讲堂暨彭阳县健身气功社会体育指导员培训班，新增三级社会体育指导员97人，全县社会体育指导员达到1065人，每千人有社会体育指导员6人以上，直接服务群众的社会体育指导员60%以上。开展国民体质监测620人，监测合格率91.14%。

【“三进五送”志愿服务活动】 2023年，选派优秀社会体育指导员在王洼镇、新集乡和城阳乡3个乡镇6个行政村（社区）开展送科学健身知识、送健身技能和送健身器材的志愿服务活动。

【农耕文化健身大赛暨健身指导志愿服务活动】 2023年9月21—23日，由彭阳县全民健身领

2023年，彭阳县举办农耕文化健身大赛暨健身指导志愿服务活动　（县教体局 提供）

导小组主办，县教体局、农业农村局、文广局承办的 2023 年彭阳县农耕文化健身大赛暨健身指导志愿服务活动在雷河滩全民健身中心成功举办，共有来自全县各乡镇 11 支代表队 121 名运动员参加了比赛。此次比赛以“发展农村体育　助力乡村振兴”为主题，设手工剥玉米、同心锯木、卖余粮、背媳妇跑、二人三足走、拔河、旱地龙舟、穿针引线 8 个项目。同时，在比赛期间免费为参赛运动员及观众进行体质监测，通过对体质测试、数据综合分析、出具运动处方，让测试者了解自己的体质状况及存在问题，为今后开展健身活动提供依据和指导。孟塬乡代表队获团体第一名、小岔乡代表队获团体第二名、冯庄乡代表队获团体第三名。

【城市社区运动会】 2023 年 3 月 21 日，由彭阳县全民健身领导小组主办，县教体局、体育中心承办的彭阳县城市社区运动会在西门体育场举办，茹河街社区居民及周边群众 200 余人参赛。此次比赛设跳绳、立定跳远、仰卧起坐、打保龄球、袋鼠跳 5 个个人项目和旱地龙舟、二人三足跑、企鹅漫步、众星捧月 4 个集体项目。

（刘娜娜）

竞技体育

【宁夏第六届农民篮球争霸赛】 2023 年 4 月 12—18 日，由自治区体育局、固原市人民政府主办，宁夏社会体育服务中心、彭阳县人民政府承办，中共彭阳县委宣传部、彭阳县教育体育局、彭阳县文化旅游广电局协办的宁夏第六届农民篮球争霸赛决赛在彭阳体育馆开赛。共有 22 个县(市、区) 191 个乡镇 14101 人次参加海选赛和预赛，全区 22 支代表队 264 名运动员参加决赛，原州区代表队获得冠军。

2023 年，“奋进新征程　建功新时代”彭阳县篮球争霸赛开赛

（县教体局 提供）

【第四届“梯田花海”自行车挑战赛】 2023 年 4 月 8 日，由中共彭阳县委、县人民政府主办，县委宣传部、县教体局、县文广局、宁夏自行车运动协会承办的第四届彭阳县“梯田花海”自行车挑战赛暨美丽新宁夏自行车联赛(彭阳站)于在彭阳县城彭安街开幕，来自北京、广东、江西、安徽、内蒙古、甘肃、陕西等省市及宁夏本地 50 多家自行车俱乐部、运动员协会共计 480 余名运动员参赛。此次比赛从彭阳县城彭安街出发，经过陡坡村、崾岘村、中庄村、王岔村、牛湾村到杏花岭结束，全长 27.5 千米，设山地男子精英组、山地男子大师组、公路男子组和山地女子公开组 4 个组别。

【11 人制足球比赛】 2023 年 8 月 10—15 日，“全民健康 健康中国” 全国县域足球赛事活动暨彭阳县 11 人制足球比赛在彭阳县雷河滩全民健身中心足球场举办。经过 6 天角逐，彭城联足球队荣获第一名，彭友盟足球队荣获第二名，校奕青年足球队荣获第三名，彭阳传奇足球队荣获第四名。

（刘娜娜）

青少年体育

【青少年业余训练】 2023 年，彭阳县业余体校注重教练员队伍建设和青少年业余训练工作，制定青少年业余训练方案，明确目标任务，抓好重点项目，统一训练时间，统一安排食宿，利用寒暑假进行集训，取得良好的训练效果。在宁夏第十六届运动会上，彭阳县共有125名运动员参加田径、摔跤、举重、射击、网球、武术、跆拳道、足球、羽毛球、射箭、拳击11个项目的比赛。取得19枚金牌、6枚银牌、5枚铜牌，团体总分464分，位居县（市、区）级第9名，固原市第1名，并打破全区3项青少年纪录。8人达到国家一级运动员标准，13人达到二级运动员标准。

【体教融合】 2023年，彭阳县推进体教融合发展，指导学校加强业余训练和课后服务，召开全县校园足球推进会，安排部署校园足球活动。加强业余训练，积极组织参加区、市各级各类青少年赛事活动，组团参加自治区第十六届运动会，团体总分464分，位居县（市、区）级第九名，固原市第一名，打破全区纪录3项。在全区中小学生第十四届田径运动会上，县一中、二中、三中、四中、职业中学取得优异成绩。在“奔跑吧·少年”2023年固原市第七届青少年校园足球联赛暨“满天星”训练营选拔赛中县四中在初中男、女组比赛中双双夺冠，县三小夺得小学女子组亚军、小学混合组季军，4名运动员分别获得“最佳射手”“最佳守门员”“最佳球员”荣誉称号，县四中参加2023年全区校园足球联赛荣获初中女子组第六名、男子组第五名。

2023年10月31日，彭阳县举办“奔跑吧·少年”第四届中小学生校园足球联赛暨首届足球嘉年华活动 （杨 天 摄）

【第十八届中小学生田径运动会】 2023年5月11—14日，彭阳县“奔跑吧·少年”儿童青少年主题健身活动暨第十八届中小学生田径运动会在县城西门体育场举办。该届运动会共设89个比赛项目，其中10个集体项目、79个个人项目，共有来自全县各中小学28支代表队、559名运动员将进行为期3天的激烈角逐。该届运动会比赛成绩十分喜人，有9人次打破8项纪录，取得团体奖15个、优秀组织奖3个、体育道德风尚奖3个，评选出优秀运动员56名、优秀教练员28名、优秀裁判员13名。

【“奔跑吧·少年”第四届中小学生校园足球联赛暨首届足球嘉年华活动】 2023年10月28—31日，由县教体局主办，县体育中心、县足球协会承办的“奔跑吧·少年”彭阳县第四届中小学生校园足球联赛暨首届足球嘉年华活动在雷河滩全民健身中心、县体育场、西门运动场举行。此次活动共有来自全县中小学24个代表队39支球队645名运动员参加。

（刘娜娜）

人口家庭

【人口监测】 2023年,彭阳县户籍户数7.46万户,同比下降0.3%;户籍人口24.31万人,同比下降0.5%。其中户籍城镇人口6.54万人,占户籍人口的比重为26.89%,比上年末增长0.03个百分点。根据2023年人口变动抽样调查数据,年末全县常住人口总户数5.79万户,常住人口16.16万人。其中,城镇人口6.38万人,占常住总人口的(常住人口城镇化率)39.48%,比上年末增长0.23个百分点;乡村人口为9.78万人,占常住总人口的60.52%。男性人口8.59万人,占常住总人口的53.2%;女性人口7.57万人,占常住总人口的46.8%,性别比为113.5%(女性为100)。汉族人口11.03万人,占常住总人口的68.23%;回族人口5.12万人,占常住总人口的31.72%;其他少数民族人口0.01万人,占常住总人口的0.05%。平均家庭人口2.79人/户。2023年,全县出生人口1814人,其中一孩778人,二孩663人,三孩285人,四孩及以上88人。全年常住人口出生人数0.17万人,出生率为10.54‰;全年常住人口死亡人数0.15万人,死亡率为9.30‰,自然增长率为1.24‰。

【婚姻登记】 2023年,彭阳县推进婚姻家庭辅导、法律援助进驻婚姻登记处,全面加强婚姻管理规范化建设,全面完成历史数据去重纠错补录工作,共办理结婚登记1281对,离婚登记202条,补发结婚登记620对,补发离婚登记35条,处理各类历史遗留问题140余起,调解离婚纠纷186对。

【收养登记】 2023年,彭阳县按照自治区民政厅 自治区公安厅《关于进一步规范我区收养登记工作的通知》要求,办理儿童收养4例。

【家庭矛盾纠纷调解】 2023年,彭阳县制定《彭阳县婚俗改革试点方案》,完成全区婚俗改革试点县中期评估,举办"过浪漫七夕,树文明新风"集体签名活动,七夕当天有30对新人参加签名活动。全年办理结婚登记1281对,离婚登记202条,补发结婚登记620对,补发离婚登记35条,处理各类历史遗留问题150余起,全年共受理离婚调节216对,调解成功204对,协议办理离婚196对,劝和8对,调解成功率94.5%。

【流动人口管理】 2023年,彭阳县公安局各派出所围绕"排查要仔细、信息要翔实、数据要见底、隐患要清零"目标要求,紧盯三个重点环节,探索实践流动人口管理服务工作新路径,全年登记管理流动人口6884人。

【殡葬管理】 2023年，彭阳县制发印发《关于做好2023年清明节祭扫服务工作的通知》和《东岳山、崾岘公墓清明祭扫应急预案》。公墓清明节期间接待祭扫3000余人次，祭扫车辆600余辆，悬挂横幅5条，印发宣传彩页2000份。以推送文明祭扫倡议书等多种宣传形式广泛宣传，积极引导群众文明祭扫，大力提升文明祭扫政策的知晓度。宣传移风易俗、丧礼改革，使广大群众了解殡葬法规政策，依法规范殡葬行业，自觉破除丧葬陋习，逐步摒弃大操大办丧事和祭扫节日焚烧污染环境的殡葬用品的行为。

（李晓捷）

收入消费

【居民收入】 2023年，彭阳县全体常住居民人均可支配收入19245元，同比增长7.9%。城镇居民人均可支配收入33882元，同比增长5.2%，其中工资性收入、经营净收入、财产净收入、转移净收入分别为29346元、1416元、689元和2431元，分别增长5.2%、10.8%、-28.6%和17.5%，比重为86.6:4.2:2.0:7.2。农村居民人均可支配收入15901元，同比增长8.3%，其中工资性收入、经营净收入、财产净收入、转移净收入分别为5796元、7270元、4元和2831元，分别增长8.7%、7.7%、18.9%和8.8%，比重为36.5:45.7:0:17.8。农村居民人均可支配收入增速高于城镇居民3.1个百分点，高于全县地区生产总值增速4.3个百分点。城乡居民收入比为2.13:1，比上年缩小0.06。

【居民消费支出】 2023年，彭阳县城镇常住居民人均消费支出19900元，同比增长5.0%；农村常住居民人均消费支出11571元，同比增长8.3%。

【居民消费价格指数】 2023年，彭阳县居民消费价格总指数为100.2（以上年同期价格为100，下同）；服务价格指数为101.0；工业生产者出厂价格指数为92.7。

（李晓捷）

2023年7月5日，宁夏固原彭阳第二届红梅杏开园节暨“瓜果飘香·清凉彭阳”文化旅游节开幕

（杨 茹 摄）

人事人才

【招才引才】 2023年，彭阳县公开招聘事业单位工作人员69人，其中定向招聘“三项目”和退役军人14人，定向招聘村（社区）党组织书记、村（居）委会主任1人，招募“三支一扶”358人，安置公费师范生2名，“订单定向” 医学生3名。

【人才培育】 2023年，彭阳县积极落实“定向评价、定向使用”等向乡镇基层一线倾斜的优惠政策，有序开展职称评审申报、聘任工作。截至年底，已培养高级职称专技人才1415人，其中定向评聘407人。全年取得高级职称任职资格237人、中级193人、初级71人，已全部聘任。推荐申报职称评审319人，专业技术岗位聘任（晋级）808人。

【人才激励】 2023年，彭阳县进一步完善中小学校绩效工资政策，建立校长津贴和班主任津贴，核增课后服务绩效总量，义务教育教师平均工资高于公务员平均工资。推进公立医院薪酬制度改革，县人民医院、县中医医院调控线外绩效 880 万元、315 万元。疫情期间，发放一次性增量绩效 566.45 万元。对农、林、水等事业单位，核定绩效工资总量时提高 30%，中小学教师和护士岗位工资和薪级工资标准提高 10%。

（兰小成）

2023 年 6 月 16 日，彭阳县举办“百日千万招聘专项行动”暨宁南数字经济产业园专场招聘会（徐丹彤 摄）

劳动就业

【技能培训】 2023 年，彭阳县紧盯乡村振兴、特色农业、文化旅游等重点领域，以移民、脱贫劳动力和就业重点群体为重点，采取“订单式、定岗式、定向式”“直补企业”等方式，大力开展劳动力技能培训、企业职工培训等，有效提升劳动力就业技能，开展各类培训 2097 人（含闽宁协作培训 450 人）。

【劳务输出】 2023 年，彭阳县举办招聘会 18 场次，推介岗位 6000 余个，服务城乡劳动力 1.75 万人。加大劳务输出转移就业力度，完善“点对点、一站式”劳务输出对接机制，转移就业 5.9 万人，“铁杆庄稼保”参保 5.01 万人，实现工资性收入 15.09 亿元。

【稳岗就业】 2023 年，彭阳县工业企业新增就业岗位 1500 个，全社会新增稳定就业岗位 4600 余个。发挥重点项目和“五特四新四优”产业带动就业作用，持续增加岗位供给，全县 2.7 万人实现就近就地务工就业。全面落实各项就业补贴优惠政策，对稳岗效果好的企业给予金融支持、稳岗返还、社会保险补贴等多项优惠政策支持，降低失业保险费 246.9 万元，发放创业补贴 40 人 40.5 万元、技能补贴 29 人 4.29 万元。支持小店经济、夜市经济发展，建成“梯田夜肆”，带动就业 500 余人。

【就业帮扶】 2023 年，彭阳县突出抓好高校毕业生就业，认真落实好各项招录招募工作，离校未就业毕业生帮扶就业率 95.36%。发挥失业保险“救急钱”作用，按时足额发放失业保险待遇 700 人 559.39 万元、失业补助金 107 人 53.91 万元，保障失业人员基本生活。综合使用岗位推荐、就业见习等措施，城镇新增就业 1839 人。推行“创业培训+创业指导+创业贷款+创业补贴”一体化创业服务模式，加大政策支持力度，鼓励创业带动就业，发放创业担保贷款 3815 万元，开展创业培训 210 人，培育创业实体 396 个，创业带动就业 1356 人

【工资保障】 2023 年，彭阳县充分发挥部门联动合力，不断加大欠薪问题线索办理力度，及时跟进调查处理，按时回复办理情况，确保各类案件线索全部按期办结，坚决杜绝发生新的欠薪。全年下发督办函 12 份，通过各类渠道协调处理劳动保障监察投诉件 241 件，为 581 名农民工追讨工资 680.75 万元。

【劳动仲裁】 2023 年，彭阳县充分发挥调解服务平台案前调解主

渠道作用，借助“互联网+调解”平台，组建专业性劳动争议基层调解组织，在12个乡镇、11个企业和工业园区分别组建劳动人事争议调解组织，并配备专兼职调解员。牢固树立“预防为主、调解优先”的治理理念，进一步提升劳动争议调解仲裁能力，提高劳动人事争议处理能力，全年受理劳动争议案件104件，结案99件（裁决25件、调解65件），仲裁结案率95.2%。

（兰小成）

社会保险

【养老保险】 2023年，彭阳县推动城乡居民养老保险待遇水平随经济发展逐步提高，并按时足额发放养老保险待遇，彭阳县城乡居民基本养老保险标准再提标5元，达到225元/（人·月），惠及2.6万余人，发放养老金4.4亿元。

（兰小成）

【医疗保险】 2023年，彭阳县城乡居民医保普通门诊、门诊大病和住院累计就诊402660人次，报销基金16722.01万元，异地就医4774人次，报销基金2133.82万元。城镇职工医保普通门诊、门诊大病和住院累计就诊106789人次，报销基金2832.91万元，异地就医4578人次，报销基金646.76万元。

（张　磊）

【全民参保】 2023年，彭阳县持续推进养老、工伤、失业保险参保扩面工作，特别是做好农民工以工程项目参加工伤保险实现应保尽保、精准扩面，推动实现法定人员全覆盖。城乡居民、企业、机关事业单位参保人数分别达到129536人、16725人、7758人，失业保险参保10973人，工伤保险参保16270人，城乡居民养老保险参保率98.5%。

（兰小成）

医疗保障

【参保缴费】 2023年，彭阳县医保参保人员196257人，完成下达任务数的99.75%。持续做好2023年度新生儿落地参保和已脱贫户、三类监测户的动态参保工作，做到应保尽保。截至年底，全县已完成医保缴费194506人，已完成下达任务的99.29%。

【医保扶贫】 2023年，彭阳县对特殊困难群体落实基本医疗保险缴费定额补助政策，为62477名已脱贫、特困供养人员和孤儿、三类监测人员共定额补助1432.03万元，特殊困难人群100%参保缴费。按照“四查四补”要求，对特殊困难群体参保情况实行动态监测，集中缴费期结束后脱贫不稳定户、边缘易致贫户、突发严重困难户动态参保321人，新生儿落地参保956人。共救助重点救助对象8375人22578人次，支付医疗救助资金1288.64万元。向各乡镇和民政、乡村振兴部门推送476人次突发大病、重症患者。

【基金监管】 2023年，彭阳县集中开展自治区医保局关于开展2022年医保基金监管飞检查实的全区普遍性违规问题整改清零行动、打击虚构门诊大病病情套取医保基金“百日专项整治行动”、固原市2022年医保基金监管交叉检查移交问题线索核查、医药领域腐败问题集中整治和打击欺诈骗保专项治理等工作。通过智能监控、专项检查，区市检查线索核实，共核实追回违规使用医保基金问题151.67万元，立案处罚4件，处罚金120.67万元。对违规使用医保基金行为曝光4次，向卫健、公安部门移交违规、违法线索4件。

【医疗改革】 2023年，彭阳县医保局向县医疗健康总院预付医保基金2150万元，门诊统筹费用提标护航医防融合。将城乡居民门诊统筹费用和家庭医生签约服务费总额控制指标由原来的45元/人提高到65元/人。推动DIP（指区域点数法总额预算和按病种分值付费）支付方式改革，落实总额打包，结余留用、合理超支分担机制。药品集中带量采购逐步规范，组织专家集中筛选县域内集中带量采购目录3446种，供县医共体统一采购使用。

（张　磊）

住房保障

【公租房管理】 2023年，彭阳县公共租赁住房5390套，配租率94.5%；经济适用住房844套和劳务移民房2800套，入住率100%；保租房269套，配租率80%。

【公积金归集】 2023年，彭阳县有缴存住房公积金209个，缴存总额169946.12万元，缴存余额58233.74万元。新增6家单位建立住房公积金制度，新增缴存职工28人，月增加缴存额1.12万元。

【公积金提取使用】 2023年，住房公积金管理中心彭阳管理部共提取住房公积金10885笔，办理提取2.04亿元，占中心下达重点任务指标11200万元的182.14%，其中为满足新市民、新青年住房需求，彭阳分中心为此提取129笔198.23万元，网厅办理提取业务105笔440.9万元，异地转入69笔97.5万元，转出60笔154.76万元。

【公积金贷款】 2023年，住房公积金管理中心彭阳管理部发放住房公积金个人贷款13635.4万元，281户，完成中心下达重点任务指标5000万元的272.7%（建行103户5018万元，农行178户8617.4万元）。累计发放住房公积金贷款4143户，发放贷款总额91871.99万元。贷款余额38373.1万元，全年回收住房公积金贷款7610.96万元，利息1140万元。逾期贷款共1户，逾期金额10.29万元，个人贷款逾期率为0.27‰，低于控制指标0.3‰以内。

（伏金艳）

【住房补贴发放】 2023年，彭阳县根据住房价格和职工收入水平，向全县5244名干部职工每月发放住房补贴363.33万元，全年发放4359.96万元。

（王玉帆）

【购房补贴发放】 2023年，彭阳县制定出台《彭阳县促进房地产市场平稳健康发展若干措施》，享受购房补贴政策的有135套427.46万元，多项利好政策的加持，促进房地产市场销售量大幅提升。

（虎　刚）

养老服务

【概况】 2023年，彭阳县辖4镇8乡，156个行政村、6个居民委员会，户籍人口244463人，常住人口160512人，60岁及以上老年人口33318人（其中：6个社区60岁以上老年人7263人），占户籍人口13.6%，占常住人口20.7%；城乡特困供养对象692人，占老年总人口的2%；80周岁以上城乡低收入高龄老人2498人，占老年总人口的7.4%；80周岁以上普惠性高龄890人，占老年总人口的2.6%；城乡低保老年人7314人，占老年总人口的21.9%；单、双老户840人，占老年总人口的2.5%。

【场所管理】 2023年，彭阳县紧盯7所养老服务机构安全管理，严格执行“一岗双责”制度，认真落实“双随机、一公开”监管，每季度会同住建、市监、卫健、消防等部门对全县养老服务机构基础设施、消防设施、食品卫生、食材配送等进行督查。每月邀请消防部门对各养老机构开展消防安全知识培训和演练，增强服务管理人员和老人安全意识和提升防风险能力，提高养老服务机构消防应急救援能力。建立统一管理制度，对机构消防、食材、电梯等重点安全工作实施购买第三方专业服务，确保质量及安全运营。

【服务提升】 2023年，彭阳县完成困难家庭适老化改造506户。探索“居家+社区”服务模式，实施社区养老服务设施补短板计划，开展彭阳县区级居家社区基本养老服务试点项目。县民政局与县中医院签订医养结合服务协议，形成符合本地实际、成效凸显的医养结合新模式。积极探索养老服务机构社会化运营模式，对彭阳县户籍60岁以上老年人有意愿托养的，依据县发改部门指导收费标准纳入集中托养。县民政局组织人员赴厦门市集美区、翔安区考察旅居式养老和社区居家养老服务，积极参展宁夏养老服务业博览会暨高峰论坛，推动全县养老事业和产业协同发展。2023年，县中心敬老院被民政部评为“全国养老服务先进单位”。

【养老诈骗整治】 2023年，彭阳县为扎实推进“检护民生”专项行动，贯彻落实最高检“11号检察建议”，为老年群体筑起坚实的安全与权益保护屏障。在“敬老月”，县民政局联合县检察院深入全县7所敬老院开展“红盾护老”安全共建专项行动。通过安全宣讲、发放宣传单、面对面讲解等方式，向老人普及权益保护的法律常识，以案释法的形式向老人揭露电信诈骗、推销保健品、代办养老金等诈骗套路。

（李晓捷）

社会救助

【概况】 2023年，彭阳县发放各类民政定期保障对象救助资金1.2亿元，困难残疾人生活补贴和重度残疾人护理补贴1354.717万元，发放3804名困难群众临时救助资金711.2879万元，人均救助水平提高到2075.74元。

【最低生活保障】 2023年，彭阳县开展低保扩围，对符合扩围认定条件的2373户3074名困难群众审批确认新增为城乡低保对象，完成度106%，如期超额完成扩围任务。健全完善低收入人口动态监测和主动发现工作机制，累计新增城市低保对象306户399人、农村低保对象2712户3532人，取消城市低保对象73户78人、农村低保对象613户659人。低保边缘家庭认定“撒网行动”实践经验获评全区社会救助领域创新实践案例第三名，被民政厅在全区通报推广。

【困境儿童救助】 2023年，彭阳县推动儿童福利机构转型为未成年人救助保护中心，将院内10名儿童移交到固原市儿童福利院抚养。依托“12345”平台开通未成年人保护热线，建设12个乡镇未成年人保护工作站。加强农村留守儿童关爱体系建设，落实巡访和动态更新机制，开展全县困境儿童摸底核查工作，建立困境儿童留守儿童台账，切实保障留守儿童和困境儿童权益。累计为8名符合条件的社会散居孤儿发放福彩助学金23万元，事实无人抚养儿童发放助学金3.2万元，实施唇腭裂患儿手术5例、脑瘫等康复训练2人；为先天性心脏病儿童免费手术5例，有效缓解了重病患儿家庭经济压力。协调安排社会救助资金35万元，实施政府购买未成年人保护项目，为儿童心理疏导、情绪抚慰等提供了良好的服务。民政局被授予“全区未成年人保护工作先进集体”称号。

（李晓捷）

2023年7月13日，彭阳县开展“携手相助让爱传递·救助政策深入人心”社会救助政策宣传周活动

（杨丽媛 摄）

社会组织管理

【网格化管理服务】 2023年，彭阳县制定《彭阳县薄弱社区整治工作三年行动方案（2023年—2025年）》，对6个城镇社区存在的22项短板弱项集中整治。全面推行社区扁平化网格管理，在原有6个大网格63个小网格的基础上，对大于500户的网格和新建成小区进行优化调整，新增基

础网格8个，新划分专属网格46个，并统一编号赋码。组织各单位每周开展“大走访、大调研”活动，共收集群众关心关注事项4000余件，解决基层社区的痛点难点问题2600余件，做到“格格见干部、事事有人管”。进一步做实村民代表会议制度“55124”模式，落实县乡联动督查机制，162个村（社区）均建立村（居）民会议、村（居）民代表会议、理事会等协商载体，覆盖率达到100%。重新修订完善156个行政村“村规民约”，举办全县首届“村规民约”诵读大赛。全国村级议事协商创新实验试点落地红河镇韩堡村，以“小协商”撬动“大治理”，全面提升基层治理成效。

【社会组织监管】 2023年，彭阳县开展社会组织领域安全生产及行业协会商会乱收费检查，督促行业协会商会完成自查，抽查社会组织18家，开具整改报告16份，规范社会组织行为。通过政府购买服务或对接认领等方式，开展“伴我成长”关爱孤儿、“守望互助”残疾人项目和“筑爱归巢”关爱困难老人公益创投项目，为新集乡、古城镇和白阳镇茹河街社区24名孤儿、60名残疾人、40名困难老人开展心理慰藉、居家照料、社区融合等服务。加快社会组织孵化基地建设，培育发展服务性、公益性、互助性社区社会组织。坚持以社会组织党的建设为引领，推动9家社会组织成立党组织，社会组织“党建入章”率达90%以上。推进“党建+网格”“监管+服务”“培育+自治”“联席+联动”深度融合，努力提升社会组织服务能力。

【社会事务服务】 2023年，彭阳县拓展残疾人“两项补贴”“跨省通办”服务，进一步完善线上申请形式，在代收代办的基础上升级为“全程网办”，累计办理跨省通办14件，为残疾人提供更暖心、更便利的服务。建立流浪乞讨人员易走失人员台账，为生活无着的流浪乞讨人员实施主动救助。制定《甘宁线彭阳县和环县　镇原县　崆峒区行政区域界线第五轮联合检查实施方案》，完成省级行政区域界线第五轮联合检查工作。

（李晓捷）

民族宗教事务

【民族团结进步创建】 2023年，彭阳县加快建设铸牢中华民族共同体意识示范县，持续开展马克思主义“五观”大宣讲活动和感恩、认同、法治“三项教育”，深化“党建民族团结进步+N”模式，推广“5585”创建模式，打造铸牢中华民族共同体意识示范单位60个。贯彻党的宗教工作基本方针，打造宗教中国化方向示范宗教场所30座，巩固宗教领域问题治理成效，依法管理宗教场所、宗教活动、宗教教职人员、互联网宗教事务。

【民族工作】 2023年，彭阳县扎实开展第40个“民族团结进步月”活动，组织50余个部门（单位）开展集中宣传，12个乡镇同步开展宣传，连续20天每天向全县1.3万人次推送“铸牢中华民族共同体意识”和党的民族政策相关知识；开展铸牢中华民族共同体意识“四个一”系列活动500余场次；以“民族团结一家人、中华民族一家亲”为主题开展铸牢中华民族共同体意识专题文艺巡演活动13场次；打造铸牢中华民族共同体意识示范点60个，争取实施国家民委少数民族发展项目资金561万元，实施2个项目。完成民贸企业贴息贷款补贴12家164.02万元，新申报认定民贸企业3家，民贸企业总数达到15家。

【宗教工作】 2023年，彭阳县为全县所有依法登记的宗教场所订购《中国民族报》《固原日报》等报纸杂志，定期对场所内国旗、宣传栏内容进行更新更换；扎实开展宗教界人士“三定”学习，组织集中培训60余场次，引导宗教界人士树牢“党亲国好法大理念”；坚持宗教中国化方向，打造提升坚持宗教中国化方向示范宗教场所30个，高质量承办固原市伊斯兰教界2023年解经比赛暨“看固原发展乡村振兴行”考察活动；全面摸排宗教活动场所安全隐患507

个，所有安全隐患全部整改到位；在春节、开斋节和古尔邦节等重要节日，走访慰问宗教界人士代表，引导全县宗教界人士充分发挥桥梁纽带作用，继续做好教育引导，带领全县信教群众不断开创民族团结、宗教和顺的新局面。综合运用宗教事务治理“6+X”工作法，不断完善基层宗教治理体系提高治理能力。

（高伟艳）

2023年4月26日，彭阳县开展2023年习近平新时代中国特色社会主义思想宣讲志愿服务活动

（县委宣传部 提供）

精神文明建设

【概况】 2023年，彭阳县以实际行动扮靓全县精神文明创建活动，持续擦亮“文明彭阳”品牌。全面建设完善县级新时代文明实践中心1个，乡镇实践所12个，行政村（社区）新时代文明实践站162个，挂牌新时代文明实践基地9个。

【全国文明城市创建】 2023年，是创建全国文明城市总评年，彭阳县制定《彭阳县2023年创建全国文明城市暨城市提升行动实施方案》，先后召开全县创建动员会、专项工作推进会2次，细化责任，将全县九大网格片区82个网格细化为1017个子网格。全年累计投资3419.64万元，完成13个老旧小区进行适老化改造，并完成38座公厕、46个老旧小区等硬件设施建设改造及污水管网铺设、背街小巷硬化等。同时，树立绿水青山就是金山银山的理念，在原有城市绿化建设的基础上，新增绿化面积约23.7万平方米，绿化覆盖率、绿地率分别为44.95%、42.61%。发布创建全国文明城市的优秀视频、创城曝光台26期次，创作创城小剧场5期，在“学习强国”学习平台、《宁夏日报》等党报党刊刊载创城经验做法40余条。

【志愿服务】 2023年，彭阳县加强志愿者队伍建设，组织开展志愿服务组织和志愿者网上注册及信息录入工作，年内，全县各类志愿服务队总数316支，注册志愿者人数37967人。

（海　蓉）

应急管理

Contingency Management

综　述

【**指挥体系建设**】 2023年，应急管理局建立县、乡、村三级应急防灾指挥调度系统，实现灾情调度、业务培训和视频会议三大功能；安装全县数字广播控制台，该系统实现在原有广播设备基础上进行升级，使用网络传输实现上下系统联动、平台互联互通、应急指令和应急广播信息内容有效发布，通过随时全面和定点发布政府应急和防灾减灾信息，有效提升全县应对各种突发事件和抵御自然灾害的能力；红河镇在森林草原防火重点区域安装防火预警摄像头。

【**应急预案编制**】 2023年，彭阳县修订完善《彭阳县突发事件总体应急预案》《彭阳县防汛抗旱应急预案》等35个专项应急预案，以及《彭阳县交通运输应急保障工作方案》等7项应急保障工作方案，实现突发事件的全覆盖，为突发事件的应急处置提供支撑。

【**应急演练**】 2023年，彭阳县开展森林草原防灭火、煤矿事故、地质灾害、防汛救灾等各类应急救援演练18场次。通过开展实战演练活动，各部门单位的应急能力得到增强，应急队伍得到锤炼。

【**应急救援队伍建设**】 2023年，彭阳县编组各行业应急救援队伍30支1692人，其中各乡镇综合应急救援队12支433人，增强危化领域专业应急救援力量。

（任正坤）

安全生产

【**宣传培训**】 2023年，彭阳县通过“安全生产月”“安全生产咨询日”等活动弘扬公共安全文化，推动事故灾害科普宣传教育，大力宣传安全发展理念，加大问题隐患和违法行为曝光力度。全年共举办企业主要负责人、安全管理人员培训班5次，参训600余人，组织观看警示教育片200余次，发放各类宣传手册3万余册，发送各类提示短信56万条。

【**安全生产整治**】 2023年，彭阳县累计排查发现问题25458条，已整改25451条，整改率99.97%。其中自治区“四防”督查及区市各类督查检查反馈彭阳县问题隐患共计200条，已整改200条，整改率100%；开展重大事故隐患专项排查整治2023行动，发现重大隐患19条，已整改18条，整改率95%；开展重点领域安全隐患大排查大整治，排查发现隐患24899条，已整改24884条，整改率99.94%；全县深入排查重点行业领域风险发现问题隐患340条，已整改340条。

（任正坤）

危险化学品监督管理

【监督检查】 2023年，彭阳县共有危险化学品企业30家，其中加油站28家（正常营业26家，停业2家），长输管道1家（管道53.7千米）、石油企业1家（原油集输管道33.47千米）。年内，二级标准化达标企业2家，三级标准化达标企业26家。按照“属地管理”和“三个必须”的总体要求，突出油气罐储区、消防设施、压力容器等重点环节，全面检查全县30家危险化学品经营企业，排查整改问题隐患230条，下发限期责令整改指令书25份。

【安全隐患排查】 2023年，彭阳县坚决贯彻落实自治区党委十三届四次、五次全会精神，积极开展危险化学品企业安全风险隐患专项排查整治工作。组织企业开展自查自纠，针对排查发现的问题隐患及时整改到位，并形成安全隐患排查整治台账。县应急管理局聘请第三方机构，对全县危险化学品企业进行全面安全检查，行政处罚4起，罚款2.3万元。

（任正坤）

防灾减灾救灾

【防灾宣传】 2023年，彭阳县在全县12个乡镇开展“森林草原防火赶大集”活动，通过悬挂条幅、发放宣传手册、大喇叭、手机短信彩铃、电子屏等方式，对地质灾害、防汛抗旱、森林草原防火进行集中宣传，张贴《森林草原防火戒严令》900余张，增强人民群众的防灾意识。

【救灾物资储备】 2023年，彭阳县县级应急物资储备种类126类68235件，可供应急救助和转移安置受灾群众至少1200人的应急物资保障需求。构建县—乡镇—村（社区）三级应急物资储备体系，完善应急物资储备、管理、调拨和使用联动保障机制，综合运用政府储备、企业储备、社会储备、生产能力储备和商业储备等方式做好应急物资保障。

【制度建设】 2023年，县应急管理局完善《彭阳县应急管理指挥部工作规则》《彭阳县救灾物资调拨规程》《彭阳县应急救援救灾队伍和装备物资快速投送制度》等制度，加强与涉灾部门的联动，定期或不定期开展会商研判，规范救灾物资调拨程序，强化应急救援队伍调度，为应急管理规范化发展提供支撑，应急管理运行机制运行良好。

【救灾工作】 2023年，彭阳县核实各类灾情7起，涉及全县12个乡镇156个行政村，累计49810户，经济损失26610.36万元。发放2023年自治区本级自然灾害救助资金543.9万元，救助3626户14007人；发放中央因灾临时生活困难救助资金598.35万元，救助7604户29151人；发放中央因灾冬春生活困难救助资金1411.4万元，救助18398户70570人，切实解决受灾群众生活困难问题。

（任正坤）

消防救援

【概况】 2023年，彭阳县消防救援大队有监督执法车辆2辆、应急消防救援指挥车1辆、多功能勤务保障车1辆、消防站有执勤消防车6辆；有冲锋舟、橡皮艇各1个，救生气垫1个，手台机动泵4个，液压破拆工具组2套，无齿锯3个，机动链锯2个，救援三脚架1套，手动破拆工具组1套，氧气呼吸器1个，金属、橡胶、木制堵漏器材各1套，无火花工具组1套，防坠落辅助部件3件等装备。

【隐患排查】 2023年，县消防救援大队坚持贯彻落实好自治区党委十三届四次全会精神暨安全生产“1+37+8”系列文件作为当前重要政治任务。以“6·21”燃气安全整治、“九小”场所消防安全整治、打通“生命通道”、“高低大化”、医疗安全、消防安全大检查、高层建筑、商业综合体、村民自建房等排查整治为主线，向民政、住建、公安、发改等9个行业主管部门发送《关于做好全县消防安全专项行动工作的建议函》，建议函

2023 年 6 月 19 日，消防救援大队开展安全生产、生态环境保护应急演练活动 （王 宁 摄）

明确《关于重点领域消防安全整治工作的方案》《关于高层公共建筑消防安全整治工作的方案》《关于人员密集场所疏散楼梯和消防救援口治理工作的方案》3 个整治方案具体实施内容。全县累计排查“九小”场所 5267 家，发现风险隐患 19008 条，已整改 19008 条，整改率 100%，联合住建、市监等部门拆除铁栅栏、广告牌影响逃生类隐患 100 处 133 块；增设疏散楼梯 10 处。

【消防宣传】 2023 年，县消防救援大队采取“检查+培训+宣传”的模式，深入辖区社区、学校、农村、家庭及重点企事业单位，以消防“四个能力”建设为宣传重点，结合重点人群培训工作，开展消防安全知识培训、组织单位进行灭火疏散演练，普及消防法律法规教育，全面提高企业单位的自我防控火灾的能力。全年共开展各类消防安全培训 260 余场次，发放消防安全宣传资料 15000 余份。

【消防接处警】 2023 年，县消防救援大队接警出动 268 起，其中火灾扑救救 162 起，抢险救援 54 起，社会救助 9 起，公务执勤 38 起，其他 5 起，共出动队伍 268 队次，共出动车辆 550 辆次，3322 人次出动。抢救被困人员 35 人，抢救财产价值 287100 元，保护财产价值 688200 元。

（王洪叶）

乡 镇

Townships

白阳镇

【概况】 白阳镇为县城驻地，辖5个居民委员会17个行政村88个村民小组，总面积266.97平方千米，其中耕地面积约10533.33公顷。全镇户籍总人口20818户56621人，常住总人口25002户79766人，其中农村户籍人口6661户23685人，常住人口6800户24102人；城镇户籍人口14157户32963人，常住人口18202户55664人。镇党委下设5个城市社区党总支，29个党支部，共有党员1218名，预备党员15名，女党员294名，少数民族党员162名。荣获全国经济普查先进集体、自治区文明乡镇、全区民政工作先进集体等称号，茹河街社区先后荣获全国民族团结进步示范社区、全区未成年人保护工作先进集体称号，中庄村先后荣获全国民主法治示范村、全区乡村振兴示范村称号。2023年全镇农村人均可支配收入15807.6元。

【脱贫攻坚成果巩固拓展】 2023年，白阳镇严格落实“四个不摘”，聚焦“三保障”和饮水安全，紧盯监测对象和“低收入户”，扎实开展“大排查大摸底”行动，常态化“四查四补”，长效化帮扶，排摸整改群众住房、饮水、户籍、教育、人居环境等问题497条，搬离C、D级危房危窑9户，整改安全饮水问题77户，“三保障”和饮水安全问题动态清零。定期开展防返贫动态监测和帮扶排查工作，对存在返贫致贫风险农户做到应纳尽纳。针对具体返贫风险点精准施策，防止返贫致贫，全年消除风险监测对象13户62人，新识别监测对象49户178人。对全镇2697户9780人脱贫人口和187户679人监测对象进行全覆盖结对帮扶，新摸排人均纯收入低于9000元4户18人、人均纯收入较上年同期不增反降38户133人，因人施策、因户施策、应帮尽帮，脱贫人口收入较上年增长13.55%。

【产业发展】 2023年，白阳镇建成高标准农田2733.33公顷。全力打造7个300亩级小杂粮种植基地，发放大豆种子2.5万千克，完成玉米大豆带状复合种植927.33公顷，种植大葱10.15公顷、露地辣椒35.85公顷、南瓜33.33公顷、油料作物100.45公顷。以“5350”肉牛养殖示范村建设和“出户入园”肉牛养殖区为牵引，持续巩固好刘台、陡坡、中庄、姬山“5350”肉牛养殖示范村建设成果，新发展肉牛养殖户13户，阳洼村肉牛养殖园区存栏达490头，兑现“见犊补母”1228户2368头174.08万元。完成外调草513户3175.9吨，兑现补贴资金95.28万元。17个行政村全覆盖式创建完成“1030”朝那鸡示范村，鸡存栏13079只，兑现补贴资

2023 年 7 月 1 日，白阳镇富阳路社区举办庆祝“七一”建党节暨“四个一”秦腔演出文化活动 （白阳镇 提供）

金 17.78 万元。截至年底，全镇肉牛存栏 11576 头、羊存栏 19468 只、生猪存栏 4382 头、家禽存栏 25151 羽。累计建 80 平方米以上暖棚 1435 栋，其中 200 平方米以上双面棚 140 栋；青贮池 228 座，3.2 万平方米。面向农村转移就业劳动力、失业人员、高校毕业生、妇女群众等，开展直播带货、电商营销等新职业工种技能培训，共培训 3 班次 150 人。抢抓工业园区扩容和数字经济产业园扩容发展机遇，开展就业援助月、春风行动、百日千万招聘专项行动等就业服务活动，举办线上线下招聘会，全年完成脱贫人口转移就业 3886 人，较上年增长 0.12%。依托就业帮扶车间、光伏公益性岗位、生态护林员等安置公益性岗位 489 人，较上年增加 11 人，增长 2.3%。其中，人社局安置 254 人，光伏公益性岗位安置 77 人，护林员 125 人，其他部门安置 33 人。就业帮扶车间务工 45 人，较上年增加 1 人，增长 2.27%。发放务工人员交通补贴 728 人；闽宁补贴 244 人；发放误工补贴 1076 人 104.2 万元。

【民生事业】 2023 年，白阳镇实施城乡低保扩围增效行动，紧盯低保边缘家庭、在册三类检测对象、60 岁以上老年人等六类人群，编密织牢基本民生兜底保障网，新增低保 540 户 691 人、高龄 349 人、特困供养 91 人、孤儿 3 人，清退低保 129 户 133 人，发放临时救助 196 户 52.5 万元、自然灾害救助 60 万元，妇女创业贷款 955 万元，上报区内外大学生资助 67 名，发放春季雨露计划 281 人 42.15 万元，“两险” 收缴率 98%以上。累计开展“四个一”活动 230 余场次，戏曲进乡村、秦腔演出活动 160 余场次。紧扣“文明城市同心同创，美丽彭阳共建共享”主题，开展社会主义核心价值观、讲文明树新风等公益广告宣传 200 余场次。

【基层治理】 2023 年，白阳镇排查调处各类矛盾纠纷 290 件，调解成功 285 件，化解率 98.28%，办理“12345”便民服务网上投诉件 508 件、县信访局交办信访案件 40 件、政府门户网站投诉件 7 件。依法处理环境卫生污染、偷牧放牧等行政案件 6 件，社会治安案件同比下降 2%。

【人居环境整治】 2023 年，白阳镇修订完善各村人居环境整治及保洁公司市场化服务“两个考核办法”，精准划分村、保洁公司、农户“三方责任”，按照“上午分片保洁外围、下午集中清扫院落”以及“日清洁、周集中、月评比”的思路，推动整治重点由沿路向农户庭院转变，全年对全镇约 230 千米村组主干道集中清理 100 余次，清运垃圾 3000 余吨，规整农户门前“三堆”500 余户，打造环境整洁示范户 50 余户。打造中庄、玉洼、白岔 3 个庭院经济示范村，栽植庭院经济苗木 10.42 公顷。

（魏 琪）

古城镇

【概况】 古城镇位于彭阳县境西部，距县城 17 千米，东邻白阳镇，南接新集乡，西依黄峁山与固原市相望，北与王洼镇接壤，平均海拔高度 1683 米，总面积 332.5 平方千米，耕地面积 734.67 公顷，古城镇旅游资源丰富，文化源远流长，境内有皇甫谧故里、朝那古城遗址、无量山石窟、小岔沟毛泽东长征宿营地、任山河烈士陵园、挂马沟林海、朝那湫等旅游资源。辖20个行政村98个村民小组，全镇总人口8239户31186人，其中回族人口21023人，占人口总数的67.4%，常住户4651户19771人。镇党委下辖22个党支部，党员918人，其中农民党员816人。2023年，全镇农村居民人均可支配收入15822.6元。

【脱贫攻坚成果巩固拓展】 2023年，古城镇有脱贫销号村12个，脱贫户2185户7567人（含脱贫不享受政策户339户1302人）。监测对象190户747人，其中，脱贫不稳定户60户209人、边缘易致贫户77户313人，突发严重困难户53户225人。未消除风险79户312人，其中，脱贫不稳定户16户59人、边缘易致贫户15户52人、突发严重困难户48户201人。古城镇常态化开展“四查四补”，严格落实“四个不摘”要求。对2022年国家考核评估反馈的4个方面10类35条问题全部整改到位，通过自治区贫困县退出第三方专项评估检查和中国乡村振兴杂志社暗访督查工作。常态化排查“三保障”和饮水安全等各类涉民生领域问题301条，实现问题整改动态清零。新识别监测对象50户233人，消除风险15户69人，风险消除率49.77%，通过建立“一户一策”台账，落实精准帮扶措施，确保应纳尽纳、应帮尽帮。

【产业发展】 2023年，古城镇依托资源禀赋，持续做强草畜产业，做优特色产业，做实劳务产业。种植青贮玉米1666.67公顷，建成“国际农发”养殖暖棚100栋、青贮池194座。巩固提升“2652”肉牛养殖示范户14户、“5350”示范户26户，培育建设宁夏滩羊家庭牧场3个，完成优质肉牛品种改良5000头，见犊补母9350头，饲草调制1360户，补贴外调饲草1607户1.1万吨。全镇牛存栏3.6万头、羊存栏4.5万只，实现养殖业年收入3.4亿元。大力发展种苗繁育、冷凉蔬菜、林下经济等特色产业，依托温沟日光温室、精英庄园，完成蔬菜育苗量5600万株，种植露地冷凉蔬菜315.64公顷、栽培拱棚辣椒16.15公顷，实现蔬菜年收入2000余万元。抓实林下经济项目，养殖中华蜂23户1168箱，种植林下中药材200公顷，种植烤烟21.33公顷。贯彻落实“藏粮于地、藏粮于技”战略，消除违规图斑53处，新修高标准农田866.67公顷，实施高效节水灌溉1546.67公顷。实施春覆膜项目3800公顷，大豆玉米带状复合种植733.33公顷，扩种油料面积90.57公顷。发放大豆种子5万斤、春覆膜452吨、救灾青贮玉米种子35.53公顷、露地蔬菜种子160公顷、救灾麦草450吨。

【民生事业】 2023年，古城镇新增低保378人，发放临时救助134户29.9万元，办理高龄补贴46人。新增残疾人107人，签订残疾人承诺书1034份，办理残疾人上门服务68户，完成农村适龄妇女“两癌”筛查842人。征缴2024年度医疗保险26155人，完成率99.02%；发放小额信贷625户约4300万元、妇女创业贷款48户660万元，申报创业贷款230万元。收缴“铁杆庄稼保”7156人10.7万元，发放务工补贴248人9.7万元。兑现2023年生

2023年，古城镇开展环境整治活动　（古城镇 提供）

态效益补偿基金5227户71.5万元、实际种粮农民一次性补贴17068人47.48万元。砂化道路89.6千米、整修114.6千米。新建卫生厕所60座、户厕运维点3个，建成抗震宜居房25户，改造危房6户、加固150户

【基层治理】 2023年，古城镇排查化解各类矛盾纠纷、信访事项660余件，办结率100%；打造高庄、皇甫基层治理示范村2个、创建“零信访”村6个。严格落实“五包一”责任制，及时掌握重点人群动向。持续开展扫黑除恶斗争，开展法律进校园、进机关等集中法治宣传活动60余场次，发放各类宣传册5000余份，安装“国家反诈中心”App1.37万人次，培育农村学法用法示范户26户、法律明白人260名。组织开展“四个一”文体活动240余次，开展移风易俗等典型人物评选50余次，举办古城镇第八届乡风文明大会暨2023年物资交流会，评选出星级文明户、好公婆、好儿媳等典型155户。

【人居环境整治】 2023年，古城镇推进农村人居环境网格化管理、积分制、“红黑榜”、门前“三包”等制度，整治房屋院落卫生890处，投入机械1100台次，清理垃圾4800吨，清理秸秆1440吨、粪污1300吨，回收残膜887吨，拆除店洼废旧日光温室114栋9.3万平方米，为88户群众退还土地13.93公顷，解决多年遗留问题。打造温沟村人居环境整治暨庭院经济示范村，栽植红梅杏4.87公顷3653株。对20个环境卫生整治示范组和辖区内污水排放问题开展专项排查整治，登记报废2003—2011年农村沼气池1400座。在高庄、皇甫、古城居民点安装污水管道，解决周边700余户污水排放问题。

（李 琪）

王洼镇

【概况】 王洼镇地处彭阳县北部乡镇中心，总面积341.2318平方千米，309国道、202省道交会而过，铁路专线通至固原市区，下辖矿区1个居委会和北洼、李寨、路寨、王洼、杨寨、姚岔、梁壕、团庄、马掌、崖堡、赵沟、石岔、山庄、孙阳、邓岔、李洼、李岔、尚台、花芦、陡沟20个行政村。2023年，全镇户籍人口8101户25743人，其中汉族18774人，回族6959人，其他民族10人；常住人口3430户11531人，镇区建设用地面积133.29公顷，耕地9613.33公顷。2023年，全镇居民人均可支配收入15878.4元，同比增长9%。境内309国道、202省道、G85银昆高速和王洼至固原铁路运煤专线穿境而过。

【脱贫攻坚成果巩固拓展】 2023年，王洼镇新建、加固、补面积农村住房22户，整改安全饮水问题138户，新建卫生厕所69个，建成王洼、山庄、邓岔、李岔等4个后续运维服务站，覆盖全镇20个村。基本医疗保险脱贫人口、监测对象参保率100%。组织镇村干部、驻村工作队、帮扶责任人、网格员对全镇群众2023年收入进行摸底统计，根据每户收入增长支撑点，制定增收措施，针对不增反降13户，逐户制定增收措施，发放“雨露计划”165人次，其中监测对象22人，兑付资金24.75万元，发放小额信贷贷款678人3871.4万元，全镇脱贫群众家庭人均纯收入增幅达12.68%以上。通过“农户自主申报、干部走访排查、部门筛查预警”开展排查监测，全镇累计识别三类监测对象258户820人，其中脱贫不稳定户111户326人、边缘易致贫户75户250人、突发严重困难户72户244人，截至年底，均已落实相关帮扶措施，确保存在返贫致贫风险的群众“应纳尽纳”。

【产业发展】 2023年，王洼镇贯彻落实“藏粮于地、藏粮于技”战略，腾退耕地“非农化”“非粮化”32.6公顷，整治违规占用耕地乱搭乱建257处，严守永久基本农田红线。建成高标准农田6400公顷，改造高效节水农田254.53公顷，种植粮食作物7466.67公顷，其中冬小麦233.33公顷、籽粒玉米5066.67公顷、大豆带状复合种植1100公顷、马铃薯106.67公顷、小秋杂粮420公顷，粮食产量稳定在1.4万吨。全面落实大

粮食观，引导群众种植大葱13.37公顷、红葱32.87公顷、水果玉米48.01公顷，以秋补夏复种露地蔬菜160公顷，有效应对旱情影响。对标全县“五特”产业布局，聚焦资源禀赋，立足发展实际，培育肉牛养殖“2652”示范村1个，示范户10户，新培育示范户5户，“5350”示范村6个，示范户241户，新培育示范户20户，肉牛存栏量18878头。创建“1030”朝那鸡养殖示范村19个，朝那鸡饲养量1.17万只。全面发展庭院经济，完成庭院经济整治红梅杏9.55公顷7163株、苹果11.25公顷3436株，产值突破12万元。2023年，举办实用技能培训班4期200人次，转移劳动力转移就业7128人，其中脱贫劳户2399人、移民户568人、监测户172人，发放农村劳动力转移就业人员外出务工补贴424人50.9万元，区内外一次性交通补贴申报486人18.9万元。全面落实援企稳岗、购买公益性岗位、就业援助、技能培训、创业贷款等扶持政策，新增公益性岗位132个，累计达到486个，完成铁杆庄稼保收缴6062人，完成率100.63%；发放创业担保贷款12户210万元。

【民生事业】 2023年，王洼镇新修王洼矿区至鸦儿沟公路等村组道路18.382千米，维修李寨等村砂化路46条89.67千米。完成杨寨村高质量美丽宜居村庄建设、路寨等村高效节水灌溉工程、李岔小流域治理、多功能运动场建设项目、山庄村沟头治理项目和石岔小学排洪工程、中心街和政府街十字路口交通信号灯控制系统。建成王洼独立工矿区避险搬迁项目安置楼，44户群众喜迁安全舒适新居。王洼独立工矿区县人民医院王洼分院、王洼镇石岔小学迁建等项目稳步推进。以低保扩面增效为契机，推动大病户、残疾人口、低收入人口全员参保，在册低保累计1226户1953人，发放临时救助122户246人57.84万元，急难救助41户83人47.5万元，退役军人优待证管理系统发证登记308人，走访慰问困难退役军人及家属14人，发放育儿补助金73人18.2万元，农村部分奖扶209人6.25万元，家庭签约医生全面覆盖，基本养老和基本医疗保险参保率分别为70.81%、98.61%以上。持续推进教育事业健康发展，落实义务教育阶段家庭经济困难学生生活费帮扶391人16.23万元，落实社会扶贫基金教育帮扶32人3.7万元，对1名特殊学生提供“送教上门”服务，全镇义务教育阶段实现零辍学。

【基层治理】 2023年，王洼镇修改完善21个村（社区）村规民约，抵制高价彩礼、反对大操大办、明确遏制铺张浪费，充分发挥群众自治优势，培育文明乡风、良好家风、淳朴民风。开展法律进校园、进机关等集中法治宣传活动82场次，受众4100余人次，发放各类宣传册5000余份。培育“农村学法用法示范户”47户、“法律明白人”211名，聘请法律顾问6人。对各类矛盾纠纷和问题隐患，实行兜底受理、全程管理、跟踪办理、全链化解，登记受理信访案件24件、排查矛盾纠纷148件、办理“12345”便民服务热线反映事项188件。引导干部及群众安装注册“国家反诈中心”App共11857人。举办各类民风表彰和“四个一”文体活动430余场次，

2023年10月25日，王洼镇举办“铸牢中华民族共同体意识”首届乡村歌手大赛（董　浩摄）

开展送戏下乡6场次，镇政府表彰先进典型140人，形成崇德向善向上的浓厚氛围。

【人居环境整治】 2023年，王洼镇推进农村人居环境网格化管理、积分制、“红黑榜”、门前“三包”等制度，督促宁夏环保集团城市服务有限公司对所承包区域定时定期打扫，巡回检查，及时清理脏乱区域和卫生死角，修剪路肩草252.5千米、开展人居环境整治1896户，评比红榜693户，黑榜643户，兑换积分1484户次。全面落实河长制和林长制，植树造林3600亩，有效巡河820次，为全镇9个淤地坝和1个水库周边安装救生箱10个，持续开展禁牧封育和农村面源污染整治，严厉打击焚烧秸秆残膜、乱排污水、违规倾倒垃圾、偷牧等破坏生态环境行为，生态治理成果得到有效巩固。

（袁 琴）

红河镇

【概况】 红河镇位于彭阳县城东南13千米处，北与城阳乡、白阳镇交界，南与平凉市寨河乡为邻，西依新集乡，平均海拔高度1668.9米，辖12个行政村63个村民小组，总面积166.5平方千米，耕地面积5800公顷。2023年全镇户籍人口6542户22008人（其中回族5862人，占总人口的26.2%），常住人口3628户11390人。设党政机构和事业单位机构9个，其中党政机构5个，事业单位机构4个，核定行政编制25名，事业编制27名，实有干部职工47名（公务员21名、事业干部26名），2023年全镇农村居民人均可支配收入17128.5元，同比增长9.6%。

【脱贫攻坚成果巩固拓展】 2023年，红河镇重点关注全镇6482户21914人，对“八必访”重点对象869户3020人、移民户292户1132人和县行业部门反馈的重点人群（大病、慢病、残疾、低保、多子女等）945户1602人进行常态化“四查四补”和“八必访”工作，逐户核实、逐户研判，建立完善走访台账，制定有效帮扶措施，持续跟踪收支变化及饮水安全巩固情况，摸排整改完成安全住房、冬季冻管、水压不足、无厕所等问题241个。截至年底，全镇有脱贫户1539户5479人，监测对象202户627人（2023年新识别监测对象48户188人），已消除风险66户213人（2023年消除风险15户55人）。有各类扶贫项目249个，投入资金1.34亿元。2023年脱贫户家庭人均纯收入16066.06元，同比增长16.32%。确定红河镇什字村为彭阳县2023年巩固拓展脱贫攻坚成果同乡村振兴有效衔接示范村，何塬村为彭阳县2023年实施乡村振兴战略移民薄弱村。什字村建立任务实施清单13个方面22项任务，何塬村建立任务实施清单9项任务，已全部完成。打造创建宽坪村区级乡村振兴示范村1个。严格落实书记遍访制度，镇村两级书记、12个行政村第一书记和驻村工作队按照任务要求，对全镇所有脱贫户、重点户、三类户进行多轮次遍访，全镇304名帮扶责任人包靠帮扶1540户脱贫户和动态监测户，每月至少开展一次入户走访，群众满意度达99.8%。认真贯彻落实闽宁对口扶贫协作联席会议精神，紧盯2023年闽宁对口扶贫协作目标任务，加强与厦门市集美区对接联系，建立互访机制，签订框架协议，促进思路互通，作风互鉴。

【产业发展】 2023年，红河镇按照“一核三翼”产业体系和“四个亿元”产业布局，在全镇初步形成纵向成链、横向成群的产业特色，基本构建起“1151”（人均1亩菜、1亩果，户均5头牛、输出1个人）的产业增收格局。蔬菜产业上，推行“党组织+”发展模式，通过就业带动、保底分红、股份合作等形式，实现“企业+基地+合作社+农户”合作共赢。全镇蔬菜种植面积1466.67公顷，年产各类蔬菜3万吨以上，产值达到1.6亿元，同比增长33%。林果产业上，加大对现有1333.33公顷（533.33公顷苹果、533.33公顷红梅杏、233.33公顷花椒，33.33公顷核桃）经果林抚育管护、果园管理力度；高标准推进宽坪、什字2个庭院经济示范村建设，培育庭院经果林 36.67 公顷，持续推动林果产业从“量”的增长向“质”的提升转变。草畜产业上，实施何塬村“出户入园”改扩建项目，持续巩固提升 1 个“2652”、5 个“5350”肉牛养殖示范村和 2 个猪禽养殖示范村建设成果，新培育朝那鸡“1030”养殖示范村 3 个。完成 623.47 公顷青贮饲草、533.33 公顷玉豆套种和 636.53 公顷籽粒玉米种植任务，新培肉牛“2652”示范户 5 户，“5350”示范户 68 户，全镇肉牛饲养量保持在 3.3 万头以上，牛存栏量 2.2 万头，基础母牛 1 万头以上。劳务产业上，紧盯无产业、零就业家庭，发挥劳务经纪人和辖区内产业龙头企业、就业创业帮扶车间作用，采取平台带动稳定输出、依托产业基地就近务工、结合劳务协作组织输出的办法，推进农村富余劳动力转移就业。全年开展劳务技能培训 4 场次 200 余人，实现稳定转移就业 7000 人次，其中就近就地务工人数 1000 人。

【民生事业】 2023 年，红河镇低保户 840 户 1452 人，特困供养人员 58 户 63 人，分散特困供养人员 28 户 30 人，集中特困供养人员 30 户 33 人；享受高龄低收入津贴 259 人，享受高龄老年人津贴 70 人，享受孤儿养育津贴 25 人。全年发放临时救助 220 户 771 人 54.16 万元。完成妇女创业贷款 1165 万元，开展“两癌”筛查 650 人，“两节”慰问困难群体 106 户，完成 2023 年春秋两季“雨露计划”407 人 70.45 万元。新增脱贫户（监测户）小额信贷 544 户 3218.65 万元。红河镇新修道路 3 条 14.3 千米，维修砂石路 65 千米。新建卫生厕所 70 户、旱厕 436 户，摸排整改问题厕所 94 户。完成危房危窑改造及抗震宜居房新建 18 户，加固农村抗震房 71 户。严格耕地占补平衡管理，完成高标准农田建设 640 公顷。开展什字村美丽村庄建设项目，实施上王村设施蔬菜大棚改造提升以工代赈项目，推进何塬移民薄弱村提升“出户入园”项目，建成何塬村、红河村移民点综合治理建设项目，银昆高速公路重点控制性工程友联红河特大桥顺利合龙，为银昆高速宁夏段建成通车奠定重要基础。对照创建全国文明城市红河镇基础设施问题清单，整改销号问题 117 处，乡村基础短板进一步补齐。

【基层治理】 2023 年，红河镇依托新时代文明实践所（站），推动农村移风易俗，全年开展宣讲活动和“四个一”活动 314 场次，评选先进典型 231 户，兑换新时代文明积分 62 次 3810 户 10.03 万分。何塬村代表队获得彭阳县首届“村规民约”诵读大赛一等奖、固原市首届“村规民约”（居民公约）诵读大赛三等奖。全面落实党建引领基层社会治理“1+1+3”工作机制，在全镇安装摄像头 103 个，划分网格 267 个，构建覆盖镇村、条块结合的基层服务治理网格体系，化解各类信访矛盾纠纷 101 件，推行“163”政务服务模式，普及行政审批服务“马上办、网上办、就近办、一次办、自助办”。深入推进平安乡村、数字乡村和智慧乡村建设，持续建好用好“村村享”大数据信息平台，深化网格化管理促进“互联网+行政村”发展，打造宽坪“智慧乡村”1 个。

【人居环境整治】 2023 年，红河镇推行“党政主要领导抓部署、分管领导抓督促、包村领导抓推进、村级班子抓落实、群众主动抓整治”工作机制，全天候开展农户房前屋后“三堆”及乱倒、乱放等现象整治。累计投劳 4000 人次、动用机械 200 余台，清理农户门前“三堆”2800 户。结合新时代文明实践积分卡制度，加大对示范户积分奖励力度，先后评选卫生模范户 367 户、清洁户 653 户、较清洁户 2608 户，发布“红榜”240 户、“黑榜”360 户。深入推进农业面源污染综合治理，全面落实“河长制”“田长制”“林长制”“路长制”。回收农残膜 200 余吨，畜禽粪污资源利用率、残膜回收率均达 90%以上。

（杨列荣）

新集乡

【概况】 新集乡位于彭阳县中南部，海拔 1878 米。北与红河镇接壤，南邻甘肃平凉，西依泾源六盘山镇，北同古城镇、白阳镇相邻。辖20个行政村108个村民小组，总面积222.91平方千米，耕地面积约2666.67公顷。全乡户籍总人口9686户35804人，其中回族6963户26804人，占全乡总人口的75%，是全县回族主要聚居区之一。乡党委下设21个党支部，共有党员865名。2023年，全乡农村居民人均可支配收入达18074元以上，同比增长6%以上；脱贫人口人均纯收入达15368元，同比增长14%。

【脱贫攻坚成果巩固拓展】 2023年，新集乡按照“一收入两不愁三保障”及饮水等问题，新识别纳入“三类户”59户243人，新建、维修房屋202户，完成小额信贷4000余万元，建立健全农村饮水安全管理责任体系，解决37户冬季冻管、水压不足问题，农村饮水安全保障100%达标。对全乡2559户9325人脱贫人口和188户751人监测对象进行全覆盖结对帮扶，因人施策、因户施策、应帮尽帮，脱贫人口收入较上年增长16.1%。组织开展“四查四补”防返贫动态监测排查，针对具体返贫风险点精准施策，切实消除风险，防止返贫致贫。2023年，移民村居民人均可支配收入达到15029.5元以上，同比增长15.5%。

【产业发展】 2023年，新集乡立足区域优势和产业发展现状，坚持把种草养畜作为富民强乡的主导产业来抓，着力推动草畜产业标准化、规范化、科学化、规模化发展，打造“2652”高标准肉牛养殖示范村5个、创建“5350”肉牛养殖示范村3个，2023年有青贮池620座，年畜禽饲养总量49万只羊单位，户均达到50只羊单位，牧草面积年稳定在6666.67公顷，草畜产业收入占农民人均纯收入的65%以上。立足“蔬菜产业集群”建设，抓住产业发展“种苗”这一关键，依托团结村育苗中心引进蔬菜新品种20个，优质种苗繁育能力达2000万株以上，保障海子塬、西沟流域等周边蔬菜产业基地333.33余公顷优质种苗供应，带动全乡蔬菜集约化育苗水平整体提升。坚持从开展就业摸排、精准帮扶、保障企业用工、开发就业岗位和推介创业项目、组织招聘活动等方面综合发力，鼓励群众发展二、三产业，开展技能培训和创业培训，集中组织向福建等地输出劳动力9000人，劳务收入达1亿元以上，切实把劳务产业作为群众增收致富的“铁杆”庄稼。以姚河村为庭院经济示范村，在姚河、新集、峁堡、白草洼4个村种植红梅杏174.7亩、栽植红梅杏树8735棵，培育庭院经济示范户427户，针对各户实际，开展栽植等技能培训10余次，示范引领全乡农户积极发展庭院经济。打造白草洼村村集体林下点1个，养殖朝那鸡2.5万只。

【民生事业】 2023年，新集乡对照“1+4”政策文件安排部署，坚持党政同责、一岗双责，认真抓好森林草原防灭火和封山禁牧等重点工作，整治违规图斑近150个，依法打击河道违法采砂3人。医疗保险、养老保险参保率分别为98.43%和90.12%。加大农村低保核查力度，共清退低保76人，新增低保710人，全乡低保政策享受累计1770户3382人，做到应保尽保、应退尽退。打造健康家庭30余户，妇女“两癌”检查960人次，完成率120%。实施乡村振兴示范村、美丽乡村项目4个，砂化道路60千米，新修高标准农田2333.33公顷。2023年，新集片区义务教育阶段2097人，送教上门5人，全年落实“雨露计划”564人次。常住人口家庭医生签约18900人，签约率92%，特殊人群家庭医生签约11300人，签约率100%。家庭因病支出较大的患者符合临时救助条件90户已全部给予临时救助，救助金额20.8万元。

【基层治理】 2023年，新集乡组织干部职工学习自治区党委十三届四次全会及“1+37+8”系列文件15次、宣讲活动23场次。制定新集乡“1+15”安全生产系列应急预案，进一步压实乡村干部、各行业责任。排查“九小”场所风险隐患1613条，整改完成率100%。以约谈通报、限期整改、停业整改等形式压实各村、个体户的主体责任。定期不定期开展安全隐患整治“回头看”，不断巩固整治成效。纵深推进基层治理“1+1+3”工作机制，构建起多部门融合一站式矛盾纠纷化解体系，成立热线工作领导小组，将乡级“民声直通热线”和“固定联系人”下村走访问询相结合，畅通民意诉求渠道，减少问题上行率。2023年，排查化解各类矛盾纠纷300起，处理“12345”便民服务热线咨询件76件，矛盾纠纷调处率100%。认真落实中央民族工作、全国宗教工作会议精神，稳步推进宗教领域突出问题整治，民族团结、宗教和顺局面进一步巩固。2023年9月，乡党委被评为“全区民族团结进步模范集体”。

【人居环境整治】 2023年，新集乡常态化开展农村人居环境整治，累计清理“三堆五乱”8500余处，清理积存垃圾6000余吨，清理私搭乱建、废旧房屋、残垣断壁等100余处。创建美丽乡村1个，完成厕所改造93座。

（代　静）

城阳乡

【概况】 城阳乡地处彭阳县东南部茹河下游，与甘肃镇原县接壤，属茹河河谷黄土残塬区，历史悠久，文化底蕴深厚，素有“固原东山文化之乡”的美誉，2011年被文化部命名为“中国民间文化艺术之乡”，境内有毛泽东夜宿旧址、战国秦长城遗址、五峰胜景、茹河瀑布和茹河大峡谷五大景观，旅游资源丰富，是林果产业大乡，地理条件以茹河两岸川道和长城塬、北塬、杨塬为主，山塬相间，丘陵纵横。全乡辖10个行政村69个村民小组，户籍人口6116户20601人（农村户籍人口5826户19826人，街道及集体户290户778人），常住人口2885户9111人，总面积为186.69平方千米，其中耕地面积5306.67公顷，基本农田面积2400公顷，森林覆盖率32.2%。2023年，农民人均可支配收入16552.1元，比上年增长8.4%

【脱贫攻坚成果巩固拓展】 2023年，城阳乡严格落实每月“八必访”工作制度和防返贫集中排查相结合，分别于2月、5月、9月开展3次防返贫监测帮扶集中排查，逐户发放防返贫监测对象申报政策、帮扶政策“明白纸”6000余份，对自主申报农户和行业部门预警农户入户核实，2023年以来新识别38户148人，累计识别监测户121户496人，精准制定“一户一策”帮扶措施。实施住房饮水动态整改清零行动，实施危房改造11户，农户自建11户，加固抗震房68户；整改自来水冻管、未通水等问题338户，完成沟圈村移民安置点自来水入户管网改造201户，切实提升农村饮水安全保障能力。全乡送教上门6人，“雨露计划”资助247人37.05万元，无义务教育阶段辍学学生；抓好“三重医疗保障”政策落实，2023年医保缴纳20388人，参保率98.97%，乡村振兴健康保和家庭医生签约服务实现脱贫人口、监测对象全覆盖。开展农村劳动力就业创业情况调查摸底，累计劳务输出6476人，安置公益性岗位296人；完成3个帮扶车间认定，带动就业227人；组织参加“春风行动”、闽宁协作、产业园专项招聘会5次600余人次，开展职业技能培训3期150人；已兑现务工交通补贴325人，审核通过务工就业补助248人；发放创业担保贷款150万元、妇女创业贷款1305万元，新增小额信贷贷款278户1917.5万元，共贴息109.42万元，贷款覆盖率85.68%。

【产业发展】 2023年，城阳乡将建设高标准农田作为保障粮食安全的重要举措，建成长城、城阳等5个村高标准农田782.27公顷，清理多年生苗木288.6公顷；配合建成刘河—沟圈段和城阳马塬、杨塬片区高效节水灌溉农田896.8公顷，组织灌溉4次，确保在干旱天气下灌溉区农作物基本未减产，有效推动农业规模化、机械化、现代化。全力抓好粮食生产，种植玉米大豆带状复合种植1278.19公顷，发放大豆种子42.5吨、春覆膜220吨、有机肥96吨；种植露地辣椒63.07公顷，打造40公顷种植示范点1个；种植籽粒玉米1934.27公顷、冬小麦929.71公顷，建成沟圈村标准化育苗棚5栋。完成城阳乡肉牛养殖出户入园以工代赈示范项目，带动就业393人次；巩固提升3个“5350”肉牛养殖示范村，新增示范户15户，完成见犊补母资金兑付731户84.66万元；培育“1030”朝那鸡养殖示范村9个，发放鸡苗188户8217只。加快推进庭院经济林建设，种植红梅杏379户15.44公顷11582株、苹果143户2.23公顷1676株，打造长城村庭院经济种植示范村1个。管护运营长城塬166.67公顷矮砧密植苹果种植基地和杨塬欧洼40公顷红梅杏示范园，开工建设长城塬矮砧密植苹果基地冷库项目，截至年底，完成总进度95%，通过示范园区引领，辐射带动全乡发展红梅杏、苹果等经果林800公顷。开展杨塬、涝池、杨坪、韩寨村集体经济分红5851人62.74万元，不断夯实村集体发展后劲；制定北塬等5个村光伏资金收益分配方案，完成光伏资金趴账问题整改，开发光伏公益岗28个，最大化发挥光伏资金使用效益；加强扶贫资产管理，2013—2023年城阳乡扶贫项目资产共176个，扶贫项目资产总额9585.77万元，均运营良好。

【民生事业】 2023年，城阳乡统筹推进农村低保、孤儿、残疾和大病救助等工作，新增低保285人，在册高龄297人、特困供养19人、孤儿27人，享受残疾人护理补贴536人、生活补贴373人；实施临时救助95户，资助困难大学生65名。制定《城阳乡2023年防止返贫监测风险隐患防范预案》，对受旱灾、冰雹等灾情影响的群众，发放抗旱救灾复种露地蔬菜种子0.707吨；动员建有青贮池的养殖农户、村集体、企业开展青贮饲草料收储、调运饲草，兑现饲草调运资金11.532万元；对433户202.6公顷红梅杏冻灾、冰雹受灾农户和155.67公顷苹果冻灾进行集中救灾补贴，防止群众收入缩减。完成城阳中学、中心学校校舍、操场维修，解决地基下陷、外围墙体开裂等问题，加强学风建设，提升教育质量，2023年中考升学率达88.6%。深化“互联网+医疗健康”，完成国家卫生乡镇示范创建评审，家庭医生签约11442人，签约率90%以上；累计完成老年人健康体检3888人、“两癌”筛查713人、心血管项目初筛435人、高危人群干预110人、长期随访90余人。联合市监局开展执法检查9次，督促各经营主体合法合规经营。

【基层治理】 2023年，城阳乡全面落实党建引领基层社会治理“1+1+3”工作机制，对转办收集的各类矛盾纠纷和风险隐患“一站式”受理，召开功能型党支部会议47次，开展季度考核3次，受理办结群众来访等149件，办结宁夏“12345”政务服务便民热线119件，办结信访件18件，自治区巡视组交办件10件。建立健全重点人群管理服务台账，为25名重症精神患者购买保险，送医救治12人，开展集中上门办证1次，办理精神障碍和智力障碍残疾证17个。推进普法工作，开展各类法治宣传教育活动24场次。每月定期召开新时代文明实践大讲堂，通过防返贫监测集中排查，面对面讲解政策，培育政策明白人3760人，办明白事2011件，持续加强农户思想教育和引导。全面落实“一约四会”制度，完成10个村《村规民约》修订，举办“村规民约”诵读大赛，爱心超市累计兑换积分2878户10888分，持续培育文明乡风、良好家风、淳朴民风。

【人居环境整治】 2023年，城阳乡聚焦薄弱乡镇整乡提升综合整治，针对5个方面33个问题，制定具体措施68项，明确工作牵头领导、具体负责人、责任人，分年度阶段性抓出成效，已完成西庄水库除险加固工程和长城、城阳、涝池灌区3200米支干渠改造等56项内容，完成率81.15%。完成硬化道路续建2条6.6千米，修建城阳乡城阳村转湾组至白阳镇陡坡村财神崾岘红色旅游公路“白改黑”12.9千米、砂化路43.99千米，重新罩面韩李路沥青路面9.83千米和陈杨路、杨杨路路况提升6.4千米。完成长城、杨坪、沟圈3个村“多规合一”村庄规划编制工作，扎实推进“一村一年一事”行动落地生根，共投资580万元，已完成9个项目，1个正在建设中。做好长城村乡村振兴示范村建设，完成韩寨村移民安置点新增户供排水改造、巷道硬化，对陈沟、刘河、沟圈居民点194户实施农村建筑节能改造，着力补齐基础设施短板。建立环境卫生整治“周督查、周整改”工作机制，常态化开展公路沿线及农户门前环境卫生整治，清理农户门前“三堆”3500余户，清运垃圾400余吨。推广长城村卫生厕所“一站两体系”市场化运维模式，新建卫生厕所管护运维服务网点4个，运营管护好10个污水集中处理设施，抓好沟圈村、韩寨村卫生厕所整村推进，2023年全乡新建卫生厕所60户，整改问题厕所49户。

【乡村旅游】 2023年，城阳乡配合交通局修建乔家渠—矮砧苹果基地—五峰山—茹河瀑布旅游公路1条；继续加强茹河瀑布风景区、乔家渠红军长征毛泽东宿营地基础设施提升改造，发展培育三星级农家乐2个，对农家乐、民宿、景点服务等旅游从业人员开展餐饮培训，试点运营杨坪村儿童游乐体验场，促进旅游资源效益提升。

（陆　晨）

草庙乡

【概况】 草庙乡地处彭阳县中北部，位于北纬36°02′、东经106°42′，地处干旱黄土丘陵沟壑区，境东为梁、壕、掌丘陵地貌，境西为水流切割破碎沟壑区，属温带半干旱大陆性季风气候，年降水量300毫米，年均气温8℃，无霜期年均约130天。行政区域面积180.1平方千米，全乡辖14个行政村41个村民小组，户籍人口3729户13136人，常住1553户4671人，脱贫人口997户3479人，未消除风险监测对象116户455人。2023年，草庙乡种植粮食4800公顷、蔬菜200公顷，朝那鸡饲养量20万只、肉牛饲养量0.51万头，实现总产值20665万元，农村居民人均可支配收入15160.3元。

【脱贫攻坚成果巩固拓展】 2023年，草庙乡享受低保711户1180人，整户低保90户169人。全年入户核查3736户13139人，经摸排，共发现问题659个，已全部完成整改。结合行业部门监测预警信息与比对统计表开展脱贫人口、监测对象常态化排查预警，全年共发现并纳入监测对象50户229人，消除风险6户17人，所有监测对象均制定一户一策帮扶措施。年内，转移劳动力4035人，安置公益性岗位352人，发放农民创业贷款11户180万元，发放妇女创业贷款20笔330万元，草庙乡小额信贷贷款存量738户4816.89万元，贷款覆盖率71.1%，新增贷款320户2054.89万元。2023年工资性收入占比57.61%，经营性净收入占比20.50%，财产性收入占比1.52%，转移性收入占比20.37%。

【产业发展】 2023年，草庙乡制定《2023年草庙乡农业产业高质量发展实施方案》，建立主要领导包抓新增“5350”肉牛养殖示范户、其他领导干部包抓巩固提升“5350”肉牛养殖示范户抓点联户机制。巩固提升张街、包山、周庄、刘塬、新洼、曹川、丑畔、米塬8个“5350”肉牛养殖示范村，巩固示范户294户，新培育示范户40户。成立草庙和谐联合党支部，整合400万元村集体经济资金变股金，养殖肉牛197头，种植青贮44公顷，发展“1030”朝那鸡产业项目，培育“1030”朝那鸡养殖示范村14个，培育示范户263户，其中脱贫户、监测户、移民户180户，兑现补贴资金11.4万元。带动全乡养殖肉牛4829头，养殖肉羊8742只，养殖生猪3845头，养殖鸡246565只。2023年，粮食种植面积4631.13公顷，其中，玉米套种大豆1246.67公顷，小麦333.33公顷，马铃薯133.33公顷，籽粒玉米和粮饲兼用型玉米2533.33公顷，蔬菜206.67公顷，种植油料212.27公顷。打造20公顷小杂粮种植基地10个，66.67公顷基地1个，种植小秋杂粮336.93公顷；打造包山村脱水蔬菜原料种植基地，种植大葱13.33公顷；在新洼村、包山村推广种植水果玉米66.67公顷；发放大豆种子1133.33公顷，兑付玉米大豆复合种植补贴资金1244公顷373.3万元，兑付油料种植补贴资金31.4万元，发放实际种粮农民一次性补贴4631.13公顷37.86万元，发放春覆膜2066.67公顷。利用山花节、梯田节、红梅杏开园节等重大活动，配合举办彭阳县山地自行车越野赛，砂化牛湾村杏花岭旅游路200米，停车场2处150平方米，安装装配式卫生厕所2个24平方米，垃圾箱10个，组织动员群众摆摊设点销售农副产品，增加群众收入。

【民生事业】 2023年，草庙乡发放困难群众临时救助资金119人30.52万元，发放孤儿津贴13人共13.7万元，发放残疾人“两项补贴”416人共66.33万元。截至年底，家庭医生签约服务8777人，老年人签约服务1071人，高血压签约服务694人，糖尿病签约服务167人，结核病在管3人，精神病患者签约服务47人，孕产妇人签约服务50人，癫痫病患者签约服务16人，0—6岁儿童签约服务331人，签约服务率均为100%。开展重点人群健康体检963人次，“两癌”筛查497人次。督促各村坚持每月开展“四个一”活动，开展志愿者创城活动20次，重点做好草庙乡街道片区基础设施维修、街道两旁车辆停放、经营户文明素养提升、就餐铺张浪费、街道周围环境整治等重点工作。盘活闲置资产，发展壮大经营性收入，各村流转土地300亩以上，结合村情制定发展壮大村集体经济方案，截至年底，四星级以上村经营性收入达20万元以上，其他村经营性收入达10万元以上。

【基层治理】 2023年，草庙乡召开信访联席会议5次，高效调解调解矛盾纠纷76件，群众满意度98%以上。开展民主法治示范村建设，培育法律明白人141人，法律明白人骨干42人，开展“八五”普法宣传7次，开展领导干部学法讲法活动6次，在草庙街道开展民法典，国家安全日宣传2次，受众1000余人次，发放各类宣传册2000余份。为全乡30名精神病患者购买人身意外伤害保险，严格落实“四包一”责任制（网格员、村支书、乡综治中心负责人、乡分管领导）。2023年，全乡开展安全生产检查68次，消防安全专项检查35次，地质灾害应急演练1次，组织各村人员清理边沟30千米，涝坝4个，涵洞10处，摸排地质灾害隐患点2处，已全部整改到位。

【人居环境整治】 2023年，草庙乡加快推进农村破损路面维修，配合县交通局对草庙—和沟沿线路面维修改造23千米，全面推进农村砂化路建设，组织建设刘塬、王岔、牛湾等村砂化路共计15千米，已全部竣工验收并交付使用。扎实推进清洁能源锅炉改造，共落实安装228户，其中安装生物质炉189户，安装热风机39户。加快高标准农田建设，全乡共计建设高标准农田建设5056.22公顷，2023年新修高标准农田569.27公顷。全面推进曹川、丑畔、庭院经济示范村创建，组织从全乡各村抽调本村公益性岗位5—8人，配合曹川、丑畔村开展红梅杏、苹果树苗栽植、环境卫生整治、农户门前“三堆”清理等工作。共投入人工2200余人次，栽植红梅杏6.67公顷、苹果3.33公顷，整治公共区域卫生4000平方米、道路环境15千米、农户门前“三堆”226户。组织开展曹川村庭院经济交流观摩活动5次，形成比、学、赶的工作氛围。深入推进乡风文明，督促各村开展红黑榜评比8次。扎实推进丑畔村乡村振兴示范村建设，以强化基础设施建设、强化队伍建设、强化制度建设等6项指标体系为重点，实施道路硬化5条5千米。实施美丽村庄建设项目，硬化丑畔组、刘区组道路2.5千米，路宽3米，修建边沟1.5千米，残垣断壁整治30户，新建公共厕所1个，村部周边排水维修40米，塌陷区域土方填埋500立方米，场地硬化1500平方米，安装6米高太阳能路灯30盏。

（韩正华）

孟塬乡

【概况】 孟塬乡距彭阳县城43千米，南北长22.8千米，东西宽19.3千米，总面积211.99平方千米，地形以丘陵、残塬为主，年平均降雨量500毫米左右，平均气温 7.4—8.5℃，全乡辖 11 个行政村 62 个村民小组。2023 年，全乡户籍人口 4229 户 15143 人，常住 1545 户 4351 人，脱贫户 935 户 3491 人，监测对象 158 户 576 人，已消除风险 61 户 221 人。农村低保 561 户 878 人、城镇低保 3 户 3 人、高龄 189 人、残疾人 523 人、特困供养 45 户 52 人、孤儿 16 人。乡党委下设党支部 13 个，党员 485 人。2023 年，农村居民人均纯收入 16147 元，比上年增长 15.2%。

【产业发展】 2023 年，孟塬乡加快调整产业结构，在牢守粮食底线的基础上，形成以草畜产业为核心，小秋杂粮、中药材、蔬菜产业、生态鸡为支撑，林果、中华蜂为特色的产业体系。持续增强草滩村、何岘村 2 个肉牛“出户入园”养殖园区和养殖大户示范带动作用，加大“5350”养殖户新增培育力度，提高全乡农户养殖覆盖面和养殖规模。孟塬乡现有“5350”巩固提升示范村 8 个，年内，培育新增“5350”示范户 41 户，配套新建养殖棚 65 个、青贮池 41 个，发展饲草 400 余公顷，调运饲草 146 户 1099.5 吨，补贴 32.99 万元，见犊补母涉及 666 户 1004 头，补贴资金 101.2 万元。现有肉牛养殖户 583 户，存栏肉牛 5782 头，其中“5350”示范户 436 户、50 头以上养殖户 7 户。全年打造双树村千亩玉米大豆带状复合种植示范点 1 个，大豆玉米带状复合种植 1466.67 公顷，种植玉米 2000 公顷、小麦 666.67 公顷、油料 148.8 公顷。以小石沟国家认证绿色产品谷子和荞麦为主发展“一村一品”产业，全乡打造 20 公顷以上小杂粮标准化种植基地 8 个，发展小秋杂粮 333.33 公顷以上，其中小石沟村建有小杂粮种植示范基地 66.67 公顷，种植粮食作物 3922.07 公顷。利用高效节水灌溉设施，以赵山庄村 33.33 公顷辣椒为示范，集中连片示范种植辣椒、大葱、菠菜、萝卜、小白菜等各类蔬菜 133.33 公顷。有效管护“流域型+集体型”经果林示范基地 2 个 150 公顷，打造草滩村庭院经济示范村 1 个，新栽植红梅杏 21.74 公顷，红梅杏高接换头改良 53.33 公顷，全乡苹果面积 133.33 公顷、红梅杏 218.2 公顷。林下积极发展中药材和中华蜂产业，成立村级种植合作社 6 家，种植林下药材 633.8 公顷，依托全乡生态资源优势和小石沟电商，持续发展中蜂养殖，打响孟塬土蜂蜜品牌，全乡中华蜂养殖超过 4000 箱，年产蜂蜜 2 万千克。同时，以“1030”朝那鸡养殖项目为基础，鼓励群众积极发展生态鸡，打造示范村 10 个，培育“1030”示范户 514 户，发放朝那鸡及月子鸡 18402 只。

【民生事业】 2023 年，孟塬乡扎实开展低保“扩围增效”行动，全面开展残疾人持证核查工作，累计新增低保 148 户 179 人、发放临时救助 115 人 33.83 万元、大病救助 13 人 8.9 万元，签订无违规持有残疾人证承诺书 509 人。慰问困境妇女 41 人、发放小树苗“微心愿”物资 58 人次，其中资助低保女大学生 3 人，妇女“两癌”筛查 508 人，完成任务的 113%。坚持医疗、养老、孤儿、特困、高龄、计划生育奖补等“普惠性”政策应享尽享，城乡居民医疗保险、养老保险动态参保率 100%，完成 65 岁以上老年人健康体检 771 人、高血压慢性病患者体检 593 人、糖尿病慢性病患者体检 113 人、组织接种流行性出血热疫苗 200 人、布鲁氏病筛查 1524 人、滋蕙计划资助学生 3 人。完成全乡 15253 名户籍人口劳动力资源摸底调查和 4733 名转移就业人员务工信息核实，脱贫人口（含监测人口）实现转移就业 1513 人。组织 101 人参加县内招聘活动，向厦门、县内重点企业输送劳动力 56 人，厦门帮扶就近就地转移脱贫、非脱贫人口补助资金发放 70 人 3.09 万元。县内纺织服装类企业和就业帮扶车间务工人员就业补助资金 118 人 10.89 万元。安置公益性岗位 243 人（年内新增 166 人），3 个就业帮扶车间吸纳脱贫人口就业 41 人，兑现务工人员转移就业补助资金 361 人 45.5 万元、交通补贴 337 人 14.42 万元，落实“铁杆庄稼保”3532 人，补贴资金 12.36 万元，新增妇女创业贷款 35 人 565 万元。

2023 年 11 月 30 日，草庙乡举办秋季森林草原防灭火应急演练

（草庙乡 提供）

【基层治理】 2023 年，孟塬乡功能型党支部累计登记化解各类矛盾纠纷 118 件，办结网上转办信访事项 12 件，办结区市“12345”服务热线 60 件。开展安全生产大检查和行业领域专项整治行动，累计排查消除重点场所安全隐患 27 处，排查行业领域安全风险隐患 725 条，已全部整改完成。持续做好食品药品安全、交通道路安全、森林草原防灭火、防汛抗旱工作，落实食品药品责任包保制度，加大农村农用车、摩托车、电动车“三车”治理力度，落实交通安全劝导制度。持续推进网格化综合服务管理，加强联防联控、群防群治，严厉打击各类违法犯罪活动，持续开展全民普法宣传，严格依法执政，全年开展行政执法检查 12 次，做出行政处罚 11 起。

【人居环境整治】 2023 年，孟塬乡不断健全村民“四会”组织，修订完善《村规民约》，白杨庄村代表队在全县首届“村规民约”“居民公约”诵读大赛中荣获三等奖。依托新时代文明实践所（站）等文明阵地扎实开展新时代文明实践志愿者服务活动，兑换积分 84467 分，举办“强国复兴有我”民风建设表彰大会暨铸牢中华民族共同体意识秦腔展演活动 1 次、送戏下乡活动 5 次，举办“我们的节日·精神的家园”暨“四个一”文体活动 95 场次，选树表彰“好婆媳”“移风易俗示范户”“星级文明户”等先进典型 158 人。常态化开展农村人居环境综合整治行动、村庄清洁行动、美丽庭院评比活动，持续整治门前“三堆”，大力推进农村改厕、生活垃圾日处理和畜禽粪污资源、残膜回收利用，建设村级农村厕所运维站 2 所，全面落实“河长制”“林长制”“田长制”，有效整治河道沟渠水环境问题、倾倒垃圾乱占耕地、违法放牧问题，整治违法图斑 31 处、“禁牧封育”督查检查 12 次。

（刘 坤）

冯庄乡

【概况】 冯庄乡地处彭阳县境东北部，东邻甘肃省镇原县三岔镇，西毗王洼镇，南接孟塬乡，北靠小岔乡，东西长 22.5 千米，南北宽 11.03 千米，总面积 177.6 平方千米，距县城 55 千米，平均海拔高度 1401 米，无霜期 120—140 天，沟壑纵横、山峦重叠。境内石油、矿石资源丰富，有长庆油田采油十一厂生产油井 213 眼，开井 157 眼，日产原油 210 吨。冯庄乡旅游资源丰富，有流水冲刷形成的人称“一步四十里”神奇大峡谷。保存有自治区级文物保护单位明代璎珞宝塔和宁夏第一个农村红色地下党支部——虎家小园子地下党支部旧址。辖石沟、小湾、冯庄、羊草湾、小寺、崾岘、茨湾、小园子、上湾、高庄、崖湾 11 个行政村 51 个村民小组。2023 年，全乡总人口 2275 户 7646 人，农村居民人均纯收入 14835.7 元，同比增长 8%。

【脱贫攻坚成果巩固拓展】 2023 年，冯庄乡完成排查 1231 户，预警 5 户农户，新识别监测对象 18 户 61 人；通过行业比对重点人群，接收并处理预警数据 169 条；对 413 户 1472 人重点人群开展“八必访”，通过帮助发展产业、提供稳定就业等帮扶措施，消除风险8户32人，为剩余监测对象制定“一户一策”台账，帮扶成效明显。研判分析上湾村薄弱点并制定整改提升方案，建立问题整改提清单，聚焦产业发展、乡村建设、干部能力、内生动力4个方面13个指标，对标对表，补弱项，强短板，逐项整治，逐个消耗，已全部整治完成。常态化开展排查保障饮水、住房安全，确保底线问题全部清零，共排查管道损毁问题15个，及时联系施工队查补维修；为3户返乡户新通自来水，为106户有冬季冻管隐患的农户安装防冻井，为6户有爆管隐患的农户安装减压阀，实现安全饮水问题动态清零。完成农村安全住房保障改造4户，危房改造加固15户，确保重点人群安全住房问题动态清零。

【产业发展】 2023年，冯庄乡推进肉牛养殖产业高质量发展，巩固提升“5350”养殖示范村5个，新培育发展“5350”户共落实25户，动员全乡220户肉牛养殖户进行补栏扩量，肉牛存栏量增至1905头。种植优质饲草666.67公顷（青贮玉米400公顷），完成青贮饲草9000立方米，全乡免疫畜禽201802头（只）。完成动物产地检疫58636头（只）。完成大豆玉米带状复合种植594.73公顷；露地辣椒种植61.97公顷；露地南瓜种植108.29公顷；种植油料作物106.32公顷；水果玉米种植8.4公顷。实施“一喷多促”1333.33公顷，辣椒绿色高产高效行动项目万亩辐射示范区物资发放61.97公顷。持续抓好闽宁协作对口帮扶机遇，向福建转移就业4人，转移就业2489人，实现工资性收入937.56万元，举办电工职业技能培训50人次，培育创业实体5个，创业带动就业30人。完成宁南数字产业园招工面试30人。完成小额贴息贷款165户1167万元。

【民生事业】 2023年，冯庄乡完善农村低保动态管理机制，落实分层分类救助制度，全年低保扩围新增69户93人，清退低保76人，发放临时救金123户28.66万元，享受残疾人护理补贴165人、生活补贴125人、高龄低收入津贴124人、享受孤儿津贴6人、分散特困供养人员10户12人。利用春节、中秋、八一建军节等节假日慰问军烈属、困难退伍军人、困难现役军人军属，慰问困境妇女24人。完成居民医疗保险缴费6252人，参加社会保险人员领取死亡待遇申报56人。扎实开展控辍保学工作，全年完成送教上门3人，为2023年新录入55名本科大学生发放各类救助10.4万元，落实“雨露计划”资金10.65万元；全年开展志愿服务活动800余次，组织开展“四个一”文体活动104次。举办元宵节秧歌队社火表演、端午节香包比赛、庆“七一”唱红色歌曲诵民俗作品活动、“红色传承 绿色无毒”主题宣传活动暨庆“七一”、“禁毒杯”农民篮球运动会等，共涉及干部群众900余人次。

【基层治理】 2023年，冯庄乡坚持全面依法治理，全年开展法治宣传30场次，发放宣传资料2000余份，选拔培育“法律明白人”110名；组织11名“法律明白人”参加2023年“乡村振兴 法治同行”法律知识挑战赛，扎实开展人大工作，适时召开乡人民代表大会，举办代表履职培训1次。对辖区内63家“九小”场所开展集中排查、督查，发现并督促整改问题196起；开展地震演练和汛期山洪地质灾害演练2次，与农机手签订安全协议书。动员辖区常住人口全部安装注册“国家反诈中心”App，安装注册率全县第三。深化矛盾纠纷排查化解，排查化解各类矛盾纠纷47起，办理信访件共11起，年内，被评为平安固原建设示范乡镇。做实乡风文明实践“积分卡”制度，发挥“爱心超市”导向作用，用“小积分”换“大文明”，截至年底，文明实践总积分98689分，已兑换78432分（1445户）。举办乡风文明表彰大会1次，评选表彰敬业奉献模范17名、服务群众好党员9名、孝老爱亲示范户8户、美丽庭院示范户9户、致富带头人9名、诚实守信模范3名、好乡贤3名。

【人居环境整治】 2023年，冯庄

乡引进宁夏环保集团城市服务有限公司,结合路长制,完成冯王公路冯庄段40千米道路的边沟淤泥、路肩杂草等清理及行道树修剪工作;组织公益性岗位人员对辖区行道树集中修剪2次,共计140余千米。结合庭院经济建设,对全乡农户门前“三堆”(土堆、柴堆、粪堆)及周边“三乱”(乱泼、乱倒、乱扔)问题集中治理,清理门前“三堆”垃圾1460吨。扎实推进“三园”(菜园、果园、花园)建设37个,美化村庄12公顷,回收残膜94吨,制作宣传横幅23条,发放环境整治资料2400份,人居环境整治成效明显。巩固农村户厕整改成果,提高厕所利用率,共新建户厕313座(旱厕278座、卫生厕所35座)。大力发展雅石沟村、小湾村、小寺村、冯庄村4个村庭院经济,发放红梅杏苗6.84公顷5128株(雅石沟1.07公顷805株、小湾3.76公顷2817株、小寺1.33公顷1000株、冯庄0.675公顷506株),打造小湾庭院经济示范点1个。

(赵　军)

小岔乡

【概况】 小岔乡位于彭阳县城北部62千米处,安家川河上游,属宁南温凉干旱区,北以甘肃环县为界,东接甘肃镇原县,南连冯庄乡,西邻王洼镇,乡政府驻地小岔村,总面积151.59平方千米。辖7个行政村26个村民小组,户籍人口1574户5366人,常住人口507户1966人,脱贫人口369户1356人。有天然草场5733.33公顷,多年生牧草4800公顷,退耕还林面积4500公顷,荒山造林5166.67公顷,森林覆盖率21.8%。农民人均可支配收入从2022年13845.8元增加到2023年15044.1元,年均增长率8.7%。全乡7个行政村全部实现通硬化路、通客车,农村常住人口安全饮水和安全住房保障率均100%。

【脱贫攻坚成果巩固拓展】 2023年,小岔乡建立“一村一专班”工作机制,常态化组织乡村干部、驻村工作队等开展防返贫监测帮扶排查工作12次、集中排查2次,全覆盖发放“一卡一纸”500余份,对重点人群和特殊群体实行“八必访”,全年共摸排整改住房、医疗、饮水安全等问题118条。全年精准识别监测对象20户71人,因户制宜、因人施策,消除风险10户35人。全面落实各项强农惠农富农政策,累计向脱贫人口兑现各类产业奖补资金463万元、交通补贴5.8万元、务工补贴14万元,新增小额信贷720万元,全乡贷款存量达到280户1680万元,年完成贴息43万元。发挥好公益性岗位兜底安置作用,实现脱贫劳动力稳定就业708人。深入开展“雨露计划+”就业促进行动,实现毕业学生就业10人,争取县人武部等各类帮扶资金60余万元。大力开展移民致富提升行动,整治移民薄弱村1个。针对各级考核问题,结合中央审计、财政资金绩效评价和自治区2022年度后评估发现问题,举一反三主动认领4个方面10类35个具体问题,制定整改措施89条,成立问题专项整改工作领导小组,指导7个村建立“三个清单”,截至年底,已全部整改。

【产业发展】 2023年,小岔乡对标全县“五特”产业布局,立足发展实际,推进农业产业扩规、提质、增效。巩固提升“5350”肉牛养殖示范村4个,培育“5350”肉牛养殖示范户20户,种植青贮玉米3900亩,组织农户调运干草236吨、完成饲草调制8000余吨,实施“见犊补母”550头,全乡肉牛饲养量达到1900头。新培育“1030”朝那鸡养殖示范村7个,对接各机关食堂、工会,开展月子鸡蛋促销活动,完成月子鸡蛋销售200万枚,全乡朝那鸡饲养量4万只,实现产值400万元。推进林鸡融合、林药融合,打造2000只以上林下朝那鸡散养点3个,发展林下中药材种植366.67余公顷。发展庭院蔬菜种植9.33公顷,订单种植干线两用型辣椒5.33公顷,全乡蔬菜面积53.33公顷。新栽植庭院红梅杏1800株,打造庭院红梅杏示范户62户,完成山杏高接改良13.33公顷。推广大豆玉米带状种植386.67余公顷。依托2家村集体农业生产社会化托管服务组织,实施粮食作物耕、种、收等环节托管服务866.67公顷次，带动全乡主要粮食作物耕种收综合机械化水平为73%，全年完成粮食播种面积1433.33公顷，实现粮食总产量5500吨以上。

【民生事业】 2023年，小岔乡持续推进教育事业健康发展，落实义务教育阶段家庭经济困难学生生活费帮扶33人1.03万元，落实社会扶贫基金教育帮扶142人56.8万元，对3名适龄重度残疾儿童全部落实“送教上门”服务，实现全乡义务教育阶段零辍学。强化基层医疗卫生服务网络功能，全乡重点人群家庭医生签约率100%，邀请厦门援宁工作队等专家举办常见病诊疗等各类义诊活动7场，免费提供诊疗服务260人次，完成全民健康体检3256人。抓实城乡居民基本医疗保险参保硬任务，实现居民参保率100%。全面开展农村低保入户核查，规范落实农村低保256户477人，新纳入农村低保68户89人，取消不符合条件农村低保45人，全年兑现低保金211万元、残疾人“两项补贴”19.8万元，精准发放各类救助资金30万元。积极应对冰雹、干旱等各类灾害影响，兑现各类救灾资金111万元。以主题教育为契机，为群众办理民生实事164件。持续推进文化惠民工程，举办“相约金秋　共话发展”乡风文明大会活动等文化活动5次，开展送戏下乡5场次、送电影下乡150余场次，举办各类“四个一”活动35场次。

【基层治理】 2023年，小岔乡健全党组织领导的村民自治机制，全面落实“四议两公开”制度，对全乡7个村村规民约进行修改完善，将抵制高价彩礼、反对大操大办、遏制铺张浪费标准进行明确，充分发挥乡村文明实践积分激励引导作用，累计开展积分兑换1400户18万分。开展法律进校园、进机关等集中法治宣传活动8场次，发放各类宣传资料1000余份。构建调解纠纷平台，以社会治理“1+1+3”工作机制为抓手，督促落实“三张清单”，年梳理化解各类矛盾问题20余件。对9名安置帮教对象，做到每季度进行走访、回访，定期进行法治教育。全乡“国家反诈中心”App安装率100%，零信访、零命案、零诈骗乡镇建设成果得到巩固。积极探索党风、民风、家风“三同步”建设，选树表彰卫生光荣户、最美庭院、最美家庭、肉牛养殖示范户等先进典型64户。发放《持续推进移风易俗　全面助力乡村振兴》倡议书1000余份，教育引导广大群众遵守村规民约。

【人居环境整治】 2023年，小岔乡新修高标准农田4206亩，增施有机肥34吨，砂化生产路5条15千米，整治耕地建房等农村违法图斑8个。加快农村基础设施优化升级，硬化柳湾村组道2.2千米，完成李渠村组道路铺油改造5.4千米，完成榆树、小岔等村组道路砂化10千米以上，实现自然村砂化路全覆盖；新改造农村住房8户，新完成动力电入户16户；整改自来水冬季冻管12户、安装检查井39个；新建生态型柳工坊防撞墙1处30米。因地制宜、以供定改，有序推进清洁能源改造210户。新建农村户用卫生厕所23个，新采购吸污车2辆，建成厕所后期运维服务站4个，农村问题厕所实现动态清零。全面完成7个村村庄规划编制，推进农村人居环境网格化管理、积分制、“红黑榜”、门前“三包”等制度，规范农村环卫保洁市场化运行，组织公益性岗位常态化开展人居环境整治，截至年底，已累计参与1000人次，出动清运车辆500余辆次，清理农村生活垃圾155吨，清理畜禽粪污、农用残膜等农业生产废弃物800余吨，村容村貌全面提升。

（田　佳）

罗洼乡

【概况】 罗洼乡位于彭阳县最北端，北与甘肃省环县芦湾乡接壤，东、南、西分别与小岔乡、王洼镇、交岔乡毗邻，距县城约62千米，202省道（原203省道）纵贯南北，境内长约16千米。全乡总面积156.21平方千米，现有耕地2870.87公顷、退耕地3177.73公顷、荒山造林6017.95公顷、荒山

664.93公顷。辖7个行政村、29个村民小组，总人口1520户5504人，回族人口1679人，占总人口的30.5%。2023年底，全乡农村居民人均可支配收入达15251.1元，比上年增长9.1%。

【脱贫攻坚成果巩固拓展】 2023年，罗洼乡持续推进防返贫监测，乡村全面振兴。健全防返贫动态监测帮扶机制，新识别监测对象19户56人，累计消除风险54户183人。聚焦"三保障"和饮水安全，危房加固26户，新建安全住房3户，补建面积1户；返乡户通水4户，安装防冻检查井13个；教育资助134人23.55万元，送教上门1人。依靠发展产业就业作为促进脱贫群众持续增收的基本方式，培育创业实体17个，新增就业岗位22个，实现转移就业1530人；发放就业补贴21.63万元，贷款贴息52.76万元，脱贫人口人均纯收入15172.51元，增长18.94%。建成矿区职工小车停车场1处6630平方米，配套购物超市、餐饮店、洗车房等营业房6间424.36平方米，实现村集体经济直接增收40万元；薛套村建成运煤车辆停车场1处8650平方米，年增加村集体收入8.3万元。通过村企联合、"三资"租赁、产业发展、光伏收益等多种方式，全乡7个村村集体经营性收入均达15万元以上，富民产业规模进一步壮大。

【产业发展】 2023年，罗洼乡坚持以优势产业促农业结构调整，加快推进现代农业高效发展。玉米大豆带状复合种植466公顷，籽粒玉米820.87公顷，青贮玉米586.33公顷，冬小麦270.67公顷，小秋杂粮566.67公顷；种植大棚蔬菜39栋2.8公顷，露地蔬菜7.07公顷。巩固提升"5350"肉牛养殖示范村4个，培育"5350"肉牛养殖示范户29户、"1030"朝那鸡养殖示范村4个66户；全乡青贮饲草222户3.1万立方米，与上年相比，分别增加26.1%、34.8%。2023年，全乡牛、羊、猪、禽年饲养量分别为4200头、1.6万只、2100头、1.2万羽。全力打造石沟村庭院经济示范村，新增红梅杏1.33公顷1000株，高接换头22.67公顷，组织乡村干部、公益性岗位等对24公顷1.8万株红梅杏进行除草修剪施肥，为增产增收打下坚实基础。鼓励群众积极发展种植，保障粮食安全，发放种粮补贴14.36万元、大豆种子8750千克；兑现玉豆套种、小杂粮、冷凉蔬菜等各项补贴159.22万元；购买农业保险260户940公顷。紧扣县委、县政府一揽子政策，稳住养殖基本盘，兑现见犊补母、青贮饲草、外调饲草、"5350"养殖示范户、"1030"养殖示范户等各项补贴283.97万元。

【民生事业】 2023年，罗洼乡举办民风建设表彰暨文化商贸物资交流大会和"民族团结杯"篮球运动会，评选表彰先进典型67人。积极参加全县农民篮球运动会，取得乡镇二组第一名；参加全县"村规民约"朗读比赛，荣获第二名；开展"四个一"文体活动40场次。完成低保扩围增效，全乡享受低保205户365人(其中，新增低保39户62人)，发放低保金184.6万元、残疾人"两项补贴"20.5万元、高龄津贴22.5万元、孤儿津贴7.9万元、农村分散"五保"供养津贴7.55万元、临时救助18万元。开展基层医疗与公共卫生供给质量提升行动，罗洼乡卫生院门诊楼、办公楼、宿舍楼完成提升改造；落实三孩补贴政策，完成免费孕检16对、适龄农村妇女"两癌"筛查150人，累计发放育儿补贴11人2.64万元；健全家庭医生签约服务保障机制，稳步扩大服务覆盖面，已规范签约服务3954人。

【基层治理】 2023年，罗洼乡坚持和发展新时代"枫桥经验"，全面落实党建引领基层社会治理"1+1+3"工作机制，排查化解各类矛盾纠纷32起、受理调解信访事项19件；组织下载"国家反诈中心"App 2000余人次，有效遏制电信网络诈骗案件高发势头；坚持以铸牢中华民族共同体意识为工作主线，着力打造石沟村铸牢中华民族共同体意识示范村。开展安全生产大排查大整治，排查隐患28条，整改27条；守住交通安全底线，安装减速带12处

166.4 米、防护栏 1180 米，新建绿色生态型柳工坊防撞墙 1 处 60 米；坚持开展“九小”场所隐患排查治理行动，排查发现问题 382 个，已全部整改完成。加强应急物资储备和抢险队伍建设，开展地震、火灾等应急演练 5 场次。密切关注冻灾、旱灾、冰雹等多重自然灾害，及时发布天气预警 130 余条，统筹发放救灾救助资金 116.02 万元、应急物资 86 件。

【人居环境整治】 2023 年，罗洼乡实施采空区移民安置点雨污分流管道改造项目；续建马涝村、寨科村高标准农田 11702 亩；新修硬化路 8.3 千米，配套硬化路一侧边沟 2 千米，维修砂化路、硬化路 41.5 千米，完成水厕改造 72 户，旱厕改造 145 户，建成卫生厕所运维站 3 个，实现运维全覆盖。深入实施农村人居环境综合整治提升行动，累计发动 400 余人、动用机械 30 余台次，清理生活垃圾 1800 余吨、乱堆乱放 500 余处。坚持水域保护，落实河长巡河制度，加强河道管理，杜绝发生侵占水域岸线等违法行为。坚持林草管护，推进森林草原防灭火工作常态化，查处偷牧放牧行为 10 起。坚持农村冬季清洁取暖改造，推动“煤改电”项目实施，累计落实生物质炉具 59 户，空气热源泵热风机 226 户，空气热源泵热水机 25 户。

（杨　楠）

交岔乡

【概况】 交岔乡位于县城北部、小河流域上游左侧，南、东与王洼镇相连，西、北分别与原州区河川乡、寨科乡相邻。全乡辖 7 个行政村 20 个村民小组，总面积 147.38 平方千米。2023 年，全乡有户籍人口 1570 户 5401 人，其中回族人口 5199 人，约占总人口的 96%，户籍常住人口 936 户 3426 人，占总人口的 63%。2023 年，交岔乡人均可支配收入 14995 元，比上年增长 1211.5 元，同比增长 8.79%。

【脱贫攻坚成果巩固拓展】 2023 年，交岔乡常态化开展“四查四补”，年内，开展防返贫动态监测集中入户摸排 3 次，排查出群众安全住房、饮水等 4 类 228 个问题；落实行业部门预警工作机制，处置完成行业部门预警信息 117 条，对 292 户“八必访”对象做到每月遍访；加大农户自主申请宣传普及力度，共发放“明白纸”2000 余份，组织乡村干部、驻村工作队集中进户宣传讲解 4 次。制定网格化管理实施方案，安排 59 名网格员包抓辖区农户，对有致返贫风险群众进行常态化监测，确保及时纳入动态监测帮扶，精准落实“一户一策”帮扶措施，全乡累计排查纳入监测对象 42 户 167 人，并“因户施策”落实帮扶措施。紧盯群众“两不愁三保障一收入”（农村贫困人口不愁吃、不愁穿，保障其义务教育、基本医疗和住房安全，农民家庭年人均纯收入达到国家现行扶贫标准）等重要指标，查弱项补短板，完成 18 户群众安全住房加固、改造和新建，整改安全饮水方面问题 75 个，全乡安全饮水率、安全住房率 100%。按照《彭阳县薄弱乡镇巩固拓展脱贫攻坚成果同乡村振兴有效衔接整乡提升工作方案（2023—2025 年）》相关要求，召开整乡提升工作启动会，制定印发乡级方案。梳理在基础设施、产业发展、群众内生动力等方面存在的 24 个问题。结合乡情实际，制定 62 项具体措施，按照完成时限具体实施整改提升。

【产业发展】 2023 年，交岔乡坚持草畜之乡目标定位，在持续扩大全乡草畜产业的基础上，巩固提升全乡 7 个“5350”肉牛养殖示范村，新培育养殖示范户 41 户，新建青贮池 1563.4 立方米，青贮饲草 26434.2 立方米，实施见犊补母补贴 382 头，饲草调运 672.66 吨；新修高标准农田 843.33 公顷，全乡高标准农田总面积达到 2333.33 公顷，完成玉豆带状复合种植 405.41 公顷、抗旱救灾复种露地蔬菜种植 45.47 公顷、冬小麦种植 18.4 公顷；创建庙庄、关口 2 个高效节水灌溉示范村，种植青贮玉米 1480.73 公顷，年均青贮饲草 5 万立方米，牛存栏 5205 头，存栏量较上年年末 4575 头增长 13.8%，草畜业实现稳步发展；组织成立交岔乡肉牛产业协会，吸纳全乡223名种植养殖行业能手加入协会，召开会议2次，解决相关问题2起；邀请县级专业骨干开展肉牛养殖技术及2023年草畜产业相关政策培训5场次；宣传农业产业补贴惠民政策，足额兑付见犊补母、玉豆套种、地膜等各类补贴272万元，落实政府全额投保价格险，调动农民种粮积极性。各村通过农机托管服务、土地流转、入股分红等模式进一步增加村集体经济收益，种植青贮玉米95.87公顷，油料66.67公顷，全乡7个村村集体经济纯收入183.2万元。其中，保阳村实施以农机托管为主的社会化服务项目，吸纳全乡52名农机手和36台农机加入托管机构，完成旋耕及覆膜2970.4公顷，村集体经济创收59.4万元。落实援企稳岗、购买公益性岗位、就业援助、技能培训、创业贷款等扶持政策，完成转移就业1628人，开展技能培训50人次，新增、续聘公益性岗位43名，向县内重点企业输送务工人员14人，向福建有组织输出务工人员3人，发放务工补贴215人次13.45万元、交通补贴135人次4.54万元，完成妇女创业贷款11户195万元，小额贴息贷款216户1138.6万元。以农村小经济激发振兴新动能，打造大坪村红梅杏种植示范点，栽植红梅杏60亩3173棵，成活率95%以上；建成1030"朝那鸡"养殖示范村2个，发展养鸡24户720只；盘活利用庙庄村蝎子厂，发展养鸡1000只，以发放促消费券等形式帮助鸡苗全部销出。

【民生事业】 2023年，交岔乡加强基础设施建设，完成招商引资落地项目3个，总投资1735万元；年内，公共区域内安装路灯30盏，新修砂化路14.25千米，设立"路长制"公示牌17块，成立乡级农村公路管理站并配备专职管理人员41名，修建生态防撞墙3处，新建保阳村夏渠组、关口村马连组网络基站2座，配合县水务部门，对存在安全隐患的庙庄村牡丹岔、关口村炭洼两处沟头进行治理，消除安全隐患。开展低保动态化管理工作，新增低保118户126人，其中低保集中扩围92户97人，阶段新增26户29人；低保动态管理取消18户18人，全年为低保人员及家庭共同生活成员发放物价补贴共计336户1720人次34400元；有残疾人196户217人，动员新鉴定办理残疾证8户8人，重新评定换残疾证12户13人，申报"阳光助残小康计划"项目户3户，扶持残疾户发展养殖产业；发放高龄低收入老人津贴62户73人，为残疾老人、特困老人、低保老人等购买意外伤害险745人；积极开展适老化改造，为34户特殊困难老年人配备餐柜、护理床等设施设备。全年为232户275名困难群众发放米、面、油等进行慰问救助，看望慰问退役军人及其他优抚对象。积极开展全乡新老低保对象、单双老户、重残、重病对象核查工作，进一步将党和政府的关心关怀送进千家万户。狠抓教师队伍和教育质量双提升，累计安排2万元支持发展教育事业，做好3名特殊学生送教上门工作，全面保障全乡群众家庭子女全部接受九年义务教育，入学率100%，完成春季"雨露计划"补贴84人，秋季"雨露计划"补助51人，发放助学金5人共1.8万元。开展全民健康体检263名，妇女"两癌"筛查170名，任务完成率100%；加大养老和医疗保险收缴力度，脱贫户、监测对象医疗及养老参保率100%，健康保、铁杆庄稼保分别投保2083人、959人，收缴任务率100%。

【基层治理】 2023年，交岔乡对婚姻家庭类矛盾纠纷落实"三色"预警管理，做到分类管理，动态管控。学习借鉴"枫桥经验"，严防和化解涉稳重大社会矛盾，充分依靠人民群众，将矛盾纠纷化解在萌芽状态。全年共排查出各类矛盾纠纷42起，已全部化解。制定并下发《交岔乡辖区乱象治理暨打击聚众赌博违法犯罪专项整治工作实施方案》，发布交岔乡辖区乱象治理暨打击聚众赌博违法犯罪专项整治线索举报公告，发放宣传彩页300余份，张贴宣传横幅14条，联合王洼派出所打击聚众赌博2起。结合"八五"普法、《中华人民共和国民法典》宣传及

2023 年 9 月 17 日，罗洼乡嘤岘村村民收玉米 （马志林 摄）

公共法律培训，加强对征地拆迁、移民搬迁、土地承包等方面的政策法规宣讲，举办人民调解员业务知识培训班 2 次，开展公共法律培训及“八五”普法宣传 4 场次、法治讲座 9 场次，普法受众 500 余人，发放宣传资料（册、页）510 余份，新培育学法用法示范户 8 人，法律明白人 70 人，持续推进移风易俗，开展学习宣讲、志愿服务活动 186 场次，受益群众 6000 余人次；发挥村规民约的倡导推动作用，各村均完成村规民约内容修订并发布；持续推动民风建设工作，举办各类表彰活动 2 次，对评选的“十星级”文明户、敬业奉献模范等 147 名表现突出的家庭和个人进行表彰奖励，组织召开防范电信诈骗宣传部署会，成立交岔乡防范电信诈骗工作领导小组，采取“线上+线下”相结合的宣传模式，利用微信群、微信公众号转发信息 300 余条，发放宣传资料 1000 余份，通过召开群众大会、入户面对面宣传等方式向群众讲解比较常见的诈骗案例及诈骗手段，指导注册安装“国家反诈中心”App 1020 人次。

【人居环境整治】 2023 年，交岔乡紧盯公共区域、道路沿线，农户院落等区域，结合“庭院经济”示范点建设，组建志愿服务，通过网格化管理，开展人居环境卫生整治行动，先后投工投劳 120 余人次，动用机械 42 台次，整治乡村主干道约 40 千米，清理垃圾 600 余吨，修剪管护行道树 1.5 万余株，整修水毁道路 89 千米，填补坑洼路面 50 余处，整修水渠边沟 500 余米，有效消除“视觉贫困”；到红河镇宽坪村观摩学习，吸纳好思路、好方法，每个村选取一个点作为示范点，以点带面、整乡提升，村容村貌有明显改观。立足农户实际需求，采取农户自筹资金和基层治理经费兜底的方式，动员群众新建卫生厕所 20 个、整改户厕问题 63 户。通过召开村组会、庄头会、群众会等形式，提高群众环保意识，回收残膜 60 余吨，基本杜绝冬闲春耕时段秸秆杂草、废旧地膜焚烧问题，切实改善空气质量；加大封山禁牧力度，抽调乡机关干部成立两个工作专组，分时段分片区严查偷牧放牧行为，处罚偷牧放牧行为 16 起；修订护林员管理办法，加强护林员日常考勤及管理，强化森林抚育管护，野外用火类案件 6 起。

（兰宇娟）

人物荣誉

Characters and Honor

2023年彭阳县获市级以上表彰的先进单位一览表

表25

获奖单位	获奖时间	奖项名称	颁奖单位
彭阳县	2023年11月	省级优秀健走示范区	中国疾控中心慢病中心
县自然资源局	2023年1月	2022年度先进国家级中心测报点	国家林业和草原局生物灾害防控中心
县调查队	2023年2月	2022年度综合工作考核先进单位	国家统计局宁夏调查总队
县调查队	2023年2月	2022年度信息考核先进单位	国家统计局宁夏调查总队
县调查队	2023年2月	劳动力调查工作优秀等次	国家统计局宁夏调查总队
县司法局	2023年9月	节约型机关	国家机关事务管理局 中共中央直属机关事务管理局 中华人民共和国国家发展和改革委员会 中华人民共和国财政部
县公安局	2023年9月	全国节约型机关	国管局　中直管理局 国家发展改革委　财政部
县科学技术局	2023年9月	节约型机关	国家机关事务管理局 中央直属机关事务管理局 国家发展改革委　财政部
县科学技术局	2023年9月	科技活动周及重大示范活动表现优异荣誉证书	全国科普工作联席会议办公室 科技部人才与科普司
县自然资源局	2023年11月	全国水果口感大赛暨中国苹果口感大赛金奖	中国苹果产业博览会组委会
县司法局	2023年11月	全国组织宣传人民调解工作先进集体	中华全国人民调解员协会
宁夏王洼煤业有限公司	2023年11月	中铝集团创新创意大赛三等奖	中国铝业集团有限公司

续表 25

获奖单位	获奖时间	奖项名称	颁奖单位
彭阳县	2023 年 4 月	全区民族团结进步示范县(区)	自治区党委统一战线工作领导小组
县供销合作社联合社	2023 年 1 月	全区供销合作社系统 2022 年度综合业绩考核一等奖	自治区销社
县人民法院立案庭	2023 年 1 月	2022 年度全区法院先进集体	自治区高院
县司法局	2023 年 1 月	全区法治暨司法行政工作先进集体	自治区司法厅
县司法局 白阳司法所	2023 年 1 月	全区法治暨司法行政工作先进集体	自治区司法厅
县调查队	2023 年 1 月	2022 年政务信息报送第一名	自治区统计局办公室
冯庄乡小寺村	2023 年 2 月	全区农业农村工作先进集体	自治区农业农村厅 自治区人力资源和社会保障厅 自治区党委农业工作领导小组办公室
县退役军人事务局	2023 年 2 月	2022 年度退役军人事务系统工作突出单位	自治区退役军人事务厅
县卫生健康局	2023 年 2 月	2022 年度健康宁夏考核二等奖	自治区健康宁夏建设领导小组
县文化旅游广电局	2023 年 2 月	自治区健康机关示范点	自治区健康水平提升行动领导小组办公室　爱国卫生运动委员会办公室
县住房和城乡建设局	2023 年 2 月	2022 年度城乡建设绿色发展成绩突出单位	自治区推进新型城镇化工作领导小组办公室
县调查队	2023 年 3 月	2022 年度效能目标管理考核二等奖	自治区统计局
彭阳农村商业银行	2023 年 3 月	自治区和谐劳动关系创建示范企业	自治区人力资源和社会保障厅 自治区总工会 宁夏企业和企业家联合会 自治区工商业联合会
县财政局	2023 年 4 月	自治区文明单位	自治区精神文明建设指导委员会
白阳镇茹河街社区	2023 年 4 月	全国民族团结进步示范社区	自治区党委统一战线工作领导小组
县住房和城乡建设局	2023 年 4 月	自治区文明单位	自治区精神文明建设指导委员会
县图书馆	2023 年 5 月	宁夏社会科学普及教育基地	宁夏社会科学界联合会
县文化旅游广电局	2023 年 6 月	2022 年全区“晒文旅—晒优品—促消费”大型文旅推介活动第三季先进单位	自治区文化和旅游厅
彭阳建茹剪纸、刺绣保护传承基地	2023 年 7 月	第八批自治区级非遗保护传承基地	自治区文化和旅游厅
新集乡	2023 年 9 月	全区民族团结进步模范集体称号	中共宁夏回族自治区委员会 自治区人民政府
冯庄乡小寺村	2023 年 9 月	全区星级农业科技化综合服务站	自治区农业农村厅
县自然资源局	2023 年 9 月	全国绿化模范单位	自治区绿化委员会办公室

续表 25

获奖单位	获奖时间	奖项名称	颁奖单位
县公安局	2023 年 9 月	全区驻村帮扶工作先进单位	自治区组织部 自治区农村工作领导小组办公室 自治区农业农村厅 自治区乡村振兴局
县审计局	2023 年 9 月	全区审计工作先进集体	中共宁夏回族自治区委员会 审计委员会办公室 自治区人力资源和社会保障厅 自治区审计厅
县卫生健康局	2023 年 9 月	全区驻村帮扶工作先进单位	中共宁夏区委组织部
县博物馆	2023 年 9 月	全区文物工作先进集体	自治区人力资源和社会保障局 自治区文化和旅游厅
梯田夜肆	2023 年 9 月	第一批自治区级夜间文化和旅游消费集聚区	自治区文化和旅游厅
县自然资源局	2023 年 10 月	2023 年宁夏苹果大赛银奖	自治区林业和草原局
冯庄乡小寺村	2023 年 10 月	自治区级示范性农村集体	自治区农业农村厅
白阳镇中庄村	2023 年 10 月	全区民主法治示范村	自治区党委全面依法治区委员会
乔家渠毛泽东长征宿营地	2023 年 10 月	自治区爱国主义教育基地	中共宁夏区委宣传部
红河镇宽坪村	2023 年 11 月	自治区乡村振兴示范村	自治区农业农村厅
红河镇韩堡村	2023 年 11 月	民主法治示范村	自治区司法厅　民政厅
县人民法院	2023 年 11 月	2023 年自治区健康机关示范点	自治区爱卫办
白阳镇中庄村	2023 年 11 月	2023 年度自治区乡村振兴示范村	自治区农业农村厅
白阳镇茹河街社区	2023 年 11 月	全区未成年人保护工作先进集体	自治区未成年人保护工作委员会
县文化旅游广电局文化市场综合执法大队	2023 年 11 月	自治区 2023 年文化市场综合执法优秀案卷	自治区文化和旅游厅
县财政局	2023 年 11 月	自治区健康细胞示范点(户)	自治区爱国卫生运动委员会办公室
县司法局	2023 年 11 月	全区青少年普法教育工作成绩突出集体	自治区关心下一代工作委员会等 16 个单位
县公安局	2023 年 11 月	全区公安机关第三届数字督察建模比武竞赛优秀奖	自治区公安厅
县公安局	2023 年 11 月	全区公安工作先进集体	自治区公安厅
县民政局	2023 年 11 月	全区未成年人保护工作先进集体	自治区未成年人保护工作委员会
县工商联	2023 年 12 月	2023 年度全区民营企业调查点工作先进单位	自治区工商联
县司法局白阳司法所	2023 年 12 月	全区品牌司法所	自治区司法厅

续表 25

获奖单位	获奖时间	奖项名称	颁奖单位
县市场监督管理局草庙市场监管所	2023 年 12 月	四星级市场监督管理所	自治区市场监督管理厅
宁夏王洼煤业有限公司王洼二矿采煤队生产二班	2023 年 12 月	2023 年度自治区青年安全生产示范岗	共青团宁夏回族自治区委员会 自治区应急管理厅
宁夏王洼煤业有限公司	2023 年 12 月	全区节能先进集体	自治区人力资源和社会保障厅 自治区发展改革委
县文化馆	2023 年 12 月	第七批自治区级非物质文化遗产代表性项目——彭阳蜂蜜酿酒技艺、麦秆工艺品制作	自治区文化和旅游厅
县财政局	2023 年 1 月	固原市文明单位	固原市精神文明建设指导委员会
县人民法院政治部	2023 年 1 月	2022 年度全市法院先进集体	固原市中院
县人民检察院	2023 年 2 月	民事行政检察工作先进集体	固原市人民检察院
彭阳农村商业银行	2023 年 2 月	金融支持乡村振兴先进单位	固原市金融局 原人民银行固原市中心支行 原银保监局固原分局
县委网信办	2023 年 4 月	网络安全先进集体	中共固原市委宣传部 固原市委网信办
县科协	2023 年 6 月	固原市青少年科技创新大赛优秀组织单位	固原市科协　固原市教育体育局
县公安局	2023 年 6 月	全市公安科技创新暨数据赋能实战建模大赛三等奖	固原市公安局 固原市总工会 固原市科技局
彭阳农村商业银行	2023 年 7 月	“黄河银行系统”先进基层党委	黄河银行
县退役军人事务局	2023 年 7 月	全市退役军人事务法治知识竞赛暨“服务崇军 戎耀六盘”业务技能大比武二等奖	固原市委退役军人事务工作领导小组办公室
县文化旅游广电局	2023 年 7 月	“引领新风尚 欢跃新时代”2023 年固原市第十一届群众广场舞大赛优秀组织奖	中共固原市委宣传部 固原市文化旅游广电局
冯庄乡小寺村	2023 年 9 月	新型农村集体经济示范村	中共固原市委组织部 固原市农业农村局 固原市乡村振兴局
县委统战部	2023 年 9 月	固原市伊斯兰教界 2023 年“坚定不移跟党走 团结奋进新征程”主题解经比赛优秀组织奖	中共固原市委统战部 固原市民族宗教事务局 固原市伊斯兰教协会
县文化旅游广电局	2023 年 11 月	全市民族团结进步模范集体	中共固原市委员会　固原市人民政府
县公安局	2023 年 11 月	全市民族团结进步模范集体	中共固原市委员会　固原市人民政府
古城镇委员会	2023 年 11 月	全市民族团结先进集体	中共固原市委员会
红河镇何塬村	2023 年 11 月	民族团结进步模范集体	中共固原市委统战部

2023 年度彭阳县获市级以上表彰的先进个人一览表

表 26

姓　名	所在单位	获奖时间	奖项名称	颁奖单位
马　成	宁夏王洼煤业有限公司	2023 年 1 月	2022 年度优秀员工	中国铝业股份有限公司
张李怀	宁夏王洼煤业有限公司	2023 年 1 月	2022 年度优秀员工	中国铝业股份有限公司
刘彩凤	县供销社	2023 年 1 月	2022 年度全国供销合作社系统统计同工种竞赛先进个人	中华全国供销合作总社办公厅
杨兆俭	彭阳农村商业银行	2023 年 9 月	主题征文优秀奖	丝绸之路农商行发展联盟
陈换新	宁夏王洼煤业有限公司	2023 年 6 月	2023 年中铝股份高徒	中国铝业股份有限公司
孟海迪	县退役军人事务局	2023 年 7 月	各省区市社科普及基地讲解员大赛优秀奖	全国各省市社科普及基地讲解员大赛组委会
陈敬弘 韩　勇	宁夏王洼煤业有限公司	2023 年 11 月	“梅安森杯”2023 年全国煤炭行业职业技能竞赛（重庆赛区）矿井通风工赛项三等奖	中国煤炭工业协会职业技能竞赛办公室
王小龙	宁夏王洼煤业有限公司	2023 年 11 月	“宁夏能源杯”中铝集团第三届青年职业技能竞赛职业应急救援技术一等奖	中国铝业集团有限公司团委
李治强	宁夏王洼煤业有限公司	2023 年 11 月	“宁夏能源杯”中铝集团第三届青年职业技能竞赛职业应急救援技术优秀奖	中国铝业集团有限公司团委
牛建春	宁夏王洼煤业有限公司	2023 年 11 月	“宁夏能源杯”中铝集团第三届青年职业技能竞赛计算机辅助设计技能三等奖	中国铝业集团有限公司团委
李　龙	宁夏王洼煤业有限公司	2023 年 11 月	“宁夏能源杯”中铝集团第三届青年职业技能竞赛电工维修技术优秀奖	中国铝业集团有限公司团委
陈凯章	县科学技术局	2023 年 12 月	科技活动周及重大示范活动表现优异荣誉证书	全国科普工作联席会议办公室 科技部人才与科普司
海　瑞	县人民法院	2023 年 1 月	2022 年度全区法院先进个人	自治区高院
杨晏妮	县调查队	2023 年 2 月	2022 年度信息考核先进个人	国家统计局宁夏调查总队
张　涛	县退役军人事务局	2023 年 2 月	工作成绩突出个人	自治区退役军人事务厅
李　盼	县退役军人事务局	2023 年 3 月	宣传工作先进个人	自治区退役军人事务厅
张乐乐	县卫生健康局	2023 年 3 月	全区爱国卫生工作成绩突出个人	自治区爱国卫生运动委员会办公室

续表 26

姓　名	所在单位	获奖时间	奖项名称	颁奖单位
杨晏妮	县调查队	2023 年 6 月	2022 年度优秀统计分析报告二等奖	国家统计局宁夏调查总队
惠昊明	彭阳农村商业银行	2023 年 7 月	优秀共产党员	自治区国资委党委
孟海迪	县退役军人事务局	2023 年 7 月	2023 年宁夏社会科学普及教育基地宣讲员大赛二等奖	宁夏社会科学界联合会
海文春	县委统战部	2023 年 9 月	全区民族团结进步模范个人	中共宁夏回族自治区委员会 自治区人民政府
马　云	县公安局刑事侦查大队	2023 年 9 月	刑事技术技能大赛个人三等奖	自治区公安厅　自治区总工会
余德明	交岔乡人民政府	2023 年 9 月	全区民族团结进步模范集体和模范个人	中共宁夏回族自治区委员会 自治区人民政府
陈瑢瑢	彭阳农村商业银行	2023 年 9 月	2023 年宁夏反洗钱主题征文二等奖	中国人民银行 宁夏回族自治区分行
王东强	县人民检察院	2023 年 9 月	首届“全面履行法律监督职能保障黄河保护法统一正确实施”主题检察理论研讨会论文优秀奖	自治区人民检察院
杨　杰	县人民检察院	2023 年 9 月	首届“全面履行法律监督职能保障黄河保护法统一正确实施”主题检察理论研讨会论文优秀奖	自治区人民检察院
杨峰安	县退役军人事务局	2023 年 9 月	全区驻村帮扶工作优秀驻村第一书记	自治区党委宣传部 自治区农村工作领导小组办公室 自治区农业农村厅 自治区乡村振兴局
杨旭东	县文化馆	2023 年 9 月	全区文化旅游工作先进个人	自治区人力资源和社会保障厅 自治区文化和旅游厅
晁运铎	县文化旅游广电局文化市场综合执法大队	2023 年 9 月	全区文化旅游工作先进个人	自治区人力资源和社会保障厅 自治区文化和旅游厅
翁国胜	宁夏国胜艺术服务有限公司	2023 年 9 月	全区文化旅游工作先进个人	自治区人力资源和社会保障厅 自治区文化和旅游厅
郑　祎	县文化旅游广电局	2023 年 9 月	全区文化旅游工作先进个人	自治区人力资源和社会保障厅 自治区文化和旅游厅
谷慧敏 王怡宁	县供电公司	2023 年 10 月	国网宁夏电力有限公司“安全有我”优秀合理化建议	宁夏电力公司
景　博	县气象局	2023 年 10 月	2023 年汛期气象服务(含自治区十六运会暨首届残特奥会重大活动保障）和安全生产工作成绩突出的个人	自治区气象局
张　明	冯庄乡人民政府	2023 年 11 月	全区青少年普法先进个人	自治区关心下一代工作委员会
伍晶晶	县人民检察院	2023 年 11 月	全区青少年普法教育工作表现突出者	自治区青少年普法活动 教育活动办公室
伍晶晶	县人民检察院	2023 年 11 月	全区未成年人保护工作先进个人	自治区未成年人保护 工作委员会

续表 26

姓　名	所在单位	获奖时间	奖项名称	颁奖单位
王宁华	县司法局	2023 年 11 月	全区青少年普法教育工作表现突出工作者	自治区关心下一代工作委员会等 16 个单位
杨　荣	王洼供电所	2023 年 11 月	国网宁夏电力有限公司 2023 年劳动模范	宁夏电力公司
王克岳	县地震局	2023 年 12 月	2023 年度自治区市县防震减灾工作先进个人	宁夏地震局
马　云	县公安局刑事侦查大队	2023 年 1 月	个人嘉奖	固原市公安局
张晓羲	县公安局警务保障室	2023 年 1 月	个人嘉奖	固原市公安局
袁　宁	县公安局白阳派出所	2023 年 1 月	个人三等功	固原市公安局
徐　科	县公安局网安大队	2023 年 1 月	个人三等功	固原市公安局
杨建伟	县公安局交警大队	2023 年 1 月	个人三等功	固原市公安局
高春琴	县人民检察院	2023 年 2 月	优秀公诉人竞赛最佳辩手	固原市人民检察院
袁文东	彭阳农村商业银行	2023 年 2 月	优秀信贷员	固原市金融工作局 中国人民银行固原市分行 国家金融监督管理总局 固原监管分局
马武琴	县科协	2023 年 6 月	固原市青少年科技创新大赛“优秀组织工作者”	固原市科协 固原市教育体育局
孟海迪	县退役军人事务局	2023 年 6 月	全市 2023 年宁夏社科普及基地讲解员选拔赛中二等奖	中共固原市委宣传部
李雯娜	县人民检察院	2023 年 8 月	固原“好网民”	固原市政府办 固原市委宣传部
王彩霞	县网络信息中心	2023 年 8 月	固原“好网民”	固原市政府办 中共固原市委宣传部 中共固原市委网信办 固原市文明办 固原市公安局
杨文玉	县公安局白阳派出所	2023 年 8 月	个人嘉奖	固原市公安局
马付平	县公安局王洼派出所	2023 年 8 月	个人三等功	固原市公安局
韩家豪	县公安局治安出入境管理大队	2023 年 8 月	个人三等功	固原市公安局
陈　鹏	城阳乡涝池村	2023 年 9 月	固原市优秀产业带头人	固原市委组织部 固原市农业农村局 固原市乡村振兴局
张恒仪	冯庄乡虎嵎岘村	2023 年 9 月	全市乡村振兴担当作为好支书	中共固原市委组织部
杨东宁	冯庄乡冯庄村	2023 年 9 月	全市优秀产业带头人	中共固原市委组织部 固原市农业农村局 固原市乡村振兴局
王小学	罗洼乡石沟村	2023 年 11 月	全市民族团结进步模范个人称号	固原市人民政府

续表 26

姓　名	所在单位	获奖时间	奖项名称	颁奖单位
马进龙	新集乡人民政府	2023 年 11 月	全市民族团结进步模范个人称号	中共固原市委员会 固原市人民政府
汪志骞	城阳乡人民政府	2023 年 11 月	固原市民族团结进步模范个人	固原市委统战部
陈彩云	冯庄乡人民政府	2023 年.11 月	全市民族团结进步模范个人	中共固原市委员会 固原市人民政府
白　玉	县委统战部	2023 年 11 月	全市民族团结进步模范个人	中共固原市委员会 固原市人民政府
祁登荣	县科技局	2023 年 11 月	全市民族团结进步模范个人	中共固原市委员会 固原市人民政府
代建立	县消防救援大队	2023 年 11 月	民族团结先进个人	固原市人民政府
宋　丽	县人民检察院	2023 年 12 月	固原市首届“六盘新语”网络评论大赛中表现突出个人	固原市委宣传部 固原市委网信办
马　斌	县供电公司	2023 年 12 月	国网固原供电公司 2023 年先进工作者	固原市供电公司
杨平忠	县供电公司	2023 年 12 月	国网固原供电公司 2023 年先进工作者	固原市供电公司

2023 年彭阳县全国文明单位及自治区文明单位名录

全国文明单位(4 个)

彭阳县财政局
彭阳县水务局
国家税务总局彭阳县税务局
彭阳县住房和城乡建设局

自治区文明单位(20 个)

中国建设银行彭阳县支行
彭阳县烟草专卖局(分公司)
宁夏新华书店彭阳县有限公司
彭阳县妇幼保健院
中共彭阳县委办公室
中共彭阳县委宣传部
彭阳县民政局
中共彭阳县委组织部
彭阳县人民检察院
彭阳县政府办公室
国网彭阳县供电公司
彭阳县幼儿园
彭阳县交通运输综合执法大队
彭阳县财政局
彭阳县交通运输局
国家税务总局彭阳县税务局
彭阳县市场监督管理局
彭阳县水务局
彭阳县人民法院
彭阳县住房和城乡建设局

2023年彭阳县三等功以上获得者一览表

表27

序号	姓名	单位	奖项	颁奖单位
1	马文龙	新集乡人民政府	三等功	中共彭阳县委　县人民政府
2	朱天龙	新集乡人民政府	三等功	中共彭阳县委　县人民政府
3	郭　仁	城阳乡人民政府	三等功	中共彭阳县委　县人民政府
4	常登虎	城阳乡人民政府	三等功	中共彭阳县委　县人民政府
5	马若玉	县纪委监委	三等功	中共彭阳县委　县人民政府
6	张晓东	县巡察办	三等功	中共彭阳县委　县人民政府
7	王向丽	县检察院	三等功	中共彭阳县委　县人民政府
8	祁　玉	县工信局	三等功	中共彭阳县委　县人民政府
9	张志睿	县公安局	三等功	中共彭阳县委　县人民政府
10	陈　钊	县公安局	三等功	中共彭阳县委　县人民政府
11	陈让云	县司法局	三等功	中共彭阳县委　县人民政府
12	海　东	县司法局	三等功	中共彭阳县委　县人民政府
13	蔺　杰	县财政局	三等功	中共彭阳县委　县人民政府
14	马国林	县自然资源局	三等功	中共彭阳县委　县人民政府
15	韩文涛	县文广局	三等功	中共彭阳县委　县人民政府
16	马少科	县应急管理局	三等功	中共彭阳县委　县人民政府
17	杨　乾	驻村第一书记及队员	三等功	中共彭阳县委　县人民政府
18	陈　娜	驻村第一书记及队员	三等功	中共彭阳县委　县人民政府
19	安正林	驻村第一书记及队员	三等功	中共彭阳县委　县人民政府
20	海玉安	驻村第一书记及队员	三等功	中共彭阳县委　县人民政府
21	袁　宁	县公安局	三等功	固原市公安局
22	徐　科	县公安局	三等功	固原市公安局
23	杨建伟	县公安局	三等功	固原市公安局
24	马付平	县公安局	三等功	固原市公安局
25	韩家豪	县公安局	三等功	固原市公安局
26	马　军	县公安局	三等功	固原市公安局
27	袁　宁	县公安局	三等功	固原市公安局
28	袁　鹏	县公安局	三等功	固原市公安局

彭阳县人大常委会工作报告(摘要)

（2024 年 1 月 5 日）

彭阳县人大常委会主任　何少庸

2023 年主要工作

2023 年是全面贯彻党的二十大精神的开局之年，也是三年新冠疫情防控转段后经济恢复发展的一年。一年来，县人大常委会紧跟县委决策部署，紧扣全县中心大局，紧贴人民群众所思所盼所愿，主动担当作为，依法履职尽责，深入践行全过程人民民主，为推进全县经济社会发展和民主法治建设作出了积极贡献。全年共召开常委会会议 6 次，组织视察调研 25 次，执法检查 3 次，开展专题询问 1 次，听取和审议“一府一委两院”专项工作报告 25 项，圆满完成了县十届人大三次会议确定的各项工作任务。

一、坚持高点站位，永葆政治本色，在坚持党的全面领导中彰显人大自觉

一年来，常委会始终坚持把党的全面领导贯穿于人大工作的各方面全过程，深刻领悟“两个确立”的决定性意义，增强“四个意识”、坚定“四个自信”、做到“两个维护”，在坚持党的领导、人民当家作主、依法治国有机统一中找准人大职责定位。

坚持把理论武装摆在首位。坚定不移用习近平新时代中国特色社会主义思想定向领航，全面学习贯彻党的二十大精神，认真学习贯彻习近平总书记关于坚持和完善人民代表大会制度的重要思想，深化“四大”活动，扎实开展主题教育，全面学好“必读篇”、系统学通“宁夏篇”、深入学懂“人大篇”、跟进学习“最新篇”。常委会党组开展理论学习中心组学习 14 次、集体学习 39 次、研讨发言 96 人次，在深学细悟笃行中深刻把握习近平新时代中国特色社会主义思想蕴含的立场观点方法，进一步坚定理想信念、铸牢对党忠诚。

坚持把党的领导贯穿始终。充分发挥常委会党组把方向、管大局、保落实的领导作用,及时向县委请示报告重大问题、重要事项、重点工作 26 次,确保人大工作正确政治方向。县委高度重视人大工作,专门召开县委人大工作会议,出台《关于贯彻落实中共中央、自治区党委、市委关于新时代坚持和完善人民代表大会制度加强和改进人大工作重点任务分工方案》,明确 5 个方面 42 项具体措施,为做好新时代彭阳人大工作提供了遵循。县委主要领导亲自联系、多次研究人大工作,对重大问题亲自过问、亲自协调、亲自督办,有力支持和推动了人大工作落实落细。

坚决把县委决策落到实处。充分发挥人大制度优势和职能作用,先后对"十四五"规划部分指标、预算调整等 13 项重大事项作出决议决定,依法任免国家机关工作人员 86 人次,审议通过《彭阳县国土空间总体规划》。认真完成薄弱社区民生保障、棚户区改造等县委点题调研任务,切实推动县委重点工作落地见效。赴安徽、上海、福建等地考察招商 4 次,助推"五特四新四优"产业扩容增量、提档升级。常委会班子成员扎实做好联系包抓乡镇、示范村、重点企业、信访积案化解等工作,深入基层一线 260 余次,督促指导乡村振兴、产业发展、安全生产等工作,现场协调解决问题,用心用力推动发展。

二、坚持突出重点,淬炼担当成色,在围绕中心服务大局中展现人大作为

一年来,常委会坚持围绕中心不偏离、服务大局不懈怠、发挥优势不缺位,统筹运用法定监督方式,实行正确监督、有效监督、依法监督,确保宪法法律有效实施,确保行政权、监察权、审判权、检察权依法正确行使。

护航经济平稳运行。以推动高质量发展为目标,对全县工业经济、数字经济发展、招商引资工作开展专题调研,听取和审议专项工作报告,提出加快规上企业培育、促进数字经济和实体经济深度融合、持续优化营商环境等意见建议 15 条,不断夯实产业发展根基。加强计划执行情况监督,专题调研"十四五"规划实施情况中期评估工作,推动各项指标任务增速达标。组建新一届预决算监督审查委员会,围绕全口径审查、全过程监管,审查和批准财政决算,听取和审议预算执行、审计查出问题整改、国有资产管理等专项工作报告。建立健全政府向人大报告债务机制,制定《关于加强政府债务审查监督的实施办法》,推动政府债务规范管理。

推进乡村全面振兴。聚焦乡村全面振兴样板县建设,专题询问乡村振兴工作,综合运用专题调研、执法检查、外出考察、听取和审议专项工作报告等方式,对乡村振兴工作及《中华人民共和国乡村振兴促进法》贯彻实施情况开展全链条、全方位监督,提出强化法律宣传引导、加快产业优化升级、完善农业基础设施建设等审议意见 5 条,助推乡村全面振兴步伐加快。坚持把粮食安全摆在首位,对高标准农田建设及节水灌溉工作开展专题调研,提出加强工程质量管控、注重后续管理维护等审议意见 3 条,多次对审议意见办理落实情况进行现场督查,持续促进农业增效、农民增收、农村发展。

保障民生福祉改善。按照自治区人大统一安排,首次与区市人大开展"三级人大联动、五级代表参与"安全生产"一法两条例"执法检查,通过问卷调查、第三方评估、邀请专家实地检查等方式,发现问题隐患 92 条,持续督促整改销号。专题调研健康养老工作,提出补齐基础设施短板、做好医养结合等意见建议 11 条,推动养老服务体系建设。聚焦防范打击电信网络诈骗,"解剖麻雀"式剖析典型案例,提出强化宣传防范、加强公民个人信息保护等意见建议 10 条,着力守好人民群众的"钱袋子"。围绕铸牢中华民族共同体意识示范县建设,对民族工作"一法一条例"贯彻实施情况开展执法检查,赴广西、云南考察学习先进经验,推动民族工作再上新台阶。

助力生态文旅融合。聚焦生态文旅特色县建设,围绕"千年古邑、红色沃土、生态彭阳",紧扣"红、古、绿"三色旅游线路开展沉浸式、体验式调研,提出打造精品品牌、强化服务保障等意见建议

10条，力促文旅深度融合。紧盯中央及区市党委督察反馈问题，听取和审议全县环境状况和环境保护目标完成情况报告，专题调研“排污权”改革工作，提出加强农业面源污染治理、建筑垃圾资源化利用等意见建议7条，助力打造青山常在、绿水长流、空气常新的美丽彭阳。

维护社会公平正义。把人大监督贯穿于司法活动每一个环节，制定《对司法工作进行全过程监督的实施方案》，对法院一站式多元解纷和现代化诉讼服务体系建设、检察院近三年侦查活动监督工作开展专题调研，组织10名人大代表随机抽取法院100件已审执结案件进行回访，组织36名代表直接参与检察院案件公开听证、公安执法、社区矫正等工作，持续推进法治彭阳建设。听取和审议法治政府建设及“八五”普法工作报告，组织新任命人员宪法宣誓2次，引导公职人员尊崇宪法，依法履职。成立规范性文件备案审查委员会，依法备案审查规范性文件5件。扎实做好人大信访工作，受理转办群众来信来访6件，促进解决合理合法诉求。

三、坚持守正创新，擦亮为民底色，在践行全过程人民民主中凝聚人大智慧

一年来，常委会以“11346”工作机制为抓手，全面加强和改进代表工作，积极探索代表履职的有效形式和途径，全过程人民民主的基层实践更加广泛、更加充分、更加健全。

代表家站建设更加规范。县委和政府高度重视、全力支持人大代表家站建设，安排资金138万元，人大常委会紧扣“五好”目标、“八有”标准，对122个代表家站进行规范提升，标准化建“家”、规范化管“家”、常态化用“家”的经验做法在全区代表家站规范化建设工作推进会上交流分享。用活用好代表网络履职平台，发布活动通知、工作动态、代表风采70余篇，实现代表网上履职、线上尽责。深入推进古城镇基层立法联系点与代表之家深度融合，收集立法意见建议7条，并在全区基层立法联系点规范化建设推进会上作典型经验交流。整合人大代表力量，组建专业代表小组12个，代表专业特长和职业优势得到充分发挥。白阳镇中庄村乡村振兴专业代表小组围绕“5350”肉牛养殖示范村建设，组织养殖户抢抓时机青贮饲草，到户指导30余次。把代表联络点“设”在移民帮扶车间里、“联”在产业链上，古城温沟设施农业示范园、新集团结集约化育苗中心、红河宽坪有机蔬菜示范园等代表联络点帮助群众就近务工1490多人次，经验做法在《宁夏人大》上刊登报道。

代表履职活动更加丰富。充分发挥代表主体作用，以“六个一”活动为抓手，深化拓展“双联”活动，广泛开展“代表接待选民日”“人大代表听民声”集中走访月等活动，收集反映社情民意300余条，推动解决电动车充电难等群众急难愁盼问题87件。组织各级人大代表深入开展“护安全促发展”主题实践活动，及时发出倡议书，排查整治安全隐患1000余次、宣传安全知识350余次，收集意见建议35条。先后邀请300余名代表列席人大常委会会议，参与视察、调研、检查以及“一府一委两院”组织的听证会、开放日等活动，政府主要领导邀请部分区市县乡人大代表视察全县重点项目建设及改善民生10件实事办理情况，保障代表知情知政、议政参政。健全代表履职评价机制，完善履职档案管理，组织206名县乡人大代表向选区选民述职并进行评议，推动代表规范履职。

代表服务保障更加有力。加强代表能力建设，坚持“请进来”与“走出去”相结合，县内举办基层代表履职能力提升班1期，赴全国人大培训基地学习1次，参训172人。坚持常委会会前学法制度，举办《中华人民共和国乡村振兴促进法》《中华人民共和国劳动法》等法治讲座5期，参学300余人次。健全完善代表工作机制，制定《关于新时代加强和改进彭阳县人大代表工作的具体措施》《常委会组成人员履职考评办法》等，规范代表履职活动，更好支持和保障代表依法履职。

代表建议办理更加有效。建立议案建议提出沟通协商、人大常委会领导联系包抓、工作委员会对口督办机制，组织代表视察、督查代表议案建议办理情况，有力推动办理工作走深走实。县委常委会专题研究代表议案建议办理工作，县委主要领导亲自督办，了解办理进度，提出办理要求。政府定期召开办理工作推进会，主要领导多次协调解决办理过程中的问题，经过多方努力，县十届人大三次会议提出的8件议案、24件建议，办复率达到100%，有效解决了一批事关群众切身利益的“急难老小”问题。自治区十三届人大一次会议、市五届人大三次会议期间，彭阳代表团提交的8件议案建议均已得到办复。

四、坚持强基固本，突显自身特色，在推进“四个机关”建设中激发人大活力

一年来，常委会全面贯彻落实中央和区市县党委人大工作会议精神，牢牢把握“四个机关”定位要求，持续夯基础、抓规范、提效能，政治能力和履职水平不断提升。

扎实开展主题教育。对照“学思想、强党性、重实践、建新功”总要求，将理论学习、调查研究、推动发展、检视整改、建章立制有机融合、一体推进。坚持用好“四下基层”工作法，常委会班子成员带头深入基层宣讲12次、讲党课6次，领题开展调研5项，形成调研报告5篇，梳理问题18个，提出对策建议20条，协调办理民生实事9件。坚持把检视整改贯穿始终，常委会党组检视问题2项，班子成员个人检视问题8条，即知即改，立行立改。坚持把“当下改”与“长久立”结合起来，新制定、修订《关于加强和改进执法检查工作的办法》等制度8项，以长效化制度成果巩固主题教育成效。

加强纪律作风建设。认真贯彻落实新时代党的建设总要求，压紧压实全面从严治党责任，严格落实党风廉政建设“一岗双责”，开展警示教育10次，筑牢廉洁从政防线。严格执行中央八项规定精神和区市县党委有关规定，扎实开展纠治形式主义官僚主义专项整治，深化拓展“转作风、重实干、勇担当”活动成效，持续正学风、改文风、转会风、纠“四风”。牢牢把握意识形态工作主动权，坚决守牢意识形态安全底线。加强自治区党委巡视反馈问题整改落实，主动认领问题15条，制定方案、建立台账，扎实做好整改“后半篇”文章。

深化工作交往交流。自觉接受上级人大常委会工作指导，积极配合区、市人大来彭调研检查区域协调发展、科技创新、应急管理等工作20余次。密切与兄弟县区人大的交往交流，配合完成呼和浩特市、大武口区、镇原县、原州区人大来我县考察冷凉蔬菜、生态建设、城镇规划等工作4次，赴江苏、山东、陕西等地考察学习预算联网监督、代表工作等4次。加强对乡镇人大工作的指导，规范乡镇人代会召开时间，推动县乡人大同步发展。注重人大理论研究和宣传工作，在《宁夏人大》、彭阳新闻等平台发布理论文章、履职信息等100余篇，全方位展示人大工作和代表风采。

在肯定成绩的同时，我们也清醒地看到，对照新时代人大工作新要求，常委会工作还存在一些问题和不足，主要是：丰富和发展全过程人民民主创新实践还需深化，监督质效还需增强，代表活动实效还需提升，自身建设还需加强。对于这些问题，我们将在今后的工作中，持续改进提高。

2024年主要任务

2024年是中华人民共和国成立75周年，是人民代表大会制度建立70周年，也是实现“十四五”规划目标任务的关键一年。新的一年，常委会工作的总体要求是：坚持以习近平新时代中国特色社会主义思想为指导，全面贯彻落实党的二十大、二十届二中全会精神和中央经济工作会议精神，坚定不移把习近平总书记视察宁夏重要讲话指示批示精神作为“纲”和“魂”，全面落实中央和区市县党委人大工作会议精神，把推进中国式现代化作为最大的政治，把铸牢中华民族共同体意识作为工作的主线，以先行区建设为牵引，把坚持高质量发展作为新时代的硬道理，坚持稳中求进工作总基调，完整准确全面贯彻新发展理念，主动融入服务新发展格局，围绕区市县党委部署要求，依法行使监督权、决定权、任免权，深入践行全过程人民民主，助力宜居宜业宜游品质县、宁夏副中心城市标杆县、生态文旅特色县、乡村全面振兴样板县、铸牢中华民族共同体意识示范县建设，为奋力开创高质量赶超式发展新局面，谱写全面建设社会主义现代化美丽新宁夏彭阳新篇章贡献人大力量。

2024年，常委会将重点做好以下工作：

一、把牢政治方向，让党的领导根基更稳、优势更显

牢牢把握人大政治机关属性，深刻认识和把握党的全面领导这一最高政治原则，坚决贯彻党的主张和意图。坚持用习近平新时代中国特色社会主义思想凝心铸魂，一以贯之落实“第一议题”制度，持续深化拓展主题教育成果，坚定不移用党的创新理论武装头脑、指导实践、推动工作，更加自觉地把坚定拥护“两个确立”、坚决做到“两个维护”扎根于思想、落实到行动、体现在人大各项工作中。严格执行重大事项请示报告制度，持之以恒抓好中央和区市县党委人大工作会议精神的贯彻落实，不断丰富和发展全过程人民民主的彭阳实践。坚决在县委的领导下谋划推进人大工作，紧扣助力现代化彭阳建设，找准人大工作的切入点和着力点，依法履职行权，更好地将人大制度优势转化为地方治理效能。

二、聚焦中心工作，让服务大局定位更准、作用更大

坚持围绕中心、服务大局、突出重点，选准“大课题”，聚焦“小切口”，打好监督“组合拳”，推动解决制约经济社会发展的热点难点问题。坚持法定事项监督不换频道，重点工作监督靶向发力，在加强对计划、预算、审计、政府债务、国有资产管理、安全生产等监督的同时，听取审议铸牢中华民族共同体意识示范县建设、教育教学、玉豆套种及深加工、非物质文化遗产传承保护等工作报告，对道路交通安全“一法一条例”贯彻实施情况开展执法检查，专题询问财政项目资金绩效管理工作，以高质量监督助推经济社会高质量发展。开展全链条全方位专项式监督，首次围绕生态环境保护这一主题，对环境保护“一法一条例”贯彻实施情况开展执法检查，专题调研政府环境状况和环境保护目标完成情况、检察院生态环保公益诉讼工作，同时进行专题询问，通过人大依法监督推进生态彭阳建设。对政府行政执法、法院民商事审判工作进行调研，持续推进依法行政、公正司法。听取审议规范性文件备案审查工作报告，拓展备案范围、规范审查方式，维护法制统一。

三、创新民主实践，让代表履职活力更足、成效更好

充分发挥家站阵地作用，按照“1+5+N”标准，打造全过程人民民主实践基地1个、代表家站规范化建设示范点28个，带动全县代表家站建设提质增效。注重代表能力建设，举办基层代表履职能力提升培训班1期，加强“代表履职通”的使用管理，做好代表及组成人员考核评价，促进代表履职更高效、民意表达更畅通。创新代表活动形式，常态化开展“双联”和“六个一”活动，坚持邀请代表参与常委会会议审议、视察检查、询问评议等工作，增强代表闭会期间活动实效。健全人大代表和人民群众意见建议收集、交办、监督、反馈、评价闭环式处理机制，建立代表重点建议政府负责同志牵头领办、人大常委会班子成员领衔督办工作机制，推动代表建议办出高质量、办出好结果。

四、着力提能增效，让自身建设基础更牢、动力更强

按照“四个机关”定位要求，树立争先领跑意识，全面加强自身建设。坚定不移落实常委会党组全面从严治党主体责任，持续深化党风廉政建设，严格执行中央八项规定及其实施细则精神，努力营造风清气正的良好政治生态。规范常委会机构设置，持续优化监督工作制度机制，探索与乡镇人大在生态环保、安全生产等领域开展联动监督。在人民代表大会制度建立70周年之际，积极宣传阐释人民代表大会制度、全过程人民民主重大理念，全方位、多角度报道人大工作。持续加强常委会组成人员、人大代表、机关干部队伍建设，强化思想理论武装、业务能力培训和岗位实践锻炼，打造政治坚定、服务人民、尊崇法治、发扬民主、勤勉尽责的人大工作队伍。

名词解释

1.“11346”工作机制：“1”，紧紧围绕党委中心工作这一任务；“1”，紧扣“人民事民主办”这一主题；“3”，依托人大代表“家站点”三级履职平台；“4”，认真落实人大常委会组成人员联系人大代表、人大代表联系选民、人大常委领导及工作委室联系乡镇人大主席团、乡镇人大主席团成员联系代表小组的“四联”机制；“6”，扎实开展人大代表“六个一”活动。

2.“五好”目标：学习交流的好阵地、履行职责的好平台、联系群众的好桥梁、宣传政策法律的好窗口、推动中心工作的好场所。

3.“八有”标准：有固定场所、有统一标识、有信息公示、有活动计划、有负责人、有履职档案、有工作台账、有线上平台。

4.“六个一”活动：参加一次代表小组活动、走访一次选民、开展一次接待活动、提出一条可行性建议、办理一件实事、向选民作一次述职报告。

5.“双联”活动：常委会组成人员联系人大代表，人大代表联系选民。

6.“1+5+N”标准：“1”，因地制宜建好代表家站这一平台；“5”，围绕“五好”目标；“N”，创建一批特色鲜明的品牌亮点。

中国人民政治协商会议彭阳县第十届委员会常务委员会工作报告

（2024 年 1 月 4 日）

彭阳县政协主席　马文山

2023 年工作回顾

2023 年是全面贯彻中共二十大精神和自治区第十三次党代会精神的开局之年，是三年新冠疫情防控转段后经济恢复发展的一年。一年来，县政协及其常委会高举中国特色社会主义伟大旗帜，坚持以习近平新时代中国特色社会主义思想为指导，在区市政协的关心指导下，在中共彭阳县委的坚强领导下，深入学习贯彻中共二十大精神，认真贯彻落实中央和区市县党委决策部署，牢牢把握新时代人民政协新使命，坚持党的领导、统一战线、协商民主有机结合，坚持发扬民主和增进团结相互贯通、建言资政和凝聚共识双向发力，认真履行政治协商、民主监督、参政议政职能，广泛凝聚共识，为助力彭阳经济社会高质量发展作出了积极贡献。

一、坚决拥护“核心”，捍卫“两个确立”，在筑牢共同思想政治基础上坚定跟党奋进新步伐

始终把坚持和加强党的领导贯穿政协全部工作之中，坚决拥护“两个确立”，增强“四个意识”、坚定“四个自信”、做到“两个维护”。一是把党的全面领导贯穿履职全过程。坚持旗帜鲜明讲政治，严格执行重大事项请示报告制度，主动向县委请示报告重要事项、重要会议、重要工作 11 次。发挥政协党组把方向、管大局、保落实的作用，全面夯实党建、意识形态、全面从严治党等责任制。整改完成自治区党委巡视反馈问题。指导开展机关党建“三强九严”工程和模范机关建设、功能型党支部“两会一联系”工作等，督促党员委员完成“5+2”履职工作。二是用党的创新理论夯实共同思想政治基础。坚决落实“第一议题”制度和“双随机”学习交流机制，深化中共二十大和习近平总书记视察宁夏重要讲话指示批示精神“大学习、大讨论、大宣传、大实践”活动，深入学习习近平总书记关于做好新时代党的统一战线工作的重要思想、关于加强和改进人民政协工作的重要思想等，跟进学习习近平总书记最新系列重要讲话精神，共开展各类学习 66 次、交流研讨 45 次，切实学深悟透、指导实践、推动工作。加强“书香政协”建设，开展“学习二十大　奋进新征程”等读书活动，引导全体委员增进政治认同、思想认同、理论认同、情感认同，切实把思想行动统一到中共二十大部署要求上来。三是扎实开展学习贯彻习近平新时代中国特色社会主义思想主题教育。按照党中央的统一部署和区市县党委关于开展主题教育工作安排，制定党组班子重点任务实施清单和学习计划，坚持五项重点措施有机融合、一体推进。召开党组会、理论学习中心组学习会、主题教育集中学习会等 25 次，研讨 18 次。坚持“四下基层”，班子成员深入乡镇、企业、村组宣传宣讲 14 次；协商解决包抓企业用电、新建厂房用地等民生实事 4 件；班子及成员围绕“在城区电动车乱象治理中民主监督不够的思考”等调研 4 次。对照查摆班子及个人问题

10条，制定整改措施，全部落实整改。建立“有事好商量”协商活动等制度6项。班子成员指导督促政协机关和包抓乡镇扎实开展主题教育工作，不断推动主题教育走深走实。

二、精准聚焦“中心”，深入协商议政，在发挥专门协商机构作用上展现服务大局新作为

始终聚焦全县中心工作履职，充分发挥专门协商机构作用，找准党政所需、政协所能的结合点，广集良策助力决策优化，广聚智慧推进决策实施。一是聚焦改革发展协商议政，提升资政高度。聚焦县第九次党代会和县委九届五次全会确定的目标任务，县政协十届二次全会提出意见建议96条，整理报送县委、政府采纳办理。坚持重要议题联动调研，围绕严格耕地资源保护、肉牛产业发展等议题，开展区市县政协三级联动调研；配合完成农业面源污染治理、新型农业经营主体培育等调研11次，协商推动相关问题在区市层面解决。坚持议政性常委会议协商，邀请政府及有关部门通报提案办理、经济运行等情况。落实党政点题要求，围绕全县教育教学、社区民生保障等开展调研，提出意见建议36条，助力相关问题解决。二是聚焦协商计划调研考察，提高建言精度。以落实政协年度协商计划为抓手，围绕全县乡村道路建设深入调研，提出推进巷道建设、机械化养护等意见建议14条；围绕石油资源开发利用情况，通过县内调研和周边县区考察，借鉴提出鼓励关联产业发展、探索地企双赢机制等意见建议14条；围绕创建全国文明城市工作赴陕西、广西考察，提出凝聚创城工作合力、抓好迎检关键环节等意见建议10条；围绕基础教育工作赴河北、山东考察，提出推动集团化办学、加强一校一品建设等意见建议16条，报送县委、政府采纳，转交相关部门落实。三是聚焦中心工作倾心助力，增强服务力度。坚决做到“县委有号召，政协有行动”，班子成员带队先后3次赴福建、新疆等地招商引资，邀请当地企业来彭考察，为招商工作提出建议、提供线索；深入包抓乡镇、村蹲点调研，指导督促巩固拓展脱贫攻坚成果全面推进乡村振兴工作；深入包抓企业、项目建设现场调研指导、解决困难；扎实开展全国文明城市创建、“九小”场所及重点领域重点行业安全风险隐患排查整治、巩固国家卫生县城等工作，摸排各类安全隐患问题263条，全部整改到位。

三、担当践行“初心”，增进民生福祉，在协商于民协商为民上书写政协履职新答卷

始终坚持完善人民政协民主监督和委员联系界别群众制度机制，以人民群众急难愁盼问题为导向，找准协商式监督定位，增进人民福祉。一是持续提高为民办实事成效。坚持主席会议审定有事好商量协商议题机制，围绕养殖产业、民宿经济发展等小切口议题，开展调研协商9次，推动相关民生事项有效解决。充分发挥委员大讲堂作用，组织界别委员深入乡镇宣讲肉牛养殖、产业扶持政策等，助力农业产业发展。健全社情民意信息“直通车”机制，报送推进燃气便民缴费服务等社情民意信息20篇，得到县委、政府主要领导批示，相关部门办理，其中加强县人民医院人才引进和培养等3篇信息被自治区政协采用，更好促进民生实事解决。二是持续提高提案工作质效。坚持把协商民主贯穿提案办理全过程，重点提案实施“清单式”管理。县委、政府高度重视提案办理工作，联合建立了领办和督办重点提案机制，主要领导现场督办，高位推进，重点提案办结率100%。县委常委会、政府常务会分别2次听取政协提案办理情况，有力推动提案办理工作。分管副主席带队联合督办，政协常委会2次听取政府通报提案办理情况，专委会定期跟踪提案办理进度，提案办复率100%，提案办理质效大幅提升。三是持续提高民主监督实效。深化协商式监督，围绕县内“十二五”“十三五”移民工作视察，提出完善住房政策措施、加大移民产业培育等意见建议12条，督促后续帮扶措施落实。围绕全县重点建设项目和年度民生实事办理议题，专项视察水利工程、民生保障等项目，督促提高办理质量。成立4个民主监督小组，对有关部门开展民主监督工作。参与法院“百案大回访”、中小学生录入摇号等民主监督活动21次，切实发挥了人民政协在发展全过程人民民主实践中的作用。

四、团结共筑“同心”，深化凝聚共识，在广泛汇聚社会各界合力上发挥统战组织新功能

始终以铸牢中华民族共同体意识为主线，把凝聚共识融入履职全过程，汇聚起“一起来想、一起来干”团结奋斗正能量。一是汇聚团结合作向心力。着力担负起“落实下去、凝聚起来”的政治责任，在实施历史文化保护工程等调研考察、提案督办、招商引资工作中邀请工商联、人民团体参加，在全体会议、界别协商等活动中搭建政协与各民主党派人士、无党派人士、党外知识分子协商平台，不断凝聚各方共识。围绕铸牢中华民族共同体意识，落实班子成员在联系乡镇和政协机关宣讲，开展民族团结进步创建座谈协商，促进民族团结、宗教和顺、社会和谐。注重加强与区内外各级政协交往交流，先后接待海南省政协、西夏区政协等来彭考察，在宣传推介中展现彭阳新面貌。二是增强界别群众凝聚力。班子成员、政协委员深入基层和行业领域，宣讲中共二十大精神、安全环保知识、惠民扶持政策等，做好解疑释惑、理顺情绪、化解矛盾、凝聚人心工作。组织界别委员开展民法典宣讲等委员大讲堂活动、文明村镇建设协商等联络小组活动34次，在学习研讨中聚共识，在协商议事中汇合力。先后与市政协相关专委会、县直有关部门开展“关注微心愿、委员在行动”等活动3次，参与“99公益日”助学捐款活动，受助儿童380余人。三是提升政协宣传影响力。启动编纂《彭阳生态建设40年》文史资料，征集图片500多张，文字材料120余篇，已进入出版环节。编辑《彭阳政协》4期，编发政协工作简报47期，并向区市政协和华兴时报等媒体推送，展现政协履职成果、展示委员履职风采。

五、实干锤炼“匠心”，夯实履职基础，在强化“两支队伍”建设上彰显踔厉奋发新担当

始终坚持固本强基，主动适应新时代新任务，加强自身建设，不断提升履职能力和水平。一是拓宽履职平台载体。积极探索政协一线履职的方法路径，搭建“4+5+12”履职平台，完善各类制度机制，形成各分管副主席负责抓总，专委会主任联系指导，区、市、县三级政协委员积极履职，界别群众广泛参与的工作格局，推动委员反映社情民意、传播凝聚共识、开展为民服务常态化、制度化、规范化。共组织开展慈善捐赠、义诊咨询、法律宣传、消费助农等活动24次，走访群众48次，接待群众800多人次，解答各类民生问题500多个。二是加强委员队伍建设。落实走访联系委员机制，深入开展“走访委员企业、助力安全生产”活动，主席会议成员带队走访调研企业安全生产情况，督促在企委员压实主体责任、发挥主体作用。组织委员、机关干部先后赴厦门华侨大学等地参加能力提升培训，多措并举提升委员“专”的水平。落实乡镇统战委员兼任政协联系人机制，对调离岗位委员及时调整增补，确保委员队伍“懂政协、会协商、善议政”。三是转变机关工作作风。坚决贯彻中央和区市县党委关于全面从严治党、党风廉政建设和反腐败斗争新部署新要求，制定工作方案，压实工作责任。开展纠治形式主义官僚主义专项整治工作，查摆问题27条，逐条细化整改。深化机关“周例会、月分析、季考核”制度，开展廉洁文化教育活动，配合派驻纪检组开展日常监督，持续加强对“一把手”和领导班子的监督，从严抓好机关干部管理，切实把作风建设抓在经常、融入日常、严在平常。

在总结成绩的同时，我们也清醒地认识到，工作中还存在一些问题和不足。一是协商成果转化还有待加强，缺乏对各承办单位的有效监督。二是民主监督实效还有待提高，政协民主监督小组和监督机制仍需进一步完善。三是凝聚共识的广度深度还有待拓展，各专委会、政协委员与“两新”组织联系不够紧密。四是委员联系服务界别群众工作还有待深化，部分委员依托履职平台服务群众能力和水平不高。五是自身建设还有待改进，专委会兼职副主任、乡镇统战委员作用发挥还不够明显，机关制度机制还需要完善，干部队伍综合能力还需要锤炼提升。对于这些问题，我们将在今后工作中认真研究，努力加以改进提高。

2024 年工作任务

2024 年是中华人民共和国成立 75 周年，是实施“十四五”规划的关键一年，也是十届县政协工作承上启下之年。县政协工作的总体要求是：坚持以习近平新时代中国特色社会主义思想为指导，全面学习贯彻中共二十大、二十届二中全会和中央经济工作会议精神，坚定不移把习近平总书记视察宁夏重要讲话指示批示精神作为“纲”和“魂”，深入贯彻习近平总书记关于加强和改进人民政协工作的重要思想。在中共彭阳县委的坚强领导下，认真贯彻落实中共中央和区市县党委各项决策部署，坚持和完善中国共产党领导的多党合作和政治协商制度，坚持党的领导、统一战线、协商民主有机结合，坚持发扬民主和增进团结相互贯通、建言资政和凝聚共识双向发力，把推进中国式现代化作为最大的政治，把铸牢中华民族共同体意识作为各项工作的主线，以先行区建设为牵引，把坚持高质量发展作为新时代的硬道理，聚焦加快建设宜居宜业宜游品质县、宁夏副中心城市标杆县、生态文旅特色县、乡村全面振兴样板县、铸牢中华民族共同体意识示范县的决策部署，认真履行政治协商、民主监督、参政议政职能，着力提高深度协商互动、意见充分表达、广泛凝聚共识水平，为奋力开创高质量赶超式发展新局面，谱写全面建设社会主义现代化美丽新宁夏彭阳新篇章贡献政协智慧和力量。

实现新一年的目标任务，我们要切实抓好以下工作：

一、强化政治引领，筑牢忠诚之魂，牢牢把握政协工作正确政治方向

坚持不懈用习近平新时代中国特色社会主义思想凝心铸魂，不断强化思想政治建设，持续筑牢共同思想政治基础。一是毫不动摇坚持党的全面领导。坚持把学习贯彻习近平新时代中国特色社会主义思想作为首要政治任务，持续推进主题教育工作，做实专题民主生活会等“后半篇”文章，深刻领悟“两个确立”的决定性意义，增强“四个意识”、坚定“四个自信”、做到“两个维护”。发挥政协党组领导作用，深入贯彻中共中央和区市县党委各项决策部署，严格落实重大事项请示报告制度、民主集中制及县委会同政府、政协制定年度协商计划制度等，坚持政协重要活动、重要会议设立临时党组织，推动政协工作在县委领导下主动负责、协调一致地开展。二是坚持不懈加强思想政治引领。认真贯彻落实“第一议题”制度，坚持把中共二十大精神、习近平总书记关于加强和改进人民政协工作的重要思想等作为重要学习内容，列入年度学习计划，分阶段开展交流研讨。注重培育协商文化，构建以党的创新理论为指导、以凝心铸魂为主线、以协商文化为特色、以团结育人为目的的学习交流平台，多层次开展“书香政协”委员读书活动，引导委员把学习成果转化为思想政治上的高度共识。三是持之以恒推进政协党的建设。落实政协党组书记主体责任和班子成员“一岗双责”，加强政协机关党组、政协办党支部、功能型党支部建设，做好“三会一课”、谈心谈话和民主评议党员等工作，探索建立“党建+”品牌，推动党建和政协协商、民主监督、建言资政深度融合。落实党组成员联系非党员常委、党员委员联系党外委员、党员委员参加双重组织生活会等制度，推动党的组织对党员委员的全覆盖、党的工作对政协委员的全覆盖。

二、聚焦中心大局，践行担当之责，紧紧围绕推动高质量发展协商议政

坚持把政协工作放到全县“一盘棋”中谋划和推进，瞄准全县改革发展的重点、难点、焦点协商议政，聚势赋能助推经济社会高质量发展。一是聚焦改革发展同轴发力。紧扣县第九次党代会和县委九届六次全会暨经济工作会议确定的目标任务，聚焦彭阳建设宜居宜业宜游品质县，为做实“三篇文章”，打响“三张名片”积极建言献策，围绕全县“七个坚持、七个新突破”具体工作，谋划选准政协履职切口，深入调查研究，推出一批高质量协商成果，力争为县委、政府科学决策提供有价值的参考。落实县委安排部署，班子成员包抓重点企业、重点项目和联系乡镇、部门单位，助力重大项目建设、乡村振兴等中心工作。二是聚焦党政关心协商建言。抓好年度协商计划落实，围绕医疗服务能力建设、招商引资企业发展等调研，发现制约问题，协商提出建设性意见。围绕民族团结进步创建、考古遗址公园建设、生态经济建设等考察，为我县铸牢中华民族共同体意识示范县建设、姚河塬考古遗址公园建设、生态经济高质量发展等方面谋求更多良策。主动与县委、政府沟通交流，抓好交办议题调研协商。加强与区市政协联络，抓好三级联动调研协商。三是聚焦破解难题民主监督。聚焦全县安全生产、生态文明建设两项党政关注重点工作，综合研判选题，围绕中小学校园安全、农业面源污染治理等视察，找准存在问题，提出意见建议，供县委、政府决策落实。围绕铸牢中华民族共同体意识示范县建设、重点建设项目和年度民生实事办理，开展协商式监督，助力相关工作赋能提优。围绕创建全国文明城市工作，发挥委员点多面宽、联系广泛优势，发现问题，精准建言。发挥民主监督小组和民主监督员作用，主动到被监督部门单位开展工作，助力相关难题破解。

三、完善协商体系，走好创新之路，持续深化专门协商机构建设

坚持把好新时代政协工作定位，加强制度化规范化程序化建设，提高深度协商互动、意见充分表达、广泛凝聚共识水平。一是不断提升协商机构效能。聚焦党政工作重点、社会关切热点、群众关心难点事项，加强与县委、政府和所属部门单位、专技人才、界别群众等座谈协商，提高协商质效。用活“4+5+12”协商平台，加强政协协商和基层协商有机衔接，加强区、市、县三级政协委员联动，加强委员与界别群众联系，灵活开展对口协商、界别协商、有事好商量协商，推动小切口协商服务群众、化解社会矛盾。二是不断提高协商议政质量。准确把握全过程人民民主丰富内涵和实践要求，全面落实协商工作规则。注重畅通协商渠道，完善社情民意信息收集审核工作机制、提案质量和提案办理质量“双向评议”机制，确保协商工作质效。三是不断促进协商成果转化。规范协商成果采纳、落实和反馈制度，落实重点提案领办督办制度，对县委、政府主要领导批办的全体会议委员意见建议、协商成果、提案、社情民意信息等，建议纳入县委、政府督查事项和政协民主监督事项，办理情况向政协委员通报、听取意见建议，并纳入年度效能目标考核内容，构建环环相扣、有机衔接的协商工作格局，推动协商成果转化落地。

四、发挥统战功能，凝聚团结之心，不断汇聚共同奋进强大合力

坚持发挥凝聚共识职能作用，准确把握一致性和多样性相统一定位，促进大团结大联合，做好凝聚共识“大文章”。一是充分发挥统战功能。建立重要协商活动邀请县委、政府领导和相关部门负责人及各民主党派人士、无党派人士、党外知识分子等参加制度。坚持议政性常委会议邀请政府领导、相关部门单位通报工作，增强委员知情明政。运用委员大讲堂平台开展宣讲，把党的路线方针政策转化为社会各界共识。落实走访委员工作制度，主席会议成员、党员委员同党外委员谈心谈话，加强思想政治引领，凝聚委员共识。二是广泛联系界别群众。搭建委员联系群众“连心桥”，按界别组织开展活动，选取少而精、切口小的问题，深入基层听民意、协商建言发民声。组织界别委员常态化开展法律服务、技术指导等服务活动，向界别群众普及法律常识、传播科技知识，反映群众意见建议，扩大共识传播面。三是持续深化联系联谊。加强与区市政协联系联络，与兄弟县（区）政协交流合作，在提质增效中凝聚思想共识。密切与各党派团体、各族各界人士团结联系，支持和鼓励各民主党派人士、无党派人士、工商联等在政协协商议政。以专委会为依托，加强委员与“两新”组织联系沟通，及时反映诉求，做好团结引导、解疑释惑、理顺情绪工作。强化主线意识，加强与散居少数民族界和宗教界委员联系，引导支持其发挥自身优势履职，为建设铸牢中华民族共同体意识示范县凝聚共识、汇聚力量。

五、加强自身建设，夯实实干之基，全面提升履职能力和服务水平

坚持守正创新，主动适应新形势新任务新要求，强化自身建设，提升履职能力和服务水平。一是强化专委会基础性作用。落实专门委员会协商工作规则，规范协商程序。强化专委会“一委一品”建设，树立创新意识、品牌意识、质量意识。落实专委会联系界别和界别召集人机制，提升专委会服务协商工作效能。发挥专委会兼职副主任作用，加强乡镇统战委员履职，推动本职工作和政协工作双促进双提升。二是加强委员服务管理。注重发挥“重要阵地、重要平台、重要渠道”作用，采取“履职培训+专题学习”，开展委员履职能力提升培训、按界别专题学习等，加强县域经济发展、乡村振兴等方面培训，提升委员履职站位大局、聚焦中心的能力和水平。加强委员履职量化考核、委员退出和暂停履职管理，坚持委员年度履职情况通报制度，推动委员履职精准化、常态化管理。三是深化机关效能建设。坚定不移推进党风廉政建设和反腐败斗争向纵深发展，锲而不舍落实中央八项规定及其实施细则精神，严格落实中央和区市县纪委全会精神，切实以严的基调抓好作风建设。推进廉洁机关建设，强化机关日常监督和党员干部“八小时之外”监督，支持派驻纪检组工作。加强意识形态工作，提升文明机关创建水平。抓好干部教育管理，注重年轻干部培养锻炼，切实打造一支政治强、素质高、敢担当、善作为的政协干部队伍。

在彭阳县纪委九届三次全体会议上的工作报告

（2023 年 2 月 10 日）

彭阳县纪委书记　监委主任　蔡文刚

同志们：

这次全会的主要任务是：高举习近平新时代中国特色社会主义思想伟大旗帜，深入学习贯彻党的二十大、二十届中央纪委二次全会和自治区第十三次党代会精神，全面落实自治区纪委十三届二次全会、市纪委五届三次全会和县委九届三次、四次、五次全会安排部署，回顾总结 2022 年全县纪检监察工作，研究部署 2023 年工作任务。刚才，县委书记张永强同志作了讲话，对继续发扬彻底自我革命精神，推动全面从严治党向纵深发展提出具体要求，我们要认真学习领会，坚决抓好贯彻落实。

一、2022 年工作回顾

2022 年是党的二十大胜利召开之年，也是九届县纪委班子履新的第一年。一年来，县委坚持以习近平新时代中国特色社会主义思想为指导，深入学习贯彻党的二十大和习近平总书记视察宁夏重要讲话和重要指示批示精神，全面贯彻自治区第十三次党代会精神，坚决落实党中央及区、市党委决策部署，坚决扛起管党治党政治责任，反腐败、除顽瘴，立规矩、树新风，坚定不移推进全面从严治党向纵深发展，各项工作取得了新进展。在区、市纪委监委和县委坚强领导下，全县各级纪检监察机关坚持以习近平新时代中国特色社会主义思想为指导，深入学习贯彻党的二十大精神，聚焦“两个维护”强化政治监督，一体推进不敢腐、不能腐、不想腐，驰而不息纠“四风”树新风，深入开展群众身边腐败和作风问题专项整治，充分发挥巡察利剑作用，为彭阳改革发展稳定提供了坚强保障。

——坚持在思想政治建设中铸魂固本。县纪委常委会、理论学习中心组以更高标准、更严要求学深悟透习近平新时代中国特色社会主义思想，全面贯彻落实党的二十大精神，扎实开展“大学习、大讨论、大宣传、大实践”活动，认真落实第一议题制度。坚持不懈在“真”上下功夫，持续深化邀请行业部门业务骨干辅导、机关室主任和派驻机构及乡镇纪委书记列席学习等制度，示范引领全县各级纪检监察机关学思践悟，不断提高政治判断力、政治领悟力、政治执行力。坚持“四边”工作法，开展重点课题调研，把握规律、完善思路、破解难题，推动工作取得新进展。一年来，纪委常委会开展集体学习 26 次，理论学习中心组学习 12 次，研讨交流 30 人次，牵头完成重点课题调研 10 项，实现学思用贯通、知信行统一。

——坚持在强化政治监督中体现“两个维护”。始终把习近平总书记、党中央和区市县党委关心关注的问题作为监督重点，坚持发现什么问题就及时纠正什么问题，什么问题突出就督促解决什么问题，努力将监督做在经常、做出实效。紧扣县委中心工作开展专项监督，督促整改问题 68 个。探索运用“六看”措施，多维聚焦“一把手”和领导班子强化监督，推动领导干部自觉接受监督、规范行使权力意识不断强化。紧盯疫情防控常态化开展监督，诫勉问责2人，约谈、责令作出书面检查38人，通报批评乡镇(部门)13个、干部3名。聚焦巩固拓展脱贫攻坚成果同乡村振兴有效衔接，探索建立"问题查纠、领导包抓、限时办结、督导检查、责任追究"闭环监督模式，督促整改问题650个，问责12人。

——坚持在一体推进"三不"中深化标本兼治。从严惩治腐败，全县纪检监察机关共受理信访举报114件，处置问题线索196件，初核132件，立案44件，处分41人，留置2人，移送检察机关审查起诉3人，组织处理120人次。集中力量靶向治理工程建设政府采购、粮食购销等7个重点领域突出问题，严肃查处了王某、杨某等靠粮吃粮、损公肥私的粮仓硕鼠，实现留置案件"零的突破"；督促行业部门依法依规立案7件，处分10人，上缴医保基金29.27万元，查实追回违规资金2.72万元。做实案件查办"后半篇文章"，督促20个发案单位严格落实"三会两书两报告"，建立完善相关制度机制78项，实现以案促建、以案促治。常态化开展廉政警示教育，协助县委制定加强新时代廉洁文化建设实施方案，探索实践"红色+"廉洁文化教育模式，打造"红色+家风""红色+民风""红色+长征精神"等"一乡一品"廉洁文化教育点9个、专线3条，区内外2.2万余人次接受教育，崇廉尚洁社会风尚日益浓厚。

——坚持在纠树并举中不断充盈新风正气。坚持态度不变、力度不减、尺度不松，持之以恒加固中央八项规定堤坝，深入开展违规收送红包礼金和不当收益及违规借转贷或高额放贷专项整治，督促整改问题62个，主动上交红包礼金24.6723万元。持续深化整治作风顽瘴痼疾，深入开展统计领域专项治理，扎实推进"转作风重实干勇担当"活动，着力纠治"躺平式"党员干部，督促整改突出问题895个，通报部门(单位)2个，约谈领导干部38人、党组1个，责令乡镇、部门"一把手"作出书面检查6人，提醒谈话、诫勉、通报批评60人；督促各基层党组织运用第一种形态教育和处理干部619人次，在全县逐渐形成积极向上、担当作为、真抓实干的社会新风。立足职责推动移风易俗，深入村组户调研，发出"拒绝高额彩礼，推进移风易俗"问题线索举报奖励办法的通告，以优良党风政风带动社风民风持续向上向好。

——坚持在深化专项治理中体现为民情怀。深入贯彻以人民为中心的发展思想，监督保障县委各项部署落到实处。持续关注群众反映强烈的突出问题，扎实开展群众身边腐败和不正之风专项整治，约谈、诫勉、通报、责令作出书面检查8人，向社会公布涉及教育、医疗卫生、农业农村、生态环保、审批服务执法等5个领域群众身边腐败和不正之风专项整治成果两批，推动解决群众急难愁盼问题。聚焦惠民惠农财政补贴资金"一卡通"管理问题，扎实开展县外移民违规享受涉农补贴资金问题专项整治，处置问题线索1件6人。扎实推进基层小微权力"监督一点通"平台试点应用工作，监督基层小微权力28项，办理群众诉求182件，满意度88%。建立整改台账，常态化开展"打伞破网"，跟进监督检查政法队伍教育整顿"回头看"。

——坚持在深化政治巡察中发挥利剑作用。制定《中共彭阳县委员会巡察工作规划(2022—2026年)(试行)》及《关于建立县委巡察机构与县纪委监委协作配合机制的实施意见》等，围绕"三个聚焦"，助推巩固拓展脱贫攻坚成果同乡村振兴有效衔接。完成三轮对7个乡镇、4个县直部门(单位)党组织的常规巡察，延伸巡察所属基层党组织120个，移交问题线索16个，开展个别谈话825人次，走访群众772户，受理来信来电来访19件，发现问题1219个，移交立行立改622个。扎实开展自治区巡视反馈问题整改"回头看"，完成交叉巡察泾源县农业农村局，接受市委巡察指导督导，健全完善巡察工作人才库，持续强化巡察队伍建设，不断提高巡察工作科学化规范化水平，有效发挥巡察利剑作用。

——坚持在贯通融合中发挥监督专责效能。坚守协助党委推进全面从严治党的职责定位，督促各级党组织严格落实全面从严治党"三个清单"，开展乡镇、部门(单位)党组织负责人述责述廉，推动以上率下履行“一岗双责”。坚持党对纪检监察工作全覆盖、全方位、全过程领导，及时向县委主要领导、县委常委会汇报党风廉政和反腐败工作33次，坚持季度、年度向县委报告党风政风、审查调查和信访举报分析情况，推动“两个责任”同向发力、贯通落实。着力规范派驻监督，贯通融合巡察、审计、司法等各类监督，制定审计监督重大事项督察督办、巡察机构与县纪委监委协作配合等制度机制，实现监督成果共享。完成县监委首次向县人大报告专项工作。准确妥善运用“四种形态”批评教育帮助和处理党员干部228人次，其中运用第一、二、三、四种形态占比分别为80.7%、11.8%、0.9%、6.6%。

——坚持在严管厚爱中锻造过硬纪检监察队伍。县纪委常委会坚持把队伍建设作为“一把手工程”来抓，从自身做起，带头贯彻落实习近平总书记和党中央关于加强纪检监察干部队伍建设的要求，弘扬严实深细作风，发挥示范引领作用。以“一培一带一讲一测”能力提升行动为载体，多样化开展“高素质专业化队伍建设年”活动，全年实现纪检监察干部培训全覆盖，2名纪检监察干部荣获全市演讲比赛二等奖，委机关被评为“优秀组织奖”。坚持从严教育管理监督干部，扎实开展纪检监察干部“转作风重实干勇担当”和“执纪执法形象”专项整治活动，动态更新纪检监察干部廉政档案，选聘10名第二届特约监察员上岗履职，建立完善委机关各室、乡镇纪委和派驻机构考核办法，严格落实干部考勤、工作任务落实等周通报制，查办纪检监察干部问题线索2件，提醒谈话、约谈4人，作出书面检查7人，调整工作岗位2人。

在肯定成绩的同时，也要清醒地认识到，全面从严治党永远在路上，全县反腐败斗争形势的严峻性和复杂性一点也不能低估，正风肃纪反腐任务依然艰巨，巩固中央八项规定精神需不断用力，群众身边微腐败和作风问题依然存在，全县纪检监察工作和队伍建设还存在一些差距，纪检监察干部综合素质和业务能力还不能完全适应新形势新任务需要，有效预防腐败的办法不多，监督精准性和时效性不够、方式方法单一。对此，我们必须高度重视，采取有力有效措施加以解决。

二、2023年主要工作

2023年是全面贯彻落实党的二十大精神的开局之年，是开启中国式现代化建设新征程的起步之年，也是建县40周年。二十届中央纪委二次全会深入贯彻落实党的二十大精神，对坚定不移深入推进全面从严治党作出战略部署，习近平总书记在全会上的重要讲话高屋建瓴、思想深邃、内涵丰富，是深入推进新时代党的建设新的伟大工程的根本遵循，为做好新时代新征程纪检监察工作提供了根本指引。自治区纪委十三届二次全会、市纪委五届三次全会全面贯彻中央纪委二次全会安排部署，立足全区、全市党风廉政建设和反腐败工作新阶段新形势新任务，进一步明确了2023年党风廉政建设和反腐败工作主要任务，为更好履行职责明确了方法路径。全县各级纪检监察机关要深入贯彻中央和区、市纪委全会精神，全面落实各项决策部署，持之以恒推进党的自我革命，永远吹冲锋号、做赶考人，不断巩固拓展全面从严治党战略成果，推动新时代纪检监察工作再上新台阶。

2023年纪检监察工作的总体要求是：坚持以习近平新时代中国特色社会主义思想为指导，全面深入贯彻党的二十大和自治区第十三次党代会精神，认真落实二十届中央纪委二次全会，自治区纪委十三届二次全会，市委五届五次、六次、七次全会，市纪委五届三次全会以及县委九届三次、四次、五次全会部署要求，深刻领悟“两个确立”的决定性意义，增强“四个意识”、坚定“四个自信”、做到“两个维护”，坚定不移推进全面从严治党，不断健全全面从严治党体系，推动完善党的自我革命制度规范体系，坚持以严的基调强化正风肃纪，一体推进不敢腐、不能腐、不想腐，全面巩固反腐败斗争压倒性胜利，坚定稳妥深化纪检监察体制改革，建设堪当大任的高素质纪检监察队伍，为开创现代化彭阳建设新局面、在全面建设社会主义现代化美丽新宁夏中交出更加出彩的彭阳答卷提供坚强保障。

(一)以贯彻落实党的二十大精神为主线,在推动政治监督具体化精准化常态化上彰显新作为

强化“两个维护”擦亮政治底色。以学习贯彻党的二十大精神为政治监督主题,推动各级党组织深入学习领悟习近平新时代中国特色社会主义思想,以高度的政治自觉深刻领悟“两个确立”的决定性意义,履行“两个维护”使命任务。督促各级党组织把党的二十大精神与《习近平谈治国理政》第一、二、三、四卷贯通起来,与习近平总书记视察宁夏重要讲话和重要指示批示精神结合起来,与开展主题教育结合起来,学到精髓、谋实思路、扎实工作,引导党员干部衷心拥护“两个确立”、忠诚践行“两个维护”。推动完善习近平总书记重要指示批示和党中央重大决策部署落实机制,建立健全台账管理、动态跟踪、限期办结、督查问责、“回头看”等制度,确保“总书记怎么说、我们就怎么做”成为彭阳最鲜明的政治底色。严明政治纪律和政治规矩,及时发现、着力解决“七个有之”问题,严肃查处在党内搞政治团伙、小圈子、利益集团的行为,消除政治隐患,维护政治安全。

胸怀“国之大者”推动责任落实。结合彭阳实际推进政治监督具体化、精准化、常态化,围绕党的二十大战略部署和习近平总书记重要指示批示、党中央重大决策部署和区、市、县党委安排部署,紧紧聚焦高质量发展先行县、宁夏副中心城市标杆县、生态文旅特色县、乡村振兴样板县、铸牢中华民族共同体意识示范县“五个县”建设,产业倍增计划、投资牵引计划、改革创新计划“三个计划”实施,以及推动重点项目、重大工程和“五特四新四优”产业发展等重点工作开展立项监督,健全完善“闭环监督”机制,强化日常监督,实现全过程可追溯、可检验,成效可量化、可视化,切实打通贯彻落实中的堵点淤点,确保中央和区市党委决策部署不折不扣在彭阳见行见效。

紧盯“关键少数”规范权力运行。全面落实党中央《关于加强对“一把手”和领导班子监督的意见》和自治区党委实施办法,围绕“五个强化”,突出对落实全面从严治党责任、执行民主集中制、依规依法履职用权等情况的监督,对管党治党主体责任缺失、监督责任缺位、全面从严治党不力的从严问责。综合运用平时观察、谈心谈话、检查抽查、信访举报等开展“政治扫描”,打好压责任、纠偏差、防风险、抓整改的监督组合拳。完善政治生态分析研判机制,建立廉情通报机制,督促落实领导干部插手干预重大事项记录制度,常态化、精准化开展廉政提醒谈话。专项检查“三重一大”执行情况,做深做实自上而下监督这一有效管用措施,建立县纪委书记同县管“一把手”谈话制度,带着问题、带着反映常态化、全覆盖开展监督谈话,扎实开展“一把手”述责述廉,加大对“八小时外”的监督力度,促进严格自律、严负其责、严管其辖。

(二)以全面加强党的纪律建设为导向,在推进全面从严治党上取得新进展

突出纪律强化教育。把纪律建设摆在更加突出的位置,持续强化党性初心宗旨教育、党章党规党纪教育、正反典型教育、优良传统作风教育,以“3·23”廉洁从政警示日和“全县领导干部廉政警示教育周”活动为契机,辐射带动各级党组织“一月一主题”常态化开展廉洁教育活动、县委党校把党章党规党纪教育作为必修课,督促指导发生重大违纪违法案件的党委(党组)开好专题民主生活会,举一反三、以案明纪,推进纪律教育常态化制度化。加强年轻干部教育管理监督,上好“廉洁课”,抓实日常管理,对违反党纪的问题发现一处坚决查处一起。建好用好领导干部廉政档案,规范审慎回复党风廉政意见,加强对民主生活会、组织生活会的监督检查。

压实责任统筹推进。坚持党对纪检监察工作的绝对领导,知责尽责、传导压力,压实党委主体责任、书记第一责任人责任、班子成员一岗双责、纪委监委监督责任,形成“横向各级党组织齐抓共管,纵向通过约谈、巡察、专项检查等手段传导压力,全面以落实问责条例为抓手追究问责”的责任体系,推动党委(党组)将党的建设与经济社会发展同谋划、同部署、同推进、同考核,切实把党的领导体现在日

常监督之中，着力构建各负其责、各尽其职、统一协调的管党治党责任格局。模范遵守党内法规制度，加强对党内法规制度执行情况的监督，对违规破纪者严肃问责，坚决维护党内法规权威。继续抓好制度“立、改、废、释”工作，进一步健全监督执纪执法操作规程，完善案件查办程序衔接机制，建立健全案件质量评查和成果运用制度。

健全体系提升效能。进一步强化党内监督主导地位，不断健全党委（党组）全面监督、纪律检查机关专责监督、党的工作部门职能监督、党的基层组织日常监督、党员民主监督的工作格局，探索建立内部监督贯通机制，加强纪检监察机关、巡察机构和组织、人事、审计、财务、督查、信访等部门协作配合，推动完善信息沟通、线索移送、措施配合、成果共享等工作机制。坚持运用“四种形态”，不断强化日常监督，抓早抓小、防微杜渐。严格落实“三个区分开来”，统筹推进澄清正名、打击诬告陷害工作，认真开展跟踪回访教育，激励干部担当作为。

（三）以突出巡察政治监督为定位，在有力发挥巡察利剑作用上拿出新举措

坚持政治巡察定位。聚焦“两个维护”根本任务，认真贯彻落实中央巡视工作方针，把严的要求贯彻到政治巡察全过程各环节。对标《中共彭阳县委员会巡察工作规划（2022—2026年）（试行）》，全年完成3轮对15个乡镇（部门）党委（党组）的常规巡察。

推动巡察贯通融合。建立健全巡察情况综合分析通报、巡察成果统计通报制度，统筹协调落实市委巡察办派员列席县委书记专题会制度，完成区、市巡视巡察机构部署的各项任务，做实做细区、市两级对县级巡察工作的指导督导，全力配合市委巡察办组织的交叉巡察，加强巡察工作信息化建设，发挥巡察综合监督平台作用，推动巡察监督与纪律监督、监察监督、派驻监督、组织监督、审计监督、统计监督等有效衔接，不断汇聚监督合力，进一步提升巡察工作实效。

强化巡察成果运用。认真贯彻党中央《关于加强巡视整改和成果运用的意见》，健全完善巡察整改责任机制，稳步推进整改评估工作，压紧压实被巡察党组织整改主体责任，强化纪检监察机关、组织部门日常监督责任及巡察机构统筹督促责任，确保整改过程高标准、整改结果高质量。全年开展巡察反馈问题整改情况监督检查3次，重点针对八届县委巡察反馈未整改完成的问题、涉粮领域专项巡察未整改销号的问题及九届县委前三轮巡察反馈未整改问题，随机开展实地督查，持续督促问题整改，切实增强以巡促改、以巡促建、以巡促治实效，实现监督、整改、治理有机贯通。

（四）以常态长效纠治“四风”为重点，在锲而不舍落实中央八项规定精神上探索新路径

以零容忍态度持续整治享乐主义奢靡之风。坚持全面从严、一查到底，把落实中央八项规定及其实施细则精神、自治区“八条禁令”、市委“十项规定”作为监督重点，在重要节点鸣奏节前教育提醒、通报曝光，节中监督检查、明察暗访，节后督促整改、总结提高“三部曲”，对顶风违纪行为从严查处、露头就打，坚持一个节点一个节点抓，一个问题一个问题查，推动化风成俗、形成习惯。持续巩固违规吃喝隐形变异问题、违规收送红包礼金和不当收益及违规借转贷或高额放贷专项整治成果，建立党风、案管、审理等部门风腐同查、同审、同析、同治工作机制，对“不吃公款吃老板”“不吃本级吃下级”“公车私用”等苗头性、倾向性、隐蔽性问题严肃查处，持续加固中央八项规定堤坝，坚决防止“四风”问题反弹回潮。

以一抓到底的韧劲重点纠治形式主义官僚主义。扎实开展形式主义官僚主义问题专项治理，紧盯贯彻中央和区、市、县党委重大决策部署不上心不用心、玩忽职守不作为、任性用权乱作为等问题，着力纠治空喊口号、机械执行、冷硬横推、层层加码、搞政绩工程和形象工程等行为，下狠劲、出实招，抓典型、抓现行，坚决防止以形式主义反对形式主义、以官僚主义反对官僚主义，树立真抓实干的鲜明导向。充分运用信息化手段前

移监督关口，推进党风政风监督信息综合平台建设，延伸监督触角、加强预警纠治，提高发现问题的及时性、精准性。

以钉钉子精神推进作风建设常态化长效化。把握作风建设区域性、行业性、阶段性特点，对反复出现的“四风”问题，既从严执纪、通报曝光，又深入分析、找准症结，有针对性地查堵监管漏洞，防止成风成势。坚持纠“四风”树新风并举，督促常态化开展“转作风重实干勇担当”活动，推行任务一布置马上落实、工作一部署马上推动、工作一完成马上反馈“三个马上” 工作法，落实任务项目化、项目清单化、清单具体化“三个机制”，做实“周例会、月分析、季考核”和“流动红旗”“黄牌警告”制度，推动各级党组织和领导干部落实责任，引导党员、干部以过硬作风展示良好形象，以优良党风政风引领社风民风。

（五）以一体推进“三不腐”方针方略为目标，在坚决打赢反腐败斗争攻坚战持久战上再创新战果

在不敢腐上持续加压。突出震慑、遏制，让党员、干部从害怕被查处的“不敢”走向敬畏党和人民、敬畏党纪国法的“不敢”。坚决查处政治问题和经济问题交织的腐败，坚决防止领导干部成为利益集团和权势团体的代言人，开展国有企业“靠企吃企”专项治理，深化整治金融、政法、粮食购销等权力集中、资金密集、资源富集领域的腐败。严肃查处党的十八大以来不收敛不收手、胆大妄为的贪腐问题。对信访举报多、问题反映集中的“关键少数”集中攻坚，以大案带小案、深挖“案中案”。坚持受贿行贿一起查，建立完善、动态更新行贿人“黑名单”系统，着力构建联合惩戒格局。

在不能腐上深化拓展。突出制度、治理，着力健全党统一领导、全面覆盖、权威高效的监督体系，强化对权力运行的制约和监督。健全防止腐败滋生蔓延机制，强化对政策执行、决策程序、审批监管、执法司法等关键权力的制约和监督。紧盯监督检查、审查调查、巡视巡察反馈中发现的体制机制性问题，督促完善制度、堵塞漏洞，严肃处理恶意规避制度等行为，提高制度执行力，做到严厉惩治、规范权力、教育引导紧密结合、协调联动、综合发力。统筹做好查办案件“前半篇”和“后半篇”文章，严格落实“三会两书两报告”，用好纪检监察建议，提升以案促改、以案促治质量。

在不想腐上巩固提升。侧重教育和引导，从思想源头上消除贪腐之念。深入贯彻党中央和区市县党委关于加强新时代廉洁文化建设的部署要求，落实廉洁文化建设联席会议制度，进一步压紧压实职能部门责任，切实增强廉洁文化建设合力。做深做实同级同类警示教育，精心制作粮食购销领域王固军、杨天雄严重违纪违法案警示教育片，进一步发挥彭阳“红色+”廉洁文化教育阵地作用，持续开展“领导干部廉政警示教育周”活动，深入推进廉洁文化“八进”工作。积极引导年轻干部扣好廉洁从政“第一粒扣子”。注重运用融媒体深化宣传教育，大力营造崇廉、护廉、促廉、守廉的社会风尚，不断涵养风清气正的政治生态。

（六）以深化专项治理为抓手，在维护群众利益上体现新担当

聚焦乡村振兴规范权力运行。开展乡村振兴领域腐败和作风问题专项治理，接续推进巩固拓展脱贫攻坚成果同乡村振兴有效衔接专项监督，坚决纠治在政策和项目落实上弄虚作假、欺上瞒下和在涉及群众利益上贪占挪用、吃拿卡要等问题，严肃查处“三资管理”、产业发展等方面的腐败问题，以集中查处一批重点案件、着力完善一批制度机制、公示公布一批治理成果“三个一批”为抓手，全力保障惠民惠农政策真正惠及群众。

聚焦民生实事整治不正之风。持续整治群众身边腐败和不正之风，围绕群众反映强烈的重点领域和突出问题，重点开展教育领域侵害群众利益不正之风专项治理，紧盯入学招生、师德师风、教材征订、营养餐采购等关键环节加强监督，坚决纠治在教育政策落实方面存在的充当掮客、收受礼品礼金和贿赂以及乱设项目、乱收费用等问题，严肃查处职称评审、教师调动、物资采购、项目工程等方面以

权谋私、权钱交易、利益交换等腐败问题，净化教书育人环境。

聚焦群众诉求为民解忧纾困。开展清理整治信访重复举报专项行动，部署推动业务范围外信访事项登记告知和信访举报积案化解工作，加强重复信访举报专项清理，加强与职能部门的协作，全面起底、找准症结、分类施策，对反映案件查办不深不透的提级办理、复查复核，对提出不合理不合法诉求的坚持底线、劝导停访，对违规违纪违法反映问题特别是诬告陷害类的严肃查处、澄清正名。统筹县乡村监督力量，加强乡镇纪检监察机构建设，促进乡镇纪委和村务监督委员会有效衔接，深化基层小微权力“监督一点通”平台应用，探索开展“围炉夜谈”下访活动，切实提升把问题解决在基层的能力水平。

（七）以牢牢把握改革要求为支撑，在深入推进纪检监察体制改革上释放新效能

持续深化纪检监察体制改革。健全统筹推进纪律检查体制、国家监察体制、纪检监察机构改革的领导体制和工作机制，围绕监督检查、审查调查等关键环节加强县纪委监委对乡镇纪委（监察办公室）及派驻机构的领导，全面落实查办案件以上级纪委监委领导为主要求，进一步完善乡镇纪委（监察办公室）及派驻机构重要情况请示报告制度。健全信访举报、监督检查、审查调查、案件监督管理、案件审理、巡察等统筹联动、协同发力的工作体系，完善信息沟通、线索移送、措施配合、成果共享工作机制，构建更加系统完备、科学规范、有效管用的管理制度体系。督促推动村（社区）设立纪委或纪检委员，村（居）务监督委员会主任原则上由村（社区）党组织纪委书记或纪检委员担任，进一步凝聚基层监督合力。

充分释放体制改革治理效能。深入落实《纪检监察机关派驻机构工作规则》，不断健全派驻监督领导管理体制，加强对派驻（派出）机构的领导和指导，推进监察权全面有力运用，让派驻（派出）机构能办案、会办案、办好案。健全“组组”协同监督、“室组”联动监督、“室组地”联合办案机制，深化运用执纪执法审查调查协作片区工作机制和“全员办案”、问题线索“动态清零”等制度，促进监督执纪执法审查调查协作片区系统集成、协同高效。充分发挥派驻机构“派”的权威和“驻”的优势，探索建立“一组一策”监督模式，不断增强派驻监督的针对性和有效性。健全完善监察机关与审判机关、检察机关、执法部门衔接顺畅的协作配合机制，严格落实《彭阳县查办党员和公职人员涉嫌违纪职务违法犯罪案件协作配合工作机制》，不断形成纪检监察机关和司法执法机关在查办党员和公职人员涉嫌违纪或职务违法、职务犯罪案件中的工作合力，实现各类监督有机贯通、互相协调，推动纪检监察工作实现高质量发展。

（八）以自身建设扎实过硬为基础，在锻造堪当重任的高素质专业化纪检监察干部队伍上迈出新步伐

政治建设铸忠诚。结合党的二十大、习近平总书记视察宁夏重要讲话和重要指示批示精神“大学习、大讨论、大宣传、大实践”活动，扎实开展党中央统一部署的主题教育，坚持常委会“第一议题”和中心组学习制度，带头把对“两个确立”的坚定拥护转化为做到“两个维护”的自觉行动。认真贯彻常委会工作规则，不折不扣落实民主集中制、执行常委会议事规则和决策程序，严格执行请示报告制度，及时主动向县委请示报告重大事项、重大案件、重要工作。扎实开展纪检监察干部队伍教育整顿，创新活动载体，教育引导纪检监察干部坚定听党话、跟党走。全面提升机关党的建设质量，加强党支部标准化规范化建设，规范开展党内政治生活，切实发挥党支部战斗堡垒作用和党员先锋模范作用。

实战实训练尖兵。坚持党管干部原则，加强纪检监察干部队伍建设整体谋划，构建年轻干部“选育管用”全链条机制，积极稳妥做好监察官等级确定工作，构建结构合理、梯次完备的干部队伍。巩固深化“制度规范化建设年”“案件质量提升年”“高素质专业化队伍建设年”活动成果，部署开展“纪检监

察工作规范化、法治化、正规化建设年”活动，把纪检监察干部培训纳入全县干部培训整体计划，以新任职干部为重点、将村监会成员纳入培训范围，深化分层分次全员培训；搭建“一对一”帮带、“全员办案”岗位练兵、精品案件评选等活动载体，加大轮岗交流力度，在实战实训中提高日常监督检查、处置问题线索、运用纪法规定、思想政治工作能力，促进干部队伍素质全面过硬。新建集中独立办案区，强化办案安全，进一步推进执纪调查工作规范高效运行。利用科技手段提升信息化水平，推进智慧审理建设，深化检举举报平台应用，着力提高精准发现问题的能力。

严格管理树形象。围绕纪检监察权力运行，健全完善内控机制，坚持用制度管人、管事，严格权力、手段、措施界限规定，常态化开展执纪执法规范化检查和案件质量评查，落实回避、保密和过问干预案件登记备案等内控制度，推动规范行权与监督用权贯通融合，构建全覆盖的权力监督制约机制。开展“纪检监察开放日”活动，积极为特约监察员履职搭建平台、创造条件，主动接受党内及其他各方面监督。加强对纪检监察干部的教育管理监督和考核任用，严肃查处执纪违纪、执法违法、失职失责行为，加大自我净化力度，不断提高自身免疫力，坚决杜绝“灯下黑”，督促引导纪检监察干部自觉以党性立身做事，树立忠诚干净担当的良好形象。发挥工会作用，关心关爱纪检监察干部，常态化开展家访，不定期举办干部心理健康和压力疏导专题培训班，激励保障干部忠诚履职、担当作为。

在彭阳县纪委九届四次全体会议上的工作报告

（2024年2月2日）

彭阳县纪委书记　监委主任　蔡文刚

同志们：

这次全会的主要任务是：坚持以习近平新时代中国特色社会主义思想为指导，深入学习贯彻党的二十大和二十届二中全会、二十届中央纪委三次全会精神，全面落实自治区党委十三届四次、五次、六次全会，自治区纪委十三届三次全会，市纪委五届四次全会和县委九届六次全会精神，回顾2023年全县纪检监察工作，部署2024年工作任务。刚才，县委书记张永强作了讲话，对发扬彻底自我革命精神，推进全面从严治党向纵深发展提出具体要求，我们要认真学习领会，坚决抓好贯彻落实。

一、2023年工作回顾

2023年是全面贯彻落实党的二十大精神的开局之年，也是彭阳加快推进高质量赶超式发展的关键一年。一年来，县委坚持以习近平新时代中国特色社会主义思想为指导，深入贯彻落实全面从严治党战略部署，以上率下压紧压实管党治党政治责任，全县政治生态更加清爽，党风政风更加清新，发展环境更加清朗。全县各级纪检监察机关在区、市纪委监委和县委的坚强领导下，聚焦“3+5+1”重点任务，在监督保障中激浊扬清，在执纪执法中担当作为，在正风反腐中祛邪扶正，奋力推动党风廉政建设和反腐败工作取得新进步新成效。在全区纪检监察系统执纪执法考核中，我县案件获评优质案件；在全区纪检监察系统调研工作中，我县调研报告荣获“三等奖”；在全区特色亮点评选工作中，我县“围炉夜谈”主题下访活动评为特色亮点工作，先后被《中国纪检监察报》《宁夏党风廉政建设》刊登推广。

这一年，我们主动出击打好安全生产保卫战，全链条靠实安全责任。全县各级纪检监察机关坚决贯彻落实习近平总书记重要批示精神，紧盯“1+37+8”系列文件落实，做好责任片区“九小”场所安全隐患排查整治，及时跟进监督自治区党委“四防”督查通报和市委督查反馈问题整改，严肃查处责任落实不力、不担当不作为、重形式轻效果等问题，以政治监督统筹发展与安全。

这一年，我们突出标本兼治打好专项治理阵地战，重点领域政治生态持续净化。集中开展乡村振兴、国有企业、教育系统、医药卫生等领域专项治理，多部门联动叠加、全方位共建共治，全力纠治行业乱象，处置问题线索39件，推动完善制度机制53项，以一域治理带动全域治理的整体效应持续放大。

这一年，我们坚持零容忍态度打好惩治反腐攻坚战，反腐败斗争取得重大战果。一以贯之坚持严的基调、严的氛围、严的措施不动摇，全县共处置问题线索248件，立案50件，处分43人，移送司法机关1人，严的震慑充分彰显。

这一年，我们全员联动开展主题下访，人民群众满意度不断提升。认真贯彻落实主题教育“四下基层”要求，常态化开展领导干部“围炉夜谈”主题下访活动，推动深化重复举报治理和业务范围外信访事项化解专项活动向纵深推进，全县信访举报总量、重复举报量、业务范围外信访事项同比分别下降 17.2%、16.7%、60.7%，减量退位态势得到进一步巩固。

这一年，我们全域化推进廉洁教育，不想腐的思想堤坝越发牢固。充分发挥廉洁文化教育引导、激励浸润作用，组织全县各级党组织“一月一主题”开展廉洁文化教育活动，制作《群众痛恨什么就坚决整治什么》和《粮仓“硕鼠”现形记》警示教育片，形成“以红色文化作底色、以廉洁文化为引领、以廉政微党课为警醒”的“全链条”教育模式，推动廉洁文化建设实起来、强起来。

这一年，我们集中力量建成审查调查中心，数字赋能监督质效跨越提升。在县委的鼎力支持下，集中人员力量，高标准建成集学习教育、集中办案、心理疏导等多功能于一体的数字化审查调查中心，有效发挥“组组”协同监督、“室组”联动监督、“室组地”联合办案优势，数字监督检查体系基本框架初步构建。

一年来，全县各级纪检监察机关主要做了八个方面工作。

（一）坚持学思想、铸忠诚，思想根基愈加牢固。坚持不懈用习近平新时代中国特色社会主义思想凝心铸魂，深入开展主题教育和教育整顿，切实用习近平新时代中国特色社会主义思想武装头脑、指导实践，统领纪检监察一切工作。严格落实“第一议题”制度，班子成员以上率下，带头讲专题党课、作廉政报告，示范带动全体干部以学铸魂、以学增智、以学正风、以学促干。坚持“四下基层”开展调查研究，构建选题、破题、答题闭环，形成调研报告 15 篇。一体推进检视整改、建章立制，对照“六个是否”靶向开展 3 轮次自查自纠和谈心谈话，集中开展深化网络言行、压案不查等 7 个专项整治，建立健全管理机制 11 项。坚决查处纪检监察干部违纪违法案件，清仓起底党的十八大以来问题线索 18 件，受理处置 8 件，立案 1 件，给予党纪处分 1 人，诫勉 2 人，以铁的纪律打造忠诚干净担当的纪检监察铁军。

（二）坚持促落实、保发展，政治监督精准发力。聚焦党的二十大战略部署和区市县党委决策部署落实，瞄准靶心、定期盘点、动态问效。将乡村全面振兴样板县建设作为政治监督重中之重，持续跟进监督检查，核实并推动解决问题 99 个，处置问题线索 4 件，处分 2 人，诫勉 7 人，切实打通贯彻落实中的堵点淤点。制定全面从严治党“三个清单”和纪实台账，综合运用“一把手”述责述廉、政治生态分析研判、督办约谈提醒、党风廉政建设责任制考核、列席驻在部门“三重一大”会议等方式，压紧压实管党治党政治责任，县委主要领导和纪委书记“双约谈”乡镇、部门（单位）“一把手”39 人次，进一步推动党委（党组）主体责任、纪委监委监督责任一体落实。

（三）坚持重高压、强震慑，惩治腐败质效提升。坚持党对反腐败工作的全面领导，重大案件、重要事项及时提请县委研究审议。聚焦关键领域，深入整治群众反映强烈的突出问题，查处民生领域腐败和作风问题 8 件，给予党纪政务处分 3 人；深化国有企业“靠企吃企”和粮食购销领域腐败问题专项整治，处置问题线索 11 件，立案 4 件。坚持“惩治防”一体联动，聚焦案件查办暴露出的深层次问题，全县各级纪检监察机关有针对性制发纪检监察建议书 44 份，推动有关单位建立完善相关制度 34 项，督促 24 个发案单位严格落实“三会两书两报告”。聚焦查办的典型案件，用身边事警示教育身边人，全县范围通报各类典型案例 33 起 34 人，实现从个案查办向标本兼治、系统施治提升转变。

（四）坚持纠顽疾、正风气，党风政风更加清正。持续加固中央八项规定堤坝，紧盯关键节点，打好教育提醒、监督检查、严查快处“组合拳”，精准靶向纠治“四风”顽瘴痼疾，督促整改问题 22 个，处置违反中央八项规定精神问题线索 5 件，给予党纪政务处分 4 人，问责 1 人，通报曝光典型案例 4 起。开展党员干部和公职人员酒驾醉驾、赌博问题专项整治，严查快处酒驾醉驾、赌博问题及其背后的“四风”问题，处置问题线索36件，给予党纪政务处分28人。深入开展形式主义官僚主义专项治理，严肃查处不担当、不作为、乱作为、假作为等问题7件，问责11人，处分3人，进一步树立求真务实、真抓实干的鲜明导向。把落实“三个区分开来”贯穿监督执纪执法全过程，对2名失实检举控告党员干部及时澄清正名，对24名受处理处分的人员开展回访教育，旗帜鲜明为担当者担当、为负责者负责。

（五）坚持立规矩、固根本，纪律发条越拧越紧。把加强纪律教育、严格纪律执行充分结合起来，综合运用约谈提醒、纪实台账、定期会商等工作措施，查处“两个责任”落实不力问题2起、诫勉2人。严格监督纪律执行，规范开展各项工作，每季度开展案件质量内部交叉互评和办案安全监督检查，常态化开展业务培训，及时发现和纠正畸轻畸重、处分执行不到位等问题。配合县委制定《加强年轻干部日常管理监督若干措施》，教育引导年轻干部扣好廉洁从政“第一粒扣子”。坚持抓早抓小、关口前移，全县各级纪检监察机关运用“四种形态”批评教育帮助和处理党员干部249人次，第一至第四种形态分别占81.13%、9.23%、4.82%、4.82%，实现由“惩治极少数”向“管住大多数”拓展。

（六）坚持促整改、提质效，巡察利剑愈显锋芒。修订《中共彭阳县委员会巡察工作规划》，组织开展3轮对4个乡（镇）13个部门及基层党组织的常规巡察，发现问题862个（其中村级问题539个），移交问题线索15件，推动解决立行立改事项252件。积极配合自治区党委第三巡视组对彭阳县委的巡视，市委第七巡察组对县纪委监委、县委组织部的提级巡察工作，高质量完成交叉巡察隆德县应急管理局的巡察任务。选派2名干部参与自治区党委第三轮巡视，1名干部被评为优秀巡视干部。制定《彭阳县贯彻落实自治区巡视整改和成果运用实施办法责任清单》，进一步明晰各部门（单位）在巡察整改和成果应用方面的职责，县纪委监委和县委组织部、巡察办联合开展巡察反馈问题整改情况监督检查3次，有效推动九届县委前4轮巡察反馈问题整改率达97.4%，进一步落细落实巡察“后半篇文章”。

（七）坚持抓改革、提效能，体制机制更加完善。认真学习贯彻《纪检监察机关派驻机构工作规则》《关于进一步深化市、县（区）纪委监委派驻机构改革的意见》，建立“一组一策”监督模式，派驻监督的针对性进一步凸显。制定《彭阳县关于加强纪检监察监督巡察监督与审计监督贯通协同高效的工作办法》，实现“一审多项”“一审多果”“一审多用”。严格政策界限，完成全县60名纪检监察干部监察官等级首次确定工作。制定《派驻（出）县直部门（单位）和乡镇纪检监察机构管理暂行办法》《彭阳县案件监督管理规范性工作指南》等规章制度21项，不断健全内容科学、程序严密、运用有效的纪检监察制度体系。

（八）坚持补短板、强弱项，队伍建设全面加强。深入开展“纪检监察工作规范化、法治化、正规化建设年”活动，分级分类开展全员培训，举办培训班3期、培训195人次，组织干部参加全区“十佳审理人”业务竞赛和中央、区、市纪委业务巡讲活动，1名干部荣获全区纪检监察系统“十佳审理人”荣誉称号和优秀论文奖。深入开展党建与业务“双融双促双提升”专项行动，选派5名基层工作经验丰富的党员干部担任驻村第一书记和工作队员，抽调8名党员干部带头组建4个专项工作专班，深入开展乡村振兴、教育、国有企业等领域专项治理，实现治理在一线、监督在一线、整改在一线。

回顾过去的一年，各项任务繁重叠加，全县各级纪检监察机关和纪检监察干部始终保持高度政治自觉，忠诚履职、实干拼搏、不畏艰难、迎难而上、敢于斗争、砥砺前行，推动各项工作取得新突破、新成效，群众的幸福感、安全感、获得感进一步增强，区、市纪委监委和县委给予了充分肯定。同时，也要清醒地认识到，全面从严治党永远在路上，全县反腐败斗争形势的严峻性和复杂性依然存在，正风肃纪反腐任务依然艰巨，全县纪检监察工作和队伍建设还存在一些差距：一是管党治党责任逐级递减的现象依然存在。个别单位特别是二级单位、下属单位党组织管党治党意识不强，主要负责同志"第一责任人"责任、班子成员"一岗双责"扛得不牢，干部教育管理失之于宽、失之于软。二是形式主义官僚主义问题依然存在。一些部门单位在落实决策部署、推进重点任务中重留痕轻效果，个别干部作风散漫、纪律松弛，检查考核过多过滥和党员干部赌博酒驾等问题较为突出。三是纪检监察干部综合素质和业务能力还不能完全适应新形势新任务需要。有的纪检监察干部对"三个区分开来"政策不会用、不敢用，个别干部执纪违纪、执法违法，严重损害纪检监察机关形象，等等。这些问题，严重制约着全县纪检监察工作高质量发展进程，必须高度重视，认真加以解决。

二、2024 年主要工作

2024 年是中华人民共和国成立 75 周年，是实现"十四五"规划目标任务的关键一年，做好今年工作至关重要。习近平总书记在二十届中央纪委三次全会上的重要讲话，从统筹中华民族伟大复兴战略全局和世界百年未有之大变局的高度，深刻阐述党的自我革命重要思想，科学回答关于党的自我革命的三个重大问题，明确提出推进自我革命"九个以"的实践要求，为新时代新征程深入推进全面从严治党、党风廉政建设和反腐败斗争提供了根本遵循。李希同志代表中央纪委常委会所作的工作报告，将习近平总书记关于党的自我革命的重要思想和全面从严治党战略方针贯穿全篇，是纵深推进新征程纪检监察工作高质量发展的"路线图"和"任务书"。自治区纪委十三届三次全会、市纪委五届四次全会立足全区、全市全面从严治党、党风廉政建设和反腐败工作新阶段新形势新任务，进一步明确了 2024 年党风廉政建设和反腐败主要任务，为更好履行职责明确了方法路径。全县各级纪检监察机关要深入学习领会、坚决贯彻落实中央和区、市纪委全会精神，时刻保持解决大党独有难题的清醒和坚定，以高度的政治自觉，强烈的使命担当，全面落实各项决策部署，以纪检监察工作高质量开展保障经济社会高质量发展。

2024 年纪检监察工作的总体要求是：坚持以习近平新时代中国特色社会主义思想为指导，全面贯彻党的二十大和二十届二中全会精神，认真落实二十届中央纪委三次全会、自治区党委十三届历次全会、自治区纪委十三届三次全会、市委五届历次全会、市纪委五届四次全会以及县委九届历次全会部署要求，深入学习贯彻党的自我革命重要思想和全面从严治党战略方针，深刻领悟"两个确立"的决定性意义，增强"四个意识"、坚定"四个自信"、做到"两个维护"，忠诚履行党章和宪法赋予的职责，推动健全全面从严治党体系，纵深推进正风肃纪反腐，聚焦县委"五个县"建设总体部署，以彻底自我革命精神，深入开展"政治监督深化年""治理效能提升年""铁军队伍锻造年"活动，奋力推进新征程纪检监察工作高质量发展，为谱写全面建设社会主义现代化美丽新宁夏彭阳新篇章提供坚强纪律保障。

（一）坚持思想引领，着力在凝心铸魂上再深化

坚持在深化于学上下功夫。坚持把学习贯彻习近平新时代中国特色社会主义思想作为必修课和基本功，严格落实"第一议题"制度、理论学习中心组学习制度、旁听制度和"双随机"交流研讨机制，全面系统把握习近平新时代中国特色社会主义思想的科学体系、核心要义、实践要求。不断强化理论学习，定期举办领导干部读书班，坚持读原著、学原文、悟原理，及时跟进学习习近平总书记作出的最新重要指示批示，持续把学习成效转化为坚定理想、锤炼党性、指导实践、推动工作的强大力量，切实做到学思用贯通、知信行统一。

坚持在内化于心上见真章。全面提升县纪委监委理论学习中心组学习质量，以"六学"为载体，制订学习计划，示范带动干部逐篇逐句学、原汁原味学、对标对表学，将习近平新时代中国特色社会主义思想蕴含的道理学理哲理、立场观点方法内化为坚定的理想信念、真挚的为民情怀、高度的历史自信、强烈的担当精神，不断增强对党的创新理论的

政治认同、思想认同、理论认同、情感认同，做到知行合一、笃信笃行。

坚持在转化于行上求实效。坚持学以致用、学用结合，自觉用习近平新时代中国特色社会主义思想指导实践，善于从党的创新理论中悟规律、学方法，贯通运用深学习、实调研、抓落实工作方法，常态化、规范化、高效化开展“围炉夜谈”主题下访活动，解决好工作实践中遇到的新问题、暴露出的深层次问题、人民群众的急难愁盼问题，切实把党的创新理论贯彻落实到纪检监察工作全过程各方面，确保纪检监察工作始终沿着总书记指引的方向前进。

（二）坚持服务大局，着力在护航发展上再用力

纠正偏差严明政治纪律。以学习贯彻新修订的《中国共产党纪律处分条例》为契机，在全县开展集中性纪律教育，进一步严明党的政治纪律和政治规矩。严格执行党内政治生活制度，及时发现、着力解决“七个有之”问题，坚决反对个人主义、分散主义、自由主义、本位主义，在全县上下树立起党中央权威不容亵渎、政治纪律不容挑战的鲜明导向，坚定维护党的团结统一。加强对县直部门、乡镇、医院、学校等单位“一把手”和领导班子的监督，综合运用平时观察、谈心谈话、检查抽查、信访举报等开展“政治扫描”，重点监督选人用人、项目资金安排等权力行使情况。

突出重点压实政治责任。聚焦铸牢中华民族共同体意识示范县建设，紧盯习近平总书记重要讲话指示批示精神和党中央、区市县党委重大决策部署，深入开展“政治监督深化年”活动，紧紧围绕“五个县”建设，紧扣推动高质量赶超式发展确定的重点项目、重大工程和“五特四新四优”产业发展等县委重点工作加强监督检查，督促各乡镇、部门（单位）把重大决策部署转化为具体行动、工作举措，细化为项目实施、事项落实，切实打通贯彻落实中的堵点淤点，确保执行不偏向、不变通、不走样。全方位提升政治监督能力，着力解决政策法规适用不当、执纪执法尺度不一等问题。善于透过表象深挖政治风险、政治隐患、政治偏差，切实消除政治隐患、维护政治安全。

创新方式提升监督质效。深入学习贯彻习近平总书记关于强化政治监督重要论述，把政治监督嵌入权力运行全链条，持续在监督机制、监督措施、监督合力上深化发力，建立“一账三看五清单”机制，通过清单化明确、台账化管理、责任化推进、节点式督查，推动监督抓在日常、严在经常，推动各项决策部署闭环落实。按照“四盯两提一见效”要求，常态化开展落实情况“回头看”，对存在的突出问题定期通报，既督任务进度，又查纪律作风，严防项目建起来、干部倒下去。建立班子成员包抓提级监督村和“乡镇纪委委员+村监会委员+村民小组长”分级负责、分片监督机制，持续推广应用基层小微权力监督平台，激活基层监督神经末梢。

（三）坚持系统施治，着力在固本清源上再突破

以零容忍态度推进反腐惩恶。保持高压态势常在，把严惩政治问题和经济问题交织的腐败案件作为重中之重，完善动态清零、常态惩治工作机制，坚决防止各种利益集团、权势团体向政治领域渗透。开展国有企业违规处置国有资产和投资损失专项治理，持续推进乡村振兴领域腐败和作风问题专项治理，协同有关部门开展医药领域腐败问题、中小学校园食品安全集中整治，推动单位治理、部门治理，促进行业治理、社会治理。紧盯权利集中、资金密集、资源富集的领域和环节，坚决查处金融、政法、安全生产、能源矿产、基建工程、医疗卫生、烟草等领域腐败问题，推进扫黑除恶“打伞破网”常态化机制化，进一步巩固反腐成果。

以精准化思维铲除腐败土壤。不断修复政治生态系统，综合整治行业性、系统性腐败背后的责任、作风和制度问题，强化对政策制定、决策程序、审批监管等关键权力的制约和监督，加大对“三重一大”违规决策事项的监督问责力度，做到严厉惩治、规范用权、教育引导紧密结合、协调联动、综合发力。做实案件查办“后半篇文章”，发挥纪检监察建议以案促改、以案促治作用，强化跟踪问效。建立腐败预

警惩治联动机制，加强廉洁风险隐患动态监测，有效防范化解腐败风险及关联性经济社会风险。建立行贿人“黑名单”制度，坚持受贿行贿一起查，完善对行贿人的联合惩戒机制，严厉打击政治骗子和政治掮客，坚决铲除腐败滋生土壤。

以全周期理念深化清廉建设。巩固拓展彭阳“红色+”廉洁文化教育模式，实施“廉洁文化启智润心工程”，一体推进党性教育、政德教育、警示教育和家风教育。健全清廉彭阳建设责任体系、工作机制、评价标准，大力推进清廉机关、清廉企业、清廉村居建设，创建警示教育基地示范点2个，培育形成廉荣贪耻、向上向善的社会氛围。严格落实廉洁文化建设联席会议制度，常态化开展“一月一主题”廉洁文化教育活动，进一步压紧压实职能部门责任，切实增强廉洁文化建设合力。

（四）坚持久久为功，着力在激浊扬清上再发力

持之以恒纠治作风顽瘴痼疾。精准分析作风问题地区性、行业性、阶段性特点，以违规吃喝为重点深入开展“四风”问题顽瘴痼疾专项整治，严查学习培训期间违规吃喝、躲入机关单位内部场所违规接受宴请、“不吃公款吃老板”等问题。继续深化党员干部酒驾醉驾集中整治，循线深挖彻查享乐奢靡背后的请托办事、利益交换、权钱交易等问题。坚持纠“四风”树新风并举，督促常态化开展“转作风　重实干　勇担当”活动，推动各级党组织和领导干部落实责任，引导党员、干部以过硬作风展示良好形象，以优良党风政风引领社风民风。

坚决纠治形式主义官僚主义。建立群众点题、部门答题、纪委监督、社会评价监督机制，持续整治群众身边的不正之风和腐败问题。紧盯影响党中央决策部署落实、影响发展与安全，加重基层负担的不正之风问题，列出负面清单，实行台账式管理，坚决纠治文山会海、督查检查调研扎堆、工作过度留痕、任务层层加码等行为，精准施治玩忽职守、任性用权、盲目决策等乱象，坚决防范和纠治“新形象工程”，靶向治理数据造假、违反财经纪律、督查考核过多过频、随意摊派任务等问题，真正为基层干部减负松绑赋能。

持续培育真抓实干新风正气。探索破除容错纠错操作性困局，开展“精准追责问责　激励担当作为”建设年活动，严厉打击诬告陷害，及时开展澄清正名，切实做到执纪从严、风险可备、失误有容、清白能澄，最大程度激发干部干事创业积极性。坚持问题导向，深化营商环境监督治理，深挖破坏营商环境背后的责任、腐败和作风问题，找准制约营商环境优化的薄弱环节，精准提出监察建议，督促相关单位认真整改、系统施策，使“办事不求人、合规自然行”成为彭阳营商环境最鲜明的标识。

（五）坚持严管严治，着力在制度执行上再施力

全面强化纪律教育。强化经常性纪律教育，扎实开展纪法教育月、教育周活动，把新修订的《中国共产党纪律处分条例》纳入党员、干部培训必修课，作为全县各级党组织重点学习内容，围绕处分规则、违纪情形、纪法衔接等重点内容加大宣传阐释力度，督促党员领导干部对党内法规和国家法律知识应知应会清单规定熟知精通、刻印于心，坚决纠正对党规党纪不上心、不掌握、不执行等问题。加强年轻干部、新提任干部的纪律教育，常态化开展谈心谈话，做实任前廉政谈话和党纪测试，引导其知敬畏、存戒惧、守底线。

坚定维护纪律权威。进一步严明党的政治纪律，严肃党内政治生活，强化现场督促指导，推动各级党组织严格落实民主生活会、组织生活会、党内谈心谈话制度。准确把握政策界限，精准运用“四种形态”，综合考虑行为性质、情节、后果、时间节点、认错悔错及配合审查调查态度等因素，做到对纪法情理的贯通把握和综合运用，更好发挥“四种形态”的教育警醒、惩戒挽救和惩治震慑功能，努力实现政治效果、纪法效果、社会效果的有机统一。对处分执行情况开展“回头看”监督检查，适时通报曝光一批，防止处分执行“打折扣”。

凝聚管党治党合力。细化党风廉政建设和反腐败工作主要任务清单，以监督检查为保障，以案件查办为震慑，压紧压实全县各级党委（党组）全面从

严治党主体责任、书记第一责任人责任和班子成员“一岗双责”，督促严于律己、严负其责、严管其辖，带头遵守纪律、严格执行纪律。切实履行全面从严治党协助职责和监督专责，严格执行责任清单、约谈提醒、纪实台账、履责报告等制度，推动党委（党组）主体责任、纪委（纪检组）监督责任、职能部门监管职责同向发力，健全各负其责、统一协调的责任格局。坚持精准问责、规范问责、落实重点领域问责提级审核、问责案件评查制度，防止和纠正问责泛化简单化。

（六）坚持政治定位，着力在发现问题上再聚力

精准落实政治巡察要求。围绕“四个聚焦”，紧盯权力、责任和“四风”问题，突出对“一把手”和领导班子成员的监督，深入查找政治偏差。全年开展3轮对18个部门党组织的常规巡察，积极配合区、市党委巡视巡察上下联动和提级交叉巡察，探索开展对村直巡。深入贯彻落实新修订的《中国共产党巡视工作条例》，修订完善相关配套制度，持续加强巡察信息化应用，推进巡察工作规范化建设。

不断强化反馈问题整改。深入贯彻落实中央《关于加强巡视整改和成果运用的意见》《宁夏回族自治区巡视整改和成果运用实施办法》等文件精神，压紧压实被巡察党组织整改主体责任，督促被巡察党组织从治标向治本深化。加强纪检监察、组织部门日常监督及巡察机构统筹协调、跟踪督促、汇总分析，用足用好巡察成果，切实增强以巡促改、以巡促建、以巡促治实效。

推动各类监督贯通协调。严格落实《宁夏回族自治区纪检监察监督、巡视监督、审计监督与统计监督贯通协同实施办法（试行）》《彭阳县关于加强纪检监察监督巡察监督与审计监督贯通协同高效工作办法（试行）》精神，加强与纪检监察、组织、审计、统计等各类监督贯通融合，做好情况通报、线索移交、成果运用、整改监督等工作，形成各类监督相互借势借力的制度体系，力争年内实现对3个以上部门（单位）的巡审联动工作。持续优化巡察“两库”建设，保障巡察工作高质量发展。

（七）坚持守正创新，着力在体制机制上再优化

持续深化体制改革。加强党的全面领导，落实重大事项请示报告制度，配合落实好查办案件提级管辖和指定管辖制度，持续推动纪检监察工作双重领导具体化、程序化、制度化。加强内部力量统筹，对委机关内设机构和派驻机构进行调整重组优化，进一步健全“组组”协同、“室组”联动、“室组地”联合监督办案等工作机制。树立全县纪检监察工作“一盘棋”意识，加强工作一体谋划、力量一体调配、成果一体运用，推动监督上下联动、一体贯通。

提升派驻监督质效。建立派驻机构与驻在部门党委（党组）专题会商、信息通报等机制，促进同频共振、同向发力。开展派驻机构质量提升年活动，推行派驻机构集中办公，建立派驻机构常态化调度工作机制，每月对问题线索和案件数量、办理进度等进行综合研判，切实提高派驻监督质效。强化乡镇纪检监察力量统筹，将乡镇划分为4个片区，由委领导包抓指导，每季度召开分片联系主题会议，研究解决阶段性重点工作，提升监督精准性。优化调整派驻机构监督范围，加强对县直部门机关纪委和国有企业、医疗机构纪委履职情况的业务指导，推动履职更加严肃规范。

完善运行衔接机制。建立监察机关与审判机关、检察机关、执法部门相互配合、相互制约、衔接顺畅的体制机制，完善监察执法与刑事司法衔接内容、标准和程序等，切实提升法法衔接效能。持续推进“四项监督”统筹衔接常态化制度化，完善以党内监督为主导、各类监督贯通协调机制，加强纪检监察监督与其他监督的信息沟通、措施配合、资源共享、成果共用、力量统筹、事项协同。开展纪检监察工作数字化建设强基赋能行动，全面推进数字纪检监察体系建设，助推纪检监察工作高质量发展。

（八）坚持强基赋能，着力在锻造队伍上再用情

淬炼忠诚政治品格。认真贯彻常委会议事规则，严格执行请示报告制度，及时主动向县委报告重大事项、重大案件、重要工作。全面贯彻新时代党的建设总要求，深入推进“五型”模范机关创建活

动，打造“亮剑争锋”党建品牌，全面提高机关党建质量。持续巩固拓展教育整顿成果，常态化开展政治教育、党性教育、警示教育，引导干部自觉接受政治体检、净化政治灵魂，传承发扬纪检监察工作宝贵经验和优良传统，做党和人民的忠诚卫士。

锤炼过硬斗争本领。扎实开展干部队伍作风优化塑形、纪检监察机关案件质量提质增效、长期未办结线索清零专项攻坚行动，坚决纠治干部队伍“宽、松、软、散、懒、推、怕、拖”等不良风气，努力练就敢打硬仗、善于斗争的铁肩膀、硬脊梁、真本事，提升案件查办质效。坚持以需定供，开展干部能力素质综合提升行动，举办执纪执法办案人员日常“两基”学习教育，强化实战练兵，增强干部执纪执法能力水平。树立注重实干实绩的选人用人导向，推动干部多岗位锻炼、全方位发展。

培育优良工作作风。认真履行本系统全面从严治党主体责任，加强干部教育监督管理，对苗头性倾向性问题及时咬耳扯袖、红脸出汗。完善自身权力运行和管理监督机制，确保执纪执法权正确行使。严格执行纪检监察干部“十项禁令”、违规饮酒“六个严禁”，严惩有令不行，有禁不止行为。严把干部入口关，坚决把政治上不合格、廉洁上有硬伤、工作上不担当的干部挡在队伍之外。健全关心关爱干部的常态化机制，完善服务保障机制，激励干部安心履职、担当作为。充分发挥特约监察员作用，建立特约监察员履职清单制度、履职激励制度和履职量化制度，助推纪检监察工作再上新台阶。

名词解释

1.“3+5+1”重点任务：指加强对学习贯彻党的二十大精神情况监督、加强对贯彻党的二十大战略部署具体举措落实情况监督、加强对“一把手”和领导班子监督3项政治监督重点内容；开展纠治形式主义官僚主义专项整治、乡村振兴领域腐败和作风问题专项治理、教育领域侵害群众利益不正之风专项治理、国有企业“靠企吃企”专项治理、纪检监察系统内部开展深化重复举报治理和业外范围外信访事项化解专项活动5个方面专项治理；聚焦“纪检监察工作规范化、法治化、正规化建设年”1个主题加强自身建设。

2.三会两书两报告：“三会”即发案单位召开宣布处分决定会议、领导班子专题民主生活会、警示教育大会，“两书”即纪检监察建议书、违纪违法干部忏悔书，“两报告”即案件剖析报告、案件情况通报。

3.三个区分开来：习近平总书记在省部级主要领导干部学习贯彻党的十八届五中全会精神专题研讨班上指出：“把干部在推进改革中因缺乏经验、先行先试出现的失误错误，同明知故犯的违纪违法行为区分开来；把尚无明确限制的探索性试验中的失误错误，同明令禁止后依然我行我素的违纪违法行为区分开来；把为推动发展的无意过失，同为谋取私利的违纪违法行为区分开来。”

4.党风廉政建设“两个责任”：指各级党委（党组）负党风廉政建设主体责任（主体责任指当好党风廉政建设的领导者、执行者、推动者），纪委（纪检组）承担党风廉政建设监督责任（监督责任指切实履行党风廉政建设的监督、执纪、问责的职责）。

5.四种形态：指经常开展批评和自我批评，及时进行谈话提醒、批评教育、责令检查、诫勉，让“红红脸、出出汗”成为常态；党纪轻处分、组织调整成为违纪处理的大多数；党纪重处分、重大职务调整的成为少数；严重违纪涉嫌犯罪追究刑事责任的成为极少数。

6.政治监督深化年：指在2023年政治监督取得显著成效的基础上，聚焦铸牢中华民族共同体意识示范县建设，保持工作目标不变、标准不降、力度不减、干劲不松，紧盯贯彻落实党的二十大战略部署情况，自治区、直辖市、县重大决策部署落实情况以及“一把手”和领导班子履行职责情况，紧扣推动高质量赶超式发展确定的重点项目、重大工程和“五特四新四优”产业发展等县委重点工作加强监督检查，着力推进具体化精准化常态化政治监督，不断深化拓展监督成果，确保全县上下统一意志、统一行动、步调一致前进。

7.治理效能提升年：以开展4个专项治理、实施1项工程为主要载体，即开展“四风”问题顽瘴痼疾专项整治、医药领域腐败问题集中整治、国有企业违规处置国有资产和投资损失问题专项治理、乡村振兴领域腐败和作风问题专项治理，实施“廉洁文化启智润心工程”。

8.铁军队伍锻造年：以5个专项行动为主要载体，即干部能力素质综合提升行动、干部队伍作风优化塑形行动、纪检监察机关案件质量提质增效行动、长期未办结线索清零专项攻坚行动、纪检监察工作数字化建设强基赋能行动。

9.新形象工程：一些地方在财政吃紧的情况下，仍然在搞非必要、非急需项目，而且形式隐蔽、名目巧立，被基层干部群众称为“新形象工程”。有的热衷于向协会和机构搞赞助、求合作、拉关系，争创“智慧城”“幸福城”“创新城”，以“名片”挣“名声”；有的打着“为民谋福祉”的幌子超规模建设民生项目，顶着“民生帽子”干着“花瓶项目”，甚至弄虚作假将民生兜底工程违规建设楼堂馆所；有的地方负债累累却上马大项目、大建景区，借风景赚“风光”；有的热衷建巨幅大屏，数字化建设重复投入沦为“摆设”；有的投巨资豪华“办节”，没有经济效益，就是图个“人气”；有的不惜举债创建文明城市，再穷也得“做足面子”；有的以党建为挡箭牌搞“精致”党务，上马基建类设施，党校培训“低调奢华有内涵”；有的热衷于花大价钱打造“城市会客厅”，大投入建设高级展馆，维护成本都“吃不消”；等等。

10.“一账三看五清单”机制：指制定《彭阳县2024年政治监督要点》这一总台账，围绕习近平总书记提出的政治监督“三看”重要要求，重点查找有无政治偏差、有无目标落差、有无进度时差、有无履职温差，有无纪法负差，建立监督清单、问题清单、反馈清单、整改清单、“回头看”清单五张清单。

11.“六学”载体：指“第一议题”引领学、班子带头集中学、培训研讨深入学、调查研究干中学、党课辅导报告学、典型案件警示学。

12.一月一主题：指充分运用我县“红色+”廉洁文化教育点等廉洁教育资源，按月组织开展以“读书思廉”“清风送廉”“红色忆廉”等为主要内容的“一月一主题”廉洁文化教育月活动。

13.“两基”学习教育：指针对办案人员“五个不会”，即不会管线索、不会办案子、不会抓安全、不会整案卷、不会用措施等本领恐慌的实际问题，通过会议领学、季度测学、实操验学、以案促学、日常研学五种方式，提升办案人员执纪执法审查调查基本业务知识和基本业务能力。

彭阳县人民法院工作报告

（2024年1月5日）

彭阳县人民法院院长　孙有平

2023年主要工作

2023年，彭阳县人民法院在县委坚强领导和上级法院正确指导下，在县人大及其常委会有力监督下，在县政府、政协及社会各界的关心支持下，坚持以习近平新时代中国特色社会主义思想为指导，深入学习贯彻习近平法治思想，认真落实县十届人大三次会议决议，围绕“努力让人民群众在每一个司法案件中感受到公平正义”目标，紧扣“公正与效率”主题，以“六项能力水平提升工程”和“八个活动”为抓手，努力做实为大局服务、为人民司法，各项工作稳步提升、成效明显。受理各类案件7612件，办结7292件，同比分别上升10.91%、14.96%，结案率95.8%。法官人均结案365件，结收比102.82%，均居全市法院第一；结案均衡度0.8，诉讼案件平均办理时间23.3天，均居全区法院第一；执行到位标的额1.78亿元，实际执行到位率48.1%，高于全区、全国平均值15.3、23.4个百分点，17项执行质效指标均优于全区平均值。

一、聚焦政治建设统领，着力筑牢理想信念根基

一是坚持党的绝对领导。深入贯彻习近平法治思想和习近平总书记视察宁夏重要讲话指示批示精神，认真落实“第一议题”制度和“双随机”交流机制，扎实开展“四大”活动，坚定拥护“两个确立”，坚决做到“两个维护”。组织党组理论学习中心组学习12次、党组会专题学习28次、政治轮训4次。坚持抓党建带队建促审判，落实“三强九严”工程，用好“三会一课”制度，完善“双评双定”机制，推动党建与业务双融合、双促进、双提升。严格落实政法工作条例和重大事项请示报告制度，及时向县委和县委政法委请示报告重大事项28次。

二是深入开展学习贯彻习近平新时代中国特色社会主义思想主题教育。坚持不懈用习近平新时代中国特色社会主义思想凝心铸魂，研究制定学习计划、工作安排和重点任务清单，利用集中学习、交流研讨、主题党日、红色教育等，推动主题教育走深走实、见行见效。集中学习15场次，交流研讨51人次，党组成员讲党课4次，专题宣讲16次，检视整改问题12个，组建党员突击队2个，设立党员示范岗3个，为民办实事19件。扎实开展“院庭长大调研”活动，坚持解剖式、对策性调研，确保把情况摸清、把问题找准，形成16篇调研文章并积极进行成果转化，持续巩固深化主题教育成果，切实把主题教育激发出来的精神力量转化为推动司法审判工作发展的强劲动能。

三是全面贯彻党的二十大精神。始终把学习贯彻党的二十大精神作为首要政治任务，先后开展专题讲座、交流研讨、演讲比赛等15场次，编写党的二十大精神和党章内容应知应会手册，自觉把思想和行动统一到党的二十大各项决策部署上来。对照县委和县委政法委工作部署，围绕自治区高院“六

项能力水平提升工程”和市中院“八个活动”，科学谋划全年工作思路，制定164项具体举措，明确责任部门，逐项推进落实，确保将党的二十大精神贯彻落实到法院工作全过程各方面。

二、聚焦全县发展大局，着力强化司法服务保障

一是维护社会安全稳定。全面贯彻总体国家安全观，坚持宽严相济刑事政策，正确适用认罪认罚从宽制度，依法惩治各类犯罪。审结刑事案件143件189人，判处3年以上有期徒刑14人，判处3年以下有期徒刑、拘役168人（适用缓刑81人），单处罚金2人，免予刑事处罚2人，宣告无罪3人，追赃挽损300余万元。审结危险驾驶、交通肇事等犯罪81件，切实维护群众出行安全。严惩制造毒品等源头性犯罪，依法判处刘金荣有期徒刑19年。打好反诈人民战争，审结王春会等电信网络诈骗及关联犯罪案件15件，千方百计帮助受骗群众挽回损失。维护经济秩序，审结刘志升非法吸收公众存款犯罪案。常态化开展扫黑除恶斗争，始终保持对犯罪行为的高压态势，提升人民群众获得感、幸福感、安全感。

二是服务保障经济发展。完整准确全面贯彻新发展理念，坚持以高质量司法服务高质量发展。落实平等保护原则，审结涉企案件372件，努力营造法治化营商环境。妥善审结“宁夏纵横现代物流园置业有限公司”清算案，推动市场主体有序退出，最大限度保障债权人合法权益。依法审结王洼全民健身中心工程质量纠纷案，挽回经济损失779万元。完善金融案件审理机制，防范化解金融风险，审结涉金融案件226件，执行到位标的额3983万元，追回扶贫小额信贷资金467.98万元。服务招商引资项目，高效执行工业园区租赁合同案件5件，2家企业主动履行租金并续签合同。助力村集体经济健康发展，为红河镇宽坪村等5个村追回资金80余万元。坚持善意文明司法，及时修复企业信用251次，对1家企业暂缓适用强制措施，最大限度减少对企业生产经营的不利影响。

三是深度融入乡村振兴。选派4名干警驻村帮扶、64名干警结对帮扶，筹措资金7.56万元，为民办实事9件。开辟涉农案件绿色通道，妥善审结涉农医疗、社会保障等案件33件，审结农产品买卖、土地流转、相邻纠纷等案件26件，促进基层社会治理和平安建设。大力落实司法惠民政策，防止群众因案返贫，为困难当事人减免诉讼费17万元，发放司法救助金34万元，助推巩固拓展脱贫攻坚成果，以司法之力护航乡村振兴。

四是参与社会综合治理。坚持能动司法，创新和发展新时代“枫桥经验”，深度融入基层社会治理“1+1+3”工作机制，把“从政治上看、从法治上办”落到实处。依托1个“石榴籽”调解室、2个“塞上枫桥人民法庭”、5个社区“法官工作室”和12个乡镇“法官联系点”，搭建“辖区全覆盖”的诉源治理网络，扎实推进“两源”治理，草庙法庭“1243”解纷工作法入选“全区新时代基层‘枫桥经验’先进典型”。诉前调解各类纠纷1655件，司法确认847件。推动人民法院调解平台进乡村、进社区、进网格，在线调解纠纷1489件。充分延伸审判职能，针对多发、高发案件所反映出来的行业易发问题和管理漏洞，及时向行业部门、市场主体发出司法建议13份，取得了良好的社会效果。高效统筹发展和安全，组织干警排查整改“九小”场所安全隐患146个。

三、聚焦民生福祉保障，着力维护群众合法权益

一是切实保障民生权益。深入践行司法为民宗旨，着力解决人民群众在司法领域的难点堵点问题。妥善审结民商事案件4425件，保护各类主体合法权益。加强劳动者权益保障，依法处理欠薪纠纷案件279件。完善家事审判制度，维护家庭和谐幸福，审结婚姻家庭纠纷案件590件，256对夫妻经调解重归于好。全面加强妇女儿童权益保护，落实最有利于未成年人原则，坚决反对家庭暴力，审结抚养纠纷案件46件，发出人身安全保护令3份。加强对老年人的司法保护，审结赡养纠纷案件4件，依法判令相关责任人承担赡养责任。大力弘扬社会主义核心价值观，让人的价值、尊严受到法律充分尊重和保护，审结名誉权、隐私权纠纷案件55件。

二是持续优化“入口服务”。扩大“一站式”建设成果，不断优化司法供给，实现立案、调解、开庭、执行等诉讼业务集约化、数字化办理。网上立案2019件，网上缴费2935件，网上开庭65件，网上保全10件。深化案件繁简分流，适用简易、速裁程序审理案件2400件，平均审理周期16天。推广统一送达平台，邮政集约送达1950件次，电子送达2771件次，实现法律文书“立即达”“次日达”。设立导诉台，为当事人提供面对面、一对一的全程导诉服务。

三是不断做实“出口产品”。深化执行难综合治理、源头治理，在促进当事人自动履行义务上下更大功夫，真正从源头给执行减负，全力破解执行难题。执结案件2724件，执结率93.54%。强化执行指挥中心实体化运行，查人找物、财产变现、协同联动、精准惩戒等执行手段更加有力。利用网络查控系统对被执行人全国范围内财产一键查询，累计查控案件8900件次。网络司法拍卖成交1097.44万元，为当事人节省佣金53.76万元，有力破解财产变现难题。积极争取县委、政府支持，发挥府院联动作用，化解“骨头案”“钉子案”11件。推行首执和终本团队联动办案模式，汇聚执行工作合力，执结历年终本案件232件。加大强制执行和信用惩戒力度，拘传289人，司法拘留104人，执行悬赏26人，纳入失信被执行人名单并曝光697人，发出限制消费令834份，1365人迫于强制执行和信用惩戒压力履行了义务。

四是助力法治社会建设。全面落实普法责任制，扩大法治宣传效果。送法进企业、进社区、进乡村等23次，集中宣传16次，发放宣传资料3000余份。强化以案释法，发布案例24个，拍摄短视频17部，编写信息215篇，巡回审判28次，在610篇裁判文书释法说理中融入社会主义核心价值观，发挥“审理一案、教育一片”作用，推动形成崇法尚德的良好环境。守护未成年人健康成长，选派3名青年干警担任法治副校长，组织“青少年模拟法庭”3次，开展“送法进课堂”6次。坚持“有信必复”，依法办理信访案件24件，帮助群众解开“法结”、打开“心结”。

四、聚焦改革创新驱动，着力抓实公正效率主题

一是深化综合配套改革。率先推行裁判文书“阅核制”，严把案件裁判质量，院庭长阅核裁判文书273份。充分发挥专业法官会议、审判委员会指导把关作用，召开专业法官会议和审判委员会会议29次，讨论疑难复杂案件168件。深化以审判为中心的刑事诉讼制度改革，落实“四类人员”出庭作证，打造证人“隐身”作证室，以程序公正保障实体公正。强化目标考核导向，贯彻落实新版审判质量管理指标体系，做实全员绩效考核，进一步激发干警工作活力和内生动力。

二是强化案件质效管理。牢固树立“能动司法”“如我在诉”等新时代司法理念，制定判后答疑、立审执衔接等制度机制，落实类案检索规定，规范法官自由裁量权，促进法律适用统一。常态化开展“两评查一分析”，邀请人大代表、政协委员开展“百案大回访”，对反映的4个问题全部整改。扎实开展“清积案、提质效”专项活动，清理旧存案件520件，清积率100%。强化均衡结案理念，实施月度目标考核和量化排名，推出周预警、月分析、季通报机制，做到“功夫下在日常、效果出在平时”，促进办案质量效率效果有机统一。

三是加强智慧法院建设。加大信息化建设力度，推动司法审判和现代科技深度融合，实现全业务网上办理、全流程依法公开、全方位智能服务。“易判”智能执行系统、法官留言系统、律师“一码通”、自助阅卷机等信息化成果，让审判执行驶入“信息高速路”；法治文化、廉洁文化全时空电子化布设，让干警时时处处接受教育熏陶。“信息化建设赋能智慧院”品牌得到了上级法院的肯定。

五、聚焦能力水平提升，着力锻造过硬法院队伍

一是注重强化纪律作风。认真履行全面从严治党主体责任，持之以恒推进全面从严治党、从严治院，锻造党和人民信得过、靠得住、能放心的法院铁军。认真落实中央八项规定及其实施细则精神，扎实开展纠治形式主义官僚主义专项整治，组织干警围绕十个方面查摆整改问题134个。加强党风廉政建设，召开党风廉政建设和反腐败工作会议，组织廉政警示教育4次。强化对审判权运行的制约监督，对外向当事人告知“三个规定”制度要求，对内狠抓“三个规定”制度落实，干警有情况填报165人次，以廉洁司法保障公正司法。

二是注重优化队伍结构。加大干警职业保障力度，落实从优待警政策，完成3名干警职级晋升、8名书记员等级晋升、23名聘用制书记员薪酬改革和9名司法警务辅助人员统一招聘转任，为3名干警举办荣退仪式。强化人员分类管理，不断优化队伍结构，入额1人、退额3人，招录5人、选调2人，提请任免干部7人次，调整人员岗位9人次。严格贯彻落实“3331工程”，加大年轻干部选拔培养，提拔中层干部2名。

三是注重提升司法能力。深入推进“六项能力水平提升工程”，开展分层分类分级精准化培训，举办技能培训、专题讲座、岗位练兵、庭审观摩等25场次。开设夜间法律课堂，建立导师结对帮带机制，促进青年干警成长成才，10名干警考取法律职业资格证，有效充实了法官后备力量。与宁夏大学法学院联合设立“法官教育培训基地”和“法学教育实践基地”，着力培养高素质法治人才。

各位代表，自觉接受监督，是践行全过程人民民主的必然要求，是实现司法公正的重要保障。依法接受人大监督。认真落实县十届人大三次会议决议，向县人大常委会报告一站式多元解纷和诉讼服务体系建设工作，根据审议意见改进工作，把5条代表建议逐项转化为推动法院工作高质量发展的具体举措。自觉接受民主监督。虚心采纳县政协和各民主党派、工商联、无党派人士意见建议，努力改进工作。依法接受检察机关法律监督。及时办理检察建议48份，邀请检察长列席审判委员会会议6次，共同维护司法公正。自觉接受监察机关监督。贯彻监察法和监察法实施条例，接受监察机关对法院干警的监督。广泛接受社会监督。公开裁判文书318份，公开直播庭审60场，举办法院开放日活动5次，人民陪审员参审案件200件，让司法活动始终置于人民监督之下。

在看到成绩的同时，我们清醒认识到当前工作还存在一些不足：一是司法能力与人民群众日益增长的司法需求还有差距，在服务高质量发展上还需努力跟进；二是“案多人少”矛盾仍然突出，案件数量逐年攀升，办案压力持续加大，法官身心健康堪忧；三是个别干警责任意识不强，纪律意识淡薄，从严治院还需进一步加强。对于这些不足，我们将采取有力措施，努力加以解决。

2024年工作安排

2024年，彭阳县人民法院将坚持以习近平新时代中国特色社会主义思想为指导，深入贯彻习近平法治思想和习近平总书记视察宁夏重要讲话指示批示精神，全面贯彻落实党的二十大、二十届二中全会精神和区、市、县党委决策部署，自觉把能动司法理念贯穿于法院工作全过程，紧扣“公正与效率”主题，主动融入全县发展大局，忠实履行宪法法律赋予的职责，不断推进审判工作现代化，推动建设更高水平的平安彭阳、法治彭阳。

一是立足高站位，以更强信念把牢政治方向。巩固拓展主题教育成果，坚持用习近平新时代中国特色社会主义思想统一思想、统一意志、统一行动，把习近平法治思想作为“纲”和“魂”自觉融入审判执行工作全过程各方面。认真贯彻新时代党的建设总要求，全面加强政治建设，坚持党对法院工作的绝对领导，确保法院队伍绝对忠诚、绝对纯洁、绝对可靠。完善党组班子工作制度，全面落实主体责任，不断提升班子凝聚力和队伍战斗力。

二是紧扣高质量，以更大担当服务中心大局。紧紧围绕县委确定的“加快建设五个县”目标，强化司法服务保障，促进产业融合发展。严厉打击破坏市场经营秩序的违法犯罪行为，优化法治化营商环境。着眼总体国家安全观，常态化推进扫黑除恶斗争，深入打击整治黄赌毒、盗抢骗、食药环等突出犯罪，严厉惩处危害社会安全等违法犯罪。做深做实新时代"枫桥经验"，把案结事了、实质性化解矛盾纠纷贯穿案件审理始终，以能动司法促进诉源、执源、信源一体治理，全面助推基层社会治理。更好统筹发展与安全，从严从实抓好风险防范化解工作，确保审判执行安全、干警人身安全、法院机关安全和人民群众安全。

三是对标高水平，以更优服务践行司法为民。牢牢站稳人民立场，扎实推进司法为民、公正司法，让公平正义成为新时代人民司法的鲜亮底色。依法高效审理民商事案件，全面保障民生福祉。深化家事审判改革，切实保障妇女、儿童、老年人、残疾人合法权益。持续开展执行攻坚，高效兑现胜诉权益，向着切实解决执行难目标迈进。提升一站式多元解纷和诉讼服务体系综合效能，打造"全方位""零距离"司法服务体系。加大法治宣传力度，努力使尊法学法守法用法蔚然成风。

四是围绕高标准，以更快步伐深化司法改革。坚持司法体制改革和智慧法院建设双轮驱动，始终以改革的思维和办法解决改革中出现的新情况新问题。深化司法体制综合配套改革，加强审判监督指导，推动审判权力运行更加科学规范。强化人权司法保障，依法保障律师执业权利，确保严格公正司法。深化人员分类管理，健全法官惩戒机制，建立定责、明责、履责、考责、追责的司法责任体系。深化智慧法院建设，做强"信息化建设赋能智慧院"品牌，不断解放和发展司法生产力。

五是聚焦高素质，以更严基调推进队伍建设。按照"五个过硬"要求，一体推进政治素质、业务素质和职业道德素质建设，锻造堪当重任的人民法院铁军。坚定不移全面从严治党治院，巩固法院队伍教育整顿成果，坚决筑牢政治忠诚。常态化开展廉洁司法教育，锤炼过硬司法作风，确保司法公正廉洁。树立正确选人用人导向，推进干部能上能下。注重法治人才培养，提升队伍能力素质。加强调查研究工作，抓好调研成果转化运用，以高质量调研推动高质量发展。

名词解释

1."六项能力水平提升工程"：自治区高院确定的2023年宁夏法院重点工作，即：政治素养能力水平提升工程、司法业务能力水平提升工程、法治保障能力水平提升工程、群众服务能力水平提升工程、改革创新能力水平提升工程、科技应用能力水平提升工程。

2."八个活动"：市中院为推进落实"六项能力水平提升工程"而提出的2023年全市法院重点工作，即：政治建设提升活动、执法办案提质活动、审判职能拓展活动、司法为民实效活动、改革创新赋能活动、科技应用升级活动、固本强基铁军活动、风险防范实训活动。

3.结案率：结案数占受理案件数的比重。

4.结案均衡度：反映每月结案数之间的接近程度，指标越趋近于1，代表审判执行工作进入结案动态平衡、未结案相对稳定的良性循环状态。

5.结收比：结案数与新受理案件数的比率。该指标反映法院消化新收案件的能力。

6.实际执行到位率：已结执行案件和未结执行案件中实际执行到位标的额总和占申请执行标的额总和的比重。

7.17项执行质效指标：执行完毕率、执行到位率、终本率、法定期限内结案率、结案平均用时、终本案件恢复执行平均用时等17项反映执行案件质量、效率、效果的指标。

8."枫桥经验"：20世纪60年代初，浙江省诸暨县（现诸暨市）枫桥镇干部群众创造的"发动和依靠群众，坚持矛盾不上交，就地解决，实现捕人少、治安好"的基层社会治理经验。

9.基层社会治理"1+1+3"工作机制："1个功能型党支部+1个综治中心+'问题、责任、考核'三张清单"党建引领基层社会治理工作机制。

10."石榴籽"调解室：彭阳法院于2022年7月挂牌设立"石榴籽"调解室，该调解室具备诉前调解、司法确认、快速执行等多项功能，促进各民族群众平等、团结、互助、和谐。

11.“两源”治理：诉讼案件源头治理和执行案件源头治理。

12.“1243”解纷工作法：草庙法庭在分析辖区案件特征、总结“两源”治理经验的基础上探索的多元解纷工作方法。“1”是融入基层社会治理“1+1+3”工作机制，“2”是锚定“诉”“执”两源头，“4”是构建四联调，“3”是开展三举措。

13.“阅核制”：法院、院庭长依据审判监管权力和责任清单对合议庭、独任法官作出的裁判文书，从程序、事实认定、法律适用、裁判结果、文书格式、文书质量等方面进行审查的内部监督管理机制。

14.“四类人员”：证人、鉴定人、侦查人员、有专业知识的人。

15.“两评查一分析”：通过重点评查、常规评查、司法统计分析，不断总结审判经验，提升案件质量。

16.“三个规定”：中共中央办公厅、国务院办公厅、中央政法委、中央政法有关单位先后印发的《领导干部干预司法活动、插手具体案件处理的记录、通报和责任追究规定》《司法机关内部人员过问案件的记录和责任追究规定》和《关于进一步规范司法人员与当事人、律师、特殊关系人、中介组织接触交往行为的若干规定》。

17.“五个过硬”：习近平总书记就政法队伍建设提出的总要求，即：政治过硬、业务过硬、责任过硬、纪律过硬、作风过硬。

彭阳县人民检察院工作报告

（2024 年 1 月 5 日）

彭阳县人民检察院检察长　王东强

2023 年工作回顾

2023 年，彭阳县人民检察院在县委和上级检察机关的坚强领导下，在县人大及其常委会的有力监督下，坚持以习近平新时代中国特色社会主义思想为指导，践行习近平法治思想，认真学习贯彻党的二十大精神，深入开展学习贯彻习近平新时代中国特色社会主义思想主题教育，忠实履行法律监督职责，坚持为大局服务、为人民司法、为法治担当，全年共办理各类案件 783 件，其中刑事检察 345 件，民事行政检察 70 件，公益诉讼检察 61 件，控告申诉检察 55 件，未成年人检察 98 件，其他程序性案件 154 件；发出纠正违法通知书 56 份，制发检察建议 113 份，采纳率均达到 100%，各项检察工作在巩固中深化、在落实中发展。

一、突出思想引领，学思践悟笃行，坚定新时代检察工作根本政治方向

——坚持党对检察工作的绝对领导。严格执行《中国共产党政法工作条例》《重大事项请示报告条例》等，向县委、市人民检察院党组和县委政法委请示报告重大案（事）件办理、干部人事及重点工作开展情况 14 件次。以铸牢中华民族共同体意识为主线，守牢意识形态主阵地，坚决维护政治安全和意识形态安全，保证检察工作正确政治方向。

——强化党的创新理论武装。坚持不懈用习近平新时代中国特色社会主义思想凝心铸魂，高标准落实“第一议题”制度和“双随机”学习交流制度，立足主题教育“学思想、强党性、重实践、建新功”总要求，融合落实自治区党委第十三届四次、五次全会、市委五届八次、九次全会和县委九届五次全会精神，组织党组理论学习中心组学习 12 次，主题党日活动 12 次，专题学习 40 次，交流研讨 110 人次，引导全体干警在深学笃行中增进政治认同、思想认同、理论认同、情感认同，深刻领悟“两个确立”的决定性意义，不断提高做好新时代检察工作的政治判断力、政治领悟力、政治执行力，持续增强“四个意识”、坚定“四个自信”、做到“两个维护”。

——推进政治与业务深度融合。坚持一切检察工作首先“从政治上看”，把政治要求贯穿到检察履职各方面全过程，落实到每一个司法案件中。对标对表党中央的重大决策部署和对政法工作、检察工作的指示要求，聚焦经济社会发展大局，结合检察工作实际，制定《彭阳县人民检察院关于推进检察工作现代化　服务保障现代化彭阳建设的分工方案》。主动履行检察工作政治责任，稳步落实《关于加强党委政法委执法监督与检察机关法律监督衔接工作的意见》，凝聚执法司法合力，做到检察办案政治效果、社会效果、法律效果有机统一，推进更高水平的平安彭阳、法治彭阳建设。

二、突出服务大局，依法能动履职，全力服务保障现代化彭阳建设

——持续深化平安彭阳建设。依法批准逮捕各类犯罪嫌疑人50人，提起公诉164人。严厉打击危害国家政治安全、政权安全犯罪，提起公诉2件2人；严厉打击故意伤害、杀人、抢劫等严重暴力犯罪，依法批准逮捕5人、提起公诉9人。认真落实《反有组织犯罪法》，常态化开展扫黑除恶斗争，将检察环节保安全、护稳定各项措施落实落细落地。

——深入践行绿色发展理念。深入贯彻习近平生态文明思想，做实生态检察服务保障举措，持续开展“公益诉讼守护美好生活”专项监督活动，深化“河长+检察长”“林长+检察长”协作机制，开展联合巡林巡河10次，监督清理侵占茹河、红河等河道固体废物20余吨，督促修复农业残膜面源污染6万余亩，督促回收和清理生产生活垃圾70余吨，促进提升生态环境综合治理。

——优化营造法治化营商环境。持续落实最高检“三号检察建议”，发挥法治对营商环境的保障作用。护航金融安全，依法打击破坏市场经济秩序、危害企业生产经营、侵犯企业合法权益等犯罪，提起公诉2人；加强对民营企业和企业家合法权益的司法保护，帮助企业合规经营、健康发展，办理涉案企业合规案件1件。

——能动履职服务乡村振兴。围绕维护农村稳定、保护农业生产、保障农民权益，制定《彭阳县人民检察院关于依法能动履职服务保障乡村振兴的工作方案》，深入开展“司法救助助力巩固拓展脱贫攻坚成果助推乡村振兴”专项活动，救助农村生活困难刑事被害家庭40人，发放司法救助金21.9万元。

——监检衔接合力惩治腐败。完善监察执法与刑事司法衔接机制，发挥检察机关反腐败斗争职能作用，办理职务犯罪2件3人。严格审查粮食领域贪腐案件，依法对王固军、杨天雄职务犯罪案件提起公诉。

——延伸职能参与社会治理。落实认罪认罚从宽制度，依法不批准逮捕26人、不起诉79人，认罪认罚适用率97.36%，最大限度减少社会对立，促进社会内生稳定。持续推动最高检“一号”至“八号”检察建议刚性韧性落实，围绕安全生产、道路交通、禁毒、邪教、反诈、非法集资、医疗美容行业等突出问题开展专项监督、整治活动，制发社会治理类检察建议20份，合力抓好多行业、多领域综合治理，以“我管”促“都管”。县委全面依法治县委员会出台《关于进一步加强检察建议工作的实施方案》，将检察建议工作落实情况纳入全县依法治县效能目标管理考核体系，助推市域治理体系和治理能力现代化。

三、突出司法为民，践行立检为公，以检察温度守护人民群众美好生活

——尽心守护民生民利。落实“以‘检察蓝’守护人民群众美好生活”专项监督活动“1+9”具体措施，与县公安局、医保局、卫生健康局制定《关于医保领域行政执法部门与检察监督业务信息数据共享工作规定》，共同守护人民群众“看病钱”；与公安、邮政管理部门部署开展联合行动，着力守护邮包里的安全；主动加强与市场监管部门的沟通，保障人民群众用药安全；成立公民个人信息保护工作专班，从3大领域监督各行业对公民个人信息的保护等。通过九个专项监督活动，共办理案件108件，发出检察建议60份，不断满足人民群众日益增长的多元司法需求。

——尽力维护群众权益。坚持和发展新时代“枫桥经验”，深化落实“群众信访件件有回复”，受理104件群众来信来访，均做到7日内程序性回复、三个月内办理进展或结果答复，矛盾纠纷化解率达100%。办结民事支持起诉案件32件，帮助32名农民工讨薪25万余元。

——尽情呵护祖国未来。积极推进未成年人检察业务一体履职、融合履职、综合履职，办理案件12件。切实加强对附条件不起诉未成年人的观护帮教，制定针对性、个性化、具体化、多元化的帮教方案，共开展考察帮教20人。助力平安校园和法治校园建设，协助开展入职查询2900人次；以“一号检察建议”为牵引，制作青少年喜闻乐见、形式多样的法治教育产品，开展“标准化”“菜单式”法治宣讲课程48次；举办“检爱同行，共护花开”检察开放日活动，联合县法院开展“模拟法庭”沉浸式体验。对事实无人抚养儿童、刑事案件未成年被害人等特殊群体开展关爱救助18人，发放司法救助金3万元。

四、突出法治担当，树牢质量意识，聚焦主责主业维护公平正义

——全面提升刑事检察质效。推进行政执法与刑事司法衔接，规范执法司法信息共享、案件移送，充分发挥侦查监督与协作配合办公室作用，促进侦查办案质量提升。加强刑事立案和侦查活动监督，监督立案7件，撤案23件，追捕6人，制发纠正违法通知书26份，检察建议书17份。加强审判监督，检察长列席人民法院审判委员会会议6次，提出刑事抗诉1件，制发检察建议4份。针对监外执行活动违法情形提出纠正26人，针对社区矫正脱管提出纠正1人，针对财产刑执行不当书面提出纠正12件。

——着力加强民事行政检察监督。办理民事生效裁判结果监督案件2件，其中发出再审检察建议1件，法院采纳后和解结案；提请抗诉1件，上级院抗诉后已发回重审。深化民事审判程序监督，发出监督检察建议20份。强化民事执行监督，发出执行监督检察建议15份。办理行政非诉执行案件5件，向行政机关制发检察建议5份，开展行政争议实质性化解9次；加强行刑反向衔接工作，制发检察意见书13份。

——积极稳妥做好公益诉讼检察。深度践行“诉前实现公益保护是最佳司法状态”的办案理念，认真落实公益诉讼“4+10”法定领域履职责任，聚焦维护国家利益和社会公共利益，依法稳步拓展办案范围，办理行政公益诉讼案件61件，诉前磋商23件，发出诉前检察建议38件，诉前整改率100%，双赢多赢共赢效果更加凸显。

——深度挖掘数字检察赋能。牢固树立“数字赋能监督，监督促进治理”数字检察工作理念，统筹调度内外资源力量一体化，与7个单位建立数据共享机制，获取外部数据64万余条，开发应用数字检察监督模型18个，发现线索231条，成案153件，“业务主导、数据整合、技术支撑、重在应用”工作机制效能有效发挥。

五、突出从严治检，展示检察形象，持续锻造堪当重任的过硬检察队伍

——坚决扛起全面从严治检政治责任。把全面从严治检贯穿机关党的建设、履职办案和队伍建设全过程，围绕“五个强化”，压紧压实党组主体责任、党组书记“第一责任人”责任和班子成员“一岗双责”，持续推进正风肃纪。严肃党的政治纪律、政治规矩，全力配合县委专项督察检查，以主题教育检视整改、纠治形式主义、官僚主义专项整治以及“一月一主题”廉洁文化教育月活动为抓手，融合推进巡视整改、审计整改、政治督察反馈问题整改。常态化开展廉洁教育活动，时刻拧紧干警廉洁从检“金箍”。严格落实“三个规定”记录报告要求，对过问或干预、插手检察办案等重大事项记录填报39件。

——努力建设高素质检察队伍。深入推进“3331”工程，贯彻落实人才强检战略，建立健全符合岗位发展特点和新型办案模式的教、学、练、战一体化教育培训机制，做精业务分析研判，做细办案数据监管，做强常态化检务督察，组织公、检、法、司同堂培训4次，开展各业务条线外出学习培训40人次，组织开展业务论辩、庭审观摩、案件评查等岗位练兵28次，开展优秀法律文书评比3次，努力建设政治过硬、业务精深、职业道德优良的检察队伍，8名干警荣获市级以上表彰奖励。

——切实练好调查研究基本功。撰写调研文章28篇，其中《协同治理视角下新时代黄河流域生态保护和高质量发展法治保障效能研究》荣获首届“全面履行法律监督职能，保障黄河保护法统一正确实施”主题检察理论研讨会优秀论文，《彭阳县危险驾驶案高发原因分析及对策建议》被《宁夏检察》刊登，《案例研究在司法实务中的发掘和运用》等5篇调研文章被《固原检察》刊登。

六、突出公开公正，接受监督制约，深化落实检察环节全过程人民民主

——自觉接受人大政协监督。及时主动向县人大常委会报告重点工作开展情况3次，专题汇报侦查监督工作并认真贯彻落实审议意见；主动向政协通报工作，诚恳听取意见；积极邀请人大代表、政协委员参与公开听证、专项监督活动座谈等活动46人次，推动各项检察工作走深走实。

——*主动回应社会关切*。在全县12个乡镇设立“检察官联络办公室”，制定“检察官+乡镇政法委员”联络机制，主动听取群众意见，收集社情民意，解决群众诉求。落实人民监督员工作制度，邀请人民监督员监督办案34件次。组建听证员库，聘任不同领域的18名专业人员为检察听证员，规范开展各类听证56场次，在“中国检察网”公开直播听证全过程5次。组织开展观摩庭审、“检察开放日”活动3次，发布案件程序性信息400条，实现律师参与办案全覆盖，让检察工作可感、可评、可监督。

——*努力营造良好法治氛围*。一体学思践悟习近平文化思想、习近平法治思想，在检察办案和普法宣传中始终倡导美德善行，融合文明县城创建任务，开展常态化普法宣传活动90余次，司法救助助力推进乡村振兴工作被正义网、宁夏新闻网等多家官媒转发，“小白杨”“家长课堂”和党建“邻聚力”联建工作被《检察日报》刊发报道，禁毒普法宣传微电影《沉沦—小明涉毒记》被最高检转载，并获全县禁毒普法二等奖。

与此同时，我们清醒地认识到，站在新时代新征程政法工作的历史方位中，与更高履职要求相比，检察工作仍然存在一些不足：一是检察工作在精准、深度服务保障经济社会发展方面还有提升空间；二是检察工作融入基层社会治理体系发挥作用做得还不够；三是法律监督主业与“求极致”的要求还有差距，监督质效还需进一步加强；四是司法理念、履职能力、职业素养不适应检察工作高质量发展要求。对此，我们将坚持目标导向、问题导向，采取有效措施，不断推动解决。

2024年工作思路

2024年是新中国成立75周年，是实施“十四五”规划的关键一年。彭阳检察工作的思路和任务是：坚持以习近平新时代中国特色社会主义思想为指导，深入践行习近平法治思想，全面贯彻落实党的二十大和二十届二中全会精神，深刻领悟“两个确立”的决定性意义，进一步增强“四个意识”、坚定“四个自信”、做到“两个维护”，深入落实《中共中央关于加强新时代检察机关法律监督工作的意见》和自治区党委《关于加强新时代全区检察机关法律监督工作的实施意见》，坚决执行党中央和区、市、县党委以及上级检察机关决策部署，聚焦强化法律监督主责主业，突出“高质效办好每一个案件”工作主线，为助力加快建设宜居宜业宜游品质县、宁夏副中心城市标杆县、生态文旅特色县、乡村全面振兴样板县、铸牢中华民族共同体意识示范县，谱写全面建设社会主义现代化美丽新宁夏彭阳新篇章提供有力司法保障！

一是毫不动摇坚持党的绝对领导，确保检察工作正确政治方向。始终坚持党对检察工作的绝对领导，坚持用习近平新时代中国特色社会主义思想武装头脑、指导实践、推动工作。认真贯彻《中国共产党政法工作条例》，深入落实《中共中央关于加强新时代检察机关法律监督工作的意见》和自治区党委《实施意见》，把“从政治上着眼、从法治上着力”融入监督办案、服务发展、司法为民全过程，坚定不移走社会主义法治道路，以实际行动坚定捍卫“两个确立”、忠诚践行“两个维护”。

二是毫不动摇围绕中心服务大局，保障彭阳经济社会高质量发展。充分履行打击犯罪、保护人民的职责，严厉打击各类侵害群众切身利益、影响群众安全感的违法犯罪行为。常态化开展扫黑除恶斗争，积极参与社会治理，防范化解风险隐患，建设更高水平的平安彭阳、法治彭阳。积极支持企业经营发展，助力营造法治化营商环境。综合运用检察职

能，助力乡村振兴，拓展检察为民新渠道，不断提升人民群众的获得感、幸福感、安全感。

三是毫不动摇履行法律监督职责，推动"四大检察"全面协调持续发展。围绕"高质效办好每一个案件"工作主线，建立"一体履职、综合履职、能动履职"的检察工作格局，持续优化"四大检察"法律监督能力，精益求精做优刑事检察，精准有效做强民事检察，持续用力做实行政检察，守正出新做好公益诉讼检察。以数字检察赋能高质量法律监督，充分发挥检察大数据在参与社会治理、维护司法公正，促进依法行政等方面的作用。

四是毫不动摇加强检察队伍建设，打造党和人民信得过、靠得住、能放心的检察"铁军"。贯彻落实《关于加强新时代检察队伍建设的意见》，坚持以党的政治建设为统领，持续巩固主题教育成果，强力推进机关党建带队建，大力提升检察人员专业素能，不断完善检察权运行监督制约机制，统筹推动党的建设、领导班子建设、人才队伍建设、专业能力建设、职业保障建设和纪律作风建设融合发展、同步提升，努力锻造一支信念坚定、司法为民、敢于担当、清正廉洁的高素质专业化检察队伍。

名词解释

1.四大检察：刑事检察、民事检察、行政检察、公益诉讼检察。

2.数字检察：是数字中国在检察机关的具体体现，在数字中国建设整体规划下，充分深度运用大数据，最大限度释放数据要素价值，促进检察办案更加公正、检察管理更加科学、检察服务更加精准，根本在于赋能检察机关法律监督，推进检察工作现代化。

3.最高检一至八号检察建议：最高人民检察院于2018年10月以"防治校园性侵"为主题，向教育部发出一号检察建议；2018年11月以"规范司法公告送达"为主题，向最高人民法院发出二号检察建议；2019年6月以"强化金融监管"为主题，向中央主管机关发出三号检察建议；2020年4月，以"严防窨井盖'吃人'"为主题，向住房和城乡建设部发出四号检察建议；2020年7月以"防治虚假诉讼"为主题，向最高人民法院发出五号检察建议；2020年11月以"治理网络空间"为主题，向工业和信息化部发出六号检察建议；2021年10月以"强化寄递安全监管"为主题，向国家邮政局发出七号检察建议；2022年3月以"安全生产监管"为主题，向应急管理部发出八号检察建议。

4.涉案企业合规：针对企业涉嫌的具体犯罪，通过制发检察建议或者引入第三方监督评估机制方式，督促企业作出合规承诺并积极整改落实，促进企业合规守法经营，减少和预防犯罪。

5.认罪认罚从宽制度：犯罪嫌疑人、被告人自愿如实供述自己的罪行，承认指控的犯罪事实，愿意接受处罚的，可以依法从宽处理。

6."以检察蓝守护美好生活"专项监督活动：2023年5月，宁夏回族自治区检察院围绕主题教育"践行宗旨为民造福"目标任务部署开展的专项监督活动，具体包括守护人民群众"看病钱"、守护邮包里的安全、保障人民群众用药安全、保障服刑人员"一会两通权"、公民个人信息保护领域公益诉讼、加强未成年被害人多元救助、困难群体司法救助、为人民群众守护"生态绿"等领域。

7.入职查询：是指对新招录或在职教师、行政人员、勤杂人员、安保人员等在校园内工作的教职员工，教育行政部门及学校应当向检察机关、公安部门查询其是否实施过性侵、虐待、拐卖、暴力伤害等违法犯罪行为，并依法依规作出相应处理。

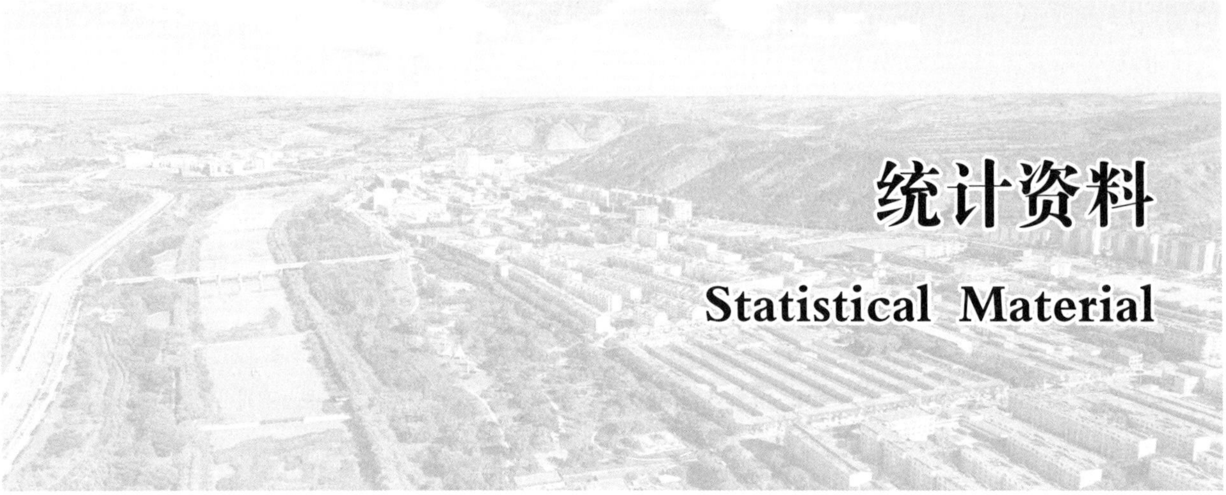

统计资料

Statistical Material

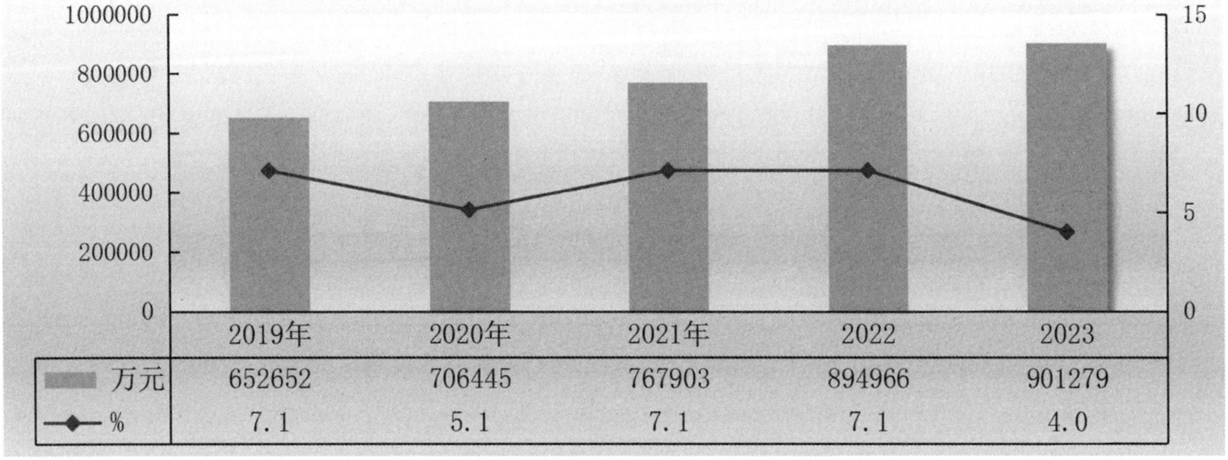

图 1　2019—2023 年全县地区生产总值及增长速度

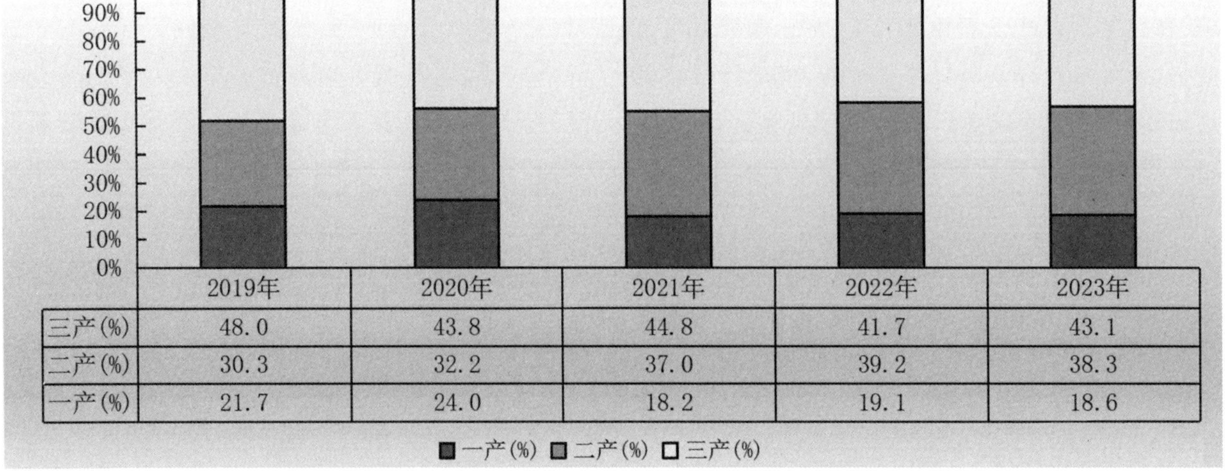

图 2　2019—2023 年全县生产总值三次产业构成

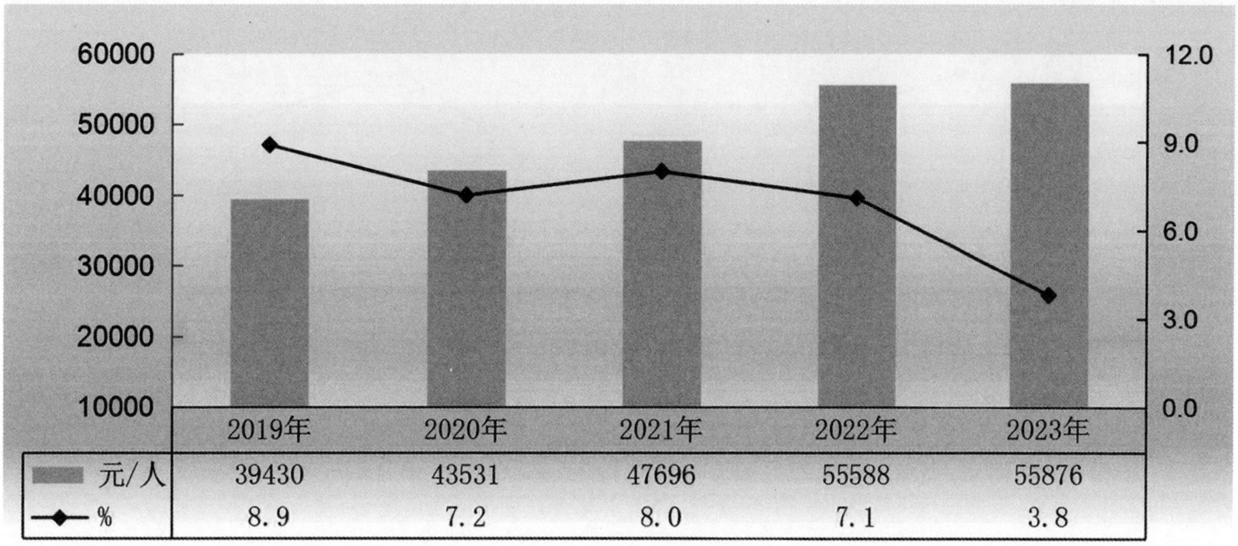

图3　2019—2023年全县人均地区生产总值及增长速度

2023年彭阳县地区生产总值构成及增长速度一览表

表28

指　　标	绝对值(万元)	增长速度(%)
地区生产总值	901279	4.0
农林牧渔业	175151	3.9
工业	281883	3.8
建筑业	63161	9.4
批发和零售业	43258	5.0
交通运输、仓储和邮政业	35518	13.0
住宿和餐饮业	8281	9.9
金融业	28761	6.0
房地产业	22220	6.0
其他服务业	243044	1.2
营利性服务业	37399	5.2
非营利性服务业	205646	0.5
第一产业	167300	3.8
第二产业	345045	4.9
第三产业	388934	3.3

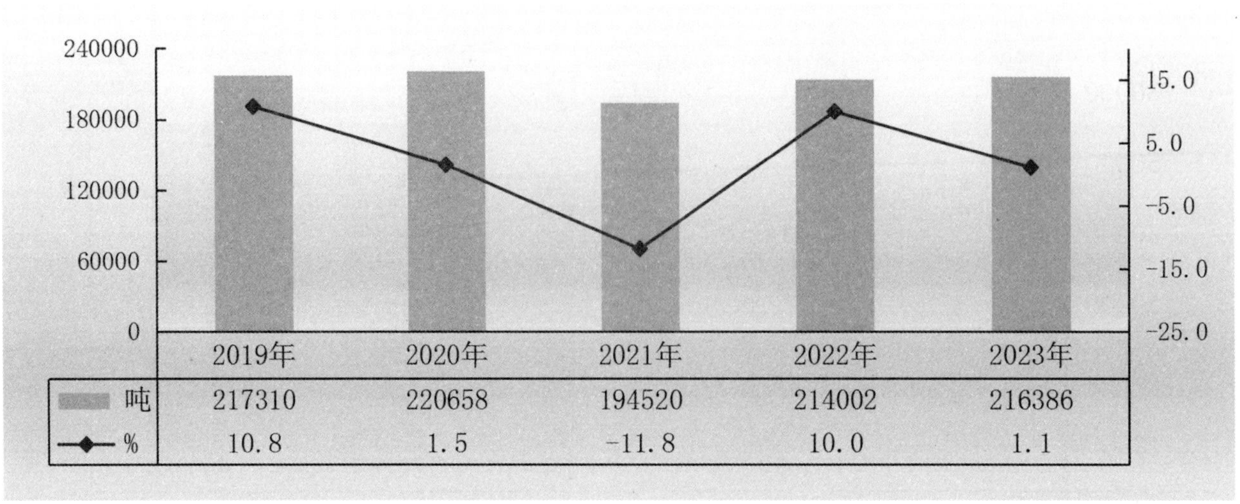

图4 2019—2023年全县粮食产量及增长速度

2023年彭阳县主要农林牧产品产量及增长速度一览表

表29

指　　标	产量(吨)	比上年增长(%)
粮食作物	216386	1.1
夏收粮食	18880	3.5
冬小麦	18480	3.5
秋收粮食	197506	0.9
玉米	175238	7.9
薯类(折粮计算)	12000	-24.7
油料	2494	40.4
其中:胡麻籽	2463	41.6
烟叶	450	-1.1
药材	7470	3.7
蔬菜	193872	-14.3
瓜果类	9481	25.0
园林水果	8225	-50.9
肉类总产量	23083	9.2
其中:牛肉产量	11671	6.2
猪肉产量	3669	3.8
羊肉产量	5937	20.2
禽肉产量	1806	9.1
禽蛋产量	2225	-39.3

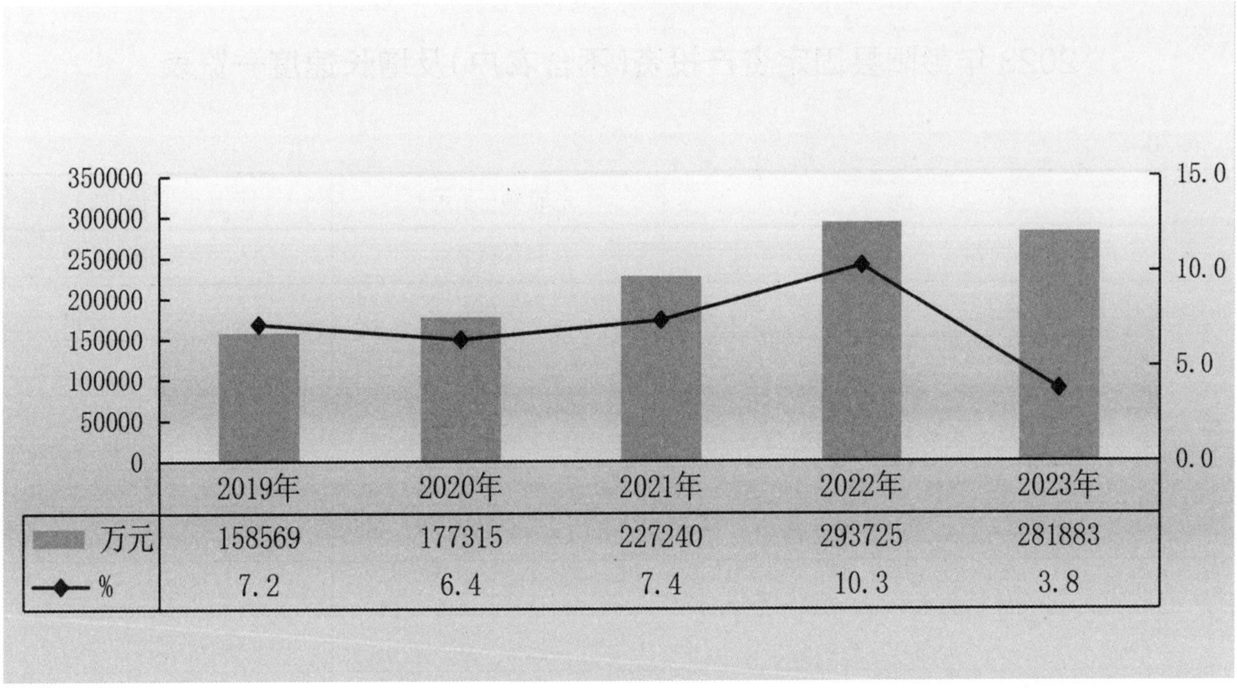

图 5　2019—2023 年全县工业增加值及增长速度

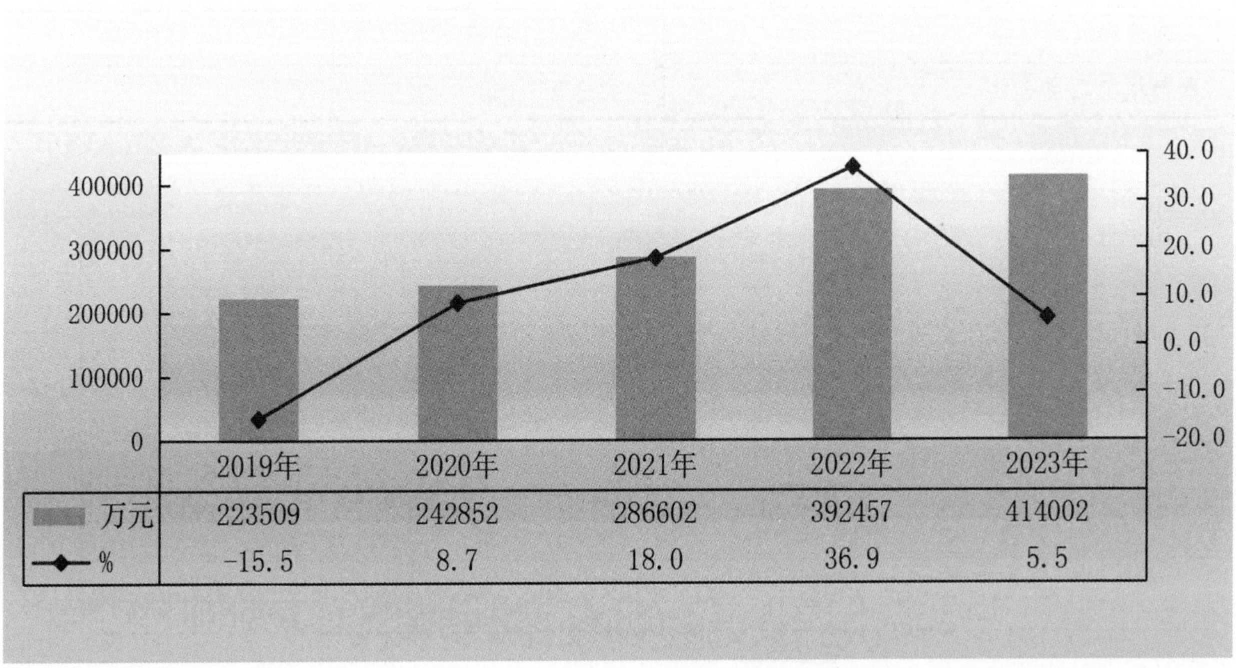

图 6　2019—2023 年固定资产投资及增长速度

2023年彭阳县固定资产投资(不含农户)及增长速度一览表

表30

指　　标	完成额(万元)	比上年增长(%)
固定资产投资完成额	414002	5.5
其中:基础设施	338696	-4.5
其中:民间投资	67183	116.6
按注册类型分		
国有企业	341718	-6.5
有限责任公司	62162	254.1
私营企业	8755	12.4
其他企业	1367	-7.3
按构成分		
建筑安装工程	388151	3.1
设备工器具购置	15142	218.9
其他费用	10709	-3.2
按建设性质分		
新建	393769	4.4
扩建	250	147.5
改建和技术改造	19983	31.8
本年施工项目个数	183	5.2

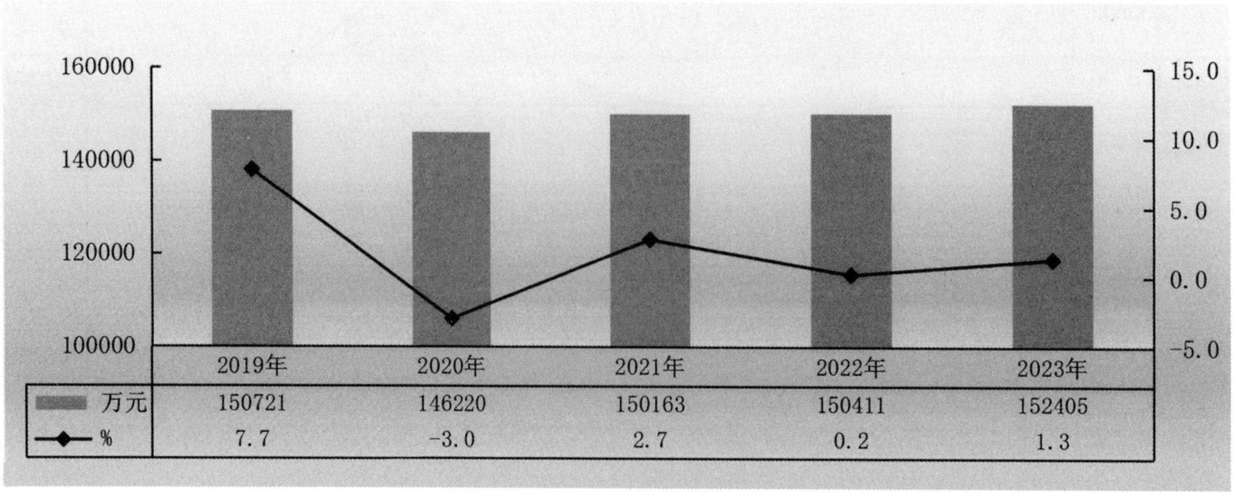

图7　2019—2023年全县社会消费品零售总额及增长速度

2023年彭阳县社会消费品零售总额及其增长速度一览表

表31

指　　标	完成额(万元)	比上年增长(%)
社会消费品零售总额	152405	1.3
1.按地区分:城镇	104989	1.6
乡村	47416	0.8
2.按规模分:限额以上	34043	3.1
限额以下	118362	0.8
3.按类型分:国有经济	320	0.8
集体经济	1622	0.8
股份制经济	13991	-4.4
私营经济	29000	6.4
其他各种经济	5042	0.8
个体经济	102430	0.8
4.按行业分:批发业	46240	-4.2
零售业	84781	0.8
住宿业	916	13.4
餐饮业	20468	19.1
5.按消费形态:商品销售	131021	-1.1
餐饮收入	21384	18.8

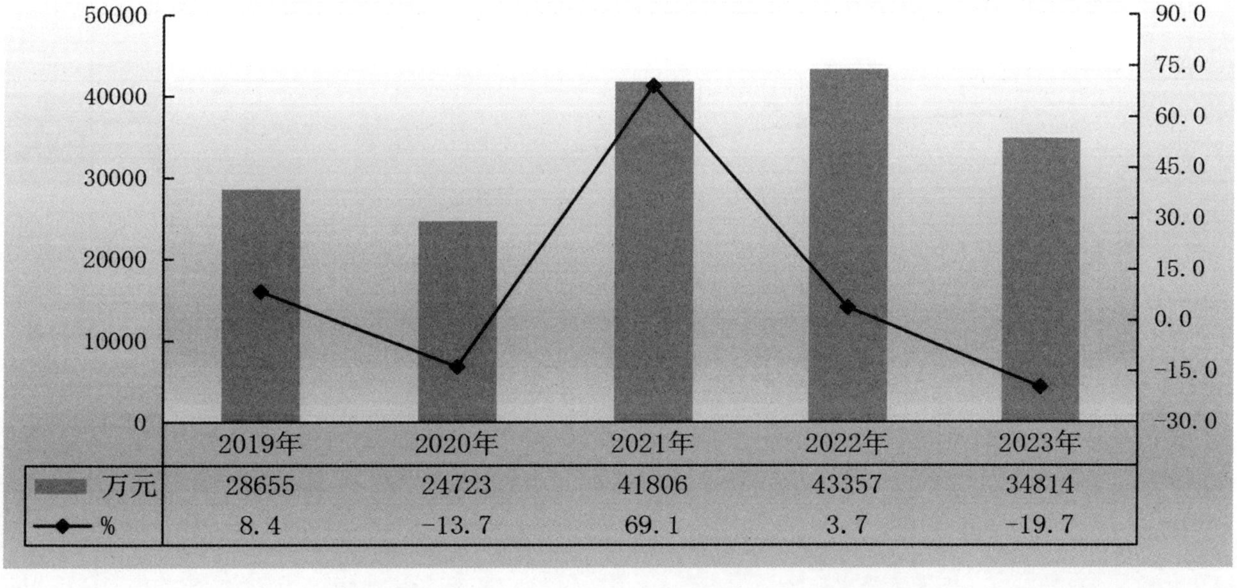

图8　2019—2023年全县公共财政预算收入及增长速度

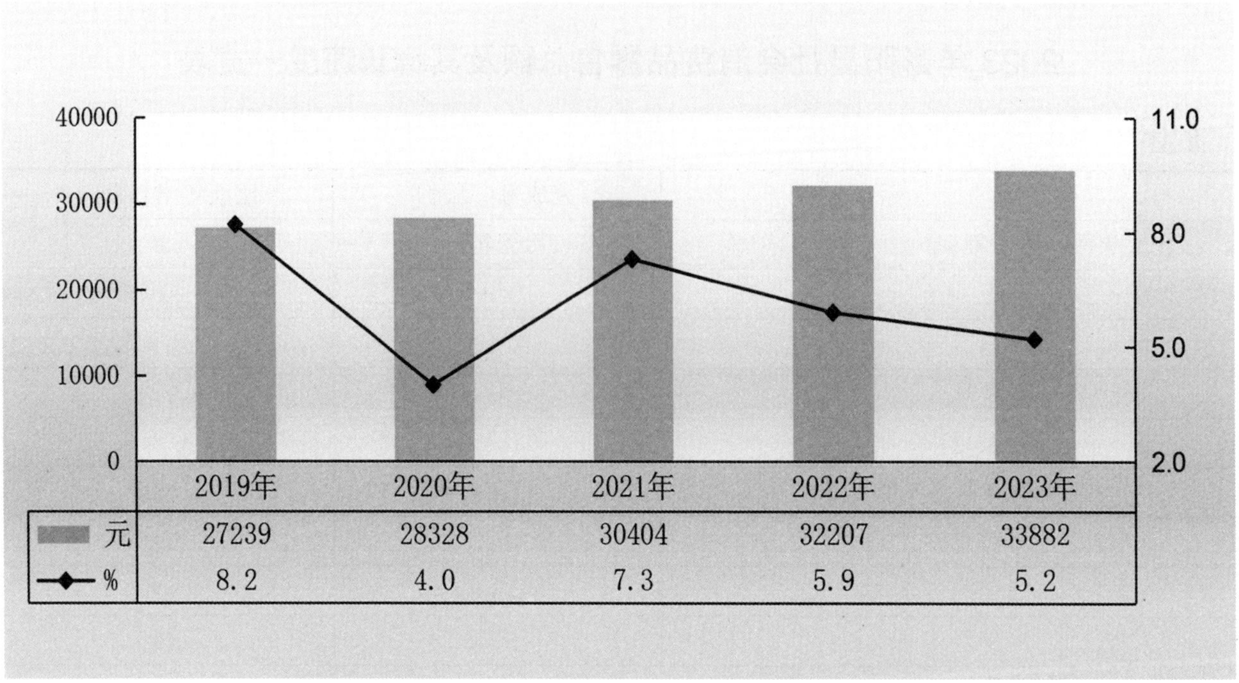

图 9　2019—2023 年全县城镇居民人均可支配收入及增长速度

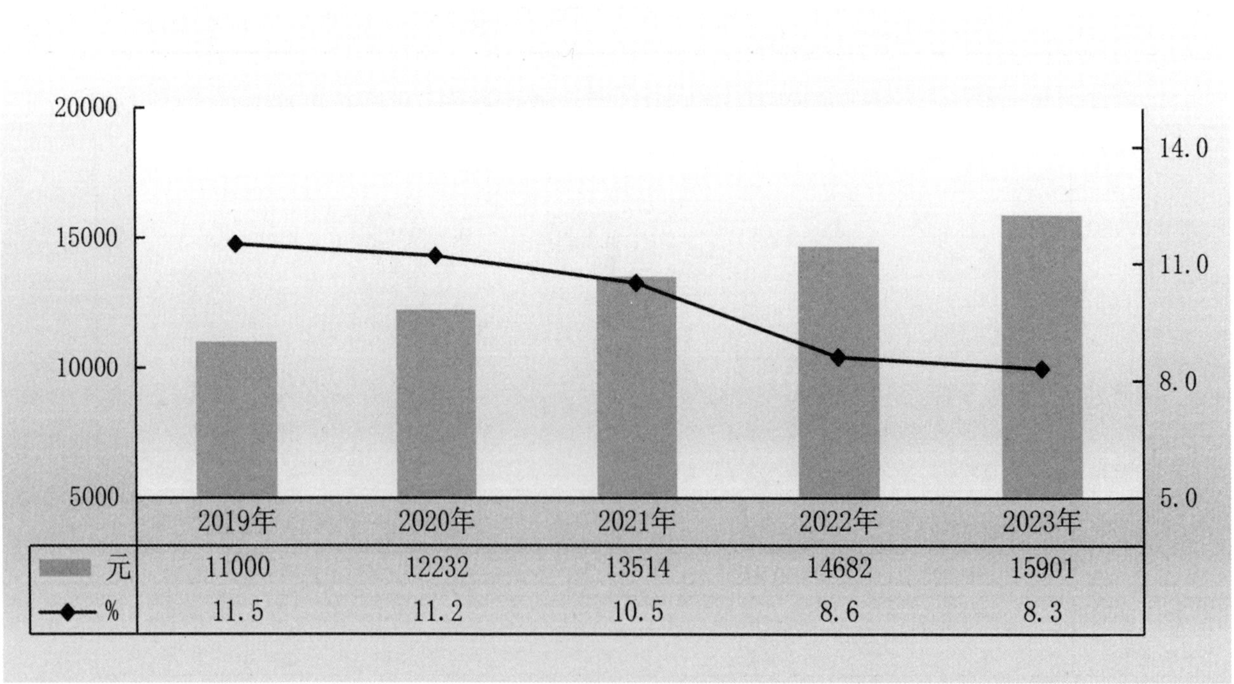

图 10　2019—2023 年全县农村居民人均可支配收入及增长速度

2023年彭阳县城乡居民人均可支配收入及增长速度一览表

表32

指　　标	金额(元)	比上年增长(%)
城镇居民人均可支配收入	33882	5.2
1.工资性收入	29346	5.2
2.经营净收入	1416	10.8
3.财产净收入	689	-28.6
4.转移净收入	2431	17.5
农村居民人均可支配收入	15901	8.3
1.工资性收入	5796	8.7
2.经营净收入	7270	7.8
第一产业经营净收入	5937	7.2
其中:农业	2907	8.0
第二产业经营净收入	256	*
第三产业经营净收入	1077	-11.1
其中:批发和零售业	723	7.8
3.财产净收入	4	19.3
4.转移性收入	2831	8.8

组织机构与负责人名录

（起讫时间：2023 年 1—12 月）

县级领导机构成员名录

中共彭阳县委员会

书　记　　张永强
副书记　　周　浩
　　　　　李　芊
　　　　　文　杰（挂职，9 月任职）
常　委　　刘　旭
　　　　　丁志刚（回族）
　　　　　彭　波
　　　　　蔡文刚
　　　　　李双美（女）
　　　　　安续堂
　　　　　高云霞（女，回族）
　　　　　刘洪涛（挂职）
　　　　　刘　瑾

彭阳县人民代表大会常务委员会

党组书记、主任　何少庸
党组副书记、副主任
　　　　　王志会
副主任　　王　儒
　　　　　马素贵（回族）
　　　　　陈宗惠

彭阳县人民政府

党组书记、县长　周　浩
党组副书记、副县长
　　　　　文　杰（挂职，9 月任职）
　　　　　刘　旭
副县长　　高云霞（女，回族）
　　　　　刘洪涛（挂职）
　　　　　戴小维
　　　　　张国仁
　　　　　杨　志（回族）
　　　　　范忠于

政协彭阳县委员会

党组书记、主席　马文山（回族）
党组副书记　丁志刚（回族，兼）
党组副书记、副主席
　赵　坤
副主席　文珍珠（女）
　杨世福
秘书长　刘世锋

中国共产党纪律检查委员会（监察委员会）

纪委书记、监委主任
　蔡文刚

彭阳县人民法院

党组书记、院长　孙有平

彭阳县人民检察院

党组书记、检察长
　王东强

彭阳县人武部

部　长　彭　波

王洼产业园区管理委员会

主　任　马文生

县委工作部门

中共彭阳县委办公室
［县委督查室、保密办（保密局）、机要局、档案局］

主　任　余长会
副主任　虎　富
　雷　霏
　王　文（任至6月）
　戴　龙（6月任职）
　任　延（6月任职）
县委督查室
主　任　王　文（任至6月）
　戴　龙（6月任职）
保密委员会办公室（县国家保密局）
主任（局长）　余长会
副主任（副局长）
　戴　龙（6月任职）
机要局
局　长　戴　龙（6月任职）
档案局（档案馆）
局　长　余长会
副局长、馆长　马继祥（回族）

组织部
（县直机关工委、县委老干部局、县公务员局）

部　长　刘　瑾
副部长　张生录
　张启元
县直机关工委
书　记　刘　瑾
常务副书记　张生录
非公有制经济和社会组织工委
书　记　张启元
副书记　韩　瑜（女）
党员电化教育中心
主　任　王万龙

老干部局

局　长　　　张生录

离退休干部工委

书　记　　　张生录

专职副书记　何国功

关工委办公室

主　任　　　张鹏军

公务员局

局　长　　　张生录

宣传部
（文明办、新闻出版局）

部　长　　　李双美(女)

副部长　　　安振杰

　　　　　　王　霖

文明办

主　任　　　安振杰

副主任　　　王　宇(任至8月)

　　　　　　佘春广(8月任职)

新闻出版局

局　长　　　安振杰

统一战线工作部
[民族宗教事务局、县政府侨务办公室、县委港澳台工作办公室(县政府港澳台事务办公室)]

部　长　　　丁志刚(回族)

副部长　　　剡成龙(回族)

　　　　　　高志涛(任至7月)

　　　　　　马　平(7月任职)

　　　　　　海文春(回族)

　　　　　　张　勇(回族)

民族宗教事务局、县政府侨务办公室、县委港澳台工作办公室(县政府港澳台事务办公室)

局长(主任)　剡成龙(回族)

政法委员会

书　记　　　安续堂

常务副书记　赵银汉(任至9月)

　　　　　　张和凯(9月任职)

副书记　　　晁海军

　　　　　　史学文(任至9月)

　　　　　　陈鹏程(9月任职)

政策研究室

主　任　　　王凤海

副主任　　　黄　勇

网络安全和信息化委员会办公室
（县互联网信息办公室）

主　任　　　李　剑

副主任　　　王雪晶(女,回族)

机构编制委员会办公室
（县事业单位登记管理局）

主　任　　　虎俭斌

副主任　　　杨　新(任至9月)

　　　　　　朱建军(9月任职)

　　　　　　王晓霞(女)

中共彭阳县委巡察工作领导小组办公室

主　任　　　张晓东

副主任　　　张　斌(任至7月)

　　　　　　台平虎(7月任职)

巡察组

组　长　　　马德仁(回族)

　　　　　　台平虎(任至7月)

张万科(回族,7月任职)

党校(行政学校)

校 长　　李 芊
常务副校长、行政学校校长
　　王宏东
副校长　　董 彦
　　米占国(任至7月)
　　张 翔(7月任职)

党史和地方志研究室

主 任　　杨占辉
副主任　　杨彦彬

融媒体中心(广播电视台)

主 任　　杨万库
副主任　　刘喜臣
　　张彩云
广播电视台
台 长　　杨万库

县人大常委会机关

机关党组书记、办公室主任
　　张建荣
办公室副主任　张欢欢(女)
党组成员、财政经济工作委员会
主 任　　韩春东
党组成员、法制工作委员会
主 任　　李佐江
党组成员、教科文卫工作委员会
主 任　　李 龙
党组成员、代表联络和选举工作委员会
主 任　　王效雄

县政协机关

机关党组书记、办公室主任
　　刘世峰
机关党组副书记、办公室副主任
　　剡晓明(回族)
机关党组成员、提案和委员联络委员会
主 任　　余在德
机关党组成员、经济委员会
主 任　　王志成
机关党组成员、教科文卫工作委员会
主 任　　杜占山
机关党组成员、社会治理委员会
主 任　　韩星明(任至9月)
　　赵银汉(9月任职)

纪委监委机关

纪委书记　　蔡文刚
纪委副书记　杨廷财
　　张庚红
纪委常委　　张晓东
　　杨剑锋
　　马存林(回族)
　　虎小慧(女,任至6月)
　　王志和(6月任职)

监委主任　　　蔡文刚
监委副主任　　杨廷财
　　　　　　　张庚红
监委委员　　　马启峰(回族)
　　　　　　　王　丽((女,6月任职)
办公室(宣教政研室)
主　任　　　　虎小慧(女,任至6月)
　　　　　　　王志和(6月任职)
党风政风监督室
主　任　　　　褚映红(女)
信访室
主　任　　　　马若玉(女,回族)
案件监督管理室
主　任　　　　马存林(回族)
案件审理室
主　任　　　　杨剑锋
第一纪检监察室
主　任　　　　马爱琴(女,回族,任至5月)
　　　　　　　张彦春(5—10月任职)
第二纪检监察室
主　任　　　　马启峰(回族)
案件审理室
主　任　　　　杨剑锋
派驻纪检监察组
第一纪检监察组
组　长　　　　马　晶(女,回族)
第二纪检监察组
组　长　　　　虎小慧(女,6月任职)
第三纪检监察组
组　长　　　　伏小明
第四纪检监察组
组　长　　　　刘　戈(女)
第五纪检监察组
组　长　　　　杨慧贞(女)
第六纪检监察组
组　长　　　　鲁　东
第七纪检监察组
组　长　　　　张向玲(女)
第八纪检监察组
组　长　　　　王　丽(女,任至6月)
第九纪检监察组
组　长　　　　沙彦秀(女,回族)

法　　院

党组书记、院长　孙有平
党组副书记、副院长
　　　　　　　武应龙
党组成员、副院长
　　　　　　　米占廷
党组成员、派驻第八纪检监察组组长
　　　　　　　王　丽(女,任至6月)
立案庭(诉讼服务中心)
庭　长　　　　刘具文
刑事审判庭
庭　长　　　　杨占川
综合审判庭
庭　长　　　　宽富平
执行局
局　长　　　　查　安(回族,7月调离)
　　　　　　　白　昊(回族,7月任职)
审管办
主　任　　　　海　文(回族)
政治部
主　任　　　　张卫宁(7月调离)
　　　　　　　罗志军(回族,7月任职)
综合办公室
主　任　　　　孙彦龙
司法警察大队
大队长　　　　马凤虎(回族)
草庙法庭
庭　长　　　　曹海波
王洼法庭
庭　长　　　　韩治国

检察院

党组书记、检察长
王东强
党组副书记、副检察长
秦　春(回族)
党组成员、副检察长
陈永明
党组成员、派驻第九纪检监察组组长
沙彦秀(女,回族)
办公室
主　任　黄立华(女)
党组成员、第一检察部
主　任　高春琴(女)
第二检察部
主　任　王文军
第三检察部
主　任　刘　镯(女)
政治部
主　任　王向丽(女)

县政府工作部门

政府办公室
(信访局、政府督查室、政府外事办公室、政务公开办公室)

机关党组书记、主任
孙有亮
机关党组成员、副主任
陈冬川(挂职,任至9月)
林　慰(挂职,女,9月任职)
马　福(回族)
惠泽仁
祁久文(7月调离)
李翔宇(7月任职)
政府督查室
主　任　孙有亮
信访局
局　长　马　福(回族)
网络信息中心
主　任　王　雄(任至7月)
李兴荣(7月任职)
政务公开办公室
主　任　孙有亮

发展和改革局
(粮食和物资储备局、工业信息化和商务局、投资促进服务中心)

党组书记　姚世平
局　长　余昊东
副局长　惠忠民
投资促进服务中心
主　任　祁　玉(女)
副主任　杨巨强
王三军
牛彩羽(女)
石油产业发展服务中心
主　任　何万兵

教育体育局
(县人民政府教育督导室)

工委(党组)书记、局长
贺永顺
工委专职副书记、党组成员
韩广新

工委委员、党组成员、副局长
杨田仓
王兴旺
王克勇
赵志敏(挂职)
党组成员、纪委监委派驻第六纪检监察组组长
鲁　东
县人民政府教育督导委员会办公室
主　任　　贺永顺
副主任　　李世权

科技局

党组书记、局长　刘　惠
党组成员、副局长
苟丽红(女)
党组成员　　王晓明(10月任职)

公安局

党委书记、局长、督察长
戴小维
党委副书记、政委
张　宝
党委委员、副局长
张彦文
贾文怀
杨培昌
马贵仁(回族)

民政局

党组书记、局长　韩治军
党组成员、副局长
朱建鹏
马均臻(回族)

司法局

党组书记、局长　杨正虎
党组成员、副局长
陈让云
张和凯(9月调离)
邵梦妮(女,9月任职)
公证处主任　　赵占雄

财政局(金融工作局)

党组(党总支)书记、局长
王永贤
党组成员、副局长
丁会林(回族)
陈效义
蔺　杰
金融工作局
局　长　　王永贤
副局长　　陈效义
会计核算中心
主　任　　王志宏

人力资源和社会保障局

党组书记、局长　乔　升
党组成员、副局长
王　莉(女)
韩　乾
县劳动保障监察执法局
局　长　　海立峰(回族)
县劳动人事争议仲裁院
院　长　　林　莉(女,7月任职)
就业创业和人才服务中心
主　任　　虎秀乾
社会保险事业管理中心

主　任　　　周凤勤

自然资源局(林业和草业局)

党组书记、局长　王克祥
党组成员、副局长
　　　　王继科(任至7月)
　　　　张　锐(7月任职)
　　　　海力立(回族)
　　　　赵慧芳(女)
　　　　韩新生(挂职,5月任职)
林业和草原局
局　长　　　王克祥
不动产确权登记中心
主　任　　　张世杰
草原工作站
站　长　　　杨彦军

住房和城乡建设局(城市管理综合执法局、人民防空办公室)

党组书记、局长　景德镇
党组成员、副书记
　　　　黄金智
　　　　马爱琴(女,回族)
　　　　王　宇(7月任职)

交通运输局

党组(党总支)书记、局长
　　　　杨昌基
党组成员、副局长
　　　　袁治栋
　　　　贺永乾
　　　　虎佑峰
农村公路建设管理中心
主　任　　　孙　磊
公路管理段
段　长　　　李俊文
交通运输综合执法大队
队　长　　　刘　慧

水务局

局　长　　　张志科
党组书记、副局长
　　　　马宏芳(女,回族)
党组成员、副局长
　　　　常富礼(任至6月)
　　　　张德胜(6月任职)
　　　　吴进财(12月任职)
水务保持工作站
站　长　　　晁永福
水利服务中心
主　任　　　吴进财(任至12月)

农业农村局

党组书记、局长　曹建刚
党组成员、副局长
　　　　陈宏璋
　　　　谈志斌
农业机械化推广服务中心(农机安全监理站)
主　任　　　韩广卿
农村合作经济经营管理站
站　长　　　胡长青
蔬菜产业发展服务中心
主　任　　　陈德明
农业综合开发服务中心
主　任　　　梁生蕃

气象局

气象局局长　　景　博(女,挂职,7月任职)
气象台台长　　马　霞(女,回族,11月任职)

文化旅游广电局(文物局)

党组书记、局长　韩文涛
党组成员、副局长
　　李　凡(女)
　　甄长青(任至9月)
　　荀志程(9月任职)
文物局
局　长　韩文涛

卫生健康局

党组书记、局长　郭耀武
党组成员、副局长
　　时彩武(女)
　　党孝奇
　　米克仕
县疾病预防控制中心
主　任　周　勇
县人民医院
院　长　高　勇
县中医医院
院　长　张俊秀(女)
县妇幼保健院
院　长　冯秀梅(女)

退役军人事务局

党组书记、局长　火占宝
党组成员、副局长
　　郭　伟(任至10月)
　　任正坤(10月任职)
党组成员、退役军人服务中心
主　任　张　涛(回族)

应急管理局

党委书记、局长　吴生勤
党委委员、副局长
　　兰振禧(回族,任至10月)
　　刘克效
　　马少科(回族)
　　郭　伟(11月任职)
地震局
局　长　王克岳
消防救援大队
大队长　代建立
教导员　连　龙
中队长　秦瑞伸
政治指导员　常秋阳

审计局

党组书记、局长　罗会云(女)
党组成员、副局长
　　惠彬琴(女,8月退休)
　　海　笔(回族,7月任职)

市场监督管理局

党组书记、局长　白云鹏
党组成员、副局长
　　海　鹏(回族)
　　李占琪
　　张文浩(挂职,任至12月)
副局长　李　云

统计局

党组书记、局长　冯天生
党组成员、副局长

任三敬

乡村振兴局

党组书记、局长　袁　仁
党组成员、副局长
马科龙（回族）
张秉强
张正武
乡村振兴服务中心
主　任　黄彦贵

医疗保障局

党组书记、局长　海立平（回族）
党组成员、副局长
张金霞（女）
医疗保险服务中心
主　任　李鸿奎

审批服务管理局

党组书记、局长　杨如芝
党组成员、副局长
张宁霞（女）
政务服务中心
主　任　张文忠

机关事务服务中心

主　任　张明山
副主任　王克文
杨　伟

王洼产业园区管理委员会

工委书记　周　浩
工委副书记、主任
马文生
副主任　杜玉斌
工委副书记、纪工委书记
王　雄（7月任职）
综合办公室（党工委办公室）
主　任　李东升
规划建设与审批服务局
局　长　马成智（回族，任至7月）
白展瑞（7月任职）
经济发展局
局　长　张志政
安全环保管理局
局　长　杨存祥

群众团体

总工会

主　席　王志会
副主席　马文智（回族）
赵志武
张丹枫（女，挂职）
李文存（兼职）
经审会主任　杨晓琴（女，任至7月）
杨　慧（女，7月任职）

团县委

书　记　梁福来

副书记　　杨立慧（女）

妇女联合会

党组书记、主席　职晓霞（女）
党组成员、副主席
　　伏亚妮（女）

工商业联合会

党组书记、副主席、商会副会长
　　张　勇（回族）
主　席　　任小帅
党组成员、副主席、商会副会长
　　王生林

伊斯兰教协会

会　长　　海玉满（回族）
常务副会长　海向武（回族）
副会长　　马国斌（回族）
　　马喜荣（回族）
　　马玉福（回族）
　　海　鹏（回族）
　　鲜碧龙（回族）

残疾人联合会

理事长　　姬志珍（回族）
副理事长　李　静

科学技术协会

主　席　　张　娟（女）
副主席　　虎　威

文学艺术界联合会

主　席　　林生库
副主席　　李　扬（女）

红十字会

常务副会长　高　勇
副会长、秘书长　杨登凯

驻县单位

国家税务总局彭阳县税务局

党委书记、局长　马红军（回族）
副局长　　王国海
　　周光靖（4 月退休）
　　王元元（任至 8 月）
　　王立东（9 月任职）
　　刘　洋（10 月任职）
纪检组组长　杨显东

中国人民银行彭阳县支行

党组书记、行长　陶　勇
副行长　　赵　博（任至 2 月）
　　吴永强

中国建设银行股份有限公司彭阳支行

党支部书记、行长
　　贾立庭（任至 5 月）

高文祥(8月任职)
副行长　徐荣荣(任至8月)
杨晓东(任至8月)
晁　佩(女,8月任职)
马　伟(8月任职)
李　坚(8月任职)
马　新(回族,8月任职)

中国农业银行股份有限公司彭阳支行

行　长　杨海滨(回族)
副行长　陈淑环(女,挂职)
海建梅(女,回族)
张海健
宋政毅
纪委书记　高　湧(回族)

宁夏彭阳农村商业银行股份有限公司

董事长　王玉君
行　长　段亚斌(回族,任至6月)
李德忠(回族,6月任职)
监事长　郭建平
纪委书记　侯辉东
副行长　王　赟(任至6月)
徐万平
袁相鼎(1月任职)
丁奎忠(回族,1月任职)

中国工商银行彭阳支行

行　长　牛雅玮
副行长　刘　渊(任至7月)
冯　聪(7月任职)

中国邮政储蓄银行彭阳支行

行　长　陈利雄(任至8月)
扈建忠(8月任职)
副行长　陈旭军(9月任职)

贺兰山村镇银行

董事长　唐国庆
行　长　雷立斌(任至5月)
班建军(6—11月任职)
杨再栋(11月任职)
副行长　庞克锋
祁占全
张宏谦(6月任职)
监事长　朱　广(任至5月)
赵　军(6月任职)

宁夏银行

行　长　田跃川
副行长　祁　力

国网彭阳县供电公司

党总支书记　付成英
经　理　穆宏帅(3月调离)
付成英(3月任职)
副经理　司小雄
副经理、工会主席
杨铠华

固原市生态环境局彭阳分局

局　长　虎　攀
副局长　任　魏

中国电信股份有限公司彭阳分公司

总经理　安剑炜
副总经理　张　博

中国邮政集团有限公司彭阳县分公司

经　理　　陈志坚
副经理　　高　琼

烟草专卖局

局长(经理)　　薛　彬
副局长　　何海龙
副经理　　赵文云(女)

社会经济调查队

队　长　　杨汉邦
副队长　　海平燕(女,回族)
　　　　　剡小娜(女,回族)

中国人民财产保险股份有限公司彭阳支公司

经　理　　刘俊国
副经理　　张卫东

中国人寿保险股份有限公司彭阳支公司

经　理　　杜学峰(回族)

中国移动通信集团宁夏有限公司彭阳县分公司

经　理　　张泽文

中国联合网络通信有限公司彭阳县分公司

经　理　　杨　亮

宁夏广播电视台彭阳转播台

台　长　　焦双亮

新华书店

副经理　　李　东

固原市住房公积金管理中心彭阳管理部

主　任　　伏永斌

宁夏广播电视网络有限公司彭阳分公司

总经理　　张建贵
副总经理　　吴　麟
总经理助理　　扈广鹏

供销社

党总支书记　　张生忠
主　任　　黄彦忠
副主任　　杨化军
　　　　　邓志儒(任至3月)
　　　　　韩天斌(3月任职)
监事会主任　　张生忠
工会主席　　火起红

烟叶公司

党支部书记、总经理
　　　　　张和先

王洼煤业有限公司

党委书记、执行董事、总经理
　　　　　叶力进
党委副书记、副总经理
　　　　　王　强

乡 镇

白阳镇

党委书记 陈伯洲
党委副书记、镇长
薛 强
党委委员、人大主席
祁士龙

古城镇

党委书记 高应广
党委副书记、镇长
文小荣
党委委员、人大主席
姬秀金(回族)

王洼镇

党委书记 祁 涛
党委副书记、镇长
薛 凯
党委委员、人大主席
张 锐(任至7月)
祁久文(7月任职)

红河镇

党委书记 王生东
党委副书记、镇长
杨国儒
党委委员、人大主席
马学武(回族)

新集乡

党委书记 马万龙(回族)
党委副书记、乡长
李万斌
党委委员、人大主席
何绍龙(任至8月)
朱天龙(8月任职)

城阳乡

党委书记 徐枫兰(女)
党委副书记、乡长
宋来功
党委委员、人大主席
郭 仁

草庙乡

党委书记 雅玉贵
党委副书记、乡长
韩 钊
党委委员、人大主席
佘春广(任至8月)
何绍龙(8月任职)

孟塬乡

党委书记 高文学
党委副书记、乡长
孟成才
党委委员、人大主席
杨 慧(任至7月)

王继科(7月任职)

冯庄乡

党委书记　　陈彩云(女)
党委副书记、乡长
　　张耀辉
党委委员、人大主席
　　安海滨

小岔乡

党委书记　　罗金彩(女)
党委副书记、乡长
　　王继东
党委委员、人大主席
　　朱建军(任至9月)
　　甄长青(9月任职)

罗洼乡

党委书记　　刘　库
党委副书记、乡长
　　王　霞(女)
党委委员、人大主席
　　张　翔(任至8月)
　　常富礼(9月任职)

交岔乡

党委书记　　余德明
党委副书记、乡长
　　杨海鹏(回族)
党委委员、人大主席
　　韩春东(任至7月)
　　马玉星(回族、7月任职)

文件目录

2023年中共彭阳县委发文选录

表33

日 期	作 者	文 号	标 题
1月3日	县委办	彭党发〔2023〕1号	关于印发《县委常委会2023年工作要点》的通知
2月14日	组织部	彭党发〔2023〕4号	关于印发《彭阳县实施基层党组织建设提质增效工程重点任务清单(2023—2027)》的通知
3月9日	农业农村局	彭党发〔2023〕6号	关于印发《彭阳县2023年全面推进乡村振兴重点工作实施方案》的通知
3月20日	卫健局	彭党发〔2023〕7号	中共彭阳县委 县人民政府关于废止涉计划生育县委文件的决定
5月19日	生态环境局	彭党发〔2023〕13号	关于呈报《彭阳县2022年生态环境保护工作总结和2023年工作要点》的报告
5月19日	生态环境局	彭党发〔2023〕14号	中共彭阳县委 县人民政府印发《关于深入打好污染防治攻坚战的实施方案》的通知
6月13日	县委办	彭党发〔2023〕15号	关于彭阳县贯彻落实自治第十三次党代会精神情况的报告
6月27日	文广局	彭党发〔2023〕17号	关于举办宁夏固原(彭阳)第二届红梅杏开园节暨"瓜果飘香·清凉彭阳"文化旅游节的请示
7月24日	发改局	彭党发〔2023〕19号	关于印发《彭阳县全面优化营商环境推动民营经济高质量发展实施意见》的通知
8月10日	生态环境局	彭党发〔2023〕21号	关于呈报《彭阳县2022年度污染防治攻坚战成效考核自评报告》的报告
8月16日	县委办	彭党发〔2023〕22号	关于转发《印发〈自治区党委第三巡视组关于巡视彭阳县的反馈意见〉的通知》的通知
8月24日	县委办	彭党发〔2023〕23号	关于印发自治区党委"1+37+8"系列文件任务清单的通知
9月19日	文广局	彭党发〔2023〕26号	关于举办彭阳县"金色梯田 醉美彭阳"系列活动的请示
9月19日	主题教育办	彭党发〔2023〕27号	中共彭阳县委印发《关于在全县深入开展学习贯彻习近平新时代中国特色社会主义思想主题教育的实施方案》的通知
10月10日	农业农村局	彭党发〔2023〕29号	关于呈报《2023年彭阳县扶持壮大村级集体经济实施方案》的报告
10月18日	卫健局	彭党发〔2023〕31号	关于印发《彭阳县关于优化生育政策促进人口长期均衡发展的实施方案》的通知
12月6日	组织部	彭党发〔2023〕34号	关于呈报《彭阳县2023年全面从严治党工作报告》的报告
12月28日	宣传部	彭党发〔2023〕37号	关于2023年意识形态工作责任制落实情况的报告
12月28日	宣传部	彭党发〔2023〕38号	中国彭阳县委员会关于2023年宣传工作情况报告

2023年中共彭阳县委办公室发文选录

表34

日　期	作　者	文　号	标　　题
1月17日	宣传部	彭党办〔2023〕1号	关于举办全县领导干部专题学习班暨县委理论学习中心组扩大学习会的通知
1月17日	史志办	彭党办〔2023〕2号	关于报送《彭阳年鉴(2023)》编纂资料的通知
2月28日	县委办	彭党办〔2023〕4号	关于召开县委农村工作会议的通知
3月4日	县委办	彭党办〔2023〕5号	关于加强全国两会期间值班带班工作的通知
3月13日	县委办	彭党办〔2023〕7号	关于申请解决建设全民国家安全骄傲与基地先关资金的报告
3月14日	县委办	彭党办〔2023〕8号	全县重点工作视频调度会任务清单
3月15日	县委办	彭党办〔2023〕9号	关于召开组织宣传统战政法等会议的通知
3月15日	县委办	彭党办〔2023〕10号	关于召开九届县委第四轮巡察工作动员部署会的通知
3月17日	县委办	彭党办〔2023〕14号	关于印发《彭阳县2023年创建全国文明城市决战誓师大会工作任务清单》的通知
3月17日	县委办	彭党办〔2023〕15号	关于印发《全县“就业创业促进年”活动暨根治欠薪工作动员部署会工作任务清单》的通知
3月22日	县委办	彭党办〔2023〕17号	关于召开自治区党委第三巡视组巡视彭阳县工作动员会议的通知
3月22日	县委办	彭党办〔2023〕18号	关于印发《全县医疗与卫生供给质量提升年工作启动会任务清单》的通知
3月23日	县委办	彭党办〔2023〕19号	关于召开全县领导干部廉政警示教育大会的通知
3月23日	县委办	彭党办〔2023〕20号	关于成立自治区党委第三巡视组巡视彭阳县期间工作联络组、信访协调组的通知
3月23日	县委办	彭党办〔2023〕21号	关于印发《自治区党委第三巡视组巡视期间信访应急预案》的通知
3月23日	县委办	彭党办〔2023〕22号	关于印发《自治区党委第三巡视组巡视期间乙类乙管疫情防控应急预案》的通知
4月1日	宣传部	彭党办〔2023〕24号	关于印发《彭阳县2023崇尚清明祭英烈暨任山河烈士陵园清明祭扫活动方案》的通知
4月20日	统战部	彭党办〔2023〕28号	关于召开建设铸牢中华民族共同体意识示范县工作推进会暨全县宗教工作会
4月20日	县委办	彭党办〔2023〕29号	关于召开全县维护政治安全工作会议的通知
4月20日	创城办	彭党办〔2023〕30号	关于召开彭阳县创建全国文明城市2023年第2次推进会的通知
4月24日	县委办	彭党办〔2023〕31号	关于印发《全县维护政治安全工作会议任务清单》的通知
4月24日	县委办	彭党办〔2023〕32号	关于印发《建设铸牢中华民族共同体意识示范县工作推进会暨全县宗教工作会议工作任务清单》的通知
5月6日	政研室	彭党办〔2023〕33号	关于落实2023年领导干部调研任务的通知
5月10日	宣传部	彭党办〔2023〕34号	关于召开县委理论学习中心组(扩大)学习会暨铸牢中华民族共同体意识专题讲座的通知

续表 34

日 期	作 者	文 号	标 题
5月30日	教体局	彭党办〔2023〕35号	关于印发六一国际儿童节慰问活动方案的通知
6月13日	发改局	彭党办〔2023〕36号	关于印发《彭阳县"首届黄河流域生态保护主题宣传实践月"活动实施方案》的通知
6月15日	发改局	彭党办〔2023〕37号	关于印发《彭阳县2023年庆祝建党102周年暨"学用新思想、奋进新征程"干部职工歌咏比赛方案》的通知
7月3日	组织部	彭党办〔2023〕39号	关于成立安全隐患排查整治工作督察组的通知
8月8日	宣传部	彭党办〔2023〕42号	关于召开县委理论学习中心组(扩大)学习会暨学习自治区党委十三届四次全会精神的通知
9月15日	文广局	彭党办〔2023〕44号	关于印发《金色彭阳　梯田方案》的通知
9月16日	政研室	彭党办〔2023〕45号	关于全区全面深化改革工作先进集体和先进个人推荐工作的报告
9月25日	巡察办	彭党办〔2023〕47号	关于召开九届县委第六轮巡察工作动员部署会的通知
9月25日	宣传部	彭党办〔2023〕48号	关于召开县委理论学习中心组(扩大)学习会暨巩固拓展脱贫攻坚成果全面推进乡村振兴考核评估相关政策解读的通知
11月3日	县委办	彭党办〔2023〕51号	关于举办习近平新时代中国特色社会主义思想主题教育专题党课的通知
11月7日	宣传部	彭党办〔2023〕53号	关于举办沿着总书记足迹 感悟思想伟力暨主题教育交流研讨的通知
11月28日	宣传部	彭党办〔2023〕57号	关于做好2024年度党报党刊发行工作进一步规范发行秩序的通知
12月11日	县委办	彭党办〔2023〕60号	关于呈报《彭阳县2023年推进党内法规制度建设情况报告》《彭阳县2023年党务公开工作开展情况报告》的报告
12月19日	宣传部	彭党办〔2023〕62号	关于召开县委理论学习中心组扩大学习会及学习贯彻习近平新时代中国特色社会主义思想主题交流研讨会的通知

2023年彭阳县人民政府发文选录

表 35

发文日期	发文文号	文件标题
1月18日	彭政发〔2023〕2号	彭阳县人民政府　固原原州区人民法院关于印发《彭阳县预防和化解行政争议府院联席会议制度》《彭阳县依法推进行政争议协调化解工作的实施方案》的通知
1月29日	彭政发〔2023〕3号	关于申请将彭阳县山花节列入自治区重要旅游节庆活动的请示
1月29日	彭政发〔2023〕4号	关于对2处自治区级文物保护单位更名的请示
1月30日	彭政发〔2023〕5号	关于转发《固原市人民政府关于公布实施地上附着物和青苗补偿标准的通知》的通知
2月1日	彭政发〔2023〕6号	关于《举办彭阳县2023年元宵节系列文化活动》的批复
2月6日	彭政发〔2023〕7号	关于彭阳县2023年第一批次城镇建设用地的请示
2月6日	彭政发〔2023〕8号	关于彭阳县2023年第一批次集体农村用地转为集体建设用地的请示

续表 35

发文日期	发文文号	文件标题
2月7日	彭政发〔2023〕9号	关于彭阳县2021年度本级预算执行和其他财政收支审计查出问题的整改情况报告
2月12日	彭政发〔2023〕10号	关于公布实施彭阳县中心城区土地级别与基准地价更新等成果的批复
2月20日	彭政发〔2023〕11号	关于彭阳县2023年第二批次城镇建设用地的请示
2月22日	彭政发〔2023〕12号	重点小城镇和高质量美丽宜居村庄建设项目的请示
2月23日	彭政发〔2023〕13号	关于彭阳县乡村振兴重点帮扶县相关政策落实和资金审计反馈问题整改情况的报告
2月27日	彭政发〔2023〕14号	关于申请批准彭阳县2023年土地征收成片开发方案的请示
3月7日	彭政发〔2023〕15号	关于彭阳县姚河塬遗址保护棚及基础设施建设项目建设用地的请示
3月10日	彭政发〔2023〕17号	关于上报2023年耕地地力保护补贴面积的报告
3月17日	彭政发〔2023〕18号	关于做好第五次全国经济普查工作的通知
3月29日	彭政发〔2023〕21号	关于《彭阳县国土空间规划(2021—2035年)》(规划草案)征求自治区相关厅局意见的请示
3月30日	彭政发〔2023〕22号	彭阳县人民政府关于呈报《彭阳县2023年自治区政府工作报告重点任务分工落实情况自查报告》的报告
3月30日	彭政发〔2023〕23号	彭阳县人民政府关于呈报《彭阳县2023年自治区政府工作报告重点任务分工落实情况自查报告》的报告
3月31日	彭政发〔2023〕24号	彭阳县2022年度法治政府建设情况报告
3月31日	彭政发〔2023〕25号	彭阳县关于开展涉及黄河流域保护规范性文件清理工作报告
3月31日	彭政发〔2023〕26号	关于公布实施地上附着物和青苗补偿标准补充规定的通知
4月6日	彭政发〔2023〕27号	关于申请彭阳县城阳乡、小岔乡街道地面沉降应急治理工程项目资金的请示
4月10日	彭政发〔2023〕28号	关于印发2023年物流园片区棚户区改造项目实施方案的通知
4月10日	彭政发〔2023〕29号	关于印发2023年要和片区棚户区改造项目实施方案的通知
4月15日	彭政发〔2023〕30号	关于请求对宁夏彭阳县水土流失治理项目给予支持的报告
4月15日	彭政发〔2023〕31号	关于请求对宁夏彭阳县小型水库建设和水库除险加固及清淤工程给予支持的报告
4月15日	彭政发〔2023〕32号	关于请求对宁夏彭阳县红河中型灌区节水配套工程给予支持的报告
4月15日	彭政发〔2023〕33号	关于请求对宁夏彭阳县引黄入彭工程给予支持的报告
4月25日	彭政发〔2023〕35号	彭阳县人民政府关于彭阳县2023年第二批次集体农用地转用的请示
5月4日	彭政发〔2023〕36号	关于申请解决固原市引黄入彭供水工程用水指标的请示
5月6日	彭政发〔2023〕37号	关于申报全区法治政府建设示范地区和项目的报告
5月8日	彭政发〔2023〕38号	关于2022年度全县环境质量状况及目标完成情况审议意见落实情况的报告
5月10日	彭政发〔2023〕39号	彭阳县人民政府关于上报彭阳县2023年中央专项彩票公益金支持欠发达革命老区乡村振兴项目申报书的报告
5月14日	彭政发〔2023〕40号	彭阳县人民政府关于呈报《宁夏回族自治区彭阳县“五好两宜”和美乡村试点试验实施方案》的报告

续表 35

发文日期	发文文号	文件标题
5月15日	彭政发〔2023〕41号	关于彭阳县2023年第三批次集体农用地转为集体建设用地的请示
5月15日	彭政发〔2023〕42号	关于西气东输三线中断(中卫—吉安)项目宁夏段(彭阳)建设用地的请示
5月19日	彭政发〔2023〕43号	彭阳县人民政府关于印发《彭阳县国有资产盘活工作实施意见》的通知
5月23日	彭政发〔2023〕44号	关于申请解决经果林冻害救灾资金的报告
5月26日	彭政发〔2023〕47号	关于上报2023年粮食作物种植面积的报告
5月29日	彭政发〔2023〕48号	关于请求对宁夏彭阳县建设大豆玉米带状复合种植大豆良种繁育基地给予支持的请示
6月4日	彭政发〔2023〕49号	关于《彭阳县国土空间总体规划(2021—2035年)》报请自治区人民政府批复的请示
6月12日	彭政发〔2023〕50号	关于申请成立彭阳县技工学校的请示
6月12日	彭政发〔2023〕51号	彭阳县人民政府关于彭阳县2023年第三批次城镇建设用地的请示
6月12日	彭政发〔2023〕52号	关于申请解决宁夏文物考古研究所姚河塬考古队驻地房屋装修及设备购置所需资金的请示
6月15日	彭政发〔2023〕53号	彭阳县人民政府关于申请将西热源厂流化床锅炉超低排放改造任务调整至东热源厂实施的请示
6月15日	彭政发〔2023〕54号	关于对2022年度法治政府建设工作情况和全县“八五”普法工作情况审议意见办理情况的报告
6月26日	彭政发〔2023〕56号	彭阳县人民政府关于彭阳县王洼产业园区规划用地范围优化调整的请示
6月27日	彭政发〔2023〕57号	关于彭阳县2023年第四批次城镇建设用地的请示
6月27日	彭政发〔2023〕58号	彭阳县人民政府关于彭阳县王洼产业园区发展现状的报告
6月27日	彭政发〔2023〕59号	关于公布彭阳县第二批县级非物质文化遗产代表性项目的通知
6月27日	彭政发〔2023〕60号	关于对人大常委会2021年本级预算执行和其他财政收支审计查出问题整改情况报告审议意见办理情况的报告
7月5日	彭政发〔2023〕61号	关于推荐祁登荣同志参与林草工程正高级工程师职称评审的请示
7月11日	彭政发〔2023〕62号	关于启用彭阳县第五次全国经济普查领导小组及其办公室印章的通知
7月19日	彭政发〔2023〕63号	关于印发《彭阳县“绿水青山就是金山银山”实践创新基地建设实施方案(2023—2025年)》的通知
7月25日	彭政发〔2023〕65号	关于彭阳县2023年第五批次城镇建设用地的请示
8月1日	彭政发〔2023〕66号	彭阳县人民政府关于呈报彭阳县“九小”场所消防疏散“双通道”典型经验材料的报告
8月22日	彭政发〔2023〕68号	关于对基础教育质量提升及义务教育优质均衡发展工作的审议意见落实情况的报告
8月22日	彭政发〔2023〕69号	关于对健康养老工作情况报告的审议意见落实情况的报告
8月22日	彭政发〔2023〕70号	关于对《彭阳县国土空间总体规划(2021—2035)》的审议意见落实情况的报告
8月25日	彭政发〔2023〕71号	关于对棚户区改造项目有关情况报告的审议意见落实情况的报告
9月4日	彭政发〔2023〕72号	关于彭阳县2023年第六批次城镇建设用地的请示
9月11日	彭政发〔2023〕74号	彭阳县人民政府关于呈报彭阳县2022年财政总决算的报告

续表35

发文日期	发文文号	文件标题
9月13日	彭政发〔2023〕75号	关于申请解决彭阳县饲草调运补贴和“见犊补母”项目资金的请示
9月20日	彭政发〔2023〕76号	彭阳县人民政府关于印发《彭阳县三幼东侧茹河街断头路土地征收方案》的通知
10月8日	彭政发〔2023〕78号	彭阳县人民政府　环县人民政府关于甘宁线彭阳县与环县行政区域界限第五轮联合检查工作情况的报告
10月8日	彭政发〔2023〕79号	彭阳县人民政府　崆峒区人民政府关于甘宁线彭阳县与崆峒区行政区域界限第五轮联合检查工作情况的报告
10月8日	彭政发〔2023〕80号	彭阳县人民政府关于印发《彭阳县突发时间总体应急预案》的通知
10月8日	彭政发〔2023〕81号	关于申请调整彭阳县2023年棚户区改造任务的报告
10月13日	彭政发〔2023〕82号	彭阳县人民政府关于提请验收销号第二轮中央生态环境保护督察第60项整改任务的报告
10月15日	彭政发〔2023〕83号	关于呈报《彭阳县乡村振兴重点帮扶县相关政策落实和审计反馈问题分年度整改方案》的报告
10月17日	彭政发〔2023〕84号	关于彭于晏小2023年第一批次村庄建设用地的请示
10月25日	彭政发〔2023〕85号	彭阳县人民政府关于提级审批彭阳县北部灌溉区改造提升工程可行性研究报告的请示
10月27日	彭政发〔2023〕86号	关于上报彭阳县2020—2022年高标准农田建设项目审计反馈问题整改报告
10月27日	彭政发〔2023〕87号	关于国家发改委《共同富裕动态》（第52期）刊登“彭阳县盘活闲置房产兴产业促增收”共富案例情况的报告
10月28日	彭政发〔2023〕88号	关于对宝中铁路中卫至平凉段复线改造工程彭阳县段线路及彭阳西客运站布点进行实地勘察调研的请示
10月30日	彭政发〔2023〕89号	彭阳县人民政府关于申请解决彭阳县北部灌区续建配套与节水改造工程用水指标的请示
11月1日	彭政发〔2023〕90号	关于呈报《彭阳县2023年国家重点生态功能区县域生态环境质量监测与评价工作自查报告》的报告
11月2日	彭政发〔2023〕91号	彭阳县人民政府关于印发《彭阳县2023年度闽宁协作资金调整方案》的通知
11月8日	彭政发〔2023〕92号	彭阳县人民政府关于彭阳县2023年第一批次农村村民住宅建设用地的请示
11月9日	彭政发〔2023〕93号	关于彭阳县2023年第五批次集体农用地转为集体建设用地的请示
11月9日	彭政发〔2023〕94号	关于彭阳县2023年第一批次村庄建设用地的请示
11月12日	彭政发〔2023〕95号	关于请求对宁夏彭阳县水利建设项目给与支持的报告
11月13日	彭政发〔2023〕96号	彭阳县人民政府关于上报农业水价综合改革督查反馈问题整改的报告
11月17日	彭政发〔2023〕97号	闽宁云大数据灾备中心项目及土地和出资纠纷情况的报告
11月22日	彭政发〔2023〕98号	关于彭阳县2024年保障性租赁住房项目财政承受能力论证情况的报告
11月23日	彭政发〔2023〕99号	彭阳县人民政府关于彭阳县2023年第一批次农村村民住宅建设用地的请示
11月27日	彭政发〔2023〕100号	彭阳县人民政府关于印发《彭阳县基本烟田永久保护建设方案》的通知

续表 35

发文日期	发文文号	文件标题
11月29日	彭政发〔2023〕101 号	关于对工业经济发展和招商引资工作情况审议意见办理情况的报告
11月30日	彭政发〔2023〕102 号	彭阳县人民政府关于对国家林业和草原局驻西安专员办挂牌督办涉林涉草违法案件整改销号的请示
12月6日	彭政发〔2023〕103 号	彭阳县人民政府关于西气东输三线中段(中卫—吉安)项目宁夏段(彭阳)建设用地的请示
12月6日	彭政发〔2023〕104 号	彭阳县人民政府关于彭阳县 2023 年第四批次集体农用地转用的请示
12月7日	彭政发〔2023〕105 号	彭阳县人民政府关于对高标准农田及高效节水灌溉工作报告的审议意见落实情况的报告
12月11日	彭政发〔2023〕106 号	关于固原彭阳煤电联营项目 2×660 兆瓦机组工程贮灰场占用耕地不可避让性的论证报告
12月14日	彭政发〔2023〕107 号	关于呈报彭阳县 2023 年水土保持规划实施情况自查等报告的报告
12月20日	彭政发〔2023〕108 号	关于申请 2024 年彭阳提升农村公路质量服务乡村振兴 3 年攻坚行动示范县的请示
12月22日	彭政发〔2023〕109 号	关于对乡村振兴工作及《中华人民共和国乡村振兴促进法》贯彻实施情况报告的审议意见落实情况的报告
12月23 日	彭政发〔2023〕110 号	关于《彭阳县国土空间总体规划(2021—2035 年)》成果完善情况的报告

2023 年彭阳县人民政府办公室发文选录

表 36

发文日期	发文文号	文件标题
1 月 4 日	彭政办发〔2023〕1 号	关于印发《政府工作报告》的通知
1 月 10 日	彭政办发〔2023〕2 号	关于进一步加强森林草原防灭火工作的通知
1 月 13 日	彭政办发〔2023〕4 号	关于印发《彭阳县政府购买兽医社会化服务工作实施方案》的通知
1 月 13 日	彭政办发〔2023〕5 号	关于加强和改进行政应诉工作的实施意见
1 月 16 日	彭政办发〔2023〕6 号	关于申请调入工作人员的报告
2 月 13 日	彭政办发〔2023〕7 号	彭阳县人民政府办公室关于印发 2023 年《政府工作报告》主要目标任务清单的通知
2 月 16 日	彭政办发〔2023〕8 号	关于分解下达 2023 年度水土流失防治任务的通知
3 月 8 日	彭政办发〔2023〕9 号	关于转发《彭阳县关于加快推进政务服务标准化规范化便利化工作方案》的通知
3 月 9 日	彭政办发〔2023〕10 号	关于印发《彭阳县创新开展农业保险试点工作实施方案》的通知
3 月 9 日	彭政办发〔2023〕11 号	关于调整《彭阳县地下水取水井专项治理行动实施方案》的通知
3 月 15 日	彭政办发〔2023〕13 号	关于印发《"和美乡村杯"全国乡村篮球大赛暨宁夏第六届农民篮球赛决赛工作方案》的通知
3 月 16 日	彭政办发〔2023〕14 号	关于印发《彭阳县应急广播体系建设项目实施方案》的通知
3 月 28 日	彭政办发〔2023〕15 号	关于上报《彭阳县深化农业水价综合改革推进现代化罐区建设试点实施方案》的报告
4 月 7 日	彭政办发〔2023〕17 号	关于开展彭阳县脱贫人口小额信贷不良贷款清收工作的通知

续表 36

发文日期	发文文号	文件标题
4月11日	彭政办发〔2023〕18号	关于印发《金融服务实体经济质效提升年活动方案》的通知
4月20日	彭政办发〔2023〕20号	关于印发《彭阳县2022年度耕地流出问题排查整改工作实施方案》的通知
4月20日	彭政办发〔2023〕21号	关于呈报《彭阳县2022年度数字政府建设改革创新工作总结》的报告
4月23日	彭政办发〔2023〕22号	关于印发《彭阳县2023年大豆价格保险实施方案》的通知
4月24日	彭政办发〔2023〕23号	彭阳县人民政府办公室关于印发《彭阳县2023年节假日期间文化和旅游行业安全生产工作方案》的通知
4月27日	彭政办发〔2023〕24号	彭阳县人民政府办公室关于印发《彭阳县集中开展地质灾害滑坡隐患专项排查防治工作方案》的通知
4月28日	彭政办发〔2023〕25号	关于印发《彭阳县2023年“两癌”筛查工作实施方案》的通知
5月6日	彭政办发〔2023〕26号	关于开展2023年防灾减灾周地震应急演练活动的通知
5月6日	彭政办发〔2023〕27号	关于印发《彭阳县2023年购买第二批公益性岗位安置就业实施方案》的通知
5月7日	彭政办发〔2023〕28号	关于印发《人才公寓保障性租赁住房运营管理方案》的通知
5月7日	彭政办发〔2023〕29号	关于印发县人民政府领导同志2023年度安全生产重点工作责任清单的通知
5月16日	彭政办发〔2023〕30号	关于印发《彭阳县人民政府2023年度重大行政决策事项目录》的通知
5月19日	彭政办发〔2023〕31号	彭阳县人民政府办公室关于印发《彭阳县贯彻落实九三学社宁夏区委会对口固原市开展黄河流域生态保护和高质量发展先行区建设民主监督工作报告的整改方案》的通知
5月22日	彭政办发〔2023〕32号	关于印发《彭阳县贯彻落实2023年全区深化“放管服”改革工作要点责任分工方案》的通知
5月24日	彭政办发〔2023〕33号	关于印发《关于解决历史遗留城镇住宅“办证难”问题的实施方案》的通知
6月1日	彭政办发〔2023〕34号	彭阳县“数字政府”建设工作领导小组办公室关于印发《2023年彭阳县数字政府建设工作要点》的通知
6月1日	彭政办发〔2023〕35号	关于印发《彭阳县新污染治理工作实施方案》的通知
6月6日	彭政办发〔2023〕36号	彭阳县人民政府办公室关于印发《彭阳县2023年“乡村振兴健康保”项目实施方案》的通知
6月7日	彭政办发〔2023〕37号	关于印发《彭阳县2023年关于对实际种粮农民发放一次性补贴资金的实施方案》的通知
6月9日	彭政办发〔2023〕38号	关于印发《彭阳县2023年度冬季清洁取暖项目工作实施方案》的通知
6月9日	彭政办发〔2023〕39号	关于开展彭阳县“十四五”规则实施中期评估工作的通知
6月9日	彭政办发〔2023〕40号	关于印发《彭阳县推进落实自治区固原市“十四五”规划纲要中期评估任务分工方案》的通知
6月12日	彭政办发〔2023〕41号	关于转发《自治区人民政府办公厅关于加强行政复议行政应诉工作的意见》的通知
6月15日	彭政办发〔2023〕42号	关于印发《彭阳县“十四五”特殊教育发展提升行动实施方案》的通知
6月25日	彭政办发〔2023〕43号	彭阳县人民政府办公室关于成立黄河流域六盘山生态功能区（宁夏段）山水林田湖草沙一体化保护和修复工程彭阳县项目工作专班的通知

续表 36

发文日期	发文文号	文件标题
6 月 27 日	彭政办发〔2023〕44 号	关于印发《彭阳县旅游环境综合治理专项行动实施方案》的通知
6 月 27 日	彭政办发〔2023〕45 号	关于印发《彭阳县"清理整治不规范地名成果巩固年活动"实施方案》的通知
6 月 28 日	彭政办发〔2023〕46 号	彭阳县人民政府办公室关于印发《彭阳县残疾人康复中心运行管理实施方案》的通知
6 月 28 日	彭政办发〔2023〕47 号	关于转发《固原市属国有企业融资及对外担保、借款监督管理办法》的通知
6 月 28 日	彭政办发〔2023〕48 号	关于印发《彭阳县农业水价综合改革实施方案(试行)》的通知
7 月 16 日	彭政办发〔2023〕50 号	彭阳县人民政府办公室关于印发《宁夏固原市彭阳县供销合作社申报全国供销合作社"绿色农资"升级行动试点县实施方案(2023—2025)》的通知
7 月 16 日	彭政办发〔2023〕51 号	彭阳县人民政府办公室关于印发《彭阳县防汛抗旱应急预案》的通知
7 月 17 日	彭政办发〔2023〕52 号	彭阳县人民政府办公室关于印发《彭阳县标准化厂房等项目建设用地土地及房屋等附着物征收与补偿安置实施方案》的通知
7 月 19 日	彭政办发〔2023〕53 号	彭阳县人民政府办公室关于印发《彭阳县 2023 年政务公开工作要点》的通知
7 月 28 日	彭政办发〔2023〕54 号	关于印发《彭阳县推进法治政府建设"八大提升行动"任务清单》的通知
8 月 1 日	彭政办发〔2023〕56 号	关于成立彭阳县"三山"生态保护修复工作领导小组的通知
8 月 18 日	彭政办发〔2023〕57 号	彭阳县人民政府办公室关于印发《彭阳县餐饮行业"瓶改管""气改电"工作方案》的通知
8 月 22 日	彭政办发〔2023〕58 号	彭阳县人民政府办公室关于印发《彭阳县行政许可事项清单(2023 年版)》的通知
8 月 24 日	彭政办发〔2023〕59 号	彭阳县人民政府办公室关于印发《彭阳县 2023 年农村建筑节能改造工程实施方案》的通知
8 月 24 日	彭政办发〔2023〕60 号	关于印发《彭阳县 2023 年农村冬季清洁取暖项目专项实施方案》的通知
8 月 30 日	彭政办发〔2023〕61 号	关于印发《彭阳县家庭教育指导工作实施方案》的通知
9 月 19 日	彭政办发〔2023〕62 号	彭阳县人民政府办公室关于印发《彭阳县气象事业发展"十四五"规划》的通知
9 月 25 日	彭政办发〔2023〕63 号	关于印发《彭阳县红梅杏设施防御低温及晚霜冻害项目建设方案》的通知
9 月 25 日	彭政办发〔2023〕64 号	关于印发《彭阳县天然气和液化气居民用户安装"三件套"补贴实施方案》的通知
10 月 8 日	彭政办发〔2023〕66 号	彭阳县人民政府办公室关于印发《彭阳县防汛抗旱应急预案》等 35 个专项应急预案及《彭阳县交通运输应急保障工作方案》等 7 项应急保障工作方案的通知
10 月 13 日	彭政办发〔2023〕67 号	彭阳县人民政府办公室关于印发《彭阳县农村生活污水集中式处理设施整改方案》的通知
10 月 27 日	彭政办发〔2023〕68 号	彭阳县人民政府办公室关于印发《2023 年彭阳县地膜科学使用回收项目实施方案》的通知

续表 36

发文日期	发文文号	文件标题
10月27日	彭政办发〔2023〕69号	关于印发《彭阳县2020年—2022年高标准农田建设项目审计反馈问题整改方案》的通知
10月27日	彭政办发〔2023〕70号	关于进一步加强自治区乡村振兴领域衔接资金管理使用专项整治问题复查整改工作的通知
10月31日	彭政办发〔2023〕71号	关于印发《彭阳县光伏帮扶项目收益分配管理办法》的通知
11月3日	彭政办发〔2023〕72号	国务院推动高质量发展综合督查工作方案
11月6日	彭政办发〔2023〕73号	关于成立彭阳县气象灾害防御与人工影响天气指挥部的通知
11月7日	彭政办发〔2023〕74号	彭阳县人民政府办公室关于调整人民政府领导工作分工的通知
11月15日	彭政办发〔2023〕75号	关于印发《彭阳县2023年自然资源例行督察反馈问题整改工作方案》的通知
11月16日	彭政办发〔2023〕76号	关于印发《乡镇赋权清单目录(2023年版)》的通知
11月23日	彭政办发〔2023〕77号	关于印发《彭阳县“十四五”县域普通高中发展提升行动实施方案》的通知
11月28日	彭政办发〔2023〕78号	彭阳县人民政府办公室关于成立中铁二十一局集团第四工程有限公司G85银昆高标12—2标段项目工地沟壁坍塌伤人事故调查组的通知
12月6日	彭政办发〔2023〕80号	关于彭阳县“11.27”生产安全事故调查报告的批复
12月6日	彭政办发〔2023〕81号	彭阳县人民政府关于调整县人民政府领导工作分工的通知
12月8日	彭政办发〔2023〕82号	关于印发《彭阳县健全完善村级综合服务功能实施方案》的通知
12月20日	彭政办发〔2023〕83号	关于印发《彭阳县贯彻落实气象高质量发展纲要(2022—2035年)实施方案》的通知
12月20日	彭政办发〔2023〕84号	彭阳县人民政府办公室关于印发《彭阳县耕地保护网格化监管工作方案》的通知
12月22日	彭政办发〔2023〕85号	关于印发《彭阳县现代高效节水农业发展规划(2021—2025年)》的通知
12月22日	彭政办发〔2023〕86号	关于印发《彭阳县高标准农田建设规划(2021—2030年)》的通知
12月26日	彭政办发〔2023〕87号	关于印发《打造“宁夏二十一景”之固原彭阳梯田创新升级工程三年行动方案(2023—2025年)》的通知
12月29日	彭政办发〔2023〕89号	关于印发《彭阳县教育数字化战略行动计划(2023—2027年)》的通知

索 引

Indexes

说明:1.本索引以主题分析方法为主,按主题词首字汉语拼音字母顺序排列。

2.主题词后的数字表示内容所在的页码,数字后面的 a、b、c 表示该页码自左至右的栏别。

2023 年经济社会发展 68a
2023 年彭阳县农业产业高质量发展实施方案 75a
2023 年彭阳县苹果、红梅杏冻害补贴实施方案 77a
11 人制足球比赛 227c
“数字政府”建设 110b
“一月一主题”廉洁文化教育 131a
“三八”国际妇女节系列活动 135a
“诗意彭阳多彩梯田”全国名家书画作品邀请展 138b
“两癌”筛查 140b
“110”接处警 144a
“三保障”及饮水安全 191b
“宁科贷”业务开展 200a
“双减”工作 203c
“彭阳教育之窗骨干教师谈教学”栏目 209b
“阅享新时代 共筑书香彭阳”送书进移民村活动 212c
“迎国庆 度中秋”秦腔展演活动 213b
“庆新春 闹元宵”秦腔展演活动 213c
“迎新春 写春联 送福字 挂灯笼”文化活动 213c
“庆新春 闹元宵”社火表演活动 213c
“三进五送”志愿服务活动 226c
“奔跑吧·少年”第四届中小学生校园足球联赛暨首届足球嘉年华活动 228c
G85 高速公路建设 183b

A

案件查处 130a
安全管理 151a 174c 190a 198a
安全环保 153b
安全生产 168c 169c 172a 184c 237b
爱国卫生运动系列活动 221a
安全生产整治 237c
安全隐患排查 238a

B

雹灾 64a
保障服务 75a
编制资源配置优化 86c
闭会期间代表活动 100a

办公用房管理　110c
办理关于大力发展庭院经果林产业的提案　115a
办理关于切实提质增效宁南数字经济产业园的提案　115b
兵员征集　150c
保险业　182b
博物馆日活动　213a
病媒生物预防　221a
殡葬管理　230a
白阳镇　240a

C

产业转型　70b
城乡发展　70c
财办工作　85b
财政经济工作委员会　100c
城乡面貌　103c
常规巡察　131b
成果运用　131c
采风交流活动　138a
残疾人康复服务　138c
残疾人就业服务　138c
残疾人职业技能培训　139a
残疾人信息核查　139b
从优待警　144c
财政　154a
财政管理　154c
产品质量监管　159c
产业发展　166a
成品油管理　174b
城市项目建设　186a
城市住房保障　186b
城市管理　186c
城市生态建设　186c
城镇燃气监管　187c
产教融合校企合作　211b
成人教育　211c
传染病防治　218c
城市社区运动会　227a
参保缴费　232b
场所管理　233c
产业发展　240c　242b　243c　245c　247a　248c　250c　252a　254a　255c　257b　258c
城阳乡　248a
草庙乡　250a

D

地质地貌　61c
冻灾　64a
督促检查　74b
党的建设　77c
党外人士工作　84b
调查研究　84c
第十一季网络达人浪固原活动　85c
党校工作　87b
党校培训　87b
党校教学　87c
党史编研　88b
党史研究　88b
党史宣传　88c
调研工业经济发展和招商引资工作　96a
对安全生产“一法两条例”贯彻落实情况开展执法检查　96a
代表工作　100a
代表联络选举工作委员会　101b
督查督办　107b
调研全县教育教学工作　123a
调研全县石油资源产业开发利用情况　123a
调研全县乡村道路建设情况　123b
调研社区民生保障工作情况　123b
党风廉政建设　130b
队伍建设　131c
打击犯罪　143b
道路交通安全管理　143c

党管武装 150b
第五次全国经济普查 158a
大豆玉米套种 163b
动物防疫 164b
电子商务 174c
电商培育 174c
电力保供 190a
电路维护 190b
电力创新 190c
大气污染防治 195a
地震宏观观测 201a
地震监测 201a
地震应急演练 201c
档案管理 215b
档案业务 215b
档案接收 215b
档案利用 215c
档案数字化 215c
档案安全 216a
地方志 216a
第四届“梯田花海”自行车挑战赛 227b
第十八届中小学生田径运动会 228b

E

二、三产业 103a
二次供水专项治理 222a

F

法制工作委员会 101a
服务提升 109b 190a 233c
妇女组织建设 133c
妇女思想政治引领 134a
服务妇女创业创新 134a
妇女儿童权益保护 134b
服务民营经济发展 136c
扶残助残活动 139a
法治彭阳建设 141b
法治政府建设 142c
法院 145c
法治宣传 147b 147c
法律援助 149b
发展规划编制 152a
反洗钱工作 156c
反垄断与反不正当竞争 158c
房地产服务 175b
房地产业监管 188b
防返贫监测帮扶 191a
防震减灾宣传 201c
非物质文化遗产宣传 214a
方志编纂 216a
方志宣传 216b
妇幼卫生健康促进项目 220a
防灾减灾救灾 238a
防灾宣传 238a
冯庄乡 253c

G

概况 63c 79a 84a 84c 85b 86b 87b 91a 95a 96b 108b 112a 114a 114b 115a 123a 125a 130b 132a 132c 133c 135a 136b 137c 138b 139b 140a 142c 143b 144c 145c 147c 150a 156c 158b 162a 165a 167b 169b 170b 171c 172a 172b 174c 176a 177b 183a 185a 186a 189c 196b 198c 203a 208a 209b 210b 211b 212a 213a 214b 215b 217a 219a 221b 226b 233b 234a 236a 238c 240a 241c 243b 245a 246c 248a 250a 251c 253c 255a 256c 258b
果脯 67b
公务员管理 77b
干部培训 77b
干部队伍建设 78a

关于加强人居环境整治实施美丽村庄建设项目的议案　96b
关于实施彭阳县城建筑节能改造工程的议案　96c
工作委员会与专门委员会　100c
公务活动保障　110c
公共机构节能　111a
港澳台事务 侨务　111c
港澳台事务　111c
工会普惠服务　132a
公安　143b
公益诉讼检察　145a
公共法律服务　148a
公证工作　149a
工业经济　152c
国有资产监管　153c
高标准农田建设　162a
工业转型升级　166b
规上企业倍增计划实施　167a
供销合作　172b
公路建设　183a
公路养护　183c
供热服务监管　188a
工程建设与管理　188c
供电服务　189c
工业固(危)废防治　196a
高中教育　210a
公共文化　212a
广播电视　214b
广电事业　215a
公立医院综合改革　217a
公共卫生　219a
公共场所卫生监督　222a
工资保障　231c
公租房管理　233a
公积金归集　233a
公积金提取使用　233a
公积金贷款　233a
购房补贴发放　233b
古城镇　241c

H

河流湖泊　61c
红色文化　65b
红梅杏　67b
和谐社会建设　71b
红十字会志愿服务　140a
合法性审查　143a
户政管理　143c
宏观经济调控　152a
环境保护　168c
红色旅游　178a
货币政策执行　180a
环境卫生　187a
行业监管　187c
河湖管理　189a
环境质量　195a
环境监管　196a
环保督察　196a
环境监测　196b
合作办学　210b
绘本阅读推广活动　213a
婚姻登记　229b
红河镇　245a

J

建置区划　61a
建置沿革　61a
经济建设　68b
机要保密　74c
机构编制工作　86b
机构改革成果深化　86c
机构编制法治建设　87a
经济领域监督　95a
教科文卫工作委员会　101b

建议和提案办理　108a
积案办理　108c
经济委员会　124a
教科文卫体委员会　124b
纪检监察制度改革　125a
纪检监察队伍建设　126a
监督整改　131a
巾帼建功行动　134b
家教家风家庭文明建设　134c
健康宣传教育　140b
计划生育家庭帮扶　140c
检察　144c
检务公开　145b
检务为民　145b
检察改革创新　145c
基层建设　150c
基础建设　151a
经济运行监测　152a
金融监管　156b
金融机构监管　156b
金融风险防控　156c
经济责任审计　157a
计量监管　159b
价格管理　161c
价格调控　161c
价格监测　161c
价格检查　161c
监督检查　161b　221c　238a
基础设施建设　167c
经济运行　168a
经营管理　169c
技术创新应用　170a
技术创新　170c
基层网络建设　173b
卷烟营销　173c
健康用盐知识宣传　174b
加油站点　174b
监督管理　174c
金鸡坪梯田公园　179b
金融服务　180a
经理国库　180a
交通　183a
寄递业务　185a
建筑工地监管　188a
就业帮扶　192c　231b
经营体制改革　193b
集体经济扶持　193c
精神文明建设　194b　236a
节能减排　199b
节能降耗　199c
经费投入　200a
教育经费投入　203a
教育资助　204a
教育质量提升　204b
教育惠民　205c
教师队伍建设　208a
教师能力提升培训　209a
基础教育　209b
教材教辅征订　216c
疾病预防控制　218a
疾病监测　218a
基本公共卫生服务　219b
健康扶贫　219b
家庭医生签约　220a
健康促进　220c
竞技体育　227a
家庭矛盾纠纷调解　229c
居民收入　230a
居民消费支出　230b
居民消费价格指数　230c
技能培训　231a
基金监管　232c
救灾物资储备　238b
救灾工作　238b
基层治理　241c　243a　244c　246b　247c　249b　251b　253a　254c　256b　257c　259c

交岔乡　258b

K

矿产资源　63b
考察河北、山东省部分县(区)基础教育工作情况　123c
困难职工帮扶　132b
困境妇女儿童帮扶　134c
科普宣传　135b
科普活动　135c
科普服务　136a
快递服务　174c
会计服务　175a
空气质量　195a
科技管理　200a
科技型企业培育　200a
科技活动　200b
科技成果转化　200b
科技周活动　200c
科技指导　201a
科技培训　201a
科技特派员　201a
抗震设防信息采集　201b
抗震设防监管　201b
科技测报手段　202a
控辍保学　203b
困境儿童救助　234b

L

历史文化　65b
历史遗存　65b
历史名人　65c
理论学习　79a
履职培训　100b
律师工作　148c
粮食及物资储备　153b
冷凉蔬菜种植　163c
粮油供销　172a
粮油经营　172a
粮油管理　172a
律师服务　175c
旅游基础设施建设　176b
旅游宣传推介　176c
旅游节庆活动　177a
旅游行业管理　177b
旅行社管理　177b
旅游安全管理　177c
旅游从业人员管理　177c
旅游开发　178a
旅游示范创建　178a
旅游资源　178b
路域环境整治　184a
旅客运输　184a
流动人口管理　229c
劳动就业　231a
劳务输出　231a
劳动仲裁　231c
罗洼乡　256c

M

民族　65a
媒体融合发展　79c
民营经济统战工作　84b
民生领域监督　95b
民生事业　104a　241b　242c　244a　246a　247c　249a　251a　252b　254b　256a　257b　259b
闽宁协作　104c
民营经济法律服务　136b
民营经济调查研究　136c
民营企业人才培育　137a
民营经济人士参政议政　137b
民营经济社会服务　137b
民事行政检察　145a
民商事审判　146a

民兵整组 150b
民生事业支出 154b
民生领域审计 157b
民生领域案件查办“铁拳”行动 160c
马铃薯种植 163a
闽宁现代食用菌科技园 164c
嘛喇湾梯田公园 179b
面源污染治理 194a
矛盾纠纷化解 194b
闽宁科技协作 200c
民办教育 210a
慢性病防治 218b
民族宗教事务 235b
民族团结进步创建 235b
民族工作 235c
孟塬乡 251c

N

农业发展 102c
纳税服务 156a
农业机械化 165a
农机推广 165b
农机购置补贴 165b
农机安全管理 165c
农产品营销 173a
农村电子商务 175a
宁夏银行股份有限公司彭阳支行 181c
宁夏彭阳农村商业银行股份有限公司 181c
宁夏彭阳贺兰山村镇银行股份有限公司 182a
农村住房保障 186b
农田水利 188c
农民增收 191c
农村改革 193b
农村土地制度改革 193b
农村环境 193c
农村基层组织建设 194a
能源项目建设 199b
农村电影放映 214c
农耕文化健身大赛暨健身指导志愿服务活动 226c
宁夏第六届农民篮球争霸赛 227a

P

彭阳县2023年中药材和食用菌产业高质量发展实施方案 75b
彭阳县全面优化营商环境推动民营经济高质量发展实施意见 76a
彭阳县第二轮土地承包到期后再延长三十年整乡试点工作方案 76b
彭阳县推进基本养老服务体系建设实施方案 76c
彭阳县总工会 132a
彭阳县妇女联合会 133c
彭阳县科学技术协会 135a
彭阳县工商业联合会 136b
彭阳县文学艺术界联合会 137c
彭阳县残疾人联合会 138b
彭阳县红十字会 139b
彭阳县计划生育协会 140a
平安彭阳建设 141a
彭阳县人民武装部 150a
批发零售业 172a
彭阳县博物馆 179a
排污权改革 199c
彭阳县气象局成立 202a
彭阳县人民医院 222c
彭阳县中医医院 223b
彭阳县妇幼保健院 224a
彭阳县体育馆 225c

Q

气候物候 62c
侨务工作 111c
青青少年思想政治引领 133a
少年权益维护 133a

青年志愿服务 133a
青少年帮扶 133c
企业资产监管 153c
企业信用监管 159a
乔家渠毛泽东长征宿营地旧址 178b
青云湾梯田公园 179a
确权管理 197c
气象测报 202a
气象为社会服务 202b
群众文化 213a
全民健康水平提升行动 217c
全民健身 226b
青少年体育 227c
青少年业余训练 227c
全民参保 232b
全国文明城市创建 236a

R

人口和民族宗教 64a
人口 64a
人才工作 78b
人大代表构成 89a
人大常委会自身建设 89a
人大常委会会议 91b
人事任免 92b
人大监督 95a
日常监督 131b
人民调解 148c
肉牛养殖 164a
人力资源服务 175b
任山河烈士陵园 178c
茹河瀑布风景区 179c
人居环境整治 194a 241c 243a 245a 246c 248a 249c 251b 253a 254c 256b 258a 260b
人工干预天气 202b
人口家庭 229a
人口监测 229a
人事人才 230c
人才培育 230c
人才激励 230c

S

社会建设 69b
生态环境建设 69c
深化改革 70a 85a 102a
师资建设 88a
生态保护监督 95c
视察调研 96a 123a
社会治理 104b
宋庆龄基金会帮扶 104c
视察县内“十二五”“十三五”移民工作情况 123c
社会治理委员会 124c
审查执纪 130a
审查调查 130a
少先队工作 133b
商会建设 137a
生殖健康 140b
社会治安管理 143c
诉源治理 146b
司法综合配套改革 146b
司法行政 147c
社区矫正 148b
司法鉴定 149b
双拥共建 150b
双拥工作 151c
商贸流通 153a
税务 155b
税费收入 155b
税收征管改革 155c
审计 156c
审计整改 157b
市场监管 158b
市场主体登记 158c

食品安全监管　160a
市场综合执法　160b
商标注册　161a
石油开发与服务　170b
石油管理服务　170c
商贸市场　171c
设施建设　171c
社会化服务　173a
食盐差异化供给　174b
市容秩序　187a
市政设施　187b
水务　188c
水资源管理　189a
水旱灾害防御　189b
水土质量　195a
水污染防治　195b
山林权改革　198b
生态建设　198c
生态修复治理　199a
素质教育　204c
收养登记　229b
收入消费　230a
社会保险　232a
社会救助　234a
社会组织管理　234c
社会组织监管　235a
社会事务服务　235b

T

土壤植被　62a
土地资源　63a
土特名产　67b
统战工作　84a
脱贫攻坚成果巩固拓展　103b　191a　240b　242a　243b　245b　247a　248b　250b　253c　255b　257a　258b
提案与社情民意　115a
提案和委员联络委员会　124a
团组织建设　132c
退役军人事务　151a
退役军人就业创业　151b
退税减税降费　155c
统计　157c
统计调查　157c
统计服务　158a
特种设备安全监管　159c
特色产业　164c
投资促进服务　171a
图书报刊征订　185a
通信　185a
土壤污染防治　195c
土地权改革　198b
庭院林果　199a
特殊教育　210b
图书销售　216c
体育设施　225a
体育基础设施建设　225a
体教融合　228a

W

位置面积　61a
无量山石窟　66c
文化建设　68c
文稿起草　74a
网络安全与信息化　85b
网络宣传教育　85b
网络事务处置　85c
网络阵地建设　85c
挖掘整理“毛泽东吃土豆话初心”红色故事　88c
网上审批　109b
网络建设　110a
委员大讲堂　114b
文艺创作　137c
文艺为民服务　138a

危爆物品管控　144a
未成年人检察　145b
王洼产业园区　167b
违建查处　186c
物业管理　187b
污水处理监管　188b
污染防治　195a
文化阵地建设　212a
文化遗产保护　214a
文物定级　214a
文化市场管理　216c
文化市场执法检查　216c
卫生城市创建　220c
卫生监督　221b
稳岗就业　231a
网格化管理服务　234c
危险化学品监督管理　238a
王洼镇　243b

X

行政区划　61b
小杂粮　67c
学习贯彻习近平新时代中国特色社会主义思想主题教育　71b
学习贯彻习近平新时代中国特色社会主义思想主题教育工作会议　71c
县委常委会会议　72c
县委综合事务　74a
信息调研　74b
宣传工作　79a
信息化发展　86a
乡村振兴监督　95b
信访工作　108b　109a
信访接待　108c
信访积案有效化解问题专项整治　108c
行政审批　109a
信息发布　109c
信息化建设　109c
县直机关事务管理　110c
协商议政　114a
县纪委全委会　126b
县纪委常委会　126c
巡查监督　131b
行政执法监督　142c
行政复议应诉　143a
行政争议化解　143b
刑事检察　145a
刑事审判　146a
县域经济　152a
行政事业单位资产监管　153c
消费者权益保护　158c
小麦种植　162c
小秋杂粮种植　163c
项目建设　167a　168a
项目储备　171a
新兴服务业　175a
小岔沟毛泽东长征宿营地旧址　178b
现金服务　180a
行政执法　184b
协作帮扶　193a
乡村建设　194a
乡村治理　194a
行政管理　197c
校园治理　205a
县管校聘改革　208b
学前教育　209b
县一中、县三中与银川一中合作办学　210c
县一中与厦门大学及附属实验中学托管帮扶办学　210c
县一小与银川二十一小合作办学　211a
县四小与银川二十一小湖畔分校合作办学　211a
线上好书推荐　213a
新媒体宣传　214c
新闻媒体　214b
校外培训机构专项检查　216c

西门公共体育场 226a
宣传培训 237b
消防救援 238c
消防宣传 239b
消防接处警 239c
新集乡 246c
乡村旅游 250a
小岔乡 255a

Y

野生动物资源 63b
野生植物资源 63b
姚河塬遗址 66c 178c
璎珞宝塔 67a
月子鸡 67c
意识形态工作 79c
议案建议 96b
一窗受理集中服务 109a
应急救护救援 139c
营造法治化营商环境 147a
优抚帮扶 151b
有效投资 152b
一般公共预算收支 154a
预算执行审计 157a
依法统计 157c
药品安全监管 160a
养殖业 164a
原煤生产 169b
营商环境优化 171b
烟草专卖 173c
盐业经营 174a
盐业销售 174a
银行业 180b
邮政 185a
用水权改革 189c
移民搬迁后续帮扶 193a
移风易俗 194c
义务教育 209c
姚河塬遗址考古发掘 214a
依法治档 215c
一般图书销售 216c
医疗废物管理 221b
医政药政管理 222a
医疗机构行业监管 222a
药品采购管理 222b
医药管理宣传培训 222c
养老保险 232a
医疗保险 232a
医疗保障 232b
医保扶贫 232b
医疗改革 232c
养老服务 233b
养老诈骗整治 234a
应急预案编制 237a
应急演练 237b
应急救援队伍建设 237b
隐患排查 238c

Z

自然环境 61c
自然资源 63a
自然景观资源 63c
自然灾害 63c
宗教 65a
朝那乌鸡 67c
政治建设 68a
综述 70a 89a 102a 112a 125a 166a 176a 186a 203a 217a 237a
重要会议 71c 91a 105a 114b 126b
重大决策 75a
组织工作 77b
主流媒体宣传 79b
政策研究 84c
重点领域改革 86b

重大决定和人事任免　92a
重大决定　92a
阵地建设　100a
政府全体会议　105a
政府常务会议　105c
政府综合事务　107a
政务服务　107a
政务公开　107c
政府热线　108b
政协委员构成　112a
政协委员会自身建设　112b
政协常委会会议　114c
专门委员会工作　124a
政治监督　131a
职工文体活动　132b
中国共产主义青年团彭阳县委员会　132c
造血干细胞捐献和无偿献血　140a
政法委与综治　141a
政法改革　142a
政法队伍建设　142b
执法监督　144b
执法水平　144b
智慧法院建设　147b
重点保障　154a
政府债务管控　155a
政府采购管理　155a
重大政策跟踪审计　156c
质量标准化建设　159a
知识产权保护　161a
专利发明　161a
专利保护　161a
种植业　162a
朝那乌鸡养殖　164b
中药材产业　164c
招商引资　168b
专项治理　169a
助企纾困　169a
重点项目建设　170b
招商成果　171a
综合改革　172c
专卖监管　174a
支付环境建设　180b
中国工商银行股份有限公司彭阳支行　180b
中国农业银行股份有限公司彭阳支行　181a
中国建设银行股份有限公司彭阳支行　181a
中国邮政储蓄银行股份有限公司彭阳支行　181b
中国人民财产保险股份有限公司彭阳支公司　182b
中国人寿保险股份有限公司彭阳支公司　182c
中国电信股份有限公司彭阳分公司　185a
中国移动股份有限公司彭阳分公司　185b
中国联通股份有限公司彭阳分公司　185b
中国广电宁夏网络有限公司彭阳分公司　185c
自建房监管　187c
资金帮扶　193a
自然资源管理　196b
资源规划　196c
资源审批　197a
资源管护　197b
造林绿化　198c
招生考试　204a
职业教育和成人教育　211b
职业教育改革　211c
专题专栏设置　215a
职业病危害专项治理　221c
重点医疗机构　222c
招才引才　230c
住房保障　233a
住房补贴发放　233b
最低生活保障　234b
宗教工作　235c
志愿服务　236c
指挥体系建设　237a
制度建设　238b